한국외국어대학교 법학연구소
소비자법센터 총서 4

디지털 경제에서 온라인 플랫폼과 이용자 보호

이병준 編

세창출판사

발간사

온라인 플랫폼은 우리 사회에 없어서는 안 되는 요소가 되었습니다. 인터넷을 검색기능을 통하여 열어 주는 포털로 시작하여 이제는 사업자와 이용자를 연결해 주는 양면 시장으로 성장하였습니다. 온라인 플랫폼은 인터넷 기간산업 기능을 수행하기도 하고 단순히 거래를 중개하는 거래 플랫폼까지 다면적·다층적 모습을 보여 주고 있습니다. 이러한 온라인 플랫폼이 갖는 현상을 계약법적으로 근본적으로 분석하고 여기서 나오는 소비자보호 문제를 찾아 합리적으로 고찰하려고 하였던 것이 본 연구의 목적이었습니다.

소비자법센터는 온라인 플랫폼이 갖는 중개 기능에 착안하여 일찍부터 세미나를 개최하고 연구논문을 모았습니다. 연구를 진행하는 사이 더 심도 있는 연구가 필요하게 되어 고려대 김상중 교수님을 중심으로 온라인 플랫폼 연구회가 만들어지고, 유럽법연구소에서 만든 온라인 플랫폼 모델법의 번역작업을 시작하였습니다. 이 책의 마지막 부분에 부록으로 이 번역작업이 소개되어 있습니다. 또한 2021년에 온라인 플랫폼 규제는 크게 플랫폼과 사업자의 관계를 다루는 온라인 플랫폼 공정화법과 거래사업자와 소비자의 관계를 다루는 전자상거래법의 논의가 우리나라에서 집중적으로 이루어졌습니다. 이 부분 중 전자상거래법 논의가 제4장에 실려 있습니다. 이 작업에는 소비자법학회의 회원분들이 많이 참여하여 주셨습니다.

이러한 법개정 논의는 결실을 보지 못하였고, 2022년에 접어들면서 온라인 플랫폼에 대한 자율규제 논의로 쟁점이 완전히 바뀌어 논의가 진행되고 있습니다. 물론 온라인 플랫폼에 대한 자율규제 논의는 산업의 성장을 보면 필요합니다. 특히, 우리나라 국내시장을 살펴보면 국내 온라인 플랫폼과 해외 온라인 플랫폼이 경쟁하고 있는 독특한 시장 상황을 보이고 있기 때문입니다. 그러나 자율규제에 대한 논의가 진행되면 온라인 플랫폼 산업에 대한 기본적인 법적 규제 논의가 다시 시작될 것으로 생각됩니다.

본서의 제1장은 온라인 플랫폼이 갖는 요소들은 법경제학을 바탕으로 분석하는 한편 온라인 플랫폼의 유형들을 계약법의 관점에서 제시하고 있습니다. 제2장에서는 온라인 플랫폼에 관한 우리 전자상거래법의 규제내용과 유럽연합에서 제정 중인 디지털 서비스 법안을 소개하고 있습니다. 제3장은 온라인 플랫폼이 갖는 계약법적 구조를 근본적으로 분석하는 한편 이를 바탕으로 온라인 플랫폼이 부담해야 하는 책임의 내용을 제시하고 있습니다. 제4장에서는 2021년 전자상거래법 개정안을 통하여 논의되었던 온라인 플랫폼에 대한 합리적인 법안에 대하여 심도 있는 논의가 게재되었습니다.

처음 연구를 시작하였을 때보다 연구의 대상과 논의의 폭이 온라인 플랫폼과 관련하여 많이 확대되었습니다. 그것은 온라인 플랫폼이 우리 일상생활에서 차지하는 비중을 잘 보여 줄 뿐만 아니라, 이 현상을 제대로 파악하기 위한 연구논문도 많아지고 규제수요도 높아지고 있다는 것을 잘 보여 줍니다. 본 연구는 온라인 플랫폼과 관련하여 연구의 집대성이 아니라, 기본적인 시작에 불과하다고 생각하고 있습니다. 하지만 소비자법센터에서는 이 총서의 발간을 통하여 온라인 플랫폼에 대한 논의에 큰 이정표를 찍고자 합니다. 그리고 이를 바탕으로 이 분야에 대한 더 심도 있는 논의가 진행되어 온라인 플랫폼에 대한 합리적 규제가 이루어지고, 온라인 플랫폼 내의 소비자가 충분한 보호를 받는 한편 온라인 플랫폼 산업도 건전하게 성장할 것을 기대하여 봅니다.

본 연구를 위하여 많은 분이 참여하여 주셨습니다. 소비자법센터 온라인 플랫폼 연구회의 김상중 교수님과 회원인 황원재 교수님, 정신동

교수님, 박미영 박사님에게 깊은 감사의 인사를 이 자리를 빌려 드립니다. 또한 소비자법센터의 세미나를 같이하여 주신 소비자법학회 회원이신 서희석 교수님, 서종희 교수님, 김세준 교수님, 장보은 교수님 등의 참여가 없었다면 이러한 풍부한 논의의 연구가 이루어질 수 없었습니다. 본 연구는 다양한 분들의 지원 아래에서 이루어졌습니다. 세미나는 한국인터넷기업협회, 코리아스타트업포럼, 한국온라인쇼핑협회의 후원 아래에서 이루어졌고 다양한 연구기관의 후원 또는 연구과제를 통하여 연구가 진행되었습니다. 또한 제3권의 출판 후원에 이어 본 연구서도 에어비앤비의 지원으로 출판이 이루어졌습니다. 이러한 연구와 출판지원에 진심 어린 감사의 말씀을 드립니다. 마지막으로 본 연구서가 출간되기 위한 마지막 마무리 작업을 꼼꼼히 하여 준 황원재 교수님과 이 책을 잘 발간하여 주신 세창출판사의 이방원 사장님 그리고 임길남 상무님의 노고에 감사의 인사를 전합니다.

2022년 9월 23일

한국외국어대학교 법학연구소 소비자법센터 제1대 센터장
현 한국소비자법학회 회장
이 병 준

제1장_ 온라인 플랫폼의 개념과 유형

제2장_ 온라인 플랫폼경제와 규제

제3장_ 온라인 플랫폼 거래의 기본구조와 책임

제4장_ 온라인 플랫폼과 전자상거래법의 개정

Contents

Chapter 3_ Basic Structure and Responsibilities of Online Platform Transactions

Chapter 4_ Online Platform and Revision of Act on the Consumer Protection in Electronic Commerce

제1장

플랫폼의 개념과 유형

온라인 플랫폼 규제를 위한 플랫폼 작용의 이해 필요성*

박미영**

Ⅰ. 들어가며

이른바 ‘4차 산업혁명’이라 불리는 융합 기술혁명을 통해 온라인 환경은 혁신적으로 발전하고 있다. 특히 온라인 플랫폼의 등장은 공유경제와 온디맨드 경제처럼 다양한 서비스와 사업모델의 확대를 가져왔으며, 또한 플랫폼을 통해 제공되는 상품 및 서비스의 품질과 가격 등이 빠르게 개선됨으로써 온라인 플랫폼 시장은 이미 무시할 수 없는 규모로 성장하였다. 현재 Airbnb와 Uber와 같은 글로벌 중개사업자의 성장을 통해 온라인 플랫폼은 혁신적 시장의 동력으로서 그 중요성을 인정받고 있으며, Amazon과 같은 전통적인 통신판매업자도 자신들의 사업에 플랫폼의 요소를 도입하는 등 빠르게 사업모델을 전환하고 있다. 국내에서도 플랫폼을 이용한 사업모델이 계속하여 증가하고 있다. 특히 모바일 O2O 중개플랫폼은 모바일 시장에서 핵심 사업모델로서 상당한 이용

* 이 논문은 유통법연구 제5권 제2호(2018)에 게재된 것입니다.
** 한국공정거래조정원 공정거래연구센터 연구위원.

자수를 확보하고 있다.

그러나 온라인 플랫폼이 성장하고 이용자수가 증가할수록 이에 따라 발생하는 문제들도 늘어났으며 사회적 문제로까지 인식되고 있음은 현재 너무나 분명하다. 숙박 중개플랫폼에서는 숙박을 제공하는 자의 부도덕 내지 불법적 행태가 빈번히 발생하지만 정작 플랫폼운영자는 이를 제대로 통제하지 못하고 있다. 카풀 플랫폼은 기존의 여객운송사업자와 이익이 충돌하고 승객의 교통안전 또한 어떻게 보장할 것인가가 문제된다. O2O 플랫폼의 경우에는 오프라인에서 이 플랫폼을 이용하는 자가 주로 소상공인 또는 영세상인인 점을 이용하여 홍보를 이유로 과다한 광고료 내지 중개수수료를 요구하기도 하고 결제시스템까지 이용할 때에는 일방적으로 정산시점을 설정하여 영업주들에게 매출이 발생해도 바로 대금이 지급되진 않는다.

따라서 이러한 문제점들을 해결하고 동시에 온라인 플랫폼에 대한 규제환경을 개선하여 발전을 촉진시키기 위해 현재 여러 입법안이 발의되어 있다. 대표적으로 전기통신사업법의 일부개정안들이 이러한 내용을 담고 있다.[1] 즉, 이 개정안들은 현행 전기통신사업법이 현재의 플랫폼 생태계를 반영하지 못하는 낡은 규제체계를 가지고 있음을 직시하며, 현행법상 경쟁상황평가 실시 대상을 확대하여 정보통신기술시장을 입체적으로 진단하고, 공적 기여 의무 부과, 이용자 보호 체계 강화, 국내외 사업자 간 역차별 해소 방안을 포함한 공정경쟁의 강화 등을 통해 새로운 플랫폼 환경에 걸맞은 온라인 시장의 균형발전과 이용자 편익 제고의 기반을 마련하는 것을 목적으로 한다. 또한 2018년 3월에 발의된 「공유경제기본법안」[2]은 직접적으로 플랫폼을 활용한 공유경제의 중요성을 인정하여, 본 법안을 통해 공유경제에 관한 국가 차원의 법적 지원 · 관리체계를 마련함으로써 일자리 창출 및 유휴자산의 경제적 가치 제고를

1_ 김성태 의원 대표발의, 의안번호 2009821, 2017. 10. 10.; 신경민 의원 대표발의, 의안번호 2010426, 2017. 11. 27.

2_ 김수민 의원 대표발의, 의안번호 2012610, 2018. 3. 22.

도모하고, 4차 산업혁명 시대에서 새로운 경제성장의 기반을 마련하고자 한다.

그러나 이러한 법안들이 실제로 그 목적에 따라 현재의 플랫폼 현상을 제대로 반영하고 있는지는 상당한 의문이 제기된다. 전기통신사업법 일부개정안들의 주 내용을 살펴보면 인터넷주소·정보 등의 검색과 전자우편, 커뮤니티, 사회관계망 서비스, 디지털콘텐츠 등을 이용자에게 제공하는 것을 "부가통신역무"로 정의[3]하고, 이를 업으로 하는 부가통신사업자에게 경쟁상황평가와 회계정리의무[4] 또는 부가통신사업의 휴지·폐지 시 이용자 보호의무와 인터넷광고 제공 시 이용자의 동의 및 요금과 그 산정근거의 고지의무를[5] 부과하고 있다. 물론 새로운 통신서비스를 규제하기 위해 개념을 정리하고 법률에 반영하는 것은 중요한 작업이지만 위의 내용이 온라인 플랫폼을 개념정의하고 있다고 보기는 어렵다.[6] 마찬가지로 공유경제기본법안에서는 공유경제를 가능하게 하는 매개체로서 "중개사업자"를 규정하고 있으나, 이러한 중개사업자가 온라인 플랫폼을 의미하는 것인지는 명확하게 알 수 없다.

또한 지금까지의 온라인 플랫폼의 규제방향은 위의 법안들에서도 알 수 있듯이 규제대상으로서 온라인 플랫폼을 정의하고 해당 플랫폼에게 의무를 부과하는 식의 포괄적 규제 형태를 나타낸다. 우선 온라인 플랫폼을 통한 거래에서 발생한 많은 문제들에 대해 플랫폼운영자가 적극적으로 해결하려 하지 않는다는 점에서 해당 플랫폼에 대한 직접적인 규제는 문제 해결을 위한 가장 강력하고 효과적인 수단일 것이다. 그러나

3_ 두 개의 전기통신사업법 일부 개정법률안 모두 현행 전기통신사업법 제2조의 정의규정을 개정하여 "부가통신역무"를 구체적으로 개념 정의하려고 한다.

4_ 전기통신사업법 제34조 제2항과 제49조 제1항 개정안(김성태 의원 대표발의, 의안번호 2009821, 2017.10.10.).

5_ 전기통신사업법 제26조 제3항과 제32조의9 신설안(신경민 의원 대표발의, 의안번호 2010426, 2017.11.27.).

6_ 이러한 전기통신사업법 일부개정법률안에 대한 비판적 검토로서 김현경, "플랫폼 사업자 규제법안에 대한 비판적 검토", 「법조」, 제67권 제2호, 2018, 146면 이하 참조.

플랫폼 내에서 발생하는 문제들이 다른 영업모델들 내에서 발생하는 문제들과 어떠한 차이가 있으며 왜 규제를 해야 하는지 내용을 정확하게 이해하지 못한 채 단지 플랫폼이기 때문에 수많은 의무들을 이행하게 한다면, 오히려 과도한 규제로서 위 법안들의 공통된 목적인 새로운 플랫폼 환경에 걸맞은 온라인 시장의 균형발전과 새로운 경제성장의 기반 확충을 저해할 수 있다.

이하에서는 이와 같은 문제의식을 가지고 온라인 플랫폼에 대하여 경제학 이론 중 법적 규제에 의미가 있는 현상들을 중심으로 서술하고자 한다. 물론 그동안 플랫폼에 대해 설명하고 이와 관련된 문제들을 연구한 많은 문헌들이 발표되었다.[7] 하지만 플랫폼에 대한 일반적인 설명은 간략하게 표현된 부분이 많아서 정작 플랫폼을 이해하기는 쉽지 않았다. 그러나 플랫폼의 작용으로 나타나는 현상들을 살펴봄으로써 현재 통일적 개념정립이 불가능한 플랫폼을 이해하는 데 도움을 주고 특히 경쟁법 영역에서 플랫폼의 시장지배력과 공정한 경쟁의 문제를 다룰 때 논의의 기초를 제공한다. 아래에 서술된 플랫폼 현상은 그동안 발표된 문헌들을 기반으로 설명한 것이다. 그러나 온라인 플랫폼의 규제 필요성과 대상을 논할 때 고려해야 할 기본방향을 보여 줄 수 있을 것이라 생각한다.

7_ 최근에 발표된 문헌으로는 대표적으로 고형석, "공유경제산업과 소비자보호—Airbnb를 중심으로", 「재산법연구」, 제34권 제3호, 2017; 김현경, "플랫폼 사업자 규제법안에 대한 비판적 검토", 「법조」, 제67권 제2호, 2018; 변정욱 · 김정현, "온라인 양면 거래 플랫폼의 시장획정 및 시장지배력 판단", 「경쟁법연구」, 제37권, 2018; 송태원, "인터넷 플랫폼 시장에서 경쟁제한의 우려와 규제방안에 대한 고찰", 「경제법연구」, 제17권 제1호, 2018; 이병준 · 황원재 · 박미영, "유럽연합 전자상거래 플랫폼 규제동향과 시사점", 「외법논집」, 제42권 제3호, 2018; 장보은, "음식주문 플랫폼을 이용한 거래에 관한 계약법적 검토—관련 산업에 대한 규제를 고려하여", 「외법논집」, 제42권 제3호, 2018; 정신동, "선택적 유통시스템과 온라인 플랫폼을 통한 상품 판매의 금지—유럽사법재판소의 Coty Germany 판결을 중심으로", 「외법논집」, 제42권 제3호, 2018; 최나진, "개정 전자상거래소비자보호법상의 통신판매중개자의 지위와 책임", 「외법논집」, 제40권 제3호, 2016; 홍대식, "플랫폼 경제에 대한 경쟁법의 적용 : 온라인 플랫폼을 중심으로", 「법경제학연구」, 제13권 제1호, 2016.

II. "플랫폼"이란 무엇인가

플랫폼은 일반적으로 서로 다른 이용자집단의 거래나 상호작용을 매개하는 물리적, 가상적, 제도적 환경이라고 설명된다.[8] 물론 이는 ICT (Information & Communication Technology) 산업의 플랫폼에 대한 기술적 정의는 아니며, 양면시장 또는 다면시장(Two-sided or Multi-sided Market)의 현상에 기초한 것이다. 양면시장이란 서로 다른 두 종류 이상의 이용자집단이 플랫폼을 통해 상호작용을 하며, 이때 창출되는 가치는 간접네트워크효과의 영향을 받는 시장을 말한다.[9] 양면시장의 특성과 작용조건들은 경제학에서는 이미 2000년대 초반부터 연구하였다.[10] 그러나 그동안의 연구에도 플랫폼의 개념은 하나로 정리될 수 없었다. 결국 플랫폼을 설명하기 위해서는 네트워크효과를 일으키는 이용자집단 간의 상호작용을 가능하게 만드는 매개체라는 플랫폼 작용의 특수성을 이해해야 한다.

규제대상으로서의 플랫폼 또한 이러한 이해를 바탕으로 설명되어야 할 것이다. 우선 플랫폼은 기본적으로 중개자로서의 지위를 가진다. 전통적 단면시장과는 달리, 플랫폼은 스스로가 당사자 사이에 이루어지는 거래 또는 상호작용에 있어서 경제적으로나 법적으로나 당사자가 아니다. 플랫폼은 이 모든 것을 직접적으로 통제할 수 없으며 거래에서의 조건 확정은 오로지 거래당사자들의 몫이다. 또한 양면시장에서는 플랫폼

8_ 이상규, "양면시장의 정의 및 조건", 「정보통신정책연구」, 제17권 제4호, 2010, 75면.

9_ Wright, "One-sided logic in two-sided markets", Review of Network Economics 3(1), 2004(변정욱 · 김정현, 앞의 논문, 119면에서 재인용).

10_ 대표적으로 Armstrong, "Competition in two-sided markets", Rand Journal of Economics 37(3), 2006; Evans, "The antitrust economics of multi-sided platform markets", Yale Journal of Regulation 325, 2003; Rochet/Tirole, "Platform competition in two-sided markets", Journal of the European Economic Association 1, 2003; Rochet/Tirole, "Two-sided markets: A progress report", Rand Journal of Economics 37(3), 2006(변정욱 · 김정현, 앞의 논문, 119면에서 재인용).

내의 상호작용을 통해 간접네트워크효과가 발생한다. 간접네트워크효과는 처음부터 시장집중현상을 불러오는 요소를 가지고 있다고 설명한다.[11] 따라서 플랫폼은 이를 적극적으로 이용하여 시장지배력을 높이려고 하며 종국에는 양면시장에서의 경쟁의 공정성 문제로 이어지게 된다.

독일의 연방카르텔청 또한 최근의 인터넷 플랫폼에 관한 보고서에서 이와 같은 플랫폼의 작용을 중심으로 개념정립을 시도하였다. 즉, 플랫폼을 "중개자의 지위에서 간접네트워크효과가 발생하는 두 종류 이상의 이용자집단 사이의 직접적 상호작용을 가능케 하는 사업자"로 정의한다.[12] 플랫폼을 기술적 구성요소를 통해 정의하는 것이 아닌 이처럼 작용의 특수성과 결부하는 것은 규제의 대상으로 설정하기 위해 불가피하다 할 것이다. 왜냐하면 이러한 방법만이 직접네트워크효과의 발생으로 특징되는 네트워크(Network) 및 단면적 영업모델과의 구별을 가능하게 만들기 때문이다.[13] 또한 규제의 필요성을 논할 때 플랫폼을 포괄적으로 규제하는 것을 방지하며 플랫폼으로 인해 나타난 어떠한 현상이 규제되어야 할 것인가 라는 최소규제의 방식을 선택할 수 있게 한다.

[그림 1] 플랫폼의 간단한 도해

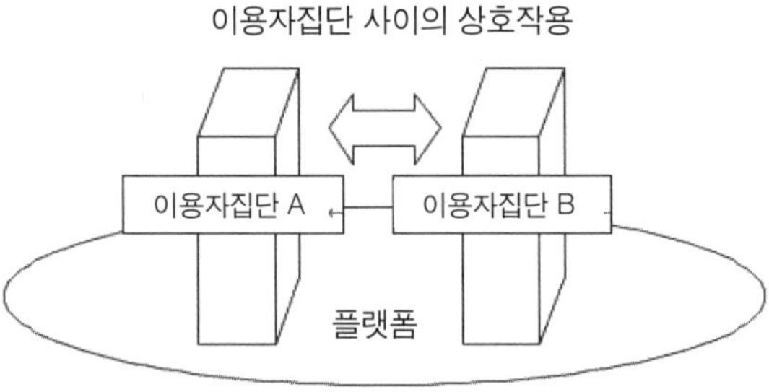

11_ 이에 대한 개괄적 설명으로 Kumkar, Online-Märkte und Wettbewerbsrecht, 2017, S. 63 ff. 참조.

12_ BKartA, Arbeitspaper – Marktmacht von Plattformen und Netzwerken, 2016, S. 14.

13_ 이와 같은 이유로 발의된 두 개의 전기통신사업법 일부개정법률안의 "부가통신역무"라는 개념으로는 플랫폼을 명확하게 설명할 수 없다(앞의 I.의 주 3번 부분 참고).

Ⅲ. 플랫폼과 네트워크효과

플랫폼 현상을 설명하기 위해서는 플랫폼 내에서 어떠한 네트워크효과가 발생하는지를 분명하게 이해해야 할 필요가 있다. 네트워크효과란 한 이용자의 특정재화의 이용이 다른 이용자의 이용행태를 따르는 현상을 말한다. 일반적으로 네트워크효과는 크게 4가지로 구별될 수 있다. 우선 직접네트워크효과와 간접네트워크효과로 나뉘며, 다시 각각 긍정적 효과와 부정적 효과로 나눌 수 있다.

1. 직접네트워크효과

플랫폼 내에서 한쪽 면에 있는 이용자가 같은 면의 이용자에게 영향을 주면서 플랫폼의 가치를 변화시키는 현상을 직접네트워크효과라고 한다. 이 현상은 같은 면의 이용자들 사이에 나타나기 때문에 이용자가 재화를 이용할수록 장점과 단점이 직접적으로 드러난다. 디지털 분야에서는 대표적으로 Skype와 같은 온라인커뮤니케이션시장 또는 Facebook, Instagram과 같은 소셜네트워크를 예로 든다.[14] 긍정적 직접네트워크효과는 동일한 유형의 참여자 수가 늘어갈 때 그 참여자들에게 돌아가는 긍정적인 혜택이 증가하고 선순환이 촉진되는 것을 말한다. 소셜네트워크의 가입자가 늘어날수록 플랫폼은 가입자들에게 더 많은 부가서비스를 제공하게 된다. 그러나 참여자 수가 증가하는 것이 항상 긍정적인 효과만을 가져오는 것은 아니다. 참여자 수가 증가함에 따라 이용자의 불편과 부정적 가치가 증가하는 것을 부정적 직접네트워크효과라고 한다. 각기 다른 목적을 가진 플랫폼 이용자가 동일면에 증가하는 것은 이용자들 사이에 충돌을 일으키며 플랫폼을 이탈하는 악순환을 발

14_ 더 상세한 예시는 Hamelmann/Haucap, Kartellrecht und Wettbewerbspolitik für Online-Plattform, 2015, S. 3 참조.

생시킬 수 있다.

2. 간접네트워크효과

간접네트워크효과는 직접네트워크효과와 대조적으로 시장의 한쪽 면에 있는 이용자가 다른 면의 이용자에게 영향을 주는 것을 말한다. 양면시장 플랫폼에서는 이 간접네트워크효과가 시장에 얼마나 영향을 미치는가가 핵심요소로 작용한다. 간접네트워크효과는 다음의 두 가지 상황에서 생각해 볼 수 있다.[15]

(1) 한 이용자집단의 이용자들이 상대적으로 플랫폼을 더 많이 이용함으로써 다른 면 이용자집단의 참여자에게 이익의 증가와 감소를 발생시킬 수 있다.

(2) 한 이용자집단의 참여자는 다른 이용자가 그들의 집단에 참여함으로써 간접적으로 이익을 얻을 수 있는데, 피드백효과를 통해 다른 면에 있는 이용자집단이 그 플랫폼을 이용하게 하는 강력한 동인을 만들기 때문이다.

이 두 개의 효과는 상호작용이 필요한 서로 다른 이용자집단의 규모에 좌우되는 이용자의 플랫폼이용 행태로 인해 나타난다. 두 효과 사이의 본질적인 차이점은 (1)의 경우 간접네트워크효과는 한 방향으로 영향을 미치게 되지만, (2)의 경우는 간접네트워크효과가 언제나 상호적으로 영향을 준다.[16]

서로 다른 면의 이용자집단이 존재하는 플랫폼은 (2)의 경우처럼 간

15_ 이 상황들에 대한 구체적인 설명으로 Caillaud/Jullien, "Chicken & egg: Competition among intermediation service providers", Rand Journal of Economics 2003, pp. 309 f.; Shy, "A Short Survey of Network Economics", Review of Industrial Organization 38(2), 2001, p. 120.

16_ Kumkar, 앞의 책, S. 48.

접네트워크효과가 양방향으로 영향을 미치는 것이 일반적이다. 여기서 (1)의 경우와 같이 한 방향으로만 영향을 미치는 간접네트워크효과도 플랫폼을 구성할 수 있는가에 대한 문제가 제기된다. 대표적인 예로 광고플랫폼을 들 수 있다. 광고는 잠재적 고객들을 대상으로 일방적인 방향성을 가지지만, 이러한 특성을 고려하여 광고플랫폼 또한 플랫폼으로 보아야 할 것이다. 그렇지 않다면 광고를 통해 재정을 조달하는 미디어시장은 처음부터 플랫폼의 범주에서 다룰 수 없게 된다.[17] 이 논의는 플랫폼의 분류와 규제대상으로서 플랫폼의 범위 확장과도 관련된다.

긍정적 간접네트워크효과는 실제의 예로서 PC 또는 모바일에서의 OS 프로그램과 응용프로그램의 관계를 들 수 있다. 한 OS 프로그램의 선호도가 올라가면 그에 따라 응용프로그램의 공급도 증가하는데, 응용프로그램의 개발자는 증가한 OS 프로그램의 이용자수를 통해 그들의 응용프로그램의 확산과 그에 따른 높은 판매수익을 예상할 수 있기 때문이다. 긍정적 간접네트워크효과가 발생하는 시장의 또 다른 예는 주말시장 또는 경매장과 같은 (물리적) 거래장소, 데이팅과 파트너소개업체 또는 신용카드회사이다. 부정적 간접네트워크효과는 한 이용자집단에 과잉으로 밀집되어 있는 경우에 나타난다. 왜냐하면 다른 면의 이용자집단이 보았을 때 한 이용자집단 내의 과잉밀집으로 인한 혼란은 성공적인 상호작용의 가능성을 떨어뜨리기 때문이다.[18]

17_ 이러한 지적으로 BKartA, Arbeitspaper, 2016, S. 14 f.; Luchetta, "Is the google platform a two-sided market?", Journal of Competition Law & Economics, Volume 10(1), 2013, p. 191.

18_ Evans, "Economics of Vertical Restraints for Multi-Sided Platforms", University of Chicago Institute for Law & Economics Olin Research Paper 626, 2013, p. 4.

[그림 2] 플랫폼과 네트워크효과

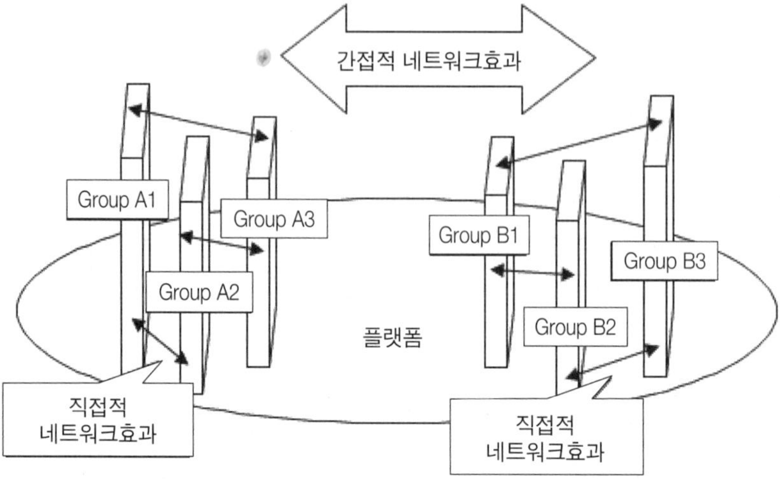

IV. 다른 온라인 모델과의 구별

1. 네트워크(Network)와의 구별

서로 다른 면의 이용자집단 사이에 간접네트워크효과가 발생하는 양면시장 플랫폼의 경우와는 달리, "네트워크"는 동일 이용자집단 내에 직접네트워크효과가 존재할 것을 특징으로 한다. 이러한 네트워크로는 바로 위에서 직접네트워크효과의 예로 든 Skype와 같은 온라인커뮤니케이션시장 또는 Facebook, Instagram과 같은 소셜네트워크 등이다. 서비스이용자는 그들의 이용자집단 내의 다른 사람들이 서비스를 이용함으로써 직접적으로 이익을 얻는데, 서비스이용자가 증가할수록 네트워크가 확대되고 이용자는 더 많은 다른 사람들과 연락을 할 수 있기 때문이다.[19]

19_ Shy, 앞의 논문, p. 120.

현재 네트워크만의 성격을 가진 서비스는 존재하지 않는다. 특히 소셜네트워크는 다양한 이용자집단의 상호작용을 가능하게 하고 그 범위 내에서 간접네트워크효과를 나타내고 있어 오히려 플랫폼의 성격을 강하게 보인다.[20] 또한 소셜네트워크서비스의 이용은 기본기능을 사용함에 있어서는 언제나 무료이다. 그러나 소셜네트워크서비스의 운영자는 서비스를 계속적으로 제공하기 위한 비용을 조달받기 위해 소셜네트워크서비스 내에서 광고운영자인 이용자집단과 소셜네트워크이용자들 사이의 상호작용을 보수를 대가로 허가한다.

2. 단면적 영업모델과의 구별

플랫폼은 기본적으로 두 개 이상의 이용자집단 사이에서 중립적 중개자로서의 지위를 가진다. 바로 이러한 점이 전통적인 단면적 영업모델과 구별할 수 있게 한다. 먼저 단면적 영업모델은 네트워크효과와 유사한 결과를 가져올 수 있음에 유의해야 한다(예를 들면 슈퍼마켓에서의 구색효과[21] 또는 포트폴리오효과). 플랫폼을 작용의 특수성과 결부하여 정의내리고자 할 때 네트워크효과의 존재 자체만 논의하지 않는 이유이다.[22] 독일의 연방카르텔청은 플랫폼의 개념정립시도에서 간접네트워크효과의 존재뿐만 아니라 "직접적 상호작용의 가능성"을 기준으로 제시한다.[23] 여기서 직접적 상호작용이란 각 이용자집단 사이의 상호작용을 의미하기 때문에 플랫폼의 중립적 중개자지위를 내포한다. 따라서 플랫폼은 당사자 사이에 이루어지는 거래 또는 상호작용에서 경제적으로나 법

20_ BKartA, Arbeitspaper, 2016, S. 102 f.

21_ 구색효과는 고객이 일반적으로 제품을 단 하나만 구매하지 않는 이점을 의미한다. 따라서 판매자는 이 기회를 활용하여 고객이 다른 흥미로운 제품을 구입할 수 있도록 제품을 갖추어 놓는다.

22_ Hagiu/Wright, "Multi-sided platforms", International Journal of Industrial Organization 43(C), 2015, p. 163.

23_ BKartA, Arbeitspaper, 2016, S. 15 f.

적으로 당사자가 아니다.[24]

그러나 사업자들은 플랫폼의 요소들을 전통적인 단면적 판매방식과 결합하는 영업 전략을 선택할 수 있다. 대표적으로는 온라인쇼핑몰인 Amazon이 그러하며 이들은 자신이 판매하는 방식으로 물건을 공급할 뿐만 아니라 제3판매자에게 그들의 마켓플레이스를 제공하기도 한다. 또한 이와 정반대의 발전방향을 국내의 소셜커머스 업체들이 보여 주고 있다. 기본적으로 플랫폼으로서 마켓플레이스를 제공하는 중개자의 지위를 갖고 있지만 이용자가 증가하면서 소셜커머스 운영자들이 직접 판매하는 상품이 점차 확대되고 있다. 이때는 중개자가 아닌 전통적 단면시장에서처럼 당사자의 지위를 갖게 된다. 이러한 혼합된 영업모델에서는 플랫폼의 요소를 도입하였지만 온전히 중립적 중개자지위를 인정하기는 어렵다. 왜냐하면 이미 이 플랫폼을 이용하고 있는 이용자나 이용하려고 하는 잠재적 이용자는 기존 영업모델의 영향력 즉, 브랜드파워를 신뢰하기 때문이다. 결국 이와 관련해서는 플랫폼으로 구분할 때 중립적 중개자지위, 더 나아가 중개자의 지위가 반드시 필요한지가 다시 문제된다.[25]

Ⅴ. 플랫폼의 유형

제공되는 서비스에 따라 플랫폼의 형태도 매우 다양하며 또한 계속적으로 새로운 유형의 플랫폼이 등장하고 있다. 플랫폼 유형은 일반적으로 플랫폼의 이용목적에 따라 구분되지만 규제의 필요성을 논할 때에는 각 유형에 따라 어떤 네트워크효과가 얼마나 영향력을 미치는지 고려되어야 한다.

24_ Hagiu/Wright, 앞의 논문, p. 163.

25_ 이에 대해서는 아래의 VI. 참고.

1. 거래플랫폼과 비거래플랫폼

플랫폼의 유형을 구별할 때 가장 일반적으로 언급되는 기준이다. 거래플랫폼은 각 이용자 사이의 관리감독이 가능한 거래를 중개한다. 반면 비거래플랫폼은 전적으로 비전문적이고 플랫폼이 관리 감독할 수 없는 상호작용을 중개하는 것을 목적으로 한다.[26]

2. 매칭플랫폼과 광고플랫폼

독일의 연방카르텔청은 보고서를 통해 매칭플랫폼과 광고플랫폼으로 구별할 것을 제안한다.[27] 매칭플랫폼은 두 개의 또는 여러 이용자집단 사이의 선호도를 분석하여 각각의 이용자집단에게 적합한 중개가 가능할 것을 목적으로 한다. 이와는 대조적으로 광고플랫폼은 한 이용자집단에게 다른 이용자집단의 관심을 알선한다.

이 구별방법은 간접네트워크효과의 방향성과 연결된다.[28] 매칭플랫폼은 항상 상호적 간접네트워크효과가 존재하는 반면, 광고플랫폼에서는 일방적 간접네트워크효과가 있을 뿐이다. 매칭플랫폼은 다시 거래플랫폼과 비거래플랫폼으로 나눌 수 있으나, 본 보고서에서 거래플랫폼이 이용자집단 사이에 이루어지는 거래에 대해 관리감독을 할 수 있는지의 여부는 가리지 않는다.[29]

3. 플랫폼과 현행법상 통신판매중개개념에 따른 구별

플랫폼시장은 어느 한 분류방식으로 정리할 수 없다. 특히 플랫폼을 경쟁법적으로 분석하기 위해서는 다양한 이용자집단의 상호작용이 거

26_ 이에 관한 상세한 내용은 Filistrucchi/Geradin/van Damme/Affeldt, "Market Definition in Two-Sided Markets: Theory and Practice", TILEC Discussion Paper 2013-009, 2013, pp. 5 ff. 참조.

27_ BKartA, Arbeitspaper, 2016, S. 23 ff.

28_위의 III. 2. 참조.

29_ BKartA, Arbeitspaper, 2016, S. 26.

래관계 내에서, 아니면 비거래의 영역 안에서 이루어지는가의 여부뿐만 아니라 경쟁적으로 의미가 있는 간접네트워크효과가 얼마나 플랫폼에 영향을 미치는가도 중요하다. 일반적으로 거래플랫폼은 상호적 네트워크효과가 존재하지만 비거래플랫폼은 하나의 방향성을 가지고 있다고 설명한다(대표적으로 광고플랫폼).[30] 하지만 파트너중개서비스처럼 비거래플랫폼이지만 상호적 간접네트워크효과를 발생시키는 플랫폼 또한 존재한다. 플랫폼시장은 지금도 기존의 모델들을 결합하거나 또는 새로운 모델을 개발함으로써 끊임없이 변화하고 있다. 규제의 필요성을 논할 때 단순히 어떠한 유형의 플랫폼에 속한다 하여 규제의 대상으로 이야기할 수는 없다. 그렇지 않다면 끊임없이 변화하는 플랫폼시장에 즉각적으로 대응하기 어렵다.

현행 전자상거래소비자보호법에는 통신판매중개에 대한 정의규정이 존재한다. 동법 제2조 제4호는 '통신판매중개'를 사이버몰(컴퓨터 등과 정보통신설비를 이용하여 재화 등을 거래할 수 있도록 설정된 가상의 영업장)의 이용을 허락하거나 그 밖에 총리령으로 정하는 방법으로 거래 당사자 간의 통신판매를 알선하는 행위로 정의한다. 즉, 전소법상 통신판매중개는 거래의 중개역할만을 규정하고 있고, 따라서 동법상 통신판매중개자 또는 통신판매중개업자는 거래플랫폼을 의미한다고 보아도 될 것이다.[31] 그러나 이와 같은 통신판매중개개념은 거래플랫폼을 충분히 설명하지 못하며 현재의 문제들을 해결함에 있어서도 적합하지 않다. 통신판매중개(자)라는 개념은 거래의 형태에 초점을 두고 누가 계약의 당사자인지를 밝히는 개념이지만 거래플랫폼은 여러 형태로 계약의 성립과 이행에 다양한 방식으로 개입할 수 있으며 더 나아가 시장 전체의 지배자 역할을 하는 경우도 있다. 결론적으로 현행법상 거래플랫폼으로서의 통신판매중개를 구별하고 이를 규율할 수는 있으나 거래플랫폼은 거래의 중개라는 형태에 집중하는 것이 아닌 좀 더 다각적이며 종합적인 '현상'임을

30_ BKartA, Arbeitspaper, 2016, S. 22 f. 참조.

31_ 이병준 · 황원재 · 박미영, 앞의 논문, 7면.

인식하여야만 한다.[32]

VI. 전자상거래 플랫폼의 플랫폼으로서의 그리고 네트워크적 성격

온라인 플랫폼의 규제 필요성을 논할 때 일반적으로 전자상거래 플랫폼이 그 대상이 된다. 전자상거래 플랫폼은 이미 표현에서 알 수 있듯이 거래플랫폼으로 분류가 가능하다. 전자상거래 플랫폼은 (1) 최소한 서로 다른 면에 존재하는 두 개의 이용자집단(상품의 공급자와 수요자) 사이에 상호작용을 가능케 하며, (2) 두 집단 사이에 상호적 간접네트워크효과가 존재한다. 전자상거래 플랫폼을 이용하는 상품의 공급자수가 증가할수록 수요자들도 적극적으로 플랫폼에 참여하게 되는데, 상품의 다양성(즉, 선택의 가능성)이 확보되고 이를 통해 가격경쟁의 효과를 기대할 수 있기 때문이다. 또한 상품의 수요자가 전자상거래 플랫폼을 적극적으로 이용할수록 더 많은 공급자들이 플랫폼에서 활동하게 되는데, 상품의 공급자는 수요자의 활동을 통해 거래의 성공적 체결을 높은 확률로 기대할 수 있기 때문이다(고객범위의 확대).[33]

전자상거래 플랫폼은 기본적으로 거래중개자로서 상품의 공급자와 수요자 사이에 직접적 상호작용을 가능하게 하지만, 전자상거래 플랫폼이 일정한 보수를 대가로 광고운영자에게 플랫폼 내의 이용자집단과의 상호작용을 허가하였다면 전자상거래 플랫폼은 거래플랫폼뿐만 아니라 광고플랫폼의 성격도 가지게 된다.[34] 또한 현재의 전자상거래 시장에서는 중개판매뿐만 아니라 위탁판매[35] 및 직접판매에서도 이용자집단 사

32_ 이병준 · 황원재 · 박미영, 앞의 논문, 8면.

33_ Zimmer/Blaschczok, "Most-favoured-customer clauses and two-sided platforms", Journal of European Competition Law & Practice 5(4), 2014, pp. 188 f. 참조.

34_ BKartA, Fallbericht v. 31.3.2016, B6-57/15, S. 2 – Online-Dating-Plattformen.

35_ 위탁판매에서는 위탁판매자가 직접 자신의 명의로 거래를 체결하기 때문에 플랫폼의

이의 적극적인 상호작용을 통한 네트워크효과가 발생한다. 이때 동일면의 이용자집단 사이에 긍정적 직접네트워크효과가 발생할 수 있고, 이를 이용하기 위해 많은 플랫폼들은 이용자들에게 평가시스템을 제공한다. 평가시스템은 플랫폼의 참여자들에게 거래의 품질을 평가할 수 있는 기회를 제공하는 것으로, 상품의 공급자는 긍정적 평가의 축적을 통해 성실한 계약파트너라는 명성을 얻고 상품의 수요자는 댓글기능을 통하여 구매한 물건에 대한 경험을 다른 참여자들에게 전달한다. 따라서 상품의 수요자집단이 다양하고 많을수록 동일면에 있는 다른 수요자들이 이득을 누릴 수 있는데, 많은 수의 평가를 통해 거래에 대한 불확실성을 제거할 수 있기 때문이다.[36] 그러나 전자상거래 플랫폼에서 이러한 긍정적 직접네트워크효과는 상호적 간접네트워크효과에 비하여 크게 영향을 주는 요소는 아니다.[37]

이처럼 하나의 전자상거래 플랫폼 내에서도 이용자 간 다양한 상호작용과 네트워크효과가 발생한다. 또한 전자상거래 플랫폼은 얼마나 적극적인 상호작용이 존재하는가에 따라 동일 시장 내의 다른 플랫폼에도 영향을 미친다. 이미 위에서도 언급하였듯이 플랫폼을 거래의 중개로만 이해해서는 그 실체를 제대로 파악하지 못한다. 따라서 플랫폼은 원칙적으로 거래나 상호작용의 매개체로서 중개자의 지위를 가지지만, 규제의 대상으로서는 이용자집단의 상호작용과 그로 인해 발생하는 네트워크효과가 얼마나 영향을 미치는지를 핵심요소로 파악해야 할 것이며 따

중립적 중개자지위는 존재하지 않는다. CJmall과 Hmall 같은 입점형 쇼핑몰이 대표적 위탁판매자이다. 그러나 이러한 쇼핑몰 또한 가입된 회원 수에 따라 재화공급자의 유인과 입점조건이 달라진다. 또한 온라인 플랫폼에서 대표적으로 나타나는 이용자집단 사이의 상호작용 역시 입점형 쇼핑몰에도 중요하며 이를 위해 적극적으로 평가시스템을 운영한다. 따라서 위탁매매형 또한 온라인 플랫폼의 일 유형으로 포섭이 가능할 것이다(자세한 것은 이금노 · 서종희 · 정영훈, "온라인플랫폼 기반 소비자거래에서의 소비자문제 연구", 「정책연구」 16-03, 한국소비자원, 2016, 29면 이하 참고; 이병준 · 황원재 · 박미영, 앞의 논문, 8면 주 17번 재인용).

36_ BKartA, Arbeitspaper, 2016, S. 9.

37_ Kumkar, 앞의 책, S. 55.

라서 플랫폼은 우선 형태에 구애받지 않고 넓게 이해해야 할 필요가 있다. 그러나 규제의 필요성과 내용을 논할 때에는 경쟁법의 측면에서는 간접적 네트워크효과로 인한 시장집중경향성이 경쟁을 저해하는지를 분석하고 계약법적으로는 단순 중개자의 지위만을 갖는지 그렇지 않다면 플랫폼, 공급자, 수요자 사이의 3면 관계에서 플랫폼은 거래의 체결에 어느 정도 개입할 수 있고 그에 따른 책임을 물을 수 있는지를 파악해야 한다.

VII. 플랫폼의 문제점

플랫폼시장에서는 이용자집단 간의 상호작용과 네트워크효과로 인해 전자상거래 플랫폼의 운용과 관련하여 중요한 일련의 특수한 문제들이 나타난다. 이 문제들은 플랫폼운영자가 플랫폼을 구축할 때 고려해야 하는 것인 동시에 규제의 필요성을 논할 때의 주요 배경이기도 하다.

1. "닭과 달걀" 딜레마

"닭과 달걀"의 딜레마는 플랫폼 내의 상호적 간접네트워크효과에 의해 발생한다. 즉, 이용자집단은 그들이 상호작용을 할 수 있는 다른 이용자집단의 충분한 참여가 기대되는 경우에 한해 플랫폼의 이용에 관심을 갖는다.[38]

이와 같은 결합된 문제현상을 해결하기 위해 플랫폼운영자는 양 이용자집단을 '하나의 보트에 잡아 두기 위한' 전략을 개발한다. 플랫폼을 현재 기능하고 있는 파이프라인 비즈니스모델(전형적인 가치사슬모델) 위에 구축하거나(토끼 따라가기 전략),[39] 다른 이용자집단 또는 이용자들이 따르

38_ Caillaud/Jullien, 앞의 논문, pp. 310 ff. 참조.

39_ 대표적으로 애플의 단말기 사업과 앱스토어의 결합관계를 예로 들 수 있다.

는 주요 이용자집단 또는 이른바 핵심이용자들만을 플랫폼으로 끌어들이는 시도를 하거나(씨뿌리기 전략 또는 핵심유저 전략) 이미 존재하는 다른 플랫폼의 이용자행태정보를 이용하여 따라하는 방법(피기백 전략) 등을 생각해 볼 수 있다.[40]

그러나 이와 같은 전략에도 불구하고 "닭과 달걀" 딜레마는 시장에 진입하려는 스타트업 플랫폼들에게 상당한 난관으로 작용한다.

2. 플랫폼운영의 최소참여자수(임계점, critical mass) 문제

플랫폼에서 상호작용을 하는 이용자집단의 참여자수는 다른 이용자집단 그리고 새로 참여할 수 있는 잠재적 이용자가 플랫폼을 이용할지를 결정하는 중요한 변수이다. 플랫폼은 충분한 수의 이용자를 얻고 플랫폼에 붙잡아 두고 있어야만 그 안에서의 경쟁을 확보할 수 있다.[41]

플랫폼의 경쟁을 위해 어떠한 구체적인 해결책을 도출할 수 있는가는 개별상황에 따라 다르게 판단해야 한다. 이미 시장에 성공적으로 자리잡은 사업자는 플랫폼운영에 필요한 참여자수를 기존의 자원을 이용하여 쉽게 확보하거나 또는 영역에 따라서는 상대적으로 요구량이 적어질 수 있다. 하지만 최소참여자수는 시장에 새로이 진입하려는 경쟁자들에게는 시장진입장벽이 될 수 있다. 무엇보다 이것이 "닭과 달걀" 딜레마와 결합하게 되면 더욱 분명해진다.[42] 그러나 최소참여자수는 플랫폼 내의 공정한 경쟁을 위해 경쟁법적으로 매우 중요한 요소임에도 불구하고 실제로는 이를 계산할 수 있는 방법과 그 전제로서 시장을 확정하는 문제를 분명하게 설명할 수 없다는 문제가 있다.[43]

40_ 그 외의 플랫폼 전략에 대해서는 Parker/van Alstyne/Choudary, Platform Revolution, 2016, pp. 89 ff. 참고.

41_ Evans, "Web Economy, Two-Sided Markets and Competition Policy", in: Evans (ed.), Platform Economics: Essays on Multi-Sided Businesses, 2011, pp. 256 f.

42_ BKartA, Arbeitspaper, 2016, S. 87.

43_ 이에 대해 다양한 접근방법을 제시하고 있는 문헌으로 변정욱 · 김정현, 앞의 논문,

최소참여자수를 정확하게 산출할 수는 없지만 최대한 많은 이용자를 확보하기 위해 플랫폼은 다양한 비즈니스 전략을 수행한다. 이용자들에게 한시적으로 또는 기본서비스를 무료로 이용할 수 있게 하는 방법(이른바 Freemium 모델)을 생각해 볼 수 있다. 또한 플랫폼을 이용한 경험이 있는 이용자가 다른 잠재적 이용자에게 플랫폼을 추천하면 혜택을 제공하는 이른바 도미노고객 전략도 있다.[44] 플랫폼에 참여한 이후에는 제약이 있는 이용수칙을 적용함으로써 플랫폼의 참가자 수를 유지하기도 한다.

3. 안정성의 문제

일반적으로 거래플랫폼에는 서로 다른 면에 두 개 이상의 이용자집단이 존재하며 상호적 간접네트워크효과가 발생한다. 이용자집단은 서로 각기 다른 목적을 가지고 있으며 상호작용을 통해 규모에 변동이 일어나기도 한다. 만약 한 이용자집단이 강력하게 성장하였다면, 이용자집단 사이의 관계는 서로 달라진다. 이때 다른 이용자집단의 관점에서는 목적한 상호작용을 더 이상 기대할 수 없다고 판단하여 플랫폼의 이용 필요성이 감소할 수 있다. 긍정적 전개과정에서는 이용자가 탈퇴한 후 남아 있는 이용자집단은 재빠르게 이용자집단 사이의 관계를 재구축하여 플랫폼의 안정화를 시도한다. 그러나 이용자의 탈퇴는 다른 이용자들에게도 영향을 주고 연쇄탈퇴로 인해 최소참여자수를 밑돌게 되는 악순환도 발생한다. 이것은 플랫폼의 존속 자체를 위협하게 된다.[45]

4. 이용자의 부도덕행태

특히 개방된 가입구조를 가진 플랫폼에서는 이용자의 부도덕행태 또

125면 이하 참고

44_ Clement/Schreiber, Internet-Ökonomie, 2. Aufl., 2013, S. 192.

45_ Clement/Schreiber, 앞의 책, S. 193 f.

한 문제가 된다. 플랫폼에서 이용자 사이의 접촉은 다양한 경로로 이루어지며 반드시 플랫폼을 경유해야 하는 것은 아니다. 또한 플랫폼은 원칙적으로 중개자의 지위를 가지며 이용자집단 사이의 상호작용이나 거래에 있어서 직접적으로 개입할 수 없다. 바로 이러한 점이 플랫폼이용자의 남용행태를 유발하는 것이다. 경매플랫폼인 eBay는 이용자의 기회주의적 행태에 끊임없이 대처하고 있다. 여기서 기회주의적 행태란 판매자의 입장에서는 낙찰가가 마음에 들지 않아 일방적으로 거래를 중단하거나 구매자의 입장에서는 소위 '장난입찰'이라 불리는 것을 예로 들 수 있다.[46] 어느 경우이든 일방이 합당한 사유 없이 거래의 체결을 포기하는 것으로 온라인경매에서는 매우 빈번하게 발생한다. Amazon 또한 과거에 마켓플레이스와 관련하여 판매자의 불성실행태를 겪었다. 이용자의 부도덕행태는 플랫폼의 명성에 지속적으로 해를 가하고 이용자들이 플랫폼을 이용하는 것을 방해하여 탈퇴하거나 새로운 참여자가 발생하는 것을 저지한다. 1차적으로는 이용자 사이의 계약관계에 문제가 발생한 것이지만 플랫폼운영자는 플랫폼의 구축과 유지를 위해서 이용자의 부도덕행태를 규율해야 할 필요가 있다. 3면 관계에서 플랫폼의 책임을 논할 때 이 점이 근거로 작용할 수 있을 것이다.

5. 플랫폼 구성 시 고려할 수 있는 통제기제

지금까지 위에서 살펴본 바와 같이 플랫폼운영자는 서로 다른 면에 존재하는 두 개 이상의 사용자집단에 참여하는 이용자수를 충분히 확보해야 하고, 다양한 이용자집단 사이의 균형을 유지조절하며 동시에 플랫폼이용자의 잘못된 이용행태를 저지해야 한다.

이처럼 플랫폼에서 발생할 수 있는 문제들에 대응하기 위하여 플랫폼 운영방향을 설정하는 것과 함께 다양한 이용자집단에의 가격설정 또는

46_ 이에 대한 최근의 독일연방대법원의 판결로 BGH, Urteil v. 24.8.2016, VIII ZR 100/15와 Urteil v. 24.8.2016, VIII ZR 182/15 참고.

행동지침과 같은 특별한 이용약관의 작성을 플랫폼의 대표적인 통제기제로서 고려할 수 있다.

(1) 가격설정

무엇보다 강력한 통제기제로서 가격설정을 말할 수 있다.[47] 플랫폼운영자는 다양한 이용자집단에 대하여 플랫폼으로의 진입을 허용하는 위치이기 때문에, 사정에 따라 플랫폼운영자는 모든 이용자집단에게 진입에 대한 반대급부를 요청할 수 있을 뿐만 아니라, 지불해야 할 반대급부를 각각의 이용자집단에 개별적으로 맞출 수 있다. 여기서 플랫폼운영자는 플랫폼의 모든 이용자집단 내에서 진입과 이용정도를 최적으로 조절하는 가격설정을 선택해야 한다.

이를 위해 일반적으로는 높은 수요의 가격탄력성을 가지고 있고, 네트워크효과에 강력하게 영향을 받는 이용자집단이 가격할인과 같은 지원을 받게 된다.[48] 이용자집단의 지원은 특히 두 가지 경우에 고려된다. ① 이용자를 확보하기 위해 여러 플랫폼이 치열한 경쟁을 하고 있는 경우[49]와, ② 다른 이용자집단(B)은 여러 플랫폼을 동시에 이용할 수 있는 환경(이른바 Multi-Homing)에 놓여 있음에도, 한 이용자집단(A)은 오직 하나의 플랫폼만 이용할 수 있는 경우(이른바 Single-Homing)[50]이다. ②의 경우에서 Single-Homing 이용자에 대한 플랫폼의 경쟁이 특히 치열한데,

47_ 다면시장의 가격설정에 대한 문헌으로는 대표적으로 Armstrong, Rand Journal of Economics 37(3), 2006; Rochet/Tirole, Journal of the European Economic Association 1, 2003; Wright, "Why payment card fees are biased against retailers", Rand Journal of Economics 43(4), 2012.

48_ Amstrong, 앞의 논문, pp. 668 ff.; Peitz, "Marktplätze und indirekte Netzwerkeffekte", PWP 2006, 317, 326 ff.

49_ 결과적으로 Caillaud/Jullien, 앞의 논문, p. 322.

50_ Multi-Homing은 이용자가 여러 상거래플랫폼을 병행적으로 이용하는 것을 말한다. 이에 반해 Single-Homing은 이용자가 단 하나의 상거래플랫폼만을 이용할 수 있는 경우를 뜻한다. Multi-Homing은 여러 시장 면에서 나타날 수 있고 그에 따라 다양한 상황들로 구분될 수 있다. 상세한 것은 Amstrong, 앞의 논문, p. 669.

플랫폼이 Single-Homing 이용자를 확보하였다면 Multi-Homing 이용자 또한 Single-Homing 이용자와의 상호작용을 위해 각 플랫폼을 이용해야만 하기 때문이다. 서로 다른 이용행태에 있어서는(즉 한 이용자집단은 Single-Homing을, 다른 이용자집단은 Multi-Homing을 행하는 경우) 일반적으로 Single-Homing 참여자를 지원하게 된다.[51] 다양한 이용자집단의 서로 다른 이용행태는 신문잡지시장에서 관찰된다. 광고운영자는 광고를 여러 신문잡지에 실을 수 있지만(Multi-Homing), 독자는 전형적으로 하나의 신문 또는 잡지를 선택한다(Single-Homing). 따라서 신문잡지사 사이의 Single-Homing 독자를 얻기 위한 상당한 경쟁이 존재하고 일반적으로 독자인 이용자집단은 가격할인이나 사은품 제공과 같은 지원을 받게 된다.[52]

그러나 강력한 통제기제임에도 불구하고 가격설정은 처음부터 균형잡혀 있는 경쟁상황을 전제로 하고 있음을 인식하여야 한다. 이미 하나의 시장에서 과점이 존재한다면 후발업체들은 Single-Homing 참여자를 확보하기 어려우며 이들을 지원하는 가격설정은 큰 효과를 기대할 수 없다. 또한 가격설정은 경쟁법상 불공정거래를 유도할 위험이 있어 이를 감독할 또 다른 수단이 필요하다.

(2) 행동지침

다음으로 의미가 있는 통제기제는 플랫폼이용자들에 대한 행동지침이다. 이러한 행동지침은 어떠한 조건 아래에서 이용자가 플랫폼에 참여하며 그에 상응하는 중개서비스를 요청할 수 있는지를 규율한다. 이러한 지침을 통해 플랫폼은 특히 긍정적 간접네트워크효과의 극대화를 노리고 동시에 안정성문제, 참여자의 과도한 밀집 또는 남용행태 같은 잠재적 방해요소의 발생을 방지하거나 또는 감소시킨다. 행동지침의 통제적 요소는 바로 플랫폼운영자의 플랫폼에 대한 소유권 행사로서 행동

51_ Amstrong, 앞의 논문, pp. 677 ff,

52_ Peitz, 앞의 논문, 317, 328 f.

지침을 위반한 이용자를 배제할 수 있는 가능성으로부터 도출된다.[53]

행동지침의 형태는 매우 다양하며 작성에 있어서는 추구하는 통제의 목적에 따른다. 플랫폼은 구매자인 이용자집단에 대해 플랫폼의 사용이점을 보장하기 위하여 판매자에게 플랫폼을 광고의 목적으로 이용하지 않고 다른 추가적인 비용 또는 수수료를 물리지 않도록 의무지울 수 있다.[54] 또한 플랫폼은 판매자에게 상품에 대해 가능한 정확하게 묘사하고 계약체결 전 정보 불균형의 발생을 최소화할 의무를 부담시킬 수 있을 것이다.

이와 같은 "플랫폼-이용자 간 협약"으로 표현될 수 있는 플랫폼운영자와 플랫폼이용자 사이의 플랫폼 진입과 이용요건에 관한 약정들은 3면 계약관계를 나타내는 것이고 플랫폼이 이 계약관계 안에서 얼마나 영향력을 가지고 있는지를 알 수 있게 한다. 거래의 당사자는 플랫폼을 이용하여 계약을 체결하는 각 면의 이용자들이지만 플랫폼은 행동지침을 통해 거래의 당사자들에게 상당한 영향력을 행사하게 된다. 결국 적절한 행동지침을 규정하지 않은 플랫폼에 대해 실제 거래에서의 영향력 정도를 판단하여 플랫폼 내에서 발생한 문제들에 대해 책임을 물을 수 있을 것이다.

Ⅷ. 마치며

규제의 영역에서 플랫폼과 양면시장의 문제를 인식하면서도 실제로 이 현상에 대한 정확한 이해가 어려웠던 것은 온라인 거래라는 커다란 틀 안에서 구체적으로 파악하려는 시도가 부족했기 때문이라 여겨진다.

53_ 이에 대해 상세한 설명은 Evans, "Governing Bad Behavior by Users of Multi-Sided Platforms", Berkeley Technology Law Journal 27(2), 2012 참조.

54_ 대표적으로 eBay Deutschland의 약관 제3조 제7호와 제10호 참고(https://www.ebay.de/help/policies/member-behavior-policies/allgemeine-geschftsbedingungen-fr-die-nutzung-der-deutschen-ebaydienste?id=4259).

플랫폼 현상은 주로 온라인 거래환경에서 논의되고 필연적으로 기존의 규제를 우선 적용하게 된다. 그러나 끊임없이 변화하는 온라인 시장에 대한 규제는 언제나 뒤처질 수밖에 없기 때문에 온라인 플랫폼도 단순히 온라인 쇼핑몰의 변화된 형태 정도로 받아들였을 가능성도 생각해 본다. 하지만 플랫폼 현상으로 인해 나타난 문제는 기존의 거래당사자 사이의 문제를 규율하는 방식으로는 충분한 해결이 되지 못하고 더 나아가 온라인 시장 내의 플랫폼을 통한 또 다른 시장의 형성은 공정한 경쟁을 위해 더 구체적인 규제방향을 요구한다. 따라서 플랫폼의 규제는 기존의 방식과는 다른 방향으로 접근이 필요하고 이를 위해서는 그 현상을 명확히 이해하는 것이 선행되어야 한다.

지금까지 살펴본 바에 의하면 플랫폼은 서로 다른 면에 존재하는 두 개 이상의 이용자집단의 상호작용으로써 나타난 간접네트워크효과의 영향을 받는 양면시장을 발생시키는 매개체로 설명할 수 있을 것이다. 그러나 플랫폼 내부에서는 같은 면에 있는 이용자집단들 사이의 직접네트워크효과가 발생할 수 있고 이것이 다른 면에 존재하는 이용자집단의 참여자와의 거래 혹은 상호작용에 영향을 줄 수 있다. 기존의 단면적 영업모델인 온라인쇼핑몰은 이미 플랫폼모델을 수용하여 두 모델이 결합된 형태로 운영한다. 더 나아가 위탁판매형 플랫폼에서는 중립적 중개자의 지위는 존재하지 않는다. 이처럼 하나의 기준으로 설명할 수 없을 정도로 다양한 작용요소들이 존재하기 때문에 플랫폼을 단일 요소들로 정의내리는 것은 불가능할 뿐만 아니라 실익도 없다고 판단된다. 플랫폼은 기본적으로 중개자의 지위에서 출발하지만 현재 단순히 중개자의 역할만 하는 플랫폼은 거의 없다고 할 수 있다. 따라서 플랫폼은 이용자집단들 사이의 상호작용을 가능케 하고 그로 인해 발생하는 네트워크효과가 플랫폼시장에 영향을 미치는 총체적인 현상으로 이해하여야 한다.

플랫폼은 온라인시장에 새로운 유형의 영업모델을 가능하게 하였으며 새로운 혁신시장으로서의 가치가 인정된다. 그러나 플랫폼을 통한 거래가 증가함에 따라 무시할 수 없는 피해들도 발생하고 있지만 현재 이에 대한 대처는 미흡하다. 따라서 이에 대응하기 위한 규제가 필요한 것 역시 분명하다. 하지만 규제의 필요성과 내용은 플랫폼 작용의 특수성을 이해하고 그에 따라 문제가 분명한 요소들을 규제하여야 할 것이다. 단순히 플랫폼에서 발생한 문제라는 이유로 플랫폼에 대해 일괄적으로 책임을 지워서는 안 된다. 일괄규제방식은 불필요한 시장개입의 결과를 낳을 수 있다.

위에서 간략하게 언급한 대로 플랫폼시장에서는 경쟁법적으로는 시장의 확정과 공정경쟁의 문제(간접네트워크효과의 시장집중경향성)가, 계약법적으로는 3면관계의 규율(3면 관계에서 플랫폼의 영향력문제)이 핵심쟁점이 될 것이다. 이 문제들은 모두 플랫폼에서의 이용자집단 간 상호작용과 네트워크효과로 인해 발생하는 것이다.

3면 관계의 규율에서는 플랫폼의 중개자로서의 지위를 어떻게 다뤄야 하는지가 중요한 문제이다. 현행법상 단순 중개자는 거래의 상대방이 아니므로 거래에서 발생하는 문제에 대해 원칙적으로 책임을 지지 않는다. 많은 온라인 플랫폼이 플랫폼 내에서 발생한 문제에 대해 단지 중개자임을 주장하며 문제해결에 적극적으로 나서지 않는 경우가 빈번하다. 그러나 본래의 중개플랫폼이든 기존의 단면적 영업모델에서 플랫폼의 요소만을 도입하였든 간에 현재 단순 중개자 형태의 플랫폼은 거의 찾아볼 수 없고 특히 온라인 거래를 목적으로 하는 플랫폼은 플랫폼의 가입과 이용 모두 자체적인 지침에 따라 이용자의 행동을 규율한다. 모바일 플랫폼의 경우에는 대다수가 광고와 결제수단까지 제공하여 이용자 사이의 거래에도 상당히 개입하고 있다. 그러나 개입을 하고 있을 뿐 거래의 당사자가 아닌 것은 분명하기 때문에 거래의 당사자와 동일한 책임을 물을 수 없으며 결국 이에 대한 규제는 플랫폼운영자가 플랫폼을 운영하기 위해 적절한 행동지침을 마련하고 결제수단을 관리 감독할 것을 의무지울 수 있을 것이다. 따라서 플랫폼은 자신이 마련한 행동지침이나 결제수단을 통해 이용자의 잘못된 이용행태를 방지하고 문제 발생 시 대금산정을 미룰 수 있게 된다.

경쟁법적으로는 간접네트워크효과의 시장집중경향성이 주된 논의의 대상이다. 플랫폼은 플랫폼 운영을 위한 최소한의 이용자수를 확보하는 것이 선행문제이고 이것이 기존의 단면적 영업모델과 확연히 구별되는 점이라고 할 수 있다. 플랫폼은 간접네트워크효과로 인해 필연적으로 독과점의 구조를 지향한다. 동일면의 이용자집단 또는 다른 면의 이용자집단을 구별하지 않고 플랫폼을 이용하는 집단이 다양하고 많을수록 외부의 이용자 또는 이용자집단이 플랫폼에 참여하는 동인이 점점 커지기 때문이다. 그러나 위에서 살펴보았듯이 플랫폼 시장은 단순하지 않고 상품 또는 용역의 제공, 광고 그리고 파트너매칭 등 모든 요소들이 섞일 수 있으며 더 나아가 온라인 포털사이트로 분류되는 네이버나 google 등은 이미 여러 영역에 걸쳐 플랫폼으로서의 역할을 하고 있다. 따라서 우선적으로 경쟁의 공정성을 판단하기 위한 시장을 어떻게 확정지을 수 있을 것인지가 문제가 된다. 이미 과점시장을 형성하고 있으나 제공되는 상품이나 용역으로 시장을 구별할 수 있는지 아니면 포털사이트가 확보하고 있는 이용자가 해당 서비스를 이용할 수 있는 가능성도 고려해야 하는지는 중요한 판단기준이 될 것이다. 후자의 기준을 적용한다면 결국 과점시장 내의 사업자로서 온라인 포털사이트를 규제해야 하는 결론에 이르게 된다.

위의 문제요소들은 또한 플랫폼이 기존의 다른 온라인 거래모델과 어떻게 다른지를 분명하게 보여 주는 예이다. 구체적으로 플랫폼 현상에 의한 문제들은 사안에 따라 판단해야 할 필요가 크고, 그에 관한 연구논문들이 많이 발표되어 있으며 지금도 계속 연구가 진행 중이다. 지금까지의 플랫폼 현상에 대한 설명으로써 관련 문제들의 더 깊은 이해와 다른 새로운 해결방법에 대한 논의가 이루어지는 데 도구가 제공된 것이길 바라본다.

참고문헌

1. 국내문헌

고형석, "공유경제산업과 소비자보호–Airbnb를 중심으로", 「재산법연구」, 제34권 제3호, 2017

김현경, "플랫폼 사업자 규제법안에 대한 비판적 검토", 「법조」, 제67권 제2호, 2018

변정욱 · 김정현, "온라인 양면 거래 플랫폼의 시장획정 및 시장지배력 판단", 「경쟁법연구」, 제37권, 2018

송태원, "인터넷 플랫폼 시장에서 경쟁제한의 우려와 규제방안에 대한 고찰", 「경제법연구」, 제17권 제1호, 2018

이금노 · 서종희 · 정영훈, "온라인플랫폼 기반 소비자거래에서의 소비자문제 연구", 「정책연구」 16-03, 한국소비자원, 2016

이병준 · 황원재 · 박미영, "유럽연합 전자상거래 플랫폼 규제동향과 시사점", 「외법논집」, 제42권 제3호, 2018

이상규, "양면시장의 정의 및 조건", 「정보통신정책연구」, 제17권 제4호, 2010

장보은, "음식주문 플랫폼을 이용한 거래에 관한 계약법적 검토–관련 산업에 대한 규제를 고려하여", 「외법논집」, 제42권 제3호, 2018

정신동, "선택적 유통시스템과 온라인 플랫폼을 통한 상품 판매의 금지–유럽사법재판소의 Coty Germany 판결을 중심으로", 「외법논집」, 제42권 제3호, 2018

최나진, "개정 전자상거래소비자보호법상의 통신판매중개자의 지위와 책임", 「외법논집」, 제40권 제3호, 2016

홍대식, "플랫폼 경제에 대한 경쟁법의 적용 : 온라인 플랫폼을 중심으로", 「법경제학연구」, 제13권 제1호, 2016

2. 외국문헌

Armstrong, Mark, "Competition in two-sided markets", Rand Journal of Economics 37(3), 2006

Bundeskartellamt, Arbeitspaper — Marktmacht von Plattformen und Netzwerken, 2016

Caillaud, Bernard/Jullien, Bruno, "Chicken & egg: Competition among intermediation service providers", Rand Journal of Economics, 2003

Clement, Reiner/Schreiber, Dirk, Internet-Ökonomie: Grundlagen und Fallbeispiele der vernetzten Wirtschaft, 2. Aufl., Springer Gabler, Berlin Heidelberg, 2013

Evans, David S., "Economics of Vertical Restraints for Multi-Sided Platforms", University of Chicago Institute for Law & Economics Olin Research Paper 626, 2013

Evans, David S., "Governing Bad Behavior by Users of Multi-Sided Platforms", Berkeley Technology Law Journal 27(2), 2012

Evans, David S., "The antitrust economics of multi-sided platform markets", Yale Journal of Regulation 325, 2003

Evans, David S., "Web Economy, Two-Sided Markets and Competition Policy", in: Evans, David S. (ed.), Platform Economics: Essays on Multi-Sided Businesses, Competition Policy International, 2011

Filistrucchi, Lapo/Geradin, Damien/van Damme, Eric/Affeldt, Pauline, "Market Definition in Two-Sided Markets: Theory and Practice", TILEC Discussion Paper 2013-009, 2013

Hagiu, Andrei/Wright, Julian, "Multi-sided platforms", International Journal of Industrial Organization 43(C), 2015

Hamelmann, Lisa/Haucap, Justus, Kartellrecht und Wettbewerbspolitik für Online-Plattform, DICE Ordnungspolitische Perspektiven 78, 2015

Kumkar, Lea Katharina, Online-Märkte und Wettbewerbsrecht, Nomos, Baden-Baden 2017

Luchetta, Giacomo, "Is the google platform a two-sided market?", Journal of Competition Law & Economics, Volume 10(1), 2013

Parker, Geoffrey G./van Alstyne, Marshall W./Choudary, Sangeet Paul, Platform Revolution, W. W. Norton & Company, New York 2016

Peitz, Martin, "Marktplätze und indirekte Netzwerkeffekte", Perspektiven der Wirtschaftspolitik, 2006

Rochet, Jean-Charles/Tirole, Jean, "Platform competition in two-sided markets", Journal of the European Economic Association 1, 2003

Rochet, Jean-Charles/Tirole, Jean, "Two-sided markets: A progress report", Rand Journal of Economics 37(3), 2006

Shy, Oz, "A Short Survey of Network Economics", Review of Industrial Organization 38(2), 2001

Wright, Julian, "One-sided logic in two-sided markets", Review of Network Economics 3(1), 2004

Wright, Julian, "Why payment card fees are biased against retailers", Rand Journal of Economics 43(4), 2012

Zimmer, Daniel/Blaschczok, Martin, "Most-favoured-customer clauses and two-sided platforms", Journal of European Competition Law & Practice 5(4), 2014

법적 규제대상으로서 온라인 플랫폼의 유형에 관한 연구*

—EU법과 2021년 전자상거래법 전부개정안의 분석을 중심으로—

정신동**

Ⅰ. 들어가며

1. 법적 개념으로서의 '온라인 플랫폼'

플랫폼이라는 단어는 본래 기차를 승하차하는 공간이나 강의자, 연사, 지휘자 등이 사용하는 강단을 뜻하는 용어이었으나, 지금은 윈도우즈, 안드로이드나 iOS와 같은 운영체제를 플랫폼이라 부르기도 하고, 오픈 마켓과 같은 온라인 중개 시장 및 Facebook 등과 같은 소셜 네트워크 서비스를 플랫폼이라 칭하기도 한다. 즉 플랫폼은 굉장히 다양한 의미로 이미 우리 주변에서 널리 사용되고 있는 친숙한 용어라 말할 수 있다. 그런데 법에 따라 전자상거래 영역에서의 온라인 플랫폼 관련 문제

---

* 이 논문은 유통법연구 제8권 제1호(2021)에 게재된 것입니다.

** 강릉원주대학교 법학과 조교수.

를 해결하고 플랫폼을 적절히 규제하기 위해서는 규제 영역을 한정하기 위해 필연적으로 법률용어로서의 온라인 플랫폼 개념을 사용해야만 한다. 이처럼 온라인 플랫폼 개념을 법률용어로서 정의해야 한다면 그것은 반드시 해당 법률의 입법목적 및 법률효과와 연계되어 있어야 할 것이다.[1]

그런데 온라인 플랫폼을 규율하고자 하는 법의 목적은 매우 다양할 수밖에 없어서 온라인 플랫폼과 관련하여 발생하는 법적 문제를 해결하고자 특별법을 제·개정할 시 온라인 플랫폼을 어떻게 정의하고, 궁극적으로 어느 범위의 플랫폼까지 규제할 것인지는 면밀한 연구와 검토가 필요한 문제이다. 결국 법 명제의 적용을 위한 구성요건으로서 법률용어를 고안해 내야 할 것인데 이때 고려될 수 있는 입법목적으로는 예컨대 입점 사업자에 대한 온라인 플랫폼의 불공정행위를 방지하기 위한 목적, 온라인 플랫폼 내의 거래에 있어서 소비자를 보호하고자 하는 목적, 온라인 플랫폼 내 위해 정보 내지 권리 침해 정보와 관련된 보호목적 등을 생각할 수 있을 것이다.

2. 2021년 전자상거래법 전부개정안과 온라인 플랫폼 서비스

현재 국내에서는 온라인 플랫폼 운영자에 대한 새로운 규율체계를 마련하고자 몇 가지 입법이 진행되고 있다. 우선 최근 「온라인 플랫폼 중개거래의 공정화에 관한 법률안」(이하 '온라인 플랫폼 공정화법안'이라 한다)[2]

1_ 칼 엥기쉬 지음/안법영·윤재왕 역, 「법학방법론」, 세창출판사, 2011, 17면 이하 참조: "법적 친족개념은 법률가들이 흔히 말하는 구성요건으로 기능하며, 법규범을 통해 이 구성요건에 일정한 법률효과가 연결된다. … 결국 법에서 말하는 친족은 법률에서 이러이러하게 서술된 친족관계라는 사실(요건)에 기초하여 <u>이러이러한 법률효과가 발생하거나 발생하지 않는다는 것을 뜻할 뿐이다</u>. 인간생활에서 친족이라는 개념이 불러일으키는 여타의 다른 모든 요소들, 예컨대 결속감이나 운명공동체라는 감정, 같은 조상의 기억, 같은 고향 … 등은 법에서는 간접적으로만 고려의 대상이 될 뿐 법률효과로 인정되는 권리와 의무를 중시하는 법에서는 직접적인 의미가 없다."

2_ 온라인 플랫폼 중개거래의 공정화에 관한 법률안[정부 발의, 의안번호: 7743, 발의연

이 발의되어 국회에서 심사 중에 있고, 본고에서 논의하고자 하는 「전자상거래 등에서의 소비자보호에 관한 법률 전부개정법률안」(이하 '전자상거래법 전부개정안'이라 한다)[3]이 공정거래위원회에 의해 마련되어 2021년 3월 5일부터 4월 14일까지(40일간) 입법예고가 되었다. 후자인 전자상거래법 전부개정안은 제2조에서 본 법안상 사용되는 용어들을 정의하고 있는데, 온라인 플랫폼 및 온라인 플랫폼 서비스라는 개념을 중심으로 하여 「전자상거래 등에서의 소비자보호에 관한 법률」[4](이하 '전자상거래법'이라 한다)상의 용어를 대폭 재정비하고 있다. 이러한 온라인 플랫폼 서비스라는 개념은 전자상거래법상 규제 대상을 획정하는 매우 중요한 역할을 담당하는 것으로서 앞서 언급하였듯이 법의 목적을 고려한 적정 규제 범위와도 연결되어 있는 것이다. 통신판매 및 통신판매중개라는 낡은 개념을 버리고 변화된 시장상황에 상응하는 규율체계를 마련하고자 온라인 플랫폼 서비스 개념을 새로이 도입한 것은 매우 긍정적으로 평가할 수 있는데, 구체적으로 어느 범위까지 전자상거래법상 온라인 플랫폼 서비스로 보아야 하는지는 집중적으로 논의된 바가 없는 것으로 보인다. 이에 본고에서는 국내 입법에 있어 비교법 자료로 많이 활용되고 있는 EU 입법례를 비교 · 검토하면서 전자상거래법 전부개정안 내용 중 온라인 플랫폼 내지 온라인 플랫폼 서비스 개념을 규제대상 획정 차원에서 분석해 보고자 한다.

월일: 2021.1.28.]. 동 법안은 온라인 플랫폼 중개거래계약서 교부의무, 온라인 플랫폼 중개사업자의 사전통지 의무를 규정함과 아울러 온라인 플랫폼 중개사업자의 불공정 거래행위 기준 등을 마련하고 있다.

3_ 전자상거래 등에서의 소비자보호에 관한 법률 전부개정법률안(공정거래위원회), https://www.moleg.go.kr/lawinfo/makingInfo.mo?lawSeq=62975&lawCd=0&&lawType=TYPE5&mid=a10104010000에서 확인할 수 있다.

4_ 전자상거래 등에서의 소비자보호에 관한 법률 [시행 2018. 12. 13.] [법률 제15698호, 2018. 6. 12., 일부개정].

II. EU 법체계상 규제 대상으로서 온라인 플랫폼

최근 온라인 플랫폼 거래현상과 관련하여 입법 활동이 가장 집중적으로 이뤄지고 있는 지역으로 유럽연합을 말할 수 있다. 첫째, 온라인 플랫폼 운영자의 불공정 거래관행으로부터 온라인 플랫폼 이용사업자를 보호하기 위해 「온라인 플랫폼 시장의 공정성 및 투명성 강화를 위한 규칙」(이하 'EU P2B법'이라 한다)[5]이 제정되어 2020년 7월 12일부터 시행되고 있다. 온라인 중개 서비스를 제공하는 플랫폼 운영자와 소위 입점사업자의 관계를 규율하는 EU P2B법은 EU 집행위원회가 제안한 원안에 비해 규제수준이 상당히 후퇴했다는 비판이 제기되고 있음에도 불구하고, (특히 투명성과 관련하여) 온라인 플랫폼과 이를 이용하는 사업자 간의 관계를 구속력 있게 규율하고 있다는 점에서 상당한 주목을 받고 있다. 또한 EU에서는 최근 온라인 플랫폼 내 거래와 관련된 소비자 보호 문제를 해결하기 위해 2011년 제정된 EU 소비자권리지침을 개정하여 거래의 투명성 확보를 위한 다양한 정보제공의무들을 새로이 도입하였다. 2019년 11월 소위 New Deal for Consumers로 불리는 「EU 소비자보호규정의 강화 및 현대화를 위한 입법지침」[6]을 제정하여 EU 소비자권리지침

5_ Regulation (EU) 2019/1150 of the European Parliament and of the Council of 20 June 2019 on promoting fairness and transparency for business users of online intermediation services. P2B법 내용을 자세히 소개하고 있는 국내 문헌으로 김진우, "유럽연합 및 일본의 온라인 플랫폼 규율과 국내 추진법안의 비교 및 시사점", 「소비자법연구」 제7권 제1호, 2021, 202면 이하; 황태희, "온라인 중개플랫폼 사업자 규제에 대한 EU 및 국내 입법 동향에 관한 소고", 「법학연구」 통권 제63집, 전북대학교 법학연구소, 2020, 449면 이하; 손영화, "EU의 디지털플랫폼규칙에 관한 소고", 「법학논집」 제25권 제2호, 이화여자대학교 법학연구소, 2020, 365면 이하; 강지원, "EU의 온라인 플랫폼 규칙 시행이 유통분야에 주는 시사점", 「유통법연구」 제7권 제1호 2020, 41면 이하 참조.

6_ Directive (EU) 2019/2161 of the European Parliament and of the Council of 27 November 2019 amending Council Directive 93/13/EEC and Directives 98/6/EC, 2005/29/EC and 2011/83/EU of the European Parliament and of the Council as

을 개정하면서 온라인 시장(Online Marketplace)이라는 개념을 신설하였고, 웹사이트 내지 애플리케이션 내에서 일어나는 소비자 간 거래 또는 개인 간 거래에 대해서도 의미 있는 규정을 도입하였다. 나아가 2019년 12월에는 EU의 대표적인 소비자법학자 및 법률가들이 회원으로 활동하고 있는 유럽법연구소(European Law Institute: ELI)에서 「온라인 플랫폼 규율에 대한 모델법」(Model Rules on Online Platforms)을 마련하여 EU 차원의 입법에 상당한 영향을 미치고 있다.[7] 이 모델법은 플랫폼 규율을 위한 기본법 제정을 목표로 하는 것으로서 플랫폼 내 소비자거래뿐만 아니라 사업자 간 거래가 행해지는 경우도 예상하고 있다. 그리고 가장 최근에 디지털 시장을 규율하기 위해 EU에서 논의 중인 2개의 법안, 즉 아직 최종 입법이 이뤄진 것은 아니고 법안 발의권을 가지고 있는 EU 집행위원회에 의해 제안된 법안에 불과하지만 「EU 디지털서비스법안」(Proposal of Digital Services Act, 이하 'EU DSA'라 한다)[8] 및 「EU 디지털시장법안」(Proposal of Digital Markets Act, 이하 'EU DMA'라 한다)[9]이 세계적인 주목을 받고 있다. 디지털 서비스 패키지라고 불리는 이 두 법안 중 EU DSA는 디지털 서비스와 관련된 일반적 책임원칙과 주의의무에 관한 규정을 두고 있고, EU DMA는 게이트키퍼 역할을 하는 핵심 플랫폼 서비스의

---

regards the better enforcement and modernisation of Union consumer protection rules

7_ ELI 온라인 플랫폼 모델법 전문과 조문별 축조해설은 https://www.europeanlawinstitute.eu/fileadmin/user_upload/p_eli/Publications/ELI_Model_Rules_on_Online_Platforms.pdf 에서 확인할 수 있다. ELI측의 공식 승인을 얻은 모델법 전문과 해설 번역본으로 김상중/이병준/황원재/정신동/박미영, "ELI 보고서: 온라인 플랫폼 모델법", 「소비자법연구」 제7권 제1호, 2021, 383면 이하 참조.

8_ COM(2020) 825 final. 이 법안을 조망하는 독일문헌으로 Härting/Adamek, CR 2021, 165 ff.; Rössel, ITRB 2021, 35 ff. 이 법안에 대한 국내 문헌은 많지 않지만 DSA가 전자상거래와 관련하여 의미를 가지는 주요 내용에 대한 소개 및 평가로 이병준, "유럽연합 디지털 서비스법을 통한 플랫폼 규제–디지털 서비스법 초안과 그 시사점을 중심으로", 「한국유통법학회 2021년 춘계학술대회 자료집」, 2021, 25면 이하; 이상윤, "유럽연합의 플랫폼 규제 동향", 「외법논집」 제44권 제3호, 2020, 312면 이하 참조.

9_ COM(2020) 842 final.

행동을 규제하는 내용을 담고 있다. 이 중에서 전자상거래 소비자보호와 관련하여 우리에게 시사점을 주는 법안은 EU DSA로서 그 적용범위가 온라인 시장뿐만 아니라 온라인 플랫폼, 소셜미디어 사업자 등 대부분의 디지털 서비스 제공자에게 적용될 예정이다.

이와 같이 현재 EU 권역에서 온라인 플랫폼 규제와 관련하여 주목받고 있는 법(안)들은 총 4가지로서 이들의 플랫폼 개념 정의 내지 규율대상이 되는 플랫폼의 범위를 살펴보는 것은 비교법적으로 매우 의미 있는 것이다. 특히 이 4가지 온라인 플랫폼 개념 정의가 일치하지 않고, 그 규제 목적에 따라 상이하게 규율 범위가 획정되어 있다는 점에서 상당한 흥미를 불러일으키고 있다. 이하에서는 규제대상으로서 온라인 플랫폼의 범위가 가장 협소한 것부터 점점 넓어지는 순으로 논의를 진행해 보겠다.

1. EU 개정 소비자권리지침상 '온라인 마켓플레이스'

2017년 유럽연합 집행위원회 위원장 융커는 연례 시정연설에서 유럽 소비자법 실현을 강화시키는 새로운 소비자 기본지침의 구상을 발표하였고, 이후 4개의 EU 입법지침, 즉 불공정 거래행위에 관한 입법지침(2005/29/EG), 소비자권리지침(2011/83/EU), 불공정 약관조항에 관한 입법지침(93/13/EWG)과 가격표시에 관한 입법지침(98/6/EG)을 개정하는 작업이 시작된 바 있다. 이 개정 작업은 2019년 11월 New Deal for Consumers로 불리는 EU 소비자보호규정의 강화 및 현대화를 위한 입법지침[10] 제정으로 결실을 맺게 되었고 이를 통해 개정되는 EU 소비자권리지침의 핵심적 내용은 '온라인 시장에서의 투명성 강화'와 '디지털 서비스 시장에의 소비자보호 확대'에 있다.

10_ Directive (EU) 2019/2161.

이처럼 온라인 플랫폼 내에서 이뤄지는 거래와 관련하여 소비자를 보호하기 위해 EU 개정 소비자권리지침은 적극적으로 온라인 마켓플레이스 내지 온라인 시장(Online Marketplace) 개념을 정의하고 있다. 구체적으로 동 지침 Art. 4(1)(e)(17)가 이 지침상에서의 온라인 시장 개념은 "소비자가 웹사이트, 웹사이트의 일부분 또는 사업자에 의해 운영되거나 사업자의 이름으로 운영되는 애플리케이션 등의 소프트웨어를 사용하여 다른 사업자나 소비자와 원거리계약을 체결할 수 있도록 하는 서비스"[11]라고 정의하고 있고,[12] '온라인 시장 제공자(provider of an online marketplace)'는 온라인 시장을 소비자에게 제공하는 모든 사업자를 말한다고 규정하고 있다(Art. 4(1)(e)(18)).[13] 즉, EU 개정 소비자권리지침이 규율하고자 하는 온라인 플랫폼 운영자는 그 플랫폼이 (국내 전자상거래법상 통신판매계약에 부합하는) 원거리계약을 체결할 수 있는 소프트웨어를 제공하는 경우로 한정된다고 말할 수 있다. 이러한 개념 정의를 기반으로 하여 온라인 시장 제공자에게는 다양한 정보제공의무들이 부과되고 있는데, 대표적으로 온라인 시장 내에서 상품 등을 판매하는 자가 사업자인지 비사업자인지 여부를 고지하도록 되어 있고, 만약 비사업자에 해당하는 경우에는 EU 소비자보호법상 보장되는 소비자의 권리가 해당 계약에 있어서는 발생되지 않는다는 점을 알리도록 하고 있다.[14] 나아가

11_ Art. 4(1)(e)(17): 'online marketplace' means a service using software, including a website, part of a website or an application, operated by or on behalf of a trader which allows consumers to conclude distance contracts with other traders or consumers.

12_ 이러한 온라인 시장 개념은 같은 시기 개정되는 EU 불공정 거래행위에 관한 입법지침에 있어서도 마찬가지이다(Directive (EU) 2019/2161 Art. 3(1)(b)(n)).

13_ Art. 4(1)(e)(18): 'provider of an online marketplace' means any trader which provides an online marketplace to consumers.

14_ Art. 5 (b) whether the third party offering the goods, services or digital content is a trader or not, on the basis of the declaration of that third party to the provider of the online marketplace; (c) where the third party offering the goods, services or digital content is not a trader, that the consumer rights stemming from Union consumer protection law do not apply to the contract.

플랫폼 운영자와 소비자와의 관계에 있어서 검색순위 결정기준이 가지는 의미를 고려하여 검색순위를 결정하는 주요 매개변수 및 매개변수 간의 중요도 역시 공개하도록 규정하고 있고,[15] 이를 통해 소비자 기만이나 선호도 왜곡을 방지하고 보다 정확한 검색·배열 순위 제공을 통한 온라인 플랫폼 운영의 투명성을 제고하고 있다.

이처럼 온라인 시장 내에서의 투명성을 강화하는 EU의 새로운 소비자권리지침은 그 실현 절차상 회원국가의 국내법으로 입법이 이뤄져야 하는데 독일의 경우 민법전을 개정하는 법안이 2020년 10월 입법예고된 바 있다.[16] 이 개정안에 의하면 독일 민법전 내 "전자상거래에서의 계약(Verträge im elektronischen Geschäftsverkehr)"에 관한 장을 "전자상거래에서의 계약; 온라인 시장(Verträge im elektronischen Geschäftsverkehr; Online-Marktplätze)"으로 제목이 수정되고 온라인 시장에 관한 조문을 독일 민법 제312조k에 신설하게 된다. 여기서의 온라인 시장 개념도 상위법인 EU 지침에서와 동일하게 "소비자가 웹사이트, 웹사이트의 일부분 또는 사업자에 의해 운영되거나 사업자의 이름으로 운영되는 애플리케이션 등의 소프트웨어를 사용하여 다른 사업자나 소비자와 원거리계약을 체결할 수 있도록 하는 서비스"로 규정되어 있어,[17] 계약의 체결이 이뤄지는 온라인 플랫폼을 전제하고 있는데, 예컨대 가격비교 포털이 이 조문의 적용대상이 되기 위해서는 소비자와의 계약체결이 가격 비교사이트 내에서 직접적으로 일어날 수 있어야 한다고 분명히 밝히고 있다.[18]

15_ 개정된 EU 소비자권리 지침상의 Art. 6a(1a).

16_ Entwurf eines Gesetzes zur Änderung des Bürgerlichen Gesetzbuchs und des Einführungsgesetzes zum Bürgerlichen Gesetzbuche in Umsetzung der EU-Richtlinie zur besseren Durchsetzung und Modernisierung der Verbraucherschutzvorschriften der Union, 30.10.2020.

17_ § 312k (3) Online-Marktplatz ist ein Dienst, der es Verbrauchern ermöglicht, durch die Verwendung von Software, die vom Unternehmer oder im Namen des Unternehmers betrieben wird, einschlieβlich einer Webseite, eines Teils einer Webseite oder einer Anwendung, Fernabsatzverträge mit anderen Unternehmern oder Verbrauchern abzuschlieβen.

이와 같이 EU 소비자권리 지침이 규율하고자 하는 온라인 플랫폼 유형이 원거리 계약 내지 통신판매계약 체결 기능이 제공되는 경우로 한정되고 있는 것은 이 지침의 규율목적 내지 법률효과와 직접적으로 연결되어 있다. EU 소비자권리지침에서 해결하고자 하는 주된 소비자 문제는 원거리 계약 내지 통신판매계약 체결에 있어서 발생하는 정보비대칭성 문제로서, 이를 해결하기 위해 동 지침 내에서 '상품 등에 대한 사업자의 정보제공의무' 및 '소비자 철회권'에 대한 사항을 상세히 규정하고 있기 때문이다. 즉 소비자계약으로서 원거리계약이 체결되는 상황을 전제로 정보제공의무와 소비자 철회권을 규율하고 있기 때문에 규제대상으로서의 온라인 플랫폼도 그 플랫폼 내에서 계약의 체결이 가능한 경우로 한정하고 있는 것이다.

2. EU P2B법상 온라인 중개 서비스

최근 EU에서는 온라인 플랫폼 운영자의 불공정 거래관행으로부터 플랫폼 이용사업자를 보호하기 위해 온라인 플랫폼 시장의 공정성 및 투명성 강화를 위한 규칙이 제정되어 2020년 7월 12일부터 시행되고 있다. EU 입법자에 의해 '역내 시장에서 공정하고, 예견가능하며, 지속가능하고 또 신뢰할 수 있는 온라인 거래 환경을 보장하기 위하여' 제정된 EU P2B법은 규제대상이 되는 "온라인 중개 서비스(online intermediation services)"를 제2조 제2호에서 상세히 정의하고 있다. 이에 따르면 우선 온라인 중개 서비스는 거래가 성사되는 곳과 관계없이 영업적 이용자와 소비자 간의 직접적 거래를 중개함으로써 영업적 이용자가 소비자에게 물품이나 서비스를 제공할 수 있어야 한다.[19] 거래가 궁극적으로 온라인

18_ 각주 12에서의 독일민법 개정안 S. 22 및 S. 27 참고.

19_ Article 2 Definitions (2) (b) they allow business users to offer goods or services to consumers, with a view to facilitating the initiating of direct transactions between those business users and consumers, irrespective of where those transactions are ultimately concluded.

중개 서비스 제공자의 온라인 플랫폼 내에서 체결되는지, 영업적 이용자 자신의 웹 사이트에서 체결되는지, 온라인이 아니라 오프라인에서 체결되는지 또는 거래가 성사되지 않는지는 묻지 않는다.[20] 다만 온라인 플랫폼 운영자와 플랫폼 서비스를 통해 소비자에게 상품 등을 제공하는 영업적 이용자 간에 플랫폼 이용에 관한 계약관계는 있어야 한다.[21]

이와 같이 플랫폼 내 소비자와 영업적 이용자 간에 계약관계가 반드시 요구되지 않는다는 점에서 앞서 살펴본 EU 소비자권리지침의 규제대상이 되는 온라인 플랫폼 유형에 비해 그 범위가 상당히 확대되는 결과를 가져오게 된다. 즉 Amazon, Ebay와 같이 EU 소비자권리지침의 규제 대상이 되는 온라인 시장을 넘어서서 Skyscanner, Tripadvisor와 같이 계약 체결기능이 없는 가격비교사이트, Facebook Shops 및 인스타그램의 Shoppable Posts와 같이 사업자가 상품을 디스플레이하고 소비자가 링크를 통해 사업자의 Webshop에 도달할 수 있는 소셜 네트워크 사이트도 EU P2B법상의 온라인 중개서비스에 해당하게 된다.[22] 다만 순수한 온라인 결제 서비스, 소비자와의 계약체결을 목적으로 하지 않는 온라인 광고 수단은 그것이 직접적 거래의 개시를 중개하기 위해 제공되는 것이 아니고, 소비자와의 계약관계가 없는 경우에는 처음부터 P2B법의 적용범위에서 제외된다.[23] 또한 Amazon Business와 같이 소비자가 아닌 영업적 고객과의 접촉을 중개하는 순수한 B2B 플랫폼의 경우에도 본 P2B법은 적용되지 않는다.[24]

20_ Regulation (EU) 2019/1150 입법이유 10.

21_ Article 2 Definitions (2) (c) they are provided to business users on the basis of contractual relationships between the provider of those services and business users which offer goods or services to consumers.

22_ Busch, Mehr Faines und Transparenz in der Plattformökonomie?, GRUR 2019, 788.

23_ Article 1 Subject matter and scope 3. This Regulation shall not apply to online payment services or to online advertising tools or online advertising exchanges, which are not provided with the aim of the facilitating the initiation of direct transactions and which do not involve a contractual relationship with consumers.

이와 같이 EU P2B법상 온라인 중개서비스가 EU 소비자권리지침상의 온라인 시장 개념보다 넓게 설정되어 있는 것은 EU P2B법의 규율목적과 직접적인 관련이 있다. 즉, P2B법은 EU 소비자권리지침에서와 달리 플랫폼 이용사업자와 소비자 간의 원거리 계약 체결에 있어 발생하는 소비자문제를 다루고 있는 것이 아니라, 그러한 계약 체결 여부와 상관없이 플랫폼을 영업적으로 이용하는 사업자와 플랫폼 운영자 간의 불균형관계를 시정하기 위해 각종 제도들을 마련한 것이다(예컨대 온라인 중개서비스 제공자가 플랫폼 이용사업자와 계약을 체결할 때 사용하는 약관을 작성할 때 준수해야 하는 사항 등). EU 입법자는 플랫폼 운영자와 영업적 이용자 사이에 존재한다고 하는 역학적 불균형을 조정하기 위해 P2B법을 제정하였고, 이러한 규율목적은 1차적으로 영업적 이용자의 지위 강화에 있으며, 소비자보호는 간접적인 것이라 말할 수 있다.

3. ELI 온라인 플랫폼 모델법상 '온라인 플랫폼'

EU 차원의 공식적인 법령은 아니지만 EU의 대표적인 소비자법학자 및 법률가들이 회원으로 활동하고 있는 유럽법연구소(European Law Institute: ELI)에서 마련한 「온라인 플랫폼 규율에 대한 모델법」(Model Rules on Online Platforms, 이하 'ELI 온라인 플랫폼 모델법'이라 한다)이 2019년 12월에 공포되어 EU 차원의 입법을 위한 자료로서 활용되고 있다.[25] 총

24_ Regulation (EU) 2019/1150 입법이유 11 제4문.

25_ 이 모델법 제정 프로젝트는 2015년 독일 오스나브뤼크(Osnabrück)대학교와 폴란드 야기엘론스키(Jagiellonian)대학교의 연구팀이 유럽의 학술네트워크(디지털 서비스법 리서치 그룹)를 통하여 마련한 "온라인 중개플랫폼에 대한 입법지침 토론안(Discussion Draft of a Directive on Online Intermediary Platforms)"을 기초로 진행되었다. 이 토론안은 2016년 8월 학술지 "Journal of European Consumer and Market Law (EuCML) 2016, pp. 164-169"에 공개되었고, 현재 https://ssrn.com/abstract=2821590에서 이용 가능하다. 토론안 주요 내용에 대한 소개로 이병준 · 황원재 · 박미영, "유럽연합 전자상거래 플랫폼 규제동향과 시사점", 「외법논집」, 제42권 제3호, 2018, 16면 이하 참조.

10개의 회원국가에서 전자상거래 플랫폼 규제 관련 25인의 전문가들이 팀을 이루어 진행된 ELI의 온라인 플랫폼 모델법은 그 자체로 법적 효력을 가지는 것은 아니지만, 이미 전자상거래 관련 EU 입법에 부분적으로 반영이 되고 있는 것으로서, 온라인 플랫폼의 사법상 책임, 검색결과(Listing) 및 추천(Recommendation)의 투명성, 이용후기 시스템 운영, 전자상거래 플랫폼과 플랫폼 이용자 사이에 체결된 계약의 변경에 대한 규정 등 온라인 플랫폼과 관련된 다양한 규정들을 두고 있다.

ELI 온라인 플랫폼 모델법의 적용대상이 되는 플랫폼, 즉 적용 범위에 대해서는 제1조 제2항이 자세히 규정하고 있다. 플랫폼이라는 표현 자체는 단순히 장(場)을 의미하는 것으로서, 온라인 플랫폼이라고 개념을 한정하더라도 인터넷상 매우 다양한 플랫폼 서비스를 생각할 수 있기 때문에,[26] 총 4가지의 유형으로 적용대상이 되는 플랫폼을 규정하고 있다. 1차적으로 ELI 온라인 플랫폼 모델법은 전자적 환경하에서 이용자들 사이에 계약이 체결되어 거래가 성사되는 사업모델을 전제로 하고 있다. 이에 모델법 제1조 제2항 제a호가 "고객으로 하여금 <u>플랫폼 운영자에 의해 통제되는 전자적 환경</u>에서 물품, 서비스 또는 디지털콘텐츠의 공급에 대한 <u>계약을 공급자와 체결</u>할 수 있게 하는 플랫폼"[27]을 첫 번째 대상으로 언급하고 있다. 이는 플랫폼 내에서 플랫폼 운영자가 제공하는 계약 체결 시스템을 통해서 계약이 체결되는 경우를 전제한 것으로서 Amazon Marketplace와 같이 EU 소비자권리지침에서의 온라인 시장에 부합하는 것이다. 나아가 ELI 온라인 플랫폼 모델법 제1조 제b호는

26_ ELI 온라인 플랫폼 모델법의 기초가 된 온라인 중개플랫폼에 대한 입법지침 토론안에서 이미 이를 고려하여 "거래플랫폼(Transaktionsplattformen)"에 한정하여 플랫폼 개념을 사용하기로 하였고, Google과 같은 검색엔진과 Facebook과 같은 소셜 네트워크 플랫폼은 배제하기로 하였다. 이에 대해서는 Busch, Europäische Modellregeln für Online-Vermittlungsplattformen in Online-Vermittlungsplattformen in der Rechtspraxis, Nomos, 2018, S. 155 f. 참조.

27_ a) enable customers to conclude contracts for the supply of goods, services or digital content with suppliers within a digital environment controlled by the platform operator.

"고객이 공급자와 접촉하고 플랫폼 밖에서 계약을 체결하기 위해 열람할 수 있는 광고를 플랫폼 운영자에 의해 통제되는 전자적 환경하에서 공급자가 할 수 있는 플랫폼"[28]이라고 하여, 제a호에 있어서와 마찬가지로 거래 중개를 위한 플랫폼을 규정하고 있다. 다만 제b호에서는 플랫폼 운영자에 의해 통제되는 환경에서 당사자들 간의 계약이 체결될 필요는 없고, 연락이 가능하게끔 기능(예컨대 메시지 전달 기능을 생각할 수 있다)을 제공하면 되거나, 기타 플랫폼 밖에서의 계약 체결을 위해 판매업자들의 상품 검색이 가능하게끔 서비스를 제공하면 된다. 이 두 번째 플랫폼 유형은 거래를 위한 일종의 매칭 서비스를 제공하는 플랫폼이라고 말할 수 있을 것이다. 그 외에 ELI 온라인 플랫폼 모델법은 "관련 상품, 서비스 또는 디지털 콘텐츠의 공급자를 확인하고 이 공급자의 웹사이트로 유도하거나 연락사항을 제공하기 위한 비교정보나 조언을 고객에게 제공하는 플랫폼"도 규제대상으로 규정하여 가격비교 사이트와 같이 판매업자의 웹사이트를 알려주는 플랫폼도 규율 대상으로 포함시키고 있다(제c호).[29] 끝으로 사용후기 시스템을 통해 판매업자 및 판매업자가 제공하는 상품 등에 대해 후기를 작성할 수 있도록 하는 플랫폼도 적용대상으로 포섭시키고 있다(제d호).[30]

그런데 ELI 온라인 플랫폼 모델법이 세분화하고 있는 온라인 플랫폼의 4가지 유형을 자세히 살펴보면, 실제 특정 전자상거래 플랫폼이 모델법상의 4가지 유형 중 어느 하나에만 속하는 경우가 매우 드물 것임을 알 수 있다. 예컨대 전자상거래 플랫폼이 통제하는 전자적 환경하에서

28_ b) enable suppliers to place advertisements within a digital environment controlled by the platform operator which can be browsed by customers in order to contact suppliers and to conclude a contract outside the platform.

29_ c) offer comparisons or other advisory services to customers which identify relevant suppliers of goods, services or digital content and which direct customers to those suppliers' websites or provide contact details.

30_ d) enable platform users to provide reviews regarding suppliers, customers, goods, services or digital content offered by suppliers, through a reputation system.

판매업자와 소비자의 계약이 체결되도록 서비스를 제공하면서 동시에 이용후기 시스템도 운영하는 경우, 모델법 제1조 제a호와 제d호 모두에 해당하게 된다. 즉, ELI 온라인 플랫폼 모델법은 4가지 유형이 중첩되지 않고, 독자성을 가지는 플랫폼들을 세분화한 것이 아니라 일종의 하이브리드형 온라인 플랫폼들이 대부분일 것으로 예상하고, 적용범위 규정을 마련하였다고 말할 수 있다.

이 4가지 온라인 플랫폼 서비스의 공통점은 공급자와 고객 간의 상품, 서비스 또는 디지털 콘텐츠계약의 체결을 용이하게 하거나 이에 영향을 미친다는 점에 있다. 이러한 제1조 제2항에 정의된 4가지 서비스 중 하나를 제공하지 않는 한, 예컨대 단순한 검색엔진 플랫폼이나 이용자 간 소셜 커뮤니케이션만 가능하게 하는 소셜 네트워크 플랫폼에는 ELI 온라인 플랫폼 모델법이 적용되지 않는다.[31] 또한 앞서 살펴본 EU 개정 소비자권리지침 및 EU P2B법이 소비자 거래와 관련된 플랫폼을 규제 대상으로 하고 있음에 반해 이 모델법은 B2B 시장, 즉 고객이 (전적으로 또는 부분적으로) 사업자로서 등장하는 온라인 플랫폼에도 적용된다.[32]

ELI 온라인 플랫폼 모델법이 지금까지 설명한 범위 내에서 플랫폼을 규제대상으로 획정하고 있는 이유 역시도 법률효과 내지 규율의 목적과 연결되어 있다. 우선 EU 소비자권리지침에서와 같이 플랫폼 내에서 계약이 체결되는 경우로 제한하지 않은 것은 이 모델법이 다루고자 하는 대상이 사업자와 소비자 간에 원거리 계약이 플랫폼 내에 체결되는 경우 발생하는 소비자 문제로 한정되지 않기 때문이다. 둘째로 EU P2B법에서와 달리 (순수한) 이용후기 플랫폼도 규율대상에 포함시키고, (순수한) B2B 중개 플랫폼도 규제 대상으로 고려하고 있는 것은 이 모델법의 목적이 P2B 관계와 P2C 관계 모두를 규율대상으로 하는 '온라인 플랫폼 기본규칙'을 마련함에 있기 때문이다. 즉 ELI 온라인 플랫폼 모델법은 공급자와 (사업자를 포함한) 고객 간의 상품, 서비스 또는 디지털 콘텐츠계

31_ 김상중/이병준/황원재/정신동/박미영, 앞의 번역본, 409면.
32_ 김상중/이병준/황원재/정신동/박미영, 앞의 번역본, 409면.

약의 체결을 용이하게 하거나 이에 영향을 미치는 모든 온라인 플랫폼을 전제로 플랫폼 운영자에 대한 플랫폼 이용자의 지위를 향상시키려는 목적을 가지고 있다.

4. EU 디지털서비스법안상 '중개 서비스' 및 '온라인 플랫폼'

최근 EU 집행위원회는 디지털 시장을 규율하기 위해 디지털 서비스 패키지라고 불리는 2개의 법안을 제출하였다. 즉 EU 디지털서비스법안(DSA) 및 EU 디지털시장법안(DMA)이 제안되어 세계적인 주목을 받고 있는데, 이 중에서 전자상거래 소비자보호와 관련하여 우리에게 시사점을 주는 법안은 DSA로서 그 적용범위가 넓어 온라인 시장뿐만 아니라 소셜미디어 사업자 등 대부분의 디지털 서비스 제공자에게 적용될 예정이다. 구체적으로 EU DSA는 모든 디지털 서비스를 규율대상으로 하면서 이를 몇 가지 유형으로 구분하여 단계적 규율을 시도하고 있다. 즉 모든 디지털 서비스 제공자에게 적용되는 규제를 마련하면서 서비스 규모 등을 고려하여 누적적 의무를 부과하고 있다.

EU DSA는 디지털 서비스와 관련된 일반적 책임원칙과 주의의무에 관한 규정을 두면서 그 적용대상이 되는 중개 서비스(Intermediary services)를 다음과 같은 3가지 유형으로 정의하고 있다(제2조 제f호). 즉 i) 통신네트워크 내 이용자에 의해 제공되는 정보를 전송시키거나, 통신 네트워크로의 접속을 중개하는 단순 전달 서비스(mere conduit),[33] ii) 통신네트워크 내 이용자에 의해 제공되는 정보를 전송시키는 서비스로서 다른 이용자에게 이 정보를 효율적으로 전송하기 위한 목적으로 정보를 자동적으로 임시 저장하는 캐싱(caching) 서비스,[34] iii) 이용자에 의

33_ 'mere conduit' service that consists of the transmission in a communication network of information provided by a recipient of the service, or the provision of access to a communication network.

34_ a 'caching' service that consists of the transmission in a communication network of information provided by a recipient of the service, involving the automatic,

해 제공된 정보를 이 이용자의 요청에 의해 저장시키는 호스팅 서비스(hosting service)[35]로 정의하고 있다. 그리고 이러한 중개서비스에 부과되는 의무에 더해서 추가 의무가 부과되는 디지털 서비스 유형으로 '온라인 플랫폼(Online platform)'을 정의하고 있는데, EU DSA 제2조 제h호에 의하면 이용자의 요청에 따라 정보를 저장할 뿐만 아니라 일반 공중에 널리 공개시키는 호스팅 서비스의 제공자로 규정되어 있다.[36] 따라서 EU DSA상의 온라인 플랫폼 개념은 앞서 살펴본 EU 소비자권리지침, EU P2B법 그리고 ELI 온라인 플랫폼 모델법에 있어서보다 더 넓은 개념으로서 순전히 친목도모를 위한 소셜 네트워크 서비스도 포함된다. EU DSA는 거래와 관련된 온라인 플랫폼 문제를 해결하는 것 외에 디지털 서비스 제공자가 부담해야 하는 일반적 주의의무 및 책임을 규정하고 있기 때문이다.

나아가 EU DSA는 대규모 플랫폼(Very large platforms)을 별도로 정의하면서 회원국가의 관할 당국 및 연구자들과의 데이터 공유 의무 등을 추가로 부과하고 있다. 즉 대형 온라인 플랫폼에 상당히 강화된 특별 의무를 추가로 부과하면서 대형 온라인 플랫폼 여부를 판단하는 기준으로서 매월 EU 내 4,500만명 이상(EU 전체 시민의 약 10/1)의 적극적 이용자가 있는 경우[37]를 제시하여 적극적인 규제를 실시하고 있다(DSA 제25조).[38] 이

---

intermediate and temporary storage of that information, for the sole purpose of making more efficient the information's onward transmission to other recipients upon their request.

35_ a 'hosting' service that consists of the storage of information provided by, and at the request of, a recipient of the service.

36_ 'online platform' means a provider of a hosting service which, at the request of a recipient of the service, stores and disseminates to the public information, unless that activity is a minor and purely ancillary feature of another service and, for objective and technical reasons cannot be used without that other service, and the integration of the feature into the other service is not a means to circumvent the applicability of this Regulation.

37_ 이러한 경우 대부분 소위 문지기(Gatekeeper)역할을 하는 것으로 보고 DMA상의 특별규정도 적용 가능하다는 지적으로 Rössel ITRB 2021, 35, 41.

용자 수라는 기준이 온라인상 여러 법률문제에 있어 그 파급력을 추정할 수 있는 중요한 표지이기 때문이다.

끝으로 DSA상 온라인 플랫폼에 부과되는 추가 의무들이 소규모 기업에 적용되지 않도록 배려되고 있다는 점에 유의할 필요가 있다. 이러한 규율 방식은 소규모 기업들이 영향력 면에서 어느 정도 규모를 갖춘 플랫폼에 이를 때까지 규제 적용을 배제시키는 것으로서 구체적으로 소상공인에 가까운 마이크로 기업(micro enterprises) 및 소기업(small enterprises)에 해당하는 온라인 플랫폼에는 예외를 인정한다.

〈표 1〉 EU 법상 기업 규모별 분류 기준[39]

기업 규모	근로자 수	연 매출 규모
마이크로 기업(micro enterprises)	9인 이하	200만 유로 이하
소기업(small enterprises)	49인 이하	1000만 유로 이하
중기업(medium-sized enterprises)	249인 이하	5000만 유로 이하

다만 마이크로 기업 및 소기업에 대한 적용배제로 인하여 이들이 스스로 EU DSA상의 온라인 플랫폼에 부과되는 의무들을 자율적으로 준수하는 것까지 막는 것은 아니라고 한다.[40]

38_ DSA Article 25(Very large online platforms) 1. This Section shall apply to online platforms which provide their services to a number of average monthly active recipients of the service in the Union equal to or higher than 45 million, calculated in accordance with the methodology set out in the delegated acts referred to in paragraph 3.

39_ Annex to Recommendation 2003/361/EC 제2조.

40_ COM(2020) 825 final 입법이유 43.

Ⅲ. 2021년 전자상거래법 전부개정안에서 온라인 플랫폼 서비스의 유형

2021년 공정거래위원회에 의해 입법예고가 된 전자상거래법 전부개정안은 제2조에서 본 법안에서 사용되는 용어들을 정의하고 있는데, 온라인 플랫폼이라는 개념을 중심으로 하여 전자상거래법상의 용어를 대폭 재정비하고 있다. 구체적으로 규율대상이 되는 사업자들을 '온라인 플랫폼 운영사업자' 및 '온라인 플랫폼 이용사업자', '자체 인터넷 사이트 등 이용사업자'로 구분 · 정의하고, 전자상거래법상 규제 대상을 확정하는 결정적 개념인 '온라인 플랫폼 서비스'[41]를 거래방식 및 관여도 등에 따라 '정보매개형 플랫폼 서비스', '연결수단 제공형 플랫폼 서비스', '거래중개형 플랫폼 서비스'의 3가지 유형으로 구분하여 규정하고 있다. 우선 소위 SNS 플랫폼, 즉 전자게시판서비스제공자를 표현하기 위해 "온라인 플랫폼 이용사업자와 소비자 간에 재화 등에 관한 정보 교환을 매개하는 서비스"라는 정의규정을 두고 있고, 가격비교사이트 등과 같이 거래가 가능한 웹사이트로 연결되는 별도의 링크가 제공되는 경우에 대해 "온라인 플랫폼 이용사업자에게 재화등의 판매를 위한 일정한 기능을 온라인 플랫폼 내에서 제공하고 그와 관련된 일정한 대가를 받으며 대통령령으로 정하는 방법으로 소비자와 온라인 플랫폼 이용사업자 간에 재화 등의 거래를 위한 연결수단을 제공하는 서비스"라는 표현을 사용하고 있으며, 마지막으로 오픈 마켓 등을 나타내기 위해 "온라인 플랫폼 이용사업자에게 인터넷 등 가상의 영업장을 제공하거나 온라인 플랫폼 이용사업자를 대신하여 소비자의 청약 접수를 받거나 계약을 체결하는 방법으로 재화 등의 거래를 중개하는 서비스"라는 표현을 사용하고

41_ 유럽연합에서는 대체로 온라인 플랫폼이라는 용어를 일종의 온라인 서비스로 규정하는 반면, 국내 전자상거래법 전부개정안에서는 온라인 플랫폼을 하나의 가상적 공간 내지 장소로 표현하고 별도로 온라인 플랫폼 서비스들을 정의하고 있다.

있다. 현행 전자상거래법에서 사용되고 있는 통신판매중개 개념과 전자게시판서비스 제공자 개념을 삭제한 뒤 SNS상에서의 거래까지 규율 범위에 포섭하기 위한 초석으로 온라인 플랫폼 서비스 범위를 넓게 규정하고 있는 것으로 보인다.[42]

전자상거래법 전부개정안 상에서 본래 입법자가 표현하고자 했던 온라인 플랫폼 유형이 충실히 정의되어 있는지는 의문이 들 수 있다. 이는 본 전부개정안이 입법예고된 뒤 수차례 지적이 되어 왔던 터라[43] 여기서 다시 논의할 필요는 없겠지만 국내법 질서가 성문법주의와 개념법학을 기본으로 한다는 점에서 전부개정안 제2조 제5호는 수정 · 보완 필요성이 적지 않다고 말할 수 있다. 다만 본고에서는 이러한 개념정의의 불충분성을 논하고자 하지 않고, 전자상거래법 규제대상으로서 온라인 플랫폼의 유형 내지 범위에 대해 논하고자 함을 목적으로 하기 때문에 이하에서는 '상품 등의 정보 교환을 매개하는 전자게시판서비스(예: 친목도모를 위한 SNS)', '상품등의 거래를 위한 웹사이트 등으로의 연결 수단을 제공하는 온라인 플랫폼 서비스(예: Facebook Shops, Skyscanner)', '사업자에게 가상의 영업장만을 제공하는 온라인 플랫폼 서비스(예: 당근마켓과 같은 매칭서비스)', '적극적으로 플랫폼이 소비자의 주문을 받거나 계약 체결을 가능케 하는 온라인 플랫폼 서비스'가 잘 규정되어 있다는 가정하에 논의를 진행한다.

42_ 그 밖에 "가목부터 다목까지의 규정에 따른 서비스에 부수하여 이루어지는 결제 및 배송지원, 고객 관리 등의 서비스"도 전자상거래법 전부개정안 상에서의 온라인 플랫폼 서비스에 해당하나 이 유형의 서비스에는 적용되는 조문이 많지 않으므로 논의 대상에서 제외한다.

43_ 거래와 관련성이 적은 온라인 플랫폼 서비스부터 나열하는 방식에 대한 비판, 특히 '정보교환을 매개하는 서비스'라는 표현이 모호하여 몇몇 온라인 플랫폼 서비스 개념 정의가 중첩될 수 있다는 비판 등이 제기된 바 있다(김세준, "전자상거래법 전부개정안의 몇 가지 쟁점에 대한 검토–온라인 플랫폼 운영사업자를 중심으로", 「소비자법연구」 제7권 특별호, 2021, 14면 이하; 서종희, "입법원칙을 기초로 바라본 전자상거래법 전부개정안의 의미와 한계", 「소비자법연구」 제7권 특별호, 2021, 39면 이하; 정신동, 2021년 전자상거래법 전부개정안의 주요 쟁점과 향후 과제, 「소비자법연구」 제7권 특별호, 2021, 69면 이하).

1. 행위 유형별 규제

현행 전자상거래법이 통신판매업자 내지 통신판매중개업자라는 용어를 사용하면서 업종별로 경직된 규율을 하고 있는 반면, 전자상거래법 전부개정안은 전자상거래 사업자가 어느 하나의 지위를 누리는 것을 전제하지 않고, 행위 유형별 · 제공되는 서비스별로 적용되는 조항을 마련하고 있다. 예컨대 SNS 플랫폼 내에서 연결수단 제공형 서비스와 정보매개형 서비스가 모두 제공되고 있는데 문제되는 서비스별로 준수해야 하는 조문들이 분류되어 있는 것이다. 오늘날 급변하는 플랫폼 비즈니스의 다양성을 고려해 보았을 때 한 사업자가 다양한 지위를 가질 수 있고 제공하는 서비스의 형태도 하이브리드형인 경우가 많다는 점에서 이러한 전자상거래법 전부개정안의 규율방식은 매우 설득력 있다고 보인다. 이 점은 앞서 살펴본 ELI 온라인 플랫폼 모델법이 규정하고 있는 플랫폼의 4가지 유형이 서로 중첩될 수 있도록 규율되고 있다는 점에서 더욱 설득력을 얻는다. 비록 전자상거래법 전부개정안이 각각의 온라인 플랫폼 서비스에 요구하는 규제수준에 의문이 제기될 수는 있겠지만, 이러한 행위 태양별 규율방식은 충분히 지지될 수 있는 것이다.

2. 온라인 플랫폼 공정화법안과의 조화?

현재 전자상거래법 전부개정안과 별도로 (비록 그 내용에 있어서 유사하다고 말하기는 힘들지만) EU의 P2B법에 대응되는 「온라인 플랫폼 중개거래의 공정화에 관한 법률안」(이하 '온라인 플랫폼 공정화법안'이라 한다)[44]이 발의되어 국회에서 심사 중에 있다. 따라서 수범자의 혼동가능성을 방지

44_ 온라인 플랫폼 중개거래의 공정화에 관한 법률안[정부 발의, 의안번호: 7743, 발의연월일: 2021.1.28.]. 동 법안은 온라인 플랫폼 중개거래계약서 교부의무, 온라인 플랫폼 중개사업자의 사전통지 의무를 규정함과 아울러 온라인 플랫폼 중개사업자의 불공정거래행위 기준 등을 마련하고 있다.

하고 되도록 법률상 개념을 통일하여 불필요하게 법체계가 복잡해지는 것을 피하기 위해 온라인 플랫폼 공정화법안과 전자상거래법 전부개정안 상의 온라인 플랫폼 관련 서비스를 동일하게 규정하는 것도 검토될 수 있을 것이다. 이를 위해 전자상거래법 전부개정안상의 온라인 플랫폼 서비스를 온라인 플랫폼 공정화법안상의 온라인 플랫폼 중개서비스 개념 정의[45]를 차용하여 규정하게 되면 전자게시판서비스제공자들은 플랫폼 서비스 개념에서 제외된다.

그러나 온라인 플랫폼 중개사업자와 온라인 플랫폼 이용사업자 간의 관계를 규율하는 온라인 플랫폼 공정화법안과 B2C 및 P2C 관계를 규율하는 전자상거래법 전부개정안이 반드시 동일한 플랫폼 서비스 개념을 사용할 필요는 없다고 생각된다. 특별한 사정이 없는 이상 가능한 한 통일적 개념을 사용하는 것이 권장되겠지만, 규율대상으로서의 온라인 플랫폼을 어느 범위까지 한정할 것인지, 내지 온라인 플랫폼을 어떻게 단계별로 나눌 것인지의 문제는 법 정책의 문제이고, 해당 법률이 규율하고자 하는 법의 목적에 따라 다양하게 취급될 수 있을 것이다.[46] 즉 전자상거래법의 규율목적에 부합하는 독자적인 온라인 플랫폼 서비스 개념

45_ 제2조(정의) 이 법에서 사용하는 용어의 뜻은 다음과 같다.

5. "온라인 플랫폼 중개서비스"란 온라인 플랫폼 중개사업자가 온라인 플랫폼 이용사업자와 소비자 간의 거래 개시를 중개하는 서비스로서 다음 각 목의 어느 하나에 해당하는 것을 말한다.

가. 다음의 사항이 함께 결합된 서비스

1) 재화 또는 용역에 대한 정보 제공

2) 대통령령으로 정하는 온라인 플랫폼 이용사업자와의 연결수단 제공

나. 재화 또는 용역에 대한 청약의 접수

다. 가목 또는 나목에 준하는 서비스로서 대통령령으로 정하는 서비스

라. 가목부터 다목까지의 규정에 따른 서비스에 부수하여 이루어지는 광고, 결제, 배송지원 및 고객관리 등의 서비스

46_ 다만 양 법안 모두 공정거래위원회가 마련하였음에도 불구하고, 법안에서 규정하고 있는 온라인 플랫폼 (중개)서비스가 상이한 점은 입법과정의 미흡성을 나타내는 사례라는 의미 있는 지적으로 고형석, "전자상거래법 전부개정안에 대한 연구—체계 및 총칙을 중심으로", 「소비자법연구」 제7권 특별호, 2021, 145면 참조.

을 사용하여 전자상거래법 규제 대상을 획정하는 것이 더욱 의미 있을 수 있다.

3. 전자상거래법 전부개정안 적용대상으로서 온라인 플랫폼 서비스의 범위: EU 법과의 비교

국내 전자상거래법 전부개정안이 그 규제대상으로 고려하고 있는 온라인 플랫폼 서비스 유형을 앞서 살펴본 EU 법 체계상에서의 다양한 온라인 플랫폼 개념 정의와 비교해 보았을 때 가장 유사한 예는 EU P2B법과 ELI 온라인 플랫폼 모델법이라 말할 수 있다. 우선 전자상거래법 전부개정안이 (대부분의 오픈 마켓과 같이) 플랫폼이 통제하는 전자적 환경 하에 사업자와 소비자 간의 계약 체결이 이뤄지는 플랫폼 서비스에 적용범위를 한정하고 있지 않다는 점에서 EU 소비자권리지침상의 온라인 시장 내지 온라인 마켓플레이스보다 광의의 플랫폼 서비스 개념을 사용한다고 말할 수 있다. 소위 거래중개형 플랫폼 서비스를 정의하면서 "온라인 플랫폼 이용사업자를 대신하여 소비자의 청약 접수를 받거나 계약을 체결하는 방법으로 재화 등의 거래를 중개하는 서비스"라는 표현을 사용하여 EU 소비자권리지침상의 온라인 시장에 부합하는 서비스를 규제 대상으로 하고 있지만 국내 전자상거래법 전부개정안은 적용범위를 이에 한정하고 있지 않다. 오히려 (비록 법안 마련에 있어 충분히 의도된 것으로 보이지는 않지만) "온라인 플랫폼 이용사업자에게 인터넷 등 가상의 영업장을 제공"하는 매칭 플랫폼[47]과 "소비자와 온라인 플랫폼 이용사업자 간에 재화 등의 거래를 위한 연결수단을 제공"하는 가격비교사이트 등의 안내 플랫폼도 규율 대상으로 고려하고 있다는 점에서 EU P2B법 내지 ELI 온라인 플랫폼 모델법과 유사하다. 이처럼 온라인 플랫폼이 계약

47_ 법안 마련 당시 거래를 위한 매칭 서비스를 제공하는 플랫폼을 염두에 두고 '가상의 영업장'이라는 표현을 사용했는지는 매우 의문스러우나, 자구만을 <u>문리해석 내지 체계적 해석</u>을 하면 거래의 매칭서비스가 포함될 수 있는 것으로 보인다.

체결을 위한 기능을 제공하지 않는 경우도 규제 대상으로 삼고 있다는 점에서 국내 전자상거래법은 (비록 통신판매계약 체결을 전제로 하는 소비자의 청약철회 및 사업자의 각종 정보제공의무가 핵심적 내용이기는 하지만) 온라인 플랫폼 내의 다양한 소비자문제를 해결하고자 하는 넓은 범위의 입법 목적을 가지고 있다고 봐야 한다.

다만 전자상거래법 전부개정안의 경우 온라인 플랫폼이 영향을 미치는 거래가 소비자 거래에 한정된다는 점에서 B2B 거래를 중개하는 플랫폼도 적용대상으로 고려하고 있는 ELI 온라인 플랫폼 모델법과는 차이가 있다. 또한 전자게시판 서비스 제공자가 소위 정보매개형 온라인 플랫폼 서비스로 규제 대상이 된다는 점에서 EU P2B법 내지 ELI 온라인 플랫폼 모델법보다 규제 범위가 매우 넓다고 말할 수 있다. 이러한 차원에서 거래 플랫폼이 아닌 친목도모를 위한 SNS 플랫폼도 규제대상으로 규정하고 있는 EU DSA상의 온라인 플랫폼 개념에 근접하는 것으로 볼 수 있지만, 국내 전자상거래법의 경우 SNS 내에서 일어나는 B2C 거래만을 규율하고자 하는 목적을 가지고 있기 때문에 전자상거래법 전부개정안 상의 온라인 플랫폼 서비스가 지나치게 넓다고 말할 수는 없다. SNS 마케팅이 각광을 받고 SNS 플랫폼 내에 거래가 많이 일어나고 있으며,[48] 소비자 피해 사례가 빈번하다는 점에서 이를 전자상거래법상 플랫폼 서비스로 정의하는 것은 무리가 아니라고 생각된다. 다만 '거래와 관련된 소비자 보호'라는 전자상거래법의 규율목적을 벗어나는 의무 · 책임 부과 내지 친목도모를 위한 온라인 플랫폼 서비스가 기반이 된다는 점을 고려하지 않은 규제 수준은 적절치 않을 것이다.[49]

48_ 최근 국세청은 블로그 · 카페 등 각종 사회관계망서비스 채널을 이용하여 물품판매, 구매 알선, 중개 등을 통해 수익을 얻는 산업활동을 SNS 마켓으로 정의하고, SNS 마켓을 이용한 통신판매업을 기존의 전자상거래 소매업 및 소매중개업과 구분하기 위해 업종코드 '525104'를 신설하였다〈https://www.nts.go.kr/nts/cm/cntnts/cntntsView.do?mi=2483&cntntsId=7804〉.

49_ 전자상거래법 전부개정안은 현행법이 요구하는 분쟁해결 관련 의무 수준을 넘어서서 SNS 사업자에 대해 각종 의무(신고의무, 정보의 투명성 확보, 맞춤형 광고 고지, 국내

결론적으로 국내 전자상거래법 전부개정안은 단순히 플랫폼 내에서 체결되는 원거리계약에서의 정보비대칭성 문제 해결만을 규율목적으로 하지 않고, 판매자와 소비자 간의 원거리 계약의 체결을 용이하게 하거나 이에 영향을 미치는 모든 온라인 플랫폼 서비스를 규율대상으로 한다고 말할 수 있다.

4. 개인 간 거래를 중개하는 플랫폼: 규율의 공백?

전자상거래법 전부개정안은 제29조에서 개인 간 거래에서의 소비자 보호 방안을 규정하고 있다. 중고마켓 등 개인 간 플랫폼을 통한 거래가 급증하고 있으나 소비자 피해구제 및 분쟁 조정이 미흡한 측면이 있으므로, 개인 간 거래 온라인 플랫폼 운영사업자로 하여금 신원정보 확인 및 분쟁발생 시 신원정보 제공 의무를 명확히 하고, 판매자에 대한 결제대금예치제도 활용 등 권고 의무를 부과한다고 설명되고 있다.[50] 그런데 이러한 온라인상의 개인 간 거래를 규제하기 위해 전자상거래법 전부개정안 제29조는 "재화 등의 거래를 목적으로 온라인 플랫폼 서비스를 제공하는 온라인 플랫폼 운영사업자는 자신의 온라인 플랫폼을 통하여 재화 등을 판매하는 자가 사업자가 아닌 개인(이하 "개인판매자"라 한다)인 경우"라는 표현을 사용하고 있다.[51] 즉 재화 등의 거래를 목적으로 '온라인 플랫폼 서비스'가 제공되어야 하는데 중고마켓 중 단순히 매칭 서비스만 제공되는 경우 이에 해당할 수 있는지 의문이 들 수 있다. 전부개정안에서 매칭 서비스만 제공하는 온라인 플랫폼 서비스는 "온라인 플랫폼 이용사업자에게 인터넷 등 가상의 영업장"을 제공하는 경우이어야 하기

대리인 지정, 위해방지 조치의무)를 신설하고 있는데, 각 항목별 적정성에 대한 검토는 필요해 보인다.

50_ 전자상거래 등에서의 소비자보호에 관한 법률 전부개정법률(안) 7면.

51_ 개인 간 거래를 '개인판매자-소비자' 간의 거래라는 표현을 사용하여 마치 개인들의 거래도 소비자문제인 듯이 규정된 것은 재고의 여지가 있어 보인다(정신동, 앞의 논문, 87면 참조).

때문이다. 즉, 개인 간 거래를 규제하면서 온라인 플랫폼 이용사업자라는 표현을 사용하는 것이 문제될 수 있고, 우연히 1회적으로 자신이 사용하던 중고물품을 판매하기 위해 플랫폼을 이용한 개인 판매자에게 '영업장'을 제공한 것으로 볼 수 있는지는 의문이 들 수 있다.[52] 이는 규율의 공백으로서 플랫폼 내에서 계약이 체결되지 않는 단순 매칭 서비스 제공에 대한 충실한 개념 정의가 필요해 보인다.[53]

5. 소규모 온라인 플랫폼에 대한 적용제외 필요성

온라인 플랫폼 서비스는 플랫폼 이용자와의 관계에 있어서 다양한 문제를 발생시키고 있지만, 많은 고객에게 편의를 제공하고 있고, 인공지능 알고리즘 · 사물인터넷 · 빅데이터로 대변되는 4차 산업혁명시대에 중요한 디지털 혁신을 일으키고 있는 분야이기도 하다. 따라서 이용자들에게 미치는 영향력이 아직 크지 않은 소규모 온라인 플랫폼의 경우 각각의 규제마다 그 적용을 배제하는 것이 적절한지 충분히 논의될 필요가 있다. 이는 앞서 살펴본 EU DSA가 온라인 플랫폼에 부과되는 각종 추가 의무들을 근로자수 49인 이하 또는 연간 매출액 1,000만 유로 이하 소규모 플랫폼에 적용되지 않도록 배려하고 있다는 점에서도 의미가 있다고 생각된다.

현재 전자상거래법 전부개정안에서 새로이 도입되는 규정 중에는 대규모 플랫폼 사업자를 전제하고 있음을 명확히 드러내는 조문이 없지 않다. 예컨대 동 개정안에서 국내대리인을 지정해야 하는 자를 매출액

52_ 그 밖에 "온라인 플랫폼을 통하여 재화 등을 판매하는 자"라고 표현하고 있는 것도 단순 매칭 서비스를 제공하는 개인 간 거래 플랫폼을 충실히 규정하고 있지 못한다고 생각된다.

53_ 전부개정안 제29조는 원칙적으로 전자상거래 중개가 플랫폼을 통하여 일어날 것을 전제로 하고 있지만, 거래 매칭 플랫폼도 포함시킬 여지가 있다는 지적으로 이병준, "온라인 플랫폼을 통한 개인간 거래와 소비자보호—당근마켓과 연관된 전자상거래법 전부개정안 제29조를 중심으로", 「소비자법연구」 제7권 특별호, 2021, 101면 이하.

등 대통령령이 정하는 기준에 해당하는 해외 온라인판매사업자로 제한하고 있는데, 실질적인 집행에 초점을 두고[54] 주요한 해외 플랫폼 사업자에게만 국내대리인 지정 의무를 부과한 것으로 보인다.[55] 그런데 동 개정안에서는 그 외의 규제에 있어서도 대규모 온라인 플랫폼 사업자를 전제한 것으로 보이나 명문의 규정을 두고 있지 않은 조항들이 적지 않다고 생각한다. 예컨대 위해방지조치와 관련된 의무들은 (소상공인에 가까운) 영세 온라인 판매업자에게까지 모두 요구할 의도가 있었는지는 불분명해 보이는데 소규모 플랫폼이 성장하기 전까지 적용을 배제할 조항은 무엇이 있는지 고민이 필요해 보인다.

Ⅳ. 나가며

지금까지 규제 대상으로서 온라인 플랫폼 범위를 논의하기 위해 4가지 EU 법상 플랫폼 개념을 검토해 보았고, 이를 토대로 국내 전자상거래법 전부개정안에서의 온라인 플랫폼 서비스가 위치하고 있는 바를 비교 도출해 보았다. 결론적으로 국내 전자상거래법 전부개정안에서의 온라인 플랫폼 서비스는 플랫폼 내에서의 원거리 계약만을 고려하고 있지 않고, 판매사업자와 소비자 간의 계약의 체결을 쉽게 하거나 계약의 체결에 영향을 미치는 분야에 발생하는 문제까지도 해결하고자 온라인 플랫폼 범위를 넓게 사용하고 있다. 또한 전자게시판서비스 제공자도 정

54_ 이러한 취지로 전자상거래 등에서의 소비자보호에 관한 법률 규제영향분석서, 공정거래위원회, 2021.2, 51면 이하 참조. 모든 규모의 사업자에 대해 적용할 경우 법 준수를 위해 과도한 비용이 발생하게 되며 국내대리인 지정여부를 관리함에 있어서도 상당한 집행비용이 발생된다는 점을 단점으로 지적하고 있다. 또한 소규모 해외사업자는 매출액, 거래규모가 작고, 국내소비자와의 거래 규모가 크지 않을 것으로 예상된다는 점도 그 근거로 하고 있다.

55_ 본 전부개정안에서의 국내대리인 제도와 EU DSA상에서의 법적 대리인 제도를 비교하는 문헌으로 정신동, 앞의 논문, 72면 이하 참조.

보매개형 온라인 플랫폼 서비스 제공자로 규정하여 SNS상의 소비자 거래 관련 문제를 규율대상으로 하고 있다는 점에서 이에 대한 적정 수준의 규제 설정이 필요해 보인다. 향후 거래 매칭형 플랫폼 서비스와 소규모 플랫폼 서비스에 대한 면밀한 검토가 이뤄져서 좀 더 완비된 전자상거래법 전부개정이 추진되길 기대해 본다.

참고문헌

강지원, "EU의 온라인 플랫폼 규칙 시행이 유통분야에 주는 시사점", 「유통법연구」 제7권 제1호 2020.

고형석, "전자상거래법 전부개정안에 대한 연구—체계 및 총칙을 중심으로", 「소비자법연구」 제7권 특별호, 2021.

김상중/이병준/황원재/정신동/박미영, "ELI 보고서: 온라인 플랫폼 모델법", 「소비자법연구」 제7권 제1호, 2021.

김세준, "전자상거래법 전부개정안의 몇 가지 쟁점에 대한 검토—온라인 플랫폼 운영사업자를 중심으로", 「소비자법연구」 제7권 특별호, 2021.

김진우, "유럽연합 및 일본의 온라인 플랫폼 규율과 국내 추진법안의 비교 및 시사점", 「소비자법연구」 제7권 제1호, 2021.

서종희, "입법원칙을 기초로 바라본 전자상거래법 전부개정안의 의미와 한계", 「소비자법연구」 제7권 특별호, 2021.

손영화, "EU의 디지털플랫폼규칙에 관한 소고", 「법학논집」 제25권 제2호, 이화여자대학교 법학연구소, 2020.

이병준, "유럽연합 디지털 서비스법을 통한 플랫폼 규제—디지털 서비스법 초안과 그 시사점을 중심으로", 「한국유통법학회 2021년 춘계학술대회 자료집」, 2021.

이병준, "온라인 플랫폼을 통한 개인간 거래와 소비자보호—당근마켓과 연관된 전자상거래법 전부개정안 제29조를 중심으로", 「소비자법연구」 제7권 특별호, 2021.

이병준 · 황원재 · 박미영, "유럽연합 전자상거래 플랫폼 규제동향과 시사점", 「외법논집」 제42권 제3호, 2018.

이상윤, "유럽연합의 플랫폼 규제 동향", 「외법논집」 제44권 제3호, 2020.

칼 엥기쉬 지음/안법영 · 윤재왕 역, 「법학방법론」, 세창출판사, 2011.

정신동, 2021년 전자상거래법 전부개정안의 주요 쟁점과 향후 과제, 「소비자법연구」 제7권 특별호, 2021.

황태희, "온라인 중개플랫폼 사업자 규제에 대한 EU 및 국내 입법 동향에 관한 소고”, 「법학연구」 통권 제63집, 전북대학교 법학연구소, 2020.

Busch, Mehr Fainess und Transparenz in der Plattformökonomie?, GRUR 2019, 788 ff.

Busch, Europäische Modellregeln für Online-Vermittlungsplattformen in Online-Vermittlungsplattformen in der Rechtspraxis, Nomos, 2018.

Härting/Adamek, Digital Services Act - ein Überblick, CR 2021, 165 ff.

Research Group on the Law of Digital Services: Discussion Draft of a Directive on Online Intermediary Platforms, EuCML, 2016, pp. 164-169.

Rössel, Digital Services Act, ITRB 2021, 35 ff.

제2장

플랫폼경제와 규제

통신판매중개자의 법적 지위와 책임*

—전자상거래법상 통신판매중개자책임의 재구성—

서희석**

Ⅰ. 서 론

1. 문제의 소재

통신판매중개자는 한마디로 인터넷 통신판매에서 판매자와 소비자를 연결하는 거래시스템(이른바 '전자상거래 플랫폼')을 운영하는 사업자를 말한다. 통신판매중개자의 법적 책임에 관하여 「전자상거래 등에서의 소비자보호에 관한 법률」(이하 "전자상거래법"이라 한다)은 '통신판매'와 '통신판매중개'를 개념적으로 구별한 후 통신판매업자의 책임과 통신판매중개자의 책임을 별도로 규율하면서 아울러 두 차례의 개정(2012년, 2016년)을 통하여 통신판매중개자의 책임을 강화하기 위한 입법조치를 강구해 왔다. 이렇게 하여 형성된 현행 전자상거래법상 통신판매중개자의 책임

---

* 이 논문은 소비자법연구 제7권 제1호(2021.2)에 게재된 것으로, 게재 이후의 사정을 반영하여 극히 일부분의 수정 · 보완이 있음을 밝혀 둡니다.

** 부산대 법학전문대학원 교수.

에 관한 규율내용은 동법 제20조, 제20조의2, 제20조의3의 3개 조항에 걸쳐 있고, 내용적으로는 후술하는 바와 같이 5가지 영역[1]을 아우르는 것이다.[2]

그런데 전자상거래법의 주무부서인 공정거래위원회는 2018년부터 통신판매중개자의 책임을 강화하는 것 등을 주된 내용으로 하여 동법의 전부개정 논의를 주도해 왔고,[3] 2020년 하반기에는 입법추진단을 구성하여 소비자보호를 위해 통신판매중개자의 책임을 강화하는 내용 등의 동법 전부개정안을 다시금 준비하고 있다는 점이 보도되고 있다.[4] 이와 같이 통신판매중개자책임에 관한 전자상거래법의 규율내용은 지금까지의 두 차례 개정과 앞으로 예정된 개정을 통하여서도 통신판매중개자책임의 강화라는 일관된 경향을 보여 주고 있다. 그 주된 논거는 '소비자보호'인데, 비대면거래인 전자상거래에서 소비자의 보호는 시장에 대한 소비자의 신뢰로 이어져 전자상거래의 안정적인 발전에도 긍정적으로 기여하는 측면이 있다.

문제는 현행 전자상거래법상 통신판매중개자책임에 관한 규율의 개별적 입법취지 내지 귀책의 이론적 근거가 반드시 명확한 것은 아닐 뿐만 아니라 이에 대한 학설의 설명도 그 스펙트럼이 대단히 넓어 실무에

1_ 고지의무와 연대배상책임, 신원정보제공의무와 연대배상책임, 분쟁해결 등을 위한 조치의무(와 행정제재), 통신판매업자인 통신판매중개자의 책임, 거래관여형 통신판매중개업자의 책임.

2_ 한편, 2016년에 동법은 블로그나 SNS 등 이른바 '소셜 네트워크 플랫폼'을 운영하는 사업자(facebook, naver 등)를 '전자게시판서비스제공자'로 명명하고, 전자게시판에서 이루어지는 전자상거래를 규제하기 위해 전자게시판서비스제공자에게 일정한 행위의무를 부과하고 있다. 또한 최근에는 '통신판매중개자'가 제품 유통과 관련된다는 점을 근거로 소비자안전에 관한 몇 가지 법률(각주 114 참조)에서도 통신판매중개자에게 제품의 유통에 대한 법적 규제를 하고 있다.

3_ 공정거래위원회는 동법의 개정을 전재수 의원실과의 협업으로 달성하려 하였다(2018.11.9. 전재수의원 대표발의 전자상거래법 전부개정법률안). 그러나 2019.8.26. 동 법안은 철회되었다.

4_ 서울경제 2020.10.11. 기사, "공정위 전자상거래법 개정 추진…온라인플랫폼 소비자보호" 등 참조.

혼란을 주고 있는 상황이 지속되고 있다는 점이다. 한마디로 5가지 내용의 통신판매중개자책임를 이론적·체계적으로 설명하기에는 한계를 노정하고 있는 것이다. 이러한 상황에서 소비자보호라는 명목하에 통신판매중개자책임을 더욱 강화하는 전면개정안이 입법된다 하더라도 법체계와 내용에서 완전한 환골탈태가 이루어지지 않는 이상은 기본적으로 기존의 규율내용에 새로운 책임이 추가되는 형태가 될 것이고, 따라서 현행법이 안고 있는 위와 같은 한계가 그대로 존속하게 될 것이라는 점은 어렵지 않게 예상할 수 있다. 이에 대해서는 입법 자체가 귀책의 근거이기 때문에 특별히 귀책의 근거를 이론적으로 설명하거나 책임내용을 체계화할 필요성이 없다는 입론이 가능할지 모른다. 그러나, 적어도 민사책임을 부여하는 입법의 경우 귀책의 근거가 명확하고 책임 간의 규율내용에 모순이 없어야 실무운용에 혼동을 주지 않을 뿐만 아니라, 해석이 어려운 상황에 직면하여도 이론적인 대응을 통하여 예측가능성을 담보할 수 있다. 법적 안정성을 확보한 그러한 입법이야말로 "전자상거래 생태계의 일부분"[5]으로서 관련 시장의 발전을 이끄는 인프라 내지는 눈에 보이지 않는 힘이 될 것임은 명백하다.

2. 과제설정

본고는 이와 같은 문제의식을 배경으로 하여 해석론 및 입법론의 관점에서 전자상거래법상 통신판매중개자책임의 이론적 체계화를 시도해 본 것이다. 본고의 목적은 다음 두 가지로 요약된다. 첫째, 통신판매중개자책임에 관한 개별적인 규율내용에 관하여 그 입법취지와 귀책의 근거를 확인·정리하고, 이를 바탕으로 하여 5가지 통신판매중개자책임의 의의와 문제점을 명확히 한다. 둘째, '플랫폼'이라는 보다 넓은 관점에서

5_ 전자상거래법의 규제내용이 이커머스(전자상거래)의 생태계를 구성하는 중요한 요소라는 관점으로, 서희석, "이커머스 관련 주요규제", 이동일 외, 이커머스 파괴적 혁신으로 진화하다, 스타트업 얼라이언스(2020), 187면 이하를 참조.

통신판매중개자책임의 재구성을 시도한다. 첫째 목적은 현행법의 분석을 통하여 입법론적 문제점을 밝히기 위한 것이고, 둘째 목적은 통신판매중개자책임의 방향성에 관하여 입법론적 기초자료를 제공하기 위한 것이다.

아래에서는 우선 통신판매와 통신판매중개에 관한 전자상거래법의 기본적인 규율체계를 살펴본 후 전자상거래법상 통신판매중개자책임의 구조를 명확히 한다(II). 이를 통해 전자상거래법상 통신판매중개자책임에 관한 규율내용은 **'기본적 책임'**과 **'강화된 책임'**으로 나누어 이해할 수 있다는 점을 제시한다. 이러한 구분에 따라 통신판매중개자책임의 개별적인 규율내용을 검토한다(III, IV). 이어서 통신판매중개자책임의 재구성을 시도하는데. 여기서는 플랫폼의 경제학적 특징에 기초하여 플랫폼 운영자의 법적 지위를 명확히 한 후, 이를 통신판매중개자책임에 접목해 보기로 한다(V).

II. 전자상거래법상 통신판매중개자책임의 구조

1. 전자상거래법의 규율체계

전자상거래법은 「방문판매 등에 관한 법률」(1991년)(이하 "방문판매법"이라 한다)에서 '통신판매' 부분을 독립시키고 '전자상거래'에 관한 규율을 추가하여 제정되었다(2002년). 여기서 **'통신판매'**라 함은 "우편 · 전기통신, 그 밖에 총리령으로 정하는 방법으로 재화 또는 용역(일정한 시설을 이용하거나 용역을 제공받을 수 있는 권리를 포함한다)의 판매에 관한 정보를 제공하고 소비자의 청약을 받아 재화 또는 용역(이하 "재화 등"이라 한다)을 판매[6]하는 것"으로서 방문판매법 제2조 제3호에 따른 전화권유판매는

6_ 정확하게는 "재화의 판매 또는 용역의 제공"이라고 해야 할 것이다. 본고에서는 법문에 따라 "재화 등의 판매"로 표기한다.

제외된다(법[7] 제2조 제2호). 또한 '**전자상거래**'란 "전기통신의 방법에 의한 통신판매"(인터넷 통신판매)라 할 수 있는데, 전자상거래법은 '통신판매' 이외의 거래영역(전자결제 등)도 전자상거래에 포함하도록 널리 정의하고 있기 때문에[8] 통신판매와 전자상거래는 일부분에서 중복되는 관계에 있다.[9] 전자상거래법은 전자상거래를 전면에 내세운 법률이지만, 전자상거래에 특유한 일부 내용(전자결제, 전자거래에서 착오방지를 위한 조치 등)을 제외하고는 '통신판매'를 중심으로 한 규율체계로 이루어져 있다.[10] 전자상거래법상 '통신판매'를 업으로 하는 자인 '통신판매업자'는 전자상거래법상 일정한 의무와 그 의무위반에 대한 책임을 지게 된다(법 제13조~제19조).

한편, '**통신판매중개**'라 함은 "사이버몰(컴퓨터 등과 정보통신설비를 이용하여 재화 등을 거래할 수 있도록 설정된 가상의 영업장을 말한다)의 이용을 허락하거나 그 밖에 총리령으로 정하는 방법으로 거래 당사자 간의 통신판매를 알선하는 행위"로 정의된다(법 제2조 제4호). 여기서 '**총리령이 정하는 방법**'이란 "자신의 명의로 통신판매를 위한 광고수단을 제공하거나 그 광고수단에 자신의 이름을 표시하여 통신판매에 관한 정보의 제공이나 청약의 접수 등 통신판매의 일부를 수행하는 것"을 말한다(시행규칙 제3조). 이를 정리하면 '통신판매중개'란 "거래 당사자 간의 통신판매를 알선하는 행위"로서, 그 방법에는 ① 사이버몰의 이용을 허락하는 방법(장소대여형), ② 자신의 명의로 통신판매를 위한 광고수단을 제공하는 방법(광고 또는 정보 제공형),[11] ③ 광고수단에 자신의 이름을 표시해 통신판매

7_ 이하 「전자상거래법」의 인용은 "법 제○조 제○항"으로 한다.

8_ '전자상거래'란 "전자거래(재화 등을 거래할 때 그 전부 또는 일부가 전자문서에 의하여 처리되는 거래)의 방법으로 상행위를 하는 것"을 말한다(법 제2조 제1호).

9_ 통신판매와 전자상거래의 관계에 관하여는 학설상의 논란이 있고 실제로 통신판매가 전자상거래를 포괄하는 상위 개념이라는 입장도 유력하지만(학설의 논의상황에 관한 이병준, "전자상거래 플랫폼과 거래관계에 대한 책임", 소비자법연구 제5권 제1호(2019), 27면 및 각주 30・31을 참조), 본고에서는 공정거래위원회의 입장에 따라 위와 같이 일부 중복되는 관계로 해석하기로 한다.

10_ 이것은 동법 제2장(전자상거래 및 통신판매)의 규율내용으로부터 명백하다.

에 관한 정보의 제공이나 청약의 접수 등 통신판매의 일부를 하는 방법(거래관여형)[12] 등 대체적으로 3가지 유형이 존재한다.[13]

이러한 의미의 '통신판매중개'를 하는 자를 '통신판매중개자'라 하고(법 제20조 제1항), (통신판매중개자 중에서) 통신판매중개를 업으로 하는 자를 '통신판매중개업자'라 한다(동 제2항).[14] 통신판매중개자는 후술하는 바와 같이 통신판매업자와 구별되는 별도의 책임을 부담한다(법 제20조, 제20조의2, 제20조의3).

이처럼 전자상거래법은 통신판매와 통신판매중개의 정의를 각각 두면서 통신판매업자의 책임(법 제13조~제19조)과 통신판매중개자의 책임(법 제20조~제20조의3)도 구분하여 설정하고 있다. 통신판매중개자의 거래시스템(플랫폼)을 매개하여 이루어지는 통신판매에 있어서 통신판매업자의 지위와 통신판매중개자의 지위는 각각 '판매'와 '중개'라는 행위양태에 따라 구별되는 것이다. 통신판매업자는 통신판매중개자와의 사이에 통신판매중개자의 거래시스템을 이용하는 계약(입점계약=시스템 이용계약)을 체결한 후, 그 거래시스템을 이용하여 재화 등을 판매하는 계약

11_ 가령 다나와, 에누리 등의 이른바 가격비교사이트가 이에 해당한다.

12_ 가령 G마켓, 네이버쇼핑 등의 이른바 오픈마켓이 이에 해당한다.

13_ 같은 유형화로 최나진, "개정 전자상거래소비자보호법상의 통신판매중개자의 지위와 책임", 외법논집 제40권 제3호(2016.8), 112면. 반면 이에 대하여 통신판매중개자의 유형을 ① 사이버몰 이용허락자와 ② 통신판매알선자로 대별한 후, 후자를 다시 ②-1 정보제공형 알선자와 ②-2 거래관여형 알선자로 구별하는 견해도 있다(오병철, "통신판매업자의 불법행위에 대한 통신판매중개자(오픈마켓)의 책임—서울중앙지방법원 2008.11.20, 2006가합46488 판결을 중심으로", 재산법연구 제26권 제1호(2009.6), 6~8면). 이 견해는 '알선행위'를 하는 자를 ②로 한정하고 있다는 점 및 (조문대로라면 ②-2에 포함되어야 할) "통신판매에 관한 정보의 제공"을 ②-1에 포함하여 유형화하고 있는 점이 특징이다.

14_ 전자상거래법은 '통신판매중개자'와 '통신판매중개업자'를 구별하고 규율의 내용에도 차등을 두고 있지만, 실효성의 관점에서는 의문이다. 사업자가 아닌 통신판매중개자를 규율할 필요성을 발견하기 어렵기 때문이다. 규율의 대상을 '통신판매중개업자'로 일원화하는 것이 타당하다[동지, 이병준, 앞의 논문(각주 9), 28면; 오병철, "전자상거래법상의 거래 플랫폼 규제와 개선방안", 외법논집 제41권 제4호(2017.11), 174면]. 본고에서는 법문상 표현이 필요한 경우를 제외하고 '통신판매중개자'로 표기한다.

을 소비자와 체결하고 해당 재화 등을 소비자에게 공급한다. 소비자는 통신판매중개자의 거래시스템을 이용하는 계약(시스템 이용계약)을 (묵시적으로) 체결하지만, 재화 등의 구매에 관한 계약은 통신판매업자와 체결한다.[15]

요컨대 통신판매중개자의 거래시스템을 매개로 한 통신판매는 이러한 3면 계약관계의 구조를 전제로 하는 것이며, **통신판매와 통신판매중개의 개념적인 구별**이 통신판매중개자의 거래시스템을 매개로 한 통신판매에 있어서 전자상거래법의 기본적인 규율체계라고 할 수 있을 것이다.[16]

2. 통신판매중개자책임의 구조

(1) 통신판매중개자책임에 관한 규율내용의 변천과정

통신판매중개자의 법적 책임에 관한 전자상거래법의 규율 내용은 2002년에 제정(이하 동법을 "2002년 제정법"이라 한다)된 이래 지금까지 2차례 개정되었다(2012년 개정법, 2016년 개정법). 그 개요는 다음과 같다.

우선 2002년 제정법에서는 ①′ (당사자가 아니라는 사실의) 고지를 하지 않은 경우의 연대배상책임(제20조 제1항)과 ②′ 통신판매자의 신원정보제공의무(행정규제)에 대해 규정하고(제20조 제4항), 나아가 ④′ 이른바 '통신판매업자인 통신판매중개자'의 책임에 관한 규정을 두고 있었다(제20조 제2항).[17] 후자(④′)는 통신판매중개자가 통신판매업자로서의 지위를 동

15_ 3면 계약관계에 관하여는 이병준, 앞의 논문(각주 9), 15~16면도 참조.

16_ 동지, 오병철, 앞의 논문(각주 14), 166면. 이에 반해 이병준, 앞의 논문(각주 9), 28~29면은 "단순히 중개개념만을 통하여 전자상거래 플랫폼을 적절하게 규제할 수 없게 되었다"고 하면서 "계약체결과 관련하여 중개기능을 담당하더라도 전체 계약과 관련하여 더 많은 역할을 하고 있는 전자상거래 플랫폼이 존재하고 이에 따른 적합한 책임을 부과할 필요가 있다"고 설시하고 있는데, "통신판매와 통신판매중개의 개념적인 구별"의 의의와 관련하여 음미가 필요하다.

17_ 한편, 통신판매중개자의 행위라는 이유로 '통신판매중개의뢰자'(통신판매자)가 면책되지 않는다는 취지의 규정도 두었는데(제20조 제3항), 이 규정은 현행법 제20조의2

시에 가질 경우 통신판매중개자로서 행위하더라도 통신판매업자로서의 책임을 기본적으로 면할 수 없다는 취지이다. 소비자보호의 관점에서 통신판매중개자의 책임강화를 위한 조치의 하나로서 이해할 수 있을 것이다(원문자 표기는 후술하는 〈표 1〉을 참조).

이어서 2012년 개정법에서는 제20조의2를 신설하였는데, ①'과 ②'를 개정하여 ① (당사자가 아니라는 사실의) 고지의무(법 제20조 제1항) 및 (그 의무위반의 효과로서의) 연대배상책임(법 제20조의2 제1항)과 ② 통신판매자의 신원정보제공의무(법 제20조 제2항) 및 (그 의무위반의 효과로서의) 연대배상책임(법 제20조의2 제2항)으로 규율체계를 조정(의무와 책임의 분리)한 후, ③ 통신판매업자와 소비자 간의 분쟁해결 등을 위한 조치의무에 대하여 새롭게 규정하였다(법 제20조 제3항). ③은 통신판매중개자의 거래시스템을 매개로 한 통신판매에서 소비자분쟁이 발생했을 경우에, 통신판매중개자에게 분쟁해결 등을 위한 일정한 역할을 요구하는 형태의 의무규정(의무위반의 효과는 행정제재)이다. 이에 따라 통신판매중개자의 책임에 관한 현행법의 기본적인 규율체계(①②③)가 완성되었다고 할 수 있다. 한편 ④' 통신판매업자인 통신판매중개자의 책임은 현행법 제20조의2 제3항으로 위치를 바꾸었을 뿐 그 내용은 그대로 유지되었다(④).

그리고 2016년 개정법에서는 ①②③④를 유지한 후 ⑤ 청약의 접수 또는 대금의 수령 단계에서 (시스템적으로) 관여하는 통신판매중개자인 이른바 '거래관여형 통신판매중개업자'의 (통신판매업자에 대한) 보충적 책임에 관한 규정을 신설하였다(법 제20조의3). 이는 통신판매업자(입점업자)가 청약의 접수 또는 대금의 수령 단계에서 전자상거래법상의 의무를 이행하지 아니한 경우에 '거래관여형 통신판매중개업자'가 통신판매업자의 의무를 '대신하여'(보충적으로) 이행하여야 한다는 취지의 규정이다. ⑤의 책임은 전술한 ④ 통신판매업자인 통신판매중개자의 책임(법 제20조의2 제3항)과 함께 통신판매중개자의 책임강화라는 관점에서 파악할 수

제4항으로 위치를 바꾸어 존속하고 있다(후술하는 각주 19를 참조).

있을 것이다.

(2) 통신판매중개자책임의 구조

이러한 변천과정을 거쳐 정착된 현행법상의 통신판매중개자책임의 구조는 위 ①부터 ⑤까지의 책임 내용을 갖는 것으로 정리할 수 있는데, 내용적으로는 '기본적 책임'(①②③)과 '강화된 책임'(④⑤)으로 나누어 파악할 수 있다. '**기본적 책임**'이란 통신판매와 통신판매중개를 개념적으로 구별하는 전자상거래법의 규율체계에 기초한 통신판매중개자로서의 책임이라는 의미로서, 통신판매계약의 당사자를 확정하기 위한 의무와 그 의무위반에 대한 책임(①②) 또는 통신판매중개자에게 고유하게 인정되는 책임(③)이다.[18] 반면 '**강화된 책임**'이란 소비자보호라는 정책적인 관점에서 통신판매중개자에게 부여된 통신판매업자로서의 책임(④) 또는 그를 대신하는 책임(⑤)을 의미한다. 통신판매중개자가 계약의 당사자가 아님을 전제로 하고 있음에도 불구하고(①②) 통신판매중개자에게 통신판매업자로서의 책임이나 그를 대신하는 책임을 부담케 한다는 점에서 "통신판매와 통신판매중개의 개념적 구별"이라는 전자상거래법의 기본적인 규율체계에 부합하지 않는 문제가 발생한다. 따라서 이를 이론적으로 극복할 수 있는지가 강화된 책임과 관련된 해석론상의 과제가 될 것이다(이에 대해서는 IV.에서 후술).

전자상거래법상 통신판매중개자책임의 구조를 조문 순서에 따라 표로 나타내면 다음과 같다.

18_ 통신판매중개자는 통신판매계약의 당사자가 아니기 때문에 당사자 간 분쟁해결 등의 조치(③)를 취해야 할 필연적인 이유는 없으나, 거래시스템의 설계·운영자에게 인정되는 '고유한 의무'와 그 의무위반에 대한 제재로서의 책임을 부담한다는 관점에서 기본적 책임으로 분류하였다.

〈표 1〉 현행 전자상거래법상 통신판매중개자책임의 구조

	제20조	제20조의2	제20조의3
제1항	① 고지의무	연대배상책임	
제2항	② 신원정보제공의무	연대배상책임	
제3항	③ 분쟁해결 등을 위한 조치의무(행정제재)	④ 통신판매업자인 통신판매중개자의 책임	
제4항		통신판매중개자의 행위에 대한 통신판매업자의 책임[19]	
			⑤ 거래관여형 통신판매중개업자의 책임

(주) ①②③: 기본적 책임, ④⑤: 강화된 책임

Ⅲ. 통신판매중개자의 기본적 책임

1. 고지의무와 연대배상책임

(1) 규율내용 및 입법취지

통신판매중개자의 거래시스템을 매개하여 이루어지는 통신판매에서 통신판매중개자는 통신판매의 당사자가 아니므로 특별한 사정이 없는 한 그 통신판매에서 발생하는 계약상의 책임을 지지 않는 것이 원칙이다. 그러나 소비자 입장에서는 통신판매중개자의 거래시스템을 이용해 통신판매계약을 체결하게 되므로 거래시스템을 운영하는 통신판매중개

19_ 제20조의2(통신판매중개자 및 통신판매중개의뢰자의 책임) ④ 통신판매중개의뢰자(사업자의 경우에 한정한다)는 통신판매중개자의 고의 또는 과실로 소비자에게 발생한 재산상 손해에 대하여 통신판매중개자의 행위라는 이유로 면책되지 아니한다. 다만, 소비자에게 피해가 가지 아니하도록 상당한 주의를 기울인 경우에는 그러하지 아니하다.

자를 통신판매의 **당사자로 오인**하고 계약을 체결할 가능성이 크다. 이에 전자상거래법은 통신판매중개자에게 통신판매의 계약당사자가 아니라는 사실을 고지할 의무를 부과하고, 그 위반에 대해서는 통신판매중개의뢰자(통신판매자)와의 연대배상책임을 부과하고 있다. 즉, "통신판매중개자는 자신이 통신판매의 당사자가 아니라는 사실을 소비자가 쉽게 알 수 있도록 총리령으로 정하는 방법으로 미리 고지하여야 한다"(법 제20조 제1항). 이를 위반하여 통신판매중개자가 "제20조 제1항의 고지를 하지 아니한 경우 통신판매중개의뢰자의 고의 또는 과실로 소비자에게 발생한 재산상 손해에 대하여 통신판매중개의뢰자와 연대하여 배상할 책임을 진다"(법 제20조의2 제1항).

여기서 "총리령으로 정하는 방법"이라 함은 통신판매중개자가 운영하는 '사이버몰'의 초기 화면에 알리는 한편, 다음 각호의 구분에 따라 추가적으로 알리는 방법을 말한다(시행규칙 제11조의2 제1항).[20] 즉, 1. 통신판매중개자가 자신의 명의로 표시・광고를 하는 경우, 그 표시・광고를 하는 매체의 첫 번째 면에 알려야 하고, 2. 통신판매중개자가 법 제13조 제2항에 따른 계약내용에 관한 서면을 교부하는 경우, 그 서면에 알려야 하며, 3. 통신판매중개자가 청약의 방법을 제공하는 경우, 법 제14조에 따른 청약내용의 확인・정정・취소에 대한 절차에서 알려야 한다. 또한 통신판매중개자가 위 제2호 및 제3호의 사항을 알릴 때 그 글씨의 크기는 계약당사자가 누구인지를 고지하는 글씨와 같거나 그보다 더 크게 하여야 한다(동 제2항).

이처럼 소비자에게 통신판매의 당사자가 아니라는 사실을 고지하는 방법을 구체적으로 규정한 것은 그 사실을 **소비자가 쉽게 알 수 있도록 함으로써 소비자가 통신판매중개자를 계약당사자로 오인하는 일이 없도**

20_ 통신판매중개가 인터넷 통신판매에서의 그것으로 한정되는 것이 아니므로 사이버몰의 초기화면에 고지하는 것을 공통적인 의무로 규정한 것은 타당하지 않다는 지적으로, 고형석, "통신판매중개와 소비자보호", 유통법연구 제2권 제2호(2015.12), 121면을 참조.

록 하기 위한 것이다.[21] 통신판매중개자가 앞서 설명한 것과 같은 방법으로 미리 고지했다면 통신판매자의 고의 또는 과실로 소비자에게 발생한 재산상 손해에 대하여 통신판매자와 연대하여 배상할 책임을 지는 일은 기본적으로 발생하지 않는다.

(2) 귀책의 근거와 규정의 의의

통신판매중개자의 '고지의무'와 그 (위반에 대한) 효과로서의 '연대배상책임'이라는 현행법의 규율내용은 2012년 개정법에서 실현되었다. 2002년 제정법에서는 통신판매중개자가 통신판매에 대해 자기에게 책임이 없다는 사실을 약정 또는 고지하지 아니하고 통신판매중개를 한 경우에는 통신판매중개의뢰자의 귀책사유로 인한 소비자의 재산상 손해에 대해 통신판매중개자는 통신판매중개의뢰자와 연대하여 배상할 책임을 지는 것으로 규정되어 있었다(구법 제20조 제1항). 이는 통신판매중개자가 법에서 인정되는 연대배상책임을 면하기 위한 요건(면책요건)으로서 '약정'이나 '고지'가 필요하다는 논리구조였다. 여기서 중개자가 약정이나 고지를 하지 아니하는 경우 중개자에게 부과되는 연대배상책임의 법적 성격이 문제될 수 있는데, 이에 대해서는 통신판매중개자에 대한 소비자의 신뢰보호와 손해배상청구권의 실효성을 확보하기 위하여 법에서 특별히 규정한 '법정책임'으로 이해하는 것이 유력한 견해였다.[22] 문제는 법에서 그러한 책임을 부과한 이론적 근거(귀책근거)를 어디서 발견할 것인지가 조문상으로는 반드시 명확한 것은 아니라는 점이었다.

2012년 개정법에서는 '고지'를 면책요건으로 규정하는 대신 '의무'의 대상으로 규정하고 이를 위반할 경우 그 효과로서 통신판매중개자가 연대배상책임을 부담하는 논리구조로 변경되었다. 따라서 통신판매중개

21_ 동지, 고형석, 위 논문, 121면. 최지현, "온라인 플랫폼 사업자의 민사책임에 관한 연구—'오픈마켓'을 중심으로", 아주법학 제12권 제4호(2019.12), 160면.

22_ 나지원, "통신판매중개에 있어서 소비자보호", 인터넷법률 제29호(2005), 117면; 이충훈, "인터넷통신판매중개자의 법적 책임", 인터넷법률 제38호(2007), 40면 등.

자가 부담하는 **연대배상책임의 귀책 근거**는 이제는 법정의무인 고지의무의 위반에서 도출되는 것이다(따라서 책임의 법적 성격은 과실책임이다).[23] 그렇다면 고지의무를 법정한 이론적 근거는 무엇인가? 그것은 전술한 바와 같이 "통신판매중개자가 통신판매의 당사자가 아니라는 사실을 소비자가 쉽게 알 수 있도록" 하여 소비자가 통신판매의 당사자에 대하여 오인하지 않도록 하기 위함이다. 이와 같이 고지를 의무의 대상으로 삼고 그 위반에 대해 엄격한 책임을 지우고 있지만, 다른 한편으로 그 고지의무를 이행하기만 하면 통신판매중개자는 연대배상의 책임에서 면책되는 구조라는 점에서는 2002년 제정법과 다를 바가 없다. 이러한 이유로 고지의무에 관한 현행법의 규정은 통신판매중개자에게 통신판매에서 발생하는 법적 문제에 대하여 사실상 면책의 근거로 기능한다는 점을 지적하는 견해가 유력하다.[24] 그러나 현행 전자상거래법은 전술한 바와 같이 고지의 방법을 구체적으로 규정함으로써 통신판매중개자가 어떠한 방법으로든 고지만 하면 면책되어 버리는 문제점을 해소하고자 하였다는 점에서 2002년 제정법과의 차별성을 발견할 수 있을 것으로 본다.

요컨대 2012년 개정법에서 실현된 고지의무와 그 위반으로서의 연대배상책임에 관한 규율은 귀책의 근거를 법정의무(고지의무)의 위반에 두고, 아울러 그러한 법정의무 설정의 이론적 근거를 소비자의 오인방지에 두었다는 점을 밝히고 있을 뿐만 아니라("당사자가 아니라는 사실을 소비자가 쉽게 알 수 있도록"), 고지의 방법에 관하여도 구체적 기준을 설정하였다는 점에서 2002년 제정법에 비하여 진일보한 모습을 보여 주고 있다. 다만, 사견으로는 이와 같이 고지를 의무의 대상으로 하고 고지의 방법을 구체적으로 규정하기보다는 "(통신판매중개자의 거래시스템이 통신판매계약의 당사자가 누구인지를 명확히 구분하지 않음으로써) 소비자가 통신판매중

23_ 이와 같이 의무위반을 요건사실로 하여 책임이 부과되는 구조이기 때문에 이 연대배상책임의 법적 성격을 '무과실책임'으로 이해할 수는 없다. 동지, 오병철, 앞의 논문(각주 14), 155~156면; 최지현, 앞의 논문(각주 21), 163면.

24_ 고형석, 앞의 논문(각주 20), 131면; 정진명, "플랫폼을 이용한 전자거래의 법률문제", 비교사법 제24권 제4호, 1575면 등.

개자를 계약당사자로 오인하여 계약을 체결한 경우에는 해당 통신판매중개자가 계약당사자로서의 책임을 질 수 있다"는 취지의 규정을 두는 것이 입법론으로서는 보다 간명하고 적절하다고 본다. 이렇게 되면 "고지의무의 이행=면책"이라는 경직적인 효과를 피할 수 있고, 귀책의 근거가 계약당사자가 누구인지에 대한 소비자의 오인발생에 있다는 점이 보다 명확해질 뿐만 아니라, 책임의 내용으로서 '재산적 손해에 대한 연대배상책임'이 아니라 보다 광범위한 '계약당사자로서의 책임'(이행책임, 채무불이행책임)을 부담하기 때문에[25] 통신판매중개자에게 소비자를 오인시키지 않도록 시스템적으로 보다 확실한 방법을 고안하도록 하는 인센티브를 부여하는 효과도 발생하기 때문이다.

통신판매중개자의 거래시스템을 매개하여 이루어지는 통신판매에서 가장 중요한 계약법적 문제는 우선 계약당사자가 누구인지, 즉 통신판매중개자가 통신판매계약의 당사자가 아니라 개별 입점업체들이 판매자로서 계약당사자가 된다는 점을 거래시스템에서 명확하게 구분하는 것이다. 이 구분이 명확하게 이루어진다면, 통신판매중개자가 재화 등을 통신판매업자로부터 직접 매입하거나 재화 등의 가격에 관여하는 등의 비즈니스 모델이 아닌 한, 기본적으로 통신판매중개자가 계약당사자로서의 책임을 부담할 일은 없다고 보아야 할 것이다. 고지의무를 부과하는 의의는 바로 이와 같은 점(=계약당사자의 확정)에서 찾을 수 있을 것으로 본다.[26] 다만 우리 법은 이 의의를 보다 강화하기 위하여 통신판매

25_ 입법론으로 "연대배상책임에서 계약당사자로서의 책임"으로 전환할 것을 제안하는 견해로, 이병준, 앞의 논문(각주 9), 29면도 참조. 한편, 통신판매계약의 당사자가 아닌 통신판매중개자가 '계약당사자로서의 책임'을 부담할 수 없다는 설명도 가능하나, 계약당사자가 누구인지를 명확하게 하지 아니한 데 따른 외관책임적 성격이 강하고, 계약당사자로서 이행이 어려운 경우에는 결국 채무불이행책임을 부담하게 될 것이다.

26_ 이에 대하여 이병준, 앞의 논문(각주 9), 29면은 "계약당사자가 아니라는 사실을 중개기능을 담당하고 있는 전자상거래 플랫폼이 명시하여 계약당사자로서의 책임을 면한다고 하더라도 실질적 계약의 관여도에 따라 더 많은 책임을 부과할 여지는 남아 있는 것"이라고 설시하고 있는데, 본고의 관점에서는 음미를 요한다(이에 대해서는 V.2.의 논의도 참조).

중개자에게 통신판매자의 신원정보를 아울러 제공할 것을 의무화하고 있다(아래에서 상술).

2. 신원정보제공의무와 연대배상책임

(1) 규율내용 및 입법취지

통신판매중개자는 기본적으로 통신판매에 관한 계약의 당사자가 아니지만, 통신판매중개자가 계약의 당사자인 통신판매중개의뢰자(이하 "중개의뢰자" 또는 "통신판매자"로 표현하는 경우도 있다)의 신원에 관한 정보를 소비자에게 제공하는 것은 계약법적 관점에서도 소비자보호의 관점에서도 중요한 의미가 있다.

우선, **계약법적**으로는 중개의뢰자(통신판매자)의 신원정보가 소비자에게 제공된다면 소비자는 자기가 체결할 계약의 당사자가 누구인지를 보다 확실하게 알 수 있고,[27] 따라서 통신판매중개자를 계약당사자로 오인하여 계약을 체결하는 사태를 피할 수 있다. 또한 판매자의 신원정보는 계약의 체결이나 이행 과정에 문제가 생겼을 때 소비자가 판매자와 직접 협상을 통해 불만이나 분쟁을 해결하기 위한 필수적인 조건이 된다. 이러한 효과는 통신판매업자가 자신의 신원정보제공의무(법 제13조 제1항 · 제2항)를 이행한 경우에도 발생하지만, 통신판매업자가 신원정보(명칭, 주소, 연락처 등)를 제공하지 않거나 일부만 제공하는 경우에는 문제이다.[28] 또한 위 신원정보제공의무(법 제13조 제1항 · 제2항)는 '통신판매업자'에게만 부여되는 것이기 때문에 '사업자가 아닌 통신판매자'는 애초에 이런 의무를 부담하지도 않는다. 따라서 통신판매중개자로 하여금 통신판매자의 신원정보를 제공하도록 의무를 부과하는 것은 통신판매업자의 신원정보제공의무 불이행과 사업자가 아닌 통신판매자의 신원정보

27_ 고형석, 앞의 논문(각주 20), 122면; 최지현, 앞의 논문(각주 21), 160면.

28_ 통신판매업자의 신원정보제공의무 위반에 대한 법적 효과로는 행정제재만이 규정되어 있다(법 제31조 이하).

제공의무의 미비를 보완하는 의미가 있고, 이것은 결과적으로 전술한 고지의무와 더불어 **계약당사자가 통신판매중개자가 아니라는 점을 강화**하게 된다.[29] [30]

둘째, **소비자보호의 관점**에서 통신판매계약의 당사자 간에 발생한 불만이나 분쟁이 해결되지 않거나 사기적인 판매자(자신의 계약상 의무를 의도적으로 이행하지 않는 판매자)로 인한 소비자피해가 발생한 경우 통신판매중개자가 그에 대응하기 위하여 **입점업체의 신원정보를 확보**할 필요가 있다는 점이다. 이것은 후술하는 통신판매중개자의 분쟁해결 등 조치의무(법 제20조 제3항, 시행령 제25조의2 참조)와도 관련되는 것인데, 통신판매중개자가 소비자의 불만이나 분쟁 및 사기적 판매자에 의한 소비자피해에 대응하기 위해서는 입점업체의 신원정보가 필요하다. 통신판매중개자의 신원정보제공의무는 보통의 경우 사전에 확보한 통신판매자의 신원정보를 통신판매중개자가 거래시스템에 입력하거나 통신판매자로 하여금 직접 입력하도록 함으로써 비교적 간단히 이행할 수 있다.

이러한 이유로 전자상거래법은 '통신판매중개업자'[31]에게 통신판매중

29_ "소비자에게 발생한 재산상 손해"(법 제20조의2 제2항)라는 표현을 근거로(소비자는 사업자를 전제로 한 개념이므로) 통신판매중개의뢰자가 사업자가 아닌 경우에는 통신판매중개업자가 신원정보제공의무(법 제20조 제2항)를 부담하지 않는 것으로, 즉 통신판매중개의뢰자가 통신판매업자인 경우에만 통신판매중개업자가 의무를 부담하는 것으로 해석하는 견해가 있다[오병철, 앞의 논문(각주 14), 158면]. 그러나 사업자가 아닌 통신판매자의 경우 자신의 신원정보를 제공할 의무를 부담하지 않기 때문에 이를 보완하기 위해서라도 통신판매중개자에게 그 신원정보나 열람방법의 제공의무를 부여한 것으로 해석해야 할 것이다.

30_ 통신판매업자는 신원정보제공의무(법 제13조 제1항 · 제2항)뿐만 아니라 계약내용 및 거래조건에 관한 정보제공의무(법 제13조 제2항)도 부담하므로 통신판매중개업자에게 (신원정보제공의무 외에) 최소한 계약내용 및 거래조건에 관한 정보제공의무의 이행을 확인할 의무도 부여하여야 한다는 견해가 있다[고형석, 앞의 논문(각주 20), 123면; 최지현, 앞의 논문(각주 21), 160면].

31_ 전자상거래법은 '통신판매중개자'와 '통신판매중개업자'의 관계에 대하여, 대부분의 경우 의무와 책임의 주체를 '통신판매중개자'로 하면서도, 두 가지 경우에서만은 '통신판매중개업자'를 그 주체로 한정하고 있다. 즉 여기서 검토하고 있는 통신판매중개의뢰자의 신원정보를 제공할 의무(제20조 제2항) 및 후술하는 '거래관여형 통신판매중

개의뢰자의 신원에 관한 정보 또는 그 열람방법을 소비자의 청약이 이루어지기 전까지 제공할 의무를 부과한 것으로 해석할 것이다. 제공할 정보의 내용은 통신판매중개의뢰자가 사업자(=통신판매업자)인 경우(①)와 그렇지 않은 경우(②)를 나누어 규정하고 있다. 먼저 ① 중개의뢰자가 사업자(=통신판매업자)인 경우 통신판매중개업자는 그 신상정보로서 성명(사업자가 법인인 경우에는 그 명칭 및 대표자의 성명), 주소, 전화번호, 전자우편 주소, 통신판매업 신고에 관한 사항(신고번호, 신고기관) 및 사업자등록번호를 확인하여 청약이 이루어지기 전까지 소비자에게 제공하여야 한다. 나아가 통신판매중개업자가 신용정보회사 등을 통하여 확인한 신상정보나 당해 통신판매중개업자가 제공하는 중개의뢰자의 신용도에 관한 정보를 보유하고 있는 경우에는 이를 포함하여 소비자에게 제공하여야 한다(법 제20조 제2항 전단, 시행령 제25조 제1항). 다음으로 ② 중개의뢰자가 사업자가 아닌 경우 통신판매중개업자는 그 신상정보(이름, 생년월일, 주소, 전화번호 및 전자우편 주소)를 확인하여 거래의 당사자들에게 상대방[32]에 관한 정보를 열람할 수 있는 방법을 제공하여야 한다. 나아가 통신판매중개업자가 신용정보회사 등을 통하여 확인한 신상정보나 당해 통신판매중개업자가 제공하는 중개의뢰자의 신용도에 관한 정보를 보유하고 있는 경우에는 이를 포함하여 소비자에게 제공하여야 한다(법 제20조 제2항 후단, 시행령 제25조 제2항).

통신판매중개업자가 이러한 의무를 위반한 경우의 효과로서, 통신판매중개업자(법문상으로는 통신판매중개자)[33]는 소비자에게 신원정보 또는

개업자'의 보충적 책임(제20조의3)에 관한 규율이 그것이다. 그러나 전술한 바와 같이 이러한 구분이 어떠한 의미가 있는지 의문이다(각주 14 참조). 모든 의무와 책임의 주체를 '통신판매중개업자'로 일원화하는 것이 타당하다고 본다.

32_ 이 경우 통신판매중개의뢰자의 신원정보뿐만 아니라 그 계약상대방의 신원정보도 제공하여야 하는 것인지 법문상으로는 명확하지 아니한 측면이 있다. 만일 그런 취지라면 "통신판매중개의뢰자가 사업자가 아닌 경우에는 양 당사자의 성명 · 전화번호 등 대통령령으로 정하는 사항을 확인하여 거래의 당사자들에게 상대방에 관한 정보를 열람할 수 있는 방법을 제공하여야 한다"(법 제20조 제2항)와 같이 조문의 표현을 명확하게 수정하는 것이 좋을 것이다.

그 열람방법을 제공하지 않거나 제공한 정보가 사실과 달라 소비자에게 발생한 재산상의 손해에 대하여 통신판매중개의뢰자와 연대하여 배상할 책임을 진다. 다만, 소비자에게 피해가 생기지 않도록 상당한 주의를 기울인 경우에는 그러하지 아니하다(법 제20조의2 제2항). 신원정보나 그 열람방법을 제공하지 않은 경우뿐만 아니라 제공한 정보가 사실과 다른 경우에도 연대배상책임을 부담한다는 점과 통신판매중개업자를 위한 면책사유(단서)를 규정한 점에 주의할 것이다(후술).

(2) 귀책의 근거와 규정의 의의

이와 같이 중개의뢰자(통신판매자)가 사업자인 경우(B2C 통신판매의 경우)와 사업자가 아닌 경우(C2C 통신판매의 경우)를 구별해, 제공하는 정보의 내용 등에 차이를 두고 있지만, 그러한 정보제공의무를 위반했을 경우의 효과에 대해서는 차이가 없다. 두 경우 모두 통신판매중개업자(법문상으로는 통신판매중개자)는 소비자에게 신원정보 또는 그 열람방법을 제공하지 아니하거나 제공한 정보가 사실과 달라 발생한 소비자의 재산상 손해에 대해 원칙적으로 중개의뢰자(통신판매자)와 연대하여 배상할 책임을 진다.

이 효과규정은 2012년 개정법에서 새롭게 추가된 것인데(2002년 제정법에서는 행정제재만이 존재하였다), 우선 새롭게 규정된 **연대배상책임의 귀책근거**가 문제된다. 통신판매자의 신원정보나 그 열람방법의 제공에 관하여 통신판매중개업자에게 법정의무가 부과되었고(법 제20조 제2항) 그 의무위반에 대하여 통신판매자와의 연대배상책임이 인정된 것이기 때문에 이 책임의 귀책근거는 법정의무의 위반에서 도출된다고 할 것이다.[34] 법정의무를 위반한 데에 따른 책임이므로 이 책임의 법적 성격은

33_ '통신판매중개업자'가 통신판매중개의뢰자의 신원정보를 제공할 의무를 위반한 경우의 효과로서 제20조의2 제2항에서는 책임의 주체를 '통신판매중개자'로 하고 있는데 이것은 입법적 오류라고 생각된다[동지, 오병철, 앞의 논문(각주 14), 157면]. '통신판매중개업자'로 수정하여야 할 것이다(다만, 근본적으로는 '통신판매중개업자'로 일원화하는 것이 타당하다).

과실책임이다.[35] 그리고 법정의무(신원정보제공의무)를 부과한 이론적 근거는 전술한 바와 같은 두 가지 관점(계약법적 · 소비자보호의 관점)에서 찾을 수 있을 것으로 본다.

이와 같은 이론적 근거에 따라 연대배상책임을 부과하였지만 통신판매중개업자가 연대배상책임을 부담하는 요건이 법문상 명확한 것은 아니다. 통신판매중개업자가 "(중개의뢰자의) 신원정보나 그 열람방법을 제공하지 아니하거나 제공한 정보가 사실과 달라 소비자에게 발생한 재산상 손해"에 대하여 연대배상책임을 부담한다는 점만을 설시하고 있을 뿐 (연대채무를 부담하는 한쪽 당사자인) 중개의뢰자의 손해배상책임의 요건에 관한 설시가 없고 손해발생의 원인 내지 인과관계도 명확하지 않기 때문이다. 생각건대 통신판매중개업자는 "(중개의뢰자의) 신원정보나 그 열람방법을 제공하지 아니하거나 제공한 정보가 사실과 다른 경우에 중개의뢰자의 고의 또는 과실로 소비자에게 발생한 재산상 손해"에 대하여 그 중개의뢰자와 연대배상의 책임을 지는 것으로 해석해야 할 것이다. 고지의무(법 제20조2 제2항)의 경우와 마찬가지로 "중개의뢰자의 고의 또는 과실로" 소비자에게 재산상 손해가 발생한 경우로 해석하여야 손해발생의 인과관계가 명확하게 되고 연대배상책임의 취지도 살릴 수 있기 때문이다. 예컨대 통신판매중개업자가 신원정보제공의무를 이행하지 아니한 상태에서 소비자가 중개의뢰자(통신판매자)와 계약을 체결하였으나 중개의뢰자가 고의 또는 과실로 자신의 채무를 이행하지 아니하는 등으로 소비자가 재산상 손해를 입은 경우, 통신판매중개업자는 중

34_ 이에 대해 플랫폼사업자(통신판매중개자)는 계약당사자가 아니므로 판매자의 신원정보나 그 열람방법을 제공하지 아니한 사유만으로 연대배상책임을 지우는 것은 과도하다는 견해가 있다[정진명, 앞의 논문(각주 24), 1585면]. 이 견해는, 플랫폼사업자에게 계약책임(연대배상책임)을 묻기 위해서는 (법정의무의 위반 외에) 일정한 책임근거가 (별도로) 필요한바, 첫째, 플랫폼사업자가 특정 판매자를 위하여 소비자에게 적극적으로 판매를 권장하고, 둘째, 그 결과 플랫폼사업자가 특정 판매자로부터 수수료나 대가를 받는 경우로 한정하여야 한다고 한다.

35_ 동지, 오병철, 앞의 논문(각주 14), 157면, 최지현, 앞의 논문(각주 21), 164면.

개의뢰자와 그 손해에 대해 연대배상책임을 지게 된다(법 제20조의2 제2항). 따라서 소비자로서는 통신판매자의 신원정보를 확보하지 못하여 채무불이행책임 등을 추급하는 것이 곤란한 경우에도 통신판매중개업자에게 책임을 추급할 수 있게 된다.[36] 이 경우 손해의 발생이 중개의뢰자의 채무불이행에 의한 것인지 불법행위로 인한 것인지는 묻지 않는다.[37]

한편 2012년 개정법에서는 신원정보 또는 그 열람방법을 제공하지 않았을 경우뿐만 아니라 제공한 신원정보가 사실과 다른(부정확한) 경우에도 통신판매중개업자에게 중개의뢰자와의 연대배상책임을 인정했다. 이는 소비자보호의 관점에서는 큰 의의가 있는 것으로 평가할 수 있다. 통신판매중개의뢰자의 신원정보가 거래시스템에 입력되지 않거나 통신판매중개업자에게도 제공되지 않은 경우에는 그 사실을 발견하기가 용이할 뿐만 아니라 이 경우 통신판매업자에 의한 거래시스템의 이용 프로세스가 진행되지 않도록 시스템적으로 고안할 수 있는 반면, 입력 또는 제공된 정보가 정확하지 않을 경우 통신판매중개업자가 그 사실을 발견하는 것 자체가 어렵기 때문에 소비자피해로 이어질 가능성이 높기 때문이다. 따라서 소비자는 통신판매자의 신원정보가 사실과 다른 경우에도 통신판매자의 고의 또는 과실로 발생한 재산상 손해에 대하여는 통신판매중개업자에게 연대배상책임을 추급할 수 있다.

문제는 그러한 정보의 정확성을 어떻게 확보할 것인가이다. 부정확한

36_ 동지, 오병철, 앞의 논문(각주 14), 158면. 최지현, 앞의 논문(각주 21), 164면.

37_ 동지, 고형석, "통신판매중개자의 책임에 관한 연구", 법학논고 제32집(2010.2), 130면; 오병철, 앞의 논문(각주 14), 158면; 최지현, 앞의 논문(각주 21), 164면. 연대배상책임의 범위와 관련하여 중개의뢰자의 채무불이행으로 재산상 손해가 발생한 경우로 한정할지(계약책임설), 불법행위로 인하여 재산상 손해가 발생한 경우도 포함할지(불법행위 포함설)에 대하여 견해가 대립하고 있으나 법조문에 한정이 없는 한 민사법리에 따라 해결하면 충분할 것으로 본다. "소비자에게 발생한 재산상의 손해"는 기본적으로 계약을 체결하는 과정이나 체결 이후에 문제되는 것이기 때문에 계약책임이 문제되지만(다만 계약이 체결되기 前이라면 불법행위책임만이 발생한다고 보는 견해도 있다), 그 경우에도 법문에서 불법행위책임을 명시적으로 제한하고 있지 않는 한 불법행위(거래불법행위) 책임의 발생이 부정되는 것은 아니다(결론에 있어서는 불법행위 포함설과 같다).

정보의 입력이나 제공을 막으려면 사전에 입점업체를 선별하거나 제공되는 정보를 일일이 확인할 수밖에 없다. 그러나 이것은 통신판매중개업자에게 과도한 부담이 되고 통신판매중개업자의 비즈니스 모델과도 맞지 않을 수 있다.[38] 따라서 이와 같은 경우에 부정확한 정보로 인하여 발생한 소비자의 재산상 손해에 대하여 통신판매중개업자가 예외없이 연대배상책임을 지는 것은 가혹하므로 통신판매중개업자가 소비자에게 피해가 생기지 아니하도록 상당한 주의를 기울였음을 입증한 경우에는 면책이 되도록 예외를 인정한 것으로 이해된다(법 제20조의2 제2항 단서). 예를 들어 통신판매업자의 주소가 갑자기 바뀌어 소비자가 철회권을 행사할 수 없는 경우[39]에, 통신판매중개업자가 바뀐 주소를 조사해 소비자에게 알려 주거나 또는 당해 통신판매업자를 대신해 철회를 접수하고 환불해 주었다면 통신판매중개업자가 '상당한 주의'를 기울인 것으로 해석할 수 있을 것이다.

통신판매중개업자의 거래시스템을 매개하여 이루어지는 통신판매에서 통신판매중개업자의 신원정보제공의무는 전술한 고지의무와 더불어 계약당사자의 확정에 중요한 의의가 있다.[40] 고지의무의 이행을 통하여 소비자는 자신이 통신판매중개업자와 계약체결을 하는 것이 아님을 인식하게 되고 신원정보제공의무의 이행을 통하여 계약의 상대방이 개개의 통신판매자임을 인식하게 되기 때문이다. 또한 제공된 신원정보가 정확하지 아니한 경우에도 원칙적으로 통신판매중개업자에 대하여 소비자에게 발생한 재산상 손해에 대한 배상책임을 지울 수 있기 때문에 소비자는 안심하고 중개자의 거래시스템을 통하여 통신판매계약을 체

38_ 이러한 이유로 통신판매중개자(플랫폼운영자)에게 통신판매자가 제공한 신원정보의 적절성에 대한 책임을 부과하는 것은 너무 과하다는 견해로 이병준, 앞의 논문(각주 9), 22면 참조(다만 이 견해가 후술하는 면책의 예외까지 포함하여 지나친 입법이라고 평가하는지는 명확하지 않다).

39_ 이 경우는 소비자가 통신판매업자의 바뀐 주소를 알았거나 알 수 있었던 날부터 철회기간(7일)이 기산된다(법 제17조 제1항 제2호).

40_ 동지, 이병준, 앞의 논문(각주 9), 21~23면.

결할 수 있게 된다. 한편 신원정보제공의무는 소비자보호를 위하여 통신판매중개자가 입점업체의 신원정보를 확보한다는 관점에서도 의미가 있다.[41]

3. 분쟁해결 등을 위한 조치의무

(1) 규율내용 및 입법취지

통상의 계약관계에서 당사자 일방의 불만이나 분쟁이 발생한 경우에는 우선 계약당사자 사이에서 그 처리나 해결을 시도하고 그것이 이루어지지 않을 때에는 (법원을 포함한) 제3의 기관이나 단체를 통한 해결을 도모하는 것이 보통이다. 이것은 통신판매중개자의 거래시스템을 매개하여 이루어지는 통신판매에서도 마찬가지로서, 소비자불만의 처리나 분쟁의 해결을 위한 노력은 기본적으로 통신판매계약의 당사자인 통신판매자와 소비자 사이에서 이루어지게 된다. 그러나 소비자의 입장에서는 통신판매중개자를 신뢰하고 계약을 체결하는 경우가 많고[42] (경우에

41_ 통신판매중개업자가 통신판매자의 신원정보를 제공하지 아니한 경우의 효과에 관하여 전자상거래법 제4조 단서를 근거로 상법상 '중개인의 이행책임'(개입의무)에 관한 제99조가 적용되고 전자상거래법상 연대배상책임에 관한 제20조의2 제2항은 적용되지 않는 것으로 해석되므로 입법론적으로 해결해야 한다는 견해가 있다[고형석, 앞의 논문(각주 20), 134면]. 상법이 전자상거래법보다 소비자에게 더 유리하기 때문이라는 것이다. 그러나 통신판매중개자(특히 오픈마켓)는 거래시스템(플랫폼)을 설계 · 운영하는 자로서 그 거래시스템을 이용하게 하고 그에 대하여 수수료를 지급받는 것을 주된 비즈니스 모델로 하는 사업자이다. 이것은 인터넷 내지 플랫폼의 발달에 따라 등장한 새로운 사업자 개념으로 이해하는 것이 타당하다. 따라서 비록 '중개(자)'라는 개념을 사용하고 있으나 이를 상법에서 상정하는 일반적인 '중개(인)' 개념으로 포섭할 수 있다는 생각에는 찬성하기 어렵다[서희석, 앞의 논문(각주 5), 209면]. 설사 통신판매중개자를 상사중개인 개념으로 포섭할 수 있다 하더라도 인터넷 내지 플랫폼의 특성상 상사중개인에 관한 상법 규정을 그대로 적용할 수도 없다[정진명, 앞의 논문(각주 24), 1573면; 최지현, 앞의 논문(각주 21), 161면; 박수영, "통신판매중개자의 지위 · 의무 · 책임", 법학연구 제38집(2013,5), 257면 등. 한편 오병철, 앞의 논문(각주 13), 10면은 통신판매중개자의 행위양태가 전통적인 상사중개인과는 사뭇 다르다는 점을 그 근거로 든다].

따라서는) 통신판매중개자를 거래의 당사자로 믿고 재화 등을 구입하는 경우도 있을 수 있다.[43] 이러한 경우 발생하는 소비자피해에 대해 통신판매중개자의 책임을 강화해야 한다는 목소리가 높아지면서 2012년 개정법에서는 통신판매중개자에게 소비자 불만처리 및 분쟁해결을 위해 필요한 조치를 취하도록 의무화하는 규정을 신설하였다.[44]

즉 "통신판매중개자는 사이버몰 등을 이용함으로써 발생하는 불만이나 분쟁의 해결을 위하여 그 원인 및 피해의 파악 등 필요한 조치를 신속히 시행하여야 한다. 이 경우 필요한 조치의 구체적인 내용과 방법 등은 대통령령으로 정한다"(법 제20조 제3항). 여기서 대통령령으로 정하는 필요한 조치의 구체적인 내용과 방법 등은 다음과 같다(시행령 제25조의2). 첫째, 통신판매중개의뢰자와 소비자 사이에 발생하는 분쟁이나 불만을 접수 · 처리하는 인력 및 설비를 갖출 것, 둘째, 통신판매중개자 또는 통신판매중개의뢰자에 의하여 발생한 불만이나 분쟁을 해결하기 위한 기준을 사전에 마련하여 사이버몰에 고지할 것, 셋째, 소비자 불만이나 분쟁의 원인 등을 조사하여 3영업일 이내에 진행 경과를 소비자에게 알리고 10영업일 이내에 조사결과 또는 처리방안을 소비자에게 알릴 것.

통신판매중개자가 위 의무에 위반한 경우에는 공정거래위원회로부터 행정제재(시정권고, 시정조치, 영업정지, 과징금 등)의 대상이 된다(법 제31조 이하).

(2) 규정의 의의

이 의무규정은 전술한 바와 같이 2012년 개정법에서 통신판매중개자에 대한 소비자의 신뢰를 고려하여 '통신판매중개자의 책임강화' 목적의

42_ 최지현, 앞의 논문(각주 21), 161면.

43_ 국회 정무위원회 「전자상거래법 일부개정 법률안(정부제출) 검토보고서」(2010.4) 9~10면.

44_ 고형석, 앞의 논문(각주 20), 125면은, 통신판매중개자가 유통플랫폼을 장악하고 있기 때문에 이를 통하여 해결하는 것이 효율적이라는 점을 고려하여 통신판매중개자에게 의무를 부과한 것이라고 이 규정의 취지를 설명한다.

일환으로 도입된 것이다. 그러나 이 규정의 의의를 단순히 이와 같이 이해하는 것은 관견(管見)이 될 수 있다. 이 규정에 대하여는 ① 고지의무와 ② 신원정보제공의무의 이행에 따라 계약당사자가 확정된 이후에 발생하는 소비자불만이나 분쟁을 해결하기 위하여 계약당사자가 아닌 통신판매중개자에게 의무를 부과하였다는 점에 주목할 필요가 있다고 생각한다. 특히 후술하는 바와 같이 이른바 '강화된 책임'에 관한 규정들(④⑤)의 사법상 의의에 관하여 의문이 제기되고 있는 상황에서는 더욱 그러하다. 이 규정의 의의는 다음과 같이 정리할 수 있을 것으로 생각한다.

우선은 통신판매중개자에게 직접(당사자로서) 소비자의 불만을 처리하고 분쟁을 해결하도록 의무화하는 것이 아니라, 불만처리나 분쟁해결을 위한 체제(인력 및 설비)를 정비해, 원인조사나 처리방안의 제시 등 분쟁해결 등을 위해서 필요한 조치를 취할 것을 의무화하고 있다는 점이다. 이것은 통신판매중개자의 책임강화의 목소리가 강하다고 하더라도 통신판매중개자에게 통신판매계약의 당사자로서의 책임을 직접 지울 수는 없다는 점을 전제로 통신판매중개자에게 당사자 간의 분쟁해결 등을 위한 중재역을 맡기는 선에서 **고유한 의무를** 부과한 것으로 이해할 수 있다.

분쟁해결 등을 위한 체제를 정비하는 것은 통신판매중개자에게는 상당한 부담이 될 수 있다. 그러나 통신판매중개자(오픈마켓)의 거래시스템(플랫폼)은 수많은 판매자와 소비자가 이용하는 거대한 시장이라는 점을 감안할 필요가 있다. **비즈니스 모델의 관점**에서 그러한 시장에서 시장운영의 규칙을 형성하고 거래질서를 유지 · 관리(거버넌스)하는 것은 그 거래시스템을 설계하고 운영하는 자인 통신판매중개자의 몫이라고 보아야 한다(이 점에 관하여는 V.2.에서 후술).[45] 그것이 궁극적으로는 소비자의 신뢰향상을 이끌어 통신판매중개자의 수익증대로 연결되는 길이

45_ 마셜 밴 앨스타인 · 상지트 폴 초더리 · 제프리 파커/이현경 옮김, 플랫폼 레볼루션, 부키(2017), 263면 이하는 플랫폼 비즈니스에서 '거버넌스(governance)' 문제의 중요성을 설시하고 있다.

기 때문이다. 거래시스템의 설계 · 운영자인 통신판매중개자에게 그 시스템을 이용한 거래에서 발생한 불만이나 분쟁을 해결하기 위한 조치의무를 부과한 것은 시스템의 운영과 관련한 거래질서의 유지 · 관리에 법이 개입한 것을 의미한다.

분쟁해결 등의 조치의무는 법적 의무이기 때문에 (그 의무위반에 대하여) 일종의 책임을 설정한 것으로 평가할 수 있다. 그것은 통신판매계약의 당사자가 아닌 거래시스템의 설계 · 운영자에게 인정되는 '고유한 책임'이라고 할 수 있지만,[46] 사법상 효과를 발생하는 본래의 의미의 책임은 아니다. 그것은 어디까지나 시스템의 설계 · 운영자로서의 통신판매중개자에게 부여된 분쟁해결 등을 위한 중재자로서의 고유한 의무를 다하지 않은 것에 대한 행정상의 제재(법 제31조 이하 참조)로서의 의미가 있을 뿐이다. 다만 통신판매중개자가 취할 구체적인 해결책의 내용과 정도는 궁극적으로는 통신판매중개자의 비즈니스 모델이나 경영판단에 맡겨진 것이기 때문에 법에서 요구하는 조치의무(시행령 제25조의2)를 준수하는 한 구체적 해결책에 대하여 법적 제재를 가할 수는 없다.

Ⅳ. 통신판매중개자의 강화된 책임

1. 통신판매업자인 통신판매중개자의 책임

(1) '통신판매업자인 통신판매중개자'의 개념 및 입법취지

전자상거래법은 기본적으로 통신판매와 통신판매중개를 개념적으로 구별하는 규율체계에 입각해 있지만, 이 규율체계와 반드시 정합적이지는 않은 개념이 설정된 경우도 있다. '통신판매업자인 통신판매중개자' 개념이 그것이다.[47] 이는 통신판매중개자가 통신판매업도 영위하는 경

46_ 이러한 이유에서 본고는 이 책임을 통신판매중개자의 '기본적 책임'으로 분류하여 설명하고 있다[전술 Ⅱ.2.(2) 참조].

우, 즉 양자의 지위를 겸하는 경우를 상정한 개념으로서, 통신판매중개자에게 통신판매업자로서의 책임을 지우기 위한 근거로 이용될 수 있다. 실제로 전자상거래법은 "제20조 제1항에 따른 고지에도 불구하고 통신판매업자인 통신판매중개자는 제12조부터 제15조까지, 제17조 및 제18조에 따른 통신판매업자의 책임을 면하지 못한다."고 규정한다(법 제20조의2 제3항 본문). 이것은 통신판매중개자가 계약당사자가 아님을 고지하더라도 그가 동시에 통신판매업자이기도 한 경우에는 통신판매업자로서의 책임을 면할 수 없다는 취지를 규정한 것이다. 다만, "통신판매업자의 의뢰를 받아 통신판매를 중개하는 경우 통신판매중개의뢰자[=통신판매업자]가 책임을 지는 것으로 약정하여 소비자에게 고지한 부분에 대하여는 통신판매중개의뢰자가 책임을 진다"(동 단서).

통신판매업자인 통신판매중개자의 책임과 관련해서는 우선 **'통신판매업자인 통신판매중개자'의 개념**을 어떻게 이해할 것인지가 문제된다. 이에 대해서는 해석론이 난립하고 있으나 대체로 ① 본고의 입장과 같이 통신판매중개자가 통신판매업도 영위하는 경우로 이해하는 견해(제1설=다수설),[48] ② 후술하는 '거래관여형 통신판매중개업자'를 가리킨다고 해석하는 견해(제2설),[49] ③ "통신판매업자 중에서 통신판매중개서비스를 업으로 제공하는 자"를 가리킨다고 해석하는 견해(제3설)[50]로 정리할 수 있다.[51]

47_ '통신판매중개를 하는 통신판매업자'(법 제3조 제3항)도 그와 같은 평가가 가능한 개념이다(이 개념은 통신판매업자에 방점에 둔 것이라는 점에서 통신판매중개자에 방점을 둔 '통신판매업자인 통신판매중개자'개념과 구별된다).

48_ 이충훈, 앞의 논문(각주 22), 43면; 고형석, 앞의 논문(각주 20), 136면; 이호영, 소비자보호법[제4판], 홍문사(2018), 285면.

49_ 「전자상거래 등에서의 소비자보호지침」(공정거래위원회고시 제2015-7호) II. 2. 라.; 최나진, 앞의 논문(각주 13), 118~119면.

50_ 이병준. "O2O 플랫폼 서비스와 전자상거래소비자보호법에 의한 소비자보호", 안암법학 제52권(2017), 184면; 정진명, 앞의 논문(각주 24), 1585면(결론에서 동지).

51_ 한편 "통신판매업자이면서 업으로 하는지와 관계없이 통신판매중개를 하는 모든 자"를 가리킨다고 해석하는 견해도 있다[오병철, 앞의 논문(각주 14), 166면].

그러나 제1설 이외의 견해들은 다음과 같은 이유에서 타당하다고 할 수 없다. 먼저 제2설은 공정거래위원회의 유권해석이라 할 수 있는 「전자상거래 등에서의 소비자보호지침」의 해석이기도 하다. 이 지침은 '통신판매업자인 통신판매중개자'의 예시로서 "사이버몰의 이용을 허락하는 방법으로 통신판매중개를 하는 사업자 A가 운영하는 사이버몰에서 중개의뢰자인 통신판매업자 B의 재화 등에 대한 판매정보의 제공과 청약의 접수 등이 이루어지는 경우"를 들고, 반면에 가격비교사이트처럼 통신판매업자 B의 재화 등에 관한 가격관련 정보만 제공되는 경우는 이에 해당하지 않는다고 한다.[52] 이것은 통신판매중개자의 유형 중 이른바 '장소대여형'과 '거래관여형'이 융합된 형태가 통신판매업자인 통신판매중개자이고 '(광고 또는) 정보제공형'은 제외된다는 의미이다. 거래관여형 통신판매중개업자의 경우 장소대여와 거래관여가 같이 이루어지는 경우가 보통이고 현행 비즈니스 모델상 양자의 분리는 생각할 수 없다는 점에서 이 해석은 결국 '거래관여형 통신판매중개업자'가 통신판매업자인 통신판매중개자라는 의미로 이해할 수 있다.[53] 그러나 이러한 해석은 무엇보다 '통신판매업자인 통신판매중개자'의 '언어적 의미'를 무시하고 있기 때문에 적절하다고 할 수 없다. 국어적으로는 "통신판매업자이면서 통신판매중개자"인 경우로 읽히기 때문에 양자의 지위를 동시에 갖는다는 의미를 내포하고 있어야 한다. 그런데 제2설의 개념(거래관여형 통신판매중개업자)은 통신판매중개자의 특수한 형태 내지 일 유형이지 통신판매업자를 가리키는 것은 아니다. 나아가 제2설에 따라 '통신판매업자인 통신판매중개자'를 '거래관여형 통신판매중개업자'를 가리킨다고 해석한다면, 전자의 책임에 관한 규정(법 제20조의2 제3항) 이외에 후자의 책임에 관한 규정(법 제20조의3)이 2016년 개정법에서 전자의 책임과는

52_ 「전자상거래 등에서의 소비자보호지침」 II.(일반사항) 2.(통신판매, 통신판매업자, 통신판매중개자의 개념정의 및 책임의 범위) 나.

53_ 최나진, 앞의 논문(각주 13), 120면은 거래관여형 통신판매중개업자의 책임에 관한 제20조의3은 통신판매업자인 통신판매중개자에만 적용되는 규정이라고 한다.

별도로 신설되었다는 점(후술)을 설명할 수 없게 되는 문제가 발생한다. 양자가 같은 개념이라면 굳이 별도의 조문으로 또한 별도의 용어로(후자의 경우 "통신판매의 중요한 일부 업무를 수행하는 통신판매중개업자") 별도의 책임규정을 둘 이유가 없기 때문이다.

이어서 제3설은 '통신판매중개'를 "통신판매중개라는 서비스를 제공하는 서비스제공형 통신판매의 한 유형"에 해당한다고 이해하는 견해이다.[54] 다시 말하면 통신판매중개를 통신판매업자가 판매하는 '서비스'(용역)의 일종으로 파악하는 것이다. 통신판매중개자를 "통신판매중개서비스를 제공하는 통신판매업자"로 이해하기 때문에 통신판매중개자는 당연히 통신판매업자로서의 지위를 갖게 되며, '통신판매업자인 통신판매중개자'는 그 점을 확인하는 개념에 지나지 않게 된다.[55] 결국 이 견해에 의하면 (직관적이진 않지만) 언어적인 의미로서 '통신판매업자인 통신판매중개자'의 설명은 가능하게 된다. 그러나 이 견해는 통신판매중개시스템을 매개하여 이루어지는 통신판매에 있어서 판매대상이 되는 '서비스'와 통신판매중개자가 제공하는 '중개서비스'를 혼동하고 있을 뿐만 아니라, 전자상거래법이 인정하는 '통신판매중개'의 개념 자체도 부정하는 결과가 될 수 있다는 점에 문제가 있다. 이 견해대로라면 통신판매중개자는 모두 통신판매업자이기 때문에 통신판매중개자에 대하여는 통신판매업자에 관한 규율도 함께 적용된다는 결론이 된다. 전자상거래법상 통신판매중개자는 사업자임에는 틀림없으나 통신판매업자와는 구별되는 개념이다.

그렇다면 결국 '통신판매업자인 통신판매중개자'의 개념에 관하여는 제1설을 따를 수밖에 없다. 그것이 '언어적인 의미'나 전자상거래법의 기본적인 규율체계에 부합하는 해석이기 때문이다. 이 견해에 따를 경우 전자상거래법 제20조의2 제3항의 입법취지는 다음과 같이 해석하게 될 것이다. 즉, "통신판매중개자가 통신판매업을 영위할 경우 통신판매

54_ 이병준, 앞의 논문(각주 50), 184면.

55_ 이병준, 앞의 논문(각주 50), 184면.

중개자가 동시에 통신판매업자로서의 지위도 갖게 된다. 그렇게 되면 소비자로서는 해당 통신판매중개자를 매개로 한 통신판매에서 통신판매중개자를 통신판매업자로 오인하여 계약을 체결할 우려가 있다. 따라서 소비자보호라고 하는 정책적인 관점으로부터 그러한 통신판매중개자에게 전자상거래법상의 통신판매업자로서의 책임을 부담시킨 것이다"라고 이해할 것이다. 다만, 이와 같이 통신판매중개자에게 통신판매업자로서의 책임을 지운다 하더라도 동항의 단서는 통신판매중개자와 통신판매중개의뢰자(통신판매업자)와의 약정에 의한 통신판매중개자의 면책을 인정하고 있기 때문에 실무상으로는 이 단서가 작용하는 경우가 많을 것이다. 따라서 그 한도에서 '통신판매업자인 통신판매중개자'의 책임에 관한 본문의 규정은 사실상 무의미하다고 지적하는 견해가 유력한 것이다.[56]

(2) 귀책의 근거와 문제점

'통신판매업자인 통신판매중개자' 개념을 설정(2002년 제정법)한 배경에는 다음과 같은 이유가 있었을 것으로 추측된다. 즉, 전자상거래법의 입법안 준비단계(2000년대 초반)에서는 통신판매중개라는 비즈니스 모델은 법률상 인정하지만, 그 법적 책임에 대해서는 면책요건으로서의 '고지'나 통신판매중개의뢰자에 관한 '신원정보제공의무'에 관한 규정(및 그 위반에 대한 행정제재) 이외에는 통신판매에 의한 소비자피해로부터 소비자를 보호하기 위한 규정은 별도로 예정된 것이 없었다. 이에 입법관여자(공정위 입안자)는 소비자의 입장에서 통신판매업자와 통신판매중개자의 구별이 외형상으로는 반드시 명확하지 않은 경우가 있을 수 있다는 점을 감안하여, 통신판매중개자가 통신판매업도 영위하는 경우에는 그 중개자가 통신판매로부터 책임이 없다는 사실을 고지했음에도 불구하고 통신판매업자로서의 책임을 면하지 못한다는 규정(구법 제20조 제2항.

56_ 고형석, 앞의 논문(각주 20), 136면.

현행법으로는 제20조의2 제3항)을 둠으로써 소비자보호를 강화하려고 했던 것이 아닐까?[57] 이는 통신판매업자와 통신판매중개자의 지위의 겸유(兼有)를 귀책의 근거로 하여 통신판매중개자의 책임강화를 꾀한 것으로 풀이된다.

그러나 소비자보호라는 정책적 관점에서 통신판매중개자에게 강화된 책임을 부여하려 한 점은 이해할 수 있지만 **귀책의 이론적 근거**라는 관점에서는 의문이 남는다. 위의 개념은 전술한 바와 같이 통신판매중개자가 통신판매업자로서의 지위도 함께 갖는 경우를 가리키는 것으로 생각할 수밖에 없을 터인데, 이 경우에도 통신판매중개자가 두 가지 행위(중개, 판매)를 동시에 할 수는 없기 때문이다. 만일 중개자가 판매자로서의 지위를 겸한다고 하더라도, 그것만을 이유로 중개자로서 행위하고 있는데 판매자로서 책임을 지게 할 수는 없다. 통신판매업자와 통신판매중개자의 두 가지 지위를 동시에 가진 사업자가 있다 하더라도 특별한 사정이 없는 한 해당 사업자의 행위태양(중개 또는 판매)에 따라 책임을 부담한다는 것이 책임법의 대전제임은 말할 필요도 없을 것이다. 따라서 중개자로서 행위하는데 판매자로서 책임을 지우기 위해서는 다른 귀책근거가 필요한 것이다. 요컨대, "통신판매업자인 통신판매중개자의 책임"은 '지위의 겸유'를 귀책근거로 삼으려고 한 것이지만, 이론적인 관점에서는 그것이 반드시 명확한 근거라고는 할 수 없다는 점에 문제가

57_ 더욱이 입법관여자는, (본문의 규정과 함께) '통신판매중개를 의뢰한 통신판매업자'에 대해서도 통신판매중개자의 행위에 따른 소비자의 재산상의 손해에 대해서 중개자의 행위라는 이유로 통신판매업자가 원칙적으로 면책되지 않는다는 취지의 규정을 함께 두었는데(구법 제20조 제3항, 현행법 제20조의2 제4항), 이 규정 역시 통신판매중개시스템을 매개하여 이루어지는 통신판매에서 소비자가 통신판매업자와 통신판매중개자를 혼동할 수 있다는 이유에서 소비자보호를 위하여 정책적으로 책임을 부여한 것으로 이해된다. 그러나 통신판매업자인 통신판매중개자의 책임에 관한 규정(법 제20조의2 제3항)과 마찬가지로 이 책임규정 역시 귀책의 근거가 명확하지 아니할 뿐만 아니라 통신판매업자는 기본적으로 전자상거래법에 의한 의무가 부과되기 때문에(제13조~제19조) 위 규정이 활용될 가능성은 거의 없다는 문제가 있다. 이 규정은 삭제하는 것이 타당하다.

있는 것이다.[58]

통신판매업자인 통신판매중개자의 책임은 실무에서는 전술한 단서에 의해 사실상 무의미한 규정으로 처리되고 있지만, 통신판매업자인 통신판매중개자 개념의 해석 여하에 따라서는 예상치 못한 결론의 근거가 될 가능성은 여전히 남아 있다.[59] 입법론으로는 애초에 '통신판매업자인 통신판매중개자' 개념의 법적 정의를 명확히 할 필요가 있었다고 생각된다. 그러지 않고 해석론에 맡긴 것이 다양한 해석과 실무의 혼란을 양산하는 계기가 되고 말았다. 그럼에도 불구하고 '통신판매업자인 통신판매중개자의 책임'에 관한 규정은 2012년 개정법이나 2016년 개정법에서도 규정의 위치만 바뀠을 뿐 그 내용은 그대로 존속하고 있다(법 제20조의2 제3항). 귀책의 이론적 근거가 명확하지 않고 실효성에 의문이 있음에도 불구하고 이미 존재하고 있는 책임규정을 없애기는 어려웠을 것이다. 지금이라도 이 규정은 삭제하는 것이 타당하다.[60] 이 규정이 담보하려 했던 소비자보호라는 목적은 당해 사업자의 행위가 중개인지 판매인지

58_ 이충훈, 앞의 논문(각주 22), 43~44면은 "자칭 통신판매중개자라 하더라도 통신판매업자의 지위를 겸하고 있다면 통신판매업자로서의 책임이 당연히 발생하므로 법에서 따로 [통신판매업자인 통신판매중개자의 책임을] 규정할 필요는 없다"고 설시하고 있다. 그러나 이 견해는 결론에서는 타당하지만, 전자상거래법이 '통신판매업자인 통신판매중개자' 개념을 설정하고 이에 대한 책임규정을 둔 것은 통신판매업자인 통신판매중개자가 중개행위를 하는 경우에도 판매업자로서의 책임을 부과하려는 데에 그 이유가 있다는 점을 간과하고 있는 문제가 있다.

59_ 가령 전술한 제3설에 의하면 통신판매중개업자를 통신판매업자로 해석하는 근거가 될 수 있다. 이러한 해석이 다시 통신판매중개자책임을 강화하는 이론적 근거로 활용되는 것은 곤란하다.

60_ 결론에 있어서 동지, 박수영, 앞의 논문(각주 41), 262면; 나지원, "전자상거래등 소비자보호법의 문제점과 개선방안", 경쟁법연구 제13호(2006), 356~367면. 이에 대해 고형석, 앞의 논문(각주 20), 138면은, 이 개념을 살리면서 소비자보호에 적합하게 그 내용을 개정할 필요가 있다고 한다. 즉, '[통신판매업자인] 거래관여형 통신판매중개자'로 책임주체를 한정하고 통신판매업자와 동등한 지위에서의 책임이 아닌 보충적 책임을 부과하는 것이 타당하다는 것이다. 그러나 책임주체를 '거래관여형 통신판매중개자'로 한정하고 책임의 성격에 변화를 준다 하더라도 그 통신판매중개자가 통신판매업자임을 전제로 한다는 점에서 본문에서 검토한 바와 같이 귀책의 근거가 명확하지 않다는 비판에서 자유로울 수 없다.

를 전제로 별도로 모색되는 것이 타당하다. 그것이 통신판매와 통신판매중개를 구별하는 전자상거래법의 기본적인 규율체계에 부합할 뿐만 아니라 법적 안정성을 가져와서 결국 소비자보호에도 기여하는 길이다.

2. 거래관여형 통신판매업자의 보충적 책임

(1) 규율내용 및 입법취지

2012년 개정법에 의해 통신판매중개자의 책임에 관한 규율은 ① 고지의무와 (그 위반에 대한) 연대배상책임, ② 신원정보제공의무와 (그 위반에 대한) 연대배상책임, ③ 분쟁해결 등을 위한 조치의무 (및 그 위반에 대한 행정제재), ④ 통신판매업자인 통신판매중개자의 책임 등 4가지 책임에 관한 규율체계를 갖는 것으로서 정착되었다. 다만 ④의 규율 내용은 전술한 것처럼 단서에 의한 면책이 가능하므로 실무에서는 사실상 무의미한 것으로 받아들여지고 있었기 때문에, 통신판매중개자의 책임이라는 관점에서는 ③의 규율이 실질적으로 가장 중요한 것이었다고 할 수 있다 (①②는 사실상 계약당사자를 확정한다는 점에 의미가 있고 그 이행이 어려운 것도 아니다). ③은 2002년 제정법 때에는 존재하지 않았던 것으로, 통신판매중개자에게 분쟁해결 등을 위한 중재자로서의 역할을 요구했다는 점에서 일종의 책임강화를 위한 조치였다.

이런 가운데 2012년 개정법 이후에도 통신판매중개자의 책임을 강화해야 한다는 목소리는 여전히 강했다. 그 배경에는 통신판매중개자를 '정보제공형 중개(알선)자'와 '거래관여형 중개(알선)자'로 구분한 후, 통신판매에 있어서 소비자피해의 예방 및 구제를 위해서는 청약의 접수나 대금의 수령 등 거래의 중요한 일부를 직접 수행하는 이른바 '거래관여형 중개(알선)자'에게 그 역할에 상응하는 책임을 물을 필요가 있다고 보는 견해가 유력하게 존재하고 있었기 때문이다.[61]

61_ 국회 정무위원회 「전자상거래법 일부개정법률안 검토보고서」(2014.4) 3면. 학설로서는 오병철, 앞의 논문(각주 13), 6~12면; 고형석, 앞의 논문(각주 20), 117면 등이 같은

이에 따라 2016년 개정법에서는 통신판매의 거래과정에서 청약의 접수 또는 대금의 수령과 같은 "통신판매의 중요한 일부 업무"를 직접 수행하는 통신판매중개업자(이른바 '거래관여형 통신판매중개업자')를 대상으로 통신판매업자가 전자상거래법상의 관련 의무를 이행하지 않는 경우에 이를 '대신하여' 통신판매중개업자가 그 의무를 이행하여야 한다는 규정을 신설하게 되었다(법 제20조의3). 통신판매업자가 자신의 의무를 이행하지 않는 경우에 통신판매중개업자가 이를 대신하여 이행하여야 하므로 이 의무를 '**보충적 이행의무**'라 할 수 있을 것이다.[62]

통신판매중개업자가 수행하는 "통신판매의 중요한 일부업무"라 함은 1. 청약의 접수 업무 또는 2. 재화 등의 대금을 수령하는 업무의 두 가지를 말한다. 각각의 업무별로 통신판매중개업자가 통신판매업자를 대신하여 이행하여야 하는 의무가 정해져 있는데 그 내용은 다음과 같다. 우선, 1. **청약접수 업무**의 경우는, 가. 철회권에 관한 정보제공(법 제13조 제2항 제5호), 나. 청약의 수신확인과 판매가능 여부에 관한 정보제공(법 제14조 제1항)의 두 가지이다(법 제20조의3 제1호). 다음으로, 2. **대금수령 업무**의 경우는 가. 조작실수의 방지 조치(법 제7조), 나. 전자결제의 보안성의 확보와 소비자의 대금지급 의사의 최종적인 확인 등의 조치(법 제8조)의 두 가지이다(법 제20조의3 제2호).[63]

통신판매업자가 이들 의무(위 1. 또는 2.에서 각 두 가지)를 이행하지 아니

입장이었다.

62_ 보충적 이행의무에 관하여 '**의무 대행**'이라고 표현하면서 그 의미에 관하여 플랫폼사업자(통신판매중개자)도 통신판매업자에 해당한다는 이해('통신판매업자인 통신판매중개자'의 개념에 관한 제3설과 같은 입장)를 전제로, 플랫폼사업자와 판매자가 계약을 통하여 이러한 의무를 누가 부담할 것인지를 정하도록 하고, 만일 양자가 이를 정하지 않았다면 판매자뿐만 아니라 통신판매중개를 담당하고 있는 플랫폼사업자도 이러한 의무를 부담하도록 한 것이라고 설명하는 견해가 있다[정진명, 앞의 논문(각주 24), 1585면]. 그러나 논리의 전제가 타당한 것인지, 또한 위와 같은 의무부담을 '보충적'인 것이라고 할 수 있을지는 의문이다.

63_ 통신판매중개업자가 1. 또는 2.의 업무를 수행하는 경우 "그 밖에 소비자피해를 방지하기 위하여 필요한 사항으로서 대통령령으로 정하는 사항"도 이행하여야 하나, 현재 대통령령에는 관련 조항이 존재하지 않는다.

하는 경우에는 1. 또는 2.의 업무를 수행하는 통신판매중개업자(이른바 '거래관여형 통신판매중개업자')가 통신판매업자를 대신하여 그 의무를 이행하여야 한다(법 제20조의3).[64] 보충적 이행의무에 관한 규정의 입법취지는 통신판매중개업자의 책임강화이지만, 단지 그 이유만으로 통신판매계약의 당사자가 아닌 거래관여형 통신판매중개업자에 대해 통신판매업자가 부담하는 법적인 의무를 '직접적으로' 부담시킬 수는 없다. 따라서 통신판매중개업자가 통신판매의 중요한 일부 업무를 수행하는 경우에는 통신판매업자의 의무위반에 대하여 그 통신판매중개업자가 이를 '대신하여' 이행할 의무를 진다고 규정한 것이다.[65] 즉, 이 의무규정은 계약의 체결(청약의 접수) 또는 대금의 결제(수령)과정에서 통신판매업자가 전자상거래법상의 관련 의무를 이행하지 아니하는 경우에 거래관여형 통신판매중개업자가 통신판매업자 대신에 '보충적으로' 그 의무를 이행하도록 의무화함으로써 **최종적으로 통신판매중개업자에 의한 의무이행을 보장**하여 소비자보호를 도모하고자 한 것으로 이해할 수 있다.

위 '보충적 이행의무'의 위반에 대하여 거래관여형 통신판매업자가 부담하는 책임을 '보충적 책임'이라 명명할 수 있을 것이다.[66] 다만 거래관여형 통신판매중개업자가 이 의무를 이행하지 아니하는 경우의 법적 책임에 대하여 전자상거래법은 공정거래위원회에 의한 행정제재(법 제31조~제34조,[67] 제45조 제3항 제6호[68])의 대상이 됨을 규정하고 있을 뿐이다.

64_ 고형석, "한국에서 통신판매중개자에 대한 법적 규율", 소비자법연구 제2권 제2호(2016.9), 147~148면은 2.대금수령 업무를 수행하는 통신판매중개업자가 보충적으로 부담하는 두 가지 의무(제7조, 제8조)는 원래 통신판매업자만이 부담하는 의무가 아니라 통신판매중개업자도 부담하는 의무라는 점에서 통신판매중개업자가 1차적으로 의무를 부담하는지 2차적으로 그 의무를 부담하는지 혼란을 가중하는 결과를 유발하고 말았다고 비판한다.

65_ 고형석, 앞의 논문(각주 37), 148면은, 다단계판매에서 소비자의 철회권 행사의 상대방을 1차적으로 다단계판매원으로 하고 2차적으로 다단계판매업자로 하는 방문판매법의 관련 규정(제17조 제1항 단서)을 참고하여, 거래관여형 통신판매중개자의 책임을 '2차적(보충적) 책임'으로 규정할 것을 제안하였는데, 법 제20조의3은 이 학설의 제안을 참조하여 입안되었을 가능성이 있다.

66_ 동지, 고형석, 앞의 논문(각주 64), 147면.

(2) 귀책의 근거, 책임의 법적 성질, 규정의 의의

이와 같이 이른바 거래관여형 통신판매중개업자의 보충적 책임에 관한 전자상거래법 제20조의3은 통신판매중개업자의 '거래관여'를 귀책근거로 하여 통신판매업자의 의무위반에 대하여 통신판매중개업자에게 이를 대신하여 이행할 의무를 부담시키고 그 의무위반에 대하여 책임을 묻는 형태로 규정되어 있다. 그러나 그 '귀책근거'와 '책임의 법적 성질'이 반드시 명확한 것은 아니라는 점에 문제가 있다.

우선 '거래관여'를 **귀책근거**로 삼을 수 있는지 의문이다. 청약의 접수나 대금의 수령과 같은 통신판매의 중요한 일부 업무를 수행했다는 이유만으로[69] 계약당사자가 아닌 자에게 그를 대신하는(보충적인) 책임을 부담시키는 것이 정당화될 수는 없기 때문이다. 이에 대해 '거래관여형 중개자'에게 그 역할에 상응하는 책임을 물을 필요가 있다고 보는 견해는, 통신판매중개자가 계약당사자로 이해될 수 있다거나[70] 사실상 당사자의 역할을 하고 있다[71]는 점을 귀책의 근거로 들고 있다. 그러나 통신판매중개자가 청약의 접수나 대금의 수령 등의 업무에 관여하거나 통신판매의 일부를 수행한다는 점이 통신판매중개자를 계약당사자로 만드

67_ 시정권고, 시정조치, 임지중지명령, 과징금 등.

68_ 과태료: 통신판매중개업자가 통신판매업자를 대신하여 철회권에 관한 정보제공의무(법 제20조의3 제1호 가목)를 이행하지 아니하면 500만원 이하의 과태료를 부과한다.

69_ '업무를 수행한다'라는 말이 법적으로 어떠한 의미가 있는지도 명확하지 않다.

70_ 오병철, 앞의 논문(각주 13), 8면~9면은 "자신의 이름을 표시하여 타인의 통신판매의 청약을 접수한다는 것은 의사표시의 수령상대방으로서의 지위가 인정되므로 타인의 통신판매 계약체결의 수동대리행위를 하는 것으로서, 거래관여형 알선자는 계약체결 과정의 참여자로서의 지위에 서는 것"이고, 또한 "할인쿠폰의 발행, 마일리지 적립 등 통신판매의 이행과정에서도 오픈마켓은 통신판매에 일정한 관여자로서 참여하는 것"이라고 하면서, "통신판매중개자가 통신판매의 청약을 접수하는 등 일부를 수행하는 경우는 통신판매중개자도 통신판매의 계약당사자로 이해될 수 있다"고 한다.

71_ 고형석, 앞의 논문(각주 37), 147~148면은 "상사중개인은 당사자가 계약을 체결할 수 있도록 조력하는 자이기에 원칙적으로 청약을 수령하거나 대금을 수령할 수 없음에도 불구하고(상법 제94조) 오픈마켓의 경우 거래의 상대방으로부터 청약을 접수하거나 대금을 수령하고 있어 사실상 중개인이 아닌 당사자의 역할을 수행하고 있다"고 한다.

는 요인이 된다는 점을 논증하지 못하는 한 위와 같은 주장은 설득력을 얻을 수 없다. 거래에 관여하거나 통신판매의 중요한 일부 업무를 수행한다는 의미는, 통신판매중개자가 통신판매업자와의 이용계약에 따라 이용료를 지급받고 통신판매업자와 소비자와의 사이에 손쉽게 계약이 체결되거나 대금결제가 이루어질 수 있도록 거래시스템(플랫폼)을 제공한다는 의미이다. 거래시스템(플랫폼)은 거래가 용이하게 이루어지도록 도와주는 도구 내지 수단이다[이점에 대해서는 플랫폼의 특징에 관한 V.2.(1)에서 후술]. 그러나 거래시스템을 이용하여 계약의 체결이나 대금의 지급이 용이하게 이루어졌다 하더라도 전자상거래법상 ① 고지의무와 ② 신원정보제공의무의 이행에 따라 이미 통신판매업자가 계약당사자로 확정된 상태하에서는 특별한 사정이 없는 한 통신판매계약의 당사자가 통신판매업자라는 점에는 변함이 없다. 따라서 계약당사자의 지위에 변화를 가져오는 거래관여(가령 재화 등을 통신판매업자로부터 직매입한 경우 등)가 이루어지지 않는 한 청약의 접수나 대금의 수령이라는 이유만으로 통신판매업자의 의무위반에 대하여 통신판매중개자에게 책임을 부담시킬 수는 없는 것이다.[72] 그것이 직접적(1차적) 책임이 아니라 보충적(2차적) 책임이라 하더라도 마찬가지이다.

또 하나의 문제는 '거래관여형 통신판매중개업자'가 보충적 이행의무를 이행하지 않았을 때 어떤 책임을 부담하는지가 반드시 명확하지는 않다는 점이다. 전술한 바와 같이 의무위반의 효과로서는 공정거래위원회에 의한 행정제재만이 규정되어 있을 뿐이기 때문이다. 이는 바로 이 의무위반에 따른 **책임(=보충적 책임)의 법적 성질**의 문제에 다름 아니다. 이에 관한 학설의 전개는 특별한 것이 없지만, 보충적 책임을 '**부수적 급부 이행책임**'[73]으로 표현하는 견해가 주목된다. 그 의미에 대한 설명이 없어서 명확하지는 않으나, 이 견해는 거래관여형 통신판매중개업자가 부담하는 보충적 이행의무를 '부수적 급부의무'로 이해하는 것으로 추측

72_ 후술하는 V.2.(2)도 참조.

73_ 오병철, 앞의 논문(각주 14), 158면

된다. 그렇다면 '부수적 급부의무'인 보충적 이행의무는 '급부의무'의 일종이기 때문에 訴求도 가능하다.[74] 이러한 이해는 통신판매중개업자와 소비자 사이의 계약관계의 성립을 전제로 하는 것이다. 이 계약관계의 법적 성질에 관하여는 통신판매중개업자의 시스템(플랫폼)을 이용하기 위한 계약(시스템 이용계약)[75] 또는 중개계약[76]으로 설명되는 것이 보통이다.[77] 어떠한 견해에 의하든 이 계약의 '(주된) 급부의무'는 소비자가 거래시스템을 이용하도록 허락하거나 이를 이용하여 통신판매자와 통신판매계약을 체결할 수 있도록 중개하는 것이다. 그렇다면 통신판매중개업자가 이러한 (주된) 급부의무 외에 '부수적 급부의무'로서 '보충적 이행의무', 즉, "통신판매업자를 대신하여 이행할 의무"를 부담하는 것이라고 해석할 수 있을 것인가? 생각건대 현행 전자상거래법이 인정하는 '보충적 이행의무'의 대상이 되는 4가지 의무는 (후술하는 바와 같이) 이미 거래관여형 통신판매중개업자의 거래시스템을 통해 실현되고 있는 것이 보통이고 그 내용상 특별히 이행이 곤란한 것도 아니라는 점에서 그 한도에서 이를 통신판매중개업자와 소비자 간에 체결되는 계약관계로부터 도출되는 '부수적 급부의무'로 이해하는 것이 불가능한 것은 아니다. 그러나 보충적 이행의무의 범주가 대통령령에 의해 확대될 수 있다는 점을 전제로 한다면 위와 같은 해석을 일반화하는 것은 곤란하다. 부수적 급부의무가 주된 급부의무의 내용 내지 범주를 초월할 수는 없기 때문이다.

74_ 송덕수, 신민법강의[제13판], 박영사(2020), 738면. 이 책은 채무자의 의무를 '급부의무'와 '기타의 행위의무'[부수의무]로 대별한 후, 전자를 다시 '주된 급부의무'와 '부수적 급부의무'로 나눈다.

75_ 가령, 이병준, 앞의 논문(각주 9), 15면 이하.

76_ 가령, 고형석, "통신판매중개에 관한 연구", 인터넷법률 제20호(2003.11), 35면 이하; 노종천, "E-commerce에서 통신판매중개자의 법적 지위와 책임", 민사법학 제39권 제1호(2007), 291~292면.

77_ 이에 대해 거래의 성립에 필요한 사무를 처리한다는 관점에서 위임계약으로 보거나 계약관계가 성립하지 아니한 경우에는 사무관리로 이해할 수 있다는 견해도 있다[정진명, 앞의 논문(각주 24), 1564~1565면].

한편 최근에 위와 같은 해석론에서 더 나아가 "거래관여형 통신판매중개업자는 전자상거래법 제20조의3의 책임과 관련하여 통신판매업자로 간주된다"고 해석하는 **대법원결정**[78]이 등장하였다. 이는 전자상거래법 제20조의3을 거래관여형 통신판매중개업자에게 계약법상 '통신판매업자'로서의 지위를 인정하여 책임을 확장한 규정으로 이해한 것인데, 소비자보호의 관점에서 이를 긍정적으로 평가하려는 견해도 등장하고 있다.[79] 문제는 대법원이 그런 결정을 내린 이론적 근거에 대해서는 결정문상으로는 별다른 설시가 없다는 점이다. 사견으로는 아래와 같은 이유로 대법원결정의 해석을 순수하게 그대로 받아들이기는 어렵다고 본다.

첫째, 원래 통신판매업자가 부담하는 (각각 두 개씩의) 의무를 통신판매업자가 위반했을 경우의 효과로서 사법상 효력에 관한 규정은 없고 행정제재에 관한 규정만 존재하는데,[80] 거래관여형 통신판매중개업자가 보충적 이행의무를 위반했을 경우의 효과에 관해서도 마찬가지이다. 따라서 통신판매업자가 해당 의무를 이행하지 않는 경우의 사법상 효력이 명확하지 않을 뿐만 아니라,[81] 거래관여형 통신판매중개업자가 통신판매업자를 대신하여 부담하는 의무(보충적 이행의무)를 이행하지 않은 경우

78_ 대법원 2019. 9. 10. 자 2019마5464 결정. 이 대법원 결정에서는 이른바 '도서정가제'의 준수의무를 지는 '간행물의 판매자'에 거래관여형 통신판매중개업자가 포함되는지에 관하여 "거래관여형 통신판매중개업자는 전자상거래법 제20조의3의 책임과 관련하여 통신판매업자로 간주된다"라고 해석하는 것 등을 전제로 이를 긍정하고 있다. 이 대법원결정에 대한 평석으로서 박신욱, "도서정가제에 대한 우리나라와 독일의 법체계에 대한 비교법적 고찰—대법원 2019. 9. 10. 자 2019마5464 결정에 대한 비판적 접근", 비교사법 제27권 제1호(2020), 277면 이하가 있다.

79_ 이병준 · 정신동 · 김세준, "플랫폼 경제시대에 있어 제조물책임법의 확장—Oberdorf v. Amazon.com Inc. 판결을 중심으로", 소비자법연구 제6권 제1호(2020.3), 149~150면을 참조.

80_ 이것은 문제가 되는 전자상거래법의 관련 규정을 검토하면 명백하다.

81_ 다만 법 제20조의3 제1호 가목(제13조 제2항 제5호에 따른 정보의 제공)의 경우 '정보제공의무'의 일부라는 점에서 해석론상 사법상 효력(가령 손해배상책임)을 인정할 수 있다는 견해가 존재할 수 있다.

의 사법상 효력도 명확하지 아니하다. 그 한도에서는 거래관여형 통신판매중개업자가 부담하는 보충적 책임은 단순히 행정규제 내지 행정적 책임으로서의 의미가 있을 뿐이다. 둘째, 순전히 법리적인 관점에서 생각했을 때, 거래관여형 통신판매중개업자가 통신판매업자를 '대신하여' 부담하는 의무(보충적 이행의무)라는 의미내용으로부터 판단건대 통신판매업자와 거래관여형 통신판매중개업자의 법적 지위를 '동등'한 것으로 평가(간주)할 수 있는 근거를 발견할 수 있는지 의문이다. 이는 예를 들어 (연대보증인이 아닌) 보증인을 주채무자로 볼 수 있는가 하는 문제와 유사하다. 셋째, 법 제20조의3을 대법원결정과 같이 '거래관여형 통신판매중개업자'를 '예외없이' 통신판매업자로 의제하는 근거규정으로 해석하면 통신판매와 통신판매중개의 개념적 구별이라는 전자상거래법의 기본적인 규율체계에 반하게 된다. 이것은 결과적으로 오픈마켓의 비즈니스 모델의 존립기반을 위태롭게 하여 그 장점(다수의 판매자, 경쟁에 의한 저렴한 가격 등)[82]을 상실시키게 할 우려가 있다[이 점에 관해서는 후술 Ⅴ.2.(1) 도 참조]. 따라서 정책적 관점에서 보더라도 대법원결정과 같은 해석이 과연 소비자의 이익으로 이어질지 한 번 더 음미해 볼 필요가 있었다고 생각한다. 이상의 이유로 전자상거래법 제20조의3을 "거래관여형 통신판매중개업자=통신판매업자"로 의제하는 근거규정으로 해석하는 대법원결정에는 찬성하기 어렵다.[83]

이와 같이 거래관여형 통신판매중개업자의 보충적 책임의 귀책근거와 책임의 법적 성질에 관하여는 면밀한 검토가 부족하였기 때문에 해

82_ 류한석, 플랫폼, 시장의 지배자, 대성 Korea.com(2016), 37~38면은, 인터넷 최고의 비즈니스 모델을 오픈마켓이라고 하면서, 오픈마켓의 가장 큰 장점을 "다수의 판매자와 저렴한 가격"이라고 평가하고 있다. 또한, 바이난트 용건 · 문경록 옮김, 온라인 쇼핑의 종말-리테일 혁명이 만드는 새로운 미래, 지식노마드(2019), 337면은, "플랫폼의 장점은 소비자를 무한대의 공급과 연결시켜준다는 데 있다. 그 공간은 한 지역일 수도 있고, 한 국가일 수도 있으며 심지어는 글로벌 전체가 될 수도 있다."고 기술한다.

83_ 박신욱, 앞의 논문(각주 78), 287~288면은 위 대법원결정의 해석(거래관여형 통신판매중개업자=통신판매업자)에 대하여 "매우 큰 논리적 비약"이라고 비판하고 있다.

석론상 논란의 여지가 발생하고 있는 것이다. 그렇다면 이 규정의 의의를 어디서 발견할 것인가? 생각건대, 입법자는 거래관여형 통신판매중개업자가 "통신판매의 중요한 일부 업무를 수행"한다는 점(=거래관여)을 근거로 하여 통신판매업자가 계약의 체결 또는 대금의 지급과 관련하여 소비자에게 중요한 의미가 있는 일부 법적 의무를 이행하는지를 **감시하고 관리하는 의무**를 부여하려고 했던 것이 아니었을까? 감시 · 관리의 결과, 통신판매업자의 의무위반을 발견한 경우에는 거래관여형 통신판매중개업자가 최종적으로 그 의무를 이행하도록 한 것이다. 요컨대, (입법론적으로는 문제가 있지만) 입법자의 의사는 거래관여형 통신판매중개업자로 하여금 통신판매업자가 의무를 준수하도록 감시 · 관리하여 소비자를 보호하고자 한 데 있었다고 이해된다.

그러나 이 규정의 의의를 이렇게 선해(善解)한다 하더라도 실제로 이 규정이 실무에 주는 임팩트(실효성)는 그다지 크다고 할 수 없다. 거래관여형 통신판매중개업자가 보충적으로 이행해야 하는 의무는 대부분의 경우 거래관여형 통신판매중개업자가 그 거래시스템을 통해 이행이 가능하며 이미 대부분 이행되고 있기 때문이다.[84] 만일 그 의무이행을 위한 거래시스템이 정비되지 않은 경우라면, 통신판매중개업자로서는 통신판매업자와의 계약을 통해 통신판매업자가 의무를 이행하도록 감시하고 관리를 강화하는 수밖에 없는데, 이는 거래관여형 통신판매중개업자의 비즈니스 모델상으로는 큰 부담이 된다. 따라서 해당 중개업자로서는 현실적인 대응수단으로서 보충적 이행의무를 이행하기 위한 시스템을 정비함으로써 이 보충적 이행의무 규정에 대응하게 될 것이다. 그런 의미에서 보충적 이행의무에 관한 전자상거래법 제20조의3은 거래관여형 통신판매중개업자에 대하여 **보충적 이행의무의 이행을 위한 시스템의 정비를 촉진하는 인센티브**를 준다고 하는 점에 실질적인 의의가 있

84_ 아울러 법 제20조의3 제2호의 업무(대금수령업무)를 수행하는 통신판매중개업자가 보충적으로 부담하는 두 가지 의무(제7조, 제8조)는 원래 통신판매중개업자도 부담하는 의무이다[고형석, 앞의 논문(각주 64), 147~148면 참조].

다고 할 것이다. 이는 결과적으로 통신판매중개업자의 거래시스템을 매개하여 이루어지는 통신판매가 배송을 제외하고 대부분의 거래과정이 시스템에서 이루어지는 '**시스템거래**'[85]라는 점을 감안할 때, **시스템에 의한 중개자의 거래관여에 대한 '법적 승인**'이 이루어진 것이라는 평가로 연결될 수도 있다. 시스템거래에서 통신판매중개자의 거래관여가 어디까지 가능할 것인지는 계약당사자의 확정과 관련하여 중요한 의미가 있다. 전자상거래법에서 인정된 거래관여의 범위(청약접수, 대금수령)를 넘어, 예를 들면, 거래관여형 통신판매중개업자가 판매자로부터 재화 등을 '직접 매입'[86]하여 판매하거나 재화 등의 '가격'[87]이나 소비자와의 '계약조건(내용)'[88]에 관여하는 등의 비즈니스 모델이라면, 해당 통신판매중개업

85_ 전자거래는 비대면의 시스템거래이다. '시스템거래'란 프로그래밍 코드와 알고리즘에 의해 설계된 (자동화된) 시스템에 따라 계약체결과정 등이 진행된다는 점에 착안한 개념이다. 전자거래의 기술적 특성과 유형에 대한 서희석, "알고리즘거래에서 착오주문의 문제―H증권사건 하급심판결에 대한 비판적 고찰", 상사법연구 제39권 제2호 (2020.8), 623면을 참조.

86_ 가령 쿠팡은 통신판매중개자이면서 공급자로부터 재화 등을 직접 매입하여 판매하기도 하는데, 이는 통신판매업자로서 행위한 것이다. 쿠팡의 지위에 관하여 현행법상으로는 '통신판매업자인 통신판매중개자'(법 제20조의2 제3항)에 해당하는 셈인데, 전술한 바와 같이 이 경우에는 (소비자가 양자의 지위를 오인하지 않도록 고지의무 등을 이행했음을 전제로) 행위의 태양(판매, 중개)에 따라 지위가 결정되는 것으로 해석하면 족하다.

87_ 가령 위 대법원결정에서는, 오픈마켓 운영자(통신판매중개자)가 도서정가제(정가의 85% 유지)를 위반하여 할인쿠폰을 발행함으로써 소비자가 정가의 85% 미만의 대가를 지불하고 간행물을 구입할 수 있게 하였다는 점을 중시하여 오픈마켓 운영자를 통신판매업자로 간주하는 결정을 하였다. 다만 다른 관점으로, 할인쿠폰의 발행은 통신판매업자가 설정한 가격에 영향을 미치는 것이 아니라 오픈마켓 운영자의 부담으로 플랫폼 이용자인 소비자가 플랫폼을 계속 이용할 수 있도록 유인하는 수단으로 볼 수도 있다. 이것은 플랫폼의 양면시장으로서의 특징과 관련된다[후술하는 V.2.(1) 및 각주 101을 참조].

88_ 가령 'Uber 스페인' 사건에서 유럽사법재판소는, ① Uber가 운전자들이 서비스를 제공하는 조건에 대하여 결정적인 영향력을 행사하였고(계약조건), ② 운송료의 최고한도를 정하고 운송료를 직접 고객으로부터 받은 다음 일정한 비율을 운전자에게 이체하며(가격), ③ 운전자를 애플리케이션에서 퇴출시킬 수 있는 사유가 되는 자동차의 품질, 운전자, 운전자의 행태에 대하여 일정한 통제권한을 갖고 있다는 점을 중시하

자의 법적 지위는 달라질 수 있다는 점에 주의할 필요가 있을 것이다.

Ⅴ. 통신판매중개자책임의 재구성

1. 전자상거래법상 통신판매중개자책임의 문제점

이상, 전자상거래법상 통신판매중개자책임을 '기본적 책임'과 '강화된 책임'으로 나누어 각각의 책임규정의 입법취지와 귀책의 근거 등에 관하여 검토해왔다. 입법론적으로는 그 결과를 다음과 같이 요약할 수 있을 것이다.

우선 **기본적 책임**에 관한 규정(①②③)은 대체적으로 그 입법의의가 인정된다고 할 수 있다. ①(고지의무와 연대배상책임)과 ②(신원정보제공의무와 연대배상책임)에 관한 규정은 계약당사자의 확정을 위한 규정으로 이해할 수 있고, 나아가 ②에서는 입점업체의 신원정보의 확보라는 점에서 사후적으로 소비자피해의 구제에 연결될 수 있다는 의의도 발견된다. 다만 ①의 경우 법이 규정한 고지방법을 준수하기만 하면 바로 면책이 되는 입법구조는 개선의 여지가 있다. 한편 ③(분쟁해결 등을 위한 조치의무)은 ①②와는 완전히 성격이 다른 규정으로 말하자면 통신판매중개자의 '고유한 의무'를 인정한 것이다. 고유한 의무의 발생근거를 어디서 발견할 것인지가 문제인데, 소비자보호라는 정책적 이유 이외의 이론적 근거를 제시할 필요가 있다. 본고는 ③의 의무는 플랫폼운영자에게 요구되는 "거래질서의 유지 · 관리를 위한 주의의무"를 입법화한 것으로 이해한다. 이러한 의무는 통신판매중개자의 **'플랫폼의 설계 · 운영자로서**

여, Uber의 서비스는 단순한 중개서비스(intermediation service)가 아니라 운송서비스(transport service)를 주된 요소로 하는 종합서비스라고 판시하였다. 이병준 · 황원재, "승차공용(Ridesharing) 중개서비스와 결합된 운송서비스 제공자로서의 Uber—Uber 스페인과 관련된 유럽사법재판소 판결을 중심으로", 소비자문제연구 제50권 제1호(2019.4), 94면을 참조.

의 지위'로부터 도출되는 것이다(이에 대해서는 2. 에서 후술).

다음으로 **강화된 책임**에 관한 규정(④⑤)은 정책적으로 소비자보호를 실현하기 위한 목적에서 도입된 것이지만, 이론적으로 귀책의 근거와 책임의 법적 성질(⑤)이 명확하지 않을 뿐만 아니라 실효성의 관점에서도 문제이다. ④(통신판매업자인 통신판매중개자의 책임)의 경우 양자의 지위의 겸유라는 이유만으로 중개자로 행위하는 자에게 판매자로서의 책임을 지우는 것은 이론적으로 정당화될 수 없다. 또한 실제로는 통신판매업자가 책임을 부담할 수 있도록 예외규정을 두고 있어서 실효성의 관점에서도 입법의의를 발견하기 어렵다. ⑤(거래관여형 통신판매중개업자의 보충적 책임)의 경우 계약체결이나 대금결제 과정에 관여하는 통신판매중개자에게 통신판매업자의 일정한 의무에 대한 보충적 이행의무를 부과하고 있으나, 청약의 접수와 대금의 수령과 같은 거래관여를 귀책근거로 삼을 수 있는지 의문일 뿐만 아니라 이 의무를 위반한 경우의 책임의 법적 성질이 명확하지 않고, 또한 보충적 이행의무의 대상이 실무적으로 이미 거래관여형 통신판매중개업자가 시스템적으로 실행하고 있거나 실행이 어렵지 않은 의무라는 점에서 실효성의 관점에서도 문제이다. 다만 중개자의 거래관여가 실질적으로는 시스템에 의하여 이루어진다는 점에서 이 보충적 책임에 관한 규정은 "시스템에 의한 중개자의 거래관여"를 청약의 접수와 대금의 수령의 범위 내에서 법이 사실상 승인한 것이라는 평가로 연결될 수도 있다. '시스템'은 거래의 도구 내지 수단이라는 점에서 '플랫폼'과 같은 의미로 이해된다. 시스템에 의한 거래관여의 법적 의미를 파악하기 위해서는 플랫폼의 특징과 비즈니스 모델의 검토가 필요하다(이에 대해서는 2. 에서 후술).

요컨대, 통신판매중개자의 기본적 책임(①②③)에 관한 규정은 대체적으로 입법의의가 인정되지만, 강화된 책임(④⑤)에 관한 규정은 이론적·실무적 관점에서 문제점이 발견된다. 사견으로는 통신판매중개자에게 통신판매업자로서의(④) 또는 그를 대신하는(⑤) 책임을 부담시킴으로써 책임을 강화하려는 시도보다는 **"플랫폼의 설계·운영자로서의**

지위로부터 발생하는 고유한 의무와 책임"을 인정하는 것이 바람직하다고 생각한다. 그것이 플랫폼의 특징과 비즈니스 모델에 부합하는 책임 설정의 방향성이라고 보기 때문이다. 만일 그러한 관점에서 통신판매중개자의 의무와 책임을 재구성한다면 ③은 그 일환으로 위치지워져야 할 것이다.

2. 플랫폼운영자의 주의의무와 책임

통신판매중개자는 경제학적 관점에서는 '플랫폼'이라는 시장을 조성하고 그 운영을 통하여 이윤을 창출하는 기업(사업자)이다. 여기서는 우선 '플랫폼'의 특징을 정리하고, 이로부터 플랫폼운영자에게 인정될 수 있는 법적 주의의무와 책임에 관한 일반론을 시론(試論)으로 제시하기로 한다.

(1) 플랫폼의 특징

'플랫폼'[89]은 다양한 관점에서 그 정의(定義)가 시도되고 있으나, 대체적으로 가상공간에 형성된 **'거래시장'**으로서의 측면[90]과 기술적으로 시스템에 의해 공급자와 수요자를 연결하여 거래를 성사시키는 **'거래수단(도구)'**으로서의 측면,[91] 이용자들의 연결을 통해 재화와 용역을 교환하

89_ 최근의 연구에 의하면 플랫폼은 대체적으로 다음 5가지 유형으로 분류된다. ① 소프트웨어 플랫폼(OS, 브라우저 등), ② 검색 및 포털 플랫폼(네이버, 다음, Google 등), ③ 전자상거래 플랫폼(오픈마켓, 공유경제형, O2O형, 앱마켓 등), ④ 결제 및 금융 플랫폼(PG, VAN, 핀테크 관련), ⑤ SNS 플랫폼(카카오, 라인, Wechat 등). 이금노 · 서종희 · 정영훈, 온라인플랫폼 기반 소비자거래에서의 소비자문제 연구, 한국소비자원 정책연구보고서(2016.12), 95~127면. 본고는 이 중에서 특히 ③ 전자상거래 플랫폼(또는 거래플랫폼)을 대상으로 논의를 진행하고 있다. 한국법상의 '통신판매중개자'는 '플랫폼' 또는 '플랫폼운영자'와 거의 같은 의미로 사용되고 있다.

90_ 가령 이병준, 앞의 논문(각주 9), 14면("계약을 체결하거나 계약체결 과정을 용이하게 하는 현대적 온라인 시장"); 정진명, 앞의 논문(각주 24), 1562면("재화와 용역을 판매하거나 이를 구매하고자 하는 자에게 제공되는 인터넷상의 거래장소").

91_ 가령 오병철, 앞의 논문(각주 14), 148면("다양한 종류의 시스템을 제공하기 위하여

게 해 줌으로써 수익을 창출하는 **'비즈니스 모델'**로서의 측면[92]을 모두 갖는 것으로 정리할 수 있을 것으로 본다.[93] 플랫폼을 매개하여 이루어지는 판매자와 소비자 간의 거래(플랫폼거래)를 법적으로 규율하고 플랫폼운영자에게 책임을 부과하기 위해서는 플랫폼이 경제학 또는 경영학적으로 어떠한 특징을 갖는지를 이해할 필요가 있다. 본고의 목적과 관련하여서는 그 특징은 다음과 같은 세 가지로 정리가 가능할 것으로 본다.

가. 공급자와 수요자의 참여에 의해 조성되는 양면시장

플랫폼은 재화나 용역의 공급자와 수요자 모두를 위한 온라인상의 거대한 시장(양면시장)이다. **양면시장**(two-sided market)이란 서로 다른 두 유형의 이용자집단이 동시에 존재하는 시장으로서,[94] 이때 창출되는 가치는 **'양면 네트워크 효과**(two-sided network effect)'[95]의 영향을 받는 시장을 말한다.[96] 여기서 '양면 네트워크 효과'란 동일한 집단에 속한 이용자 간에 존재하는 네트워크 효과[97]가 아니라 서로 다른 이용자집단에 의해 교

공통적이고 반복적으로 사용하는 기반모듈로서 다양한 제품이나 서비스를 제공하기 위해 사용하는 토대"); 사이토 마사히로 · 박청일 역, "통신판매중개자(플랫폼운영자)의 법적 규율에 관한 일본법의 현황과 과제", 소비자법연구 제2권 제2호(2016.9) 90면("인터넷을 활용하여 다양한 요구를 가진 사람들을 연결(매칭)시켜 주기 위한 새로운 거래도구").

92_ 가령, 마셜 밴 앨스타인, 앞의 책(각주 45), 32면("기술을 이용해 사람과 조직, 자원을 인터랙티브한 생태계에 연결하여 가치를 창출할 수 있게 해 주는 비즈니스 모델"),

93_ 한편 플랫폼의 '제도적 측면'을 강조하는 견해도 있으나[이상규, "양면시장의 정의 및 조건", 정보통신정책연구 제17권 제4호(2010.12), 75면, "서로 다른 이용자 그룹이 거래나 상호작용을 원활하게 할 수 있도록 제공된 물리적, 가상적, 또는 제도적 환경"], 이것은 '비즈니스 모델'의 범주에 포함시키는 것도 가능하다고 생각한다. 플랫폼운영자가 스스로 그 운영에 필요한 제도(규칙)를 설계하는 측면이 강하기 때문이다.

94_ 따라서 시장이 두 개 존재한다는 의미가 아니다. 또한 3면 계약관계가 존재하는 시장을 3면시장, 2면계약관계가 존재하는 시장을 양면시장으로 이해하는 접근법[가령 이병준 · 황원재 · 박미영, "유럽연합 전자상거래 플랫폼 규제동향과 시사점", 외법논집 제42권 제3호(2018.8), 9면]과도 구별하여야 한다.

95_ '교차 네트워크 외부성(cross network externality)' 또는 '간접적 네트워크 외부성(indirect network externaliity)'이라고도 한다.

96_ 이상규, 앞의 논문(각주 93), 75면.

차적으로 발생하는 네트워크 효과로서, 이용자집단 사이에 상대방 집단의 규모가 클수록 자신의 효용이나 혜택이 커지는 효과를 의미한다.[98] 예를 들어 오픈마켓에 판매자가 많을수록 소비자는 자신이 원하는 상품을 저렴하게 살 수 있는 가능성이 높아지고, 판매자도 해당 오픈마켓을 이용하는 소비자가 많을수록 매출증대의 가능성이 높아진다.

양면시장인 플랫폼에서는 각 이용자집단의 시장참여를 유도하면서 일정수준의 시장참여자(이용자)를 확보하기 위한 전략으로 양측에 서로 다른 시장참가비(이용료)를 책정하는 것이 보통이다(**비대칭적인 이용료구조**).[99] 오픈마켓의 경우 플랫폼운영자는 판매자로부터 수수료 등의 명목으로 이용료를 지급받지만 소비자로부터는 보통 이용료를 받지 않는다.[100] 치열한 경쟁하에 있는 판매자의 경우 일정한 비용을 지급하고라도 플랫폼을 이용할 유인이 발생하는 반면, 수요탄력성이 높거나 효용수준이 낮은 소비자를 유인하기 위해서는 0의 참가비 혹은 음(-)의 참가비를 부과할 수밖에 없기 때문이다.[101]

97_ 이를 '직접적 네트워크 효과' 또는 '직접적 네트워크 외부성'이라고 하며, 가령 동일한 통신망을 사용하는 이용자가 추가됨으로써 기존 이용자들이 더 많은 통신의 기회를 갖게 되고 이에 따라 그 편익이 더욱 증대되는 경우가 그 예이다. 이상규, 앞의 논문(각주 93), 79면(각주 12).

98_ 이상규, 앞의 논문(각주 93), 79면.

99_ 이상규, 앞의 논문(각주 93), 82면. 곽관훈, "온라인 플랫폼사업자와 상거래법제", 기업법연구 제32권 제1호(2018.3), 140면도 동지.

100_ 최지현, 앞의 논문(각주 21), 156면.

101_ 곽관훈, 앞의 논문(각주 99), 141면. 음(-)의 참가비의 예로서 가령 플랫폼운영자에 의한 할인쿠폰 발행이나 포인트(마일지리) 적립을 들 수 있다. 이것은 소비자가 플랫폼을 계속 이용하도록 유인하는 수단으로서의 의미를 갖는다. 즉, 비용전가와 같은 특별한 사정이 없는 한, 음의 참가비는 양면시장에서 소비자집단의 규모를 유지하기 위하여 플랫폼운용자가 지불하는 '비용'이지 판매자의 판매가격에 플랫폼운영자가 영향을 미치는 '가격할인'이라고 할 수는 없다. 같은 이유에서 "통신판매의 이행과정에서 오픈마켓이 일정한 관여자로서 참여하는 것"[오병철, 앞의 논문(각주 13), 8면]이라고 할 수도 없다.

나. 재화 등의 공급과 플랫폼수익의 분리

양면시장인 플랫폼에서의 재화 등의 거래(플랫폼거래)는 플랫폼 이용자인 판매자와 소비자 간의 계약관계를 통해 형성된다. 플랫폼운영자는 그것이 가능하도록 기술적 도구나 수단인 시스템(플랫폼)을 제공할 뿐, 재화 등의 공급은 소비자가 가격 등을 고려하여 선택한 판매자를 통해 이루어진다. 즉, 여기서 소비자는 재화 등을 판매자를 통해 공급받는 것이지 플랫폼운영자를 통해 공급받는 것이 아니다. 이러한 공급구조는 플랫폼의 수익구조에도 영향을 미친다. 플랫폼은 기본적으로 판매자에 대해 시장에의 참가비(이용료)나 중개비용을 요구함으로써 비용을 보전하고 수익을 창출한다. 다시 말하면 플랫폼운영자의 수익은 재화 등의 판매가격을 직접적 기준으로 산출되는 것이 아니다[단적인 예로 플랫폼운영자는 판매(가격)와 무관하게 시스템이용료의 부과만으로 수익을 창출할 수 있다].

이러한 재화 등의 공급구조와 수익구조는 단면시장에서의 그것과 구별되는 것이다. 단면시장의 대표적인 예는 재화 등을 판매하고자 하는 자가 직접 구축하는 인터넷쇼핑몰(일명 '자가몰')이다.[102] 여기서는 재화 등을 구매하고자 하는 다수의 소비자집단과 단독의 쇼핑몰운영자(판매자)만이 존재한다. 즉 소비자는 (보통 쇼핑몰 이용료는 지급하지 않으면서) 판매자(쇼핑몰운영자)로부터 직접 재화 등을 구매하는 계약을 체결하여 재화 등을 공급받는다. 단면시장에서 판매자는 자신이 직접 재화 등을 제작하거나 공급자로부터 구매하여 쇼핑몰에 등록한 후 자신이 책정한 가격으로 소비자에게 판매하거나,[103] 공급자의 위탁을 받은 재화를 소비자에게 위탁판매한다. 여기서 판매자(쇼핑몰운영자)는 소비자에 대한 판매가격을 기준으로 수익을 창출한다.

이와 같이 양면시장인 플랫폼에서의 제품 등 공급구조와 수익구조는 단면시장의 그것과는 구별된다.[104] 이것은 다시 말하면 양면시장인 플랫

---

102 이상규, 앞의 논문(각주 93), 80면.

103_ 이상규, 앞의 논문(각주 93), 80면.

104_ 단면시장인 인터넷쇼핑몰이 플랫폼에 입점할 경우, 단면시장에서의 당해 인터넷쇼핑

폼에서는 재화 등의 공급구조와 플랫폼운영자의 수익구조가 분리되어 있음을 의미하는 것이다.[105] 양면시장에서의 플랫폼운영자와 단면시장에서의 쇼핑몰운영자(판매자)가 법적으로 통신판매중개자와 통신판매업자로 엄격하게 구별되는 것은 이와 같이 재화 등의 공급구조와 수익구조가 다르기 때문이다. 따라서 만일 재화 등의 공급구조를 바꾸거나(가령 판매자로부터 직접 매입), 판매가격의 책정에 관여(가령 가격의 상한선이나 하한선을 설정하거나 가격을 할인)함으로써 수익구조에 영향을 미치는 플랫폼이라면 그 운영자의 법적 지위는 달라질 수 있다.

다. 플랫폼운영자에 의한 시장운영을 위한 규칙과 거래질서의 형성

플랫폼운영자는 **양면시장인 플랫폼을 운영하기 위한 규칙을 설계하는 자**(rule maker)이다(플랫폼운영자의 이와 같은 측면을 본고에서는 '**플랫폼설계자**(architect)'로 표현하기로 한다). 플랫폼은 각 이용자집단으로 조성되는 시장이기 때문에 우선 그들의 시장참여(플랫폼이용)에 관한 규칙이 형성되어야 하고, 그들의 상호작용에 의해 이루어지는 거래(플랫폼거래)에 관한 규칙도 플랫폼이용과 관련한 범위 내에서 제시될 필요가 있다. 전자상거래 플랫폼의 경우 판매자와 소비자의 플랫폼이용에 관한 규칙을 각각 약관의 형태로 제정한다(플랫폼 이용약관).[106] 플랫폼 이용약관은 사적자치의 원칙에 따라 당사자 간의 계약관계를 규율하기 위하여 플랫폼운영자가 미리 마련한 계약내용으로서, 현행법상 규제의 범위 내에서 마련되어야 함은 물론이다.[107] 한편 판매자와 소비자 사이의 판매계약에 관

몰에 의한 재화 등의 공급구조와 수익구조는 양면시장에서도 그대로 재현될 것이다. 다만 양면시장에서는 플랫폼 이용료 또는 중개비용이 발생한다는 점이 다를 뿐이다.

105_ 이와 같은 특징에 대해 마셜 밴 앨스타인, 앞의 책(각주 45), 49면은 "플랫폼 비즈니스는 자신들이 소유하거나 통제하지 않는 자원을 활용하여 가치를 창출하는 비즈니스"라고 설명한다.

106_ 가령 G마켓의 경우 「판매회원 약관」과 「구매회원 약관」을 각각 마련하고 있다.

107_ 최근 입법예고(2020.9.28.)된 「온라인 플랫폼 중개거래의 공정화에 관한 제정법률안」에 의하면 온라인 플랫폼 중개서비스업자(통신판매중개자)는 온라인 플랫폼 이용사업자(통신판매업자)와 온라인 플랫폼 중개거래계약(플랫폼 이용계약)을 체결한 후 그

련된 사항은 기본적으로 양자 간에 처리하여야 할 문제이지만 플랫폼이용과 관련한 범위 내에서는 플랫폼 이용약관에서 시장참여에 관한 내용과 더불어 제시되는 것이 보통이다.[108] 이것은 후술하는 플랫폼거래의 질서와도 관련되는 것이다.

플랫폼운영자는 플랫폼설계자로서 시장운영에 관한 규칙을 제정할 뿐만 아니라 **플랫폼거래의 질서를 유지·관리하는 자**이기도 하다. **거래질서의 유지·관리**(governance)란 재화 등의 유통과 판매행위에 관한 현행법상 규제(또는 그를 반영한 시장운영에 관한 규칙)가 준수되고 있는지를 확인하고 플랫폼거래와 관련하여 발생하는 소비자의 불만이나 분쟁을 적절하게 처리하는 등의 활동을 의미한다. 재화 등의 유통과 판매행위에 관한 현행법상 규제가 준수되어야 하는 이유는 플랫폼도 현행법의 허용범위 내에서 존재하는 시장이기 때문이다.[109] 법적 규제가 준수되고 있는지의 확인방법은 플랫폼에 따라 다를 수 있지만 대체적으로 사전적 방법과 사후적 방법이 활용된다. **사전적**으로는 판매자와의 이용계약을 통하여 위법행위를 금지하도록 주의를 촉구하고, 가능한 경우 이를 시스템에 반영하여 원천적으로 차단하는 방법이 활용되기도 한다.[110] **사후**

계약서(전자문서 가능)를 온라인 플랫폼 이용사업자에게 제공하여야 한다(제6조). 이에 대하서는 계약서에 포함되어야 하는 것으로 법에서 명시하고 있는 사항(13개+기타 대통령령)이 EU와 일본의 관련법에 비하여 2배 이상 많아 규제수위가 지나치다는 비판이 제기되고 있다[아산나눔재단 외, 2020 스타트업코리아!, 온라인 정책 제안 발표회 자료집, 28면; 구태언, "온라인 플랫폼 중개거래의 공정화에 관한 법률안 분석", KISO저널 제41호(2020. 12.) 등]. 이 입법예고안은 약간의 수정을 거쳐 정부안으로 국회에 제출되었다(2021.1.28.).

108_ 가령 G마켓의 경우 「판매회원 약관」상 '판매서비스에 관한 사항'(배송, 취소·반품, 교환·환불, 대금의 정산 등), 「구매회원 약관」상 '구매서비스에 관한 사항'(배송, 취소·반품, 교환·환불 등)이 제시된다.

109_ 마셜 밴 앨스타인, 앞의 책(각주 45), 276면은 "잘 설계된 시장은 혐오감을 일으키는 활동(repugnant activities)을 최소화한다"고 기술하면서, 그 예로 아이튠스에서 포르노가, 알리바바에서 장기매매가 금지되는 이유를 설명하고 있다. 그러나 이것은 법적 규제의 문제이기도 하다

110_ 가령 유통이 금지되는 재화 등의 '명칭'이 플랫폼에 등록되지 못하도록 시스템적으로 고안이 가능하다.

적으로는 판매자의 위법행위를 발견했을 경우 즉시 이에 대한 조치(정보 삭제 등)를 취하는 방법이 활용된다. 한편 플랫폼거래와 관련하여 발생하는 소비자불만이나 분쟁은 본래 판매자와 소비자 사이에서 해결하는 것이 바람직하지만, 플랫폼운영자로서는 이를 자율적인 해결에만 맡겨 둘 수는 없다. 플랫폼이 소비자불만이나 분쟁을 방치하는 것은 양면시장으로서의 플랫폼의 존립에 관련될 수 있는 문제이기 때문이다. 가령 소비자불만이나 분쟁이 많이 발생함에도 불구하고 플랫폼이 이를 적절히 처리하지 않는다면 소비자집단의 플랫폼에 대한 신뢰가 저하되어 시장으로부터의 이탈을 부를 것이고, 결국 플랫폼의 붕괴를 가져올 수도 있다.

(2) 플랫폼운영자의 주의의무와 책임

위와 같은 플랫폼의 특징(가. 및 나.)으로부터 플랫폼운영자는 기본적으로 판매계약의 당사자가 아님이 명확해졌다고 생각한다. 그러나 특징 다.로부터 플랫폼운영자에게는 민사 일반법리에 따라 다음과 같은 주의의무와 책임(또는 면책)이 아울러 인정된다는 점에 주의할 필요가 있다. 이는 거래질서의 유지 · 관리를 위하여 플랫폼운영자에게 요구되는 주의의무와 책임이다.

가. 재화 등의 공급에 관한 주의의무와 책임—사후적 조치의무와 면책의 법리

플랫폼운영자에게는 법적으로 인터넷 통신판매가 허용되지 않는 **'유통불가' 재화 등**[111]이 공급되지 않도록 주의할 의무가 인정된다. 플랫폼도 적법한 재화 등의 판매를 전제로 하는 시장이라는 점에서는 현존하는 시장과 다를 바 없기 때문이다. 이 의무의 준수를 위하여는 사전에 판매자와의 이용약관에 유통불가 재화 등의 판매금지와 그 위반에 대한

111_ 가령 의약품, 담배, 주류의 경우 인터넷 통신판매가 원칙적으로 금지된다(약사법 제61조의2 제2항; 담배사업법 제12조 제4항; 주류의 통신판매에 관한 명령위임 고시 제3조 · 제4조 참조).

제재에 관한 내용을 담아 계약을 체결하고,[112] 가능하다면 이를 시스템에 반영하여 유통불가 재화 등이 플랫폼에 등록되지 못하도록 차단하는 것이 좋을 것이다.

또한 법이 정하는 일정한 기준을 충족하지 못하거나 타인의 권리를 침해하는 등의 **'유통제한' 재화 등**의 경우에도 그 공급이 원칙적으로는 금지된다고 하여야 할 것이다. 문제는 재화 등의 공급구조와 플랫폼의 수익구조가 분리되어 있는 플랫폼에서 판매자가 임의로 또는 과실로 이러한 재화 등을 공급한 경우에는 플랫폼운영자가 일일이 유통제한 여부를 확인하는 것이 반드시 용이한 것은 아니라는 점이다. 따라서 사전적으로 이용약관에 유통제한 재화 등의 판매금지를 명시하고 판매자도 이를 인식하고 있었음에도 불구하고 그러한 재화 등이 공급되었고 사후에 플랫폼운영자가 그 사실을 발견하여 제품등록을 즉시 삭제하고 가능한 범위 내에서 필요한 조치를 취했다면 플랫폼운영자는 면책되는 것으로 해석하는 것이 타당하다(**사후적 조치의무와 면책의 법리**).[113] 실제로 이러한 관점에서 일부 소비자 제품의 안전에 관한 법률[114]에서는 유통제한 제품의 유통을 원칙적으로 금지하면서도 그것이 통신판매중개자를 통해 유통되는 경우 일정한 요건(안전인증 등에 관한 표시가 없는 제품의 발견 시 즉시 삭제, 판매자에 의한 안전인증 등의 정보 입력, 소비자가 그 정보를 확인할 수 있는 기술적 조치)을 충족하는 한 금지규정 위반에 따른 행정제재가 면책된다는 법리를 명문화하고 있다. 이러한 법리는 민사책임의 경우에도 마찬

112_ 가령 G마켓 「판매회원 약관」의 경우, 제30조(매매부적합상품)에서 매매가 불가하거나 제한되는 상품의 유통금지 및 이를 위반한 경우의 제재(손해배상, 회원자격정지 등)에 관하여 규정하고 있다.

113_ 이러한 면책법리를 흔히 'Notice & Takedown Rule'이라고 하는데, 저작권법상 '온라인서비스제공자(OSP)의 책임 제한'에 관한 법리가 입법(제6장)된 것이 대표적인 예이다. 오픈마켓과 관련하여서는 오픈마켓의 운영자(통신판매중개자)가 상표권 침해 게시물에 대하여 불법행위책임을 면하기 위한 요건이 설시된 〈대법원 2012. 12. 4. 자 2010마817 결정〉을 참조.

114_ 어린이제품 안전 특별법(제30조), 전기용품 및 생활용품 안전관리법(제10조), 생활화학제품 및 살생물제의 안전관리에 관한 법률(제35조) 등.

가지로 적용된다고 해석할 것이다.

입법론으로서는 특히 유통제한 재화 등에 관하여 **사후적 조치의무와 면책의 법리**를 전자상거래법에 규정하는 것은 가능하다고 생각한다. 이 경우 면책요건의 설정 시에는 위 소비자안전에 관한 법률들이 참조될 수 있을 것이다.

나. 판매자의 적법성 확보에 관한 주의의무와 책임

플랫폼거래에서 판매자는 그 판매행위에서 현행법상 규제를 준수하여야 하고 그 위반에 대해서는 스스로 책임을 부담하여야 한다. 이것은 판매계약의 당사자라는 지위에서 당연히 발생하는 효과이다. 그렇다면 플랫폼운영자는 판매행위에 있어서의 **판매자의 적법성을 확보할 의무**가 인정된다고 할 수 있을 것인가? 이 문제는 판매자의 위법행위로, 가령 판매자의 채무불이행 또는 전자상거래법상 철회권의 불인정으로 인하여 소비자에게 손해가 발생한 경우 플랫폼운영자가 (판매자와 연대하여) 손해배상의 책임을 부담하는가라는 질문과 관련하여 중요한 의미를 갖는다. 이에 대하여는 '거래관여'[115]나 '지배적 영향력'[116]이라는 논거로부터 통신판매중개자의 책임을 강화하려는 시도들이 있어 왔고, 이미 일부는 '보충적 책임'(⑤)이라는 형태로 입법에 반영된 상태이다. 또한 공정위는 위와 같은 논거(형식적으로는 이른바 '외관책임론')에 입각하여 플랫폼운영자의 책임을 강화하기 위한 전자상거래법 전면개정안을 입법예고한 상태이다(2021.3.5.).[117]

115_ 오병철, 앞의 논문(각주 13), 6~12면; 고형석, 앞의 논문(각주 20), 117면 등.

116_ 이병준, 앞의 논문(각주 9), 32면.

117_ 입법예고안은 특히 '통신판매'를 중심으로 하는 규율내용을 '전자상거래'로 바꾸고 아울러 플랫폼이라는 용어를 사용하여 규제체계를 일신하는 내용으로 되어 있는데, 플랫폼운영자의 소비자에 대한 책임과 관련하여서는 재화등을 플랫폼이 직접 제공하는 비즈니스모델(직매입모델=쿠팡모델)을 전면에 내세우면서 또한 플랫폼운영자에게 소비자피해에 대해 판매자와의 연대배상책임을 인정하여 책임을 더욱 강화하는 내용을 담고 있다. 그러나 입법예고안에 대해 업계와 학계 등으로부터 귀책근거가 명확하지 아니하며 사업자에 대한 지나친 규제라는 등의 비판이 이어지면서, 공정위는 최종적

생각건대 '거래관여'나 '지배적 영향력'이 귀책의 근거가 될 수 있는지에 관하여 명확한 근거를 제시하지 못한 채 소비자보호라는 명분만을 내세워 플랫폼운영자의 책임을 인정하고자 하는 시도에는 찬성하기 어렵다.[118] 만일 명확한 귀책의 근거 없이 플랫폼운영자에게 책임이 인정된다면 판매자에 대한 관리비용의 증가를 가져와서 판매가격의 전반적 상승을 초래할 것이고 이것은 "다수의 판매자 간 경쟁을 통한 저렴한 가격"이라는 플랫폼의 장점 내지 소비자 이익의 소멸로 연결될 것이다. 전술한 바와 같은 플랫폼의 특징을 고려했을 경우 위와 같은 책임의 인정은 결국 플랫폼 비즈니스 모델의 붕괴로 연결될 수도 있을 것으로 생각된다. 이것은 판매자집단과 소비자집단 모두를 위해 바람직한 것이 아니다. 그렇다면 판매자의 위법한 판매행위에 대한 책임은 판매자가 부담한다는 해석은 여전히 유효하다고 할 것이다.

그러나 플랫폼운영자가 판매자의 위법한 판매행위에 대하여 아무런 책임을 부담하지 않는 것은 아니다. 즉, 플랫폼거래의 질서를 유지·관리하는 자인 플랫폼운영자는 판매자가 적법하게 행위하도록 사전적으로 주의를 환기시키고, 사후적으로는 위법행위의 제거나 손해의 확대방지에 필요한 조치를 취할 주의의무가 인정된다고 볼 수 있기 때문이다. 따라서 가령 플랫폼운영자가 사전적으로 판매자와의 플랫폼 이용계약

으로는 입법예고안을 정부입법안으로 작성하여 국회에 제출하지 않고, 입법예고안을 참고하여 미수정하는 형태로 입안된 의원입법안(유동수의원안 등)으로 입법을 추진하고 있는 상황이다(2022.5. 현재).

118_ 플랫폼(현행 오픈마켓)은 판매자와 소비자 간의 '계약체결'이나 '대금결제'가 용이하게 이루어지도록 도와주는 도구 내지 수단(시스템)이다. 판매자는 그 이용에 대하여 일정한 대가(이용료 또는 중개료)를 지급하고 플랫폼을 이용하여 재화 등의 판매에 관한 계약을 소비자와 체결하는 것이다. 따라서 '거래관여'를 근거로 플랫폼운영자에게 법적 책임을 부과하기 위해서는 그것이 계약당사자의 지위에 변화를 가져오는 것이라는 점을 논증하거나 별도의 귀책근거가 제시되어야 한다. 또한 '지배적 영향력'(또는 상당한 영향력)이라는 개념은 너무나 막연하여 법적인 개념으로 적합한지도 의문이다(귀책의 근거가 되는 개념이라는 점에서 더욱 그러하다). 이 개념대로라면 계약체결과 대금결제 과정을 용이하게 하기 위하여 설계된 모든 전자상거래 플랫폼은 판매자에게 지배적 영향력을 행사하는 자로 해석하게 될 수도 있다.

에서 전자상거래법상의 관련 규제의 내용을 약관에 규정하고 판매자에게 이를 준수하도록 주의를 촉구하지 않았거나, 판매자가 자신의 법적 또는 계약상 의무를 위반하여 소비자에게 손해가 발생한 경우에[119] 플랫폼운영자가 사후적으로 필요한 조치(가령 후술하는 중재자로서의 조치)를 신속 또는 적절하게 취하지 않았다면, 플랫폼운영자는 소비자에게 발생한 손해에 대해 민사적 책임(가령 공동불법행위책임)을 부담할 수도 있다는 점에 주의할 필요가 있다.

입법론으로서는 위와 같은 관점에서 **판매자의 적법성 확보에 관한 주의의무**를 규정하는 것은 가능할 것으로 본다.[120] 다만, 그 의무위반에 대한 효과는 민사 일반법리에 따라 처리되면 충분하기 때문에 의무위반에 대한 법적 책임을 명문화할 필요는 없다고 생각한다.

다. 이용자 간 분쟁해결을 위한 중재자로서의 주의의무와 책임

플랫폼거래와 관련하여 발생하는 소비자불만이나 분쟁은 양면시장으로서의 플랫폼의 존립에 관련될 수 있는 문제이기 때문에 플랫폼운영자는 이를 판매자와 소비자 사이의 자율적인 해결에만 맡겨 둘 수는 없다. 따라서 (경제학 · 경영학적 관점에서) 분쟁 등을 해결하기 위한 일정한 조치를 취하는 것이 요구되는데, 이에 대해 전술한 바와 같이 전자상거래법은 법적인 의무(③ 분쟁해결 등을 위한 조치의무)를 부과하는 선택을 하였다(법 제20조 제3항). 그렇다면 현행법을 전제로 하는 한, 플랫폼운영자에게는 이용자 간에 발생하는 분쟁 등을 해결하기 위한 중재자로서의 법적 의무가 인정된다고 하여야 할 것이다.

다만 현행 전자상거래법에서 의무로 규정된 분쟁해결 등을 위한 '조

119_ 만일 플랫폼운영자가 시스템적으로 판매자가 그 의무를 이행하도록 조치를 취했다면 기본적으로 판매자의 의무위반이 발생할 여지는 없을 것이다.

120_ 가령, "플랫폼운영자는 플랫폼거래의 적법성을 확보하기 위하여(또는 전자상거래법상 관련 규율을 준수할 수 있도록) 적절한 거래규칙을 마련하고 가능한 범위 내에서 판매자의 주의를 촉구하는 등 필요한 절차를 마련하여야 한다."와 같은 규정을 둘 수 있을 것이다.

치'(시행령 제25조의2)가 이행되었다 하더라도 개별 분쟁 등에 대한 구체적 해결책의 내용과 정도가 문제될 수 있다. 플랫폼운영자는 스스로 조성한 시장에 참가한 이용자들의 불만이나 분쟁을 해결하기 위한 '중재자'로서의 역할을 하는 자이다.[121] 중재자로서의 역할과 관련하여 가장 어려운 문제는 플랫폼을 이용하는 과정에서 발생한 불만이나 분쟁 또는 소비자피해 중 특히 판매자에게 책임을 묻기가 어려운 경우(도망, 무자력, 책임회피 등)에 중재자가 이를 어떻게 해결할 것인지이다. 궁극적으로는 플랫폼운영자의 경영판단에 맡겨진 문제라고 본다. 소비자의 신뢰를 더 중시하는 플랫폼운영자라면 비용지출을 감수하더라도 적극적인 분쟁해결을 추진할 것이고, 그렇지 않은 플랫폼운영자라면 소비자의 신뢰감소를 감수하더라도 법적인 원칙을 중시할 것이다. 이 두 유형의 플랫폼운영자 중에서 누구를 선택할 것인지는 소비자의 몫이다. 따라서 구체적 해결책의 내용과 정도는 자발적으로 형성하도록 자율성을 부여하는 것이 타당할 것으로 본다(자율규제).[122]

현행 전자상거래법은 조치의무가 이행되지 않은 경우에 행정제재를 부과하고 있는데, 이는 조치의무가 이행된 이후의 또는 그 과정에서의 구체적 해결책의 내용과 정도는 통신판매중개자의 자율에 맡기는 것을 전제로 한 규제로 이해할 것이다. 조치의무의 내용이 다소 엄격한 점도 있으나(분쟁의 내용 등에 관계없이 일률적으로 10영업일 이내 처리) 전체적으로는 적절한 규제라고 보여진다.[123]

121_ 이에 대해 마셜 밴 앨스타인, 앞의 책(각주 45), 269면은 "플랫폼운영자는 수백만의 시장 참가자들을 대상으로 비공식(unofficial) 및 비선출(unelected) 규제기관(regulator)의 역할을 한다"고 기술한다.

122_ 다만, 업계 공통의 해결이 필요한 사안이라면 사업자단체 등에 의한 자율적 해결노력(악의적 판매자의 퇴출, 분쟁조정, 피해기금 조성 등)이 소비자보호를 위한 실효적 수단이 될 수 있을 것으로 본다. 그러한 자율규제가 가능하도록 법에 근거규정을 두는 방안도 검토할 필요가 있다.

123_ 만일 조치의무 위반을 이유로 행정제재(시정조치 등)를 부과할 경우에는 분쟁의 내용이나 플랫폼의 규모 등을 고려하여 탄력적으로 시행하여야 할 것이다.

3. 전자상거래법상 통신판매중개자책임의 재구성

이상의 검토를 바탕으로 전자상거래법상 통신판매중개자책임을 재구성하면 다음과 같다. 그것은 한마디로, **기본적 책임은 유지하되 강화된 책임은 그 내용을 새롭게 구성**하는 것이다. 이렇게 재구성된 통신판매중개자책임은 그 성격상 크게 두 가지로 나뉘는데, 그것은 통신판매중개자의 두 가지 법적 지위로부터 도출된다. 즉, 통신판매중개자는 **(1) 통신판매계약의 중개자로서의 지위**와 **(2) 플랫폼의 설계·운영자로서의 지위**의 두 가지 법적 지위를 가지며, 이 두 가지 지위로부터 일정한 의무와 그 위반에 대한 책임이 발생한다. 다만 플랫폼의 설계·운영자로서의 지위로부터 발생하는 의무의 위반에 대하여는 의무의 성격에 따라 그 법적 효과(책임)가 달리 구성되어 있다는 점에 주의할 필요가 있다.

(1) 통신판매계약의 중개자로서의 지위로부터 발생하는 의무와 책임

통신판매중개자는 3면 계약관계에서 통신판매계약의 중개자로서 소비자가 계약당사자를 오인하지 않고 통신판매계약을 체결할 수 있도록 다음 두 가지 의무와 그 의무위반에 대한 책임을 부담한다. 이 두 가지 의무와 책임은 현행 전자상거래법의 규율내용(①②)을 기본적으로 유지한 것이다. 이 두 가지 의무의 이행으로 3면 계약관계에서 계약당사자는 통신판매자이지 통신판매중개자는 아니라는 점이 법적으로 승인되는 효과가 발생한다(계약당사자 확정의 법리). 따라서 통신판매자의 위법행위에 대해서 통신판매중개자에게 책임을 묻기 위해선 별도의 귀책근거가 필요하게 된다.

가. 고지의무와 (그 위반에 대한) 연대배상책임

현행 전자상거래법의 규율내용(①)을 유지한다. 다만, "(통신판매중개자의 거래시스템이 통신판매계약의 당사자가 누구인지를 명확히 구분하지 않음으로써) 소비자가 통신판매중개자를 계약당사자로 오인하여 계약을 체결한 경우에는 해당 통신판매중개자가 계약당사자로서의 책임을 질 수 있다"는 취지로 개정하는 것도 가능할 것이다.

나. 신원정보제공의무와 (그 위반에 대한) 연대배상책임

현행 전자상거래법의 규율내용(②)을 유지한다.

(2) 플랫폼의 설계・운영자로서의 지위로부터 발생하는 의무와 책임

전술한 ①과 ②의 의무이행으로 통신판매중개자는 계약당사자로서의 책임은 원칙적으로 부담하지 않지만 플랫폼의 설계・운영자로서의 지위로부터 다음과 같은 고유한 의무를 부담한다. 이는 플랫폼거래의 질서를 유지・관리하기 위하여 플랫폼운영자에게 요구되는 의무이다. 의무위반에 대한 효과(책임)는 각각의 경우에 개별적으로 구성된다.

가. 재화 등의 공급에 관한 사후적 조치의무(면책)

통신판매중개자는 유통이 제한되는 재화 등이 공급되지 않도록 주의하여야 하며, 그럼에도 불구하고 그러한 재화 등이 공급되었음을 스스로 발견하거나 외부에 의해 알게 된 경우에는 즉시 필요한 조치를 취하여야 한다. 입법론으로서 유통제한 재화 등의 공급과 관련한 일반적인 처리기준으로서 '사후적 조치의무'를 명문화하고 그 의무를 준수한 경우 면책된다는 취지를 규정한다. 현행법상 '통신판매업자인 통신판매중개자의 책임'에 관한 규율내용(④)은 삭제한다.

나. 통신판매자의 적법성 확보에 관한 주의의무

통신판매중개자는 통신판매자의 적법성을 확보하기 위하여 사전적・사후적인 주의의무를 부담하며 이 의무를 위반한 경우 민사책임을 부담할 수 있다. 다만 이 의무를 이행한다면 달리 귀책근거가 없는 한 통신판매사의 위법행위에 대해 책임을 부담하지는 않는다. 입법론으로서 위 주의의무를 명문화하되 의무위반에 대한 효과규정은 민사 일반법리로

규율하면 충분하기 때문에 별도로 두지 않는다(각주 120) 참조). 이것은 현행 전자상거래법의 규율내용(⑤)을 삭제하고 새로운 관점에서 재구성한 것이다.

다. 분쟁해결 등을 위한 조치의무

통신판매중개자는 플랫폼의 이용자 간에 발생하는 불만이나 분쟁 등을 해결하기 위한 중재자로서 일정한 조치를 취할 의무를 부담한다. 중재자로서의 조치의무의 내용 및 의무위반에 대한 책임은 현행 전자상거래법의 규율내용(③)을 유지하되, 조치의무 이행 이후의 또는 그 과정에서의 구체적 해결책의 내용과 정도는 자율적으로 결정하도록 한다.

〈표 2〉 통신판매중개자책임의 재구성

현행법상 통신판매중개자책임	개정방향	통신판매중개자책임의 재구성
① 고지의무와 연대배상책임	유지	고지의무와 연대배상책임
② 신원정보제공의무와 연대배상책임	유지	신원정보제공의무와 연대배상책임
③ 분쟁해결 등을 위한 조치의무와 행정제재	유지	분쟁해결 등을 위한 조치의무
④ 통신판매업자인 통신판매중개자의 책임	삭제 · 신설	재화 등의 공급에 관한 사후적 조치의무(의무이행 시 면책)
⑤ 보충적 이행의무와 보충적 책임	삭제 · 신설	판매자의 적법성 확보에 관한 주의의무

VI. 결 론

전자상거래법은 통신판매와 통신판매중개를 개념적으로 구별하는 규율체계에 입각해 있다. 따라서 3면 계약관계가 성립할 수 있고 통신판매중개자의 의무와 책임(①②)의 근거도 이론적으로 설명될 수 있다. 3면 계약관계에서는 특히 통신판매를 위한 계약의 당사자 확정이 무엇보다 중요하다. ① 고지의무와 ② 신원정보제공의무의 위반에 대하여 엄격한 법적 책임을 부여하고 있는 현행 전자상거래법에 의하면 통신판매중개자가 이들 의무를 이행하고 있다면 해당 통신판매계약의 당사자가 아니라는 사실을 법이 승인한 것으로 해석하게 될 것이다. 이러한 규율체계에 기초하여 전자상거래법은 소비자보호를 위한 방책으로 ③ 통신판매중개자에게 분쟁해결 등을 위한 조치의무를 부과하고 있다. 이것은 계약당사자를 확정하는 의미가 있는 ①과 ②와는 달리 시스템의 설계 · 운영자인 통신판매중개자에게 분쟁해결 등을 위한 중재자로서의 역할을 요구하기 위한 의무규정이다. 한편 전자상거래법은 이와 같은 기본적 책임 외에 소비자를 보호한다는 명목하에 강화된 책임으로서 통신판매중개자에게 통신판매업자로서(④) 또는 그에 대신하는(⑤) 책임을 부여하기 위한 입법작업을 진행해 왔고(2012년 개정법, 2016년 개정법), 현재 진행중인 전자상거래법의 전면개정작업에서도 그와 같은 또는 그보다 더 엄격한 방향의 입법안을 예고하고 있다. 문제는 강화된 책임(④⑤)에 관한 규정이나 입법예고안에서 제시된 통신판매중개자책임의 귀책근거가 반드시 명확한 것은 아니라는 점이다.

본고는 이와 같은 문제의식하에 통신판매중개자책임의 재구성을 시도해 보았다. 통신판매중개자책임의 재구성에 있어서는 기본적으로 통신판매중개자의 전자거래시스템을 매개하여 이루어지는 통신판매의 '시스템거래로서의 특징의 이해' 및 그 '비즈니스 모델의 존중'이라는 관점이 중요하다고 생각한다. 통신판매중개자는 판매자와 소비자가 동시에 이용하는 양면시장인 플랫폼을 조성하고 그들을 연결하는 기술적인 수단 내지 도구인 시스템을 설계 · 운영함으로써 수익을 창출하는 기업이다. 통신판매중개자는 "**플랫폼의 설계 · 운영자**"로서 그곳에서 이루어지는 거래가 법이 허용하는 범위 내에서 사적자치에 따라 적절하게 이루어지도록 거래의 규칙을 형성하고 거래질서를 유지 · 관리하여야 할 주의의무를 부담한다. 플랫폼거래의 질서는 재화 등의 공급에 있어서의 적법성, 판매자의 판매행위의 적법성, 당사자 간 분쟁의 적절한 해결 등 세 가지 측면에서 유지·관리될 필요가 있다. 본고는 이를 입법론적으로 ⅰ) 재화 등의 공급에 관한 사후적 조치의무(면책), ⅱ) 통신판매자의 적법성 확보에 관한 주의의무, ⅲ) 분쟁해결 등을 위한 조치의무로 각각 구성해 보았다. ⅰ)과 ⅱ)는 ④와 ⑤를 대체하는 것이고, ⅲ)은 기존의 ③을 유지하는 것이다.

플랫폼거래에서의 '소비자보호'는 플랫폼거래의 장점을 소비자들이 충분히 향유하는 것을 전제로 모색되어야 한다. 이를 무시하고 소비자보호라는 명목만을 추구할 경우에는 플랫폼거래의 장점을 소멸시켜 결국 소비자이익의 저하라는 결과를 낳을 수도 있다. 본고는 귀책근거가 명확하지 아니한 상태에서 통신판매중개자에게 통신판매업자로서의 또는 그에 준하는 책임을 강제하기보다는 **"플랫폼의 설계·운영자로서의 지위"로부터 발생하는 고유한 의무와 책임**을 인정하는 방향의 책임론이 바람직하다고 생각한다. 통신판매업자에 의한 적법한 재화 등의 공급과 판매행위가 이루어지도록 관리하고 계약당사자 간에 발생하는 분쟁 등의 해결을 위한 중재자로서의 역할을 적절히 수행할 수 있도록 민사책임의 원칙을 설정하되 가능한 한 자율성을 부여하는 것이 통신판매중개자책임에 관하여 전자상거래법이 추구해야 할 개선방향이 되어야 할 것이다. 그것이 양면시장인 플랫폼을 지속적으로 발전시키고 소비자이익을 향상시키는 길이다. 소비자보호는 이와 같은 점들이 충족된 위에(법적 안정성) 개별·구체적으로 추진되는 것이 바람직하다(구체적 타당성).

참고문헌

1. 단행본 · 보고서

류한석, 플랫폼, 시장의 지배자, 대성 Korea.com(2016)

마셜 밴 앨스타인 · 상지트 폴 초더리 · 제프리 파커/이현경 옮김, 플랫폼 레볼루션, 부키(2017)

바이난트 용건 · 문경록 옮김, 온라인 쇼핑의 종말—리테일 혁명이 만드는 새로운 미래, 지식노마드(2019)

아산나눔재단 · AWS · Startup Alliance · Korea Stratup Forum, 2020 스타트업 코리아!, 온라인 정책 제안 발표회 자료집(2020)

이금노 · 서종희 · 정영훈, 온라인플랫폼 기반 소비자거래에서의 소비자문제 연구, 한국소비자원 정책연구보고서(2016.12)

이동일 외, 이커머스 파괴적 혁신으로 진화하다, 스타트업 얼라이언스(2020)

이호영, 소비자보호법[제4판], 홍문사(2018)

송덕수, 신민법강의[제13판], 박영사(2020)

Geoffrey G. Parker, Marshall W. Van Alstyne, Sangeet Paul Choudary, Platform Revolution: How networked markets are transforming the economy and how to make them work for you, W. W. Norton & Company, 2016

2. 논문

고형석, "한국에서 통신판매중개자에 대한 법적 규율", 소비자법연구 제2권 제2호(2016.9)

______, "통신판매중개와 소비자보호", 유통법연구 제2권 제2호(2015.12)

______, 통신판매중개자의 책임에 관한 연구, 법학논고 제32집(2010.2)

______, "통신판매중개에 관한 연구", 인터넷법률 제20호(2003.11)

곽관훈, "온라인 플랫폼사업자와 상거래법제", 기업법연구 제32권 제1호(2018.3)

구태언, "온라인 플랫폼 중개거래의 공정화에 관한 법률안 분석", KISO저널 제41

호(2020. 12.)
나지원, "전자상거래등 소비자보호법의 문제점과 개선방안", 경쟁법연구 제13호 (2006)
______, "통신판매중개에 있어서 소비자보호", 인터넷법률 제29호(2005)
노종천, "E-commerce에서 통신판매중개자의 법적 지위와 책임", 민사법학 제39권 제1호(2007)
박수영, 통신판매중개자의 지위 · 의무 · 책임, 법학연구 제38집(2013,5)
박신욱, "도서정가제에 대한 우리나라와 독일의 법체계에 대한 비교법적 고찰—대법원 2019. 9. 10. 자 2019마5464 결정에 대한 비판적 접근", 비교사법 제27권 제1호(2020)
사이토 마사히로/박청일 역, "통신판매중개자(플랫폼운영자)의 법적 규율에 관한 일본법의 현황과 과제". 소비자법연구 제2권 제2호(2016.9)
서희석, "알고리즘거래에서 착오주문의 문제—H증권사건 하급심판결에 대한 비판적 고찰", 상사법연구 제39권 제2호(2020.8)
______, "이커머스 관련 주요규제", 이동일 외, 이커머스 파괴적 혁신으로 진화하다, 스타트업얼라이언스(2020), 185면 이하 수록
오병철, "전자상거래법상의 거래 플랫폼 규제와 개선방안", 외법논집 제41권 제4호(2017.11)
______, "통신판매업자의 불법행위에 대한 통신판매중개자(오픈마켓)의 책임—서울중앙지방법원 2008.11.20, 2006가합46488 판결을 중심으로", 재산법연구 제26권 제1호(2009.6)
이병준, "전자상거래 플랫폼과 거래관계에 대한 책임", 소비자법연구 제5권 제1호(2019)
______, "O2O 플랫폼 서비스와 전자상거래소비자보호법에 의한 소비자보호", 안암법학 제52권(2017)
이병준 · 정신동 · 김세준, "플랫폼 경제시대에 있어 제조물책임법의 확장—Oberdorf v. Amazon. com Inc. 판결을 중심으로", 소비자법연구 제6권 제1호(2020.3)
이병준 · 황원재, "승차공용(Ridesharing) 중개서비스와 결합된 운송서비스 제공자로서의 Uber—Uber 스페인과 관련된 유럽사법재판소 판결을 중심으로", 소

비자문제연구 제50권 제1호(2019.4)
이병준 · 황원재 · 박미영, "유럽연합 전자상거래 플랫폼 규제동향과 시사점", 외법논집 제42권 제3호(2018.8)
이상규, "양면시장의 정의 및 조건", 정보통신정책연구 제17권 제4호(2010.12)
이충훈, "인터넷통신판매중개자의 법적 책임", 인터넷법률 제38호(2007)
정진명, "플랫폼을 이용한 전자거래의 법률문제", 비교사법 제24권 제4호(2017.11)
최나진, "개정 전자상거래소비자보호법상의 통신판매중개자의 지위와 책임", 외법논집 제40권 제3호(2016.8)
최지현, "온라인 플랫폼 사업자의 민사책임에 관한 연구—'오픈마켓'을 중심으로", 아주법학 제12권 제4호(2019.12)

유럽연합 디지털 서비스법을 통한 플랫폼 규제*
−디지털 서비스법 초안의 주요내용과 입법방향을 중심으로−

이병준**

Ⅰ. 들어가며

1. 디지털 서비스법 패키지의 발표

2020년 12월 15일 유럽연합 집행위원회는 디지털 서비스법(Digital Services Act: 이하 DSA)[1]과 디지털 시장법(Digital Markets Act: 이하 DMA)[2]이라는 두 가지 법률의 초안을 제안하는 디지털 서비스법 패키지를 발표

* 이 논문은 소비자법연구 제7권 제2호(2021)에 게재된 것입니다.
** 한국외국어대학교 법학전문대학원 교수, 법학박사.

1_ COM(2020) 825 final. 이에 관하여 아직 문헌이 많지 않으나 국내문헌으로 김현수/전송호, "유럽연합의 디지털서비스법안의 주요내용과 시사점", 「KISDI Premium Report」 20-11, 2020.12.; 박희영, "온라인 서비스 제공자의 책임과 의무−유럽연합 '디지털 서비스 법'(Digital Service Act) 제안", 「한국저작권위원회 COPYRIGHT ISSUE REPORT 2021」, 2021.2이 있고, 해외문헌으로 Berberich/Seib, "Der Entwurf des Digital Services Act", 「GRUR-Prax」 2021, 4; Busch, "Der Digital Services Act: Ein neuer Rechtsrahmen für den Online-Handel?", 「ZdiW」 2021(미출간)이 있다.

2_ COM(2020) 842 final.

하였다.[3] DSA와 DMA는 유럽연합 내에서 디지털 서비스를 제공하는 사업자에게 통일된 행위규칙을 정하는 한편, 플랫폼 경제에 대하여 새로운 규제체계를 마련하는 것을 그 목적으로 한다.[4] 이 패키지에 대한 기대감은 그 발표 전부터 매우 컸으며, 유럽연합 시장에서 사업자들이 디지털 서비스를 제공하고 사용하는 방식을 크게 변화시킬 것으로 예상되었다. 앞으로 이 법률들은 대형 온라인 "게이트키퍼(gatekeeper)" 역할을 담당하는 플랫폼뿐만 아니라, 대부분의 디지털 서비스 사업자와 이들의 상업적 이용자 및 고객에게 중대한 영향을 미칠 것으로 보인다.

DSA는 디지털 서비스와 관련된 일반적 책임원칙과 주의의무에 관한 규정내용을 담고 있다. 구체적으로는 온라인에서 불법적이거나 잠재적으로 유해한 콘텐츠의 처리, 제3자 콘텐츠에 대한 온라인 공급자의 책임, 제3자 공급자의 심사 의무 및 온라인 이용자의 기본권 보호에 대한 규칙 등을 변경함을 목적으로 한다. 또한 DSA는 그 적용범위가 매우 넓어서 유럽연합의 모든 디지털 서비스 제공자뿐만 아니라 상업적 이용자 및 고객에게도 적용된다. 그 반면에 DMA는 게이트키퍼 역할을 하는 핵심 플랫폼 서비스의 행동을 규제함을 목적으로 한다. 게이트키퍼는 상업적 이용자와 고객 간의 중요한 게이트웨이 역할을 하며 중요하고 항구적인 시장 지위를 누리고 있는 플랫폼을 말한다. 디지털 시장법은 게이트키퍼에 대해 몇 가지 금지 항목과 의무목록을 부과하고 있다. 예컨대 자신의 서비스를 이용한 차별행위 금지와 플랫폼 이용 시 상업적 이용자와 고객이 생성하는 데이터를 공유해야 하는 의무 등이다.

3_ 이 패키지의 제정배경과 과정에 관하여 자세한 것은 이상윤, "유럽연합의 플랫폼 규제 동향—'Digital Services Act'의 'New Competition Tool'", 「외법논집」 제44권 제3호, 2020, 301면 이하 참조.

4_ Busch, 「ZdiW」 2021.

2. 논문의 연구범위

본 논문에서는 온라인 중개 서비스와 플랫폼에 대한 실체적 규정 내용을 분석하는 것을 목적으로 한다. 이 규정 내용은 DSA의 3절에 규정되어 있다. 그 전에 DSA의 의의, 적용범위 그리고 제재와 집행에 관한 내용을 개관해 본 후(II) 온라인 중개 서비스와 플랫폼에 부과되고 있는 책임규정(III)과 단계별로 부과되고 있는 주의의무 규정 내용(IV)을 자세히 고찰하려고 한다. 마지막으로 간단하게 DSA가 우리 플랫폼 논의에 대하여 어떠한 의미를 갖고 어떠한 방향에서 영향을 미칠 수 있는지에 관하여 총체적인 평가를 한 후(V) 논문을 마무리하려고 한다. DSA에는 실체적 규정보다 오히려 기관구성과 절차에 관한 규정이 상당히 많으나, 논문의 분량상 실체적 규정에 대해서만 살펴보기로 한다.

II. DSA의 개관

1. DSA의 의의

DSA는 20년 된 전자상거래지침[5]의 내용을 상당부분 이어받으면서 형식적으로 계승함과 동시에 변화된 전자상거래 환경에 맞추어서 새로운 개정내용을 담고 있다. DSA의 가장 큰 목적은 기본권을 보호하는 한편 신뢰 가능한 온라인 환경을 만드는 것이다(제1조 제2호 b목). 전자상거래지침이 입법지침의 형식을 취하였기 때문에 이를 입법화하는 단계에서 규정 내용의 상이가 발생하면서 실질적인 법 통일이 유럽연합 내에서 이루어지지 못하였다. 그에 반하여 DSA는 입법형식으로 규칙(Regulation)

5_ E-Commerce-RL 2000/31/EC. 이에 관한 우리 문헌으로 강성진, "EU의 전자상거래 소비자보호 관련 지침에 대한 고찰", 「통상법률」 제32호, 2000, 6면 이하; 이병준, "전자상거래에 관한 유럽연합의 입법지침 초안", 「통상법률」 제29호, 1999, 61면 이하 참조.

의 형식을 취하고 있기 때문에 회원국에 직접적인 법률적 효력을 가지게 됨으로써 입법의 통일화(level playing field)를 가져올 것이다.[6] 제정과정에서 주로 정치적으로 문제된 부분은 혐오표현(hate speech)와 가짜뉴스(fake news)의 방지와 소셜미디어에서의 표현의 자유보장이었다. 이러한 문제가 정치적으로 논의되면서 DSA는 다양한 플랫폼의 기본문제를 규율하는 것을 그 내용으로 담고 있기 때문에 "플랫폼 기본법"으로 불리기도 하였다.[7]

DSA는 기본적으로 모든 온라인 서비스를 포괄하면서 온라인 서비스가 다양화되고 있음을 감안하여 각 서비스에 따른 적합한 규율을 위하여 '단계적 규율'을 시도하고 있다. 즉 DSA는 단계적 규율을 통하여 서비스의 내용과 규모, 특히 플랫폼 서비스 제공자의 규모를 기초로 하여 규율을 시도하고 있다. 이에 따라 실체적 규정 내용은 기본적으로 첫째, 모든 온라인 중개 서비스 제공자, 둘째, 플랫폼을 포함한 호스팅 서비스 제공자, 셋째, 온라인 플랫폼 제공자 그리고 넷째, 대규모 온라인 플랫폼 제공자로 나누어서 단계적으로 규정하고 있다. 그러면서 극소 내지 소규모 플랫폼에 대한 적용면제 규정을 두고 있다. 또한 DSA는 수평적으로 모든 서비스 제공자에게 적용되는 규정내용을 두고 있으면서도, 예컨대 테러방지, 광고의 투명성과 지식재산권보호와 관련하여 특별영역에 대한 규정도 두고 있다. 이러한 측면에서 DSA는 서비스 내용과 규모에 따른 단계별 규제체계를 가지면서도 그 안에 서비스 행위별로 세부규정을 두어 두 가지 규율방식을 결합하고 있다.

2. DSA의 적용범위

앞에서 살펴본 바와 같이 DSA는 유럽연합 내 단일시장의 모든 중개

6_ DSA 입법이유 7.

7_ Fanta/Rudel, Das Plattformgrundgesetz, Netzpolitik.org, 2020, https://netzpolitik.org/2020/euplattformgrundgesetz-digital-services-act/.

서비스 제공자[8]를 그 적용대상으로 하고 있다(제1조 제1항). 이러한 중개 서비스 제공자에는 (1) 서비스 이용자가 제공하는 통신 네트워크 내의 정보 전송 또는 통신 네트워크에 대한 접근 제공으로 구성된 '단순 전달(mere conduit)' 서비스,[9] (2) 서비스 이용자가 제공한 정보의 통신망 내 전송으로 구성되는 '캐싱(caching)' 서비스,[10] (3) 서비스 이용자가 제공한 정보의 저장 및 요청에 따라 정보를 저장하는 '호스팅' 서비스[11]가 해당된다(제2조 제f호). DSA에서 '온라인 플랫폼'은 서비스 이용자의 요청에 따라 정보를 저장하고 일반 대중에게 정보를 배포하는 호스팅 서비스의 제공자로서 규정하고 있다(제2조 제h호).

주목할 부분은 DSA에서 전자상거래 지침보다 그 장소적 적용범위를 대폭적으로 확대하고 있다는 점이다. 원래 전자상거래 지침은 유럽연합 내에 주소지를 두고 있는 서비스 제공자에게만 적용되었다.[12] 그에 반하여 DSA는 서비스 제공자의 주소지와 관계없이, 유럽연합에 설립되거나 거주지를 두고 있는 이용자에게 서비스를 제공하고 있는 중개 서비스에 적용된다(제1조 제3항). 즉 DSA가 적용이 되기 위해서는 유럽연합 내에서 서비스의 제공'이 있으면 된다. 유럽연합 내에서 서비스의 제공이 인정되기 위해서는 하나 이상의 회원국에 있는 법인 또는 자연인이 유럽연합과 '상당한 관련이 있는' 정보사회 서비스 제공자의 서비스를 이용할

8_ DSA는 providers of intermediary service라는 표현을 사용하고 있으며, 여기서 intermediary는 중개 · 매개의 의미를 가지며 우리 전자상거래법에서 말하는 통신판매중개에서처럼 계약법적 의미를 갖는 것이 아니라 사실적 · 기술적 의미를 갖는다는 점에 주의할 필요가 있다. 이러한 측면에서 이 개념을 '온라인 서비스 제공자'로 번역하는 문헌(박희영, 위 보고서, 2면 각주 2 참조)도 있으나, 본 논문에서는 DSA 표현에 충실하게 중개 서비스 제공자로 번역하여 사용하기로 한다.

9_ 대표적인 예로 인터넷 전송 서비스가 있다.

10_ 이용자의 요청에 따라 다른 이용자에게 정보가 보다 효율적으로 전송되도록 하기 위한 유일한 목적으로 해당 정보의 자동화된, 중간적이면서 임시적 저장을 포함한다. 대표적인 예로 제한된 기간 동안만 정보를 저장하는 정보 배포 네트워크가 있다.

11_ 대표적인 예로 SNS플랫폼, 비디오, 이미지, 오디오 공유서비스, 파일 공유서비스, 클라우드 서비스 등이 있다.

12_ E-Commerce-RL 입법이유 85.

수 있도록 해야 한다. '상당한 관련성'은 서비스 제공자가 유럽연합에서 주소지를 둔 경우에 존재하는 것으로 간주되며, 이와 같은 주소지가 없는 경우에 '상당한 관련성'은 하나 이상의 회원국에서 상당한 수의 이용자를 가지고 있거나 하나 이상의 회원국을 대상으로 하는 서비스의 활동지향이 있는 경우에 인정된다(제2조 제d호). 더 나아가 DSA에서는 법의 준수와 집행을 확보하기 위해서 유럽연합 내에 주소지를 두고 있지 않은 중개서비스 제공자는 법률대리인을 지정하여 관련 관청으로부터 감독을 받고 위반행위에 대한 책임을 부담하도록 하고 있다(제11조).

3. 제재와 집행

DSA의 집행은 —우리나라에 익숙한— 회원국들의 행정관청을 통하여 이루어질 것을 예정하고 있다.[13] 중개 서비스 제공자의 주 설립지가 위치한 회원국이 관할권을 갖는다(제40조 제1항). 이를 소재지법원칙(Herkunftslandprinzip)이라고 칭한다.[14] 제3국의 서비스 제공자의 경우에는 법률대리인의 주소지가 관할권을 결정한다(제40조 제2항). DSA의 효율적인 적용과 집행을 위하여 회원국들은 관할관청인 디지털 서비스 조정자(Digital Service Coordinator)를 지정해야 한다(제38조 제1항).

DSA를 위반한 경우에는 중개 서비스 제공자의 연간 소득 또는 매출액의 6%까지 벌칙으로 부과할 수 있다(제42조 제3항). 또한 여러 회원국 디지털 서비스 조정자의 협력을 위하여 '유럽연합 디지털 서비스 이사회(European Board for Digital Services)'가 설립되어 중개 서비스 제공자 감독에 관한 디지털 서비스 조정자들이 모여서 다양한 협력이 이루어질 수 있는 창구 역할을 하게 된다(제47조).

13_ DSA 입법이유 79.

14_ 이 원칙을 원격의료와 관련하여 고찰한 우리 문헌으로 황원재, "해외환자에 대한 원격의료의 허용 가능성", 「소비자법연구」 제6권 제2호, 2020, 43면 이하 참조.

Ⅲ. 온라인 중개서비스 제공자의 책임

1. 중개 서비스 제공자의 책임면제규정의 유지와 신설된 규정 내용

DSA는 전자상거래 지침이 중개서비스 제공자에 대하여 갖고 있었던 책임면제 원칙을 유지하고 있다. 이에 따라 중개서비스 제공자는 원칙적으로 타인의 정보에 대하여 책임을 부담하지 않는다. DSA 제3조 내지 제5조에서는 전자상거래 지침 제12조 내지 제14조에서 규정하고 있던 단순전달, 캐싱과 호스팅에 관한 책임면제 규정을 받아들이고 있다. 또한 DSA 제7조에서는 일반적인 모니터링 또는 적극적인 사실 조사 의무의 부존재에 관한 면책특권을 전자상거래 지침 제15조에서 이어받고 있다. 추가적으로 불법 콘텐츠[15]에 대한 행동 명령(제8조)과 정보 제공 명령(제9조)에 관한 요건이 자세하게 규정되어 있다.

전자상거래와 관련하여 DSA 제5조 제3항이 중요한 책임원칙을 새롭게 도입하고 있다. 그에 따르면 온라인 시장의 모습, 즉 제공되는 정보와 상품이 시장제공자 자신에 의하여 또는 그의 감독하에 놓인 공급자에 의하여 제공된 것으로 보이는 인상을 평균적 소비자에게 주는 경우에는 B2C 온라인시장에 대하여 부과하고 있는 소비자법적 책임에 대하여 책임면제규정이 적용되지 않는다. 해당 규정이 적용되기 위한 요건에서 객관적인 사정이 중요한 것이 아니라, 온라인 시장이 소비자에게 어떠한 모습으로 보이는가라는 주관적 사정이 중요하다. 이에 따라 온라인 시장의 운영자가 시장을 통제하고 있다는 외관이 형성되었다는 이유로 온라인 시장 운영자는 입점해 있는 사업자의 소비자 권리침해에

15_ DSA에서 불법 콘텐츠라고 함은 그 자체 또는 제품의 판매 또는 서비스 제공을 포함한 활동과 관련하여, 해당 법률의 정확한 대상이나 성격에 관계없이, 연방법 또는 회원국의 법률을 준수하지 않는 모든 정보라고 정의하고 있다(제2조 제g호). 따라서 불법 콘텐츠에는 저작권, 상표권을 침해하는 콘텐츠도 포함되지만, 위조상품처럼 위법하거나 위해한 상품도 포함되고 있음을 주의해야 한다.

대하여 책임을 부담하게 된다. 이와 같은 책임원칙은, 타인의 정보를 자기화(Sich-zu-eigen-Machen)하는 경우에 독일 연방법원(BGH)이 온라인 시장에 대하여 소비자의 이성적인 평균적인 시각을 기초로 책임을 인정하고 있는 판례[16] 경향과 일치한다.[17]

2. 선량한 사마리아인 원칙

DSA는 중개 서비스 제공자가 불법 콘텐츠를 탐지, 식별 및 제거 또는 차단하기 위하여 자발적인 조사를 스스로 하거나 유럽연합법의 요구 사항을 준수하기 위해 필요한 조치를 취하였다는 이유로, 제3조, 제4조 및 제5조에 언급된 책임 면제를 받을 자격을 상실하지 않는다고 규정하고 있다(제6조). 중개 서비스 제공자가 자발적으로 행한 선의의 조치를 근거로 면책을 부정해서는 안 된다는 점을 명확히 한 것이다.[18] 이는 미국의 Communications Decency Act(CDA) Section 230(c)(2)에 규정된 선량한 사마리아인 원칙을 명문화한 것이다. 독일 연방법원(BGH)도 2005년 판결을 통하여 호텔평가포털 운영자가 자동적인 금칙어 제거를 사용하고 수동적으로 불법적인 정보를 제거하더라도 타인의 정보를 자신의 것으로 만들지 않은 것이므로 중립적인 지위를 잃지 않는다고 판시하였다.[19]

하지만 본 규정은 중개 서비스 제공자들이 자율적인 조사를 함에 있어서 특정한 주의의무를 부담해야 하는지에 관한 문제를 열어 두고 있다. 더 나아가 제6조상의 자율적인 조치와 책임면제의 상실로 이어지는 플랫폼의 적극적 역할 사이의 한계설정에 대하여도 명확한 기준을 제시하고 있지 않다는 평가를 받고 있다.[20]

16_ BGH GRUR 2016, 855; BGH GRUR 2020, 543.

17_ Busch, 「ZdiW」 2021.

18_ DSA 입법이유 25.

19_ BGH NJW 2015, 3443.

20_ 이와 같은 지적으로 Busch, 「ZdiW」 2021.

3. 중대한 영향력을 갖는 플랫폼의 책임에 관한 규정의 부재

2020년 10월 유럽연합 의회는 DSA에 중대한 영향력을 갖는 온라인 시장 운영자에 대한 책임규정을 두어야 한다고 요구하였다. 그에 따르면 (1) 공급자 그리고 결제수단, 가격, 약관 또는 소비자에 대한 상품의 판매를 용이하게 하는 행위와 같은 경제적 거래의 중요요소에 중대한 영향력을 가지고 (2) 유럽연합 내에 책임을 부담할 수 있는 제조자, 수입업자 또는 상인이 없는 경우에 책임을 부과하는 규정을 마련해야 한다는 것이다.[21] 이는 2020년 2월에 유럽법연구소가 마련한 온라인 플랫폼 모델법에서 제안한 책임내용을 받아들이자고 하는 것으로 보인다.[22] DSA에는 현재 이와 관련된 규정이 없으나, 의회로 넘어가서 논의가 된다면 이러한 내용이 추가될 가능성도 충분히 존재한다.

Ⅳ. 중개서비스 제공자 및 온라인 플랫폼의 주의의무 규정의 내용

1. 주의의무 규정의 의의와 구조

(1) 주의의무 규정의 의의와 목적

주의의무 규정이라고 함은 중개 서비스(intermediary service)에 부과되고 있는 각종 주의의무를 포함한 각종 의무(due diligence obligations)에 관

21_ European Parliament resolution of 20 October 2020 with recommendations to the Commission on the Digital Services Act: Improving the functioning of the Single Market, P9_TA(2020)0272.

22_ 이에 관한 내용으로 Busch/Dannemann/Schulte-Nolke 「MMR」 2020, 667. 이에 관한 국내문헌으로는 이병준, "전자상거래 플랫폼과 거래관계에 대한 책임", 「소비자법연구」 제5권 제1호, 2019, 23면 이하; 김진우, "온라인 플랫폼 규제에 관한 유럽법연구소의 모델규칙", 「소비자문제연구」 제51권 제3호, 2020, 194면 참조.

한 규정을 의미한다. 주의의무 규정의 목적은 유럽연합 내 시장의 기능을 강화하는 한편, 온라인 환경의 안정성과 투명성을 확립하는 것에 있다.[23] 이러한 목적을 달성하기 위하여 명확하고 균형 있는 통일적인 중개서비스 사업자에 관한 주의의무 규정을 제3장에서 마련하고 있다. 주의의무 규정들은 1) 소수 내지 취약이용자를 포함한 서비스 이용자의 안전과 신뢰확보, 2) 헌법에 규정된 기본권의 보호, 3) 서비스 제공자들의 신뢰성 확보, 4) 이용자와 다른 관련 당사자들의 권한 강화, 5) 필요한 관련 행정기관의 감독권 확립 등의 공공목적을 실현하는 것을 보장하기 위하여 마련되었다.[24]

(2) 주의의무 규정의 구조

DSA의 주의의무 규정은 중개 서비스의 유형과 특성을 고려하여 의무의 내용을 단계적으로 부과하고 있다.[25] 1단계에서는 모든 중개서비스에 적용되는 경우에 관한 규정을 두고(제1절), 2단계에서 온라인 플랫폼을 포함한 호스팅 서비스 제공자에게 적용되는 경우에 관한 규정을 마련하고 있다(제2절). 3단계에서는 온라인 플랫폼에 적용되는 규정을 마련하는 한편, 스타트업을 보호하기 위하여 소규모 플랫폼에는 적용하지 않은 예외규정(제16조)을 두고 있다(제3절). 마지막 4단계에서는 대규모 온라인 플랫폼에 적용되는 규정을 두고 있다(제4절). 이와 같은 규정체계는 제공되는 서비스의 특성과 규모에 따라 의무를 부과하는 것이며 위 유형 중 여러 개의 항목에 포함되는 경우에 해당 규정에 의하여 부과하고 있는 의무가 중첩적으로 적용되는 것이다.

23_ DSA 입법이유 34.

24_ DSA 입법이유 34.

25_ DSA 입법이유 35.

2. 중개 서비스 제공자의 의무

중개서비스 제공자에게 부과되는 의무는 주로 관리적 성격을 갖는다.[26] 더 높은 법준수와 법집행을 위하여 단일창구와 법률 대리인을 선임하도록 하고 있고, 투명성 의무의 내용으로서 약관에 정보를 담도록 하는 한편 연례 보고의무를 새롭게 부과하고 있다.

(1) 의사소통을 위한 단일창구 마련

중개 서비스 제공자는 회원국의 감독기관인 디지털 서비스 조정자, 유럽연합 집행위원회, 디지털 서비스 유럽연합 이사회와 DSA에서 정하고 있는 사항에 필요한 원활하고 효율적인 의사소통이 가능하게 하기 위하여 단일창구(single point of contact)를 마련해야 한다(제10조). 더 나아가 의사소통이 이루어지는 언어를 포함하여 단일창구에 대한 관련 정보를 공개해야 한다.

서비스 제공자가 단일창구를 직접 운영할 필요가 없으며, 중개서비스 제공자와 특별한 관계에 있는 신뢰할 수 있는 신고자(trusted flagger)[27]나 전문기관에게 위탁할 수 있다. 법률 대리인(legal representative)과 달리 단일 창구는 기능적 목적을 가지므로 반드시 물리적 위치를 가질 필요가 없다.[28]

(2) 법률 대리인의 지정

제3국에서 유럽연합으로 서비스를 제공하고 있는 중개 서비스 제공자는 유럽연합 내에 충분한 권한을 갖는 법률 대리인을 지정해야 한다(제

26_ Berberich/Seib, 「GRUR-Prax」 2021, 4.

27_ 콘텐츠의 위법성에 대하여 평가를 하고 위법한 콘텐츠를 플랫폼에 신고할 수는 있으나, 플랫폼은 반드시 신고자의 결정을 따를 필요는 없다. https://support.google.com/youtube/answer/7554338?hl=en 유튜브의 trusted flagger가 되는 방법에 대한 설명 링크.

28_ DSA 입법이유 36.

11조). 또한 중개 서비스 제공자는 법률 대리인에 관한 최신의 정보를 제공해야 하며, 지정된 법률 대리인은 DSA에서 정한 의무위반에 대한 책임을 부담하게 된다(제11조 제3항).

법률 대리인의 지정은 효율적인 감독이 이루어지고 규칙의 내용이 강제적으로 집행될 수 있는 확실한 수단을 확보하기 위한 목적을 가지고 있다.[29] 유럽연합 내 주소지를 두고 있지 않은 중개 서비스 제공자의 경우 규칙의 적용여부에 대한 이론적 논란이 있고,[30] 명시적으로 적용된다는 규정이 있더라도 중개 서비스 제공자가 소재하는 국가로 강제적 집행이 현실적으로 어려운 점을 고려해서 법률 대리인을 유럽연합 내로 두게 하여 법의 역외적용 및 집행의 문제를 해결하려고 하는 것으로 생각된다.[31] 또한 법률 대리인은 DSA의 요건을 충족하는 한도에서는 단일 창구의 역할을 동시에 가질 수도 있다.

(3) 정보이용에 대한 약관상의 제한에 대한 정보제공의무 부과

DSA는 중개 서비스 제공자가 사용하고 있는 약관에 이용자가 제공한 정보의 이용을 제한하거나 변경하는 권한을 유보하는 조항을 두고 있는 경우에 이러한 내용에 대한 정보를 이용자에게 제공할 의무를 부과한다(제12조 제1항 제1문). 중개 서비스 제공자가 향유하고 있는 계약자유의 권리는 물론 원칙적으로 보장되어야 하지만, 본 규정은 투명성의 확보, 서비스 이용자의 보호와 불공정하거나 자의적인 내용을 방지하기 위하여 약관의 내용에 대한 적절한 통제를 가하려고 하는 것이다.[32]

여기서 우리나라와 달리 유럽연합은 소비자의 보호를 목적으로 한 내

29_ DSA 입법이유 37.

30_ 해외사업자에 대한 국내법 적용과 집행의 어려움에 관하여 오승종, "해외 온라인서비스제공자에 대한 행정조치 방안에 관한 연구", 「홍익법학」 제21권 제2호, 2020, 1면 이하; 김현경, "국내 · 외 플랫폼 사업자 공평규제를 위한 제언", 「성균관법학」 제29권 제3호, 2017, 75면 이하 참조.

31_ 이에 관하여 자세한 것은 아래 V. 3. 참조.

32_ DSA 입법이유 38.

용통제 규정을 가지고 있으나, B2B 관계에 대한 약관에 관한 내용통제 규정을 가지고 있지 않음을 고려해야 할 필요가 있다. 따라서 P2B 규칙에 이어서 DSA는 약관에 관한 다양한 규정을 두고 있다.[33] 그러나 본 규정은 약관법상 내용통제에 추가하여 보충적으로 적용되는 제한을 설정하는 내용을 담고 있으며, 약관상 제한이 비례적으로 기본권과 다른 이익의 고려하에 적용되어야 함을 규정하고 있다(제12조 제2항).

(4) 연례 보고의무

중개 서비스 제공자는 연례 보고(annually report)를 할 의무를 부담한다(제13조). 중개 서비스 제공자의 연례 보고의무의 목적은 적합한 수준의 투명성과 신뢰성을 확보하기 위함에 있다.[34] 연례 보고의 내용에는 약관을 근거로 하여 삭제되거나 접근이 제한된 정보에 관한 내용도 포함되어 있다. DSA에서는 연례 보고의무가 지나친 부담이 되지 않도록 스타트업과 같은 극소기업과 소기업(micro- or small enterprises)[35]의 경우에는 적용범위에서 배제하고 있다. 그러나 이와 같은 자세한 투명성 요구로 인하여 영업비밀이 침해될 가능성도 존재한다는 우려가 제기되고 있는 것도 사실임에 주목할 필요가 있다.[36]

33_ 이에 관하여 자세한 것은 김진우, "유럽연합 및 일본의 온라인 플랫폼 규율과 국내 추진법안의 비교 및 시사점", 「소비자법연구」 제7권 제1호, 2021, 206면 이하 참조.

34_ DSA 입법이유 39.

35_ 유럽연합에서 극소기업은 직원이 10명 미만이고 연간 매출액 및/또는 연간 대차대조표 총액이 2백만 유로를 초과하지 않는 기업을 말하며, 소기업은 직원 수가 50명 미만이고 연간 매출액 및/또는 연간 대차대조표 총액이 1,000만 유로를 초과하지 않은 기업을 말한다[Commission Recommendation 2003/361/EC of 6 May 2003 concerning the definition of micro, small and medium-sized enterprises(OJ L 124, 20.5.2003, p. 36)].

36_ Berberich/Seib, 「GRUR-Prax」 2021, 5.

3. 호스팅 서비스 제공자의 의무

(1) 통지와 조치(notice and action) 메커니즘

호스팅 서비스는 정보의 저장 및 접근 권한을 이용자에게 제공하기 때문에 불법적 콘텐츠와 연관하여 매우 중요한 역할을 한다. 이에 따라 제2절에서 DSA는 기존의 전자상거래 지침에서 호스팅 서비스 제공자에게 인정되었던 notice and take-down 절차를 통지와 조치 메커니즘으로 확대하고 있다(제14조). 지침이 갖는 한계로 인하여 이 원칙이 유럽연합 내에서 통일적으로 적용되지 않은 문제를 보완하기 위하여 DSA는 법적 효력을 갖는 규칙의 입법형식을 활용함으로써 법의 투명성과 명확성을 확보하려고 한다. 더 나아가 DSA는 통지와 조치 메커니즘의 내용을 더 구체화하고 있다.[37] 이러한 의무가 적용되는 호스팅 서비스 제공자의 범주에는 정보저장 및 공유 서비스, 웹호스팅 서비스, 광고서버 및 페이스트빈(paste bin)[38] 등의 서비스를 제공하는 자가 포함된다.[39]

여기서 통지는 불법적 콘텐츠의 제거 내지 비활성화 조치를 요구하는 자의 요청을 의미하고, 조치는 그에 상응하여 내려진 불법적 콘텐츠의 제거 내지 비활성화에 대한 호스팅 서비스 제공자의 결정을 바탕으로 한 행위를 의미한다. 호스팅 서비스 제공자는 이와 같은 통지와 조치 메커니즘을 갖추고 서비스를 제공할 의무를 부담하며(제14조 제1항 제1문), 불법적인 콘텐츠에 대한 인식을 갖게 되었음에도 불구하고 제거 내지

37_ 통지와 조치 메커니즘과 연관하여 고려되어야 할 기본권은 다음과 같다. 첫째, 서비스 이용자의 기본권으로서 표현의 자유 및 정보의 자유에 대한 권리, 사생활 및 가정생활을 존중할 권리, 개인 데이터 보호에 관한 권리, 차별 금지에 관한 권리, 효과적인 권리구제를 받을 수 있는 권리 등이 있으며, 둘째, 서비스 제공자의 기본권으로서 계약의 자유를 포함한 영업의 자유에 대한 권리가 존재하며, 셋째, 불법 콘텐츠의 영향을 받을 자의 기본권으로서 인간의 존엄에 대한 권리, 아동의 권리, 지식재산권을 포함한 재산권 보호에 관한 권리, 차별금지의 권리 등이 존재한다(DSA 입법이유 41).

38_ 페이스트빈이라고 함은 이용자가 일반 텍스트를 저장하여 다른 곳에 전체 텍스트를 붙여 넣을 필요 없이 간단한 하이퍼링크로 참조할 수 있는 웹 사이트를 말한다.

39_ DSA 입법이유 40.

비활성화 조치를 취하지 않은 경우에 호스팅 서비스 제공자의 책임이 발생하게 된다.

DSA상 통지와 조치 메커니즘 절차는 다음과 같이 구성된다. ① 호스팅 서비스 제공자는 사인들이 불법적인 콘텐츠를 특정하고 불법성의 근거를 제공할 수 있는 통지의 제출을 용이하게 해야 하고, ② 통지를 받은 경우 수신확인을 해야 하며, ③ 지체 없이 통지를 기초로 검토를 한 후 결과를 근거와 함께 통지해야 한다.

(2) 조치에 따른 이유의 제공

통지에 따라 호스팅 서비스 제공자가 불법 콘텐츠를 제거 또는 비활성화하기로 결정한 경우 표현의 자유를 보장하기 위한 조치로서 불법 콘텐츠를 제공한 자에 대하여 호스팅 서비스 제공자는 해당 결정, 결정의 이유 및 결정에 이의를 제기할 수 있는 가능성을 알려야 한다(제15조). 이러한 의무는 해당 콘텐츠가 불법적인 내용을 담은 경우는 물론, 약관의 규정 내용과 충돌하는 경우에도 적용된다.[40] 이와 같은 절차는 통지 및 조치 메커니즘을 통하여 콘텐츠의 과잉 차단 현상(Overblocking)이 호스팅 서비스 제공자를 통하여 일어나는 것을 방지하기 위한 목적이 있다.[41] 이의를 제기할 수 있는 방법에는 사법적 구제를 받을 수 있는 내용도 포함되어 있어야 한다.[42]

4. 온라인 플랫폼의 추가적 의무내용

(1) 극소기업과 소기업에 대한 적용면제

온라인 플랫폼에 추가적으로 의무가 부과됨에 따라 극소기업과 소기업에게 부당하게 지나친 행정비용 등의 부담을 부과하지 않기 위하여

40_ DSA 입법이유 42.

41_ Berberich/Seib, 「GRUR-Prax」 2021, 5.

42_ DSA 입법이유 42.

DSA는 극소기업과 소기업에 대해서는 본 규정의 적용을 면제하고 있다(제16조). 극소기업과 소기업이 범위와 영향력에서 대규모 온라인 플랫폼이 갖는 정도에 이를 때까지 본 규정은 적용되지 아니한다. 그러나 극소기업과 소기업이 적용면제되었다고 하여 이러한 기업이 스스로 이러한 규정에 의하여 부과되고 있는 의무들을 자율적으로 준수하는 것을 막는 것은 물론 아니다.[43] 이러한 측면에서 극소기업과 소기업에게 법률적 의무부과가 안 되고 있지만 자율적으로 이러한 의무를 준수함으로써 중·대형 온라인 플랫폼으로의 성장을 기대할 수 있다.

(2) 내부적 불만처리 시스템의 구축과 대체적 분쟁해결

DSA에 의하여 새롭게 도입된 의무로서 온라인 플랫폼은 접근이 쉽고 신속하면서 공정한 결과로 이어질 수 있는 내부 불만처리 시스템을 제공해야 할 의무가 있다(제17조). 온라인 플랫폼이 서비스 이용자에게 부과한 결정에 대하여 서비스 이용자가 쉽고 효과적으로 이의를 제기할 수 있도록 하기 위해서 내부적 불만처리 시스템이 마련되었다.[44] 이때 온라인 플랫폼에서 불만처리 시스템을 구축할 때 완전히 자동화된 시스템을 활용하는 것은 금지된다(제17조 제5항).

내부적 불만처리 시스템 이외에 법정 밖에 존재하는 독립성, 수단, 전문지식 등을 갖춘 인증기관에 의한 대체적 분쟁해결 가능성을 통하여 공정하고 신속하며 비용에서도 효율적인 분쟁을 해결할 수 있는 기회를 부여하는 규정을 온라인 플랫폼은 마련해야 한다(제18조). 이와 같은 대체적 분쟁해결 수단은 법원을 통한 사법적 구제에 보완적 기능을 담당하며, 법원을 통한 구제 가능성에 영향을 미쳐서는 안 된다.

DSA에서 내부적 불만처리 시스템을 구축하고 대체적 분쟁해결 수단을 마련하도록 규정하고 있는 것은 중개자책임의 절차화(Prozeduralisierung der Intermediarsverantwortung)를 의미한다는 학자들의 평가가 있다.[45] 그

43_ DSA 입법이유 43.

44_ DSA 입법이유 44.

이전에 유럽연합의 입법자는 내부적 불만처리 시스템과 조정절차의 가능성을 마련하는 내용을 "온라인 중개 서비스의 영업적 이용자에 대한 공정성과 투명성 증진에 관한 규칙(이하 'P2B규칙'이라고 함)"[46] 제11조와 제12조에 규정하였다.[47] P2B규칙은 단지 플랫폼의 상업적 이용자에게만 적용되지만, DSA와 P2B규칙의 해당 규정의 관계를 어떻게 보아야 하는지는 문제가 될 수 있다. DSA는 양 규정이 병렬적으로 적용된다고 한다.[48] 만약 양 규정이 동시에 적용된다면 온라인 플랫폼을 이용하는 상업적 이용자는 불만처리를 2가지 절차를 통하여 해결할 수 있고, 이 때 다른 처리절차에 관한 내용이 적용된다는 것을 의미한다. 이러한 결과를 유럽연합의 입법자가 원하였는지는 의문이라는 지적이 있다.[49]

(3) 신뢰할 수 있는 신고자(trusted flagger)에 대한 우선순위 부여

DSA에서는 온라인 플랫폼에 대하여 제14조에 따른 통지와 조치 메커니즘이 빠르고 안정적으로 실행될 수 있도록 신뢰할 수 있는 신고자에 의한 통지가 있는 경우 우선적으로 신고가 처리될 수 있도록 기술적·조직적 조치의무를 부과하고 있다(제19조). 신뢰할 수 있는 신고자의 지

45_ 이에 관하여 자세한 것은 Hoffmann, "Prozeduralisierung der Haftungsvoraussetzungen im Medienrecht – Vorbild für die Intermediärshaftung im Allgemeinen?", 「ZUM」 2017, 102; Wagner, "Haftung von Plattformen für Rechtsverletzungen (Teil 2)", 「GRUR」 2020, 452.

46_ Regulation EU 2019/1150 of the European Parliament and of the Council of 20 June 2019 on promoting fairness and transparency for business users of online intermediation services.

47_ 이에 관하여 자세한 것은 김진우, "유럽연합 및 일본의 온라인 플랫폼 규율과 국내 추진법안의 비교 및 시사점", 「소비자법연구」 제7권 제1호, 2021, 221면 이하; 손영화, "EU의 디지털플랫폼규칙에 관한 소고", 「법학논집」(이화여자대학교 법학연구소) 제25권 제2호, 2020, 381면 이하 참조.

48_ 제1조 제5항에서 본 규칙은 명시된 입법에 대하여 우선하여 적용되지 않는다고 하면서 P2B규칙을 규정하고 있다(g호).

49_ 이에 따라 특별법 우선의 원칙을 기초로 P2B규칙을 우선 적용해야 한다는 입장으로 Busch, 「ZdiW」 2021.

위[50]는 개인이 아닌 단체로서 불법적인 콘텐츠를 취급하는 데 전문지식과 능력을 가지고 집단적 이익을 대변하며 근면하고 객관적인 입장에서 해당 업무를 수행한다는 것을 입증한 자에게 인정된다.[51] 신뢰할 수 있는 신고자는 공공기관, 비정부기관 내지 준공공기관일 수 있다. 공공기관의 예로는 테러리스트 콘텐츠에 대한 국가의 법집행기관 또는 European Union Agency for Law Enforcement Cooperation('Europol')이 있고, 비정부기관 내지 준공공기관의 예로는 아동성학대 콘텐츠에 대한 INHIPE 핫라인 조직부분 등이 있다. 지식재산권 영역에서는 위 요건을 충족하는 사업자단체 내지 권리수호 기관이 신뢰할 수 있는 신고자의 지위를 얻을 수 있다.[52]

(4) 부정한 이용행위에 대한 안전조치 마련

DSA는 통지와 조치 메커니즘과 불만처리 시스템이 부정한 이용행위의 대상이 될 수 있음을 인식하고 이에 대한 안전조치를 마련하고 있다(제20조). 명백히 근거 없는 통지나 불만을 자주 제기하여 정상적인 운영을 방해하는 행위를 부정한 이용행위(misuse)라고 한다. 부정한 이용행위는 시스템의 신뢰를 저해시키고 관련 당사자의 정당한 이익을 침해한다.[53] 부정한 이용행위에 대한 안전조치를 시행하기 위해서는 합리적인 기간 동안 사전 경고가 있어야 하고, 온라인 플랫폼에게 주어진 정보를 바탕으로 판단한 후 요건이 충족되면 해당 서비스를 부정한 이용행위를 한 이용자에게 더 이상 제공하지 않을 수 있다.

투명성을 위하여 온라인 플랫폼은 약관에 명확하고 자세하게 부정한 이용행위를 판단함에 있어서 고려하는 사실과 정황들 그리고 중단의 기간을 정해야 한다. 또한 온라인 플랫폼이 내린 중단조치에 대하여 이용

50_ YouTube상으로 신고를 할 때 깃발(flag)모양의 아이콘을 클릭하도록 되어 있어서 신고자를 flagger로 칭하는 것이 굳어진 것으로 보인다.

51_ DSA 입법이유 46.

52_ DSA 입법이유 46.

53_ DSA 입법이유 47.

자의 구제신청이 가능해야 하며, 이러한 결정은 디지털 서비스 조정자의 감독을 받아야 한다.

(5) 심각한 범죄 의심 신고

온라인 플랫폼에서 타인의 신고 또는 자신의 자율적인 조사 등에 의하여 사람의 생명 또는 안전을 위협하는 의심정보를 발견한 때에는 온라인 플랫폼은 관련 법집행기관에 이 사실을 신고해야 할 의무를 부담한다(제21조).[54] 신고는 즉시 이루어져야 하며, 문제되고 있는 콘텐츠와 의심의 근거를 포함한 관련 정보를 제공해야 한다.

(6) 판매자의 신원 추적

온라인 플랫폼을 이용하여 이루어지는 비대면 거래의 특성상 거래의 안전성, 신뢰성 및 투명성에 기여하기 위하여 판매자의 정확한 신원정보를 확보하는 것이 중요하다. 기존에는 판매자가 제공하는 정보만을 일방적으로 수집하기만 하면 되었으나, DSA는 규정의 신설을 통하여 온라인 플랫폼에게 판매자가 제공한 신원정보의 정확성을 확인하고 적합한 정보가 아닌 경우 해당 판매자에게 정보의 수정요청 후 불응 시 서비스의 제공을 중단해야 할 의무를 부과하고 있다(제22조). 이를 통하여 "상업적 고객을 알아라(Know your business customer)"라는 원칙이 DSA에 규정되어 짝퉁과 불안전한 상품거래의 방지에 기여할 것으로 기대된다.[55]

온라인 플랫폼은 판매자가 서비스를 이용하기 전에 다음과 같은 정보를 판매자로부터 제출받아야 한다. (1) 판매자의 성명, 주소, 전화번호, 전자우편주소, (2) 신분증 사본, (3) 자연인인 경우 은행계좌 정보, (4) 사업자 등록이 되어 있는 경우 사업자등록증, (5) 유럽연합 법을 준수하는 상품·서비스만을 제공하겠다는 자기 인증서 등이다.

54_ DSA 입법이유 48.

55_ DSA 입법이유 49.

온라인 플랫폼은 접근 가능한 (국가 무역 등록부 및 VAT 정보 교환 시스템 등과 같은) 공적 온라인 데이터베이스 또는 온라인 인터페이스를 이용하거나 판매자에게 신뢰할 만한 근거서류를 제출하도록 요청하는 방법[56]으로 (1), (4)의 정보가 신뢰할 수 있는지 여부를 평가하여 판매자가 제출한 정보가 부정확하거나 불완전한 경우 판매자에게 정보의 정정을 요청하고 요청에도 불구하고 이행하지 않은 경우 서비스 제공을 중단해야 한다.[57] 신원정보의 확인과정에서 온라인 플랫폼에게 과도한 비용이나 노력이 들어서는 안 되기 때문에 DSA에서 온라인 플랫폼에게 정보의 신뢰성을 확보하기 위하여 사실조사나 현장검증까지 요구하는 것은 아니다.

판매자의 신원정보는 온라인 플랫폼에 의하여 합법적인 기간 동안 필요한 한도로 저장되며, 관련 행정기관과 당사자들에게 합법적인 절차에 따라서만 제공된다. 본 규정의 신설로 인하여 온라인 플랫폼에게 상당한 행정적 부담이 요구될 것으로 보인다. 그런데 이러한 의무부과가 실제로 소비자보호를 위하여 많은 기여를 할 수 있는지는 앞으로 지켜보아야 한다.[58]

(7) 정보제공의무의 준수를 위한 협력의무

온라인 플랫폼을 활용하는 상업적 이용자들은 기본적으로 계약체결과 연관하여 계약체결 전에 제공해야 하는 계약정보와 제품안전정보를 이행할 의무를 부담한다. 그런데 온라인 플랫폼상 계약이 체결되는 경우에 정보제공의무의 이행을 플랫폼의 설계를 담당하고 있는 온라인 플랫폼 운영자의 도움을 받으면 그 이행이 쉽게 이루어질 수 있다. 이에 따라 DSA는, 규정의 위치는 부적절해 보이지만, 제22조 제7항에서 상업적 이용자의 정보제공의무의 준수를 위하여 온라인 인터페이스를 설계

56_ 전자상거래법에 의거하여 통신판매업 신고를 하는 경우에는 쉽게 사업자 명칭과 신고번호 등을 통하여 검색이 가능하며 우리나라에 통신판매업자로 신고한 사업자들은 이 의무를 쉽게 이행할 수 있을 것으로 보인다.

57_ DSA 입법이유 50.

58_ 이와 같은 지적으로 Busch, 「ZdiW」 2021.

하고 구성할 의무를 부과하고 있다. 이 규정에 따르면 정보제공의무의 이행 주체는 기본적으로 상업적 이용자들이지만, 온라인 플랫폼은 그 의무이행을 도와주는 플랫폼 디자인 의무를 부담한다.[59]

(8) 연례보고의무의 추가적인 사항

온라인 플랫폼에는 제13조에 따른 연례보고의무에 보고사항들이 추가된다(제23조). 플랫폼에서는 (1) 제18조에 기한 비대체적인 분쟁해결기구에 의한 분쟁의 수, 결과 및 처리완료 평균시간, (2) 제20조에 기한 부정한 이용행위에 대한 조치 횟수, (3) 콘텐츠 수정 목적으로 자동화 수단의 사용 여부(정확한 목적에 대한 상세한 설명, 목적 수행에 있어 자동화 수단의 정확성에 대한 지표, 안전장치의 적용여부 포함) 등을 추가로 제공해야 한다.

온라인 플랫폼에서는 제25조 제2항에 따른 방법으로 지난 6개월 동안 각 회원국의 월평균 활동(active) 이용자 수에 대한 정보를 최소 6개월에 1회 이상 공개해야 한다.

(9) 온라인 광고에 관한 투명성 의무

2020년 10월에 유럽연합 의회의 법률분과에서 DSA와 관련하여 발표한 보고서에서는 개인화된 광고의 금지 가능성에 대하여 언급하였다.[60] 그에 반하여 집행위원회에서 발의한 DSA에서는 광고와 관련하여 투명성 의무만을 부과하고 있다(제24조). DSA는 온라인 플랫폼은 광고를 함에 있어서 이용자들이 인식할 수 있도록 광고에 관한 정보를 제공할 의무를 부과하고 있다. 제공해야 하는 정보의 내용으로는 (1) 해당 정보가 광고라는 사실, (2) 광고주, (3) 해당 광고가 노출되는 이용자를 결정하는데 사용된 주요 매개변수 등이 포함되고 정보제공의 방식은 명확하고 실

59_ 이에 관한 독일에서의 논의로 Föhlisch, MMR 2017, 447; BeckOGK/Busch, BGB § 312j Rn. 24 f. 참조.

60_ REPORT with recommendations to the Commission on a Digital Services Act: adapting commercial and civil law rules for commercial entities operating online, 2020. 10, A9-0177/2020, p.11.

시간으로 확인할 수 있도록 제공해야 한다. 온라인 광고에 관한 지침 2000/31/EC 제6조에 추가적으로 부과되고 있는 의무라고 할 수 있다.[61] [62]

5. 대규모 온라인 플랫폼에 부과되는 의무 내용

DSA는, 대규모 온라인 플랫폼이 이용자의 수, 공적인 논의와 전자거래 및 정보의 증진, 견해와 사상의 보급, 이용자들의 온라인에서 정보의 획득과 교류에 대한 영향력 등에서 가지고 있는 파급력을 고려하여 대규모 온라인 플랫폼에 추가적인 의무를 부과하고 있다.[63] 유럽연합에서는 대규모 온라인 플랫폼이 갖는 구조적 위험(systemic risks)으로 인하여 유럽연합에 부정적 영향이 일어나고 있다고 보고 있어, 이러한 입법적 결단을 내린 것으로 보인다.

(1) 대규모 온라인 플랫폼의 정의

대규모 온라인 플랫폼은 유럽연합에서 4천5백만 명 이상의 월간 활동 이용자를 보유한 온라인 플랫폼을 말하며, 이는 전체 유럽연합 인구의 10%에 해당하는 수치에 해당한다(제25조).[64] 그리고 대규모 온라인 플랫폼은 대부분 DMA에서 말하는 gatekeeper에 해당한다고 보고 있다.[65]

플랫폼 경제를 특징짓는 네트워크 효과로 인하여 온라인 플랫폼의 이

61_ DSA 입법이유 52.

62_ 현행법상으로는 전기통신사업법에 광고투명성 위반 처벌 규정이 있지만 정보통신망법에는 이와 같은 일반적인 광고와 관련된 투명성 의무를 내용으로 하는 규정이 없어 신설이 필요하다. 참고로 정보통신망법 개정안으로 "정보통신서비스 제공자는 이용자가 온라인 광고와 정보를 혼동하지 아니하도록 명확하게 구분해야 하며, 온라인 광고에는 광고표시를 명확히 하여 이용자가 쉽게 광고임을 알 수 있도록 해야 한다."는 내용의 개정은 개인적으로 제안한 적이 있다(이에 관하여 자세한 것은 이병준, "인터넷 광고와 투명성", 「상사판례연구」 제31권 제1호, 2018, 3~38면 참조).

63_ DSA 입법이유 53.

64_ DSA 입법이유 54.

65_ 이와 같은 지적으로 Rössel, 「ITRB」 2021, 41; Busch, 「ZdiW」 2021.

용자 수는 빠르게 확장되고 있으며, 언제든지 대규모 온라인 플랫폼으로 성장할 수 있기 때문에 규제기관은 대규모 온라인 플랫폼에 해당하는지 여부를 수시로 판단할 필요성이 존재한다.[66] 온라인 플랫폼의 경우 단기간에 기하급수적인 성장을 경험할 수 있으므로 DSA에서는 디지털 서비스 조정자에게 해당 플랫폼이 대규모 온라인 플랫폼으로 지정되어야 하는 순간을 적시에 식별할 수 있도록 보고를 요청하고 재조정할 수 있도록 권한을 부여하고 있다. DSA에서는 대규모 온라인 플랫폼인지 여부의 판단기준을 인구 대비 5% 증감이 있을 때 유럽연합 전체 인구의 10%로 다시 재조정하도록 하고 집행위원회에게 하위법령으로 월평균 활동이용자수를 산정하는 구체적인 방법을 제시하도록 규정하고 있다. 디지털 서비스 조정자는 6개월마다 월평균 활동이용자 수를 확인하여 대규모 온라인 플랫폼인지 여부를 갱신하도록 하고 있다.

(2) 대규모 온라인 플랫폼의 구조적 위험에 대한 대처 필요성

온라인 플랫폼은 일반적으로 초기에는 광고를 기반으로 한 사업모델을 기초로 서비스를 제공한다. 이때 제공하는 서비스를 이용하는 사업자와 소비자들이 많은 이점을 누리도록 하여 온라인 플랫폼 자체가 활성화되도록 하는 목적을 갖는다. 그러나 온라인 플랫폼이 어느 정도 규모를 자랑하기 시작하면 독자적 이익을 추구하고, 그 정도가 지나치면 사회적 우려를 낳기도 한다. 따라서 대규모 온라인 플랫폼에 대한 적합한 효과적인 규제와 그에 상응하는 집행이 없다면 대규모 온라인 플랫폼은 그들이 발생시킬 수 있는 사회적 · 경제적 위험을 효과적으로 인식하고 대응함이 없이 자신의 이익을 추구하기 위한 규칙만을 세울 수 있는 가능성을 내재하고 있다.[67]

이에 DSA는 대규모 온라인 플랫폼의 기능, 이용자들의 플랫폼 이용과 불법적 이용으로 인해 발생하는 모든 구조적 위험을 분석하고 적합

66_ DSA 입법이유 55.

67_ DSA 입법이유 56.

한 대응조치를 취할 의무를 대규모 온라인 플랫폼에게 부과하려고 하는 것이다. 입법이유서에서는 대규모 온라인 플랫폼을 통하여 발생할 수 있는 구조적 위험을 세 가지 유형으로 나누고 있다.[68] (1) 첫째 유형은 불법적인 내용의 전파를 통한 서비스의 불법적 이용행위로 인한 위험이다. 여기에는 아동에 대한 성적 학대 콘텐츠 또는 불법적인 혐오 표현의 전파, 위조품을 포함하여 법률에서 금지하는 상품과 서비스의 제공과 같은 불법행위의 실행 등이 포함된다. (2) 둘째 유형은 표현과 정보의 자유, 사생활의 자유, 차별을 받지 않을 권리, 아동의 권리 등과 같은 헌법상 기본권에 대한 부정적 위험과 관련된다. 이와 같은 위험은, 예컨대 대규모 온라인 플랫폼에서 활용하고 있는 알고리즘을 기반으로 한 시스템 설계를 통하여 발생할 여지도 있다. (3) 셋째 유형은 대규모 온라인 플랫폼이 제공하는 서비스의 의도적·설계된 조작으로 인한 위험을 말한다. 이러한 위험은 공공질서의 보호와 사생활의 보호와 연관되며, 사기적이고 기만적인 상업적 관행을 형성할 수 있으며, 시민의 의사결정, 선거 과정, 공공질서 및 아동의 보호에도 위협이 될 수 있다. 이와 같은 위험은, 예컨대 가짜 계정의 개설, 보트(bot)[69] 또는 자동화된 내지 반자동화된 장치의 이용을 통하여 불법적인 콘텐츠의 전파를 통하여 발생할 여지가 있다.

(3) 위험 평가 및 완화 조치의무

대규모 온라인 플랫폼은 서비스 기능과 그 이용을 통하여 발생할 수 있는 구조적 위험에 대하여 연 1회 이상 식별, 분석 및 평가해야 한다(제26조). 대규모 온라인 플랫폼에서 위험을 평가할 때 콘텐츠 조종 시스템, 추천 시스템과 광고 선택 및 노출 시스템 그리고 불법적이거나 약관에 부합하지 않은 정보의 급속하고 광범위한 확산가능성이 위 구조적 위험에 대하여 갖는 영향력을 평가해야 한다.[70]

68_ DSA 입법이유 57.

69_ 보트는 특정 작업을 반복 수행하는 프로그램을 말한다.

대규모 온라인 플랫폼은 구조적 위험이 발견되면 그에 상응하여 위험 완화 조치를 취해야 한다(제27조). 고려될 수 있는 완화조치는 다음과 같다. (1) 콘텐츠 조정 시스템 또는 추천 시스템, 의사결정 과정, 서비스의 특성과 기능, 약관의 변경, (2) 제공하고 있는 서비스와 연관한 광고의 노출에 대한 적합한 제한 조치, (3) 구조적 위험 탐지 관련 내부 절차와 감독 강화, (4) 신뢰할 수 있는 신고자와의 협력 개시 내지 조정, (5) 행동강령과 위기 프로토콜을 통한 다른 온라인 플랫폼과의 협력 개시 내지 조정 등이다.

또한 이사회는 집행위원회와 협력하여 연 1회 가장 두드러지고 반복되는 구조적 위험을 식별 · 평가하고 이러한 구조적 위험을 완화하기 위한 모범관행을 담은 보고서를 발간해야 한다.

더 나아가 대규모 온라인 플랫폼은 자체 비용으로 연 1회 이상 (1) 제3장에 규정된 의무와 (2) 제35조, 제36조의 행동강령 및 제37조의 위기 프로토콜의 준수에 대한 감사를 받아야 한다. 부정적인 평가를 받은 경우 대규모 온라인 플랫폼은 감사보고서에 따른 권고안을 수신한 후 1개월 이내에 감사 이행 보고서를 채택해야 하며, 권고에 따르지 않은 경우 정당한 사유와 대안을 제시해야 한다(제28조). 또한 대규모 온라인 플랫폼은 DSA 준수 여부를 모니터링할 수 있는 책임자를 지정해야 한다(제32조).

(4) 추가적인 투명성 의무

DSA는 대규모 온라인 플랫폼에 대하여 통상의 온라인 플랫폼보다 더 많은 투명성을 요구하고 있다. 첫째, 추천 시스템의 중요매개 변수를 공개할 의무가 부과된다(제29조). 이와 같은 추천 시스템의 예로는 자동화된 상품목록과 검색결과의 순위를 생각할 수 있다. 대규모 온라인 플랫폼은 추천 시스템에 사용되는 주요 매개변수를 약관에 명시해야 하며,

---

70_ DSA 입법이유 58.

이용자에게 주요 매개변수를 변경하는 것이 가능한 경우 변경하거나 영향을 줄 수 있는 옵션도 함께 규정해야 한다. 여러 옵션에 대한 선택가능성이 존재하는 경우 대규모 온라인 플랫폼은 이용자에게 노출된 정보의 상대적 순위를 결정하는 추천 시스템에 대한 옵션을 언제든지 선택·변경할 수 있는 기능을 접근이 쉬운 방법으로 제공해야 한다.

DSA의 추천시스템에 관한 규정은 P2B규칙과 다른 규정들에 있는 추천시스템에 관한 규정내용과 중복되는 측면이 있다. 최근에 유럽연합은 소비자법 현대화지침을 통하여 순위와 관련된 투명성 원칙을 불공정거래관행지침[71]과 소비자권리지침[72]에 반영하였다. 이들 규정들은 투명성을 확보한다는 측면에서는 동일하지만, 다른 보호목적을 가지고 있다. P2B규칙 제5조는 플랫폼 운영자와 상업적 이용자 사이의 공정성과 투명성을 목적으로 함에 반하여, 불공정거래관행지침과 소비자권리지침은 기본적으로 소비자보호를 목적으로 하고 있다는 측면에서 차이가 있다. 새롭게 규정된 DSA 규정이 다른 규정들과 어떠한 관계에 놓일지 여부에 관하여 앞으로 지켜보아야 한다.[73]

둘째, 대규모 온라인 플랫폼은 일반적 온라인 플랫폼에 부과되고 있는 투명성 의무에 추가하여 온라인 광고의 투명성을 더 많이 확보해야 한다(제30조). 대규모 온라인 플랫폼은 광고가 마지막으로 노출된 후 1년 이내에 (1) 광고의 내용, (2) 광고주, (3) 광고의 노출 기간, (4) 광고가 특정된 이용자군에게 노출되었는지 여부 및 이때 사용된 주요 매개변수, (5) 광고에 노출된 총 이용자수, 가능한 경우 타깃광고의 총 이용자 군수와 이용군의 이용자 수 등의 내용을 포함한 정보를 저장하고 공개적으로 이를 이용할 수 있게 해야 한다.

셋째, 대규모 온라인 플랫폼은 데이터에 대한 접근과 조사를 허용해야 한다(제31조). 대규모 온라인 플랫폼은 요청이 있는 경우 디지털 서비

71_ Art. 7 Abs, 4a UGP-RL und Nr. 11a Apendix I UGP RL 참고.

72_ Art. 6a Abs. 1 lit. a VRRL 참조.

73_ 이와 같은 지적으로 Busch, 「ZdiW」 2021.

스 조정자 또는 집행위원회에게 DSA 준수 여부를 감시하는 데 필요한 데이터에 접근할 수 있도록 해야 한다. 디지털 서비스 조정자 또는 집행위원회의 요청이 있는 경우 대규모 온라인 플랫폼은 제26조 제1항의 구조적 위험의 식별·이해를 위한 연구를 수행하는 학문적 연구자에게도 데이터에 대한 접근을 허용해야 한다.

넷째, 대규모 온라인 플랫폼은 투명성 보고의무를 부담한다(제33조). 이에 따라 대규모 온라인 플랫폼은 제13조에 따른 보고서를 6개월마다 발행해야 한다. 감사이행 보고서 채택 후 1개월 이내에 제26조의 위험평가 결과, 제27조의 위험완화 조치, 제28조의 감사 보고서와 감사이행 보고서를 공개적으로 이용할 수 있게 하고 디지털 서비스 조정자와 집행위원회에 이를 송부해야 한다. 위 공개로 인하여 기밀정보의 공개를 초래하거나, 보안을 상당히 취약하게 만들 우려가 있는 경우에는 보고서에서 해당 정보를 삭제할 수 있으며, 디지털 서비스 조정자와 집행위원회에는 공개 보고서에서 해당 정보를 삭제한 이유에 대한 설명을 포함해 완전한 보고서를 송부해야 한다.

6. 의무 준수를 위한 soft law의 제정

마지막으로 집행위원회는 대규모 온라인 플랫폼에서 의무이행이 제대로 이행될 수 있도록 다양한 soft law를 고려하고 있다. 첫째, 집행위원회는 유럽연합과 국제표준기구에 의한 자율적인 산업표준의 개발·시행을 장려해야 하며, 기술 발전과 문제가 되는 이용자의 행위를 고려하여 표준을 제정하는 것을 지원해야 한다(제34조). 둘째, 집행위원회와 이사회는 DSA의 올바른 적용에 도움이 되는 행동강령(codes of conduct)의 제정을 장려해야 한다(제35조). 제26조 제1항에 따른 상당한 구조적 위험이 발생하고 다수의 대규모 온라인 플랫폼과 관련이 있는 경우 집행위원회는 해당 온라인 플랫폼들과 다른 온라인 플랫폼, 적절한 경우 시민단체와 다른 이해관계자들을 행동강령 제정에 참여시킬 수 있다.

셋째, 집행위원회는 온라인 플랫폼과 관련 서비스 제공자(온라인 광고 중개서비스 제공자 등), 이용자 대표단체, 시민단체, 규제 당국 간의 행동강령의 제정을 장려해야 한다(제36조). 행동강령은 제24조 · 제30조의 준수를 넘어서 효과적인 정보의 전달과 경쟁적이고 투명하고 공정한 온라인 광고 환경 조성을 목표로 해야 한다. DSA의 시행 후 1년 이내에 행동강령을 제정하고 그 시행 후 6개월 이내에 적용하도록 장려해야 한다. 넷째, 이사회는 안보 · 보건에 영향을 미치는 특별한 상황에 한정된 위기 상황을 해결하기 위해 집행위원회로 하여금 위기 프로토콜을 수립하도록 요청할 수 있다(제37조).

Ⅴ. DSA에 대한 총괄적 평가

1. 온라인 플랫폼에 대한 적극적 규제의 시작

유럽연합은 디지털 서비스 패키지를 통하여 온라인 플랫폼과 대규모 온라인 플랫폼에 대한 적극적 규제를 시작하는 것으로 보인다. DSA는 전자상거래 지침이 제정된 후 온라인 서비스에 대한 기본적인 자율화 방침에서 벗어나, P2B규칙을 통하여 이미 어느 정도 예견된 것이기는 하였다. 그러나 DSA는 본격적으로 온라인 플랫폼에 대한 적극적인 규제를 선언하고 있는 입법적 조치로 보인다. 통지와 조치 메커니즘과 같은 기존의 전자상거래 지침에 규정되어 있던 내용도 있지만, 대규모 온라인 플랫폼에 부과하고 있는 위험의 인식과 위험완화 조치의무와 같은 주의의무는 서비스 제공자에게 새롭게 적극적인 의무를 부과하고 있는 내용을 담고 있다. 전체적으로 보면 DSA는 중개 서비스 제공자의 책임제한 원칙은 유지하면서 책임의 사법적 확장과 사법적 강제를 통한 의무의 이행을 도모하지 않고 주의의무를 부과하면서 행정적 감독을 통하여 그 준수를 확보하려고 한다.[74]

또한 실체적 내용을 갖는 적극적인 의무를 부과하기보다는 절차적 규정들, 예컨대 통지와 조치 절차, 불만처리절차와 소송외적인 분쟁의 해결 등을 통하여 온라인 플랫폼 규제의 절차화 경향을 이어 가고 있음을 확인할 수 있다. 더 나아가 온라인 플랫폼에서 일어나고 있는 다양한 현상을 파악하고 추후 개입의 강도를 높이는 데 필요한 자료와 연구형성의 기초를 마련하고 있다. 이는 P2B규칙과 마찬가지로 다양한 투명성의무를 부과하고 있는 측면에서 나타난다. 더 나아가 온라인 플랫폼에게는 1년에 한 번 그리고 대규모 온라인 플랫폼에게는 6개월에 한 번 보고서를 발간하도록 하고 연구자들에게 플랫폼에 대한 데이터를 개방하도록 함으로써 온라인 플랫폼의 다양한 현상과 위험을 파악할 수 있는 기초를 마련하고 있다.

2. 온라인 플랫폼에 대한 규제 수준의 절묘한 조화를 마련함

DSA는 단계적으로 중개 서비스, 호스팅 서비스, 온라인 플랫폼, 대규모 온라인 플랫폼으로 규정의 내용을 세분화하면서 규제의 세밀화를 기하고 있는 점에 주목할 필요가 있다. 또한 대규모 온라인 플랫폼에 대한 강력한 의무를 부과하는 한편, 과도한 규제로 인하여 성장에 지장을 받을 수 있는 스타트업과 같은 소규모 플랫폼에는 온라인 플랫폼에 적용되는 규제를 면제함으로써 이들이 성장할 수 있는 바탕을 마련하고 있다. 현재 유럽연합 시장에서 미국의 대규모 온라인 플랫폼들이 활동하고 있고 유럽연합의 플랫폼들은 소규모라는 점을 상기하면 이러한 입법태도는 충분히 이해가 간다. 즉 유럽연합 스타트업들의 성장을 진흥하는 한편, 미국의 대규모 온라인 플랫폼에 대하여 다양한 의무를 부과하여 적절한 규제를 하려는 의도를 갖고 있다.

특히 대규모 온라인 플랫폼에 대한 규제내용을 살펴보면 금융산업에

74_ Busch, 「ZdiW」 2021.

대한 규제에서 compliance 의무를 부과하는 것과 유사한 모델을 취하고 있다고 한다. 대규모 온라인 플랫폼이 디지털 사회에서 갖는 기간산업으로서의 성격을 감안하면 이러한 규제모델은 적합하다는 평가가 있다.[75] 이와 같은 감사를 받을 의무와 연례보고 의무의 부과만으로 충분히 안전하고, 예견가능하며, 신뢰가능한 온라인 환경을 마련할지는 앞으로 그 추이를 지켜보아야 할 것이다.

3. 해외 온라인 플랫폼에 대한 집행가능성에 대한 근거마련

DSA가 갖는 규제목적이 주로 해외 온라인 플랫폼이라는 점을 고려하면 해외사업자에 대한 본 법의 적용 및 집행가능성 확보가 주된 쟁점이 되는 것은 당연하다. 이를 위하여 DSA는 역외적용 규정을 도입하는 한편, 법률대리인을 유럽연합에 두도록 함으로써 해외사업자에 대한 법의 준수와 집행가능성을 확보하려고 하고 있다. 우리 입법도 2018년 5월부터 유럽연합에서 도입한 개인정보보호 규칙(General Data Protection Regulation: GDPR)[76]을 참조하여 정보통신망법 제32조의5와 전기통신사업법 제22조의8에 국내대리인 제도를 규정하였다.

기존의 역외적용 규정을 통해서는 해외 사업자에 대한 법의 적용만 확보되어 있지, 행정관할권이 없어서 법률의 집행에 어려움이 있었다. 그런데 국내대리인 제도는 법의 준수와 위반에 따른 책임을 부담하는 주체를 법률대리인 제도를 통하여 확보함으로써 법의 집행을 용이하게 하려는 목적이 있다.[77] 이와 같은 국내대리인 제도에 관한 규정이 적용

75_ Busch, “Regulierung digitaler Plattformen als Infrastrukturen der Daseinsvorsorge”, 「WISO-Diskurs」 2021; Berberich/Seip, 「GRUR-Prax」 2021, 6.

76_ GDPR에 관하여 자세한 국내문헌으로 함인선, “EU의 2016년 일반정보보호규칙(GDPR)의 제정과 그 시사점”, 「법학논총」 제36권 제3호, 2016, 411면 이하; 권건보 · 이한주 · 김일환, “EU GDPR 제정 과정 및 그 이후 입법동향에 관한 연구”, 「미국헌법연구」 제29권 제1호, 2018, 1면 이하 참조.

77_ 법률대리인 내지 국내대리인 제도의 목적이 행정규제를 비롯한 민사규제의 집행을

되지 않는다고 해외사업자가 항변을 하는 경우에 이러한 항변을 하는 사업자에게 법률대리인을 두지 않음에 따라 법의 집행이 가능할지는 의문이 제기될 수 있다.

4. 온라인 플랫폼 스스로 문제해결을 요구하는 모델을 취함

DSA의 또 다른 특징은 입법적으로 문제가 되는 부분을 직접적으로 규정하는 방식을 취하지 않고 온라인 플랫폼이 주로 문제를 스스로 찾고 대처하도록 하고 있는 모델을 취하고 있다는 사실이다. 그 대표적인 예가 대규모 온라인 플랫폼에 부과되는 구조적 위험에 대한 위험평가와 완화초지의무의 부과이다(제26조). 구조적 위험이 무엇이라고 적극적으로 규정하기보다 구조적 위험을 대규모 온라인 플랫폼으로부터 식별, 분석 및 평가하도록 하고 구조적 위험이 발견되면 그에 사용하는 위험완화조치를 취하도록 하고 있다(제27조).

아직 온라인 플랫폼이 새로운 현상이면서 다양한 방향으로 성장할 수 있고 이로 인하여 발생하는 문제가 모두 파악되지 않고 있으므로 유럽연합의 입법자가 해당 문제를 적극적으로 입법하지 않은 부분은 타당한 것으로 보인다. 따라서 온라인 플랫폼에 대한 규제로 간섭이 시작되긴 하였지만 전체적으로 아직 완화된 형태의 간접적 규제라고 할 수 있다. 또한 이는 온라인 플랫폼에게 스스로 해결책을 찾도록 함으로써 온라인 플랫폼이 갖는 시장의 지배자와 규제중개자로서의 역할을 적극적으로 활용하고 있는 것으로 평가될 수 있다.

위해서라는 견해가 있다(고형석, "2018년 소비자보호법의 입법동향 및 평가", 「소비자법연구」 제5권 제1호, 2019, 183면). 그러나 이 제도는 행정적 규제의 집행을 마련된 제도이고 민사적 규제의 집행을 위해서 마련된 것으로 볼 수 없다고 생각된다. 민사적 규제의 경우에는 판결 내지 중재판정의 승인 및 집행의 문제로 해결되어야 할 것이다.

5. 온라인 플랫폼에 대한 다층적 규제 내지 메타규제의 모습을 취함

플랫폼 경제에 대한 규제 틀을 마련함에 있어서 온라인 플랫폼 사업자를 단지 시장의 중개자로서 규제대상으로만 바라보아서는 안 된다. 온라인 플랫폼 사업자는 포괄적 규제 틀에서 보면 자율규제를 시행하는 자 내지는 규제중개자로서의 적극적인 역할을 수행할 수 있는 규제주체로서의 성질도 가지고 있다. 이러한 의미에서 플랫폼 규제는 메타 규제에 해당한다. 메타 규제라는 용어에 일반적으로 부여되는 정의는 없으나, 광의로는 메타규제는 "서로 다른 규제주체와 규제방식의 상호작용"이라고 정의할 수 있다. 규제기관이 다른 규제기관을 감독하는 한편 해당 규제기관의 활동에 일정한 표준을 설정하여 주는 다양한 과정이라고 말할 수 있다.

이러한 측면에서 DSA는 온라인 플랫폼에 대하여 법률로 직접적인 규제 내용을 담기보다 사업자가 스스로 규정을 약관에 담도록 하거나 기타 자율적인 규제수단을 활용하여 간접적 규제를 가하도록 하고 있다. 또한 의무의 준수를 위하여 표준, 행동강령, 프로토콜과 같은 자율규제를 적극적으로 활용하고 있다. 이는 온라인 플랫폼이 갖는 다층적 규제 내지 메타규제의 모습을 적극적으로 활용하는 것으로 보이므로 온라인 플랫폼 현상에 대한 적절한 규제방식이라고 생각된다.

6. 사전적 규제와 행정적 규제

DSA는 온라인 플랫폼으로 인하여 발생하는 계약법적 문제를 다루고 있기보다 주로 온라인 플랫폼으로 인하여 발생할 수 있는 위험을 규제하기 위한 목적을 가지고 있다. 이에 따라 유럽연합의 기존 다른 입법이 사후적 규제와 사법적 규제에 치중되었던 모습과는 다르게 DSA는 사전적·행정적 규제방식을 취하고 있다. 이러한 입법방향은 우리 입법자에게는 오히려 친숙한 모습의 규제라고 볼 수 있다.

VI. 나가며

DSA는 오랜 논의와 연구 끝에 나온 고심의 입법안이라고 생각되며 온라인 플랫폼에 대한 규제가 효율적으로 이루어질 수 있는 적합한 입법형식을 찾고 있는 것으로 보인다. 현재 집행위원회의 법안 형태로 제출된 것이므로 앞으로 유럽연합의 정식 입법절차에 따라 유럽의회와 회원국들을 통하여 구체적인 검토가 추가적으로 이루어질 것으로 보인다. 특히 정치적으로 논란이 된 쟁점들이 상당부분 빠져 있기 때문에 논의과정에서 이 쟁점들이 추가적으로 들어올 수 있을지 주목된다.

현재 입법안에 대한 입법이유와 내용을 소개하는 문헌 몇 개만 나온 상태에서 세부적인 내용을 구체적으로 검토하는 것은 너무 이른 것일 수 있다. 그러나 입법방향에 있어서 전체적으로 DSA는 우리나라에도 참조가 될 수 있는 좋은 입법모델로 기능할 것으로 평가된다. 그러나 유럽연합에서는 DSA를 통하여 입법이 되었을 때 주로 미국의 플랫폼들이 강한 규제를 받을 것으로 예견되기 때문에 규제형평, 즉 기울어진 운동장의 문제에 대해 유럽연합 플랫폼을 통한 문제제기는 없는 것으로 보인다. 그에 반하여 국내 플랫폼과 해외 플랫폼이 경쟁시장을 형성하고 있는 우리나라에서는 이와 같은 부당한 결과가 예견되므로 유럽연합처럼 강한 내용의 플랫폼 규제가 필요한지 그리고 효과적인지는 면밀히 분석할 필요가 있다고 생각된다. DSA는 현재 국회에 상정되어 있는 플랫폼 법안들보다는 더 플랫폼 현상을 규제하기 위한 적합한 내용과 입법형식을 갖추고 있으므로 이러한 내용을 국내입법함에 있어서 참조할 필요가 있다.

DSA는 전자상거래로 인하여 발생하는 문제를 넘어서 디지털 서비스로 인하여 발생하는 위험을 다루고 있는 법안으로 보인다. 따라서 현재 우리 입법의 내용을 보면 DSA의 일부 규정은 우리 전자상거래법에 참조할 수 있지만, 상당부분의 규정 내용은 전기통신사업법 내지 정보통신망법에 담아야 한다고 생각할 수 있을 것이다. 그러나 현재 우리 입법적 형식은 유럽연합에서와 마찬가지로 2000년도 초에는 맞는 입법형식이었을지 모르겠지만, 온라인 플랫폼이 온라인 생활의 기반이 된 만큼 유럽연합에서와 마찬가지로 새로운 입법형태로의 개편을 요구하고 있다. 이에 따라 현재 국회에서 논의되고 있는 플랫폼 공정화법과 플랫폼 이용자보호법의 입법 작업에 유럽연합의 이와 같은 입법은 필수적으로 참조해 보아야 하는 내용에 해당된다. 이러한 측면에서 본 논문은 DSA 연구에 초석을 만든 것에 불과하며 앞으로 DSA에 관한 많은 정치한 연구가 추가로 이루어질 것으로 기대하여 본다.

참고문헌

1. 국내문헌

강성진, "EU의 전자상거래 소비자보호 관련 지침에 대한 고찰", 「통상법률」 제32호, 2000

김진우, "온라인 플랫폼 규제에 관한 유럽법연구소의 모델규칙", 「소비자문제연구」 제51권 제3호, 2020

김진우, "유럽연합 및 일본의 온라인 플랫폼 규율과 국내 추진법안의 비교 및 시사점", 「소비자법연구」 제7권 제1호, 2021

김현경, "국내 · 외 플랫폼 사업자 공평규제를 위한 제언", 「성균관법학」 제29권 제3호, 2017

김현수/전송호, "유럽연합의 디지털서비스법안의 주요내용과 시사점", 「KISDI Premium Report」 20-11, 2020.12

박희영, "온라인 서비스 제공자의 책임과 의무—유럽연합 '디지털 서비스 법' (Digital Service Act) 제안", 「한국저작권위원회 COPYRIGHT ISSUE REPORT 2021」, 2021.2.

손영화, "EU의 디지털플랫폼규칙에 관한 소고", 「법학논집」(이화여자대학교 법학연구소) 제25권 제2호, 2020

오승종, "해외 온라인서비스제공자에 대한 행정조치 방안에 관한 연구", 「홍익법학」 제21권 제2호, 2020

이병준, "인터넷 광고와 투명성", 「상사판례연구」 제31권 제1호, 2018

이병준, "전자상거래에 관한 유럽연합의 입법지침 초안", 「통상법률」 제29호, 1999

이병준, "전자상거래 플랫폼과 거래관계에 대한 책임", 「소비자법연구」 제5권 제1호, 2019

이상윤, "유럽연합의 플랫폼 규제 동향—'Digital Services Act'와 'New Competition Tool'", 「외법논집」 제44권 제3호, 2020

황원재, "해외환자에 대한 원격의료의 허용 가능성", 「소비자법연구」 제6권 제2호, 2020

2. 해외문헌

Berberich/Seib, "Der Entwurf des Digital Services Act", *GRUR-Prax* 2021

Busch, "Der Digital Services Act: Ein neuer Rechtsrahmen für den Online-Handel?", *ZdiW*, 2021(미출간)

Busch/Dannemann/Schulte-Nolke, MMR, 2020.

Busch, "Regulierung digitaler Plattformen als Infrastrukturen der Daseinsvorsorge", *WISO-Diskurs* 2021; Berberich/Seip, *GRUR-Prax*, 2021.

Föhlisch, "Auflistung oder Verlinkung wesentlicher Merkmale bei der 'Button-Lösung'"?, *MMR* 2017

Rössel, Digital Services Act, ITRB 2021

REPORT with recommendations to the Commission on a Digital Services Act: adapting commercial and civil law rules for commercial entities operating online, 2020. 10., A9-0177/2020

Hoffmann, Prozeduralisierung der Haftungsvoraussetzungen im Medienrecht — Vorbild für die Intermediärshaftung im Allgemeinen?, ZUM 2017

Wagner, Haftung von Plattformen für Rechtsverletzungen (Teil 2), GRUR 2020

법체계 측면에서 유럽연합 디지털 서비스법과 플랫폼 규제의 특징* **

이병준***

Ⅰ. 들어가며

유럽연합 집행위원회는 2020년 12월 15일 디지털 시장법(DMA)[1]과 함께 디지털 서비스법(DSA)[2]을 디지털 서비스 패키지로 발표하였다.[3] 디지털 서비스법은 2000년도에 제정된 전자상거래지침의 내용을 수용하는

* 본 논문은 2021년 한국인터넷법학회에서 발표한 글을 대폭적으로 수정·보완한 것임. 이 논문은 2021년도 한국외국어대학교 교내학술연구비의 지원에 의하여 이루어진 것임.

** 이 논문은 「유통법연구」 제8권 제1호(2021)에 게재된 것입니다.

*** 한국외국어대학교 법학전문대학원 교수, (주)아모레퍼시픽 사내 변호사, 법학박사.

1_ Proposal for a REGULATION OF THE EUROPEAN PARLIAMENT AND OF THE COUNCIL on contestable and fair markets in the digital sector (Digital Markets Act), COM(2020) 842 final.

2_ Proposal for a REGULATION OF THE EUROPEAN PARLIAMENT AND OF THE COUNCIL on a Single Market For Digital Services (Digital Services Act) and amending Directive 2000/31/EC, COM(2020) 825 final.

3_ 이 패키지의 제정배경과 과정에 관하여 자세한 것은 이상윤, "유럽연합의 플랫폼 규제 동향—"Digital Services Act"와 "New Competition Tool—", 「외법논집」 제44권 제3호, 2020, 301면 이하 참조.

한편, 변화된 전자상거래 환경에 맞추어서 온라인 플랫폼에 대한 새로운 규제내용을 담고 있다. 각국에서 온라인 플랫폼에 대한 규제를 시작하면서 유럽연합의 디지털 서비스 패키지를 통한 온라인 플랫폼에 대한 규제는 지대한 관심의 대상이 되고 있다. 전자상거래지침은 주로 서비스 제공자의 면책규정을 규정하여 인터넷 산업의 성장에 지대한 기여를 하였다고 평가받고 있지만, 온라인 플랫폼이 막대한 지배력을 형성하고 시장에 다양한 영향력을 확립하고 있는 상황에서 더 이상 디지털 서비스 영역을 자율적 영역에 두어서는 안 되고 적절한 규제가 필요하다는 공감대가 형성되어 제정되고 있는 법률이 바로 DSA이다.

필자는 이미 다른 논문을 통하여 DSA를 개관한 적이 있다.[4] 본 논문에서는 법체계 측면에서 DSA를 살펴보고 DSA를 통한 플랫폼 규제의 특성을 살펴보려고 한다. 이를 위하여 DSA의 목적과 조문체계를 우선 개관해 보고(II) DSA 제3장에 규정된 실체적 규정의 법체계를 자세히 도출해 보려고 한다(III). 기본적으로 실체적 규정의 법체계가 서비스의 유형을 기초로 나누어지므로 우리 정보통신방법[5]상의 정보통신 서비스 제공자 개념(동법 제2조 제3호)과 최근에 입법예고되어 의견수렴절차를 거친 전자상거래법 전부개정안[6]상 온라인 플랫폼 운영사업자를 거래방식 및 관여도 등에 따라 '정보매개', '연결수단 제공', '중개' 등 3가지 유형으로 구분하여 규정하고 있으므로(동 전부개정안 제2조 제5호) 이의 비교를 통하

4_ 이병준, "유럽연합 디지털 서비스법을 통한 플랫폼 규제-디지털 서비스법 초안의 주요내용과 입법방향을 중심으로", 「소비자법연구」 제7권 제2호, 2021, 181면 이하. 그 밖에 DSA에 관한 국내문헌으로 김현수/전송호, "유럽연합의 디지털서비스법안의 주요내용과 시사점", 「KISDI Premium Report」 20-11, 2020.12.; 박희영, "온라인 서비스 제공자의 책임과 의무-유럽연합 '디지털 서비스 법'(Digital Service Act) 제안", 「한국저작권위원회 COPYRIGHT ISSUE REPORT 2021」, 2021.2; 이재호, "EU 디지털서비스 법안과 전자상거래소비자보호법에 시사점", 「소비자법연구」 제7권 제2호, 2021, 123면 이하 참조.

5_ 정보통신망 이용촉진 및 정보보호 등에 관한 법률 [시행 2020. 12. 10.] [법률 제17358호, 2020. 6. 9, 일부개정].

6_ http://www.ftc.go.kr/www/selectReportUserView.do?key=10&rpttype=1&report_data_no= 8985.

여 해당 개념정의의 이해도를 높이는 한편 각 규제의 특성도 살펴보려고 한다. 마지막으로 DSA가 갖는 플랫폼 규제의 특징을 1) 사전적 규제와 행정적 제재 및 집행의 도입, 2) 역외조항과 법률대리인 제도를 통한 해외사업자에 대한 적용과 집행의 확보, 3) 중개자 책임의 절차화 경향이라는 3가지 측면을 중심으로 살펴보려고 한다(IV).

II. DSA의 목적과 조문체계의 개관

1. DSA의 목적과 입법형식

DSA에서 설정하고 있는 가장 큰 입법목적은 유럽연합 내 이용자들의 기본권 보호화 신뢰 가능한 온라인 환경의 조성이다(제1조 제2호 b목). 명시적으로 규정되어 있지는 않지만 DSA의 실질적 목적은 해외 플랫폼 사업자로부터 유럽연합의 서비스 이용자를 보호하는 것에 있다고 보아야 한다.[7]

다른 한편 전자상거래지침이 입법지침의 형식을 취하였기 때문에 이를 각 회원국에서 국내법으로 입법화하는 과정에서 각 규정 내용이 세부적으로 다르게 규정되는 현상이 발생하면서 실질적인 법 통일이 유럽연합 내에서 이루어지지 못하였다.[8] 따라서 DSA는 규칙(Regulation)이라는 입법형식을 취하고 있어 DSA가 제정되면 각 회원국에게 직접적인 효력을 가지므로 유럽연합 내에 입법의 통일화(level playing field)를 이룩하게 된다.[9]

7_ 이에 관하여 자세한 것은 이병준, 소비자법연구 제7권 제2호, 205면.
8_ 이러한 문제점에 관하여 자세한 것은 이병준, 소비자법연구 제7권 제2호, 184면.
9_ DSA 입법이유 7.

2. DSA의 조문체계

DSA는 전문(前文)과 5개의 장(Chapter) 및 74개의 조문(Article)으로 구성되어 있다.

제1장 '일반규정'에는 적용대상과 범위(제1조), 정의(제2조)에 관한 규정이 있다. **제2장 '중개서비스 제공자의 책임'**에는 단순전달(제3조), 캐싱(제4조), 호스팅(제5조)에 관한 면책규정이 있고, 일반적인 모니터링 의무의 부존재에 관한 규정(제7조)과 불법콘텐츠에 대한 조치명령(제8조)과 정보제공명령에 관한 규정(제9조)이 있다. **제3장 '투명하고 안전한 온라인 환경을 위한 상당한 주의의무'**는 실체법적 내용이 총 다섯 개의 절로 구성되어 있으며 '모든 중개서비스 제공자에게 적용되는 규정'(제1절), '온라인 플랫폼을 포함한 호스팅 서비스 제공자에게 적용되는 추가적 규정'(제2절), '온라인 플랫폼에 적용되는 추가적 규정'(제3절), '구조적 위험(systemic risks)을 관리하기 위한 대규모 온라인 플랫폼의 추가적 의무'(제4절) 및 '주의의무에 관한 기타 조항'(제5절)으로 나뉘어져 있다. **제4장 '이행, 협력, 제재 및 집행'**은 제1절 '관할 당국 및 국내 디지털 서비스 조정자(Digital Service Coordinator)[10]', 제2절 '유럽 디지털 서비스 위원회', 제3절 '대규모 온라인 플랫폼에 대한 감독, 조사, 집행 및 모니터링', 제4절 '집행에 관한 공통 조항', 제5절 '위임법(delegated acts)'으로 구성된다. 그리고 **제5장 '최종 조항'**으로 마무리하고 있다.

Ⅲ. DSA 제3장 실체적 규정의 법체계

현재 온라인 디지털 서비스는 다양한 유형으로 제공되고 있으며 제공되고 있는 서비스가 새로운 기술 및 서비스 개발로 인하여 발전·변모

10_ 이에 관하여 자세한 것은 아래 IV. 1. (1) 참조.

하고 있다. 또한 디지털 서비스에서 핵심적 역할을 하는 온라인 플랫폼은 계속하여 다양한 유형의 서비스를 결합한 형태로 제공되고 있어 규제 대상을 정확히 확정하기 어려운 측면이 있다. 그리고 온라인 플랫폼의 경우 규모 측면에서 작은 스타트업 기업으로부터 시장지배적 지위를 가지는 대규모 플랫폼까지 다양한 크기의 플랫폼이 시장에 존재한다. 이러한 측면에서 다양한 서비스 유형과 규모의 플랫폼을 일률적으로 규제하는 것은 타당하지 않을 수 있고 그 유형과 크기에 따라 세밀한 규제가 필요하다. 이러한 측면에서 DSA는 제3장 실체적 의무규정과 관련하여 디지털 서비스 및 온라인 플랫폼에 대한 세밀하면서 새로운 규제모델을 제시하고 있다.

1. 서비스의 단계적 접근법과 서비스 행위별 규제의 결합

DSA는 규제 방식으로 단계적 접근법과 서비스 행위별 규제를 결합하는 방식을 취하고 있다. DSA는 큰 틀에 있어서는 기본적으로 그 적용범위에 모든 온라인 서비스를 포괄하면서도 온라인 서비스가 다양화되고 있음을 감안하여 적합한 규율을 실행하기 위하여 '단계적 규제' 방식을 도입하고 있다.[11] 즉 DSA는 단계적 규제를 통하여 서비스의 내용과 규모, 특히 플랫폼 서비스 제공자의 규모를 기초로 하여 세부적인 규제를 시도하고 있다. 이에 따라 DSA 제3장에 규정되어 있는 주의의무에 관한 실체적 규정 내용은 기본적으로 (1) 모든 온라인 **중개 서비스 제공자**, (2) 플랫폼을 포함한 **호스팅 서비스 제공자**, (3) **온라인 플랫폼 제공자** 그리고 (4) **대규모 플랫폼 제공자**로 나누어서 단계적으로 규정하고 있다. 그러면서 소상공인 내지 소기업에 대한 적용면제 규정을 일부규정에 대하여 두고 있다.

또한 DSA는 수평적으로 모든 서비스 제공자에게 적용되는 규정내용

11_ Schmid/Grewe, Digital Services Act: Neues "Grundgesetz für Onlinedienste"?, MMR 2021, 279.

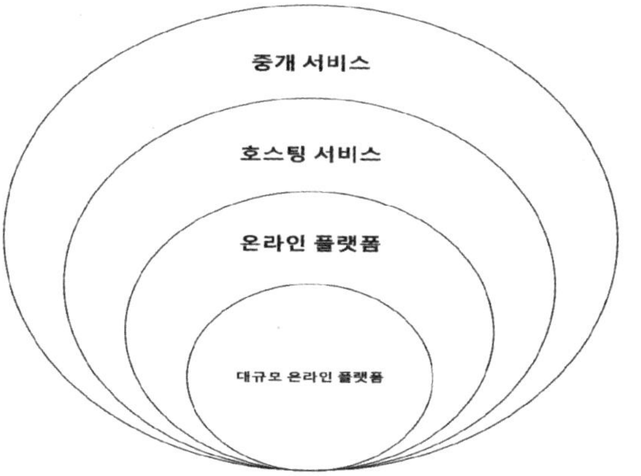

을 두고 있으면서도, 예컨대 테러방지, 광고의 투명성, 지식재산권보호와 관련하여 특별영역에 대한 규정도 두고 있다. 이러한 측면에서 DSA는 서비스 내용과 규모에 따른 단계별 규제체계를 취하면서도 그 안에 서비스 행위별로 세부규정을 두어 두 가지 규제방식을 결합하고 있다. 이와 같은 규제방식은 다양한 서비스가 결합되어 있는 플랫폼 규제에서 필연적으로 도입해야 하는 방식이 아닌가 생각된다. 또한 지배적 영향력이 있는 대규모 플랫폼에 대한 규제를 담고 있으면서도 스타트업에 대한 일정 규율의 면제를 통하여 규모에서도 세밀한 규제를 가하려고 하고 있다.

2. 단계적 접근법에 따른 단계적 서비스 개념

DSA는 기술적인 서비스 유형에 따라 개념 유형을 세분화하여 중개 서비스 제공자, 호스팅 서비스 제공자 및 온라인 플랫폼 개념을 설정하고 있다. 가장 넓은 개념으로 중개 서비스 제공자 개념을 설정한 뒤, 그 안에 특수한 유형으로 호스팅 서비스 제공자를 두고, 다시 호스팅 서비스 제공자 중에 특수한 유형으로 온라인 플랫폼 개념을 설정하고 있다. DSA에서 사용되고 있는 이러한 서비스 유형에 따른 개념은 서로 배척되는 개념, 즉 하나가 성립하면 다른 것이 성립할 수 없는 개념이 아니고, 단계적으로 유형화하고 있어 가장 좁은 개념에 해당하는 온라인 플랫폼은 동시에 중개 서비스 제공자이면서 호스팅 서비스 제공자에 해당하게 된다.

(1) 1단계: 중개 서비스 제공자

DSA는 그 적용대상이 되는 가장 넓은 개념으로 '중개 서비스 제공자'를 설정하고 있다. 그에 따라 DSA는 그 목적조항에서 유럽연합 내 단일시장의 모든 중개 서비스 제공자를 그 적용대상으로 하고 있음을 천명하고 있다(제1조 제1항).

이때 주의할 점은 DSA가 'providers of intermediary service'라는 표현을 사용하고 있는데, 여기서 intermediary는 정보의 중개·매개의 의미를 갖는다는 점이다. DSA의 중개 개념은 우리 전자상거래법[12]상 통신판매중개[13]에서처럼 계약법적 의미에서의 거래의 알선을 의미하는 중개 개념을 사용하는 것이 아니고 정보의 매개라는 사실적·기술적 의미를 갖는다. 따라서 정보통신망법상 정보통신 서비스 제공자의 개념정의[14]에서 사용하고 있는 '매개' 개념과 일치하는 것으로 이해하면 된다. 이러한 측면에서 이 개념을 '온라인 서비스 제공자'로 번역하는 문헌도 있으나,[15] 본 논문에서는 DSA 표현에 충실하게 개념을 직역하여 '중개 서비스 제공자'로 번역하여 사용하기로 한다.

12_ 전자상거래 등에서의 소비자보호에 관한 법률 [시행 2018. 12. 13.] [법률 제15698호, 2018. 6. 12., 일부개정].

13_ 전자상거래법 제2조 제4호 "통신판매중개"란 사이버몰(컴퓨터 등과 정보통신설비를 이용하여 재화 등을 거래할 수 있도록 설정된 가상의 영업장을 말한다. 이하 같다)의 이용을 허락하거나 그 밖에 총리령으로 정하는 방법으로 거래 당사자 간의 통신판매를 알선하는 행위를 말한다.

14_ 정보통신망법 제2조 제3호 "정보통신서비스 제공자"란 「전기통신사업법」 제2조 제8호에 따른 전기통신사업자와 영리를 목적으로 전기통신사업자의 전기통신역무를 이용하여 정보를 제공하거나 정보의 제공을 매개하는 자를 말한다.

15_ 박희영, 위 보고서, 2면 각주 2 참조.

이러한 중개 서비스 제공자가 제공하는 서비스에는 (1) '단순 전달', (2) '캐싱' 그리고 (3) '호스팅' 서비스가 있다(제2조 제f호). '단순 전달(mere conduit)' 서비스는 서비스 이용자가 제공하는 통신 네트워크 내의 정보 전송 또는 통신 네트워크에 대한 접근 제공으로 구성된다. 그 대표적인 예로 인터넷 전송 서비스가 있다. '캐싱(caching)' 서비스는 서비스 이용자가 제공한 정보의 통신망 내 전송으로 구성된다. 캐싱에는 이용자의 요청에 따라 다른 이용자에게 정보가 보다 효율적으로 전송되도록 하기 위한 유일한 목적으로 해당 정보의 자동화된, 중간적이면서 임시적 저장을 포함한다. 대표적인 예로 제한된 기간 동안만 정보를 저장하는 정보 배포 네트워크가 있다. '호스팅' 서비스는 서비스 이용자가 제공하거나 그 요청에 따라 정보를 저장하는 서비스를 말한다. 대표적인 예로 SNS플랫폼, 비디오, 이미지 또는 오디오 공유서비스, 파일 공유서비스, 클라우드 서비스 등이 있다.

(2) 2단계: 호스팅 서비스 제공자

DSA는 중개 서비스 제공자 유형 중에서 3번째 유형인 '호스팅' 서비스 제공자를 두 번째 단계에서 규율대상으로 삼고 있다.

우리 전자상거래법상 호스팅 서비스 제공자는 "사업자가 전자상거래를 할 수 있도록 사이버몰 구축 및 서버 관리 등을 하여 주는 서비스"를 제공하는 자만을 의미한다.[16] 따라서 전자상거래법상 호스팅 서비스 제공자는 전자상거래를 가능하게 하는 홈페이지를 구축 및 관리해 주는 뜻만 가져서 아주 제한적 의미에서의 호스팅 서비스 유형만을 지칭한다. 그에 반하여 DSA에 규정된 호스팅 서비스 제공자는 모든 정보의 저장을 의미하기 때문에 상당히 넓은 기술적 정의를 바탕으로 하여 최광의의 호스팅 서비스 개념을 사용하고 있음을 주의할 필요가 있다.

16_ 전자상거래법 제9조 제2항 참조.

(3) 3단계: 온라인 플랫폼

DSA는 마지막 세 번째 단계로 다시 호스팅 서비스 제공자의 특별한 유형으로 온라인 플랫폼 제공자를 설정하고 있다. DSA는 '온라인 플랫폼'을 서비스 이용자의 요청에 따라 정보를 저장하고 일반 대중에게 배포하는 호스팅 서비스 제공자로 규정하고 있다(제2조 h호).

여기서 온라인 플랫폼의 개념정의에서 넓게 개념정의되고 있는 단순한 호스팅 서비스와 호스팅 서비스 유형 중 특별한 형태의 온라인 플랫폼을 구분하기 위하여 추가적인 설명이 있다는 점에 주목할 필요가 있다. 개념정의에서 정하고 있는 바와 같이 소셜네트워크 또는 온라인 시장과 같은 온라인 플랫폼은 호스팅 서비스로서 이용자들의 요청에 따라 이용자들이 제공하는 정보를 저장할 뿐만 아니라, 이용자들의 요청에 따라 이러한 정보를 대중에게 배포하는 기능을 수행한다.[17] 그런데 단순한 호스팅 서비스 제공자에게 온라인 플랫폼에게 부과되고 있는 추가적 의무를 적용하지 않기 위하여 단순한 호스팅 서비스와 온라인 플랫폼 서비스를 명확히 구분해야 할 필요성이 존재한다. 이에 따라 온라인 플랫폼 개념정의를 하면서 (1) 호스팅 서비스에서 제공되는 서비스가 중요기능에 해당하지 않고 (2) 순전히 다른 서비스에 결합된 부수적 기능에 불과하고 객관적 · 기술적 사유로 주된 서비스 없이는 이용될 수 없으며, (3) 다른 서비스에 결합된 것이 온라인 플랫폼에 대하여 적용되는 규정들을 우회하기 위한 목적이 아니라고 한다면 이를 순수한 호스팅 서비스로 보아야 한다고 기본정의에 추가하여 규정하고 있다.

이와 같은 주된 기능에 결합된 부수적 기능의 대표적인 예가 바로 인터넷 신문에서 제공하는 댓글기능이다.[18] 인터넷 신문에서 제공하는 기사는 편집인의 책임하에서 제공되는 주된 기능에 해당하고 부수적으로 그 기사에 의견개진을 위하여 댓글기능이 존재하는 것이다. 따라서 인

17_ Busch, "Der Digital Services Act: Ein neuer Rechtsrahmen für den Online-Handel?", ZdiW 2021, 88.

18_ DSA 입법이유 13.

터넷 신문은 댓글기능을 통하여 정보를 대중에게 배포하는 기능을 하지만, 이는 부수적 기능에 해당하고 주된 기능은 정보의 저장에 있으므로 인터넷 신문은 온라인 플랫폼에 해당하지 않고 단순한 호스팅 서비스 제공자에 해당하게 된다.

DSA의 입법이유에 의하면 "일반 대중에 대한 배포(dissemination to the public)"라는 개념은 불특정 다수에 대한 정보의 제공을 의미한다.[19] 따라서 일반 대중에 대한 배포가 인정되기 위해서는 정보를 제공하는 이용자의 다른 행위 없이도 일반 대중이 제공된 정보에 쉽게 접근가능 해야 한다. 이때 사실적으로 일반대중의 한 사람이 해당 정보에 접근가능한지는 중요하지 않다. 단지 특정한 서비스 내에서 일정한 이용자집단이 접근가능하다는 사실만으로 일반대중에 대한 공개적 배포를 바로 부정하기에는 충분하지 않다. 그에 반하여 만약 사전에 확정된 제한된 수의 회원을 갖는 닫혀진 이용자집단에 대한 정보의 배포는 이 개념에 포섭되지 않는다. 전자우편 서비스 또는 문자 서비스와 같은 개인 간 정보통신 서비스는 아예 처음부터 DSA의 적용범위 안에 포함되어 있지 않다. DSA에서 말하는 일반 대중에 대한 배포가 존재하기 위해서는 정보를 제공한 이용자의 요청에 의하여 일반 대중에 대한 배포가 일어나야 하기 때문이다.

3. 플랫폼 규모에 따른 유형의 세분화

(1) 4단계: 대규모 온라인 플랫폼

시장에 지배적 영향력을 미치는 대규모 온라인 플랫폼을 개념정의하는 것은 매우 어려운 작업이다. 그런데 DSA는 사전적 · 행정적 규제내용을 가지고 있으므로 그 적용대상이 명확히 확정되어야 한다. 이에 따라 DSA에서 대규모 온라인 플랫폼은 유럽연합에서 4천5백만 명 이상의

19_ DSA 입법이유 14.

월간 활동 이용자를 보유한 플랫폼을 말하는 것으로 규정하여 그 개념 정의를 명확히 하고 있다(제25조 제1항). 이러한 수치는 전체 유럽연합 인구의 10%에 해당한다.[20] 그리고 대규모 온라인 플랫폼은 대부분 DMA에서 말하는 gatekeeper에 해당한다고 보고 있다.[21]

플랫폼 경제를 특징짓는 네트워크 효과로 인하여 온라인 플랫폼의 이용자 수는 빠르게 확장되어 대규모 온라인 플랫폼으로 성장할 수 있기 때문에 대규모 온라인 플랫폼에 해당하는지 여부를 수시로 판단할 필요성이 존재한다.[22] 즉 온라인 플랫폼의 경우 단기간에 기하급수적인 성장을 경험할 수 있으므로 DSA에서는 디지털 서비스 조정자에게 해당 플랫폼이 대규모 온라인 플랫폼으로 지정되어야 하는 순간을 적시에 식별할 수 있도록 보고를 요청하고 재조정할 수 있도록 규정하고 있다. DSA에서는 인구 대비 5% 증감이 있을 때 유럽연합 전체 인구의 10%로 다시 재조정하도록 하고 집행위원회는 하위법령에서 월평균 활동 이용자 수를 산정하는 구체적인 방법을 제시하도록 규정하고 있다(제25조 제2항). 조정기관은 6개월마다 월평균 활동 이용자 수를 확인하여 대규모 온라인 플랫폼인지 여부를 갱신하도록 하고 있다(제25조 제4항).

(2) 소상공인과 소기업에 대한 적용면제

온라인 플랫폼에 부과되는 추가적인 의무부과에 따라 스타트업 기업에게 부당하게 지나친 행정비용 등의 부담을 지우지 않기 위하여 DSA에서는 소상공인과 소기업에 대해서는 본 규정의 적용을 면제하고 있다(제16조). 유럽연합에서 소상공인은 직원이 10명 미만이고 연간 매출액 및/또는 연간 대차대조표 총액이 2백만 유로를 초과하지 않는 기업을 말하며, 소기업은 직원 수가 50명 미만이고 연간 매출액 및/또는 연간 대차대조표 총액이 1,000만 유로를 초과하지 않은 기업을 말한다.[23]

20_ DSA 입법이유 54.

21_ 이와 같은 지적으로 Rössel, Digital Services Act, ITRB 2021, 41; Busch, ZdiW 2021, 92.

22_ DSA 입법이유 55.

그러나 소상공인과 소기업에 대한 적용면제로 인하여 이러한 기업이 스스로 이러한 규정에 의하여 부과되고 있는 의무들을 자율적으로 준수하는 것을 막는 것은 아니다.[24] 따라서 스타트업 기업들은 소기업의 범주를 벗어나 온라인 플랫폼에 부과되는 의무를 준수해야 할 법적 구속을 받기 전부터 본격적으로 해당 법률이 적용되는 상태에 대비하기 위하여 법에 따른 표준을 자율적으로 따를 수는 있는 것이다.

4. 단계별 유형에 따른 적용규정의 내용

이미 살펴본 바와 같이 DSA의 주의의무 규정은 중개 서비스의 유형과 특성을 고려하여 의무의 내용을 단계적으로 부과하고 있다.[25] 1단계에서는 모든 중개서비스에 적용되는 경우에 관한 규정을 두고(제1절), 2단계에서 온라인 플랫폼을 포함한 호스팅 서비스 제공자에게 적용되는 경우에 관한 규정을 마련하고 있다(제2절). 3단계에서는 온라인 플랫폼에 적용되는 경우에 관한 규정을 마련하는 한편 스타트업을 보호하기 위하여 소규모 플랫폼에는 적용을 면제하여 주는 예외규정(제16조)을 마련하고 있다(제3절). 마지막 4단계에서는 대규모 플랫폼에 적용되는 규정을 두고 있다(제4절). 이와 같은 규정체계는 제공되는 서비스의 특성과 규모에 따라 위 유형 중 여러 개의 항목에 포함되는 경우에 해당 규정에 의하여 부과하고 있는 의무가 중첩적으로 적용되는 것이다. 부과되고 있는 의무내용을 표로 정리하면 다음과 같다.[26]

23_ Commission Recommendation 2003/361/EC of 6 May 2003 concerning the definition of micro, small and medium-sized enterprises(OJ L 124, 20.5.2003, p. 36).

24_ DSA 입법이유 43.

25_ DSA 입법이유 35.

26_ 의무 내용에 관한 상세한 소개로 이병준, 「소비자법연구」 제7권 제2호, 188면 이하 참조.

DSA가 부과하는 새로운 의무[27]

	중개 서비스	호스팅 서비스	온라인 플랫폼	대규모 온라인 플랫폼
투명성 보고	○	○	○	○
기본권을 고려한 이용약관	○	○	○	○
명령에 따른 국내 관청의 협력	○	○	○	○
연락담당자, 필요한 경우 법적 대리인	○	○	○	○
통지 및 조치, 이용자 정보 제공 의무		○	○	○
불만 대응 및 구제 시스템, 법원 외 분쟁해결			○	○
신뢰할 수 있는 신고자			○	○
남용 통지 조치 및 대응 통지			○	○
판매자의 신원 확인 정보 수집			○	○
이용자에 대한 온라인 광고의 투명성			○	○
범죄 신고			○	○
위험 관리 및 준법감시인				○
외부 위험 감사 및 공공책임				○
추천 시스템의 투명성 및 정보 접근 시 이용자 선택권				○
관청 및 연구자의 데이터 공유				○
행동 강령				○
위기 대응 시 협력				○

5. 전자상거래법 전부개정안과의 비교

(1) 전부개정안의 개념과 체계

전부개정안의 개정이유에 의하면 "최근 전자상거래는 온라인 플랫폼을 통해 거래하는 비중이 크게 증가하고 있고, 온라인 플랫폼은 단순한 중개기능을 넘어 플랫폼 사업자가 광고게재, 청약접수, 대금수령, 결제대행, 청약철회 접수 등 거래에 관여하는 정도 및 역할이 크게 증가하고

27_ https://ec.europa.eu/info/strategy/priorities-2019-2024/europe-fit-digital-age/digital-services-act-ensuring-safe-and-accountable-online-environment_en.

있으나, 현행 전자상거래법은 우편 · 카탈로그 등 전통적인 통신판매 방식의 거래를 기반으로 하고 있기 때문에 온라인 플랫폼을 중심으로 재편된 거래구조 및 시장 상황 변화를 제대로 반영하지 못하고 있어 이에 전자상거래법 적용대상 사업자를 크게 '온라인 플랫폼 운영사업자' 및 '온라인 플랫폼 이용사업자', ' 자체 인터넷 사이트 등 이용사업자'로 구분 · 정의하고, 이 중 '온라인 플랫폼 운영사업자'는 거래방식 및 관여도 등에 따라 '정보매개', '연결수단 제공', '중개' 등 3가지 유형으로 구분하여 규정"한다고 밝히고 있다.

이에 따라 전부개정안에서는 온라인 플랫폼과 관련하여 다양한 개념 정의를 하고 있다. "온라인 플랫폼"을 둘 이상의 집단의 이용자들 간에 재화등의 거래, 정보 교환 등 상호작용을 목적으로 하는 인터넷 홈페이지, 모바일 응용프로그램 및 이에 준하는 전자적 시스템을 말한다 라고 정의하면서(제2조 제4호), 온라인 플랫폼 서비스를 유형화하여 ① 정보 매개 서비스, ② 연결수단 제공 서비스, ③ 중개 서비스 ④ 이들 서비스에 부수하여 이루어지는 결제 및 배송지원, 고객 관리 등의 서비스 등으로 나누고 있다(제2조 제5호). 그러면서 정보 매개 서비스를 "온라인 플랫폼 이용사업자와 소비자 간에 재화 등에 관한 정보 교환을 매개하는 서비스"로, 연결수단 제공 서비스를 "온라인 플랫폼 이용사업자에게 재화등의 판매를 위한 일정한 기능을 온라인 플랫폼 내에서 제공하고 그와 관련된 일정한 대가를 받으며 대통령령으로 정하는 방법으로 소비자와 온라인 플랫폼 이용사업자 간에 재화 등의 거래를 위한 연결수단을 제공하는 서비스"로, 중개 서비스를 "온라인 플랫폼 이용사업자에게 인터넷 등 가상의 영업장을 제공하거나 온라인 플랫폼 이용사업자를 대신하여 소비자의 청약 접수를 받거나 계약을 체결하는 방법으로 재화 등의 거래를 중개하는 서비스"로 개념정의하고 있다.

개념상으로 보았을 때에는 정보 매개, 연결수단 제공, 중개라는 표현을 사용하고 있어서 이들 개념들이 DSA의 개념과 유사하게 기술적인 의미로 사용되는 것으로 보일 수 있다. 그러나 개념 정의를 보면 전자상거래법이 거래를 대상으로 규율하고 있다는 측면이 반영되고 있음을 알 수 있다. 따라서 정보 매개 서비스는 단순히 기술적으로 정보를 매개하는 서비스가 아니라, 거래의 기초가 되는 재화와 용역에 관한 정보의 교환을 매개하는 서비스로 개념정의하고 있고, 연결수단 제공 서비스도 단순히 기술적인 의미를 갖는 것이 아니라, 대가를 받고 거래를 위한 연결수단을 제공하는 서비스로 한정된다. 이와 동일하게 중개 서비스도 정보의 기술적인 중개를 의미하는 것이 아니라, 법률적 의미의 중개를 사용하고 있다. 이러한 측면에서 DSA의 개념과 전자상거래법 전부개정안에서 사용하고 있는 개념은 전혀 다른 형태의 개념을 사용하고 있다.

특히 DSA는 단계적 개념을 설정하여 점점 더 그 개념의 범주를 좁혀나갔다고 한다면 전부개정안에서의 개념은 온라인 플랫폼 안에 서비스 유형이기는 하지만 상호 배척하는 개념을 사용한 것으로 보인다.[28] 즉 정보 매개 서비스, 연결 수단 서비스 및 중개 서비스는 하나가 성립하면 다른 것이 성립하지 않도록 설계된 개념으로 이해된다. 왜냐하면 각 서비스 별로 적용되는 조문이 다를 뿐만 아니라, 해당 조문에서 유사한 사항에 대하여 다른 의무 내용을 부과하고 있기 때문이다.[29]

(2) '온라인 플랫폼 운영사업자'와 '온라인판매사업자'의 관계

전부개정안은 기존의 통신판매업자와 통신판매중개업자 개념을 대신하여 '온라인 플랫폼 운영사업자'와 '온라인판매사업자' 개념을 사용하면서 제2장 전자상거래 아래 각각 제1절 온라인판매사업자와 제2절 온라

28_ 그러나 개념 정의가 모호하여 중첩가능성이 있다는 지적으로 김세준, "전자상거래법 전부개정안의 몇 가지 쟁점에 대한 검토—온라인 플랫폼 운영사업자를 중심으로", 「소비자법연구」 제7권 제2호, 2021, 14면; 서종희, "입법원칙을 기초로 바라본 전자상거래법 전부개정안의 의미와 한계", 「소비자법연구」 제7권 제2호, 2021, 42면.

29_ 그 밖에 전면개정안의 플랫폼 개념정의에 관한 비판적 고찰로 정신동, "2021년 전자상거래법 전부개정안의 주요 쟁점과 향후 과제", 「소비자법연구」 제7권 제2호, 2021, 67면 이하; 고형석, "전자상거래법 전부개정안에 대한 연구—체계 및 총칙을 중심으로", 「소비자법연구」 제7권 제2호, 2021, 142면 이하 참조.

인 플랫폼 운영사업자의 의무에 대하여 규정하고 있다. 그러면서 제30조에 온라인 플랫폼 거래에 준용 규정을 두어 온라인 판매사업자에게 적용되는 몇 개의 조문을 온라인 플랫폼 운영사업자에게 준용하고 있다.

전부개정안에서 온라인판매사업자와 온라인 플랫폼 운영사업자의 관계에 관하여 입법을 하면서 충분한 고민을 하였는지가 문제된다. 전부개정안의 개념상으로 보았을 때 “온라인 플랫폼 운영사업자”란 온라인 플랫폼 서비스를 제공하는 사업자를 말하며(제2조 제6호), 온라인판매사업자는 자체 인터넷 사이트 등 이용사업자 및 온라인 플랫폼 이용사업자를 포괄하는 개념으로서 “온라인 플랫폼 이용사업자”는 온라인 플랫폼을 통하여 재화 등의 정보를 소비자에게 제공하거나 재화 등을 거래하는 방법으로 비대면 전자상거래를 하는 사업자를 말하며(제2조 제7호), “자체 인터넷 사이트 등 이용사업자”는 자체 인터넷 사이트 등 대통령령으로 정하는 방법으로 비대면 전자상거래를 하는 사업자를 말하므로(제2조 제8호) 온라인 플랫폼 운영자는 온라인 플랫폼 서비스를 제공한다는 측면에서 보면 비대면의 전자상거래를 하는 사업자에 해당하므로 자체 인터넷 사이트 등 이용사업자에 해당할 수 있기 때문이다. 만약 이렇게 본다면 준용규정은 불필요한 내용을 담은 규정일 수 있다.

(3) 여론: 통신판매업자와 통신판매중개업자의 관계에 관한 현행법상의 견해대립

이와 같은 법적 쟁점에 관하여 이미 현행법에서도 학설이 심하게 대립하고 있다. 즉 제20조의2 제3항에서 “제20조 제1항에 따른 고지에도 불구하고 통신판매업자인 통신판매중개자는 제12조부터 제15조까지, 제17조 및 제18조에 따른 통신판매업자의 책임을 면하지 못한다”고 규정하고 있는데, 이 규정에서 통신판매업자인 통신판매중개자의 의미에 관하여 학설은 대립하고 있다. 학설의 대립은 기본적으로 통신판매중개업자가 중개서비스를 한다는 이유만으로 통신판매업자의 지위를 인정할 것인지의 여부에 관한 시각 차이에서 오는 것이다.[30] 그리고 더 근본적으로는 통신판매업자의 개념에 서비스 거래를 포함시킬 것인지와 연관된 것이다.

현행법상 '통신판매'는 "우편 · 전기통신, 그 밖에 총리령으로 정하는 방법으로 재화 또는 용역(일정한 시설을 이용하거나 용역을 제공받을 수 있는 권리를 포함한다. 이하 같다)의 판매에 관한 정보를 제공하고 소비자의 청약을 받아 재화 또는 용역(이하 "재화 등"이라 한다)을 판매하는 것을 말한다"고 규정하고 있다(제2조 제2호). 그런데 이중적 지위를 부정하는 견해에 의하면 통신판매업자의 경우 통신판매는 상품의 매매만 해당하고 임대차 등은 포함되지 않은 것으로 이해하므로[31] 당연히 중개 서비스 내지 온라인 플랫폼 서비스를 제공하는 경우에도 통신판매 범주에 포함되지 않은 것으로 해석한다. 이에 따라 자연스럽게 통신판매중개업자는 중개서비스를 제공한다는 이유만으로는 통신판매업자의 지위를 갖지 않으므로 통신판매업자인 통신판매중개자는 자체적으로 상품의 판매를 위한 사이트 등을 개설하면서 동시에 중개서비스를 제공하고 있는 자로만 이해하려고 한다.[32] 그에 반하여 통신판매 개념에는 서비스의 제공도 포함되므로[33] 중개 서비스 내지 온라인 플랫폼 서비스 제공도 포함된 것이므로 중개 서비스 내지 온라인 플랫폼 서비스를 제공하면 그 자체로 통신판매업자의 지위를 갖는 것으로 보게 된다. 이에 따라 자연스럽게 통

30_ 이러한 시각으로 이미 이병준, "전자상거래법 개정안의 법적 쟁점과 앞으로의 과제", 「경제법연구」 제18권 제3호, 2019, 156면 이하 참조.

31_ 이와 같은 입장으로 오병철, "전자상거래법상의 거래 플랫폼 규제와 개선방안", 「외법논집」, 제41권 제4호, 2017, 162면; 고형석, "통신판매중개와 소비자보호", 「유통법연구」 제2권 제2호, 2015, 142면; 문상일, "온 · 오프라인 융복합시장(O2O) 소비자보호를 위한 법제정비 필요성에 관한 소고", 「경쟁법연구」, 제15권 제1호, 2016, 162면.

32_ 서희석, "통신판매중개자의 법적 지위와 책임", 「소비자법연구」 제7권 제1호, 2021, 99면 이하; 고형석, 「유통법연구」 제2권 제2호, 136면; 이충훈, "인터넷통신판매중개자의 법적 책임", 인터넷법률 제38호, 2007, 43면; 이호영, 소비자보호법, 제4판, 2018, 홍문사, 285면.

33_ 통신판매중개 서비스를 하더라도 통신판매업자에 해당하지 않는다면 하면서도 통신판매에 용역의 제공을 포함하는 것으로 이해하는 견해로 서희석, 「소비자법연구」 제7권 제1호, 100면 각주 6.

신판매 중개서비스를 제공하게 되면 통신판매업자이면서 동시에 통신판매중개자에 해당하게 된다.[34]

통신판매중개업자의 중첩적 지위를 부정하고 있는 견해에서는 중첩적 지위를 인정하고 있는 견해에 대하여 (1) 통신판매중개시스템을 매개하여 이루어지는 통신판매에 있어서 판매대상이 되는 '서비스'와 통신판매중개자가 제공하는 '중개서비스'를 혼동하고 있다는 점, (2) 전자상거래법이 인정하는 '통신판매중개'의 개념 자체도 부정하는 결과로 이어질 수 있다는 점, (3) 통신판매중개자에 대하여 통신판매업자에 관한 규율이 함께 적용된다는 결과가 부당하다는 점 등을 기초로 비판하고 있다.[35]

첫째 비판과 관련하여 통신판매중개업자는 중개서비스를 통하여 통신판매의뢰자 및 소비자와의 관계에서 중개계약을 체결하고 이러한 측면에서 판매대상인 '서비스'를 제공하고 있으므로 통신판매업자에 해당한다. 또한 통신판매의뢰자와 소비자 사이의 통신판매에서는 통신판매를 중개하는 역할을 하기 때문에 통신판매중개업자의 지위에 있다. 따라서 판매대상이 되는 '서비스'와 통신판매에 중개인으로서 하는 '중개서비스' 개념을 혼동하고 있는 것이 아니라, 해당 각 서비스 제공이라는 행위를 통하여 통신판매 및 통신판매중개의 요건을 모두 충족시키는 것으로 보는 것이다. 다시 말하면 용역, 즉 서비스의 제공이 통신판매 개념에 포함된다면 제공되는 서비스 유형에는 당연히 중개 서비스도 적용되는 것이다. 이러한 측면에서 통신판매중개업자는 통신판매업자의 지위도 동시에 갖는 것이다. 이러한 해석이 자연스러운 것임은 DSA의 체계를 살펴보면 자연스럽게 알 수 있다. 온라인 시장을 운영하는 자는 DSA상으로는 (1) 온라인 중개 서비스 제공자, (2) 온라인 호스팅 서비스 제공자 및 (3) 온라인 플랫폼 운영자의 지위를 모두 겸하게 되고 중개시장은 운영하는 경우에도 동일하다. 우리법상으로 보면 통신판매중개업

34_ 이병준, 「경제법연구」 제18권 제3호, 157면 이하; 정진명, "플랫폼을 이용한 전자거래의 법률문제", 비교사법 제24권 제4호, 1585면.

35_ 최근에 이와 같은 비판으로 서희석, 「소비자법연구」 제7권 제1호, 116면.

자는 정보통신망법상 정보통신서비스제공자, 전기통신사업법상 부가통신사업자 및 전자상거래법상 통신판매업자의 지위를 동시에 갖는다.

이러한 측면을 고려하면 두 번째 비판도 부당함을 알 수 있다. 통신판매중개업자에게 통신판매업자의 지위를 인정한다고 하여 통신판매중개업자의 개념을 부정하는 것이 아니라 각 법률규정의 요건을 개별적으로 판단하여 그 충족여부를 판단하는 것이고 개별적인 요건에 따라 해당 개념요소가 충족된다면 해당 사업자로서의 지위를 인정하는 것이다. 따라서 중첩적 지위를 인정한다고 하더라도 다른 지위를 부정하는 것이 아니라, 각 개념이 갖는 요소에 맞추어 해석하는 것일 뿐이다.

마지막으로 통신판매중개업자에 대하여 통신판매업자에게 적용되는 규정을 적용하는 것이 부당한지에 관하여 살펴볼 필요가 있다. 이 비판은 통신판매중개업자에게 전자상거래사업자가 부담하는 의무와 책임을 동시에 부담하게 된다는 측면에서 부당하고 통신판매업자와 통신판매중개업자를 구분하려고 하는 노력을 무위에 그치게 하게 된다는 점을 지적하고 있는 것으로 보인다. 물론 비판이 지적하는 바처럼 통신판매중개업자가 통신판매업자의 지위를 동시에 갖는 것으로 보게 되면 통신판매업자에게 적용되는 규정들이 적용된다고 보게 되지만, 이는 통신판매업자가 수행하는 다양한 업무를 기초로 해서 보면 자연스러운 것이다. 통신판매중개업자가 통신판매업자로서 지위를 가져서 통신판매업자에게 적용되는 규정이 적용된다고 하더라도 중개서비스 제공계약이 통상적으로 무상의 계속적 계약이라는 측면을 감안하면[36] 통신판매업자로서의 지위를 이중적으로 인정하더라도 전자상거래법을 통하여 부과되는 의무와 책임은 과하지 않을 것으로 보인다. 물론 통신판매중개업자도 통신판매업자로서 신고를 해야 하고 각종 정보제공의무를 부담하지만 통상 무상의 계속적 계약이라는 점을 감안하면 철회권보다는 계약해지권이 주로 문제될 것이다. 이러한 측면을 고려하여 추가적으로 통

36_ 플랫폼 이용자의 플랫폼 이용계약의 무상성에 대한 명시적 지적으로 김상중, "데이터 거래와 오픈마켓—시론적 고찰", 「경영법률」 제31집 제3호, 2021, 312면 참조.

신판매업자로서의 지위를 통신판매중개업자가 갖는다고 하더라도 크게 부담이 되는 의무와 책임 내용은 없는 것으로 판단된다.[37]

그런데 전부개정안처럼 통신판매업자의 개념을 '온라인 플랫폼 운영사업자' 및 '자체 인터넷 사이트 등 이용사업자' 개념을 사용하게 되면 온라인 플랫폼 운영사업자의 이중적 지위는 더욱더 분명해진다. 왜냐하면 자체 인터넷 사이트 등 이용사업자는 자체 인터넷 사이트 등 대통령령으로 정하는 방법으로 비대면 전자상거래를 하는 사업자를 의미하는 이상 온라인 플랫폼 서비스를 제공하면 비대면 전자상거래를 하는 사업자에 해당하는 것으로 볼 수 있기 때문이다. 이러한 측면에서 '온라인 플랫폼 운영사업자'는 동시에 '자체 인터넷 사이트 등 이용사업자'의 지위를 동시에 갖는다. 이러한 측면을 기초로 해서 보았을 때 전부개정안에서 포괄적 준용규정을 두는 것은 타당하지 않다고 생각된다.

Ⅳ. DSA 플랫폼 규제의 특징

온라인 플랫폼의 규제는 다층적 측면이 있다. 즉 온라인 플랫폼 규제는 기술적 코드, 약관, 정책 등을 통한 플랫폼의 서비스의 설계, 법적 규제 등이 결합된 메타규제의 성격을 갖는다. 또한 플랫폼을 규제할 때에는 플랫폼의 규제 중개자로서의 특성을 고려하여 적극적으로 공동규제모델을 활용해야 한다. 이와 같은 다층적 규제와 다양한 규제방식을 고려해야 하는 것이 온라인 플랫폼에 대한 규제라고 할 수 있다. 본 장에서는 DSA가 플랫폼 규제를 함에 있어서 가지고 있는 3가지 특징들에 대해서만 아래에서 살펴보려고 한다.

37_ 이와 같은 취지로 이미 이병준, 「경제법연구」 제18권 제3호, 158면.

1. 사전적 규제와 행정적 제재 · 집행의 도입

DSA는 온라인 플랫폼으로 인하여 발생하는 계약법적 문제를 다루고 있기보다[38] 주로 온라인 플랫폼으로 인하여 발생할 수 있는 위험을 규제하기 위한 목적을 가지고 있는 것으로 보인다. 이에 따라 기존의 유럽연합 입법이 온라인 거래 내지 서비스에 대하여 사후적 규제와 사법적 규제에 치중되었던 모습과는 다르게 사전적 규제와 행정적 규제 방식을 취하고 있다.[39] 이러한 입법방향은 우리 입법자에게는 오히려 친숙한 모습의 규제라고 볼 수 있다.

(1) 소재지법원칙의 적용

중개서비스 제공자의 주 설립지가 위치한 회원국이 관할권을 갖는다(제40조 제1항). 이를 소재지법원칙(Herkunftslandprinzip)이라고 칭한다.[40] 제3국의 서비스 제공자의 경우에는 법률대리인의 주소지가 관할권을 결정한다(제40조 제2항).

DSA의 효율적인 적용과 집행을 위하여 회원국들은 관할관청인 디지털 서비스 조정자를 지정해야 한다(제38조 제1항). 디지털 서비스 조정자는 광범위한 정보제공요청권, 조사권, 명령권과 제재권 등을 갖는다(제41조 참조). 그리고 부과할 수 있는 벌금은 연간 소득 또는 매출액의 6%를 초과하지 않아야 하며, 과태료는 전년도 중개서비스 제공자의 일일 평균 매출액의 5%를 초과하지 않아야 한다(제42조 제3항과 제4항).

또한 '유럽연합 디지털 서비스 이사회(European Board for Digital

38_ 계약법적 측면에서 온라인 플랫폼에 대한 규제를 하는 모델법으로 유럽법연구소 온라인 플랫폼 모델법 참조. 해당 모델법 보고서에 관하여 김상중/이병준/황원재/정신동/박미영, "유럽법연구소 온라인 플랫폼 모델법", 「소비자법연구」 제7권 제1호, 2021, 383면 이하 참조.

39_ DSA 입법이유 79.

40_ 이 원칙을 원격의료와 관련하여 고찰한 우리 문헌으로 황원재, "해외환자에 대한 원격의료의 허용 가능성", 「소비자법연구」 제6권 제2호, 2020, 43면 이하 참조.

Services)'가 설립되어 중개 서비스 제공자의 감독을 담당하는 회원국들의 디지털 서비스 조정자들이 구성원이 되어 디지털 서비스 이사회를 통하여 다양한 협력이 이루어질 수 있는 창구 역할을 하게 된다(제47조).

(2) 유럽연합 집행위원회의 개입권

디지털 서비스 조정자가 대규모 플랫폼에 대하여 적절한 조치를 취하지 않는 경우 유럽연합의 집행위원회는 개입권을 발동하는 절차를 개시할 수 있다(제51조 제1항). 개입권은 특히 대규모 플랫폼의 위반행위가 있음에도 특별한 조치를 취하지 않은 경우에 발동된다. 개입권을 발동하는 결정을 한 경우에는 이 사실을 모든 디지털 서비스 조정자, 위원회 및 해당 대규모 온라인 플랫폼에 통지해야 한다(제51조 제2항). 이때 집행위원회도 정보제공요청권, 조사권, 명령권과 제재권 등을 갖는다(제52조 내지 제62조). 집행위원회는 위반행위에 대하여는 전년도 매출액의 6% 범위 내에서 벌금을 부과할 수 있으며, 명령을 따르지 않은 경우에는 전년도 매출액의 1% 범위 내에서 벌금을 부과할 수 있다(제59조 제1항과 제2항).

2. 해외 사업자에 대한 적용과 집행의 확보

앞에서 언급하였듯이 유럽연합에서는 해외 플랫폼 사업자로부터 유럽연합의 서비스 이용자의 보호를 위하여 DSA를 제정한 목적이 있기 때문에 해외사업자에 대한 역외적용뿐만 아니라, 집행이 매우 중요한 문제로 등장하였다. 우리나라의 경우에는 그에 반하여 국내 인터넷 산업에서 해외사업자에 대한 법률의 적용과 집행이 담보되지 않은 한 국내 인터넷 산업에 대한 역차별 문제가 발생한다고 주장하고 있다는 점에서 해외사업자에 대한 국내법의 적용과 집행은 매우 중요한 문제가 되고 있다. 따라서 유럽연합이든 우리나라든 모두 해외 사업자에 대한 행정적 규제의 집행이 핵심적 과제로 떠오르고 있다.

(1) 역외적용에 관한 효과주의의 채택

해외사업자에 대한 역외적용을 확보하기 위하여 DSA에서 전자상거래 지침보다 그 장소적 적용범위를 대폭적으로 확대하고 있다. 전자상거래 지침은 유럽연합 내에 주소지를 두고 있는 서비스 제공자에게만 적용되었다.[41] 그에 반하여 DSA는 경쟁법에서 인정되었던 역외적용에 관한 효과주의(Auswirkungsprinzip)[42]를 도입하여[43] 서비스 제공자의 주소지와 관계없이, 유럽연합에 설립되거나 거주지를 두고 있는 이용자에게 서비스를 제공하고 있는 중개 서비스에 적용된다(제1조 제3항). 즉 DSA가 적용이 되기 위해서 '유럽연합 내에서 서비스의 제공'이 있으면 된다. 유럽연합 내에서 서비스의 제공이 인정되기 위해서는 하나 이상의 회원국에 있는 법인 또는 자연인이 유럽연합과 상당한 관련이 있는 정보사회 서비스 제공자가 제공하는 서비스를 이용할 수 있도록 해야 한다. 상당한 관련성은 서비스 제공자가 유럽연합에서 주소지를 둔 경우에 존재하는 것으로 간주되며, 이와 같은 주소지가 없는 경우에 상당한 관련성은 하나 이상의 회원국에서 상당한 수의 이용자를 가지고 있거나 하나 이상의 회원국을 대상으로 하는 활동지향이 있는 경우에 인정된다(제2조 제d호).

입법이유에 의하면 하나 이상의 회원국에 대한 활동지향이 있는지 여부는 모든 관련 정황을 기초로 판단해야 한다.[44] 특히 해당 회원국의 언어를 사용하거나 화폐로 지불하는 것을 허용하는 사정, 상품 또는 서비스를 해당 회원국으로 주문을 허용하는 사정, 해당 회원국의 도메인 이름을 사용하고 있는 사정 등이다. 더 나아가 해당 나라의 앱스토어에서

41_ E-Commerce-RL 입법이유 85.

42_ 유럽연합 경쟁법에서 인정되고 있는 효과주의에 관하여 자세한 내용은 최승필, "경쟁법의 역외적용에 대한 법적검토 – 역외적용 이론의 발전 및 적용상의 문제점을 중심으로", 「외법논집」 제33권 제1호, 2009, 214면 이하 참조.

43_ Schmid/Grewe, "Digital Services Act: Neues 'Grundgesetz für Onlinedienste?', MMR 2021, 279.

44_ DSA 입법이유 8.

해당 애플리케이션을 제공하고 있는 사정, 해당 회원국의 지역적인 광고를 하거나 회원국 언어로 광고를 하는 사정, 회원국 언어로 운영되는 고객센터를 운영하는 사정 등도 고려대상이 된다. 그에 반하여 입법이유서에 따르면 유럽연합에서 기술적으로 서비스 제공자의 웹사이트에 접근가능하다는 사정만으로는 활동지향성을 인정할 수 있는 중요 사정으로 인정할 수 없다고 한다.

(2) 실효적인 역외집행을 위한 법률대리인 제도 도입

더 나아가 DSA에서는 법의 준수와 집행을 확보하기 위해서 유럽연합 내에 주소지를 두고 있지 않은 중개서비스 제공자는 법률대리인을 지정하여 관련 관청으로부터 감독을 받고 위반행위에 대한 책임을 부담하도록 하고 있다(제11조). 즉 DSA와 관련된 법의 준수와 집행에 대한 포괄적인 대리권을 법률대리인에게 부여하도록 하고 있고(제11조 제2항), 법에 따라 부과되는 모든 의무의 준수와 위반에 따른 책임도 법률대리인이 부담하도록 규정하고 있다(제11조 제3항). 이에 따라 유럽연합 내에 주소지를 두고 있지는 않지만, 지정된 법률대리인을 통하여 포괄적인 법의 준수를 유도하고 의무 위반시 책임을 물을 수 있는 한편, 집행까지 완전하게 담보할 수 있는 방안을 DSA는 마련하고 있다고 볼 수 있다.

(3) 우리 법률과의 비교

우리 법률도 전기통신사업법,[45] 정보통신망법,[46] [47] 전자상거래법 전

45_ **제2조의2(국외행위에 대한 적용)** 이 법은 국외에서 이루어진 행위라도 국내 시장 또는 이용자에게 영향을 미치는 경우에는 적용한다. **제22조의8(국내대리인의 지정)** ① 국내에 주소 또는 영업소가 없는 부가통신사업자로서 제22조의7에서 정한 기준에 해당하는 자는 다음 각 호의 사항을 대리하는 자(이하 "국내대리인"이라 한다)를 서면으로 지정하여야 한다. 1. 제32조 제1항에 따른 이용자 보호 업무 2. 제32조 제2항 후단에 따른 자료제출명령의 이행 ② 국내대리인은 국내에 주소 또는 영업소가 있는 자로 한다. ③ 국내대리인이 제1항 각 호와 관련하여 이 법을 위반한 경우에는 해당 국내대리인을 지정한 부가통신사업자가 그 행위를 한 것으로 본다.

46_ **제5조의2(국외행위에 대한 적용)** 이 법은 국외에서 이루어진 행위라도 국내 시장 또

부개정안[48]에서 역외조항에 관한 규정의 신설을 통하여 해외사업자에 대한 적용을 확보하는 한편, 국내대리인 지정제도를 마련함으로써 해외사업자에 대한 집행의 확보를 도모하고 있다.

DSA와 비교하여 보면 역외조항은 큰 차이점이 없으나, 우리법상 국내대리인 지정제도는 1) 이용자의 불만처리 내지 분쟁해결업무와 2) 문서 내지 자료제출 업무에만 제한되어 있지, 모든 의무의 준수와 책임과 연관되어 있지 않다는 점에 큰 차이가 있다. 전기통신사업법과 관련된

는 이용자에게 영향을 미치는 경우에는 적용한다. **제32조의5(국내대리인의 지정)** ① 국내에 주소 또는 영업소가 없는 정보통신서비스 제공자 등으로서 이용자 수, 매출액 등을 고려하여 대통령령으로 정하는 기준에 해당하는 자는 다음 각 호의 사항을 대리하는 자(이하 "국내대리인"이라 한다)를 서면으로 지정하여야 한다. 1. 삭제 2. 삭제 3. 제64조 제1항에 따른 관계 물품 · 서류 등의 제출 ② 국내대리인은 국내에 주소 또는 영업소가 있는 자로 한다. ③ 제1항에 따라 국내대리인을 지정한 때에는 다음 각 호의 사항 모두를 인터넷 사이트 등에 공개하여야 한다. 1. 국내대리인의 성명(법인의 경우에는 그 명칭 및 대표자의 성명을 말한다) 2. 국내대리인의 주소(법인의 경우에는 영업소 소재지를 말한다), 전화번호 및 전자우편 주소 ④ 국내대리인이 제1항 각 호와 관련하여 이 법을 위반한 경우에는 정보통신서비스 제공자 등이 그 행위를 한 것으로 본다.

47_ 최근에 정보통신망법 제32조의5(국내대리인의 지정)에서 제1호와 제2호가 삭제되었는데, 제1호는 "제27조에 따른 개인정보 보호책임자의 업무"였고 제2호는 "제27조의3 제1항에 따른 통지, 신고 및 같은 조 제3항에 따른 소명"이었다. 그런데 이들 규정이 삭제되면서 해당 규정내용도 삭제된 것이다.

48_ **제5조(국외행위에 대한 적용)** 이 법은 국외에서 이루어진 행위라도 국내 소비자에게 영향을 미치는 경우에는 적용한다. **제19조(국내대리인의 지정)** ① 국내에 주소 또는 영업소가 없는 온라인판매사업자로서 매출액 등 대통령령이 정하는 기준에 해당하는 자는 다음 각 호의 사항을 대리하는 자(이하 "국내대리인"이라 한다)를 서면으로 지정하여야 한다. 1. 제28조에 따른 소비자 불만 · 분쟁해결 및 피해예방 · 구제 업무 2. 제74조 제3항에 따라 준용되는 「독점규제 및 공정거래에 관한 법률」 제98조에 따른 문서의 제출 3. 제55조 제1항, 제74조 제2항에 따라 준용되는 「독점규제 및 공정거래에 관한 법률」 제81조 제1항에 따른 자료 · 물건 등의 제출 ② 국내대리인은 국내에 주소 또는 영업소가 있는 자로 한다. ③ 제1항에 따라 국내대리인을 지정한 때에는 다음 각 호의 사항 모두를 인터넷 사이트 등에 공개하여야 한다. 1. 국내대리인의 성명(법인의 경우에는 그 명칭 및 대표자의 성명을 말한다) 2. 국내대리인의 주소(법인의 경우에는 영업소 소재지를 말한다), 전화번호 및 전자우편 주소 ④ 국내대리인이 제1항 각 호와 관련하여 이 법을 위반한 경우에는 해당 국내대리인을 지정한 온라인판매사업자가 그 행위를 한 것으로 본다.

논의를 살펴보면 경쟁상황평가를 부가통신사업자에게 신설하고 이를 해외사업자에게도 부과하려고 하였으나, 사전 규제적 형식이 강한 경쟁상황평가보다는 사후 규제적 성격이 강한 실태조사로 변경한 것이 규제의 집행력을 확보함에 있어서 유리하다는 지적에 따라 실태조사로 규정하게 되었다. 이는 실질적으로 집행가능한 규제 내용을 국내대리인 제도를 통하여 확보하려고 하는 의도로 파악하고 있다.[49]

DSA의 경우 다분히 해외사업자에 대한 규제목적이 잘 드러나 있다. 즉 모든 의무에 관하여 법률대리인을 통하여 법의 준수와 집행을 확보하려고 한다. 물론 이러한 입법태도가 해외 플랫폼의 반발 없이 실제 목적한 바대로 법률대리인 제도가 실질적으로 모든 의무의 준수와 집행으로 이어질지에 관하여는 앞으로 지켜볼 일이다. 그에 반하여 우리 입법은 실질적 집행가능성을 고려하여 사후적 분쟁해결과 문서제출 한도로만 국내대리인을 통하여 집행하려고 한다.

그런데 전자상거래 전부개정안에서처럼 다양한 의무를 온라인 플랫폼에 대하여 신설하면서도, 국내대리인 제도와 관련하여 분쟁해결과 문서 제출 등에 한정하여 적용하는 경우에는 전부개정안을 통하여 적용되어야 하는 대부분의 의무와 책임에 관한 규정이 해외 사업자에 대하여는 집행되지 못할 가능성이 클 것으로 예상된다. 이처럼 법률상 일부규정만 부분적으로 집행되면, 결국 국내사업자에게만 법준수에 관한 집행이 이루어지고 해외사업자에 대하여는 집행이 안 될 것으로 보인다. 따라서 전자상거래 전부개정안의 경우에는 국내대리인 제도의 신설을 통하여 실질적으로 해외사업자와의 역차별 문제는 충분히 해결되지 않을 것으로 평가된다.

49_ 국내대리인 제도의 입법 시도 실패에 대한 우회적 전략으로 이해될 수 있다는 견해로 김희경, "앱 마켓 등 해외 플랫폼 사업자에 대한 역외적용 가능성 고찰: 전기통신사업법상 부가통신사업에 대한 실태조사 도입을 중심으로", 「사이버커뮤니케이션학보」 제37권 제2호, 2020년 6월, 105면 이하.

3. 중개자 책임의 절차화 경향

(1) 중개자 책임의 절차화의 의의와 목적

DSA는 중개자 책임의 절차화(Prozeduralisierung der Intermediarsverantwortung)[50] 경향을 많이 반영하고 있다. '중개자 책임의 절차화'는 중개사업자의 책임을 절차적 규정을 통하여 구체화하고 있는 현상이라고 할 수 있다.[51] 중개자 책임의 절차화는, 예컨대 제3자가 권리침해를 야기하였고 제3자가 이에 대하여 책임을 부담하는 사안에서 중개사업자에게 제3자의 행위에 대하여 책임을 무조건 부과하는 것이 아니라, 중개사업자에게 이와 연관된 일정한 절차를 준수하도록 하여 관련 당사자들의 이해관계를 적절하게 조절하면서 그 절차와 연관하여 구체적으로 중개사업자의 책임을 부과하고 요건을 설정하는 방식을 말한다. 중개자 책임의 절차화는, 결국 온라인 환경과 중개사업자의 개입에 따른 책임의 불투명성을 일정한 절차의 도입을 통하여 책임의 명확성을 기하는 한편, 중개자 책임의 불투명성으로 인하여 발생하는 위험을 적절하게 일정한 절차를 통하여 분배하려고 하는 과정을 말한다.

이와 같은 중개자 책임의 절차화 경향의 대표적인 규정은 전자상거래 지침에 규정된 notice and take down 절차와 DSA에 규정된 notice and action 절차이다. 이를 입법화하고 있는 우리 입법이 정보통신망법 제44조의2이다.[52] 이 규정은 일반에게 공개를 목적으로 제공된 정보로 사생

50_ 이에 관하여 자세한 것은 Hoffmann, "Prozeduralisierung der Haftungsvoraussetzungen im Medienrecht – Vorbild für die Intermediärshaftung im Allgemeinen?", *ZUM* 2017, 102 ff.; Wagner, "Haftung von Plattformen für Rechtsverletzungen (Teil 2)", *GRUR* 2020, 452 ff.

51_ Hoffmann, "Prozeduralisierung der Haftungsvoraussetzungen im Medienrecht – Vorbild für die Intermediärshaftung im Allgemeinen?", *ZUM* 2017, 102.

52_ **제44조의2(정보의 삭제요청 등)** ① 정보통신망을 통하여 일반에게 공개를 목적으로 제공된 정보로 사생활 침해나 명예훼손 등 타인의 권리가 침해된 경우 그 침해를 받은 자는 해당 정보를 처리한 정보통신서비스 제공자에게 침해사실을 소명하여 그 정보의 삭제 또는 반박내용의 게재(이하 "삭제 등"이라 한다)를 요청할 수 있다. ② 정보통신

활 침해나 명예훼손 등 타인의 권리가 침해된 경우 침해를 받은 자, 정보게재자 및 정보통신서비스 제공자 사이의 이해관계를 통지와 삭제라는 절차를 통하여 분배하고 있다.

그런데 이러한 중개자 책임의 절차화 현상은 온라인 분야에서만 존재하는 것이 아니다. 예컨대 할부거래법[53] 제16조에서 할부거래에 항변사유가 발생한 경우에 소비자는 항변권을 행사하여 할부금의 지급을 거절할 수 있는 권리가 있다(동조 제1항 및 제2항).[54] 그런데 이때 항변권행사를 서면으로 할부거래업자 또는 신용제공자에게 통지하고 할부거래업자 또는 신용제공자는 해당 서면을 수령한 경우에 항변사유를 확인하고 적

서비스 제공자는 제1항에 따른 해당 정보의 삭제 등을 요청받으면 지체 없이 삭제 · 임시조치 등의 필요한 조치를 하고 즉시 신청인 및 정보게재자에게 알려야 한다. 이 경우 정보통신서비스 제공자는 필요한 조치를 한 사실을 해당 게시판에 공시하는 등의 방법으로 이용자가 알 수 있도록 하여야 한다. ③ 정보통신서비스 제공자는 자신이 운영 · 관리하는 정보통신망에 제42조에 따른 표시방법을 지키지 아니하는 청소년유해매체물이 게재되어 있거나 제42조의2에 따른 청소년 접근을 제한하는 조치 없이 청소년유해매체물을 광고하는 내용이 전시되어 있는 경우에는 지체 없이 그 내용을 삭제하여야 한다. ④ 정보통신서비스 제공자는 제1항에 따른 정보의 삭제요청에도 불구하고 권리의 침해 여부를 판단하기 어렵거나 이해당사자 간에 다툼이 예상되는 경우에는 해당 정보에 대한 접근을 임시적으로 차단하는 조치(이하 "임시조치"라 한다)를 할 수 있다. 이 경우 임시조치의 기간은 30일 이내로 한다. ⑤ 정보통신서비스 제공자는 필요한 조치에 관한 내용 · 절차 등을 미리 약관에 구체적으로 밝혀야 한다. ⑥ 정보통신서비스 제공자는 자신이 운영 · 관리하는 정보통신망에 유통되는 정보에 대하여 제2항에 따른 필요한 조치를 하면 이로 인한 배상책임을 줄이거나 면제받을 수 있다.

53_ 할부거래에 관한 법률 [시행 2019. 7. 1.] [법률 제16180호, 2018. 12. 31.

54_ **제16조(소비자의 항변권)** ① 소비자는 다음 각 호의 어느 하나에 해당하는 사유가 있는 경우에는 할부거래업자에게 그 할부금의 지급을 거절할 수 있다. 1. 할부계약이 불성립 · 무효인 경우 2. 할부계약이 취소 · 해제 또는 해지된 경우 3. 재화 등의 전부 또는 일부가 제6조 제1항 제2호에 따른 재화 등의 공급 시기까지 소비자에게 공급되지 아니한 경우 4. 할부거래업자가 하자담보책임을 이행하지 아니한 경우 5. 그 밖에 할부거래업자의 채무불이행으로 인하여 할부계약의 목적을 달성할 수 없는 경우 6. 다른 법률에 따라 정당하게 청약을 철회한 경우 ② 소비자는 간접할부계약인 경우 제1항 각 호의 어느 하나에 해당하는 사유가 있으면 할부가격이 대통령령으로 정한 금액 이상인 경우에만 신용제공자에게 할부금의 지급을 거절하는 의사를 통지한 후 할부금의 지급을 거절할 수 있다.

절한 항변사유에 해당하지 않은 경우에는 다시 이 사실을 소비자에게 서면을 통하여 통지해야 하는 절차를 마련하고 있다(동조 제5항).[55] 이를 통하여 항변사유의 입증에 대한 소비자의 증명책임을 일정부분 사업자에게 이전하는 절차를 마련하고 있는 것으로 볼 수 있다.

(2) 절차화의 확대 경향

DSA에서 내부적 불만처리 시스템을 구축하고 대체적 분쟁해결 가능성을 마련하도록 규정하고 있는 것도 중개자 책임의 절차화 확대 경향에 있는 것으로 평가되고 있다. 온라인 플랫폼에게 부과되고 있는 주된 의무가 바로 내부 불만처리 시스템 구축(제17조)과 법원 외 분쟁해결방법(제18조)이다.

온라인 플랫폼은 서비스 이용자에게 불만을 전자적 방식으로 무료로 제출할 수 있는 효과적인 내부 불만처리 시스템을 제공해야 한다(제17조 제1항). 불만 제기는 이용자가 제공한 정보가 불법 콘텐츠이거나 약관에 어긋난다는 이유로 온라인 플랫폼이 내린 다음 결정에 대해 행사할 수 있다: (a) 정보에 대한 접근을 막거나 비활성화하기 위한 결정; (b) 이용자에 대한 서비스 제공의 전부 또는 일부를 중지 또는 종료하기로 한 결정; (c) 이용자의 계정 사용을 중지 또는 종료하기 위한 결정. 온라인 플랫폼은 내부 불만 처리 시스템이 접근하기 쉽고 이용자 친화적이며 매우 정확하고 적절하게 입증된 불만 사항을 제출할 수 있도록 해야 한다(제17조 제2항). 온라인 플랫폼은 내부 불만 처리 시스템을 통해 제출된 불만을 적시에 성실하고 객관적으로 처리해야 한다(제17조 제3항). 온라

55_ **제16조(소비자의 항변권)** ⑤ 할부거래업자 또는 신용제공자는 소비자의 항변을 서면으로 수령한 경우 지체 없이 그 항변권의 행사가 제1항에 해당하는지를 확인하여야 한다. 제1항에 해당하지 아니하는 경우 소비자의 항변을 수령한 날부터 다음 각 호의 어느 하나에 해당하는 영업일 이내에 서면으로 소비자의 항변을 수용할 수 없다는 의사(意思)와 항변권의 행사가 제1항 각 호의 어느 하나에 해당하지 아니한다는 사실을 소비자에게 서면으로 통지하여야 한다. 1. 할부거래업자는 5영업일 2. 신용제공자는 7영업일

인 플랫폼은 불만 사항과 관련된 정보에 대해 취한 결정을 지체 없이 불만을 제기한 자에게 알려야 하며, 불만을 제기한 자에게 제18조에 규정된 재판외 분쟁 해결 방법 및 기타 이용 가능한 구제책을 알려야 한다(제17조 제4항).

내부 불만처리 시스템을 통하여 해결된 분쟁은 물론 처리될 수 없는 불만도 포함하여 서비스 이용자는 인증된 재판외 분쟁해결기관을 통하여 분쟁을 해결할 수 있는 권리가 보장된다(제18조 제1항). 이때 온라인 플랫폼은 분쟁해결을 위해 선택된 기관과 함께 신의성실로써 참여해야 하며 기관이 내린 결정에 구속된다.

우리 전자상거래법도 이미 통신판매중개업자의 분쟁해결 조치의무(제20조 제3항)[56]와 전자게시판서비스 제공자의 분쟁해결협조의무(제9조의2 제1항 제2호 및 제3항)[57] 등도 이러한 중개자 책임의 절차화를 반영하고

56_ **제20조(통신판매중개자의 의무와 책임)** ③ 통신판매중개자는 사이버몰 등을 이용함으로써 발생하는 불만이나 분쟁의 해결을 위하여 그 원인 및 피해의 파악 등 필요한 조치를 신속히 시행하여야 한다. 이 경우 필요한 조치의 구체적인 내용과 방법 등은 대통령령으로 정한다. **동 시행령 제25조의2(소비자 불만이나 분쟁해결을 위한 필요한 조치의 내용과 방법 등)** 통신판매중개자는 법 제20조 제3항에 따라 다음 각 호의 조치를 시행하여야 한다. 1. 통신판매중개의뢰자와 소비자 사이에 발생하는 분쟁이나 불만을 접수·처리하는 인력 및 설비를 갖출 것 2. 통신판매중개자 또는 통신판매중개의뢰자에 의하여 발생한 불만이나 분쟁을 해결하기 위한 기준을 사전에 마련하여 사이버몰에 고지할 것 3. 소비자 불만이나 분쟁의 원인 등을 조사하여 3영업일 이내에 진행 경과를 소비자에게 알리고 10영업일 이내에 조사 결과 또는 처리방안을 소비자에게 알릴 것.

57_ **제9조의2(전자게시판서비스 제공자의 책임)** ①「정보통신망 이용촉진 및 정보보호 등에 관한 법률」 제2조 제1항 제9호의 게시판을 운영하는 같은 항 제3호의 정보통신서비스 제공자(이하 "전자게시판서비스 제공자"라 한다)는 해당 게시판을 이용하여 통신판매 또는 통신판매중개가 이루어지는 경우 이로 인한 소비자피해가 발생하지 아니하도록 다음 각 호의 사항을 이행하여야 한다. 1. 게시판을 이용하여 통신판매 또는 통신판매중개를 업으로 하는 자(이하 "게시판 이용 통신판매업자 등"이라 한다)가 이 법에 따른 의무를 준수하도록 안내하고 권고할 것 2. 게시판 이용 통신판매업자 등과 소비자 사이에 이 법과 관련하여 분쟁이 발생한 경우 소비자의 요청에 따라 제33조에 따른 소비자피해 분쟁조정기구에 소비자의 피해구제신청을 대행하는 장치를 마련하고 대통령령으로 정하는 바에 따라 운영할 것 3. 그 밖에 소비자피해를 방지하기 위하

있는 규정이라고 보인다. 더 나아가 정부개정안에서는 위해물품에 대한 온라인판매사업자와 온라인플랫폼운영사업자의 위해방지조치 의무를 신설하고 있는데(제20조), 행정기관에 따른 조치명령에 따라 온라인 플랫폼판매사업자와 온라인플랫폼운영사업자에게 조치의무가 발동됨에 따라 손해배상책임이 발생하는 요건이 이러한 절차에 따라 정해지는 점도 책임의 절차화 현상이 발현된 것으로 보인다.

Ⅴ. 나가며

DSA는 디지털 서비스를 온라인 중개 서비스, 호스팅 서비스, 온라인 플랫폼 서비스를 구분하는 한편, 온라인 플랫폼 서비스는 다시 규모로 온라인 플랫폼과 대규모 플랫폼으로 나누고 소상공인과 소기업에 대하여는 적용면제 규정을 두고 있다. 이를 통하여 다양한 서비스 발전과 성장하는 스타트업 기업과 대규모 플랫폼에 대한 특수성을 모두 반영하는 규정체계를 마련하고 있다. 특히 서비스와 규모별 개념정의를 하면서 서비스의 경우에는 기술적 개념을 사용함으로써 각 개념이 가지고 있는 의미를 넓게 정의하고 있고, 규모는 명확한 숫자로 각 개념 간 한계를 명확히 하고 있다. 또한 DSA 규제의 특징은 (1) 사전적 · 행정적 규제, (2) 해외 사업자에 대한 적용과 집행의 확보, (3), 중개자 책임의 절차화 경향으로 요약할 수 있다.

현재 공정거래위원회가 제안한 전부개정안도 DSA와 유사한 개념정

여 필요한 사항으로서 대통령령으로 정하는 사항 ② 전자게시판서비스 제공자는 게시판 이용 통신판매업자 등에 대하여 제13조 제1항 제1호 및 제2호의 신원정보를 확인하기 위한 조치를 취하여야 한다. ③ <u>전자게시판서비스 제공자는 게시판 이용 통신판매업자 등과 소비자 사이에 분쟁이 발생하는 경우 다음 각 호의 어느 하나에 해당하는 자의 요청에 따라 제2항에 따른 신원 확인 조치를 통하여 얻은 게시판 이용 통신판매업자 등의 신원정보를 제공하여 그 분쟁의 해결에 협조하여야 한다. 1. 제33조에 따른 소비자피해 분쟁조정기구 2. 공정거래위원회 3. 시 · 도지사 또는 시장 · 군수 · 구청장</u>

의와 특징을 가지고 있다. 그러나 세부적인 내용을 비교하여 보면 전부개정안의 개정목적 등에 있어서는 찬성할 수 있으나, DSA와 비교하여 세부적인 내용을 보면 전부개정안은 문제점을 가지고 있는 경우가 있음을 본 논문을 통하여 살펴보았다. 특히 개념정의와 역외적용 규정과 관련하여 큰 차이점이 있음을 살펴보았다. 더 나아가 중개책임의 절차화 경향과 연관하여 위해물품에 대한 온라인판매사업자와 온라인플랫폼운영사업자의 위해방지조치 의무는 세밀한 재검토가 필요하다고 생각되나, 이 문제는 다른 논문을 통하여 다루기로 한다.

DSA는 먼저 유럽연합 집행위원회에서 법안을 마련하여 공표하였고 현재 의회의 검토보고까지 발표가 되었다.[58] DSA의 입법이 모두 끝날 때까지는 아직 절차적으로 많은 단계를 거쳐야 하므로[59] 계속 DSA 입법과정에 주의를 기울이면서 우리 법의 개정과정에 다양한 측면에서 참조해야 한다고 생각된다.

58_ Procedure 2020/0361/COD COM (2020) 825: Proposal for a REGULATION OF THE EUROPEAN PARLIAMENT AND OF THE COUNCIL on a Single Market For Digital Services (Digital Services Act) and amending Directive 2000/31/EC.

59_ https://eur-lex.europa.eu/procedure/EN/2020_361#:~:text=Procedure%202020%2F0361%2FCOD%20COM%20%282020%29%20825%3A%20Proposal%20for%20a, Services%20%28Digital%20Services%20Act%29%20and%20amending%20Directive%202000%2F31%2FEC.

참고문헌

1. 국내문헌

이호영, 소비자보호법, 제4판, 2018, 홍문사

고형석, "전자상거래법 전부개정안에 대한 연구—체계 및 총칙을 중심으로," 「소비자법연구」 제7권 제2호, 2021

고형석, "통신판매중개와 소비자보호", 「유통법연구」 제2권 제2호, 2015

김상중, "데이터 거래와 오픈마켓—시론적 고찰", 「경영법률」 제31집 제3호, 2021

김상중/이병준/황원재/정신동/박미영, "유럽법연구소 온라인 플랫폼 모델법", 「소비자법연구」 제7권 제1호, 2021

김세준, "전자상거래법 전부개정안의 몇 가지 쟁점에 대한 검토—온라인 플랫폼 운영사업자를 중심으로", 「소비자법연구」 제7권 제2호, 2021

김현경, "국내 · 외 플랫폼 사업자 공평규제를 위한 제언", 「성균관법학」 제29권 제3호, 2017

김현수/전송호, "유럽연합의 디지털서비스법안의 주요내용과 시사점",「KISDI Premium Report」 20-11, 2020.12

김희경, "앱 마켓 등 해외 플랫폼 사업자에 대한 역외적용 가능성 고찰: 전기통신사업법상 부가통신사업에 대한 실태조사 도입을 중심으로", 「사이버커뮤니케이션학보」 제37권 제2호, 2020.

문상일, "온 · 오프라인 융복합시장(O2O) 소비자보호를 위한 법제정비 필요성에 관한 소고", 「경쟁법연구」, 제15권 제1호, 2016

박희영, "온라인 서비스 제공자의 책임과 의무—유럽연합 '디지털 서비스 법' (Digital Service Act) 제안", 「한국저작권위원회 COPYRIGHT ISSUE REPORT 2021」, 2021.2.

서종희, "입법원칙을 기초로 바라본 전자상거래법 전부개정안의 의미와 한계", 「소비자법연구」 제7권 제2호, 2021

서희석, "통신판매중개자의 법적 지위와 책임", 「소비자법연구」 제7권 제1호, 2021

오병철, "전자상거래법상의 거래 플랫폼 규제와 개선방안", 「외법논집」, 제41권

제4호, 2017
오승종, “해외 온라인서비스제공자에 대한 행정조치 방안에 관한 연구”, 「홍익법학」 제21권 제2호, 2020
이병준, “유럽연합 디지털 서비스법을 통한 플랫폼 규제—디지털 서비스법 초안의 주요내용과 입법방향을 중심으로”, 「소비자법연구」 제7권 제2호, 2021
이병준, “전자상거래 플랫폼과 거래관계에 대한 책임”, 「소비자법연구」 제5권 제1호, 2019
이병준, “전자상거래법 개정안의 법적 쟁점과 앞으로의 과제”, 「경제법연구」 제18권 제3호, 2019
이상윤, “유럽연합의 플랫폼 규제 동향—‘Digital Services Act’와 ‘New Competition Tool’”, 「외법논집」 제44권 제3호, 2020
이재호, ”EU 디지털서비스 법안과 전자상거래소비자보호법에 시사점”, 「소비자법연구」 제7권 제2호, 2021
이충훈, “인터넷통신판매중개자의 법적 책임”, 「인터넷법률」 제38호, 2007
정신동, “2021년 전자상거래법 전부개정안의 주요 쟁점과 향후 과제”, 「소비자법연구」 제7권 제2호, 2021
정진명, “플랫폼을 이용한 전자거래의 법률문제”, 「비교사법」 제24권 제4호
최승필, “경쟁법의 역외적용에 대한 법적검토—역외적용 이론의 발전 및 적용상의 문제점을 중심으로”, 「외법논집」 제33권 제1호, 2009
황원재, “해외환자에 대한 원격의료의 허용 가능성”, 「소비자법연구」 제6권 제2호, 2020

2. 해외문헌

Berberich/Seib, Der Entwurf des Digital Services Act, *GRUR-Prax* 2021
Busch, Der Digital Services Act: Ein neuer Rechtsrahmen für den Online-Handel?, *ZdiW* 2021
Busch/Dannemann/Schulte-Nolke *MMR* 2020.
Busch, Regulierung digitaler Plattformen als Infrastrukturen der Daseinsvorsorge, *WISO-Diskurs* 2021; Berberich/Seip, *GRUR-Prax* 2021.
Föhlisch, Auflistung oder Verlinkung wesentlicher Merkmale bei der “Button-

Lösung"?, *MMR* 2017
Hoffmann, Prozeduralisierung der Haftungsvoraussetzungen im Medienrecht – Vorbild für die Intermediärshaftung im Allgemeinen?, *ZUM* 2017
Rössel, Digital Services Act, *ITRB* 2021
Schmid/Grewe, Digital Services Act: Neues "Grundgesetz für Onlinedienste"?, *MMR* 2021
Wagner, Haftung von Plattformen für Rechtsverletzungen (Teil 2), *GRUR* 2020

제3장

플랫폼 거래의 기본구조와 책임

온라인플랫폼 이용의 계약법적 이해와 전자상거래법 전부개정안 검토* **

김상중***

Ⅰ. 들어가며

정보통신기술의 발전으로 사회의 많은 영역에서 큰 변화가 일어나고 있으며, 디지털 사회로의 변화에 상응하는 법제도화의 요청은 이미 미국, 유럽 등에서 잘 확인되고 있다. 또한 사회의 급속한 디지털화가 온라인플랫폼(online platform)에 의하여 주도되고 있다는 것도 주지의 사실이다. 디지털 혁신에서 온라인플랫폼의 주도적 역할은 온라인플랫폼이 정보와 상품의 교환에서 수요 · 공급 양측을 신속하고 효율적으로 match making 하고 있다는 사정에서 비롯하고 있다. 또한 "소유에 대신하는 접근(access over ownership)"이라는 표현이 잘 보여 주듯이 온라인플랫폼은 상품의 유통에서 (상품의 취득 후 이를 처분하는 과정의 연속인) pipe

* 본 논문은 "전자상거래법 전부개정 특별 세미나" 제2회 세미나(2021.6.11.)에서 발표한 내용을 정리한 것인데, 발표 및 논문완성의 과정에서 계기의 마련과 함께 참조해야 할 여러 의견을 주신 많은 분들께 감사의 말씀을 드립니다.

** 이 논문은 「소비자법연구」 제7권 제3호(2021)에 게재된 것입니다.

*** 고려대학교 법학전문대학원 교수.

line 구조에 갈음하여 (상품의 공급자와 수요자를 각각 연결하는 매개자가 존재하는) 3면의 계약 네트워킹 구조를 취함으로써 효과적 자원이용과 대량의 거래를 가능하게 하고 있다.[1] 이같이 온라인플랫폼의 거래관계에 대한 영향 증대에 따른 플랫폼의 책임강화에 대한 논의는 꾸준히 제기되어 왔다.

물론 과거에도 중개상, 대리상, 위탁매매업자 등과 같이 타인 사이의 거래관계를 매개하는 여러 형태의 거래관여자가 존재하여 왔다. 그러나 온라인플랫폼은 전자적 정보통신처리시스템 등을 활용하여 신속하고 효과적인 체약(締約) 보조활동을 수행하고 있으며 이에 과거와 비교할 수 없을 정도로 상품거래의 양적 확장과 질적 효율을 도모하고 있다. 이에 거래관계에 대한 플랫폼의 영향력 확대와 더불어 상당한 이윤 추구에 따라 온라인플랫폼이 가상시장에서 정보와 상품거래를 매개하는 과정에서 보다 투명하고 안전한 플랫폼서비스의 보장, 이를 위한 플랫폼 이용자에 대한 주의의무와 그 위반에 따른 법적 책임의 마련이 줄곧 요청되고 있다.[2] 이러한 필요에도 불구하고 온라인플랫폼의 이용을 둘러싼 계약법적 연구가 아직은 충분하지 않으며, 이에 온라인플랫폼의 이용관계에 따른 플랫폼의 주의의무와 책임귀속의 근거에 대한 적확한 인식의 공유가 부족하다고 생각된다.[3]

이 논문은 위와 같은 상황의 진단하에서 온라인플랫폼의 이용관계를 계약법적으로 규명해 보면서 2021년 3월 입법예고된 전자상거래법 전부개정안(이하 '개정안'이라고 함), 특히 온라인플랫폼의 책임 규정을 비판적으로 분석하려고 한다.[4] 그 과정에서 논의의 명확화를 위하여 온라인

1_ 온라인플랫폼의 이 같은 기능에 대해서는 Vilgertshofer, Online-Plattform und vertragliche Haftung, 2019, 2, 8, 22면 이하.

2_ 최근 유럽연합 차원의 입법적 노력에 관하여는 이병준, "유럽연합 디지털 서비스법을 통한 플랫폼 규제", 「소비자법연구」 제7권 제2호, 2021, 181면.

3_ 이러한 지적으로는 서희석, "통신판매중개자의 법적 지위와 책임", 「소비자법연구」 제7권 제1호, 2021, 97면.

4_ 개정안의 상세한 소개와 소비자법학계의 평가에 관하여는 2021년 4월 6일 한국소비

플랫폼 서비스의 여러 형태 중에서 거래관계를 중개하는 플랫폼에 한정하면서, 플랫폼 서비스를 이용한 이용사업자(=판매업자)와 구매자 사이의 계약위반에 관한 온라인플랫폼 운영사업자의 의무와 책임을 분명하게 제시해 보고자 한다. 이를 위하여 이 논문은 ① 온라인플랫폼의 이용 과정과 역할을 분석하고(목차 II), ② 온라인플랫폼의 기본이용약정(=회원가입)과 상품거래를 위한 개별이용관계에 따른 플랫폼 서비스의 이용약정에 따른 온라인플랫폼 운영사업자의 의무와 책임을 제시한 후(목차 III)에 이를 바탕으로 ③ 개정안이 마련한 온라인플랫폼의 구매자에 대한 의무와 책임 규정을 분석하면서 필자 나름의 제안을 해 보려고 한다(목차 IV).

II. 온라인플랫폼의 이용과정과 계약적 지위

1. 온라인플랫폼의 이용과정

상품거래를 위한 온라인플랫폼의 이용과정은 온라인플랫폼 운영사업자, 이용사업자(=판매업자)와 구매자 사이의 3면관계 아래에서 이루어진다.[5] 먼저, 플랫폼 이용자, 즉 이용사업자와 구매자가 플랫폼 서비스의 이용을 위하여 회원가입을 신청하면 운영사업자가 이용자 본인확인절차를 거쳐 신청자에게 이메일 등을 통하여 접속에 필요한 링크를 전달

자법학회 · 공정거래위원회가 공동주최한「변화하는 전자상거래와 전자상거래법의 발전방향」학술대회 발표집(이하 '소비자법학회 학술대회 발표집'이라고 인용함)을 참고하기 바라며, 이 발표집의 일부 논문은 소비자법연구 제7권 특별호로 발표되었는데 그 논문집에 수록되지 않은 여타의 발표문과 토론문 전부에 관하여는 한국소비자법학회 홈페이지 consumerlaw.or.kr에서 내려받을 수 있다. 이 글에서는 당시 학술대회의 모든 자료를 참고하기 위하여 학회 홈페이지의 자료집을 인용하도록 한다.

5_ 플랫폼, 특히 오픈마켓의 이용과정에 대한 개관으로는 박수영, "통신판매중개자의 지위 · 의무 · 책임", 「전북대 법학연구」 제38권, 2013, 261면 이하; 심상용, "데이터 거래와 오픈마켓", 「경영법률」 제31집 제3호, 2021, 299, 306면; 송오식, 「소비자계약법」, 전남대 출판문화원, 2021, 333-334면.

하고, 이용자가 이를 통하여 온라인플랫폼에 처음으로 등록함으로써 가입절차를 완료하게 된다. 물론 온라인플랫폼이 제공하는 상품검색 등의 일부 기능은 회원가입의 절차를 거치지 않아도 이용할 수 있지만, 상품의 판매 · 구매활동, 대금결제서비스의 이용 등 플랫폼의 주요 기능은 회원가입의 기본이용약정을 맺은 다음에 비로소 이용할 수 있다. 플랫폼 이용자는 이러한 회원가입 과정에서 이용약관에 동의하는 절차를 거치게 되는데,[6] 플랫폼 이용약관은 플랫폼 서비스의 이용 외에도 플랫폼에서 이루어지는 상품거래에 관한 통일된 규율내용을 담고 있다. 플랫폼 이용자가 플랫폼 내에 자신의 계정을 만드는 회원가입 절차는 대개의 경우 무상으로 이루어진다. 이와 같은 가입절차의 완료 후에 플랫폼 이용자는 플랫폼에서 상품의 판매 · 구매활동을 위하여 플랫폼 서비스를 개별적으로 이용하게 된다.

판매업자인 이용사업자는 플랫폼의 가상공간에 상품정보의 게시, 거래내용에 대한 구매자의 질의를 가능하게 하는 Q&A 등의 상담공간을 마련해 두는 한편, 구매자는 검색과 필터링 기능을 통하여 상품정보의 검색을 통하여 구매의사를 결정한 다음 이를 플랫폼에서 제공하는 전자적 계약체결 시스템을 통하여 표시, 전달하고 소정의 결제방식에 따라 계약대금의 지급을 완료한다. 이러한 개별적인 거래관계의 체결과정에서 온라인플랫폼은 구매자의 구매의사를 전자적 방식으로 판매업자에게 전달하며, 플랫폼에서 판매계약이 성사된 경우에는 구매자로 하여금 계약체결 여부를 확인할 수 있는 절차를 제공하고 있다.[7] 한편 온라인플랫폼은 이와 같이 플랫폼서비스를 이용하여 거래관계가 성사된 경우에는 이용수수료 명목의 대가를 지급받는데, 적지 않은 플랫폼에서는 이용사업자로부터만 서비스이용 수수료를 지급받고 있다. 그리고 온라인플랫폼은 비대면거래의 불안전성을 해소하기 위하여 구매자의 결제대금에 관한 신탁자의 기능으로서 이를 예치해 두었다가 구매자에게 판매

6_ 쿠팡이용약관 제3조, 제6조.
7_ 인터파크 이용약관 제27조.

상품의 공급이 이루어졌을 때에 판매업자에게 지급하는 절차를 제공하기도 한다. 또한 온라인플랫폼은 개별 거래가 완료된 후에도 구매자의 이용후기 등을 통하여 판매업자에 대한 사후관리를 수행하며, 불만접수와 분쟁해결의 절차 등을 마련해 둠으로써 자신의 가상공간이 신뢰하고 안전한 Marketplace가 될 수 있는 제도적 장치를 갖추고 있다.

2. 온라인플랫폼의 현실적 기능: 개별거래의 중개와 가상시장의 조성·관리

(1) 온라인플랫폼의 개별거래를 위한 중개활동

온라인플랫폼은 위 II.1.에서 설명한 바와 같이 플랫폼 이용계약을 통하여 판매업자에 대해서는 상품정보의 게시 등을 위하여 플랫폼서비스를 제공하는 한편, 구매자에 대해서는 검색기능을 통하여 원하는 상품의 판매업자를 손쉽게 찾아낼 수 있도록 함으로써 판매자와 구매자를 알선하는 역할을 맡고 있다. 또한 구매자와 판매자 사이에서 계약체결 의사의 전달, 상품명세 등을 포함한 거래내용에 관한 Q&A 절차, 결제대금 예치서비스 등을 통한 안전한 지급절차의 제공, 이용후기의 공개와 구매자의 불만접수 등을 통한 보다 효율적이고 안전한 거래시스템을 제공함으로써 온라인플랫폼은 개별거래의 성사를 위하여 진력하는 중개활동을 수행하고 있다. 거래의 중개과정에서 전통적인 중개인은 의뢰인과의 인적 신뢰관계와 전문적 경험·지식 등에 기초하여 중개활동을 수행해 왔다면, 온라인플랫폼은 정보통신기술의 발달에 따라 컴퓨터의 막대한 저장정보와 빠른 검색·연산기능 등에 의하여 대면의 접촉 없이도 대량의 거래를 신속하고 간편하게 중개하는 기능을 처리하고 있다. 중개상이 그러하듯이, 온라인플랫폼 역시 이와 같은 중개기능에 따라 판매상품에 대한 정보비대칭의 해소와 함께 가격 등 거래조건 등에 관한 투명성을 제고함으로써 거래관계의 효율성과 공정함을 촉신하는 데 긍정적으로 기여하고 있다. 최근의 온라인플랫폼의 비약적 발전은 바로 이러한 긍정적 기능에서 비롯하고 있다고 생각된다.

(2) 온라인플랫폼의 오픈마켓 조성・관리자 기능

한편 온라인플랫폼은 경제적 관점에서 본다면 공급자와 수요자를 한 시장에서 활동하도록 해야 하는 비즈니스모델로서 양면시장(two sided market)의 특징을 갖고 있다고 한다.[8] 이러한 특징에 따라 온라인플랫폼은 간접네트워크의 긍정적 효과, 즉 구매자의 입장에서는 판매자가 많으면 많을수록 원하는 상품을 저렴하게 구입할 수 있는 가능성을 갖게 되며, 판매자 역시 보다 많은 수의 구매희망자가 존재하고 있어서 자신의 상품을 판매할 기회를 높일 수 있는 효과를 얻기 위하여 일정 규모 이상의 판매자와 구매자를 보유하고 있어야 한다. 또한 온라인플랫폼은 시장의 경쟁과정에서 이와 같은 네트워크 효과가 지속적으로 관철될 수 있는 상황을 유지하기 위하여 플랫폼상에서 판매자와 구매자의 경제활동에 꾸준한 영향을 미치게 된다. 다시 말해 플랫폼 운영사업자는 판매업자에 대한 관계에서 중개서비스 이용료의 책정 이외에 판매가격 등 거래조건에 적극적으로 개입하여 많은 규모의 구매자를 자신의 가상시장에 불러 모으기 위한 강한 유인을 받으며 이용계정의 정지와 폐쇄 조치를 포함한 행동규칙 등을 통한 플랫폼의 지배구조를 구축하고자 한다. 또한 구매자와의 관계에서도 온라인플랫폼은 판매업자의 신원확인 및 정보제공, 결제대금의 신탁적 관리, 이용후기와 자율적 분쟁해결절차의 제공 등을 함으로써 비대면거래에 따른 구매고객의 불안함을 감소시켜서 안전하고 신뢰할 수 있는 가상시장을 조성하는 활동을 수행하고 있다. 이와 같이 온라인플랫폼은 자신이 조성・관리하는 마켓플레이스에서 판매업자와 구매자가 많이 모여서 거래기회를 최대한으로 활용할 수 있도록 하기 위하여 판매자와 구매자 전체의 이익에 부합하도록 플랫폼을 운영하는 데에 관심을 기울이고 있으며, 그 과정에서 안전하고

8_ 박미영, "온라인 플랫폼 규제를 위한 플랫폼 작용의 이해 필요성", 「유통법학」 제5권 제2호, 2018, 111면 이하.

신뢰할 수 있는 시장행위를 관철하기 위하여 때에 따라서는 플랫폼이용자 개인의 이해관계에서 벗어나는 중립적 지위를 갖게 된다.[9] 다시 말해 온라인플랫폼은 비대면거래의 불안함을 해소하기 위한 여러 장치와 제도의 운영 이외에 가격정책과 품질관리 등에서 판매업자에 대한 사실상의 영향력 행사, 개별 판매행위에도 영향을 미치는 플랫폼의 이용관계에 대한 통일된 규칙(가령 취소·환불정책)의 마련, 플랫폼의 이용규칙을 위반한 이용자에 대한 계정의 정지·폐쇄조치 등을 취하고 있는데, 이는 온라인플랫폼이 판매자와 구매자 사이의 거래를 중개하는 기능을 넘어서 오픈마켓의 조성과 관리를 위한 rule maker의 역할을 담당하고 있음을 말해 주고 있다.

3. 온라인플랫폼을 둘러싼 3면의 법률관계

온라인플랫폼의 서비스를 이용하여 개별 상품에 대한 판매가 이루어지는 경우에 온라인플랫폼의 비즈니스 모델에 따라 3면의 법률관계, 즉 온라인플랫폼 운영사업자와 이용사업자(판매업자), 온라인플랫폼 운영사업자와 구매자, 이용사업자와 구매자 사이의 법률관계가 이루어진다.[10] 이 중에서 온라인플랫폼을 통한 상품거래에서 플랫폼 운영사업자의 의무와 책임을 밝히기 위해서는 구매자와의 판매계약 당사자가 누구인지를 포함하여 온라인플랫폼 운영사업자의 계약법적 지위에 대한 정확한 파악이 무엇보다 요구된다고 할 것이다.

9_ Engert, Digitale Plattform, AcP 218, 311, 351; Vilgertshofer, Online-Plattform und vertragliche Haftung, 2019, 41면. 우리 나라에서도 온라인플랫폼의 시장관리자 역할과 책임을 강조하고 있는 문헌으로는 서희석, "통신판매중개자의 법적 지위와 책임", 「소비자법연구」 제7권 제1호, 2021, 131면.

10_ 무엇보다 이병준, "전자상거래 플랫폼과 거래관계에 대한 책임", 「소비자법연구」 제5권 제1호, 2019, 15-16면; 서희석, "통신판매중개자의 법적 지위와 책임", 「소비자법연구」 제7권 제1호, 2021, 100-101면.

(1) 온라인플랫폼을 이용한 판매계약의 당사자 확정

먼저, 온라인플랫폼에서 이루어진 개별 상품에 대한 판매행위에서 구매자와의 계약당사자가 누구인가를 확정하는 것이 문제된다. 계약당사자 확정의 일반적 법원리에 따르면 "계약의 성질, 내용, 체결 경위 및 계약체결을 전후한 구체적인 제반 사정을 토대로 상대방이 합리적인 인간이라면 … 누구를 계약 당사자로 이해할 것인가에 의하여 당사자를 결정"하고 있다.[11]

이와 같은 상대방의 합리적 수령자 관점에 따른 계약당사자의 확정 법리를 온라인플랫폼에서 이루어진 상품거래에 적용해 본다면, 유럽에서는 차량공용서비스인 Uber의 계약적 지위와 관련하여 운송계약의 체결과 이용대금의 결정 등에서 Uber의 주도적 역할, 승객과의 대외적 관계에서 Uber의 전면적 등장, 운송서비스 공급자에 대한 Uber의 관리·감독의 이유 등에서 Uber가 자신의 플랫폼을 통하여 차량을 이용하는 고객과의 관계에서 운송계약 당사자의 지위에 있다는 논의가 이루어지고 있다.[12] 우리나라에서도 가령 세탁플랫폼과 같은 경우에는 플랫폼 화면창에의 이용대금에 대한 일률적 게시, 세탁서비스의 신청에서 완성 후 배송까지 일련의 과정에서 플랫폼의 주도적 역할, 세탁플랫폼 포탈사이트의 게시내용 (세탁플랫폼 이용과정의 게시와 플랫폼에 대한 선전과 광고) 등을 고려해 본다면[13] 세탁플랫폼이 세탁서비스를 이용하는 자와의 관

11_ 대법원 1995.9.29. 선고 94다4912 판결; 대법원 2001.5.29. 선고 2000다3897 판결 등 참고. 더 나아가 김형배·김규완·김명숙, 「민법학강의」, 신조사, 2016, 78-79면; 송덕수, 「신민법강의」, 박영사, 2021, 72-73면; 지원림, 「민법강의」, 홍문사, 2021, 212면 참고.

12_ Vilgertshofer, Online-Plattform und vertragliche Haftung, 2019, 50면. 이 같은 해석론에는 이른 바'Uber 스페인 사건'에 대한 유럽사법재판소의 판결이 중요한 영향을 준 것으로 보이는데, 이에 관하여는 이병준·황원재, "승차공용(Ridesharing) 중개서비스와 결합된 운송서비스 제공자로서의 Uber", 「소비자문제연구」 제50권 제1호, 2019, 94면. 더 나아가 황원재·문현지, "차량공유 및 승차공유 서비스에서 플랫폼의 역할과 소비자의 구제방안", 「소비자법연구」 제6권 제1호, 2020, 163면 이하도 참고.

13_ 세탁플랫폼서비스 업체인 '세탁특공대'의 홈페이지 www.getwashswat.com 참고.

계에서 계약당사자라고 해석될 여지가 있다고 생각된다.[14]

그렇지만 이상과 같은 일부의 플랫폼서비스 이용관계를 제외한다면 대량상품의 판매, 숙박시설의 임대, 음식배달 등을 중개하는 대개의 온라인플랫폼은 ① 이용약관과 플랫폼 화면창의 고지내용,[15] ② 온라인플랫폼이 아닌 판매업자가 플랫폼에서 거래되는 상품을 공급하고 있으며, 이에 ③ 플랫폼에서 상품판매가 이루어지는 경우에는 대금의 결제가 비록 플랫폼이 제공하는 지급수단을 이용하더라도 판매업자와 구매자 사이의 지급관계라고 이해하는 일반적 인식내용에 비추어 볼 때에 구매자의 합리적 거래관념에 따르더라도 온라인플랫폼을 플랫폼에서 이루어지는 상품판매의 계약당사자라고 파악하기에는 무리가 있다고 판단된다.[16] 이에 온라인플랫폼은 거래상품의 판매자와 구매자를 온라인상으

14_ 세탁플랫폼이 세탁서비스의 제공 과정에서 다른 세탁업체를 활용하는 경우에는 후자의 세탁업체는 서비스이용자와의 관계에서는 플랫폼의 이행보조자(민법 제391조)로서 파악될 수 있다. 개별적 검토가 있어야 함은 물론이겠지만, Vilgertshofer, Online-Plattform und vertragliche Haftung, 2019, 50, 64, 180면에 따르면 Uber의 운송서비스 외에 세탁, 학습 서비스 플랫폼의 경우에 위와 같은 예외적 해석의 여지가 있다고 서술하고 있다.

15_ 플랫폼의 이용약관 등에서는 플랫폼에서 이루어지는 상품판매의 계약당사자는 플랫폼 운영사업자가 아니라 판매업자라는 사실을 명시해 두고 있으며, 개별 상품의 주문과정에서도 화면창을 통하여 고지되고 있다. 쿠팡이용약관 제26조; 인터파크 이용약관 제26조 참조.

16_ Engert, Digitale Plattform, AcP 218, 314; Vilgertshofer, Online-Plattform und vertragliche Haftung, 2019, 64-66면; 송오식, 「소비자계약법」, 전남대 출판문화원, 2021, 337면. 더 나아가 현행 전자상거래법 제20조 제1항과 관련하여서도 통신판매중개자가 통신판매업자인지 중개자인지의 구별이 불분명한 경우에는 ① 자신의 지위가 통신판매중개자에 불과하여 제3자의 의뢰인에게 책임이 있다는 것을 알기 쉬운 방법으로 고지하고 있는지, ② 대금결제의 과정에서 통신판매중개를 의뢰한 자와의 거래임을 충분히 인식할 수 있도록 조치를 취하고 있는지, 그리고 ③ 통신판매에 따른 사업자의 이익이 단순한 중개수수료의 수익인지 아니면 직접 자신의 (판매)수익인지에 대한 회계처리방법 등을 고려해야 한다는 「전자상거래 등에서의 소비자보호 지침」 II.2. 마.와 바.에 따르더라도 위 본문의 계약해석은 마찬가지라고 생각된다. 이와 달리 중개플랫폼이 판매자와 구매자 사이의 거래관계 형성과 이행에서 주도적 역할을 한다는 점에서 거래당사자가 아니라는 사실의 고지가 충분하게 행해지지 않은 경우에 플랫폼을 구매자의 거래당사자로 취급할 수 있다는 지적으로는 황원재, "온라인 플랫

로 연결하여 이들 사이에서 거래관계가 체결될 수 있도록 플랫폼서비스를 제공하는 중개의 역할을 맡을 뿐이며, 이러한 중개활동을 포함하여 온라인플랫폼 운영사업자와 판매업자 · 구매자의 법률관계는 플랫폼서비스의 이용을 위한 각각의 계약관계에 따라 정해질 것이다.

(2) 온라인플랫폼과 이용사업자(판매업자)의 계약관계에 대한 이해: 중개계약적 구성

온라인플랫폼 운영사업자와 판매업자 사이에서는 위 II.1.에서 소개한 바와 같이 온라인플랫폼의 이용관계가 존재하며, 이러한 계약관계에 기초하여 판매업자는 상품의 판매과정에서 온라인플랫폼의 서비스를 이용함에 따른 권리와 의무를 갖는다. 즉, 판매업자는 회원가입과 이용계정의 개설 후 플랫폼 운영사업자가 제공하는 화면창에 판매상품을 게시하면서 구매희망자에 대한 판매상담을 진행하는 한편 플랫폼 시스템에 의해 전달되는 구매자의 청약에 따라 상품을 공급하는 등 판매계약의 체결과 이행에 필요한 일련의 사무를 직접 또는 플랫폼 운영사업자의 지원하에 처리하는 반면, 판매업자는 이러한 서비스 이용의 대가로서 대개의 경우 플랫폼을 통한 구매자와의 판매계약 성사에 따라 중개수수료 등을 지급하고 있다. 이와 같은 온라인플랫폼 운영사업자와 이용사업자(판매업자) 사이의 플랫폼 이용계약관계에 대하여는 위임, 도급, 위임과 도급의 혼합계약이라고 성질결정(Qualifikation)을 하는 구성도 생각해 볼 수 있다.[17] 그러나 대개의 입장은 플랫폼 운영사업자와 이용사업자의 플랫폼 이용관계를 중개계약으로 파악하고 있다.[18]

폼 책임에 대한 법제도 개선방안—ELI Model Rules의 책임규정과 전상법 개정안을 중심으로", 2021년 제3회 전자상거래법 전부개정 특별세미나 발표집, 5-6면 참고.

17_ 플랫폼 이용관계의 법적 성질에 대한 논의의 개관으로는 정진명, "플랫폼을 이용한 전자거래의 법률문제", 「비교사법」 제24권 제4호, 2017, 1559면; 최지현, "온라인플랫폼 사업자의 민사책임에 관한 연구", 「아주법학」 제12권 제4호, 2019, 152면.

18_ 이미 박수영, "통신판매중개자의 지위 · 의무 · 책임", 「법학연구」 제38집, 2013, 257면; 최나진, "개정 전자상거래소비자보호법상의 통신판매중개자의 지위와 책임", 「외

사건으로도 중개계약적 구성이 타당하다고 여겨지는데, 먼저 대개의 경우에 판매업자는 플랫폼을 통하여 판매계약이 체결된 경우에 비로소 플랫폼 이용수수료를 지급하게 된다는 점에서는 도급과 유사한 측면이 있다고 하겠지만, 플랫폼은 달리 정함이 없는 한 판매업자와 구매자의 거래관계를 성사시켜야 할 의무를 부담한다고는 볼 수 없다는 점에서 플랫폼 이용관계를 도급계약으로 파악할 수는 없다고 생각된다. 다음으로, 플랫폼 이용관계의 위임계약적 구성은 '타인의 사무처리'와 유·무상을 묻지 않는 위임계약의 전형적 내용(민법 제680조, 제686조)에 비추어 그 자체로는 수긍될 수도 있다. 그러나 계약의 성질결정이 계약 당사자의 권리·의무와 책임을 보다 분명히 밝히려는 데에 목적이 있다면,[19] 플랫폼 이용관계를 위임계약이라고 포괄적으로 구성하는 데에 그칠 것이 아니라 플랫폼의 이용관계에 따라 플랫폼 운영사업자가 이용사업자(판매업자)에게 부담하는 서비스의 내용과 의무를 특징적으로 밝혀낼 필요가 있다.[20]

이런 이유에서 플랫폼 운영사업자와 이용사업자 사이의 플랫폼 이용관계는 중개계약으로 구성될 수 있는데, 중개계약이란 타인 사이의 계약이 용이, 신속하게 체결될수록 계약당사자의 선정, 자료수집과 제공 등을 통하여 계약체결의 기회를 제공하여 성사될 수 있도록 진력하는 행위를 그 내용으로 하고 있다.[21] 이때 중개행위란 벼룩시장에의 정보게

법논집」 제40권 제3호, 2016, 109면; 마찬가지로 최지현, "온라인 플랫폼 사업자의 민사책임에 관한 연구", 「아주법학」 제12권 제4호, 2019, 162면. 이 점은 금번 전자상거래법 전부개정법률안을 작성하는 입법과정에서도 분명하게 인식되어 있다고 생각되는데, 앞의 각주 4.에서 소개한 소비자법학회 학술대회 발표집, 13면(석동수 과장의 발표내용) 참고. 이와 비교하여 플랫폼 운영사업자의 중개적 지위에 대하여 소극적 입장으로는 서희석, "통신판매중개자의 법적 지위와 책임", 「소비자법연구」 제7권 제1호, 2021, 112면. 다만 후자의 견해 역시 플랫폼 이용계약의 법적 성질을 중개계약으로 보지 않겠다는 것을 목적으로 하기보다는 단순한 중개기능을 넘어서는 온라인플랫폼의 시장 조성자로서의 역할에 보다 주목하려는 입장이라고 이해된다.

19_ 김형배, 「채권각론 [계약법]」, 박영사, 2001, 274면 이하

20_ 김상중, "데이터 거래와 오픈마켓", 「경영법률」 제31권 제3호, 2021, 299, 310-311면.

21_ 김정호, 「상법총칙·상행위법」, 법문사, 2014, 312면.

시와 같이 막연한 선전 · 정보제공과는 구별되어서 개별 · 구체적 계약관계의 성사를 위하여 계약당사자에게 영향을 주어서 당해 계약을 성사시키려는 목적적 활동을 뜻한다. 물론 온라인플랫폼은 전통적인 중개인과는 달리 대체로 자신의 플랫폼에서 이루어지는 판매계약의 당사자들과 대면의 접촉을 갖지 않으며 인적 신뢰와 전문적 경험 등을 통하여 계약당사자에게 영향력을 미치는 것도 아니다. 그렇지만 온라인플랫폼은 이용사업자(판매업자)의 상품게시, 구매상품의 검색과 필터링 기능, 체약의사의 전달과 매개, 대금결제와 상품의 배송 등 계약이행에 필요한 사무의 처리와 이용후기의 제공 등을 통하여 편리하고 효율적이며 안전한 거래활동의 가능성을 제공함으로써 자신의 플랫폼에서 이루어지는 이용사업자와 구매자 사이의 계약체결을 위하여 조직적으로 활동하고 있는바, 이러한 온라인플랫폼의 활동은 기본적으로는 타인 사이의 계약체결을 위하여 진력하는 중개행위라고 파악하지 않을 수 없다.[22]

플랫폼 이용관계에 따른 온라인플랫폼의 활동을 이와 같이 중개행위라고 파악할 경우에는 이를 영업으로 하는 온라인플랫폼에 대하여 상법상의 중개상(제93조) 규정이 적용될 수 있다는 점에 주목해야 할 필요가 있다. 물론 전자상거래의 특성에 비추어 상법의 중개상 규정 모두가 온라인플랫폼의 중개활동에 적용될 수 있는지는 개별적으로 검토되어야 하겠지만,[23] 무엇보다 중개인의 중립성 원칙,[24] 즉 대립적 이해관계를 갖

22_ 중개행위가 위에서 파악한 바와 같이 개별적, 구체적 계약관계와 관련하여 계약성사를 위한 목적적 활동이라고 파악하는 한, 생활정보제공사이트에 상품을 판매할 의향이 있는 공급자와 그 연락처를 기재만 해 두는 경우 또는 사이버몰 이용허락형 플랫폼과 같이 사이버몰을 제공하면서 판매업자로 하여금 이를 자율적으로 관리하도록 하는 행위는 중개형 플랫폼에는 해당하지 않는다고 할 것이다. 따라서 온라인플랫폼이 중개형 플랫폼으로 인정되기 위해서는 반드시 거래관여형 플랫폼이어야 할 필요는 없지만 공급자를 소개하는 데 그치는 것이 아니라 예를 들어 상품정보의 검색 또는 가격비교 기능 등에 의하여 판매자와 구매자 사이의 거래 성사를 촉진하는 행위라고 볼 수 있는 요소를 갖추고 있어야 할 것이다. 이에 관하여는 고형석, "통신판매중개와 소비자보호", 「유통법연구」 제2권 제2호, 2015, 114, 123면; 송오식, 소비자계약법, 전남대출판문화원, 2021, 333면.

23_ 정진명, "플랫폼을 이용한 전자거래의 법률문제", 「비교사법」 제24권 제4호, 2017,

기 마련인 양 계약당사자를 중개한다는 점에서 중개인에게 요구되는 중립성의 원칙은 온라인플랫폼에 대해서도 그대로 관철되어야 할 것이다. 더욱이 온라인플랫폼은 전통적 중개상과는 달리 개별 거래의 중개활동을 넘어서 위의 II.2.에서 소개한 바와 같이 상품의 공급자와 구매자 집단의 전체적 이해와 입장을 반영하여 가상의 마켓플레이스를 조성·유지해야 할 rule maker 지위도 갖고 있기 때문에, 플랫폼 운영사업자에 대한 중립성의 요청은 더욱 강조된다고 할 것이다.

(3) 온라인플랫폼과 구매자, 이용사업자(판매업자)와 구매자의 법률관계

구매자 역시 판매업자와 마찬가지로 회원가입의 절차를 거친 후 구매상품의 검색, 플랫폼에서 제공하는 Q&A 절차에 의한 상담을 거쳐 구매를 결정하는 경우에는 이를 플랫폼에 의하여 판매업자에게 전달하도록 하고 구매계약이 체결된 후에도 결제대금의 예탁과 불만사항의 접수 등과 같은 일련의 플랫폼서비스를 이용하게 된다. 이러한 온라인플랫폼과 구매자의 플랫폼 이용관계 역시 구매자의 판매업자와의 개별 거래관계를 안전하고 편리하게 성사시키기 위한 의식적 활동을 내용으로 한다는 점에서 중개관계라고 이해된다.[25] 물론 판매업자와의 플랫폼 이용관계와 달리 온라인플랫폼은 구매자에 대한 관계에서는 (회원가입과 구매활동에 필요한 인적 데이터의 제공 외에) 개별 구매의 중개행위에 따른 수수료 등을 지급받지 않는 경우가 많다. 그러나 이러한 현황은 수요공급의 경직성과 높은 네트워크 효과의 유지를 위하여 판매업자와 비교해 구매자를 우대하지 않을 수 없는 시장관계를 반영한 것이며, 플랫폼 운영사업자와 구매자의 플랫폼 이용계약을 중개관계라고 파악하는 데에 변화를 주지는 않는다고 생각된다.[26] 이러한 플랫폼 이용의 중개관계에 따라 온라

1573면; 최지현, "온라인플랫폼 사업자의 민사책임에 관한 연구", 「아주법학」 제12권 제4호, 2019, 161면.

24_ 김성호, 「상법총칙·상행위법」, 법문사, 2014, 513면.

25_ 정진명, "플랫폼을 이용한 전자거래의 법률문제", 「비교사법」 제24권 제4호, 2017, 1573면 (위임계약).

인플랫폼이 자신의 플랫폼에서 이루어지는 상품거래와 관련하여 구매자에 대하여 부담하는 주의의무의 내용이 특히 중요하며,[27] 바로 그 내용에 입각하여 금년에 입법예고된 전자상거래 전부개정안이 검토되어야 할 것인데 이에 관하여는 아래 Ⅲ.2.에서 서술하도록 하겠다. 한편 플랫폼을 이용하는 이용사업자(판매업자)와 구매자는 원칙적으로 플랫폼를 매개로 한 거래활동의 계약당사자라고 해석된다.

Ⅲ. 온라인플랫폼상의 상품판매를 둘러싼 플랫폼의 계약법적 의무와 책임

1. 온라인플랫폼 이용관계의 계약법적 분석

플랫폼에서 상품의 거래를 위한 플랫폼 서비스 이용을 내용으로 하는 계약관계는 Ⅱ.1.에서 소개한 바와 같이 크게 보았을 때에 회원가입의 기본약정 단계와 이에 기초하여 개별 거래관계를 맺기 위해 일련의 플랫폼 서비스를 이용하는 단계로 나누어볼 수 있다. 전자의 회원가입을 통한 기본이용약정은 플랫폼을 이용하려는 판매업자, 구매(희망)자가 플랫폼이 제시하는 이용약관에 동의하면서 청약의 의사표시를 하게 되면 플랫폼 운영사업자가 이를 승낙하는 방식으로 이루어진다. 이때 온라인플랫폼은 이용희망자가 회원가입의 청약을 해 온다면 신청자에게 특별한 사정이 없는 한 이를 승낙하도록 이용약관에서 정하고 있는 경우도

26_ 참고로 상법 제100조 제2항에 따르면 중개인의 보수는 당사자 쌍방이 균분하여 부담한다고 규정하고 있는데, 이 규정은 임의규정으로 이해되고 있다.

27_ 한편 앞의 Ⅱ.3.(1)에서 소개한 바와 같이 온라인플랫폼이 구매자와의 관계에서 예외적으로 플랫폼에서 이루어지는 개별거래의 당사자라고 파악되는 경우에는 플랫폼은 구매자와의 계약관계에서 판매업자를 이행보조자(민법 제391조)로서 활용하는 것으로 평가된다. 따라서 판매업자가 구매자에게 공급한 판매상품에 하자가 있는 경우에 온라인플랫폼은 구매자에 대하여 계약위반의 책임을 부담하게 될 것이다.

많다.[28] 기본이용약정에 따라 온라인플랫폼은 이용자가 플랫폼 서비스를 이용할 수 있도록 인프라를 갖추어 시스템 제공의 상태를 갖추고 있어야 할 의무를 부담하게 된다.

이상과 같은 기본이용약정하에서 판매업자와 구매(희망)자는 플랫폼상에서 상품의 주문과 접수, 대금결제 등과 같이 개별 계약의 체결과 이행을 위하여 플랫폼 서비스를 이용하게 된다. 이때 개별 거래의 성사를 위한 플랫폼 서비스의 개별 이용관계를 계약법적으로 파악할 때에는 2가지의 구성가능성이 있을 수 있다. 그 하나는 기본이용약정에 따른 온라인플랫폼의 급부내용의 구체화, 다시 말해 기본이용약정이라는 하나의 계약에 따라 온라인플랫폼이 이용자에게 제공해야 하는 서비스내용을 개별거래 과정에서 구체화(급부내용의 특정)한다고 구성하는 방법이 있고, 다른 구성방법으로는 기본이용약정 외에 그에 부수하여 개별거래의 성사를 위한 개별이용약정이 존재한다고 파악하는 가능성이다. 물론 어떠한 구성방식에 따르더라도 온라인플랫폼 운영사업자의 플랫폼 이용자에 대한 의무와 책임이 달라지지는 않을 것으로 생각된다. 다만 ① 기본이용약정은 플랫폼 운영사업자로 하여금 서비스 인프라를 구비하여 이용자가 이를 이용할 수 있는 준비상태를 갖추고 있을 의무를 성립시킬 뿐이며, 개별이용 관계에 들어가서야 플랫폼의 서비스 내용이 비로소 현실화된다는 점, ② 플랫폼의 이용을 둘러싼 플랫폼 운영사업자의 역할과 이용자의 지위 역시 개별거래를 위하여 플랫폼을 이용하는 내용에 따라 달라질 수 있으며, 이에 플랫폼 운영사업자의 이용자에 대한 의무와 책임 역시 개별 이용관계에서 정해질 수 있다는 점,[29] 그리고 ③ 플랫폼 서비스의 이용에 따른 수수료 등의 대가지급 의무의 발생이 개별거래를 위한 개별이용단계에서 인정된다는 점 등을 고려한다면, 사견으

28_ 쿠팡이용약관 제6조.

29_ 이 같은 내용은 금번 전자상거래법 전부개정안에서 규정한 바와 같이, 하나의 중개형 플랫폼에서 플랫폼 이용자의 상품을 중개판매하는 형태 외에 위탁매매 등의 형식으로 직접판매하는 형태가 있음을 생각해 보면 손쉽게 이해할 수 있다.

로는 후자의 2단계 구성방식에 따라 기본이용약정하에서 개별거래의 체결과 이행을 목적으로 하는 별도의 부수적 이용약정이 맺어진다고 파악하고자 한다.[30] 개별거래를 위한 플랫폼의 이용약정은 기본이용약정을 맺은 구매자가 상품 구매를 위하여 시스템상에 주문의사를 입력하여 청약의 의사를 표시하게 되고 플랫폼 운영사업자가 이용절차에 따라 주문의사를 확인함으로써 승낙하거나 또는 판매업자인 이용사업자에게 이를 전달하는 실행행위(민법 제532조 참조)에 의하여 성립한다고 할 것이다. 온라인플랫폼이 개별거래를 위한 이용약정에 따라 이용자, 특히 구매자에게 부담하는 주의의무의 내용은 플랫폼 이용약정이 중개계약의 성질을 갖고 있는 한(위의 II.3.) 바로 아래와 같이 구체화될 수 있을 것이다.

2. 개별 거래를 위한 플랫폼 이용에 따른 운영사업자의 주의의무

온라인플랫폼에서 거래된 판매상품의 하자 등을 이유로 한 운영사업자의 구매자에 대한 계약책임 인정 여부가 개별이용 과정에서 플랫폼의 주의의무에 관한 핵심문제라고 생각된다. 이와 관련하여 온라인플랫폼의 중개 역할을 전제로 할 경우에 온라인플랫폼에 대해서는 구매자에 대한 관계에서 플랫폼을 통한 판매계약의 당사자 지위에 따른 계약위반 책임이 원칙적으로 인정되지 않을 것이다. 이에 플랫폼 운영사업자와 구매자 사이에 존재하는 플랫폼 이용약정(중개약정)에 따라 온라인플랫폼이 구매자에게 부담하는 주의의무의 내용이 무엇인지에 관하여 검토해야 할 필요가 있다.

우선, 중개인의 지위 일반과 관련하여 중개인은 별도의 특약이 없는 한 중개행위를 통하여 의도하던 계약이 체결된 경우에 비로소 중개료

30_ Vilgertshofer, Online-Plattform und vertragliche Haftung, 2019, 155-158면; 김상중, "데이터 거래와 오픈마켓", 「경영법률」 제31집 제3호, 2021, 299, 306면. 이 논문의 심사과정에서 플랫폼 이용을 위한 기본이용약정과 개별 거래를 위한 개별적 이용관계를 구분할 필요가 없지 않는가 하는 심사의견이 제시되었으나, 필자는 위의 논거에 따라 원래의 입장을 유지하고자 한다.

지급청구권을 갖게 되며 이에 중개행위에 진력해야 할 주된 의무를 부담하지는 않는다고 이해되고 있다.[31] 또한 중개인의 중립적 지위에 따라 중개인은 자신이 중개하는 계약의 일방 당사자가 제공하는 정보를 상대방에게 그대로 전달하면 족하며, 중개 목적물에 관하여 스스로 점검 · 조사해야 할 적극적 의무를 부담하지는 않는다. 따라서 당사자 일방이 계약목적(물)에 관한 허위 · 과장의 정보를 제공한 경우에도 중개인은 해당 정보를 단순히 전달하고 있다는 사정을 밝히면서 자신의 책임하에 그 진위 여부를 확인하였다는 인상을 주지 않는 한 상대방에게 허위정보에 대하여 책임지지 않는다. 물론 중개목적물에 대한 중개인의 점검 · 조사의무는 법률 또는 당사자의 약정으로 정해질 수 있겠는데,[32] 온라인플랫폼의 경우에는 이용사업자에 의한 상품정보의 게시, 플랫폼을 이용하는 이용사업자와 게시된 상품정보의 막대한 양 등에 비추어 현실적으로 플랫폼 운영사업자로 하여금 게시정보의 허위 여부, 즉 판매상품과의 부합 여부를 점검, 조사할 것을 기대할 수는 없을 것으로 생각된다. 따라서 중개인의 지위 일반에서와 마찬가지로 온라인플랫폼은 플랫폼을 매개로 판매되는 상품에 대한 점검의무 내지 중개목적물에 관한 게시 정보의 실증, 확인의무를 부담하지는 않는다.

그러나 이와 같은 점검 · 확인의무의 원칙적 부정에도 불구하고 ① 판매업자(이용사업자)의 구매자 오인(誤認) 정보에 대한 플랫폼의 적극적 조치의무가 개별적으로 인정되는 경우와 ② 플랫폼 자신의 판매상품에 대

31_ 김정호, 「상법총칙 · 상행위법」, 법문사, 2014, 315면. 부동산중개계약에서 이와 같은 내용의 설명으로는 김상명, "부동산중개계약에 관한 연구 (1)", 「법학연구」 제25집, 2007, 161면; 나아가 김봉수, "공인중개사의 중개행위로 인한 책임판단", 「민사법학」 제80호, 2017, 164-6면.

32_ 이런 점에서 공인중개사가 중개의뢰를 받은 경우에 중개대상물에 대한 확인 · 설명의무를 부담하도록 하는 공인중개사법 제25조의 규정은 위임 유사의 특수한 성격에 따라 중개의뢰인의 보호 등을 위한 특별규정이라고 이해된다. 이에 관하여는 부동산중개계약에서 이와 같은 내용의 설명으로는 김상명, "부동산중개계약에 관한 연구 (2)", 「법학연구」 제26집, 2007, 91면; 나아가 김봉수, "공인중개사의 중개행위로 인한 책임판단", 「민사법학」 제80호, 2017, 173-4면.

한 구매자 오인진술 금지의무 위반이 인정되는 경우에는 구매자에 대한 플랫폼 운영사업자의 주의의무 위반이 인정될 수 있다고 생각된다.[33] 먼저, 온라인플랫폼이 판매업자(이용사업자)에 의해 게시된 상품정보가 허위임을 이미 알고 있거나 허위가 명백하여 현저함에도 구매자의 오인(誤認)을 방지하는 데에 합리적으로 기대되는 조치를 취하지 않음으로써 허위정보로 인한 구매자의 손해가 발생한 경우에 운영사업자의 구매자에 대한 플랫폼 이용약정상의 주의의무 위반에 따른 배상책임을 인정할 수 있다고 생각된다. 판매업자의 구매자 오인정보에 대한 플랫폼의 이 같은 적극적 조치의무는 저작권 등의 침해행위에 대한 온라인서비스제공자의 불법행위책임에 관한 대법원 판결례[34]에서도 수용되고 있는 통지 · 삭제조치(notice and take down)[35]를 플랫폼상의 허위 · 부실의 상품정보에 따른 계약책임 여부에서 수용하고 있는 것이다.[36] 또한 플랫폼의 거래실무를 살펴보면 플랫폼 운영사업자는 이용약관을 통하여 유통불가의 재화 등에 대해서는 이용사업자로 하여금 판매행위를 금지시키며

33_ Engert, Digitale Plattform, AcP 218, 329-330; Vilgertshofer, Online-Plattform und vertragliche Haftung, 2019, 8, 200면 이하.

34_ 대법원 2010. 3. 11. 선고 2009다4343 판결(…온라인서비스제공자가 …제공하는 인터넷 게시공간에 게시된 저작권 침해 게시물의 불법성이 명백하고, 위 서비스제공자가 위와 같은 게시물로 인하여 저작권을 침해당한 피해자로부터 구체적 · 개별적인 게시물의 삭제 및 차단 요구를 받은 경우는 물론, 피해자로부터 직접적인 요구를 받지 않은 경우라 하더라도 그 게시물이 게시된 사정을 구체적으로 인식하고 있었거나 그 게시물의 존재를 인식할 수 있었음이 외관상 명백히 드러나며, 또한 기술적, 경제적으로 그 게시물에 대한 관리 · 통제가 가능한 경우에는, 위 서비스제공자에게 그 게시물을 삭제하고 향후 같은 인터넷 게시공간에 유사한 내용의 게시물이 게시되지 않도록 차단하는 등의 적절한 조치를 취하여야 할 의무가 있…); 대법원 2019.2.28. 2016다271608 판결.

35_ 안효질, "언론매체로서의 인터넷: 인터넷 포털 사이트의 타인 기사의 책임과 그 한계", 「언론과 법」 제5권 제1호, 2006, 339면; 손승우, "저작권 공정이용 제도의 개혁 논의: 온라인서비스제공자의 삭제통지 절차 및 저작권 침해 판단을 중심으로", 「국제거래법연구」 제23집 제2호, 2014, 263면.

36_ 바로 위와 같은 법리에 따라 오픈마켓 운영자의 상표권 침해 게시물에 대한 불법행위 책임 여부를 판단할 수 있다는 판시로는 바로 위 법리의 적용을 인정한 대법원 2012. 12. 4.자 2010마817 결정.

이를 위반하는 경우 이용사업자에 대한 제재조치를 규정하고 있다.[37] 이 같은 약관조항은 아래 Ⅲ.3.에서 상술하듯이 가상시장에서 적법한 유통 질서를 확보하기 위한 온라인플랫폼의 시장조성 · 관리자로서의 역할을 반영하고 있다. 이러한 역할에 비추어 플랫폼 운영사업자는 중개하는 상품의 하자가 알려져 있거나 명백하여 현저한 경우에는 구매자의 정당한 이익을 보호하기 위하여 판매상품의 게시중지 등 적극적 조치를 취해야만 하고 상당한 기간 내에 이러한 조치를 취하지 않음으로써 구매자에게 손해를 야기한 경우에는 이를 배상해야 할 책임을 부담한다고 생각된다.[38]

다음으로, 플랫폼 운영사업자가 판매업자로 하여금 상품정보를 가상공간에 게시하도록 하는 것에 그치지 않고 특정상품에 관하여 '엄정선정'또는 '자체검수' 등의 표현을 사용하면서 플랫폼 스스로 중개상품을 적극적으로 선전 · 광고하는 경우가 있다. 이러한 경우에 중개상품의 광고내용이 허위 · 부실이라고 판명되어서 제공된 상품이 계약내용에 합치되지 않는 때에는 온라인플랫폼 역시 광고행위의 주체로서 구매자의 손해에 대하여 허위 · 부실광고에 따른 배상책임을 부담하여야 할 것이다. 이는 플랫폼 사업자가 플랫폼상에 타인이 게시, 유통한 정보이더라도 이를 플랫폼 자신이 선별, 관리 · 통제하는 절차를 거쳐 자신의 책임하에 해당 정보를 활용하고 있는 한 그 정보의 잘못에 따른 책임을 부담해야 한다는 법리[39]를 판매업자의 허위 상품정보에 대한 플랫폼의 계약

37_ 가령 쿠팡서비스이용약관-사업자용 제8조; G마켓 판매회원 약관 제30조 등.

38_ 아마도 이와 유사한 접근태도라고 여겨지는 견해로는 고형석, "통신판매중개자의 책임에 관한 연구", 「법학법고」 제32집, 2010, 147면(중개의뢰자가 제공한 정보의 허위 · 과장에 대하여 플랫폼 운영사업자가 고의, 중과실로 알지 못한 경우에 대한 책임의 인정). 또한 유통불가 재화의 플랫폼 내 판매금지와 관련하여 "판매자의 적법성 확보에 관한 (플랫폼 운영사업자의) 주의의무"라고 파악하면서 이를 입법하자는 제안으로는 서희석, "통신판매중개자의 법적 지위와 책임", 「소비자법연구」 제7권 제1호, 2021, 134면.

39_ '타인 정보의 자기화(Sich-zu-eigen-machen fremder Informationen)'라는 독일의 법리로서 BGHZ 209, 139, BGH NJW-RR 2010, 1276. 온라인플랫폼 책임에의 활용으로

책임에 반영하는 것인바, 플랫폼 자신의 잘못된 추천행위 등에 따른 자기책임이라는 점에서 법리적으로 별다른 의문은 없을 것이라고 생각된다.[40] 이상과 같이 이용사업자의 오인정보에 대한 플랫폼 운영사업자의 적극적 조치의무, 플랫폼 운영사업자 자신의 구매자 오인진술 금지의무는 이미 유럽법연구소(EL)의 온라인플랫폼모델법 제9조, 제22조[41]에서

는 Vilgertshofer, Online-Plattform und vertragliche Haftung, 2019, 71, 212면 이하; 더 나아가 유럽 디지털서비스법안 제5조 제3항에서 이 같은 법리의 반영에 관하여는 이병준, "유럽연합 디지털 서비스법을 통한 플랫폼 규제", 「소비자법연구」 제7권 제2호, 2021, 186-7면.

40_ 물론 어떠한 경우에 플랫폼 운영사업자가 중개상품에 관하여 플랫폼 자신이 책임져야 할 광고, 추천행위를 하였는지의 판단이 어려운 문제라고 생각된다. 이와 관련하여 사이버몰 운영자가 입점업체의 광고행위에 대하여 공동으로 또는 입점업체와 독립하여 광고행위의 주체로서 표시 · 광고의 공정화에 관한 법률에 따른 책임을 지는지에 관한 대법원 2005. 12. 22. 선고 2003두8296 판결("사이버몰 운영자가 입점업체의 광고행위에 대하여 입점업체와 공동으로 또는 입점업체와 독립하여 광고행위의 주체로서 행정적 책임을 지는지 여부는 사이버몰 운영자와 입점업체 사이의 거래약정의 내용, 사이버몰 운영자의 사이버몰 이용약관의 내용, 문제된 광고에 관하여 사이버몰 운영자와 입점업체가 수행한 역할과 관여 정도, 광고의 구체적 내용은 물론 광고행위의 주체에 대한 소비자의 오인가능성 등을 종합하여 구체적 · 개별적으로 판단하여야 한다") 참고.

41_ 위 모델법안 소개와 내용에 관하여는 김상중 · 이병준 · 황원재 · 정신동 · 박미영, "유럽법연구소(European Law Institute) 보고서: 온라인 플랫폼 모델법", 「소비자법연구」 제7권 제1호, 2021, 383면. 위 본문에서 소개한 각 규정의 내용은 아래와 같다.

ELI 온라인 플랫폼 모델법 제9조 [이용자에 의해 주어진 오인 정보에 대한 조치의무]
① 플랫폼 운영자는, 다른 법이 달리 규정하고 있지 않는 한, 플랫폼에서 공급자 또는 고객에 의해 게시된 정보를 모니터링 할 의무를 부담하지 않는다.
② 공급자가 자기 자신 또는 자신이 제공하는 물품, 서비스 또는 디지털콘텐츠에 대해 오인정보를 플랫폼에서 게시하였고, 플랫폼 운영자가 이에 대한 고지를 받은 경우, 플랫폼 운영자는, 공급자와의 협력하에, 오인을 유발하는 정보를 수정 및 제거하거나 차단하는 합리적인 조치를 취해야 한다. 또한 플랫폼 운영자는 플랫폼에서 공급자와 계약을 체결하는 과정에 들어갔고, 그러한 오인 유발 정보에 의해 영향을 받을 수 있는 고객에게 합리적이고 상당한 통보 조치를 취해야 한다.

제22조 [플랫폼 운영자에 의한 오해의 소지가 있는 진술] 플랫폼 운영자가 공급자 또는 고객, 공급자가 제공하는 재화, 서비스 또는 디지털 콘텐츠 또는 공급자 · 고객 계약의 다른 조건에 대해 잘못된 진술을 한 때에는, 플랫폼 운영자는 이러한 잘못된 정보로 고객이나 공급자에게 발생한 손해에 대하여 책임을 진다.

도 제안되고 있다는 점에서 온라인플랫폼의 중개비즈니스 모델에 비추어 그 합리적 타당성을 널리 인정할 수 있다고 할 것이다.

3. 기본이용약정과 가상시장의 관리주체로서 온라인플랫폼의 의무와 책임

온라인플랫폼과 이용자는 약관을 활용하여 플랫폼 이용을 위한 기본이용약정을 맺게 되는데, 기본이용약정에 따라 플랫폼 운영사업자는 이용자에 대하여 온라인시스템을 이용함에 있어서 해킹, 바이러스 등으로부터 보호받을 수 있는 기술장치를 강구하여야 하며 상품거래에서 프로그램을 편하게 이용할 수 있도록 화면창 등을 조성해야 할 책임을 부담하게 된다. 또한 플랫폼이라는 비대면거래에서 비롯되는 익명성, 접촉의 일회성, 권리실현의 곤란함 등에 따른 계약위반의 기회주의적 행태의 위험증가에 대응하여 안전하고 신뢰할 수 있는 시장질서 확립을 위한 시장의 조성 · 관리자로서 온라인플랫폼의 의무와 책임 역시 중요하다고 할 것이다.[42] 이 같은 시장관리자로서의 의무와 책임은 간접 네트워크의 긍정적 효과를 도모하여 신뢰할 수 있는 마켓플레이스를 형성 · 유지하려는 플랫폼 자신의 이해관계와도 부합하는데, 예를 들어 플랫폼에 의한 결제자금의 신탁적 관리(결제대금예치서비스), 이용후기와 고객불만의 접수 등을 들 수 있겠다. 또한 2021년 전자상거래법 전부개정안에서도 제안된 바로서 검색결과 순위결정 주요기준 표시와 이용후기 수

42_ Engert, Digitale Plattform, AcP 218, 352. 마찬가지로 서희석, "통신판매중개자의 법적 지위와 책임", 「소비자법연구」 제7권 제1호, 2021, 126면 이하. 물론 아래에서 개별적으로 소개할 온라인플랫폼의 시장 조성 · 관리자로서의 의무와 책임이 순전히 사법상(私法上)의 성격을 갖는 것인지 아니면 전자상거래법에 의한 공법적 규제에서 비롯한 것인지에 관하여는 이론적으로 논의할 여지가 있다고 생각된다. 플랫폼에게 부과되는 의무의 개별 내용에 따라 구체적으로 판단되어야 할 바이지만, 예를 들어 플랫폼 운영사업자에 의한 판매업자(이용사업자)의 신원 관련 정보에 대한 확인의무는 사견으로는 가상공간인 플랫폼의 집단적 이용관계를 규율하는 사법상의 법률관계에서 비롯한 의무라고 파악할 수 있겠다.

집 · 처리 정보공개와 같이 플랫폼 운영사업자의 정보 투명성 확보 조치(개정안 제30조, 제16조), 온라인플랫폼 운영사업자에 의한 이용사업자(판매업자)의 신원 관련 정보에 대한 확인의무와 그 위반에 따른 민사책임(현행 전자상거래법 제20조 제2항, 제20조의2 제2항, 개정안 제24조 제3항, 제25조 제2항) 역시 플랫폼 운영사업자의 가상시장 관리자로서의 책임을 반영한 개별적인 의무내용이라고 생각된다. 더 나아가 플랫폼 내의 상품판매에 따른 분쟁해결절차의 운영(현행 전자상거래법 제20조 제3항, 개정안 제28조),[43] 소비자피해 구제를 위한 소비자피해보상보험계약 체결의 권고 역시 위와 같은 맥락에서 이해할 수 있겠는데, 이 같은 가상시장의 rule maker 역할에 따른 플랫폼의 구매이용자에 대한 의무와 책임에 대하여는 아래 Ⅳ.3.과 4.에서 개정안의 해당 규정을 분석하면서 함께 언급하도록 하겠다.[44]

43_ 통신판매중개업자의 분쟁해결의무가 중개거래시스템의 설계 · 운영자로서 중재역할에 따른 의무라는 지적으로는 서희석, "통신판매중개자의 법적 지위와 책임", 「소비자법연구」 제7권 제1호, 2021, 113-4면.

44_ 이 논문의 심사과정에서 플랫폼이 온라인상에 판매자가 제공하는 상품의 정렬과 평점공개 등의 측면에서 고객에게 유리한 정보를 제공하여야 하며, 이는 플랫폼의 중개적 지위로는 설명될 수 없으며 고객을 보호하기 위한 플랫폼의 시장 조성 · 관리자의 지위에서 설명될 수 있을 뿐이며 이런 점에서 플랫폼 이용과정에서 플랫폼의 고객에 대한 채무불이행 또는 불법행위책임은 후견적 관점으로만 설명될 수 있다는 심사의견이 제기되었다. 물론 중개적 지위와 시장 조성 · 관리자의 지위가 엄격하게 분리될 수 있다고는 생각하지 않지만(위 Ⅲ.3. 하단 본문 참고), 굳이 위 심사의견의 논지와 관련하여 개인적 의견을 밝히자면 판매상품의 정렬과 평점공개 등에서 플랫폼에게 요구되는 객관성 · 공정성의 유지의무는 위 Ⅲ.2.에서 나름대로 피력한 바와 같이 판매자와 구매자 양 진영을 중개해야 하는 중개적 지위와 무관하다고 생각되지 않으며 이런 한도에서는 중립성의 의무를 굳이 후견적 관점으로만 설명해야 할 필요는 없지 않을까 생각된다.

IV. 온라인플랫폼 이용관계의 계약법적 분석에 따른 전자상거래법 개정안의 분석과 제안

1. 전자상거래법 개정안에 따른 온라인플랫폼의 주요 의무와 책임 내용

온라인플랫폼을 이용한 전자상거래의 비약적 발전에 따라 플랫폼 거래를 중심으로 전자상거래 법제를 전면적으로 새롭게 규율해야 할 필요성이 강조되었다. 또한 플랫폼에서 이루어지는 거래활동에 대한 온라인플랫폼의 상당한 영향력 등에 따라 2021년 공정거래위원회가 제안한 개정안은 플랫폼 중심의 전자상거래법제의 구성체계 개편과 더불어 구매소비자의 보호를 위하여 이용사업자(판매업자) 이외에 플랫폼 운영사업자의 구매 이용자에 대한 의무와 책임의 강화를 주된 내용으로 하는 규정을 마련하였다.[45] 플랫폼 내에서 이루어지는 거래활동에 따른 플랫폼 운영사업자의 구매자에 대한 주의의무를 다루는 이 글의 목적에 따라 개정안의 주요내용을 열거해 보면, 먼저 개정안은 온라인플랫폼 서비스를 크게 3가지 유형, 즉 정보교환매개 서비스, 연결수단제공 서비스, 그리고 중개서비스[46]로 나누고 있다. 이러한 유형화에 따라 특히 중개서비스 플랫폼에 대해서는 개정안은 ① 플랫폼 운영사업자의 신원정보 제공의무(개정안 제24조 제1항), ② 이용사업자(판매업자)의 신원 관련 정보 확인의무와 그 위반에 따른 손해배상책임(개정안 제24조 제3항, 제25조 제2항),

---

45_ 개정안의 마련 경위와 개별적인 개정내용에 관하여는 각주 4에서 인용한 소비자법학회 학술대회 발표집 참조.

46_ 위와 같은 유형 분류에 관하여는 앞의 각주 4에서 인용한 소비자법학회 학술대회 발표집, 13, 28, 51면(석동수 과장님 발표문, 김세준 교수님과 서종희 교수님 토론문); 그리고 정신동, "규제대상으로서 온라인 플랫폼의 범위", 한국소비자법학회 전자상거래법 특별세미나(2021. 5. 28.) 발표문, 8, 13면 참고. 개인적으로는 위와 같은 표현의 적합성, 특히 연결수단 제공형 플랫폼의 거래관여 행위가 중개행위의 개념에 해당하지 않는다는 인상을 가져다주는 이와 같은 표현의 적합성에 관하여는 의문이 없지 않다.

③ 직접판매와 중개판매의 명시에 따른 소비자 혼동방지의무와 그 위반에 따른 손해배상책임(개정안 제24조 제2항, 제25조 제1항), ④ 청약접수 · 대금수령 등의 거래관련 사무처리와 그 위반에 따른 손해배상책임(개정안 제24조 제4항, 제25조 제4항), ⑤ 플랫폼 자신 명의의 판매상품에 대한 표시 · 광고, 공급 또는 계약서 교부행위가 있는 경우에 소비자의 손해에 대한 배상책임(개정안 제25조 제3항), ⑥ 청약접수 · 대금수령 등의 중요 업무 수행에 관한 이용사업자의 의무 대행처리와 그 위반에 대한 손해배상책임(개정안 제26조), ⑦ 이용후기 · 검색순위 결정기준 등의 정보 투명화 조치의무, ⑧ 분쟁해결의무와 소비자기만 등의 금지와 피해보상을 위한 준비(개정안 제28조, 제31조, 제33조) 등을 제안하고 있다.

2. 중개플랫폼 책임귀속의 근거 · 내용의 불명확성

먼저, 개정안은 거래중개형 플랫폼으로 하여금 자신이 직접 제공하는 재화 등의 상품인지 아니면 플랫폼 이용사업자(판매업자)가 제공하는 재화 등의 상품인지를 명확히 구분, 표시하여야 하고(개정안 제24조 제2항), 이러한 직판 · 중개판매 여부를 표시하지 아니한 때에는 플랫폼 이용사업자의 잘못으로 소비자에게 발생한 손해에 대하여 플랫폼 운영사업자가 이용사업자와 연대하여 배상할 책임을 진다(개정안 제25조 제1항)고 규정하고 있다. 이 규정은 현행 전자상거래법에서 플랫폼에 의한 거래당사자 혼동방지의무를 규정한 제20조 제1항, 제20조의2 제1항의 내용을 플랫폼 거래관계에서 수정, 변형하여 제안한 규정이다. 이와 관련하여 우선적으로 지적할 바는 플랫폼을 통한 거래관계에서는 3면의 법률관계가 형성되기 때문에 플랫폼의 중개활동 과정에서 플랫폼의 중개역할을 명시하고 이로써 플랫폼을 통해 상품을 구매하려는 이용자로 하여금 자신의 거래 상대방이 누구인지에 대한 혼동을 미연에 방지하는 것은 반드시 필요하다.[47] 유럽법연구소의 모델법 제13조, 제19조에서도 이런 취지에 따라 플랫폼으로 하여금 중개역할을 명시하도록 규정하고 있다는 점에서 직판·중개판매 여부를 명시하도록 한 개정안 제24조 제2항, 제25조 제1항은 그 취지 자체에서는 별다른 의문이 없다. 다만 입법기술적 측면에서 보았을 때에 위 개정안은 '직판·중개판매'라는 오인방지에 필요한 (중요하지만) 한 요소만을 표현하고 있을 뿐이며, 이에 현행 제20조 제1항, 제20조의2 제1항의 포괄적 문언("자신이 … 판매의 당사자가 아니라는 사실을 소비자가 알기 쉽도록 … 미리 고지")과 비교하여 (혼동방지의무 위반에 따른) 플랫폼의 외관책임에 대한 보다 명시적인 근거로서 기능하는 데에는 표현상의 한계를 갖고 있다는 지적을 받고 있다.[48]

다음으로, 금번 개정안에서 플랫폼의 책임과 관련하여 가장 중요한 제안은 개정안 제25조 제3항이라고 할 수 있겠는데, 그에 따르면 "온라인 플랫폼 운영사업자는 자신이 운영하는 온라인 플랫폼을 통하여 재화 등의 거래를 중개하는 경우 자신의 명의로 재화 등을 표시·광고 또는 공급하거나 자신의 명의로 계약서(계약내용에 관한 서면을 포함한다)를 교부한 때에는 온라인 플랫폼 이용사업자의 고의 또는 과실로 소비자에게 발생한 손해에 대하여 온라인 플랫폼 이용사업자와 연대하여 배상할 책

47_ 현행 전자상거래법 제20조 제1항에 따른 중개역할의 명시에 따른 소비자의 혼동방지에 관하여는 송오식, 「소비자계약법」, 전남대 출판문화원, 2021, 338면; 고형석, "통신판매중개와 소비자보호", 「유통법연구」 제2권 제2호, 2015, 121면; 서희석, "통신판매중개자의 법적 지위와 책임", 「소비자법연구」 제7권 제1호, 2021, 104-6면.

48_ 각주 4.에서 인용한 소비자법학회 학술대회 발표집, 31, 36, 94, 98면 (김세준 교수님, 정신동 교수님과 황원재 교수님 토론문) 참고. 물론 개정안 제24조 제2항을 마련하는 과정에서는 개정안 제24조 제4항(거래 과정에서 수행하는 플랫폼의 업무내용에 대한 특정과 표시의무)의 신설을 함께 도모하여 플랫폼에서 이루어지는 거래활동에서 플랫폼의 역할을 보다 세분하여 분명히 하고자 하였으며, 이를 통하여 통신판매중개업자의 중개역할 고지만으로 손쉽게 책임을 면하는 현행 제20조 제1항의 규정을 대체할 것을 의도하였다고 한다[앞의 각주 4의 소비자법학회 학술대회 발표집, 17, 85면 (석동수 과장님 발표문과 배현정 서기관님 토론문) 참고]. 현행 제20조 제1항의 실효성 여부에 대한 비판은 잘 알려져 있지만(고형석, "통신판매중개와 소비자보호", 「유통법연구」 제2권 제2호, 2015, 131면; 정진명, "플랫폼을 이용한 전자거래의 법률문제", 「비교사법」 제24권 제4호, 2017, 1575면), 이와 같은 직판·중개판매의 고지의무와 같은 표현 수정만으로 개정안이 중개플랫폼의 면책가능성에 어느 정도 영향을 미칠 수 있을지는 의문이 아닐 수 없다.

임을 진다. 다만, 소비자에게 피해가 가지 아니하도록 상당한 주의를 기울인 경우에는 그러하지 아니하다."고 규정하고 있다. 이 규정에 관해서는 물론 이용사업자(판매업자)의 유책한 계약위반에 대하여 플랫폼 운영사업자로 하여금 연대책임을 지도록 함으로써 구매 소비자의 손해를 보다 충실하게 전보해 주려는 취지임은 분명히 알 수 있다. 그런데 이용사업자의 계약위반이 플랫폼 운영사업자의 연대책임으로 귀속되어야 할 근거가 무엇인지에 대해서는 두 가지의 다른 관점에 따른 접근이 가능한데, 하나는 이용사업자(판매업자)에 대한 플랫폼 운영사업자의 후견적 역할에 따른 접근과 다른 하나는 플랫폼 운영사업자의 외관책임, 즉 구매자 혼동방지의무의 위반에 따른 연대책임에 따른 접근이다. 이 가운데 전자의 후견적 관점에 따르면 플랫폼 운영사업자는 개정안 제24조 제2항에 따른 중개역할의 명시에도 불구하고 자신의 명의로 운영하는 플랫폼 내에서 표시 · 광고 또는 공급 등이 이루어지는 이용사업자의 상품이 계약에 반하는 경우에는 이용사업자와 함께 연대하여 구매자의 손해를 배상할 책임이 인정된다고 이해할 수 있다. 그러나 이러한 해석은 "자신의 명의로…표시 · 광고 또는 공급…한 때"라는 개정안 제25조 제3항의 문언과 부합하지 않으며 후견적 관점 역시 플랫폼이라는 양면시장에서 중립적 규제자의 역할을 담당하는 운영사업자의 중개인 지위에 비추어 의문이 아닐 수 없다. 이런 이유에서 위 개정안 제25조 제3항은 바로 위에서 언급한 현행 전자상거래법 제20조 제1항, 제20조의2 제1항의 (중개역할의 명시에 따른) 구매자 혼동방지의무와 그 위반에 따른 외관책임을 귀속근거로 하여 이를 중개플랫폼의 기능과 역할에 따라 보다 구체적으로 명시하고 있다고 볼 수 있다.[49]

그런데 개정안 제25조 제3항의 취지를 이렇게 파악할 경우에는 중개역할의 명시의무와 그 위반에 따른 배상책임에 관한 현행 전자상거래법

49_ 공정거래위원회 역시 위 개정안 제25조 제3항에 관하여 외관책임의 강화라고 설명하고 있다. 공정거래위원회, 전자상거래 등에서의 소비자보호에 관한 법률 전부개정안 내부자료, 2021, 16면.

제20조 제1항, 제20조의2 제1항의 내용적 반복에 불과하고, 이에 개정안 제24조 제2항(직판·중개판매의 명시의무)에 대한 지적과 마찬가지로 원래의 개정 취지(통신판매중개업자의 손쉬운 면책가능성의 실효성 있는 차단)를 제대로 살릴 수 있을까 하는 의문이 들지 않을 수 없다.[50] 또한 개정안 제25조 제3항에 따른 연대책임의 개별 요건("자신의 명의로 … 표시·광고 또는 공급…한 때")에 대해서도 그 의미가 명확하지 않다는 비판이 제기될 수 있다. 즉"자신의 명의로 표시·광고한 때"의 이해와 관련하여 온라인 플랫폼은 앞의 Ⅲ.2.에서 언급한 바와 같이 판매상품의 정보·광고에 대한 점검·확인의무를 지지는 않은 채 플랫폼 자신이 판매상품을 적극적으로 추천하는 경우 등에 있어서 소비자 오인에 따른 배상책임을 부담하게 될 것인데, 이러한 책임내용이 위와 같은 개정 문언에서 분명하게 표현되고 있는지는 분명하지 않다. 더욱이 개정안은 "자신의 명의로 재화 등을 (표시·광고 또는) 공급한 때"라고 표현함으로써 가령 음식배달앱이 (조리과정에서 발생한) 배달음식의 이상에 대해서도 구매자에게 손해배상책임을 부담할 수 있다는 해석의 여지마저 남기고 있는데, 이 같은 포섭가능성이 온라인플랫폼의 중개기능에 비추어 납득할 수 없음은 물론이다.[51]

이상에서 서술한 바와 같이 개정안은 온라인플랫폼의 책임강화라는 어느 정도 수긍되는 정책방향에도 불구하고 플랫폼의 책임귀속 근거를 명확하게 제시하지 못한 채 개정 규정의 의미와 내용에 관하여 여러 의문을 갖게 한다. 이는 개정안의 기초자가 그 성안 과정에서 플랫폼 운영사업자의 플랫폼 이용계약에 따른 의무와 책임에 관하여 분명한 인식을

50_ 앞의 각주 47 서술 내용 참고.

51_ 김상중, "온라인플랫폼 운영사업자의 책임 강화에 대한 제언", 법률신문 2021년 4월 22일 발언대 기고문. 그 외 개정안 제25조 제3항의 외관책임에 관하여 이행책임이 아닌 손해배상책임으로 제한하고 있는 점, 구매 피해자가 이용사업자의 고의 또는 과실을 증명해야 한다는 점에서 소비자보호에 미흡하다는 지적으로는 고형석, "전자상거래법 전부개정안에서 온라인 플랫폼 중개에 대한 연구", 「재산법연구」 제38권 제1호, 2021, 206면.

갖지 않고 있었던 것은 아닐까 하는 의구심을 들게 한다.

3. 플랫폼 관련 사업자에 대한 과도한 책임위험의 부과

개정안은 제25조 제4항에서 중개플랫폼이 청약의 접수, 대금수령, 결제, 대금의 환급 등 소정의 중요 업무를 수행하는 때에는 해당 업무와 관련하여 소비자에게 손해를 야기한 경우에 플랫폼 이용사업자와 연대하여 배상할 책임을 부담지우고 있다. 이 규정은 현행 전자상거래법 제20조의3과 본질적으로 그 내용을 같이하고 있으며,[52] 중개플랫폼이 거래를 중개하는 과정에서 계약의 체결과 이행을 위해 필요로 하는 일련의 업무수행상의 잘못에 따른 자기책임으로서 당연한 내용으로 이해된다.[53] 또한 위 규정에 대해서는 플랫폼의 전자적 거래시스템에 따라 이와 같은 업무수행이 자동적으로 원만하게 수행된다는 점에서 실제로 소비자보호에 큰 의미를 갖는 것은 아니라고 지적되고 있다.[54] 다음으로, 개정안은 제24조 제3항, 제25조 제2항에서 이용사업자 신원 관련 정보의 확인의무와 그 잘못에 따른 플랫폼 운영사업자의 책임을 규정하고 있다. 플랫폼 이용사업자에 의한 이용사업자(판매업자)의 신원 관련 정보의 확인의무는 플랫폼의 중개 역할에 부합하며 유럽법연구소 모델법 제14조(공급자의 신원과 주소에 대한 플랫폼 운영자의 제공의무)에서도 규정하고

52_ 현행 전자상거래법 제20조의3에 따른 보충적 이행의무에 대한 개관으로는 고형석, "통신판매중개와 소비자보호", 「유통법연구」 제2권 제2호, 2015, 147-8면; 서희석, "통신판매중개자의 법적 지위와 책임", 「소비자법연구」 제7권 제1호, 2021, 119-121면(후자의 견해는 현행 전자상거래법 제20조의3에 따른 보충적 이행의무에 대하여 과도한 책임부과라는 비판적 입장으로 이해됨). 다만 현행 전자상거래법에서는 위 의무 위반에 대하여 행정제재의 대상으로 정하고 있었을 뿐이지만 개정안에서는 그 의무위반에 따른 소비자피해에 대한 플랫폼 운영사업자의 손해배상책임을 함께 규정하고 있다.

53_ 각주 4에서 인용한 소비자법학회 학술대회 발표집, 42, 97면 (김세준 교수님, 황원재 교수님 토론문) 참고.

54_ 서희석, "통신판매중개자의 법적 지위와 책임", 「소비자법연구」 제7권 제1호, 2021, 124-5면.

있다. 이 개정안도 현행 전자상거래법 제20조 제2항, 제20조의2 제2항과 그 내용에서 동일한데,[55] 플랫폼 운영사업자가 판매업자인 이용사업자에 의해 입력된 신원 관련 정보의 잘잘못 여부에 대하여 확인하기 곤란하다는 점에서 과중한 책임이라는 비판도 있을 수 있다.[56] 그렇지만 운영사업자에 의한 판매업자의 신원확인 의무는 해킹이나 바이러스 등으로부터 이용자의 전산장치를 기술적으로 보호해야 하는 의무와 마찬가지로 안전한 비대면 가상시장의 조성을 위한 시스템의 관리·조직의무의 일환으로 반드시 요청된다고 생각된다.[57]

한편 플랫폼 자신 명의의 표시·광고 등에 따른 연대책임에 관한 개정안 제25조 제3항에 관하여는 IV.2.에서 서술한 바와 같이 만약 플랫폼의 책임이 중개역할 명시에도 불구하고 후견적 지위에서 인정된다고 이해될 경우에는 소비자보호의 개선이라는 차원에서는 중대한 의미를 가

55_ 고형석, "통신판매중개와 소비자보호", 「유통법연구」 제2권 제2호, 2015, 122면; 서희석, "통신판매중개자의 법적 지위와 책임", 「소비자법연구」 제7권 제1호, 2021, 107-112면.

56_ 정진명, "플랫폼을 이용한 전자거래의 법률문제", 「비교사법」 제24권 제4호, 2017, 1585면. 한편 이용사업자와 구매 소비자 사이의 거래가 아니라 개인 간의 거래를 중개하는 플랫폼서비스의 개정안 제29조에 따른 판매자 신원정보제공 의무와 책임에 대하여 이와 유사한 지적으로는 이병준, "온라인 플랫폼을 통한 개인간 거래와 소비자보호—당근마켓과 연관된 전자상거래법 전부개정안 제29조를 중심으로", 한국소비자법학회 전자상거래법 특별세미나(2021.5.28.) 발표문, 29면 이하.

57_ Vilgertshofer, Online-Plattform und vertragliche Haftung, 2019, 205-6면. 위 개정안 제25조 제2항 단서는 현행 전자상거래법 제20조의2 제2항 단서와 마찬가지로"소비자에게 피해가 가지 아니하도록 상당한 주의를 기울인 경우"에는 운영사업자의 면책 가능성을 열어 두고 있다. 동일한 면책가능성을 갖고 있는 현행 전자상거래법과 관련하여 이를 긍정하는 견해가 주장되는가 하면(서희석, "통신판매중개자의 법적 지위와 책임", 「소비자법연구」 제7권 제1호, 2021, 111면), 상법 제99조("중개인이 임의로 또는 전조의 규정에 의하여 당사자의 일방의 성명 또는 상호를 상대방에게 표시하지 아니한 때에는 상대방은 중개인에 대하여 이행을 청구할 수 있다")의 규정을 적용하면서 통신판매중개업자의 면책가능성을 배제하여 소비자 보호를 도모해야 한다는 견해도 주장되고 있다. 후자의 견해로는 고형석, "소비자보호를 위한 전자상거래소비자보호법의 개정방안에 관한 연구", 「법학논총」 제31권 제2호, 2018, 432면; 금번 전부개정안과 관련한 입법적 지적으로는 앞의 각주 4에서 인용한 소비자법학회 학술대회 발표집, 42면 (김세준 교수 토론문) 참고.

질 수 있다. 그러나 이용사업자에 대한 플랫폼 운영사업자의 후견적 책임귀속의 근거가 무엇인지 알 수 없으며 플랫폼의 중개기능에도 부합하지 않는 책임위험의 전가라고 말하지 않을 수 없다. 또한 개정안 제25조 제3항을 외관책임으로 파악하는 경우에도 그 문언('자신의 명의로 표시 · 광고 또는 공급한 때')의 해석 여하에 따라서는 부당한 책임귀속의 여지를 갖고 있음은 이미 언급한 바와 같다. 그리고 이용사업자(판매업자)로 하여금 중개과정에서 발생한 플랫폼 운영사업자의 잘못에 따른 소비자 피해에 대하여 연대책임을 부담하도록 하는 개정안 제27조 역시 개정안 제25조 제3항과 마찬가지로 플랫폼 관련 사업자에 대한 과도한 책임위험의 부과라는 측면에서 비판될 수도 있겠다. 물론 이와 같은 이용사업자의 연대책임은 이용사업자 자신의 행위가 문제되지 않는 한 이용사업자가 플랫폼 운영사업자를 구매자와의 상품거래에서 이행보조자(민법 제391조)로서 활용하고 있다는 관점 위에서 설명될 수 있을 것이다. 그렇지만 플랫폼을 이용한 판매업자의 구매자에 대한 의무범위를 해석함에 있어서 플랫폼 이용계약에 따라 플랫폼 스스로 처리하는 청약의 접수, 대금수령과 반환 등의 중요업무를 판매업자의 의무범위에 해당한다고 이해할 경우에는 판매업자로 하여금 자신이 아무런 통제나 영향을 미칠 수도 없는 중개플랫폼의 활동영역에서 비롯한 책임의 위험을 부담하도록 만든다는 점에서 과연 이 같은 책임귀속이 실질적으로 타당한지에 대하여는 의문이 없지 않다. 이런 맥락에서 개정안 제25조 제3항에 따른 플랫폼 운영사업자의 연대책임이 플랫폼의 중개역할에 비추어 과도한 책임이라면, 개정안 제27조에 의한 이용사업자(판매업자)의 연대책임 역시 이용사업자가 통제 · 관리할 수 없는 플랫폼의 중개활동에 따른 책임위험의 전가라고 평가될 여지가 있다.

4. 제언: 의무내용의 명확화와 시장관리자의 기능에 상응하는 책임 부과

이상으로 플랫폼을 이용한 거래관계에서 운영사업자의 구매 이용자에 대한 의무와 책임에 관한 개정안을 비판적으로 살펴보았는데, 그 과정에서 무엇보다 플랫폼 이용관계에 대한 계약법적 분석에 기초하여 운영사업자의 의무내용을 보다 명확히 해 보고자 하였다. 그 내용에 따르면 플랫폼 운영사업자는 플랫폼을 이용한 개별거래의 중개활동을 수행함에 있어서 이용사업자의 판매상품과 게시정보 등을 적극적으로 검색·확인해야 할 의무를 부담하지는 않는다. 그러나 ① 플랫폼 운영사업자가 판매상품의 이상, 게시정보의 허위 등을 신뢰할 수 있는 방법으로 알게 되었거나 허위 등이 명백하여 현저하다고 인정될 경우에는 판매업자의 계약위반에 따른 소비자의 손해를 방지하기 위한 적극적 조치를 취해야 할 이용계약상의 의무가 인정된다. 또한 ② 플랫폼 운영사업자가 이용사업자의 상품정보를 게시하도록 가상공간을 제공하는 데 그치지 않고 '엄정선정' 또는 '자체검수' 등의 표현을 사용하여 이용사업자의 상품정보를 자신이 활용하면서 판매상품을 적극적으로 추천하는 행위를 행한 경우에도 중개상품의 부적합성에 대한 플랫폼의 책임이 인정된다고 할 것이다. 구매자에 대한 플랫폼의 이 같은 이용계약상의 의무와 책임은 유럽법연구소 모델법 제9조, 제22조에서도 인정되고 있으며, 후자의 플랫폼에 의한 소비자 오인진술의 금지의무는 현행 전자상거래법 제21조 제1항 제1호, 개정안 제31조 제1항 제1호의 금지행위에 해당한다. 소비자 보호를 강화하려는 개정안의 마련 과정에서 플랫폼 이용계약에 따른 운영사업자의 주의의무가 이와 같은 내용에 따라 보다 구체화되었더라면 하는 아쉬움이 있다.[58]

한편 플랫폼 운영사업자는 오픈마켓에서 이루어지는 개별 거래관계에 따른 중개인의 의무와 책임 이외에도 앞의 Ⅲ.3.에서 밝힌 바와 같이 안전하고 신뢰할 수 있는 가상시장의 조성·관리자 지위에서 중립적으

58 플랫폼 운영사업자의 계약상 주의의무에 대한 입법적 불비에 대한 비판적 지적으로는 각주 4에서 인용한 소비자법학회 학술대회 발표집, 68면(김도년 연구원님 토론문); 더 나아가 2010년 전자상거래법 개정 당시부터 제기된 이런 의견으로는 고형석, "통신판매중개자의 책임에 관한 연구", 「법학법고」 제32집, 2010, 144면.

로 활동해야 할 지위와 의무를 부담하고 있다. 개정안이 제시하고 있는 바로는 정보의 투명성 조치(검색결과 순위결정 주요기준 표시과 이용후기 수집·처리 정보 공개에 관한 개정안 제30조, 제16조), 판매업자인 이용사업자의 신원 관련 정보에 대한 확인의무와 그 위반에 따른 플랫폼의 책임(현행 전상법 제20조 제2항, 제20조의2 제2항, 개정안 제24조 제3항, 제25조 제2항)을 들 수 있겠다. 이러한 시장조성자의 의무와 책임의 연장선에서 이 글에서는 구매 소비자가 이용사업자(판매업자)에게 계약위반에 따라 갖게 되는 손해배상 등의 권리실현이 사실상 곤란하게 된 경우(가령 이용사업자의 무자력, 연락두절 내지 도망)에 플랫폼 운영사업자가 판매업자에 대신하여 소비자 피해에 대하여 보상해야 하는 의무를 제안하고자 한다.[59] 물론 플랫폼 운영사업자의 이 같은 보충적 보상책임은 이용사업자의 신원정보 잘못에 따른 플랫폼의 책임과 마찬가지로 경우에 따라서는 플랫폼 운영사업자에게 잘못을 돌릴 수 없는 결과책임의 성격을 갖고 있음은 부인할 수 없다. 그렇지만 플랫폼 시장조성자의 이 같은 엄격책임은 가상공간의 특성에 따라 증가되는 거래위험에 대한 플랫폼 내부로의 흡수라고 생각되며 현행법질서에서도 이미 전례를 가지고 있다. 즉, 전자금융거래법 제9조 제1항에 따르면 전자금융회사가 (자신의 과실과 무관하게) 접근매체의 위조나 변조 등으로 발생한 사고에 따른 이용자 손해에 대하여 무과실의 배상책임을 부담하여야 하며, 보호법익을 달리하지만 「의료사고 피해구제 및 의료분쟁 조정 등에 관한 법률」 제46조 역시 분만과정에서 의료사고가 불가항력으로 발생한 경우에 그로 인한 피해의 보상을 받을 수 있는 보상사업의 실시를 규정하고 있다. 개정안에서 제시하고

59_ 플랫폼을 이용한 상품거래에서 운영사업자의 분쟁중재 역할에 비추어 위와 같은 소비자 피해에 대한 플랫폼 운영사업자의 관여 필요성을 지적하면서 사업자 단체에 의한 자율적 제도 마련의 방안을 제시하는 견해로는 서희석, "통신판매중개자의 법적 지위와 책임", 「소비자법연구」 제7권 제1호, 2021, 134-135면. 이에 관하여 플랫폼 운영사업자의 과도한 책임을 피하기 위하여 어떤 유형의 플랫폼이 위와 같은 보상책임을 부담해야 하는지와 보상책임의 내용에 대한 보다 구체적 논의가 필요하다는 심사의견이 있었는데, 이 의견에 대하여는 전적으로 공감하는 바이다.

있는 소비자 피해보상을 위한 공제조합의 운영, 전자상거래 소비자분쟁 조정제도의 운영과 관련하여 위와 같은 플랫폼 운영사업자의 보상책임 도입도 긍정적으로 검토될 수 있다고 생각되며, 이러한 책임은 궁극적으로는 보다 안전하고 신뢰할 수 있는 가상시장의 조성에 기여한다는 점에서 국외 사업자와의 경쟁관계에 있어서 국내 사업자에게 반드시 부정적으로만 작용하지는 않을 것이라고 기대해 본다.[60]

Ⅴ. 맺는 말

이 글을 맺으면서 플랫폼의 책임에 관한 개정안에 대한 지금까지의 분석내용과 나름의 제안을 요약정리하고자 한다. 무엇보다 온라인플랫폼의 법적 규율에 있어서는 다음과 같은 서로 대립하는 목표 내지 과제를 염두에 두지 않을 수 없는바, 한편으로는 플랫폼을 이용한 거래관계의 효율적 촉진과 정보검색 등에 따른 시장질서의 투명성 제고의 긍정적 측면 및 이에 따라 플랫폼 산업을 촉진해야 할 필요와 함께 다른 한편

60_ 참고로 유럽법연구소 모델법 제20조(지배적 영향력을 행사하는 플랫폼 운영자의 책임) 제1항에 따르면 "플랫폼 운영자가 공급자에게 지배적 영향력을 행사하고 있다고 고객이 합리적으로 신뢰할 수 있는 경우 고객은 공급자와 고객 사이의 계약의 불이행에 대해 공급자에게 행사할 수 있는 권리와 구제수단을 플랫폼 운영자에게도 행사할 수 있다"고 규정하고 있다. 위 모델법의 연혁과 내용에 관한 국내 문헌의 소개로는 이병준, "전자상거래 플랫폼과 거래관계에 대한 책임", 「소비자법연구」 제5권 제1호, 2019, 25면; (위 모델법을 제안한 보고서의 국내 번역으로) 김상중 · 이병준 · 황원재 · 정신동 · 박미영, "유럽법연구소(European Law Institute) 보고서: 온라인플랫폼 모델법", 「소비자법연구」 제7권 제1호, 2021, 428-429면. 위 모델법에 따른 플랫폼책임의 소개와 분석에 관하여는 Blaurock · Schmidt-Kessel · Ekler(Hrsg.), Plattformen – Geschäftsmodell und Verträge, 2018에 수록된 Busch, European Model Rules for Online Intermediary Platforms, 37면 이하와 Maultzsch, Contractual liability of online platform operators: European proposals and established principles, 223면 이하; 더 나아가 (긍정하는 입장에 따른 국내 문헌의 분석으로서) 황원재, "온라인 플랫폼 책임에 대한 법제도 개선방안－ELI Model Rules의 책임규정과 전상법 개정안을 중심으로", 2021년 제3회 전자상거래법 전부개정 특별세미나 발표집 참고.

으로는 플랫폼의 거래관계에 대한 상당한 영향력 등에 따라 이용자인 판매업자와 구매자의 보호 요청이 증대하고 있다는 점이다.

양 과제의 조화로운 달성이 필요하다는 관점에서 2021년 입법예고된 전자상거래법 전부개정안의 관련 내용을 분석해 보면, 우선 기존의 통신판매 중심에서 온라인플랫폼 중심의 규정 체계 정비와 더불어 소비자 보호를 강화하고자 하는 취지는 널리 공감되고 있다고 생각된다. 또한 플랫폼 운영사업자에 의한 이용사업자 신원관련 정보 확인의무와 그 불이행에 따른 플랫폼의 구매자에 대한 책임규정(개정안 제24조 제3항, 제25조 제2항), 정보의 투명성조치(개정안 제30조, 제16조), 분쟁해결절차의 운영(개정안 제28조)과 소비자피해 구제를 위한 사업자의 조치(개정안 제33조) 등에 관해서도 운영사업자의 중개인 지위와 가상시장 운영자의 역할에 비추어 긍정적이라고 평가된다. 이에 반하여 현행 전자상거래법의 중개역할 고지의무(제20조 제1항, 제20조의2 제1항)를 갈음하는 직접판매 · 중개판매의 명시와 그 위반에 따른 책임 규정(개정안 제24조 제2항, 제25조 제1항)의 입법기술적 타당함에 대하여는 의문이 있다. 그리고 플랫폼 자신 명의의 표시 · 광고, 공급 또는 계약서 교부 시에 운영사업자의 연대책임을 정한 규정(개정안 제25조 제3항) 역시 플랫폼 운영사업자의 후견적 지위를 정하고 있다고 이해하지 않는 한 중개역할의 고지의무를 정한 현행 전자상거래법 제20조 제1항, 제20조의2 제1항과 그 본질에서 마찬가지라고 할 것이다. 그렇다면 이 같은 표현의 변경만으로 플랫폼 거래에서 소비자보호의 진전이 있기를 기대할 수는 없으며 오히려 위 규정의 예고된 문언에 따르면 의도하지 않게 플랫폼의 중개기능에 비추어 과도한 책임을 부담지운다는 비판을 피할 수 없도록 되어 있다.

개정안에 대한 이와 같은 비판과 함께 이 글에서는 무엇보다 중개플랫폼의 의무내용을 명확히 하고 가상시장의 조성 · 관리자 지위에 따른 책임을 설정해 보고자 하였다. 먼저, 플랫폼은 개별거래를 중개함에 있어서 ① 거래당사자에 대한 구매자의 혼동을 방지하기 위하여 플랫폼 자신의 중개역할에 대한 명시의무를 부담하고 있음을 밝혀 보았다. 물론 플랫폼은 상품판매의 알선 · 중개 역할에 따라 목적물을 스스로 점검하거나 판매업자의 상품정보를 확인해야 할 의무를 부담하지는 않지만, ② 중개상품의 하자 또는 판매업자의 정보가 허위임을 알았거나 허위 등이 명백하여 현저한 경우에 소비자의 피해를 방지하는 데에 기대되는 적극적 조치를 취하지 않은 때, 즉 중개상품의 계약합치성 확보를 위한 주의의무를 위반한 때에는 플랫폼 운영사업자는 판매업자의 계약위반에 대하여 판매업자와 연대책임을 부담하여야 한다. 더 나아가 ③ 플랫폼 스스로 중개상품에 관하여 구매자에게 오인을 유발하는 광고 등의 표시를 한 경우에는 구매자의 오인유발을 방지해야 할 주의의무 위반에 따라 구매자에 대하여 그로 인한 손해를 배상할 책임을 부담하게 된다. 한편 온라인플랫폼은 개별거래의 중개역할과 아울러 가상장터의 조성 · 운영자의 역할을 하면서 신뢰할 수 있고 안전한 가상시장을 마련, 제공하기 위하여 개정안에서도 제안하고 있는 바와 같이 ④ 검색결과 순위결정 기준표시와 이용후기 수집 · 처리기준 공개 등에 대한 정보의 투명성 조치와 함께 ⑤ 판매업자의 신원 관련 정보제공의무와 그 위반에 따른 책임을 부담하여야 한다. 더 나아가 플랫폼은 비대면시장에서 권리구제의 곤란함을 해소하기 위하여 소비자 피해를 효과적으로 구제하기 위하여 분쟁해결절차를 운영하여야 하고 또한 보상보험계약의 체결 등을 권고받고 있는데, 이 글에서는 ⑥ 실질적 피해구제를 보장하기 위하여 다른 법률들을 모본으로 제시하면서 판매업자의 파산 등에서 플랫폼 운영사업자에 의한 피해보상조치를 제안하였다.

참고문헌

김정호, 「상법총칙 · 상행위법」, 법문사, 2014.
김형배, 「채권각론 [계약법]」, 박영사, 2001.
김형배 · 김규완 · 김명숙, 「민법학강의」, 신조사, 2016.
송덕수, 「신민법강의」, 박영사, 2021.
송오식, 「소비자계약법」, 전남대 출판문화원, 2021.
지원림, 「민법강의」, 홍문사, 2021.

고형석, "통신판매중개와 소비자보호", 「유통법연구」 제2권 제2호, 2015.
고형석, "전자상거래법 전부개정안에서 온라인 플랫폼 중개에 대한 연구", 「재산법연구」 제38권 제1호, 2021.
김봉수, "공인중개사의 중개행위로 인한 책임판단", 「민사법학」 제80호, 2017.
김상중, "데이터 거래와 오픈마켓", 「경영법률」 제31집 제3호, 2021.
김상중 · 이병준 · 황원재 · 정신동 · 박미영, "유럽법연구소(European Law Institute) 보고서: 온라인 플랫폼 모델법", 「소비자법연구」 제7권 제1호, 2021.
김세준, "전자상거래법 전부개정안의 몇 가지 쟁점에 대한 검토", 「소비자법연구」 제7권 특별호, 2021.
문현지 · 황원재, "차량공유 및 승차공유 서비스에서 플랫폼의 역할과 소비자의 구제방안", 「소비자법연구」 제6권 제1호, 2020.
박미영, "온라인 플랫폼 규제를 위한 플랫폼 작용의 이해 필요성", 「유통법학」 제5권 제2호, 2018.
박수영, "통신판매중개자의 지위 · 의무 · 책임", 「전북대 법학연구」 제38권, 2013.
서종희, "입법원칙을 기초로 본 전자상거래법 전부개정안의 의미와 한계", 「소비자법연구」 제7권 특별호, 2021.
서희석, "통신판매중개자의 법적 지위와 책임", 「소비자자법연구」 제7권 제1호, 2021.
손승우, "저작권 공정이용 제도의 개혁 논의: 온라인서비스제공자의 삭제통지 절차 및 저작권 침해 판단을 중심으로", 「국제거래법연구」 제23집 제2호, 2014.
안효질, "언론매체로서의 인터넷: 인터넷 포털 사이트의 타인 기사의 책임과 그 한계", 「언론과 법」 제5권 제1호, 2006.
이병준, "전자상거래 플랫폼과 거래관계에 대한 책임", 「소비자법연구」 제5권 제1호, 2019.
이병준, "유럽연합 디지털 서비스법을 통한 플랫폼 규제", 「소비자자법연구」 제7권 제2호, 2021.
이병준 · 황원재, "승차공용(Ridesharing) 중개서비스와 결합된 운송서비스 제공자로서의 Uber", 「소비자문제연구」 제50권 제1호, 2019.
정신동, "규제대상으로서 온라인 플랫폼의 범위", 2021년 제1회 전자상거래법 전부개정 특별세미나 발표집 (2021년 5월 28일).
정진명, "플랫폼을 이용한 전자거래의 법률문제", 「비교사법」 제24권 제4호, 2017.
최나진, "개정 전자상거래소비자보호법상의 통신판매중개자의 지위와 책임", 「외법논집」 제40권 제3호, 2016.
최지현, "온라인플랫폼 사업자의 민사책임에 관한 연구", 「아주법학」 제12권 제4호, 2019.
황원재, "온라인 플랫폼 책임에 대한 법제도 개선방안—ELI Model Rules의 책임규정과 전상법 개정안을 중심으로", 2021년 제3회 전자상거래법 전부개정 특별세미나 발표집 (2021년 6월 25일).
한국소비자법학회 · 공정거래위원회 공동주최, 「변화하는 전자상거래와 전자상거래법의 발전방향」학술대회 발표집 (2021년 4월 6일).

Engert, Digitale Plattform, AcP 218, 2018.
Vilgertshofer, Online-Plattform und vertragliche Haftung, 2019.

전자상거래 플랫폼과 거래관계에 대한 책임* **

이병준***

Ⅰ. 들어가며

플랫폼의 책임문제는 다양한 관점에서 논의될 수 있다. 우선 계약관계가 존재하는 플랫폼과 거기서 활동하는 이용자 사이에 책임이 문제될 수 있고, 둘째 이들 사이와 제3자와의 법률관계에 따른 책임도 문제될 수 있으며, 셋째, 공법 내지 소비자보호법상 부과된 의무의 불이행에 따른 책임문제가 발생할 수 있다. 본 논문에서는 이 중에서 가장 중요하면서도 근본적인 책임문제인 계약관계가 존재하는 플랫폼과 이용자들 사이의 책임문제를 다루려고 한다. 여기서 책임이라고 할 때에는 의무위반에 따른 책임은 물론, 계약상의 이행책임 그리고 계약의 해소에 따른 환불책임 등도 문제될 것이므로 보통의 책임보다는 광의로 이 용어를

---

* 이 논문은 "전자상거래의 발전과 소비자 보호"라는 대주제로 2018년 10월 25일에 개최된 한 · 중 · 일 국제학술대회에서 발표한 글로서 그 당시까지의 논의와 내용을 기초로 하고 있다. 그 이후 전자상거래소비자보호법의 전면개정안이 국회에 상정되어 현재 논의가 진행 중이나, 이 부분은 논문에 반영하지 않았다.

** 이 논문은 「소비자법연구」 제5권 제1호(2019)에 게재된 것입니다.

*** 한국외국어대학교 법학전문대학원 교수.

사용하기로 한다.

플랫폼경제에서 발생한 계약책임과 관련하여 논의되고 있는 특수문제는 크게 다음과 같이 3가지 질문으로 서술될 수 있다. 첫째, 플랫폼 운영자가 계약체결 과정을 투명하게 구성하지 않은 경우 공급자와 고객 사이에 체결된 계약의 당사자로서 내지 계약당사자와 함께 계약책임을 부담하도록 하는 것이 가능한가? 둘째, 플랫폼 운영자가 공급자와 고객 사이에 체결된 계약의 당사자가 되지는 않지만, 공급자가 고객과의 관계에서 채무를 제대로 이행하지 않는 등 계약상의 문제가 발생할 경우에 플랫폼에서 공급자에 대하여 지배적 영향력을 행사하고 있거나 공급자와 이용자 사이의 거래에 상당한 관여를 하고 있다는 이유로 계약책임을 공급자와 연대하여 부담하도록 하는 것이 가능한가? 셋째, 어느 범위까지 플랫폼 운영자는 플랫폼 이용자인 공급자와 고객에 대하여 그들의 법익을 보호할 의무를 부담하는가?

이러한 문제점들에 대하여 전자상거래소비자보호법은 부분적인 규율을 하고 있다. 즉, 통신판매중개에 관한 규정을 통하여 플랫폼이 중개기능을 하고 있다면 중개자로서의 역할을 밝히도록 하고 있고 이러한 면책고지를 충실히 이행한 경우에는 계약당사자로서의 책임을 플랫폼에 대하여 묻지 못하게 된다. 다만 면책고지를 제대로 이행하지 않은 경우에만 공급자와 고객 사이의 발생한 손해에 대하여 공급자와 연대책임을 부담하도록 하고 있다(제20조 제1항 및 제20조의2 제1항). 이와 같은 면책, 즉 플랫폼이 '시장의 역할을 한다' 또는 '중개자에 불과하다'는 면책고지는 대부분의 플랫폼에서 전형적으로 하는 것에 해당하기 때문에 플랫폼들은 거기서 일어나는 공급자와 고객 사이의 거래에 대하여 책임을 부담하지 않는 것이 일반적이다. 이처럼 쉽게 면책이 되고 플랫폼이 그 이상 공급자와 고객 사이의 거래에 대하여 책임을 부담하지 않는 것이 학설에서 많은 비판의 대상이 되기도 하였다. 하지만 초기 전자상거래의 발전단계를 살펴보면 이러한 면책을 통하여 많은 플랫폼들이 성장할 수 있었던 것이 사실이다. 그러나 최근의 거래환경을 보면 아직도 소규모 플랫폼들에 대하여는 면책을 인정하는 것이 타당할 수 있지만, 대규모 플랫폼들에 대하여는 더 강한 책임을 부과할 필요가 있지 않을까 하는 시각이 점차 증가하고 있다. 왜냐하면 플랫폼의 기능이 단지 시장 내지 중개자에 머물러 있지 않고 계약의 체결, 대금의 결제, 계약의 이행 및 환불 등 거래관계의 많은 영역에서 관여를 하고 있다. 더 나아가 플랫폼에서 상당한 신뢰를 고객에게 야기하여 구매하는 상품 내지 서비스에 대한 안전과 품질을 보증하거나 보장하는 것과 같은 외관을 형성하기도 한다. 이처럼 플랫폼에서 공급자에 의한 급부이행에 있어서 관여를 하거나 영향력을 행사하고 소비자의 시각에서 공급자가 아닌 플랫폼이 거래에 중요한 당사자로 보이는 경우에 플랫폼에서 공급자와 고객 사이의 계약관계에서 발생한 문제에 대하여 책임을 부담해야 한다는 시각이 증가하고 있다.[1] 즉, 고객이 공급자에 대하여 권리를 가지고 있더라도 제대로 구제를 받지 못하는 경우에도 책임을 플랫폼에 대하여 물을 수 있다면 고객은 충분한 보호를 받을 수 있다고 한다.

이와 관련하여 2015년에 유럽법적 차원에서 제기하는 안이 발표되었다.[2] Universität Osnabrück(독일)과 Jagiellonian University Krakow(폴란드)의 연구자 그룹이 유럽의 학술네트워크(디지털 서비스법 리서치 그룹)를 통하여 온라인 중개 플랫폼에 대한 입법지침 토론안을 만들었다.[3] 이 연구자 그룹은 온라인 중개 플랫폼의 급속한 성장이 기존 비즈니스 모델에 새로운 도전을 가져올 것이며 시장구조의 변화를 가져올 것이므로 유럽연합의 소비자 및 시장 관련 법률을 조정할 필요가 있다고 보았다.[4]

1_ 최근에 독일 소비자 관련 입장에서 이를 주장하는 문헌으로 Gurkmann, Erfahrung der Verbraucherorganisationen im Bereich der Plattformökonomie, in: Rott/Tonner(Hrsg.): Online-Vermittlungsplattformen in der Rechtspraxis, Baden-Baden, S. 41.

2_ 이에 관하여 자세한 것은 이병준 · 황원재 · 미영, “유럽연합 전자상거래 플랫폼 규제 동향과 시사점”, 「외법논집」 제42권 제3호, 2018, 16면 이하 참조.

3_ https://www.elsi.uni-osnabrueck.de/projekte/model_rules_on_online_intermediary_platforms.html.

4_ Research group on the Law of Digital Services, Discussion Draft of a Directive on

학자들에 의하여 만들어진 이 토론안은 앞에서 제기한 3가지 질문에 대한 규율을 시도하고 있다. 또한 이러한 논의는 2002년 법 제정때부터 통신판매 중개자와 그 책임에 관한 규정을 두고 있는 전자상거래소비자보호법이 크게 3차례 개정되었음에 불구하고 아직도 적합한 해결책을 제시하지 못한다는 비판이 제기되고 온라인 플랫폼에 대한 포괄적인 규정이 필요하다는 지적이 제기됨에 따라 현재 전자상거래소비자보호법의 관련 규정을 개정하고자 하는 공정거래위원회의 작업이 진행되고 있음에 비추어 볼 때 더욱 의미가 있다고 생각한다.

이를 위하여 우선 전자상거래 플랫폼에서 계약관계와 당사자를 확정하고 본 주제가 문제되는 대표적인 사례를 살펴본 후(II), 한국법에 의한 해결방안과 그 문제점에 관하여 살펴보고(III), 유럽에서의 최근 논의상황을 소개한 뒤(IV), 필자 나름의 해결방안을 제시하려고 한다(V).

II. 쟁점: 플랫폼 경제와 계약당사자 확정의 어려움

1. 플랫폼 경제에서 플랫폼의 개념과 거래의 당사자

플랫폼 개념을 경제적인 접근방식으로 정의하면 온라인 플랫폼은 양면시장으로 정의될 수 있다.[5] 즉, 통상 플랫폼을 상호작용이 가능한 두 개의 집단(공급자 및 고객)의 이익을 실현하는 디지털 인프라로 이해한다. 그러나 플랫폼 중에서 전자상거래를 실현하도록 돕는 플랫폼으로 그 범위를 좁히면, 전자상거래 플랫폼은 계약을 체결하거나 계약체결 과정을

Online Intermediary Platforms, EuCML, 2016, 164.

5_ Rochet/Tirole, Platform Competition in Two-Sided Markets, Journal of the European Economic Association, 2003, p. 990; 최승재, "양면시장이론과 한국 경쟁법상 역할에 대한 연구—구글의 더블클릭 인수 사건을 포함하여", 「경쟁법연구」 제17권, 2008, 227면; 김두원, "앱 마켓의 양면시장성과 마켓 운영의 투명성 제고에 관한 법정책적 연구", 「중앙법학」 제17집 제4호, 2015, 203면.

용이하게 하는 현대적 온라인 시장을 의미한다. 아직 플랫폼 개념에 관한 정확한 정의가 확립된 것은 아니지만 몇 개의 입법에서는 플랫폼 개념정의를 시도하고 있다. 예컨대 중국의 경우 제3자거래플랫폼을 인터넷상 상품거래를 위해 거래하는 쌍방이나 다자간의 홈페이지, 가상사업장소를 제공하거나 거래계획, 거래중재, 정보 등을 알려 주는 서비스 등을 포함하는 것으로, 거래를 진행하는 쌍방이나 다자간에 독립적인 거래 활동을 할 수 있는 인터넷시스템을 제공하는 것으로 정의하고 있다(인터넷거래관리방법 제22조 제2항).[6] 프랑스의 경우에는 인터넷 플랫폼 사업자를 (1) 정보통신 알고리즘을 활용하여 제3자가 제공하거나 인터넷에 공개된 디지털 콘텐츠, 재화, 서비스를 분류하거나 검색하는 통신서비스, (2) 재화의 판매, 서비스의 제공, 디지털 콘텐츠, 재화 또는 서비스의 교환이나 공유를 목적으로 불특정 다수를 연결하는 통신서비스를 온라인 통신수단을 통해 제공하는 자연인 또는 법인을 의미하는 것으로 정의하고 있다(디지털 공화국법 제49조, 소비자법 L. 111-7-1).[7]

플랫폼이라고 할 때 플랫폼은 크게 (1) 단순히 정보제공만 하는 경우(정보제공형), (2) 시장의 역할만 하는 경우(장소대여형), (3) 거래의 중개 내지 매개역할을 하는 경우(거래중개형), (4) 직접 판매를 하는 경우(판매자형)으로 나눌 수 있다.[8] 프랑스 디지털 공화국법에서는 개념정의를 넓게 하여 모든 플랫폼을 포괄하는 규정을 두어 검색엔진과 같은 정보제공형도 포함하고 있다. 본 논문에서 사용하는 온라인 시장으로서의 플랫폼은 단순한 정보제공형만 제외하고 거래가 일어나는 나머지 유형을 모두 포괄하고 있는 플랫폼 개념을 사용하기로 하고 이를 '전자상거래 플랫폼' 또는 '거래플랫폼'이라고 칭하기로 한다.[9]

6_ 이를 소개하고 있는 문헌으로 수하오평 · 궈징징/김보운(역), "중국에서 통신판매중개자(플랫폼 운영자)의 법적 규율", 「소비자법연구」 제2권 제2호, 2016, 30면 참조.

7_ 이를 소개하고 있는 문헌으로 이병준 · 황원재 · 박미영, 앞의 논문, 10면.

8_ 이러한 구분은 일본에서 하고 있는 구분방법인데, 이에 관하여 자세한 것은 사이토 마사히로/박창일(역), "통신판매중개자(플랫폼운영자)의 법적 규율에 관한 일본법의 현황과 과제", 「소비자법연구」 제2권 제2호, 2016, 92면 이하 참조.

이러한 전자상거래 플랫폼을 통하여 이루어지는 거래관계에 초점을 맞춘다면 여기서는 3개의 계약관계가 3면관계를 이루고 존재한다. 즉, 계약관계를 기초로 하여 보면 전자상거래 플랫폼은 아래와 같은 3개의 계약관계를 기본적인 내용으로 형성되어 있다.

[전자상거래 플랫폼을 통하여 이루어지는 계약관계]

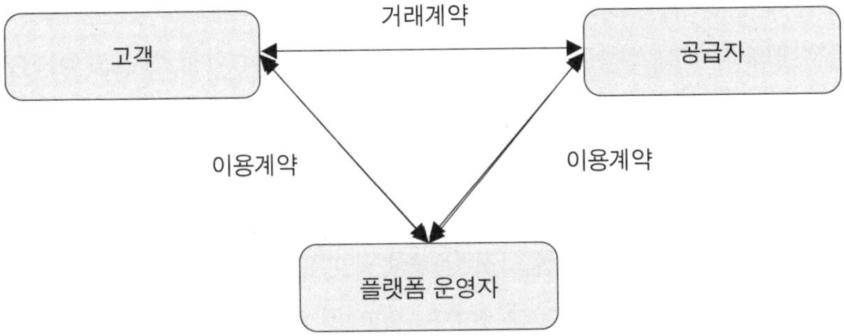

여기서 기본적으로 전자상거래 플랫폼을 운영하는 사업자를 플랫폼 운영자(platform operator)로 칭하고 계약관계를 통하여 플랫폼을 이용하는 자를 플랫폼 이용자로 통칭하기로 한다. 플랫폼 이용자는 상품 등을 제공하는 공급자(supplier)와 이를 구매하는 고객(customer)으로 나뉜다. 공급자와 고객은 각각 플랫폼의 이용을 목적으로 하는 계약을 플랫폼 운영자와 체결하게 된다. 그리고 이러한 플랫폼 이용계약이 전제가 되어 공급자와 고객 사이에 상품의 배송 내지 서비스 혹은 디지털 콘텐츠의 제공을 목적으로 하는 거래계약이 체결되며 이때 전자상거래 플랫폼이 계약체결과정 등을 용이하게 하는 역할을 하게 된다.

전자상거래 플랫폼 운영자는 기본적으로 플랫폼상으로 공급자와 고

9_ 중국에서는 이러한 거래플랫폼을 '자가운영플랫폼'과 '제3자플랫폼'으로 나눈다고 한다. 자가운영플랫폼은 플랫폼을 구축하여 직접 상품 내지 서비스의 공급자의 역할을 하는 경우이고 제3자플랫폼은 플랫폼을 구축하여 다른 사업자 내지 사인에게 거래를 할 수 있도록 제공하는 형태를 말한다(이러한 설명으로 수하오펑 · 궈징징/김보운(역), 앞의 논문, 31면 이하 참조).

객 사이에 거래가 이루어질 수 있는 플랫폼을 제공하는 사업자를 말한다. 이때 플랫폼 운영자는 (1) 직접 자신의 재화와 용역을 파는 직접판매형, (2) 타인인 공급자의 위탁으로 공급자의 재화와 용역을 파는 위탁판매형 그리고 (3) 공급자의 재화와 용역을 소비자에게 파는 행위를 중개 내지 매개하는 중개판매형의 형태를 취할 수 있다. 직접판매형과 위탁판매형의 경우에는 고객과의 매매계약은 플랫폼 운영자와 체결되므로 앞에서 살펴본 3면 계약관계는 형성되지 않는다. 오직 중개판매형의 경우에만 위에서 살펴본 3면계약관계가 발생하게 된다. 그리고 이러한 직접판매, 위탁판매 및 중개판매 형태를 혼용한 형태, 즉 하이브리드 형태로 전자상거래 플랫폼을 운영할 수도 있다. 어디에 해당하는지는 플랫폼 운영자가 실제로 제공하는 서비스의 내용, 사업자와 이용자 간에 체결되는 계약의 내용 등에 의하여 구체적으로 결정되어야 한다.[10]

직접판매 내지 위탁판매가 이루어지는 경우에는 이러한 거래플랫폼 운영자는 한국법상으로는 전자상거래 사업자에 해당하며, 기존의 사이버몰 운영자에 해당한다. 중개판매를 취하는 경우에는 거래플랫폼 서비스를 제공한다는 측면에서는 전자상거래사업자에 해당하지만, 플랫폼을 통하여 이루어지는 거래와 관련하여서는 통신판매중개업자의 지위에 있게 된다. 기존의 통신판매중개업자 개념이 중개를 담당하는 거래플랫폼 운영자를 포괄하는 개념이다. 즉, 통신판매중개업자 중에서 거래플랫폼 사업자가 존재하는 것이다. 다른 말로 설명한다면 거래플랫폼 운영자가 제공하는 서비스를 통하여 일부 중개행위를 하는 통신판매중개업자 내지 통신판매중개자가 존재하게 된다. 그러면 통신판매중개업자와 중개플랫폼을 구분하는 이유는 바로 플랫폼을 구축한 사업자의 경우에는 기본적으로 이용자 내지 상품 내지 용역을 제공하는 공급자의 위치에 있는 통신판매업자와 플랫폼 이용계약을 체결하고 플랫폼을 통하여 다양한 거래단계에 관여를 하는 한편, 다양한 정보를 획득, 저장하

10_ 이러한 동일한 입장으로 사이토 마사히로/박창일(역), 앞의 논문, 94-95면.

며 전체 거래를 통제할 수 있는 지위에 있기 때문이다.[11] 그렇기 때문에 거래플랫폼 내지 중개플랫폼 사업자에 대하여는 기존의 통신판매업자 내지 통신판매중개업자에게 부과되었던 것보다는 더 많은 의무를 부과할 가능성이 존재하게 된다.

2. 한국의 대표적인 사례: 소셜커머스

전자상거래 플랫폼과 관련하여 가장 어려우면서도 불투명한 문제는 플랫폼이 고객과 직접 계약 당사자로 거래계약의 당사자가 되는가, 아니면 공급자와 고객 사이의 거래계약을 중개하는 중개자의 역할을 하고 있는지의 여부이다. 그런데 문제는 대부분의 플랫폼에서 자신은 시장 내지 중개자에 불과하다고 하지만 실제 플랫폼에서 지칭하고 있는 이와 같은 기능이 현실과 맞지 않은 경우가 많다는 점이다.[12]

플랫폼 운영자가 계약관계를 불투명하게 형성하여 문제된 대표적인 사건은 소셜커머스와 관련된다. 그러나 그 밖에도 앱스토어, 배달앱 플랫폼의 경우에도 해당 거래플랫폼을 통하여 고객과 체결된 거래계약의 계약당사자가 누구인지가 명확하게 드러나지 않고 있어 이 문제는 세계적인 현상이라고 보인다.[13] 특히 스마트폰의 보급으로 계약체결과정이 단순화 · 신속화되면서 이 문제는 완화되고 있는 것이 아니라, 오히려 더 부각되고 있다. 특히 이 문제가 심각하게 제기될 수 있는 영역이 배달앱 서비스와 관련된다.[14] 전 세계적으로는 이 문제는 Uber와 관련하

11_ 이러한 측면에서 거래플랫폼 개념과 통신판매중개 개념은 동일한 개념이 아니다(이에 관하여 더 자세한 것은 이병준 · 황원재 · 박미영, 앞의 논문, 7면 참조).

12_ 이러한 동일한 지적으로 Domurath, Problem bei der Einordnung von Plattformen als Vertragspartner, in: Rott/Tonner(Hrsg.): Online-Vermittlungsplattformen in der Rechtspraxis, Baden-Baden, S. 45.

13_ 이에 대한 동일한 문제제기로 Domurath, a.a.O., S. 44.; Degmair, Apps — Die schwierige Suche nach dem Vertragspartner, K&R 2013, 213 ff.

14_ 이에 관하여 자세한 것은 정진명 · 남재원, "배달앱서비스 이용자보호 방안", 「소비자문제연구」 제46권 제2호, 2015; 고형석, "배달앱 거래와 소비자보호에 관한 연구", 「법

여 많이 논의되고 있다.[15]

(1) 공정거래위원회의 시정조치

공정거래위원회가 규제를 하였을 당시의 소셜커머스 사업자의 플랫폼을 보면 판매페이지 및 소비자가 받는 계약체결과 관련된 정보 등에서 공급자가 명확하게 계약의 당사자로 표시되지 않아서 소비자는 결국 소셜커머스 사업자를 계약의 당사자로 생각할 수밖에 없었다. 이에 따라 공정거래위원회는 소비자와 체결된 계약의 당사자는 소셜커머스 사업자라는 판단을 내린 것이다. 이에 따라 공정거래위원회에서는 소셜커머스 사업자를 직접 고객과의 매매계약 체결 당사자로서의 지위를 부여하였다.[16] 그 결과 오랜 기간 동안 한국에서 소셜커머스 사업자는 직접판매 내지 위탁판매만을 하였고 중개판매 형태를 취하지 못하였다. 그런데 이후 서비스제공 쿠폰을 통한 O2O모델은 현격히 축소되었고 소셜커머스 플랫폼들은 상품판매를 중심으로 한 오픈마켓화하면서 독자적

학연구」 제24권 제1호, 2016; 안수현, "배달앱 서비스산업을 둘러싼 법적 이슈와 과제", 「경제법연구」 제15권 제2호, 2016; 이병준, "O2O 플랫폼 서비스와 전자상거래소비자보호법에 의한 소비자 보호", 「안암법학」 제52호, 2017.

15_ Uber는 운전자와 승객 사이의 운송계약을 중개하는 기능만을 담당하고 있다고 주장한다. 하지만 이처럼 약관에 면책을 하고 있지만 실제 서비스제공의 모습을 기초로 계약당사자로서 더 강한 책임을 부과하고 있는 나라가 늘어나고 있다. 우선 노동법적 관점에서 Uber가 사실상 운전자들을 통제하고 사실상의 근로관계가 Uber와 운전자 사이에 존재한다는 판결이 있었다. 2016년 10월에 영국의 법원은 Uber의 운전자들이 근로자로서 최저임금과 유급휴가를 청구할 수 있는 권리가 있다고 보았다. 판결이유에서 Uber가 App을 통하여 어떠한 방법으로 지시를 내리며 운송에 대한 관여를 하고 있는지 자세히 기술되어 있다. 즉, Uber가 운전자들을 선별하며, 운송경로를 지정하는 등의 절차를 마련하고 있다는 것이다. 경쟁법적 금지소송과 관련하여 독일의 Hamburg고등법원에서는 2014년도에 Uber Pop과 관련하여 Uber가 직접 고객과 운송계약의 당사자라는 판결을 내리고 Uber를 운송사업자로 보았다. 그 논거로 제시한 것은 Uber가 운송료를 스스로 정하고, 영수증을 발급하며 운전자의 나이를 제시하고 자동차의 조건을 정하는 등의 많은 관여를 하고 있다는 것이다. 또한 이용자들이 운송료를 직접 Uber에 지급한다는 점도 논거가 되었다고 한다.

16_ 공정거래위원회 2011. 5. 9.자 보도자료 "청약철회 등 소비자보호의무 소셜커머스도 예외 아니다—소셜커머스 사업자의 전상법 · 약관법 위반행위 시정조치".

인 영역이 거의 사라지고 기존의 전자상거래 플랫폼과 무한경쟁에 돌입하였다.

(2) 최근의 판결사례

소셜커머스 업체를 통신판매중개업자로 취급한 최근의 2017년도 판결이 있었다.[17]

[꽃게사건] 사실관계: 소셜커머스 사업자 A는 자신의 인터넷 홈페이지를 통하여 꽃게를 표시・광고하면서 첫째 면에 자신이 판매의 당사자가 아니라는 사실을 고지하지 아니하였다. 다음 면에서 생산자를 甲이라고만 기재하였을 뿐 A가 이 사건 꽃게의 판매자가 아니라는 취지의 고지를 하지 아니하였고 甲의 대표자 성명・주소・전화번호도 고지하지 아니하였다. 이러한 상태에서 원고 소비자가 꽃게를 구매한 후 계약상의 책임을 A에게 물었다.

본 사건에서 볼 수 있듯이 아직도 소셜커머스 사업자들은 플랫폼상으로 고객과 체결한 매매계약의 당사자를 명확히 밝히고 있지 않다. 본 사건에서는 꽃게를 잡은 생산자를 甲이라고 표시하고 있을 뿐 甲에 대한 자세한 정보를 제공하고 있지 않고 그 반면에 소셜커머스 플랫폼 자신이 중개기능에 머물고 있음을 명확히 고지하고 있지도 않았다. 이러한 경우에 고객은 소셜커머스 사업자, 즉 플랫폼 운영자를 매매계약의 당사자로 생각할 가능성이 크고 이러한 경우에 고객이 플랫폼 운영자에게 매매계약상의 책임을 물을 수 있는지가 문제된 것이다.

Ⅲ. 한국법에 의한 해결방안

플랫폼 운영자가 플랫폼의 구성을 불투명하게 하여 고객이 자신과 체

17_ 서울중앙지방법원 2017. 2. 9. 선고 2016가소391894 판결.

결한 거래계약의 상대방을 정확하게 파악하지 못하는 경우에 관한 규정은 일반 민사법적 해결방법과 소비자법적인 해결방법이 있다.

1. 민사법적 해결방안

(1) 법률행위의 해석을 통한 계약당사자 확정

우선 생각할 수 있는 방법은 법률행위 해석을 통한 계약당사자의 확정이다. 민법에는 법률행위의 해석에 관한 명시적 규정은 없으나, 판례는 확고한 법리를 제시하고 있다.[18] 이에 따라 계약 당사자 확정과 관련하여서도 "일반적으로 계약의 당사자가 누구인지는 계약에 관여한 당사자의 의사해석의 문제에 해당한다. 당사자 사이에 법률행위의 해석을 둘러싸고 이견이 있어 당사자의 의사해석이 문제 되는 경우에는 법률행위의 내용, 그러한 법률행위가 이루어진 동기와 경위, 법률행위에 의하여 달성하려는 목적, 당사자의 진정한 의사 등을 종합적으로 고찰하여 논리와 경험칙에 따라 합리적으로 해석하여야 한다."라고 판시하고 있다.[19] 결국 상대방인 고객의 시각에서 객관적으로 누구를 계약당사자로 생각할 수 있는지가 판단의 대상이 될 것이다.

플랫폼 운영자가 플랫폼을 불투명하게 구성하여 고객이 거래계약의 당사자를 플랫폼 운영자로 볼 수 있었다면 불투명성에 따른 책임이 바

18_ 판례는 오래된 확립된 법리에 의하여 다음과 같이 법률행위 해석방법을 제시하고 있다. "법률행위의 해석은 당사자가 그 표시행위에 부여한 객관적인 의미를 명백하게 확정하는 것으로서, 사용된 문언에만 구애받는 것은 아니지만, 어디까지나 당사자의 내심의 의사가 어떤지에 관계없이 그 문언의 내용에 의하여 당사자가 그 표시행위에 부여한 객관적 의미를 합리적으로 해석하여야 한다. 당사자가 표시한 문언에 의하여 그 객관적인 의미가 명확하게 드러나지 않는 경우에는 그 문언의 형식과 내용, 그 법률행위가 이루어진 동기 및 경위, 당사자가 그 법률행위에 의하여 달성하려는 목적과 진정한 의사, 거래의 관행 등을 종합적으로 고려하여, 사회정의와 형평의 이념에 맞도록 논리와 경험의 법칙, 그리고 사회일반의 상식과 거래의 통념에 따라 합리적으로 해석하여야 한다"(대법원 2009. 5. 14. 선고 2008다90095, 90101 판결).

19_ 대법원 2018. 1. 25. 선고 2016다238212 판결.

로 플랫폼 운영자에게 발생할 수 있다. 플랫폼이 어떠한 모습으로 밖으로 드러나고 있는지가 결정적인 판단요소가 되고, 만약 고객의 입장에서 보았을 때 플랫폼이 계약의 당사자로 보인다면 플랫폼이 계약당사자로서의 책임을 부담해야 하는 것이다. 이때 약관에 다르게 규정되어 있는 것은 중요하지 않다. 현실과 약관이 모순되기 때문이다. 또한 사실적으로 누가 급부를 이행하는지도 중요하지 않다. 따라서 실제로 상품의 인도 내지 서비스의 이행이 공급자에 의하여 이루어지더라도 계약당사자는 플랫폼이 될 수 있는 것이다. 이러한 관점에서 보면 계약당사자 해석의 문제로 상당부분 불투명성 문제는 해결할 수 있을 것이다.

(2) 대리에 관한 규정의 적용

플랫폼이 공급자의 대리인으로서 대리권을 갖고 계약을 체결하는 경우에는 민법에 대리에 관한 특별규정이 있다. 즉, 대리권을 가지고 있는 플랫폼에서 대리행위를 함에 있어 현명을 해야 하나, 현명을 하지 않은 경우, 즉 본인인 공급자를 위하여 계약을 체결한다는 사실을 표시하지 아니한 경우에는 그 계약은 자신인 플랫폼을 위하여 체결한 것으로 본다(민법 제115조 본문). 다만 현명을 하지 않았더라도 상대방인 고객이 대리인으로서 한 것임을 알았거나 알 수 있었을 때에는 대리의 효과가 인정된다(민법 제115조 단서).

이 규정에 따라 플랫폼에서 계약체결 절차에서 본인인 공급자의 지위를 명확히 하지 않은 경우, 즉 현명을 제대로 하지 않은 경우 대리인인 플랫폼과 상대방인 고객 사이에 계약이 성립한다. 상대방인 고객은 대리인을 계약당사자로 알고 계약을 체결했고 대리인인 플랫폼도 스스로 계약의 주체인 것처럼 행위하였으므로 플랫폼과 고객 사이의 계약이 성립된 것으로 보는 것이 당사자 사이에 체결된 의사표시의 해석상 부합하는 내용인 것이다. 이 규정이 특별한 의미를 갖는 것은 간주규정을 통하여 대리인인 플랫폼에서 자신을 위하여 행위할 의사가 없다는 이유로 그 계약을 취소할 수 없다는 점에 있다.[20]

2. 소비자법적 해결방안: 한국의 전자상거래소비자보호법의 적용

(1) 당사자가 아니라는 고지의무위반과 그 위반에 따른 법률효과

한국 전자상거래소비자보호법에 따르면 2002년 제정 때부터 중개를 하는 전자상거래 사업자의 책임 문제에 관한 규정을 두고 있다. 몇 차례 개정을 통하여 현재 규정의 형태를 갖게 되었는데, 우선 제20조 제1항에서 "통신판매중개를 하는 자(이하 "통신판매중개자"라 한다)는 자신이 통신판매의 당사자가 아니라는 사실을 소비자가 쉽게 알 수 있도록 총리령으로 정하는 방법으로 미리 고지하여야 한다"고 규정한 후 제20조의2 제1항에서 "통신판매중개자는 제20조 제1항의 고지를 하지 아니한 경우 통신판매중개의뢰자의 고의 또는 과실로 소비자에게 발생한 재산상 손해에 대하여 통신판매중개의뢰자와 연대하여 배상할 책임을 진다"라는 법률효과를 규정하고 있다.

본 규정에 따라 [꽃게사건]에 대하여 판단한 서울중앙지방법원의 판결을 살펴보면 다음과 같다. "전자상거래 등에서의 소비자보호에 관한 법률 제20조 제1항, 제20조의2 제1항에 의하면 '통신판매중개업자는 자신이 통신판매의 당사자가 아니라는 사실을 소비자가 쉽게 알 수 있도록 법 시행규칙 제11조의2 제1항 각호에서 정한 방법으로 미리 고지하여야 하고, 위 고지를 하지 아니한 경우 통신판매중개의뢰자와 연대하여 배상할 책임'이 있으며, 법 시행규칙 제11조의2 제1항 제1호에 의하면 '통신판매중개자가 자신의 명의로 표시 · 광고를 하는 경우 그 표시 · 광고를 하는 매체의 첫째 면에 자신이 통신판매의 당사자가 아니라는 사실을 고지'하여야 한다"는 규정내용을 설시한 후 위 사실관계를 기초로 하여 살펴보면 이러한 고지의무를 다하였다고 보기 어렵다고 판단하였다.

20_ 이처럼 취소권이 인정되지 않는다는 것이 다수의 견해(곽윤직, 「민법총칙」, 박영사, 382면; 김증한 · 김학동, 「민법총칙」, 박영사, 417면; 이영준, 「민법총칙」, 박영사, 528면)이다. 그에 반하여 취소권을 인정해야 한다는 소수견해도 있다(이은영, 「민법총칙」, 박영사, 2009, 589-590면).

이에 A는 원고인 소비자에게 통신판매자와 연대하여 손해를 배상할 책임이 있다고 보았다. 본 사안에서 서울중앙지방법원에서는 사실 계약의 당사자가 누구인지에 관한 명확한 판단을 하지 않고 소셜커머스 업체를 바로 통신판매중개업자로 취급하였다. 즉, 바로 전자상거래소비자보호법 제20조 제1항의 고지의무위반 여부만을 판단하였다. 그러나 먼저 선결문제로서 피고인 소셜커머스 업체가 통신판매업자인지 아니면 통신판매중개업자인지를 판단해야 했었다. 그런데 이 판결의 의미는 소셜커머스 업체를 통신판매중개업자로 보았다는 점에 있는 것이 아니라, 오히려 설혹 통신판매중개업자로 보더라도 면책고지를 하지 않은 이상 통신판매업자와 연대책임을 부담하므로 원고의 손해를 배상할 책임이 통신판매업자인 경우와 동일하게 있다고 판시한 점에 있는 것으로 보아야 한다. 다만 본 논의와 연관하여 보면 소셜커머스 업체가 통신판매중개업자로서의 지위도 가질 수 있는 여지를 명시적으로 인정하였다는 것에 의미가 있다고도 볼 수 있을 것이다.

(2) 신원정보 제공의무와 그 위반에 따른 법률효과

전자상거래소비자보호법은 통신판매중개업자에게 통신판매의뢰자의 신원정보제공의무를 소비자에게 제공할 수 있도록 규정하고 있다(제20조 제2항).[21] 그리고 소비자에게 이러한 정보 또는 정보를 열람할 수 있는 방법을 제공하지 아니하거나 제공한 정보가 사실과 달라 소비자에게 발생한 재산상 손해에 대하여 소비자에게 피해가 가지 아니하도록 상당한 주의를 기울이지 않은 한 통신판매중개업자는 통신판매중개의뢰자와 연대하여 배상할 책임을 진다(제20조의2 제2항). 이에 따라 전자상거래소

21_ 통신판매의뢰자가 사업자인 경우에는 성명(사업자가 법인인 경우에는 그 명칭과 대표자의 성명)·주소·전화번호·사업자등록번호를 확인하여 청약이 이루어지기 전까지 소비자에게 제공하여야 한다(동 시행령 제25조 제1항). 그리고 통신판매의뢰자가 사업자가 아닌 경우에는 성명, 생년월일, 주소, 전화번호 및 전자우편주소를 확인하여 거래의 당사자들에게 상대방에 관한 정보를 열람할 수 있는 방법을 제공하여야 한다(동 시행령 제25조 제2항).

비자보호법에 의하여 플랫폼에서 신원정보제공의무 위반을 한 경우에 공급자의 계약위반으로 인하여 소비자에게 손해가 발생한 경우에 연대책임을 부담할 수 있다.[22]

사업자의 신원정보는 플랫폼 이용계약을 사업자가 체결할 때 기본적으로 수집하므로 적절한 정보를 이때 수집하고 이러한 정보를 소비자에게 계약체결 전에 전달하도록 하는 의무를 설정하는 것은 매우 적절하다. 특히나 비대면 거래를 특징으로 하는 통신판매와 전자상거래의 특성상 사업자의 신원정보는 소비자의 피해구제 등에 있어서 매우 중요한 정보임에는 틀림이 없다.[23]

그러나 플랫폼 운영자에게 사업자가 제공한 신원정보의 적절성에 대한 책임을 부과하는 것은 너무 과한 것으로 보인다. 즉 현행법은 신원정보가 진실과 다른 경우에도 플랫폼 사업자에게 책임을 부과하고 있다. 이는 결국 플랫폼 운영자에게 사업자가 제공한 신원정보를 실질적으로 심사하고 그 적절성까지 확인할 의무를 부과하고 있는 것이다. 그러나 이는 너무 과하다. 물론 적절한 수수료를 받고 중개를 하는 플랫폼의 경우, 식품 등과 같이 안전이 중요한 거래영역에서는 예외적으로 이러한 실질적인 심사의무를 부과하는 것이 타당할 수 있다. 그러나 그 밖에 경우에는 형식적 심사의무, 즉 제공된 정보가 적절하게 사업자에 의하여 입력되었는지만 확인할 의무만을 부과하는 것이 타당하다. 왜냐하면 대규모 플랫폼의 경우 수많은 사업자들이 매일 등록을 하는데, 실질적인 내용까지 심사할 의무까지 이행하는 것이 사실상 불가능하다. 또한 소규모 중소 플랫폼의 경우에는 이를 이행할 능력이 없다.

22_ 이와 같은 규정을 중국 소비자권익보호법 제44조에 두고 있다고 한다(수하오펑 · 귀징징/김보운(역), 앞의 논문, 38면 참조).

23_ 우리 판례는 오픈마켓 운영자에게 요구되는 조치의무에, 타인의 상표권을 침해하는 것으로 의심되는 게시물을 게시한 판매자의 신원정보 및 판매정보를 오픈마켓 운영자가 임의로 상표권자에게 제공할 의무까지 포함되지 않은 것으로 보았었다(대법원 2012. 12. 4. 자 2010마817 결정).

IV. 유럽에서의 최근논의

유럽에서는 플랫폼과 관련하여 우리 전자상거래소비자보호법과 같은 책임에 관한 명시적 규정을 두고 있지는 않다. 하지만 최근에 플랫폼 경제에 대한 규율필요성을 인식하고 이에 관한 논의가 활발하게 진행되고 있다. 아래에서는 이와 관련하여 제시되고 있거나, 제시되었던 법령 안의 내용을 간단히 살펴보려고 한다.

1. 소비자권리지침 안의 규정

> 제7조 중개인의 특별한 정보제공의무[24]
> 1. 계약을 체결하기 전에 중개인은 소비자에게 다른 소비자의 이름으로 그리고 위임하에서 계약이 체결된 것이고, 소비자와 사업자 사이의 계약이 아니고 소비자 사이의 계약이어서 본 지침의 적용범위에 속하지 않음을 설명해야 한다.
> 2. 중개인이 제1항의 의무를 이행하지 않은 경우에는 해당 계약은 중개인의 이름으로 체결된 것으로 본다.

일부 견해는 본 규정이 거래플랫폼 사업자의 계약관계에 대한 책임의 모델이 될 수 있는 것으로 설명하는 경우도 있다. 그러나 본 규정은 근본적으로 이 문제를 해결하는 조항이 될 수 없다고 생각된다. 그 이유는 다음과 같다.

본 규정이 적용되는 사례군을 살펴보면 소비자 사이의 계약인 경우에

24_ **Artikel 7 Spezielle Informationspflichten von Vermittlern** 1. Vor dem Abschluss des Vertrags klärt der Vermitteler den Verbraucher darüber auf, dass er im Namen und im Auftrag eines anderen Verbrauchers handelt und dass der geschlossene Vertrag nicht als Vertrag zwischen einem Verbraucher und einem Gewerbetreibenden, sondern als Vertrag zwischen Verbrauchern gelten wird und als solcher nicht unter diese Richtlinie fällt. 2. Kommt ein Vermittler seiner Pflicht gemäß Absatz 1 nicht nach, so gilt der Vertrag als in seinem eigenem Namen geschlossen.

는 사업자 대 소비자 사이의 계약이 아니므로 본 소비자권리지침이 적용되지 않고, 따라서 소비자계약에서 인정되는 각종 권리가 적용되지 않는 계약유형에 해당한다. 즉, 소비자 사이의 계약이 체결된 경우에는 기본적으로 소비자권리지침이 적용되지 않으므로 각종 의무와 그에 따른 책임이 전혀 발생하지 않는다. 그런데 이러한 사정을 중개인이 알리지 않은 경우에 소비자권리지침상의 권리가 보장된다고 생각한 소비자의 신뢰를 보호하기 위하여 인정되는 책임인 것이다. 따라서 이 구조에서는 소비자권리지침상의 책임이 전혀 발생하지 않을 소비자 사이의 계약에 대하여 중개인의 의무위반에 따른 책임을 보충적으로 발생시키는 것이다.

그에 반하여 거래플랫폼 운영자의 투명하지 않은 계약관계로 인한 책임의 경우에는 기본적으로 계약당사자 확정의 문제가 선결문제로 항상 제기된다. 따라서 우선 계약해석에 따라 당사자가 거래플랫폼 운영자 내지 공급자로 확정된다. 거래플랫폼 운영자로 계약당사자가 확정된 경우에는 위의 보충적 책임이 적용될 여지는 없을 것이다. 그리고 공급자가 계약당사자로 된 경우에는 이미 계약책임이 고객과의 사이에 체결되어 있으므로 이에 추가하여 거래플랫폼의 책임이 문제되는 것이지, 공급자의 책임은 없는데 보충적으로 거래플랫폼 운영자의 책임이 발생하는 것은 아니다. 따라서 본 문제에서는 항상 연대책임만이 문제 될 수밖에 없는 것이다.

2. 토론안의 규정

(1) 계약당사자가 아니라는 통지의무와 그 위반에 따른 법률효과

토론안의 규정 내용
제11조 플랫폼 운영자 및 공급자에 대한 정보제공의무 1. 플랫폼 운영자는 고객에게 플랫폼과 고객 사이의 계약이 체결되기 전 [선택: 적

시에], 고객이 공급자와 계약을 체결하며 플랫폼 운영자와 계약을 체결하지 않는다는 점을 통지하여야 한다.

제16조 개관

1. 플랫폼 운영자가 자신을 고객과 공급자에게 분명하게 중개인으로 명시한 경우, 플랫폼 운영자는 공급자와 고객 사이 계약의 불이행을 책임지지 않는다.

토론안 제11조에서 플랫폼 운영자에게 단지 중개를 하고 있음을 고객에게 통지할 의무를 부과하는 한편, 제16조 제1항에서는 분명하게 중개인으로 명시를 한 경우에는 플랫폼 운영자는 공급자와 고객 사이 계약의 불이행에 대하여 책임을 부담하지 않는다고 규정하고 있다. 그러나 중개사실을 통지하지 않거나 명시하지 않은 경우에 플랫폼에서 어떠한 책임을 부담하는지 명시적으로 규정하고 있지 않다.

이에 대하여 통지의무 내지 명시의무를 위반한 경우에, 반대해석의 결과 공급자의 고객에 대한 계약상의 채무불이행에 따른 책임이 플랫폼에게 발생한다고 볼 수 있다는 견해가 주장되고 있기는 하다.[25] 하지만 명시적 규정이 없는 한 이러한 반대해석을 추론할 수는 있지만, 적극적으로 책임을 반영하기 위한 명확한 규정을 두는 것이 필요해 보인다. 더 나아가 이러한 책임이 어떠한 형태로 발생하는지에 관한 명시적 언급이 없지만, 플랫폼의 책임이 연대책임의 형식으로 발생한다고 해석할 여지가 있다. 이처럼 본 규정을 해석하게 되면 규정의 형식은 다르게 되어 있으나, 결과적으로는 한국 전자상거래소비자보호법의 규정 내용과 크게 다르지 않은 것으로 생각된다.

25_ 이러한 견해로 Cauffman, The Commission's European Agenda for the Collaborative Economy – (Too) Platform and Service Provider Friendly?, EuCML 2016, 235, 239.

(2) 지배적 영향력 행사 내지 보증에 대한 책임

제18조 공급자의 불이행에 대한 플랫폼 운영자의 책임 1. 플랫폼 운영자가 공급자에게 지배적 영향력을 행사하고 있다고 고객이 합리적으로 신뢰할 수 있다면 플랫폼 운영자는 공급자와 고객 사이 계약의 불이행 시 공급자와 연대하여 책임을 진다. 2. 플랫폼 운영자가 공급자에게 지배적 영향력을 행사하고 있다고 고객이 합리적으로 신뢰할 수 있는지를 판단함에 있어서 다음 각 호의 평가기준이 특히 고려된다. (a) 공급자와 고객 사이의 계약이 독점적으로 플랫폼에 의하여 제공되는 기능을 통해서만 체결되는 경우 (b) 플랫폼 운영자가 공급자와 고객 사이 계약에 따라 지불된 대금을 지불유보할 수 있는 경우 (c) 공급자와 고객 사이의 계약조건이 근본적으로 플랫폼 운영자에 의하여 결정된 경우 (d) 고객이 지불할 대금액이 플랫폼 운영자에 의하여 결정되는 경우 (e) 플랫폼 운영자가 공급자들의 단일한 인상을 만들거나 상표를 제공하는 경우 (f) 판매정책이 공급자가 아닌 플랫폼에 초점을 맞추고 있는 경우 (g) [선택] 플랫폼 운영자가 공급자의 계약이행을 감시하기로 약정한 경우

본 규정은 외관책임법리를 기초로 하여 플랫폼 운영자가 지배적 영향력 행사를 하고 있다고 소비자가 신뢰할 수 있는 경우에는 계약상의 책임을 물을 수 있도록 하고 있다. 그리고 지배적 영향력을 행사하고 있는지를 판단하는 표지를 구체적으로 제시하여 실질적으로 판단하도록 하고 있다. 이러한 입장은 유럽연합의 집행위원회에서 2016년 6월에 협력적 경제[26]를 위한 어젠다(A European agenda for the collaborative economy)를 발표하여 회원국들에게 법적 · 정치적 지침을 제공하면서,[27] 온라인

26_ '협력적 경제(collaborative economy)'도 자신이 소유하고 있는 재화에 대한 접근권이나 사용권을 타인과 교환 · 대여함으로써 새로운 가치를 창출한다는 것을 의미하므로 '공용경제(sharing economy)'와 동일 또는 유사용어로 사용되고 있다. 이성엽, "공유경제(Sharing economy)에 대한 정부규제 필요성—차량 및 숙박 공유를 중심으로", 「행정법연구」 제44호, 2016, 22면.

플랫폼이 해당 서비스의 제공자로서 지위를 갖는지는 구체적인 사안에서 개별적으로 판단해야 한다고 보면서 제공하였던 판단표지와 유사하다. 즉, 집행위원회는 협력적 경제 플랫폼이 해당 서비스의 제공자에게 미치는 통제력이나 영향력에 관한 사실적이면서 법률적인 판단표지를 제시하였다. 구체적으로 (1) 이용자들이 지급해야 하는 최종가격을 플랫폼이 결정하는지, (2) 핵심적인 계약조항을 플랫폼이 결정하는지, (3) 거래된 서비스를 이행하는 데 핵심적인 설비를 플랫폼이 소유하고 있는지 등이 이를 판단하는 데 중요한 요소로 고려될 수 있다고 보았다.[28]

> 제20조 보증
> 플랫폼 운영자는 공급자에 대하여 또는 공급자가 제공하는 상품, 서비스 혹은 디지털 콘텐츠에 대하여 한 보증에 대하여 그에 따른 책임을 진다.

보증은 계약법의 원리 중의 하나이고 유럽연합에서는 보증에 관한 규정을 두고 있으므로 플랫폼 경제에서도 보증에 관한 규정을 두는 것은 매우 자연스럽다고 할 수 있다. 우리 사법의 경우에는 보증에 관한 규정을 명시적으로 규정하고 있는 예가 없으나, 학설에서는 이러한 규정을 적극적으로 받아들일 것을 최근에 주장하고 있다.[29]

27_ COM(2016) 356 final. 이에 관하여 자세한 것은 Cauffman, The Commission's European Agenda for the Collaborative Economy - (Too) Platform and Service Provider Friendly?, EuCML 2016, 238; Tonner, Verbraucherschutz in der Plattform-Ökonomie, VuR 2017, 162.

28_ COM(2016) 356 final, 6면.

29_ 자세한 것은 김진우, "소비재매매계약에서의 품질보증제도의 입법론", 「홍익법학」 제17권 제4호, 2016; 서종희, "유럽연합 소비자권리지침에 의해 개정된 독일민법 제443조의 "성상보증"—독일민법 제434조 제1항과의 비교를 중심으로", 「일감법학」 제33권, 2016 참조.

Ⅴ. 규정의 평가와 개정방향

1. 현행 규정의 내용평가

(1) 플랫폼 vs 통신판매중개자(내지 통신판매중개업자)

한국 전자상거래소비자보호법상 통신판매중개 개념은 많은 논란을 야기하였고 아직도 해당 규정은 3번의 개정을 거쳤음에도 불구하고 만족스럽지 못한 내용을 담고 있다는 점이 비판의 대상이 되고 있다.

첫째, 통신판매 개념 자체의 잘못된 전제로써 법의 체계와 학계의 불필요한 논란을 많이 야기하고 있다.[30] 물론 개념적으로 통신판매의 개념이 전자상거래 개념을 포괄하는 넓은 개념임에는 틀림이 없다.[31] 따라서 통신판매를 중심으로 법 체계를 설계하고 전자상거래에 특유한 규정을 정하는 순서로 법을 설계할 수 있다. 현행법은 연혁적으로 방문판매법에 있었던 통신판매에 관한 규정을 확대하면서 전자상거래를 포함한 입법으로 제정되었으나, 아직도 법명칭과는 달리 전자상거래소비자보호법은 통신판매를 중심으로 규정되어 있다. 그런데 현실적으로 통신판매 영역은 큰 발전이 없는 데 반하여 전자상거래 영역은 매년 그 모습을 달리하면서 기하급수적으로 확장 · 변모하고 있다. 따라서 전자상거래소비자보호법은 전자상거래를 중심으로 개정되거나 통신판매와 전자상거래를 구분하여 규율하는 방향으로 개정되는 것이 타당하다고 생각된다.

30_ 통신판매 개념에 전자상거래 개념이 포함되는지 여부에 관한 학설대립에 관하여 자세한 것은 이충훈 · 이성훈, "전자상거래 등에서의 소비자보호에 관한 법률상 통신판매중개자의 법적 책임", 「홍익법학」 제15권 제3호, 2014, 215면 참조.

31_ 이처럼 통신판매 중 하나의 유형으로 전자상거래로 보는 견해로 정완용, 「전자상거래법」, 2005, 143면; 김성천, 「전자상거래등에서의 소비자보호에 관한 법률 해설」, 2003, 5면; 맹수석, "전자상거래소비자보호법의 법적 문제와 개선방안", 「기업법연구」 제12집, 2003, 362-363면; 서희석, "전자상거래소비자보호법의 체재 개편", 「경영법률」, 제23권 제2호, 2013, 520면.

또한 통신'판매'라는 용어를 사용하다 보니, 학자들 중에서는 상품의 매매만 해당되고 임대차 등은 포함되지 않은 것으로 보는 경우가 있다.[32] 법률상 개념정의에서 상품의 판매만 규정하고 있는 것이 아니라, 용역의 판매도 포함하고 있으므로 '판매'라는 용어를 잘못 설정하기는 하였지만, 이 개념은 거래라는 표현으로 사용된 것으로 보아야 한다. 더군다나, 철회권 배제사유에서 법 개정을 통하여 서비스 내지 디지털 콘텐츠도 통신판매의 대상이 될 수 있다는 전제하에서 규정되었으므로 이러한 학설은 타당하지 않다. 또한 현실적으로 인터넷 포털 등 서비스 내지 디지털 콘텐츠를 제공하는 모든 전자상거래 사업자들이 통신판매 신고를 하고 있고 공정거래위원회에서도 통신판매 개념을 넓게 보고 규제하고 있어서 일부 학자들이 생각하는 것과 달리 현실은 움직이고 있다. 하지만 '판매'라는 용어가 전체 법의 적용영역과는 맞지 않은 것임은 분명하므로 이 용어를 전자상거래 영역에 중첩적으로 사용하지 않는 것이 타당하다.

둘째, 통신판매중개자 내지 통신판매중개업자의 개념설정으로 인한 법의 복잡화와 불필요한 논쟁의 존재를 들 수 있다.[33] 전자상거래 실무에서 사업자가 아닌 중개자가 존재하고[34] 이러한 중개자가 전자상거래를 중개하더라도 투명성 보장을 위하여 자신이 중개만 하고 계약의 당사자가 아니라는 사실을 명시하면 좋을 것이다. 하지만 이러한 명시를 하지 않으면 계약법적으로 통상 이러한 중개자가 계약당사자로 해석될 여지가 많을 것이다. 따라서 사업자가 아닌 중개자에게 이러한 의무를 부담하지 않더라도 대부분의 사례는 해결될 여지가 크다. 또한 전자상거래소비자보호법은 대표적인 소비자법으로서 사업자와 소비자와의 관

32_ 이러한 입장으로 오병철, "전자상거래법상의 거래 플랫폼 규제와 개선방안", 「외법논집」 제41권 제4호, 2017, 162면; 고형석, "통신판매중개와 소비자보호", 「유통법연구」 제2권 제2호, 2015, 142면; 문상일, "온 · 오프라인 융복합시장(O2O) 소비자보호를 위한 법제 정비 필요성에 관한 소고", 「경쟁법연구」 제15권 제1호, 2016, 162면.

33_ 이에 관한 자세한 분석으로 오병철, 앞의 논문, 160면 이하 참조.

34_ 예컨대 블로그 운영자는 사업 목적으로 중개를 하지 않으므로 통신판매중개업자는 아니나, 블로그를 통하여 중개가 일어나고 있다.

계를 그 인적 적용범위로 하는 법이다. 따라서 사업자가 아닌 자의 중개까지 규율할 필요가 없다.[35] 그리고 너무나 다양한 형태의 중개가 있을 수 있으므로 규정의 명확화를 위해서라도 단순한 중개자는 본 법에서 삭제하는 것이 필요하다.

셋째, 통신판매중개 개념은 플랫폼 현상을 제대로 담고 있지 못하다.[36] 2002년도에 전자상거래소비자보호법이 제정될 당시만 해도 전자상거래시장에서 중개기능을 담당하는 대표적인 영역이 인터넷 경매와 중고판매 시장 정도였다. 그러나 점차 양면시장으로서의 온라인 플랫폼 현상이 뚜렷해 지고 시장지배적 사업자가 등장하는 한편, 온라인 플랫폼의 형태가 다변화되면서 단순히 중개개념만을 통하여 온라인 플랫폼을 적절하게 규제할 수 없게 되었다.

전자상거래소비자보호법도 이러한 현상을 반영하여 거래관여형 중개자개념을 만들고 이에 관한 규정을 일부 신설하였다(제20조의3). 하지만 개정된 내용은 단지 전자상거래사업자가 부담하는 동법상의 의무를 거래관여를 하는 중개사업자에게 관여정도에 따라 대신 이행하도록 하는 규정내용만을 담고 있다. 이러한 규정도 그 당시에는 매우 의미 있는 내용이기는 하였지만, 온라인 플랫폼 현상과 그에 따른 책임문제를 모두 규율하였다고 보기는 어렵다.

(2) 통지 내지 명시를 통한 면책

통지 내지 명시의 내용으로 사업자들이 자신은 단지 시장에 불과하고 중개의 역할만 담당한다는 전형적인 면책을 받아들이고 있어 특별히 책임강화에 기여하지 못한다는 비난을 받아 왔다.[37] 그런데 이러한 면책이 가

35_ 이처럼 소비자보호법의 성격상 통신판매를 업으로 하지 아니하는 자에 대해서도 전자상거래소비자보호법을 적용하는 규율대상에 포함시키는 것에 문제제기하는 견해로 고형석, "한국에서 통신판매중개자에 대한 법적 규율", 「소비자법연구」 제2권 제2호, 2016, 135면; 오병철, 앞의 논문, 172면.

36_ 플랫폼 개념과 통신판매중개 개념의 차이에 대하여 오병철, 앞의 논문, 148면 이하 참조.

37_ 오병철, "소셜커머스에서의 전자상거래의 청약철회권", 「법학연구」 제21권 제3호,

능하기 위해서는 우선 실제로 해당 온라인 플랫폼이 중개자로서의 기능을 실제로 수행하고 있어야 한다. 따라서 이미 앞에서 살펴본 바와 같이 온라인 플랫폼이 직접 계약당사자가 아니어야 하는 것이 전제되어야 한다.

또한 현재 유럽의 많은 법원에서는 중개자라고 칭하고 있는 온라인 플랫폼들이 직접 계약당사자로서의 역할을 하는 경우가 있을 뿐만 아니라, 계약체결과 관련하여 중개기능을 담당하더라도 전체 계약과 관련하여 더 많은 역할을 하고 있는 온라인 플랫폼이 존재하고 이에 따른 적합한 책임을 부과할 필요가 있다는 사실을 명확히 인식하고 있다. 이에 따라 해당 온라인 플랫폼이 수행하고 있는 기능에 따라 적합한 책임을 부과하는 것이 현재 온라인 플랫폼의 책임과 관련한 과제라고 할 수 있다.[38] 따라서 계약당사자가 아니라는 사실을 중개기능을 담당하고 있는 온라인 플랫폼이 명시하여 계약당사자로서의 책임을 면한다고 하더라도 실질적 계약의 관여도에 따라 더 많은 책임을 부과할 여지는 남아 있는 것이라고 생각된다.

(3) 통지 내지 명시의무위반에 대한 법률효과

통지 내지 명시를 하지 않거나 제대로 하지 않은 경우에 그 위반의 법률효과를 손해배상책임의 연대책임으로 규정하고 있는 것도 문제이다. 우선 학계에서 이 손해배상책임의 내용을 불법행위로 인한 손해배상책임까지 확대하려는 시도가 있다.[39] 하지만 계약당사자가 아님을 명시하였다는 이유로 불법행위책임까지 부담하는 것은 너무 과하다. 따라서 계약상의 책임으로 제한하여 해석하는 것이 타당하다.

2011, 283면; 고형석, 「유통법연구」 제2권 제2호, 131면.

38_ 이와 관련하여 통신판매중개자를 '정보제공형 통신판매중개자'와 '거래관여형 통신판매중개자'로 구분하고 정보제공형 통신판매중개자에 대하여는 면책을 허용하지만, 거래관여형 통신판매자에게는 통신판매업자에 준하는 법적 책임을 부여해야 한다는 주장이 있었다[오병철, "통신판매업자의 불법행위에 대한 통신판매중개자(오픈마켓)의 책임", 「재산법연구」 제26권 제1호, 2009, 188-194면 참조].

39_ 오병철, 「외법논집」 제41권 제4호, 156면; 고형석, 「유통법연구」 제2권 제2호, 132면.

또한 손해배상책임의 연대책임을 부담하는 것은 너무 법률효과가 좁다. 왜냐하면 계약당사자가 아님을 명시하지 않은 경우 소비자는 중개자를 계약당사자로 생각하였을 것이기 때문에 계약상의 모든 청구를 중개자에게 할 것이다. 즉, 계약의 이행, 계약의 해소 및 환불 등 다양한 계약상의 청구를 할 것이다. 따라서 단지 손해배상책임만을 인정하는 것은 그 법률효과가 너무 협소하게 규정되어 있다.

2. 개정방향

(1) 사고의 틀

전자상거래법의 기본적인 법률관계는 양 당사자 관계, 즉 전자상거래 사업자와 소비자로 구성된다. 그리고 전자상거래 플랫폼을 통하여 이러한 거래가 일어나는 경우에 관한 특별규정을 둔다.

현행법상의 사어버몰 운영자를 대신하여 전자상거래 플랫폼 운영자 개념을 도입한다. 사이버몰 운영자는 제10조에서 일정한 신원정보의무와 법위반행위가 일어난 경우에 협조의무를 부담하는 것으로 규정하고 있으나, 그 밖에 다른 의무규정은 없다. 그런데 점차 전자상거래 플랫폼 운영자가 등장하면서 다양한 형태로 전자상거래가 이루어지고 있으므로 이를 총체적으로 해당 개념 아래에서 규정할 필요가 있다.

따라서 전자상거래 플랫폼 운영자는 기본적으로 거래가 이루어질 수 있는 플랫폼을 제공하는 사업자를 말한다. 이때 전자상거래 플랫폼 운영자는 (1) 직접 자신의 재화와 용역을 파는 직접판매 형태, (2) 타인의 위탁으로 타인의 재화와 용역을 파는 위탁판매 형태 그리고 (3) 전자상거래 사업자의 재화와 용역을 소비자에게 팔수 있는 기회를 제공하는 중개판매 형태를 취할 수 있다. 그리고 이러한 직접판매, 위탁판매 및 중개판매 형태를 혼용한 형태, 즉 하이브리드 형태로 운영할 수도 있다. 직접판매 내지 위탁판매가 이루어지는 경우에는 이러한 전자상거래 플랫폼 운영자는 전자상거래 사업자에 해당하며, 기존의 사이버몰 운영자에 해당한다. 중개판매를 취하는 경우에는 거래플랫폼 서비스를 제공한다는 측면에서는 전자상거래 사업자에 해당하지만, 플랫폼을 통하여 이루어지는 거래와 관련하여서는 중개하는 사업자의 지위에 있게 된다.[40]

기존의 통신판매중개업자 개념이 중개를 담당하는 전자상거래 플랫폼 운영자를 포괄하는 개념이다. 즉 통신판매중개업자 중에서 거래플랫폼 사업자가 존재하는 것이다. 다른 말로 설명한다면 전자상거래 플랫폼 운영자가 제공하는 서비스를 통하여 일부 중개행위를 하는 통신판매중개업자 내지 통신판매중개자가 존재하게 된다. 그러면 통신판매중개업자와 중개플랫폼을 구분하는 이유는 바로 플랫폼을 구축한 운영자의 경우에는 기본적으로 이용자 내지 상품 내지 용역을 제공하는 공급자의 위치에 있는 통신판매업자와 플랫폼 이용계약을 체결하고 플랫폼을 통하여 다양한 거래단계에 관여하는 한편 다양한 정보를 획득, 저장하며 전체 거래를 통제할 수 있는 지위에 있기 때문이다. 그렇기 때문에 전자상거래 플랫폼 내지 중개플랫폼 운영자에 대하여는 기존의 통신판매업자 내지 통신판매중개업자에게 부과되었던 것보다는 더 많은 의무와 책임을 부과할 가능성이 존재하게 된다.

(2) 전자상거래 플랫폼 운영자의 투명성 의무

전자상거래 플랫폼과 관련하여 첫 번째로 필요한 조문은 전자상거래 플랫폼의 투명성을 높이는 조문이다. 전자상거래 플랫폼에서는 해당 전자상거래 플랫폼의 공정성과 신뢰성 확보가 매우 중요하기 때문이다. 이를 통하여 전자상거래 플랫폼의 공정한 경쟁 및 소비자보호를 위한 적절한 환경이 마련될 것이라고 기대된다.

소비자가 전자상거래 플랫폼 운영자와 어떠한 형태의 계약을 체결하는지, 분쟁이 발생하였을 때 누구에게 적절하게 책임을 물을 수 있는지 여부 등을 알 수 있도록 할 필요가 있다. 이러한 사실을 알 수 있는 자는

---

40 동일한 입장으로 일본법에 관하여 사이토 마사히로/박창일(역), 앞의 논문, 95면 이하.

전자상거래 플랫폼 사업자이고 이를 쉽게 알릴 수 있으므로 이러한 의무 부과는 어렵지 않으면서도 투명성 확보에 있어서 매우 중요하다.

신설 조문
제○○조(전자상거래 플랫폼의 투명성) 전자상거래 플랫폼 운영자는 거래초기 단계에서 소비자가 명확히 알 수 있도록 총리령으로 정하는 방법으로 다음 각 호의 사항을 미리 명시 내지 고지하여야 한다. 1. 소비자가 체결하는 계약의 내용이 직접판매, 위탁판매 내지 중개판매 중 어느 형태에 해당하는지, 2. 중개판매의 경우에는 전자상거래 플랫폼 운영자 자신이 전자상거래의 당사자가 아니라는 사실, 3. 거래플랫폼 사업자가 계약체결, 대금결제, 계약이행, 환불 등 전체 계약절차에서 관여하는 정도와 방법.

본 신설규정은 전자상거래 플랫폼의 투명성을 높이기 위한 운영자의 의무를 부과하기 위한 것이다. 기본적으로 전자상거래 플랫폼 운영자가 전체 거래에서 차지하는 위치와 비중을 소비자에게 알리기 위한 의무를 규정하고 있다.

(3) 중개플랫폼 운영자의 책임에 관한 규정의 신설

현행 전자상거래법상 통신판매중개자의 책임에 관한 규정 중에서 계약당사자가 아니라는 사실을 명확히 고지만 하면 책임이 면책되는 것에 대하여 많은 비판이 있었다. 실상 다양한 중개플랫폼 운영자들은 이러한 면책규정을 통하여 전자상거래 사업자와 소비자 사이에 체결된 계약으로부터 발생하는 문제에 대하여 전적으로 책임을 부담하지 않는 결과에 이르렀다. 하지만 중개플랫폼 운영자는 다양한 방식으로 거래에 관여를 하고 있으므로 그 관여도에 따라 다양한 책임을 부과할 수 있다.

첫째, 중개플랫폼 운영자가 실제로는 계약의 당사자는 아니지만, 소비자에게 계약당사자라는 신뢰를 부여할 만한 사실이 존재하는 경우에는 계약당사자로서의 책임을 부담시킬 필요가 있다(제1항).

둘째, 전자상거래 사업자가 판매하는 재화와 용역 등에 대하여 중개플랫폼 운영자가 어떠한 진술 내지 보증을 한 경우에 이에 따른 책임을 부과할 필요가 있다(제2항 및 제3항).

플랫폼 사업자에 관한 신설 조문
제○○조(중개플랫폼 운영자의 책임) ① 플랫폼 운영자가 고객들 사이의 계약의 중개를 하는 때 전자상거래 사업자와 소비자 사이에 체결된 계약과 관련하여 다음 각 호의 경우에 계약당사자가 아님에도 불구하고 소비자에 대하여 전자상거래 사업자와 계약당사자로서의 책임을 연대하여 부담한다. 1. 중개플랫폼 운영자로서 계약당사자가 아니라는 사실을 명확히 고지하지 아니한 경우 2. 중개플랫폼 운영자가 전자상거래 사업자에게 지배적 영향력을 행사하고 있다고 소비자가 합리적으로 신뢰할 수 있었던 경우(지배적 영향력의 판단기준은 대통령령으로 정한다) ② 플랫폼 운영자는 전자상거래 사업자에 대하여 또는 그가 제공하는 재화 또는 용역에 대하여 보증을 한 경우 그에 따른 책임을 부담한다.

일본의 경우에는 법정책임인 상법상의 명의대여자책임(제14조) 또는 자기 상호의 사용을 타인에게 허락한 회사의 책임(회사법 제9조)의 유추적용을 통하여 이러한 책임을 인정하려고 한다.[41] 이를 위해서는 (1) 점포에 의한 영업을 쇼핑몰 운영자 자신에 의한 영업으로 이용자가 잘못 판단해도 어쩔 수 없는 외관이 존재할 것, (2) 그 외관의 존재에 대해 쇼핑몰 운영자에게 귀책사유가 있을 것, (3) 이용자의 오인에 대해 중과실이 없을 것 등의 요건이 충족된 경우에 쇼핑몰 운영자에게 책임이 발생하게 된다. 또한 운영자가 거래에 실질적으로 관여하는 경우에도 그 역할에 따라 플랫폼 운영자에게 책임이 발생할 가능성이 있다고 한다.[42]

41_ 전자상거래 및 정보재거래 등에 관한 준칙 및 일본 판례의 입장이라고 한다[사이토 마사히로/박창일(역), 앞의 논문, 109면].
42_ 전자상거래 및 정보재거래 등에 관한 준칙 I. 69.

그 예로서 (1) 운영자가 이용자의 출품행위를 적극적으로 도와 이에 따른 출품 수수료와 낙찰보수를 수령하는 경우, (2) 특정 판매자를 어떠한 형태로도 권장하는 경우 등을 들고 있다.

VI. 나가며

전자상거래 플랫폼 운영자가 중개행위를 하는 경우에 원칙적으로는 중개를 통하여 체결되는 거래계약의 당사자는 아니므로 거래계약에서 발생하는 계약책임에 대하여는 어떠한 책임도 부담하지 않은 것이 원칙이다. 따라서 중개행위를 한 전자상거래 플랫폼 운영자가 자신은 계약의 당사자가 아니라는 사실을 명백히 밝혔다고 한다면 이러한 거래계약상의 책임으로부터 면책되는 것은 당연하다.

하지만 현재 플랫폼 경제의 현실에서는 플랫폼 운영자는 계약의 당사자가 아니고 시장의 개설자 내지 중개자에 불과하다고 하지만, 계약당사자가 할 수 있는 많은 행위들을 하기 때문에 플랫폼 운영자에게 책임을 물어야 한다는 목소리가 높아지고 있다. 현행 전자상거래소비자보호법은 이러한 측면에서, 비록 관여도에 따라 본 법상의 의무는 부과하고 있지만, 위에서 언급한 문제를 직접적으로 규율하지 못하고 있다. 최근의 유럽연합에서는 이에 관한 규정을 두고 적극적으로 입법하려는 움직임을 보이기도 한다.

본 논문에서는 유럽연합에서의 논의를 참조하여 외관에 따른 지배력을 기준으로 소비자가 전자상거래 플랫폼 운영자를 계약당사자로 오인할 수 있었던 경우에 관하여 책임을 확장하려고 시도하였다. 하지만 아직 이와 관련된 논의가 종결된 것은 아니고 진행 중이라고 보아야 한다. 따라서 이와 관련된 연구가 더 진행되어 더 정확한 책임부과 이론이 등장하면 좋겠다는 생각으로 본 논문을 마무리하려고 한다.

참고문헌

1. 국내문헌

곽윤직, 「민법총칙」, 박영사, 2013

김성천, 「전자상거래등에서의 소비자보호에 관한 법률 해설」, 2003

김증한 · 김학동, 「민법총칙」, 박영사, 2013

이영준, 「민법총칙」, 박영사, 2007

이은영, 「민법총칙」, 박영사, 2009

정완용, 「전자상거래법」, 법영사, 2005

고형석, "통신판매중개와 소비자보호", 「유통법연구」 제2권 제2호, 2015

고형석, "한국에서 통신판매중개자에 대한 법적 규율", 「소비자법연구」 제2권 제2호, 2016

고형석, "배달앱 거래와 소비자보호에 관한 연구", 「법학연구」 제24권 제1호, 2016

김두원, "앱 마켓의 양면시장성과 마켓 운영의 투명성 제고에 관한 법정책적 연구", 「중앙법학」 제17집 제4호, 2015

김진우, "소비재매매계약에서의 품질보증제도의 입법론", 「홍익법학」 제17권 제4호, 2016

맹수석, "전자상거래소비자보호법의 법적 문제와 개선방안", 「기업법연구」 제12집, 2003

문상일, "온 · 오프라인 융복합시장(O2O) 소비자보호를 위한 법제 정비 필요성에 관한 소고", 「경쟁법연구」 제15권 제1호, 2016

사이토 마사히로/박창일(역), "통신판매중개자(플랫폼운영자)의 법적 규율에 관한 일본법의 현황과 과제", 「소비자법연구」 제2권 제2호, 2016

서종희, "유럽연합 소비자권리지침에 의해 개정된 독일민법 제443조의 '성상보증'—독일민법 제434조 제1항과의 비교를 중심으로", 「일감법학」 제33권, 2016

서희석, "전자상거래소비자보호법의 체재 개편", 「경영법률」 제23권 제2호,

2013
수하오펑 · 궈징징/김보운(역), “중국에서 통신판매중개자(플랫폼 운영자)의 법적 규율”, 「소비자법연구」 제2권 제2호, 2016
안수현, “배달앱 서비스산업을 둘러싼 법적 이슈와 과제”, 「경제법연구」 제15권 제2호, 2016
오병철, “통신판매업자의 불법행위에 대한 통신판매중개자(오픈마켓)의 책임”, 「재산법연구」 제26권 제1호, 2009
오병철, “전자상거래법상의 거래 플랫폼 규제와 개선방안”, 「외법논집」 제41권 제4호, 2017
이병준, “O2O 플랫폼 서비스와 전자상거래소비자보호법에 의한 소비자 보호”, 「안암법학」 제52호, 2017
이병준 · 황원재 · 박미영, “유럽연합 전자상거래 플랫폼 규제동향과 시사점”, 「외법논집」 제42권 제3호, 2018
이성엽, “공유경제(Sharing economy)에 대한 정부규제 필요성－차량 및 숙박 공유를 중심으로”, 「행정법연구」 제44호, 2016
이충훈 · 이성훈, “전자상거래 등에서의 소비자보호에 관한 법률상 통신판매중개자의 법적 책임”, 「홍익법학」 제15권 제3호, 2014
정진명 · 남재원, “배달앱서비스 이용자보호 방안”, 「소비자문제연구」 제46권 제2호, 2015
최승재, “양면시장이론과 한국 경쟁법상 역할에 대한 연구－구글의 더블클릭 인수 사건을 포함하여”, 「경쟁법연구」 제17권, 2008

2. 외국문헌

Cauffman, The Commission's European Agenda for the Collaborative Economy — (Too) Platform and Service Provider Friendly?, EuCML 2016
Degmair, Apps — Die schwierige Suche nach dem Vertragspartner, K&R 2013
Research group on the Law of Digital Services, Discussion Draft of a Directive on Online Intermediary Platforms, EuCML, 2016
Rochet/Tirole, Platform Competition in Two-Sided Markets, Journal of the European Economic Association, 2003

Rott/Tonner(Hrsg.): Online-Vermittlungsplattformen in der Rechtspraxis, Baden-Baden, 2018
Tonner, Verbraucherschutz in der Plattform-Ökono mie, VuR 2017

음식주문 플랫폼을 이용한 거래에 관한 계약법적 검토*

—관련 산업에 대한 규제를 고려하여—

장보은**

Ⅰ. 문제의 제기

스마트폰을 이용한 모바일 쇼핑이 일상화되면서 다양한 종류의 상거래를 연결하는 여러 형태의 온라인 플랫폼 서비스들이 이용되고 있다. 플랫폼이라는 개념을 일의적으로 정의하기는 어려우나, 일반적으로는 서로 다른 집단들이 거래나 상호 작용을 할 수 있도록 제공된 공간이나 환경을 플랫폼이라고 한다.[1] 특히 온라인 플랫폼은 디지털 환경에서 다

---

* 이 논문은 「외국논법연구」 제42권 제3호(2018)에 게재된 것입니다.

** 한국외국어대학교 법학전문대학원 부교수, 법학박사.

1_ 황창식, "다면적 플랫폼 운영자에 대한 공정거래규제—양면시장이론의 경쟁법적 적용 및 대법원의 티브로드 강서방송 판결 등의 사례분석을 중심으로", 정보법학 제13권 제2호, 2009, 101면 참조. 그 외에도 플랫폼의 개념에 대하여는 정진명, "플랫폼을 이용한 전자거래의 법률문제—플랫폼사업자의 책임을 중심으로" 비교사법 제24권 제4호, 2017, 1562면; 오병철, "전자상거래법상의 거래 플랫폼 규제와 개선방안", 외법논집 제41권 제4호, 2017, 148면; 최승재, "양면시장이론과 한국 경쟁법상 역할에 대한 연구—구글의 더블클릭 인수 사건을 포함하여", 경쟁법연구 제17권, 2008, 227면 등 참조.

양한 경제 주체들의 수많은 경제 활동을 연결해 주는 역할을 하는데,[2] 기술의 발전과 소비자들의 호응에 힘입어 다수의 소비자와 다수의 공급자를 연결해 주는 거래공간으로서 점차 중요하게 인식되고 있다.[3]

이처럼 일상생활에서 빈번하게 이용되는 온라인 플랫폼에 관하여는 이러한 새로운 거래 현상을 어떻게 이해할 것인지, 서비스를 이용하는 소비자들을 어떻게 보호할 것인지 등에 대한 법적인 논의가 진행되고 있다.[4] 이러한 논의들은 주로 그 규제의 틀로서 「전자상거래 등에서의 소비자보호에 관한 법률」(이하 '전자상거래법'이라고 함)을 전제로 하는 경우가 일반적인데,[5] 온라인 플랫폼의 주요 기능이 통신판매를 중개하는

2_ 우리나라뿐만 아니라 외국에서도 사회적 현상에 기초하여 그 개념이나 법적인 규제 필요성 등에 대하여 논의가 진행 중이다. 예를 들어 유럽연합 의회의 온라인 플랫폼과 디지털 단일시장에 관한 보고서 초안("Online Platforms and the Digital Single Market"(2016/2276(INI))에서는 온라인 플랫폼(e-platform)의 종류와 활동이 매우 다양하고 디지털 환경이 빠르게 급변하고 있으므로 그 개념을 일의적으로 정의하는 것은 시장 발전에 기여하지 못한다고 하면서도, 그 특성과 분류, 원칙 및 문제 중심의 접근에 기초한 EU 차원의 관련 입법을 통하여 온라인 플랫폼을 구분하고 정의할 필요가 있다고 하였다. 구체적인 논의의 진행경과는http://www.europarl.europa.eu/oeil/popups/fichepro cedure.do?lang=en&reference=2016/2276(INI) 참조.

3_ 온라인 플랫폼의 개념을 넓게 보면 포털 사이트 등에서 뉴스나 광고를 제공하는 것과 같이 상거래와는 직접적인 관련이 없는 경우나 사업자 간의 거래를 중개하는 플랫폼을 모두 포함할 수 있을 것이지만, 본 논문에서는 온라인 플랫폼을 통하여 이루어지는 사업자와 소비자 간의 거래에 초점을 맞추어 그 법적인 관계를 검토하고자 한다. 참고로 사업자 간의 거래를 중개하는 온라인 플랫폼 서비스는 클라우드 서비스나 데이터 쉐어링 플랫폼과 같이 사물 인터넷 등의 기술 발전과 더불어 확대되고 있는바, 이에 대하여는 별도의 법적 검토가 필요하다. 이에 관한 EU의 연구 자료는 2017. 6. 6. 출판된 Business-to-business relations in the online platform environment (https://publications.europa.eu/en/publication-detail/-/publication/04c75b09-4b2b-11e7-aea8-01aa75ed71a1/language-en) 참조.

4_ 그 외에도 온라인 플랫폼을 이용한 거래에서 수집되는 개인정보의 활용 및 보호, 온라인 플랫폼의 광고나 평가시스템 등을 통하여 제공되는 정보에 관한 책임, 온라인 플랫폼을 통하여 이루어지는 계약의 공정성, 온라인 플랫폼 서비스에 이용되는 인력의 보호 등 온라인 플랫폼을 둘러싼 다양한 쟁점들이 있다. 각 쟁점들은 모두 법적으로 중요한 의미가 있으나 이번 논문에서 이를 모두 다루는 것은 적절하지 않으므로, 여기에서는 거래 자체에 대한 검토에 중심을 두고자 한다.

5_ 오병철(주 1); 고형석, "배달앱 거래와 소비자보호에 관한 연구", 법학연구 제24권 제1

것이라는 점에서 이는 타당하고도 필요한 접근 방식으로 생각된다. 다만 온라인 플랫폼을 이용한 거래는 산업별로 다양한 양상으로 전개되고 있으므로, 모든 거래를 일률적으로 검토하는 것으로는 충분하지 않고, 각 산업별 특성에 대한 고려가 수반되어야만 할 것이다. 실제로 운송이나 숙박을 중개하는 온라인 플랫폼 서비스에 대하여는 관련 산업의 특수성과 규제를 함께 검토하는 경우가 많은데,[6] 이에 반하여 온라인 플랫폼 서비스 가운데 가장 일상적이고 광범위하게 이용되는 소위 배달앱을 이용한 음식주문 서비스는 그 거래 대상이 소비자들의 건강과 안전에 직결되는 음식, 통상적으로는 제조 또는 가공된 조리식품임에도 불구하고 그 특수성을 전제하지 않은 채 논의가 이루어지고 있는 것 같다. 그러나 음식주문 플랫폼을 통하여 이루어지는 거래를 이해하고, 개별 거래를 둘러싼 책임의 소재를 밝히며, 나아가 필요한 규제를 고민함에 있어서는 음식의 유통에 대한 기존의 법 제도 및 각종 규제들과의 관계를 살펴볼 필요가 있다.

이하에서는 우선 음식주문 플랫폼 서비스를 이용한 다양한 거래 방식을 간단히 소개하고, 온라인 플랫폼 서비스를 이용하는 거래와 관련하여 필요한 범위에서 식품의 유통에 관한 법규들을 확인한 다음, 기존의 논의 및 식품 유통에 관한 이해를 전제로 각각의 계약 유형의 법적인 성질을 검토하고자 한다.

호, 2016; 문상일, "온 · 오프라인 융복합시장(O2O) 소비자보호를 위한 법제 정비 필요성에 관한 소고", 경제법연구 제15권 제1호, 2016; 이병준, "O2O 플랫폼 서비스와 전자상거래소비자보호법에 의한 소비자 보호", 안암법학 제52권, 2017 등 참조.

6_ 이성엽, "공유경제(Sharing economy)에 대한 정부규제의 필요성—차량 및 숙박 공유를 중심으로", 행정법연구 제44호, 2016; 심재한, "Sharing Economy와 법", 경쟁법연구 36권, 2017; 강문수, 숙박 분야 공유경제에 관한 법제연구, 한국법제연구원, 2015 등 참조.

Ⅱ. 음식주문 플랫폼을 이용한 거래의 유형

온라인 플랫폼 서비스 가운데 음식주문 플랫폼, 즉 소위 배달앱이 빠르게 성장한 요인으로는 이미 우리나라에서 배달음식을 시켜 먹는 문화가 상당히 발달하였던 데다가, 스마트폰 보급률이 높고, 소비자들이 스마트폰을 통한 새로운 서비스를 거부감 없이 받아들였다는 점 등이 거론된다.[7] 종전에 음식배달은 소비자들이 전단지 등의 음식점 광고를 보고 해당 음식점에 전화를 하여 음식을 주문하면, 이를 음식점 직원이 배달하여 음식을 전달하면서 음식대금을 지급받는 식으로 이루어졌다. 이러한 거래 방식이 온라인 공간으로 옮겨 간 것이 바로 음식주문 플랫폼의 출발점이다. 이 플랫폼에서는 다양한 음식점들에 대한 정보를 한데 모아 다수의 소비자들에게 제공하고, 개별 소비자들로 하여금 다양한 선택지 중에 원하는 배달음식을 주문할 수 있도록 관련 서비스를 제공한다.[8] 이러한 범위에서는 전에 없던 새로운 거래 방식이 생겨난 것이라기보다는 온라인 등 기술의 발전으로 기존의 거래 방식이 보다 효율적이고 대규모로 가능하게 되었다고 평가할 수 있다.

그런데 실제 음식주문 플랫폼 서비스를 이용한 거래는 서비스를 제공하는 개별 플랫폼 운영자의 거래 모델에 따라 조금씩 차이가 있고, 급변하는 거래 환경에서 다양한 모습으로 진화하고 있으므로, 그 유형을 정형화하는 것은 한계가 있다. 다만 대표적인 거래 유형을 중심으로 살펴

7_ 도강호, "배달앱, 배달 산업까지 바꾸는 O2O의 힘", KISA Industrial Internet Issue Report—O2O편, 2015, 4-5면 참조.

8_ 이처럼 음식주문 플랫폼을 통한 거래는 플랫폼 운영자와 이 플랫폼을 이용하여 소비자에게 음식을 공급하는 사업자, 이러한 사업자로부터 음식을 공급받는 소비자의 세 당사자를 기본으로 이루어진다. 이하에서는 문맥상 수정의 필요가 있는 경우가 아니면, 음식주문 플랫폼 운영자를 "플랫폼 운영자", 플랫폼을 이용하여 음식을 공급하는 자를 "사업자", 플랫폼을 이용하여 사업자로부터 음식을 공급받는 소비자를 "소비자"라고 통칭한다.

보자면, 음식주문 플랫폼 운영자가 사업자와 소비자 간의 음식판매 및 구매를 중개하는 것이 가장 기본적인 형태로, 플랫폼에서 결제 서비스까지 제공하는 것이 일반적이다. 나아가 플랫폼 운영자가 음식매매를 중개하는 것에 그치지 않고 주문 음식의 배달서비스를 제공하는 경우도 있으며, 플랫폼 운영자가 반찬이나 제과류 등을 자신의 이름으로 판매하는 경우와 같이 음식매매를 중개하는 것이 아니라 직접 음식을 판매하는 경우도 나타나고 있다.[9]

1. 음식판매의 중개

음식주문 플랫폼 서비스를 이용한 가장 일반적인 거래 유형은 소비자가 플랫폼 서비스를 이용하여 사업자가 제공하는 음식을 선택하고 이를 주문하는 것이다. 이를 통하여 플랫폼 운영자는 사업자와 소비자 간의 음식판매 및 음식구매를 중개한다.

이러한 음식매매의 중개는 플랫폼 운영자에 따라 ① 사업자의 연락처를 제공하여 소비자가 직접 해당 사업자에게 전화하여 주문을 할 수 있도록 하는 경우도 있고, ② 사업자의 연락처를 제공하지 않고 소비자로 하여금 플랫폼을 이용하여 음식을 주문하고 모바일로 결제하도록 하는 경우도 있다. 다만, 전자와 같이 플랫폼 운영자가 사업자의 연락처를 제공하여 소비자가 직접 주문할 수 있는 경우에도 플랫폼을 이용한 음식주문과 결제가 가능하도록 모바일 결제서비스를 제공하는 것이 일반적이다.[10]

9_ 그 외에도 음식산업에서는 맛집 정보 및 제공, 식당 예약, 배달대행, 식재료 배달, 요리 추천, 농산물 직거래, 모바일 식권 등 다양한 형태의 이른바 O2O(Online to Offline) 서비스가 제공되고 있다. NH투자증권, "식품과 IT의 만남 푸드테크" WM Daily, 2015. 10. 23. 참조.

10_ 플랫폼에서 사업자의 연락처를 제공하여 사업자와 소비자의 직접 거래를 가능하게 하는 경우에는 사업자와 사업자가 제공하는 음식 등 정보를 제공하는 것이 보다 중요한 기능을 하므로, 사업자로부터 지급받는 광고비가 플랫폼 운영자의 주된 수익원이

2. 음식판매의 중개에 배달 서비스가 연계된 경우

다음 유형은 음식주문 플랫폼 운영자가 음식매매를 중개하는 것에서 그치는 것이 아니라 배달 서비스까지도 관여하는 경우이다. 사업자가 배달 서비스를 제공하는 경우에는 음식주문 플랫폼을 통하여 주문이 이루어지면 자신이 직접 소비자에게 배달을 하는 것이 대부분이므로, 플랫폼 운영자는 원칙적으로 주문음식의 배달 서비스에는 관여하지 않는다.[11] 플랫폼 운영자가 배달 서비스에 관여하는 것은 통상 사업자가 자체적으로는 배달 서비스를 제공하지 않는 경우이다.[12] 특히 기존에는 배달되지 않던 고급 레스토랑이나 동네 맛집, 디저트 전문점 등의 음식을

될 것이다. 그러나 플랫폼을 통하여 음식주문 및 결제를 하도록 하는 경우에는 플랫폼 운영자는 건별로 사업자로부터 중개 수수료를 지급받기도 한다. 주요 음식주문 플랫폼사 가운데, 배달의민족은 중개수수료는 받지 않고 외부 결제수수료와 광고비를 지급받는 구조이고, 요기요는 광고료 외에 건당 중개수수료 12.5%에 외부 결제수수료 3%를 더한 15.5%의 수수료를 받고 있으며, 배달통은 건당 중개수수료 2.5%와 외부 결제수수료 3%를 더한 5.5%의 총 수수료와 광고비 기본료 3만~7만원을 받는다고 한다. 주간조선, "배달앱 대란 2조 시장 승자는?", 2018. 2. 12.자 기사 참조.

11_ 다만, 최근에는 배달대행 업체가 많아지면서 전반적인 인건비 상승으로 이어져, 일반 음식점에서 전속 배달원을 고용하는 것이 어려워졌고, 전담 배달원이 있더라도 배달대행 서비스를 일부 이용하는 경우가 많다고 한다. 매일경제, "교촌치킨 '배달료 받고 되레 수익 늘었죠'", 2018. 6. 3.자 기사 참조. 이처럼 사업자가 플랫폼 운영자가 아닌 별도의 배달대행 업체와 서비스 계약을 체결하는 경우에도 플랫폼 운영자가 배달에 관여하지 않는 것은 마찬가지이다.

12_ 플랫폼 사업자는 이를 위하여 배달부를 고용하고 고정급을 지급하거나 계약 건별로 수당을 지급하는 것이 일반적이다. 그런데 최근에는 플랫폼 운영자가 배달부를 고용하지 않고, 누구나 간단한 교육을 마치면 음식배달을 할 수 있도록 한 다음, 음식주문 플랫폼을 통하여 이루어진 거래와 관련하여 음식배달 요청이 있는 경우 해당 음식의 배달이 용이한 배달부를 연결하여 음식배달을 하도록 하는 형태의 사업도 나타나고 있다. 연합뉴스, "우버이츠, 한국서 오늘부터 서비스…배달시장 판도 바뀌나", 2017. 8. 10.자 기사 참조. 이때 배달부의 근로자성을 인정할 것인지에 대하여는 추가적인 논의가 필요하다. 이와 관련된 비교법적 검토는 이다혜, "공유경제의 노동법적 쟁점—미국에서의 근로자성 판단 논의를 중심으로", 노동법연구 제42호, 2017; 김희성 · 신동윤, "플랫폼 이코노미와 노동—미국과 영국을 중심으로", 노동법포럼 제22호, 2017 참조.

소비자에게 배달한다는 것이 이 사업 모델의 특징이다.[13]

그 외에도 플랫폼 운영자와 계약을 체결한 사실이 없는 음식점이 음식을 배달하지 않는 경우, 플랫폼 운영자가 소비자를 대신하여 그 음식점에서 음식을 사서 배달해 줄 것을 내용으로 하는 거래도 가능하다.[14] 그러나 이 경우, 플랫폼 운영자는 소비자로부터 위탁받은 음식 구입 및 배달 서비스에 대한 수수료를 받는 것으로 플랫폼 운영자와 음식점, 소비자 간의 삼면 관계가 생기지 않으므로, 위에서 살펴본 의미에서 음식주문 플랫폼의 기능을 하는 것으로 보기는 어려울 것이다.

3. 직접 음식을 판매하는 경우

플랫폼 운영자가 사업을 확장하면서, 사업자의 음식거래를 중개하거나 배송 서비스를 제공하는 것에 그치지 않고 음식주문 플랫폼을 통하여 음식을 판매하는 경우도 생기고 있다. 플랫폼 운영자가 ① 일정한 장소에서 자신의 플랫폼 서비스를 이용하는 소비자들을 위하여 음식을 조리하고 이를 배달하는 경우도 있고,[15] ② 다른 사업자가 제조한 식품이나 신선 식품을 소비자들에게 공급하는 경우도 있다.

이러한 경우에는 플랫폼 운영자가 단순히 음식에 대한 판매계약을 중개하는 데에 그치는 것이 아니라, 음식 판매계약의 직접 당사자가 된다.

13_ 뉴스1, "'이게 배달된다고?' 전국 맛집 집에서 즐긴다…배달앱 시장 '쑥쑥'", 2018. 5. 1.자 기사 참조.

14_ 도강호(주 7)에서는 부탁해, 푸드플라이, 애브리먼스, 띵동 등의 배달대행 서비스를 소개하고 있다.

15_ 한국경제, "배달의민족, 맛집 주방 모은 '배민키친' 열었다", 2016. 9. 27.자 기사 참조.

Ⅲ. 식품의 유통과 관련된 법규

1. 식품위생법

식품위생법은 식품으로 인하여 생기는 위생상의 위해를 방지하고 식품영양의 질적 향상을 도모하며 식품에 관한 올바른 정보를 제공하여 국민보건의 증진에 이바지하기 위한 법률[16]로, 식품의 제조, 가공, 운반, 판매 등에 관한 기본적인 내용을 정하고 있다. 이에 따르면 식품의 제조, 가공, 운반, 판매 등의 영업을 하고자 하는 자는 영업허가 등을 받아야 한다.[17] 식품위생법이 예정하고 있는 영업의 세부 종류는 식품위생법 제36조 제2항에 따라 식품위생법 시행령 제21조에서 정하고 있는데, 그 가운데 위에서 살펴본 음식주문 플랫폼을 이용한 거래에 관하여는 특히 식품접객업, 즉석판매제조 · 가공업, 식품제조 · 가공업 등을 살펴볼 필요가 있다.

(1) 식품접객업

식품접객업은 영업장에서 음식을 조리 · 판매하는 영업으로, 식품위생법 시행령 제21조 제8호에서는 식품접객업의 세부 종류를 휴게음식점, 일반음식점, 단란주점, 유흥주점, 위탁급식, 제과점으로 나누어 규정하고 있다. 이 중에서 휴게음식점영업은 다류(茶類), 아이스크림류 등을 조리 · 판매하거나 패스트푸드점, 분식점 형태의 영업으로서 음주행위가 허용되지 아니하는 영업을 말하고, 일반음식점영업은 음식류를 조리 · 판매하는 영업으로서 식사와 함께 부수적으로 음주행위가 허용되는 영업을 말하며, 제과점영업은 주로 빵, 떡, 과자 등을 제조 · 판매하는 영업으로서 음주행위가 허용되지 아니하는 영업을 말한다. 음식주문 플

16_ 식품위생법 제1조 참조.
17_ 식품위생법 제36조, 제37조 참조.

랫폼을 이용한 거래에서 가장 많은 비중을 차지하는 것은 일반음식점이나 휴게음식점에서 판매하는 음식이고, 그 외에도 제과점이 취급하는 빵, 떡, 과자 등도 그 대상이 될 수 있다.[18]

휴게음식점, 일반음식점, 제과점 등의 식품접객업을 하고자 하는 자는 식품위생법에서 정하는 시설을 갖추고,[19] 영업신고를 하여야 한다.[20] 식품접객업은 그 용어 자체에서도 알 수 있듯이 손님이 영업장을 방문하여 음식을 소비 또는 구매할 것을 예정한 영업 형태이다. 식품의약품안전처고시인 식품의 기준 및 규격[21]에서는 '식품접객업소의 조리식품'을 "유통판매를 목적으로 하지 않고 조리 등의 방법으로 손님에게 직접 제공하는 모든 음식물(음료수, 생맥주 등 포함)을 말한다"고 한다. 따라서 식품접객업에 대한 규제는 기본적으로 소비자가 영업소를 방문하여 영업소에서 조리된 음식을 구매하는 것을 전제로 이루어진다.[22]

예를 들어 식품위생법은 식품 등의 위생적인 취급을 도모하고 소비자에게 정확한 정보를 제공하기 위하여 영업자가 판매하는 식품에 대하여는 표시의무를 규정하고 있는데,[23] 식품접객업의 경우에는 소비자들이 영업장에서 식품을 소비할 것을 예정하고 있으므로 식품에 대한 표시의

18_ 그 외의 식품접객업영업인 단란주점영업과 유흥주점영업은 음식주문 플랫폼을 이용한 거래가 이루어지는 경우가 드물어 검토 대상에서 제외한다.

19_ 식품위생법 제36조 제1항 제3호, 제2항, 식품위생법 시행규칙 제36조 및 [별표 14] 8. 참조.

20_ 식품위생법 제37조 제4항, 식품위생법 시행령 제25조 제1항 제8호 참조.

21_ 식품의약품안전처고시 제2018-18호, 식품의 기준 및 규격 제5. 참조.

22_ 식품위생법이 식품접객업영업자의 준수사항으로 손님이 보기 쉽도록 영업소의 외부 또는 내부에 가격표를 붙이거나 게시하고 가격표대로 요금을 받을 것, 신고관청이 식품위생 · 식생활개선 등을 위하여 게시할 것을 요청하는 사항을 손님이 보기 쉬운 곳에 게시할 것, 허가를 받거나 신고한 영업 외의 다른 영업시설을 설치하거나 유흥접객원을 고용하는 등의 행위를 하지 말 것, 손님을 꾀어서 끌어들이지 말 것, 업소 안에서 선량한 미풍양속을 해치는 공연 등을 하지 말 것, 손님이 먹고 남은 음식을 다시 사용하지 말 것 등을 규정하고 있는 것은 이러한 점에서 이해할 수 있다. 식품위생법 제44조, 식품위생법 시행규칙 제57조 및 [별표 17] 7. 참조.

23_ 식품위생법 제10조 내지 제13조, 식품의약품안전처고시 제2016-99호, 식품 등의 표시기준 등 참조. 2019. 3. 14. 시행된 식품 등의 표시 · 광고에 관한 법률도 참조.

무를 별도로 부과하지 않고,[24] 어린이 기호식품의 영양성분 및 알레르기 유발 여부 등 중요 정보를 제공할 필요가 있는 경우에는 식품 자체에 표시하는 것이 아니라 영업장 내에 소비자들이 쉽게 확인할 수 있는 곳에 비치하면 되는 것으로 규정하고 있다.[25] 식품접객업은 제품을 영업 신고한 영업장 내에서 직접 만들어 판매하는 것으로 소비자가 해당 제품에 대한 정보를 요청할 경우 그 자리에서 영업자에게 정보를 제공받을 수 있으므로 유통 · 판매되는 식품 등과 같이 표시의무를 강제하지 않는 것이다.[26]

다만 휴게음식점이나 일반음식점 등은 조리한 음식을 손님이 영업소 내에서 취식할 것을 전제로 하나, 이러한 영업을 주로 하면서 부수적으로 서비스 차원에서 제조한 음식을 영업장에 방문한 손님에게 포장 · 판매할 수 있다고 한다.[27] 이러한 식품접객업자가 조리한 음식을 배달할 수 있는지에 대하여 명시적인 규정은 없으나, 식품위생법 시행규칙에서 식품접객업자의 준수사항으로 "업소 안에서는 도박이나 그 밖의 사행행위 또는 풍기문란행위를 방지하여야 하며, 배달판매 등의 영업행위 중 종업원의 이러한 행위를 조장하거나 묵인하여서는 아니 된다"[28]고 규정하는 점을 고려하면 식품접객업자가 조리한 제품을 배달판매하는 것을 금지하는 것은 아닌 것으로 이해된다. 다만, 위 포장 판매의 경우에 비추어, 휴게음식점이나 일반음식점 등은 조리한 음식을 손님이 영업소 내에서 취식할 것을 전제로 하나, 이러한 영업을 주로 하면서 부수적으로 서비스 차원에서 조리한 음식을 인근에 있는 손님에게 배달판매할

24_ 식품의약품안전처고시 제2016-99호, 식품 등의 표시기준 I. 4. 표시대상 참조.

25_ 어린이 식생활안전관리 특별법 제11조 및 제11조의2, 식품의약품안전처고시 제2017-15호, 어린이 기호식품 등의 알레르기 유발 식품 표시기준 및 방법 제4조 제2항 등 참조.

26_ 식품의약품안전처 국민신문고, 자주하는 질문, "식품접객업소 제품 유통기한 표시"에 대한 답변 내용(2017. 4. 11.) 등 참조. http://www.mfds.go.kr/index.do?mid=649

27_ 식품의약품안전처 국민신문고, 자주하는 질문, "식품접객업소 내 조리식품 판매"에 대한 답변 내용(2017. 10. 25.) 등 참조. http://www.mfds.go.kr/index.do?mid=649

28_ 식품위생법 시행규칙 제57조 및 [별표 17] 7. 다. 참조.

수 있다고 보는 것이 합리적이다.

(2) 즉석판매제조 · 가공업

식품위생법 시행령 제21조 제2호에서는 즉석판매제조 · 가공업을 "총리령으로 정하는 식품을 제조 · 가공업소에서 직접 최종소비자에게 판매하는 영업"이라고 규정하고, 식품위생법 시행규칙 제37조, [별표 15]에서는 즉석판매제조 · 가공 대상 식품은 식품제조 · 가공업 및 축산물가공업에서 제조 · 가공할 수 있는 식품, 식품제조 · 가공업 영업자가 제조 · 가공한 식품 또는 수입 · 판매업 영업자가 수입 · 판매한 식품으로 즉석판매제조 · 가공업소 내에서 소비자가 원하는 만큼 덜어서 직접 최종 소비자에게 판매하는 식품을 의미하는 것으로 정하고 있다. 즉석판매제조 · 가공업을 하고자 하는 자는 식품위생법이 정하는 시설을 갖추고,[29] 영업신고를 하여야 한다.[30]

즉석판매제조 · 가공업은 소비자가 영업소를 방문하여 식품을 구입한다는 점은 위의 식품접객업과 동일하나, 소비자가 반드시 영업소에서 음식을 취식할 것을 전제로 하지 않는다. 예를 들어 식품위생법 시행규칙은 즉석판매제조 · 가공업자의 준수사항으로 손님이 보기 쉬운 곳에 가격표를 붙여야 하며 가격표대로 요금을 받아야 한다는 점을 규정하고 있는데,[31] 이는 식품접객업자의 준수사항과 같다. 그러나 식품접객업과는 달리 식품에 대한 일반적인 표시의무가 면제되지 않는다.[32]

특히 식품위생법규는 즉석판매제조 · 가공업자가 제조 · 가공한 식품을 판매를 목적으로 하는 사람에게 판매하거나 영업장 외의 장소에서 판매하는 행위를 금지하고 있지만, 영업자나 그 종업원이 최종소비자에게 직접 배달하는 경우와 식품의약품안전처장이 정하여 고시하는 기준

29_ 식품위생법 제36조 제1항 제1호, 제2항, 식품위생법 시행규칙 제36조 및 [별표 14] 2. 참조.

30_ 식품위생법 제37조 제4항, 식품위생법 시행령 제25조 제1항 제2호 참조.

31_ 식품위생법 시행규칙 제57조 및 [별표 17] 2. 나. 참조.

32_ 식품의약품안전처고시 제2016-99호, 식품 등의 표시기준 I. 4. 가. 1) 참조.

에 따라 우편 또는 택배 등의 방법으로 최종소비자에게 배달하는 경우에는 배달판매가 가능하다고 명시하였다.[33] 따라서 즉석판매제조 · 가공업자가 영업소에서 제조한 식품을 최종소비자에게 직접 판매하는 영업을 하면서 인터넷을 통해 최종 소비자에게 주문을 받은 제품을 직접 또는 우편이나 택배 등의 방법으로 배달하는 것은 가능하겠지만, 즉석판매제조 · 가공업자가 영업소에서 제조한 식품을 중간 유통업자가 인터넷 등을 통하여 판매할 수는 없는 것으로 해석된다.[34]

식품의 유통 등과 관련하여 식품의약품안전처는 고시로서 식품의 제조 · 가공기준과 식품의 보존 및 유통기준을 정하고 있는데,[35] 즉석조리식품[36]의 경우에는 제조된 식품을 가장 짧은 시간 내에 소비자에게 공급하도록 하고 운반 및 유통 시에는 냉장, 온장, 실온 및 일정한 온도 관리를 위하여 온도 조절이 가능한 설비 등을 이용하여야 하며 이때 냉장은 0∼10℃, 온장은 60℃ 이상을 유지할 수 있어야 한다.[37]

(3) 식품제조 · 가공업과 유통전문판매업 등

식품을 제조 · 가공하는 영업[38]을 하고자 하는 자는 식품위생법에서 정하는 시설을 갖추고,[39] 영업을 등록하여야 한다.[40] 식품제조 · 가공업

33_ 식품위생법 시행규칙 제57조 및 [별표 17] 2. 가. 참조.

34_ 식품의약품안전처 국민신문고, 자주하는 질문, "즉석판매제조 · 가공업소의 판매(인터넷)"에 대한 답변 내용(2017. 10. 25.) 등 참조. http://www.mfds.go.kr/index. do?mid=649

35_ 식품위생법 제7조 제1항에 근거하여 제정된 식품의약품안전처고시 제2018-18호 식품의 기준 및 규격 참조.

36_ 식품의약품안전처고시 제2018-18호 식품의 기준 및 규격 제4. 식품별 기준 및 규격 22-2에 의하면, "소비자가 별도의 조리과정 없이 그대로 또는 단순조리과정을 거쳐 섭취할 수 있도록 제조 · 가공 · 포장한 도시락, 김밥, 햄버거, 선식 등의 즉석섭취식품, 샐러드, 새싹채소 등의 신선편의식품, 데워서 섭취할 수 있는 국, 탕, 수프, 순대 등의 즉석조리식품 등을 즉석섭취 · 편의식품류"라고 한다.

37_ 식품의약품안전처고시 제2018-18호 식품의 기준 및 규격 제2. 식품일반에 대한 공통기준 및 규격 4. 보존 및 유통기준 6). 참조.

38_ 식품위생법 시행령 제21조 제1호 참조.

자가 제조 또는 가공된 식품을 유통하는 경우에는 식품의약품안전처에서 정하는 유통기준을 따라야 하고,[41] 식품을 구매하는 소비자를 위하여 기본적인 식품에 관한 정보를 표시하여야 한다.[42]

식품을 스스로 제조·가공하지 아니하고, 식품제조·가공업자에게 의뢰하여 제조·가공한 식품을 자신의 상표로 유통·판매하는 경우도 있는데, 이는 식품판매업 가운데 유통전문판매업에 해당한다.[43] 유통전문판매업을 하고자 하는 자는 사무소와 보관시설 등을 갖추고[44] 영업신고를 하여야 한다.[45] 이 경우에도 식품의 보존 및 유통기준은 식품의 기준 및 규격을 따라야 한다.[46]

다만 식품의 배달을 영업으로 하는 경우는 식품위생법에서 별도로 규제하고 있지 않다. 참고로 식품위생법 제36조 제1항 제1호 및 식품위생법 시행령 제21조 제4호에서 규정하는 식품운반업은 그 대상을 직접 마실 수 있는 유산균음료나 어류·조개류 및 그 가공품 등 부패·변질되기 쉬운 식품을 전문적으로 운반하는 경우로 제한하고, 나아가 영업자가 제조·가공한 식품을 운반하는 경우는 식품운반업의 대상에서 제외된다는 점을 명시하고 있으므로, 음식주문 플랫폼을 이용한 음식배달과는 관련이 없는 것으로 해석된다.[47]

39_ 식품위생법 제36조 제1항 제1호, 제2항, 식품위생법 시행규칙 제36조 및 [별표 14] 1. 참조.

40_ 식품위생법 제37조 제5항, 식품위생법 시행령 제26조의2 제1항 제1호 참조.

41_ 식품의약품안전처고시 제2018-18호 식품의 기준 및 규격 참조.

42_ 식품의약품안전처고시 제2016-99호, 식품 등의 표시기준 Ⅰ. 4. 가. 1) 참조.

43_ 식품위생법 시행규칙 제21조 제5호 나. 3). 참조.

44_ 식품위생법 제36조 제1항 제1호, 제2항, 식품위생법 시행규칙 제36조 및 [별표 14] 5. 참조.

45_ 식품위생법 제37조 제4항 전단 및 식품위생법 시행령 제25조 제1항 제5호 참조.

46_ 자세한 사항은 식품의약품안전처고시 제2018-18호 식품의 기준 및 규격 참조.

47_ 그 외에 식품의약품안전처에서는 인터넷에서 식품을 판매하는 통신판매업자도 식품위생법상 별도의 영업자로 등록하여야 한다는 논의가 있었으나, 아직까지 관련 사항이 입법화되지는 않았다. 매일경제, "온라인 식품판매자도 위생법상 영업자 등록", 2016. 1. 12자 기사; 디지털데일리, "가공식품 판매관리에 통신판매업자만 포함…업계

2. 전자상거래법

이미 여러 논문에서 지적하는 바와 같이 식품을 음식주문 플랫폼을 이용하여 판매하고 유통하는 것과 관련하여서는 전자상거래법이 적용될 수 있다.[48] 구체적인 계약의 모습에 따라 달라질 수 있으나, 일반적으로는 온라인 플랫폼을 이용하여 재화나 용역을 판매하는 사업자는 통신판매업자로서, 온라인 플랫폼을 운영하면서 사업자와 소비자 간의 통신판매를 알선하는 행위만을 하는 경우에는 통신판매중개자로서 각각 전자상거래법에 정해진 의무를 부담하게 된다.[49] 다만, 전자상거래법 제3조 제4항에서는 음식료 등을 인접지역에 판매하기 위한 거래에 대하여는 전자상거래법의 주요 규정들을 적용하지 않는다고 하는바, 음식주문 플랫폼과 관련하여 특히 이 조항의 구체적인 의미를 생각해 볼 필요가 있다.

(1) 전자상거래법 제3조 제4항

전자상거래법 제3조는 전자상거래법의 일부 또는 전부 규정의 적용을 제외하는 경우를 정하고 있는데, 특히 제4항에 의하면 투자매매업자 · 투자중개업자가 하는 증권거래, 금융회사 등이 하는 금융상품거래, 일상 생활용품, 음식료 등을 인접지역에 판매하기 위한 거래에 대하여는 제12조부터 제15조까지, 제17조부터 제20조까지 및 제20조의2가 적용되지 않는다. 이에 따르면 음식주문 플랫폼을 통하여 음식료 등을 인접

지적 쏟아져", 2017. 2. 17.자 기사 참조.

48_ 그 구체적인 내용은 고형석(주 5); 이병준(주 5); 정진명 · 남재원, "배달앱서비스 이용자보호 방안", 소비자문제연구 제46권 제2호, 2015; 안수현, "배달앱 서비스산업을 둘러싼 법적 이슈와 과제", 경제법연구 제15권 제2호, 2016 등 참조.

49_ 통신판매중개도 통신판매의 개념 안에 포섭되는 것으로, 플랫폼 운영자도 기본적으로 자신의 플랫폼 서비스와 관련하여서는 통신판매업자에 해당하고, 소비자와 체결되는 계약에서는 어떠한 지위를 가지는지 살펴보아야 한다는 점을 지적하는 견해로는 이병준(주 5), 182면 이하 참조.

지역에 판매하는 경우에는 사업자 및 플랫폼 운영자에게 통신판매업자의 신고, 신원 및 거래조건에 대한 정보 제공, 청약확인, 재화 등의 공급, 청약철회, 통신판매중개자의 의무와 책임에 관한 전자상거래법 규정이 적용되지 않는다고 해석할 수 있을 것이다. 그런데 이 규정의 적용 범위에 대하여는 논란이 있으므로, 이를 좀더 살펴보기로 한다.

(2) 입법 취지 및 적용 범위

전자상거래법 제3조 제4항의 입법 취지를 명확히 밝힌 자료를 찾기는 어려우나, 학설은 특히 음식주문 플랫폼과 관련하여 이 규정이 사업자의 영업점 주변지역을 영업범위로 정하고 그 지역에 거주하는 소비자에게 전단지 등으로 음식료 등에 관한 정보를 제공하고, 전화 등을 통해 음식료 등을 판매하는 사업자에 대하여 전자상거래법의 일부 규정을 적용하지 않기 위한 것이라거나,[50] 집근처 등 인근에서 음식을 주문한 경우라면 적어도 주문한 물건에 문제가 있는 경우 직접 이의를 제기할 수 있고 입점주의 명성 등도 익히 알 수 있다는 점을 감안한 정책적 조치[51]라고 설명한다.

이와 유사한 규정을 유럽연합의 소비자권리지침[52]과 이를 반영한 유럽의 각국 법률[53]에서 찾아볼 수 있다. 유럽연합의 소비자권리지침은 사업자의 계약체결 전 정보제공의무를 강화하고, 청약철회권을 보장하는 등 소비자 보호를 위한 장치들을 마련한 것으로,[54] 제2조 제7호는 통신

50_ 고형석(주 5), 70면.

51_ 안수현(주 48), 69면.

52_ Directive 2011/83/EU of the European Parliament and of the Council of 25 October 2011 on consumer rights, amending Council Directive 93/13/EEC and Directive 1999/44/EC of the European Parliament and of the Council and repealing Council Directive 85/577/EEC and Directive 97/7/EC of the European Parliament and of the Council Text with EEA relevance. 이하 'Directive 2011/83/EU on Consumer Rights'로 통칭한다.

53_ 독일 민법상 소비자계약에 관한 제312조 이하의 규정들, 영국의 Consumer Rights Act 2015 등 참조.

판매계약을 규정하고 있다.[55] 한편 제3조 제3항은 이 지침이 적용되지 않는 예외적인 계약을 열거하면서 그중 하나로 사업자에 의하여 소비자의 주소, 거주지 또는 직장에서 빈번하고 정규적인 운송방법으로 공급되는 식품, 음료 또는 기타 일상의 필요에 제공되는 가사용품의 공급에 관한 계약을 언급한다.[56] 이러한 계약들을 적용 대상에서 제외한 것은 소비자 보호를 위하여 정보가 제공될 필요성이 없고 청약철회를 인정하는 것이 부적절하기 때문이다.[57]

우리 전자상거래법상 관련 부분은 "음식료 등을 인접지역에 판매하기 위한 거래"라고 되어 있어서 유럽연합의 소비자권리지침에서 정하는 "사업자에 의하여 소비자의 주소, 거주지 또는 직장에서 빈번하고 정규적인 운송방법으로 공급되는 식품, 음료 또는 기타 일상의 필요에 제공되는 가사용품의 공급에 관한 계약"과는 문언상 다소 차이가 있기는 하지만, 특히 음식주문 플랫폼을 이용한 거래와 관련하여 이 조문 취지나 적용 범위를 정함에 있어서는 유럽연합의 소비자권리지침과 관련된 논의가 시사점을 줄 수 있다.

1) 인접지역의 소비자에 대한 조리음식 배달의 경우

음식주문 플랫폼을 통하여 이루어지는 거래 중 가장 기본적인 형태는 소비자가 배달음식을 주문하는 것이다. 이 경우 제조 또는 가공된 조리

54_ 이 지침에 대한 설명 및 우리 법에의 시사점에 대하여는 김진우, "소비자권리지침의 주요개념 및 적용범위에 관한 고찰: 우리 소비자계약법의 개정방향을 덧붙여", 서울법학 제23권 제2호, 2015; 고형석, "유럽연합 소비자권리지침상 청약철회권에 관한 연구—우리 법과의 비교법적 고찰을 중심으로", 한양대 법학논총 제29집 제4호, 2012 등 참조.

55_ Directive 2011/83/EU on Consumer Rights, recital 20에 의하면, 이는 사업자가 온라인 플랫폼을 이용하는 경우를 염두에 둔 것이다.

56_ Directive 2011/83/EU on Consumer Rights, Article 3. 3. (j). 독일 민법 제312조 제2항 제8호에도 이와 유사한 조항이 규정되어 있는데, 이와 관련된 독일법상의 논의에 대하여는 이병준, (주 5), 197면 이하 참조.

57_ 독일 민법 제312조 제2항 제8호에 대한 입법 자료인 RegE, BT-Drs. 14/2658, S. 33 참조.

식품을 판매하는 사업자들은 앞서 본 바와 같이 식품위생법 관련 법규에 따라 시설기준을 갖추어 영업허가 등을 받고 식품의 안전과 관련된 각종 규제들을 준수하여야 하는 자들로 소비자에게 식품에 관한 적절한 정보를 제공하고 위해를 방지할 의무를 부담하고 있다. 관련 법규는 소비자들이 영업장에서 음식을 소비하거나 영업장을 방문하는 것을 전제로 하되 예외적으로 소비자들에 대한 서비스 제공 차원에서 인접지역에 배달하는 것을 예정하고 있으며, 음식의 부패나 변질 가능성을 고려하더라도 인접지역이 아닌 광범위한 배달 영업을 하는 것은 가능하지 않다고 해석된다.

따라서 이들 사업자들이 자신의 음식점 영업에 부수하여 인접지역 소비자들에게 배달한다고 하여 통신판매업자로서 신고나 정보 제공 의무를 지우는 것은 사업자들에게 부담이 될 뿐 소비자 보호에 있어서는 큰 의미가 있다고 보기 어렵다. 또한 조리 음식을 주문 즉시 배달하는 것이 일반적이므로 전자상거래법에 따른 청약 확인이나 공급 지연에 대한 조치가 필요하지 않으며, 음식을 배달받은 소비자가 청약을 철회할 수 있도록 하는 것은 적절하지 않다.

나아가 판매자인 사업자에게 전자상거래법상 일정한 의무를 지우지 않는데, 플랫폼 운영자에게만 전자상거래법상 신고 의무 등을 부담하도록 하는 것은 적절하지 않을 것이다. 소비자가 온라인 플랫폼을 통하여 음식을 주문하는 경우 플랫폼 운영자가 아닌 사업자의 음식을 구매하는 것으로 인식하는 것이 자연스럽고, 뒤에서 보는 바와 같이 음식판매의 주체는 사업자가 된다는 점에서[58] 전자상거래법 제20조 제1항의 의무가 면제되는 것도 이해할 수 있다. 다만, 소비자의 입장에서는 사업자뿐만 아니라 플랫폼 운영자를 신뢰하고 계약을 체결하는 경우도 있을 것이고 플랫폼 운영자는 식품위생법 등의 규제를 받지 않으므로, 입법 정책적

58_ 이와 달리 당사자들이 플랫폼 운영자가 직접 통신판매자가 되는 것으로 거래를 구성한다면, 식품위생법상 영업허가 등이 필요하고, 그 요건을 갖추지 못한 경우에는 식품위생법 위반 행위에 해당할 것이다.

으로는 플랫폼 운영자에 대하여 전자상거래법 제20조와 제20조의2 규정의 주요 조항들이 적용되도록 하는 것이 소비자 보호를 위하여 바람직할 것으로 생각된다.

2) 인접지역 외의 소비자에 대한 배달의 경우

음식주문 플랫폼 사업이 확대되면서 인근지역에 배달 음식을 판매하려는 사업자와 소비자를 연결하는 거래 외에도 이 플랫폼을 통하여 보다 넓은 지역에 다양한 음식을 판매하는 거래도 점차 늘어나고 있다. 사업자들로서는 플랫폼을 통하여 보다 광범위한 소비자에게 광고를 하고 플랫폼 운영자나 그 외의 배달 대행업자에게 음식의 배달을 위탁함으로써 영업의 범위를 확대하는 것이 가능해졌다. 이는 기존의 거래 형태와는 차이가 있는데, 쉽게 변질될 수 있는 음식을 원거리에 위치한 소비자에게 배달하는 것은 적절하지 않기 때문에, 식품접객업자나 즉석판매제조·가공업자가 자신의 영업장에서 조리한 음식을 그대로 배달하는 것이 아니라 배달용 음식을 별도로 제조·가공하여 원거리 배달에 적합한 포장과 유통 방식을 갖추는 것이 필요하다.

전자상거래법 제3조 제4항에서는 "음식료 등을 인접지역에 판매하기 위한 거래"를 적용 제외 대상으로 명시하고 있는데, 인접지역이 아닌 보다 광범위한 지역에 대한 판매를 예정하는 경우에는 이에 해당한다고 보기 어렵다. 이때 인접지역이 어디까지인지는 식품위생법상 관련 규정이 마련되어 있지 않은 이상 거리나 소요 시간 등으로 명시하기는 어렵고, 통상 조리음식을 안전하고 유효하게 배달하기에 적정한 거리를 의미한다고 할 것이다. 광범위한 배달을 예정하는 경우, 사업자는 통신판매업자로서, 플랫폼 운영자는 통신판매중개업자로서 전자상거래법에 정해진 의무와 책임을 다하여야 한다.

다만 거래의 대상이 음식이라는 점에서 관련 조항을 적용하는 데 주의가 필요하다. 예를 들어 전자상거래법 제17조는 청약철회에 대하여 정하고 있는데, 음식 구매에 대한 청약철회가 무제한 적용되기는 어렵다. 이때에는 전자상거래법 제17조 제2항 제3호에 따라 재판매가 곤란할 정도로 가치가 현저히 감소하여 청약철회가 부적절한 경우로 해석할 수 있는지 등을 살펴보아야 한다.[59]

Ⅳ. 각 거래 유형별 검토

앞서 언급한 바와 같이 온라인 플랫폼을 통한 거래에서는 플랫폼 운영자, 사업자, 소비자가 기본 주체가 된다. 이 거래를 위하여 개입되는 다수의 계약관계 가운데 가장 중심이 되는 것은 플랫폼을 매개로 하는 사업자와 소비자 간의 매매 또는 공급계약이고, 그 다음으로는 사업자와 소비자가 플랫폼 서비스를 이용하기 위하여 각각 플랫폼 운영자와 체결하는 플랫폼 이용계약을 생각해 볼 수 있을 것이다.[60]

1. 플랫폼에서 음식판매를 중개하는 경우

(1) 음식판매계약에서의 당사자들의 지위

소비자가 음식주문 플랫폼을 통하여 주문한 음식을 사업자가 배달하는 가장 기본적인 형태의 거래에서는 소비자가 음식을 주문할 때 사업자와 소비자 간에 음식판매계약이 체결된다. 식품위생법 규정에 비추어 본다면 조리음식을 판매할 수 있는 것은 식품접객업 또는 즉석판매제

59_ 유럽연합의 소비자보호지침에서는 급속하게 부패하는 물건의 거래에 대하여 청약철회권이 인정되지 않는다는 점을 명시하고 있다. Directive 2011/83/EU on Consumer Rights, Article 16. (d) 참조.

60_ 물론 이들 계약 이외에도 다수의 부수적인 계약이 있어야 하고, 기본적인 계약관계를 둘러싸고도 수수료 등 그 구체적인 내용의 적정성, 플랫폼을 통한 광고나 각종 정보의 관리, 시스템의 안정성 담보 등 매우 다양한 법적인 쟁점이 문제될 수 있을 것이다. 이들은 소홀히 다루어져서는 안 되는 것이지만, 이번 논문에서는 음식주문 플랫폼을 이용하여 이루어지는 거래 자체를 중심으로 사업자, 소비자, 플랫폼 운영자의 세 당사자의 관계와 그 책임의 분배에 대하여 주안점을 두기로 한다.

조·가공업의 영업신고를 하고 그에 따른 규제를 준수하는 자이다. 일반적으로 플랫폼 운영자는 식품위생법에 따른 영업자가 아니고, 설사 필요한 시설을 갖추고 영업신고 등을 하였다고 하더라도 자신이 조리한 음식이 아닌 다른 영업자가 조리한 음식을 판매할 수는 없다.[61] 따라서 플랫폼 운영자는 사업자와 소비자 간의 음식매매를 중개할 수 있을 뿐이다. 전자상거래법의 측면으로는 사업자는 통신판매업자가 되고 플랫폼 운영자는 통신판매중개업자가 되는 것인데, 다만 전자상거래법 제3조 제4항이 적용되는 경우 전자상거래법의 여러 규정들이 적용되지 않는 것으로 이해된다.

(2) 음식판매계약에 관한 당사자들의 권리, 의무 관계

사업자와 소비자는 음식판매계약의 직접 당사자로서, 플랫폼 운영자는 이 음식판매계약을 중개하는 중개인으로서의 지위를 가진다. 이들이 각각 어떠한 권리, 의무가 있는지는 기본적으로는 각 당사자들 간의 계약에 따라야 할 것이고, 그 외에 식품위생법이나 전자상거래법 등의 개별 법령에서 정하는 사항[62]도 준수하여야 할 것이다.

1) 음식판매계약 관련

일반적으로 음식판매계약은 매매계약 또는 매매계약에 유사한 유상계약으로 볼 수 있다. 매매는 재산권의 이전과 대금의 지급을 목적으로 하는 낙성, 유상의 쌍무계약이다.[63] 음식주문 플랫폼을 이용한 음식판매

61_ 식품접객업은 유통판매를 목적으로 하지 않고, 즉석판매제조·가공업자는 식품을 판매를 목적으로 하는 사람에게 판매할 수 없다는 점은 위 Ⅲ. 1. 참조.

62_ 예를 들어 온라인 플랫폼을 통하여 행하여지는 광고는 표시·광고의 공정화에 관한 법률의 규제 대상이 될 것이다. 표시·광고의 공정화에 관한 법률 제2조 정의 규정 등 참조. 사업자가 아닌 온라인 플랫폼 운영자가 광고와 관련하여 어떠한 책임을 지는지는 중요한 문제인바, 추후 별도로 검토하고자 한다.

63_ 통상적으로 조리음식은 소비자가 식품접객업자 또는 즉석판매제조·가공업자의 영업장에서 주문하면 사업자가 주문된 음식을 조리 또는 포장하여 제공하고, 소비자들은 영업장에서 조리된 음식을 먹은 다음이나 포장된 음식을 받으면서 음식 대금을 지

계약은 소비자가 주문을 완료하면 계약이 체결되고, 이에 따라 사업자는 음식을 소비자에게 배달할 의무가 생긴다. 이와 관련된 의무를 불이행하는 경우 사업자는 채무불이행 책임을 지게 될 것이고, 음식에 하자가 있는 경우에는 담보책임을 질 수 있다. 예를 들어 주문한 음식이 변질되어 배달되었다면, 소비자는 민법 제581조[64]에 따라 계약을 해제하고 지급한 대금 등을 배상할 것을 청구하거나 변질되지 않은 음식을 다시 배달하여 줄 것을 청구할 수 있을 것이다. 음식판매계약에서는 그 거래 대상의 특성상 주문한 음식에 하자가 있는 경우 그로 인한 생명, 신체, 건강상 피해가 발생할 수 있는데, 소비자가 변질된 음식을 먹고 병을 얻은 경우와 같이 별도의 법익 침해가 있었다면, 사업자는 그에 대하여도 손해배상책임을 질 수 있다.[65] 음식판매계약이 성립되면 소비자는 대금지급의무를 부담하는데, 음식을 받으면서 사업자에게 직접 대금을 지급하거나, 온라인 플랫폼에서 제공하는 결제 서비스를 이용하여 음식을 주문하면서 온라인으로 대금을 지급하므로 현실적으로 그 불이행이 문제가 되는 경우는 많지 않을 것으로 생각된다.

2) 음식판매계약의 중개 관련

플랫폼 운영자는 이러한 사업자와 소비자 간의 음식판매계약을 성립시키기 위하여 다수의 사업자와 소비자를 유치하여 이들이 플랫폼을 이용하도록 하고, 사업자와 사업자가 판매하는 음식의 정보를 소비자에게

급한다. 계약의 체결과 이행 간의 시간적 간격이 매우 짧은데, 계약과 동시에 목적물과 대금을 서로 교부하는 현실매매도 매매이고 다만 채권행위와 물권행위가 하나의 행위로 합체되어 행하여지는 것에 불과하다는 것이 통설이므로(곽윤직, 채권각론 제6판, 박영사, 2003, 125면 참조), 영업장에서 이루어지는 음식판매계약도 매매계약의 일종으로 보는 것은 무리가 없을 것이다.

64_ 배달 음식의 주문은 종류매매에 해당한다고 볼 수 있다.

65_ 이와 같은 확대손해에 대하여는 채무자의 고의, 과실이 요구된다는 것이 학설 및 판례의 태도이다. 양창수 · 김재형, 계약법 제2판, 박영사, 2015, 529-530면; 대판 1997. 5. 7, 96다39455 참조. 만일 사업자가 변질된 음식을 공급하였다면 사업자에게 유책사유가 인정될 가능성이 높을 것이다.

제공하고 소비자의 정보를 관리하며, 음식판매계약을 위하여 필요한 결제서비스 등을 제공한다. 상법 제93조에서는 타인 간의 상행위의 중개를 영업으로 하는 자를 중개인[66]이라고 하는데, 플랫폼 운영자는 이러한 중개인으로 볼 수 있다.[67]

중개를 위탁하는 자와 중개인 간의 계약이 중개계약이다. 일반적으로 플랫폼 운영자와 사업자, 플랫폼 운영자와 소비자 간의 플랫폼 이용계약에는 이러한 중개계약에 관한 내용이 포함될 것이다. 이러한 중개계약은 위임의 성질을 가지므로,[68] 당사자 간의 특약이 없거나 상법에 특칙이 없는 경우에는 민법상 위임에 관한 규정들이 적용된다. 따라서 플

66_ 중개인과 위탁매매인, 중개대리상과의 차이에 대하여는 이철송, 상법총칙 · 상행위 제14판, 박영사, 2016, 461-462면; 최기원, 상법학신론(상) 제19판, 박영사, 2011, 317-318면; 편집대표 손주찬 · 정동윤, 주석상법[총칙 · 상행위(2)] 제3판, 한국사법행정학회, 2003, 62면(경익수 집필부분) 참조.

67_ 이와 관련하여 상법상 중개는 계약이 체결되도록 당사자와 교섭하는 활동을 뜻하므로 단지 당사자 일방에게 거래에 필요한 정보를 제공하거나 거래의 기회를 제공하는 행위만으로는 상법상 중개라고 할 수 없고, 따라서 플랫폼 운영자가 중개인에 해당하기 위해서는 거래시스템의 제공뿐만 아니라 관련 서비스를 적극적으로 제공하여야 한다는 견해가 있다. 정진명(주 1), 1568-1569면 참조. 참고로 독일민법 제652조 이하에서는 독일상법 제93조 이하의 상법중개인과 구별되는 민사상 중개계약을 규정하고 있는데, 거래의 기회를 제공하는 행위는 상사중개가 아닌 민사중개에 해당하는 것으로 해석된다. MüKoBGB/Roth, 7. Aufl. 2017, BGB § 652 Rn. 16.
그런데 음식주문 플랫폼은 소비자에게 음식과 음식주문에 필요한 정보를 체계적으로 제공하고 음식주문과 결제도 가능하도록 관련 서비스를 제공하는 것이 일반적이므로, 단지 거래에 필요한 정보나 거래의 기회만을 제공하는 것이라고 하여 그 역할을 축소해석하기는 어려울 것이다. 또한 거래 대상이 일상적으로 소비되는 음식이라는 점을 고려할 때, 계약이 체결되도록 당사자 쌍방과 교섭하는 활동이 강조되는 것이 어색하기도 하다. 나아가 이를 상사중개가 아니라고 판단한다고 하더라도 상거래를 중개하는 이상 성질이 허용하는 범위에서는 상사중개에 관한 상법의 규정을 유추적용하여야 한다고 하므로[이철송(주 66), 485면], 어느 견해를 취하더라도 음식주문 플랫폼 사업자가 가맹 음식점과 소비자 간의 거래를 중개한다고 하는 것은 무리가 없을 것이다.

68_ 중개인이 적극적으로 중개할 의무가 있는지 여부에 따라 중개계약을 나누어 그 법적 성질을 설명하는 견해들이 있다. 주석상법[총칙 · 상행위(2)](주 66), 63-64면 등 참조. 그러나 중개계약은 어느 경우에나 특정인이 특정인에게 일정한 사무의 처리를 위탁하는 것이므로, 위임의 성격을 가지는 것으로 이해하는 것이 타당할 것이다. 이철송(주 66), 481-482면 참조.

랫폼 운영자는 사업자와 소비자의 수탁자로서 민법 제681조에 따라 선량한 관리자의 주의의무를 진다.[69] 특히 이해가 상반되는 사업자와 소비자 쌍방의 거래를 중개하므로, 어느 일방의 이익에 치중해서는 안 되고 중립성 및 객관성을 지켜야 한다.[70]

플랫폼 운영자가 중개인에 해당한다고 하더라도 온라인 플랫폼의 특성을 고려하면 상법상 중개인에 관한 규정을 그대로 적용하기 어려운 점들이 있다. 예를 들어 상법 제95조에서는 중개인의 견품보관의무를 규정하고 있으나 온라인 플랫폼에서는 플랫폼 운영자에게 견품을 제공하지 않고, 특히 음식주문 플랫폼에서는 조리 음식의 특성상 견품을 제공하는 것이나 보관하는 것을 생각하기 어렵다. 또한 상법 제98조 및 제99조는 당사자가 그 성명 또는 상호를 상대방에게 표시하지 아니할 것을 중개인에게 요구할 수 있는 것을 전제로 중개인이 당사자 일방의 성명이나 상호를 상대방에게 표시하지 않은 경우 상대방은 중개인에 대하여 이행을 청구할 수 있다고 하는데, 온라인 플랫폼을 통한 거래가 비대면 거래라는 점에 비추어 사업자의 상호를 표시하지 않는 것은 부적절하고,[71] 특히 음식주문을 위해서는 사업자와 사업자가 제공하는 음식에 관한 정보가 계약 체결에서 필수적이라는 점에서 사업자의 상호를 묵비하는 것은 현실적으로 생각하기 어렵다.

상법상 중개인에 관한 규정은 임의규정으로, 당사자들이 이와는 다른 내용의 계약을 체결하는 것은 가능할 것이다.[72] 예를 들어 상법 제100조에서는 중개인은 계약체결에 대하여 서면을 작성하여 당사자에게 교부한 후에 당사자 쌍방이 균분하여 부담하는 보수를 지급받을 수 있다고 하였으나, 거래계에서는 플랫폼 운영자가 사업자에게서만 음식판매계약 체결에 관한 수수료를 받는 것이 일반적이고, 계약 건별로 수수료를

69_ 대판 1992. 2. 11, 91다36239 참조.

70_ 최기원(주 66), 318면; 이철송(주 66), 487면.

71_ 전자상거래법 제20조 제2항 및 정진명(주 1), 1571면 참조.

72_ 이철송(주 66), 491면 참조.

받지 않고 사업자에게 광고료나 플랫폼 사용료를 받는 경우도 있다.

플랫폼 운영자는 플랫폼을 이용하여 거래를 하고자 하는 개별 사업자와 소비자들과 플랫폼 이용에 관한 계약을 체결하는데, 이 계약에서는 거래에 적합한 공간으로서 플랫폼을 유지, 관리하기 위하여 필요한 여러 의무가 정해질 것이다. 나아가 플랫폼 운영자가 거래를 위한 부수적인 서비스를 제공하는 경우도 있다. 대표적으로 플랫폼을 통한 결제 서비스를 제공하는 경우[73]를 생각해 볼 수 있는데, 상법 제94조에 따라 중개인은 중개한 행위에 관하여 당사자를 위하여 지급 기타 이행을 받지 못하는 것이 원칙이지만, 플랫폼 운영자가 신용카드사나 통신사로부터 결제대금을 지급받은 다음 중개수수료를 차감한 후 사업자에게 정산하는 것으로 정할 수 있다. 또한 플랫폼 운영자가 대금을 지급받는 때에는 전자상거래법 제20조의3 제2호에 따라 조작 실수 등의 방지, 전자적 대금지급의 신뢰 확보에 관한 의무가 있다. 그 외에 플랫폼 운영자가 배달 서비스를 제공하는 경우에 대하여는 다음 항목에서 살펴보기로 한다.

2. 플랫폼에서 배달 서비스를 제공하는 경우

(1) 음식배달계약에서의 당사자들의 지위

음식주문 플랫폼을 통하여 사업자와 소비자가 음식판매계약을 체결하는 것은 위와 동일한데,[74] 사업자가 조리 음식을 배달하지 않아서 사업자를 대신하여 플랫폼 운영자가 소비자에게 배달 서비스를 제공하는

73_ 플랫폼 운영자가 결제 서비스를 제공하기 위해서는 전자금융거래법상 전자결제대행업 및 결제대금예치업, 정보통신망 이용촉진 및 정보보호 등에 관한 법률상 통신과금서비스업 등록 등 관련 법규에 따른 규제를 준수하여야 할 것이다. 안수현(주 48), 64-66면 참조.

74_ 음식판매계약과 그 중개에 관한 당사자들의 권리, 의무는 위 1.에서 살펴본 바와 같다. 그 외에 음식판매계약의 중개와는 별도로 배달 서비스만을 제공하는 플랫폼 서비스도 있으나, 이 경우 플랫폼 운영자는 소비자로부터 위탁받은 음식 구입 및 배달 서비스에 대한 수수료를 받는 것에 불과하여 이하의 논의가 적용되지 않는다.

경우가 있다. 이러한 음식배달 서비스는 식품위생법에서 예정하는 영업의 유형이 아니고, 따라서 관련 규정이 마련되어 있지 않다. 오히려 식품위생법은 조리음식은 식품접객업 또는 즉석판매제조·가공업자가 영업장에서 판매하는 것을 원칙으로 하고, 배달판매는 소비자의 편의를 위하여 예외적으로 가능하다는 입장이다. 그러나 이는 영업자가 조리한 음식을 영업자가 직접 배달하여야만 한다는 의미는 아닐 것이므로, 영업자가 판매가 아닌 배달을 제3자에게 위탁하는 것은 가능한 것으로 볼 수 있다. 그 외에 전자상거래법의 측면으로는 배달 범위에 따라 전자상거래법 제3조 제4항의 적용 여부가 달라질 것이다.

음식배달 서비스는 소비자가 플랫폼을 통하여 음식주문을 하고 음식대금을 지급하면서 배달 서비스에 대한 비용을 함께 결제하는 방식으로 진행된다. 음식판매계약에 따라 사업자가 음식을 소비자에게 직접 배달하는 경우와는 달리, 이때에는 일종의 물건운송계약이 체결되는 것으로 이해할 수 있다.[75] 운송계약은 운송을 인수하는 운송인과 그에게 운송을 위탁하는 송하인 간의 계약으로, 수하인은 운송계약의 당사자는 아니지만 운송물이 목적지에 도착하면 운송물을 인도받을 수 있고 운송계약에 따라 일정한 권리를 취득한다.[76] 즉, 사업자가 송하인, 플랫폼 운영자가 운송인, 소비자가 수하인이 되는 것으로 구성할 수 있다.

이와는 달리 소비자가 송하인이자 수하인으로서 플랫폼 운영자와 운송계약을 체결하는 것으로 계약을 구성할 수도 있을 것이나,[77] 실질적으로 송하인과 수하인의 권리에는 큰 차이가 없고, 식품위생법의 수범자

75_ 플랫폼 운영자가 직접 배달을 한다기보다는 배달을 하고자 하는 자들과 소비자들을 연결해 주는 플랫폼으로서 기능하는 경우도 나타나고 있는데, 이 경우 플랫폼 운영자는 운송인보다는 상법 제114조 이하에서 정하는 운송주선인이 되는 것으로 생각해 볼 수도 있다. 운송주선인에 대하여는 손해배상책임이 인정되고 수하인의 지위에 관한 운송업의 조항이 준용된다. 상법 제115조, 제124조 등 참조.

76_ 이철송(주 66), 546면; 최기원(주 66), 361-362면 참조.

77_ 수하인은 송하인 자신일 경우도 있고 제3자일 경우도 있는데, 전자의 경우 수하인은 운송계약의 당사자로서 당연히 권리를 갖고 후자의 경우라도 상법과 운송계약에 따라 일정한 권리를 취득한다. 이철송(주 66), 546면.

인 사업자에게도 운송에 대하여 일정한 책임을 부담시킬 필요가 있다는 측면에서, 당사자들의 적절한 책임 분배 및 소비자 보호를 위하여 플랫폼 거래의 세 당사자를 모두 관여시키는 것이 바람직하다.

(2) 음식배달계약에 관한 당사자들의 권리, 의무 관계

플랫폼 운영자는 운송인으로서 사업자로부터 음식을 인도받아 소비자가 지정한 장소까지 운반하여 인도하여야 하며, 이 과정에서 선량한 관리자로서 주의의무를 다하여야 한다. 상법 제141조에 따라 수하인이 운송물을 수령한 때 운송인에 대하여 운임을 지급할 의무를 부담하는 것이 원칙이나, 당사자들이 운임 지급에 대한 내용을 달리 정할 수 있는데, 통상적으로는 플랫폼을 통한 음식판매계약 체결시 소비자가 플랫폼을 통하여 운임을 함께 지급한다.

플랫폼 운영자는 음식의 멸실, 훼손, 연착 등 운송 과정에서 발생하는 손해에 대하여는 자신이 주의의무를 해태하지 아니하였음을 증명하지 않는 이상 배상책임이 있다.[78] 플랫폼 운영자가 사용하는 배달부의 고의나 과실은 플랫폼 운영자의 유책사유로 볼 것이다.[79] 이때 손해배상액은 원칙적으로 음식 가격이 기준이 되고, 이미 지급한 운임은 반환되어야 할 것이다.[80]

플랫폼 운영자에게 손해배상을 청구할 수 있는 것은 원칙적으로 운송계약의 당사자인 사업자이나, 상법 제140조에 따라 운송물이 도착지에 도착한 때에는 수하인도 송하인과 동일한 권리를 취득하므로, 소비자가 음식을 배달받은 때에는 소비자도 플랫폼 운영자에게 손해배상을 청구할 수 있다. 이 규정에 따르면 음식이 완전 멸실되거나 다른 사유로 배달이 되지 않은 경우에는 소비자가 플랫폼 운영자에게 직접 손해배상을

78_ 상법 제135조 참조.

79_ 배달부가 운송인과 고용관계가 있는 경우는 물론 고용관계가 없이 운송에 관여한 경우에도 마찬가지이다. 이철송(주 66), 527면; 최기원(주 66), 372면 참조.

80_ 상법 제137조, 134조 참조.

청구할 수는 없겠지만, 사업자를 상대로 음식판매계약에 따른 이행책임을 물을 수 있다. 또한 멸실된 데에 대하여 사업자의 책임이 없는 경우라면 소비자는 상법 제134조 제1항에 따라 이미 지급한 운임을 반환받을 수 있고, 당사자들이 특약으로 배달과 관련하여서는 플랫폼 운영자가 소비자에게도 직접 책임을 지는 것으로 정하는 것도 가능하다.

3. 플랫폼 운영자가 직접 음식을 판매하는 경우

플랫폼 운영자가 온라인 플랫폼을 통하여 직접 음식을 판매하는 경우에는 플랫폼 운영자인 동시에 사업자가 된다. 식품위생법상으로는 음식을 판매할 수 있는 영업자이어야 하고, 전자상거래법상으로는 통신판매업자가 된다.

(1) 플랫폼 운영자가 음식을 조리하여 배달하는 경우

플랫폼 운영자가 일정한 장소에서 음식을 조리하고 이를 소비자에게 판매하고 배달하여 주는 경우에는 식품위생법에 따라 영업신고를 하여야 한다. 이 장소에서 음식점 영업을 하는 경우라면 식품접객업에 해당할 것이지만, 그보다는 영업소에서 소비자가 음식을 취식하는 것이 아니라 포장 음식을 배송 판매할 목적으로 음식을 조리하는 것으로 이해되는바, 즉석판매제조·가공업에 필요한 시설을 갖추고 그에 따른 영업신고를 하며 관련 규정을 준수하는 것이 필요할 것이다.

소비자가 플랫폼을 통하여 음식을 주문하면 플랫폼 운영자와 소비자 간에 음식판매계약이 성립하고 그에 따른 권리, 의무가 발생한다. 인근 지역에의 배달이 전제가 되는 경우라면, 전자상거래법 제3조 제4항의 면제조항에 따라 전자상거래법의 일정한 규정은 적용되지 않을 것이다.

(2) 다른 사업자가 제조한 식품이나 신선 식품을 공급하는 경우

플랫폼 운영자가 다른 사업자의 식품 판매를 중개하는 것이 아니라 직접 거래의 당사자로서 이러한 제품을 판매하는 경우도 있다. 다만 식품위생법의 취지상 식품접객업자나 즉석식품제조·가공업자는 자신이 조리한 식품을 재판매할 수 있도록 중간 유통업자에게 판매할 수 없으므로, 이때의 식품은 다른 식품제조·가공업자가 제조, 가공한 식품이나 제조, 가공하지 않은 신선식품이 대상이 될 수 있을 것이다. 제조, 가공한 식품의 경우에는 플랫폼 운영자가 유통전문판매업자가 되어 자신의 상표로 제품을 판매하는 것도 가능하다.

플랫폼 운영자와 소비자 간에 음식판매계약이 성립하는 것은 위에서 살펴본 바와 같으나, 통상 배달 범위가 인근지역에 한정되지 않는 경우가 많을 것인바, 이때에는 전자상거래법 제3조 제4항의 대상이 되지 않아서 전자상거래법에 따른 통신판매업자로서의 의무와 책임 조항들이 적용될 것이다.

Ⅴ. 결 론

기술의 발전으로 온라인 플랫폼을 이용한 다양한 거래가 대두됨에 따라 이러한 거래 유형을 법적으로 어떻게 이해할 것인지에 대한 논의가 활발하게 전개되고 있다. 이러한 플랫폼 거래에 참여하는 당사자들이 대규모이고 거래가 비대면적으로 이루어지므로 소비자 보호를 위해서는 거래 규범의 준수나 투명성, 안정성 등을 담보할 수 있는 규제가 필요하다는 견해도 설득력이 있다. 다른 한편으로는 플랫폼을 통한 혁신적인 거래를 발전시키기 위해서는 이러한 거래를 염두에 두지 않은 기존의 규제를 그대로 적용하는 것은 부적절하다는 목소리도 높다.

플랫폼 경제에 대한 적정한 규율방안을 마련하기 위해서는 우선 실제 이루어지고 있는 거래 현상을 이해하고 그것이 현행 규제의 틀에서 어떠한 위치를 점하는지를 살펴보아야 한다. 예를 들어 일반인들이 가장 빈번하고 손쉽게 사용하는 음식주문 플랫폼을 통한 거래는 매우 다양한 형태로 진화를 거듭하고 있는데, 그 대상이 우리 삶에서 필수적인 의식주의 하나인 음식에 관한 것으로 소비자들의 건강에 직결될 수 있다는 점에서 식품의 유통에 관한 엄격한 규제를 전제로 한다. 특히 예외적으로만 인정되던 배달영업이 온라인 플랫폼을 통하여 전면에 등장하게 되면서, 기존의 규제와의 관계에서 이 거래에 따른 법적인 책임을 분배하는 문제를 고민할 필요가 생겼다. 이를 제대로 이해하기 위해서는 당사자들이 플랫폼을 사이에 두고 다면적인 관계를 맺으며 기존의 법질서에 부합하고 합목적적인 계약상 지위를 점하는 것을 전제로 하여, 각 거래의 국면에서 개입되는 판매계약, 중개계약, 운송계약 등에 따른 권리, 의무관계를 명확하게 할 필요가 있다. 이는 향후 온라인 플랫폼을 이용한 거래에 대한 규제를 설계함에 있어서도 의미 있는 출발점이 될 수 있을 것이다.

참고문헌

1. 국내문헌

곽윤직, 채권각론 제6판, 박영사, 2003.

편집대표 손주찬 · 정동윤, 주석상법[총칙 · 상행위(2)] 제3판, 한국사법행정학회, 2003.

양창수 · 김재형, 계약법 제2판, 박영사, 2015.

이철송, 상법총칙 · 상행위 제14판, 박영사, 2016.

최기원, 상법학신론(상) 제19판, 박영사, 2011.

강문수, 숙박 분야 공유경제에 관한 법제연구, 한국법제연구원, 2015.

고형석, "배달앱 거래와 소비자보호에 관한 연구", 법학연구 제24권 제1호, 2016.

고형석, "유럽연합 소비자권리지침상 청약철회권에 관한 연구—우리 법과의 비교법적 고찰을 중심으로", 한양대 법학논총 제29집 제4호, 2012.

김진우, "소비자권리지침의 주요개념 및 적용범위에 관한 고찰: 우리 소비자계약법의 개정방향을 덧붙여", 서울법학 제23권 제2호, 2015.

김희성 · 신동윤, "플랫폼 이코노미와 노동—미국과 영국을 중심으로", 노동법포럼 제22호, 2017.

도강호, "배달앱, 배달 산업까지 바꾸는 O2O의 힘", KISA Industrial Internet Issue Report—O2O편, 2015.

문상일, "온 · 오프라인 융복합시장(O2O) 소비자보호를 위한 법제 정비 필요성에 관한 소고", 경제법연구 제15권 제1호, 2016.

심재한, "Sharing Economy와 법", 경쟁법연구 36권, 2017.

안수현, "배달앱 서비스산업을 둘러싼 법적 이슈와 과제", 경제법연구 제15권 제2호, 2016.

오병철, "전자상거래법상의 거래 플랫폼 규제와 개선방안", 외법논집 제41권 제4호, 2017.

이다혜, "공유경제의 노동법적 쟁점—미국에서의 근로자성 판단 논의를 중심으로", 노동법연구 제42호, 2017.

이병준, "O2O 플랫폼 서비스와 전자상거래소비자보호법에 의한 소비자 보호", 안암법학 제52권, 2017.
이성엽, "공유경제(Sharing economy)에 대한 정부규제의 필요성—차량 및 숙박 공유를 중심으로", 행정법연구 제44호, 2016.
정진명, "플랫폼을 이용한 전자거래의 법률문제—플랫폼사업자의 책임을 중심으로" 비교사법 제24권 제4호, 2017.
정진명 · 남재원, "배달앱서비스 이용자보호 방안", 소비자문제연구 제46권 제2호, 2015.
최승재, "양면시장이론과 한국 경쟁법상 역할에 대한 연구—구글의 더블클릭 인수 사건을 포함하여", 경쟁법연구 제17권, 2008.
황창식, "다면적 플랫폼 운영자에 대한 공정거래규제—양면시장이론의 경쟁법적 적용 및 대법원의 티브로드 강서방송 판결 등의 사례분석을 중심으로", 정보법학 제13권 제2호, 2009.

뉴스1, "'이게 배달된다고?' 전국 맛집 집에서 즐긴다…배달앱 시장 '쑥쑥'", 2018. 5. 1.자 기사
디지털데일리, "가공식품 판매관리에 통신판매업자만 포함…업계 지적 쏟아져", 2017. 2. 17.자 기사
매일경제, "교촌치킨 '배달료 받고 되레 수익 늘었죠'", 2018. 6. 3.자 기사
매일경제, "온라인 식품판매자도 위생법상 영업자 등록", 2016. 1. 12자 기사
연합뉴스, "우버이츠, 한국서 오늘부터 서비스…배달시장 판도 바뀌나", 2017. 8. 10.자 기사
주간조선, "배달앱 대란 2조 시장 승자는?", 2018. 2. 12.자 기사
한국경제, "배달의민족, 맛집 주방 모은 '배민키친' 열었다", 2016. 9. 27.자 기사
NH투자증권, WM Daily, "식품과 IT의 만남 푸드테크" 2015. 10. 23.

식품의약품안전처 국민신문고, 자주하는 질문, "식품접객업소 제품 유통기한 표시"에 대한 답변 내용(2017. 4. 11.) 등 참조. http://www.mfds.go.kr/index.do?mid=649
식품의약품안전처 국민신문고, 자주하는 질문, "식품접객업소내 조리제품 판매"

에 대한 답변 내용(2017. 10. 25.) 등 참조. http://www.mfds.go.kr/index.do?mid=649

식품의약품안전처 국민신문고, 자주하는 질문, “즉석판매제조 · 가공업소의 판매(인터넷)”에 대한 답변 내용(2017. 10. 25.) 등 참조. http://www.mfds.go.kr/index.do?mid=649

2. 외국문헌

Münchener Kommentar zum Bürgerlichen Gesetzbuch, 7. Aufl., München: C. H. Beck, 2017

Directorate-General for Internal Market, Industry, Entrepreneurship and SMEs (European Commission), “Business-to-business relations in the online platform environment”, EU Publication, 2017. 6. 6.

European Parliament, “Online Platforms and the Digital Single Market” (2016/2276(INI))

제4장

플랫폼과 전자상거래법의 개정

입법원칙을 기초로 바라본 전자상거래법 전부개정안의 의미와 한계* **

서종희***

Ⅰ. 들어가는 말

2002년 제정된 「전자상거래 등에서의 소보지보호에 관한 법률」(이하 '전자상거래법')은 몇 차례의 일부 개정이 있었으나. 변화된 시장을 반영하고 있지 못하다는 비판이 계속 제기되었다. 즉 디지털 경제의 가속화, 온라인 플랫폼을 중심으로 한 거래구조의 재편 등을 반영할 필요가 있는데, 현행 전자상거래법은 전통적 '통신판매'를 전제로 설계되었기 때문에, 시장변화에 따른 다양화된 거래유형을 반영하지 못하고 규율체계도 미흡하다는 점이 지적되었다. 이러한 이유에서 20대 국회에서 의원입법(전재수 의원, 의안번호 16485)으로 전면개정안이 발의되었으나,[1] 의원

* 본고는 2021년 4월 6일에 한국소비자법학회와 공정거래위원회가 공동주최한 학술대회에서의 발제문을 수정 · 보완한 것이다. 그 당시 고견을 주신 토론자분들과 초고에 대해 유익한 논평을 해주신 익명의 심사위원들께 감사드린다.

** 본고는 「소비자법연구」 제7권 제2호(2021)에 게재된 것입니다.

*** 연세대학교 법학전문대학원 부교수.

1_ 특히 위 개정안에서는 실질적 법집행 범위에 맞춰 전자적 방식으로 상품정보의 제공과 소비자의 청약이 이루어지는 비대면 거래를 '전자상거래'로 재정의하였고 그 외 우

입법 방식 특성상 이해관계자 의견수렴이 미흡하였다는 점 등의 비판을 전제로 한 강한 반대에 부딪혀 철회되었다.[2] 그런데 코로나19 장기화에 따른 비대면 거래 활성화로 온라인 유통시장이 급성장하였고 그로 인한 소비자보호의 문제가 부각되면서 다시 한번 전자상거래법의 개정을 위한 적극적인 움직임이 나타났다. 먼저 2020년 6월 22일 제6차 반부패정책협의회에서 "디지털 공정경쟁 정책"의 세부과제로 「전자상거래법」개정 추진이 보고되었고 그 후 2020년 10월에 추진위원회가 구성되어 정부입법 방식으로 개정작업이 이루어졌고, 업계 · 소비자단체 · 전문가 · 지자체 등과의 간담회 등을 통해 다양한 의견을 수렴한 후 2021년 전자상거래법 전면개정안(이하 '개정안')이 마련되었다.[3] 본고는 이번 개정안 조항 중 소비자 및 사업자 등의 기본권 등을 침해할 수 있는 위헌의 소지가 있는 부분은 없는지를 검토하면서 이번 개정안에 대한 소견을 제시해 보고자 한다.[4] 이를 위해 먼저 법을 제정하거나 개정함에 있어 고려해야 할 입법원칙을 간단히 살펴보고(II) 개정안 중 문제되는 개별조항에 대해 분석한 후(III) 글을 마치고자 한다(IV).

II. 법 제정 및 개정 시 고려해야 할 입법의 원칙

입법자의 입법형성의 자유 또는 입법재량에는 헌법에서 인정된 범위

편 등의 방식으로 이루어지는 비대면 거래는 '통신상거래'로 구분하고, 사업자 · 소비자를 연결하는 플랫폼인을 '사이버몰 운영자'로 정의하였다.

2_ 전재수 의원에 의해 발의된 전자상거래법 개정안에 대한 상세한 설명은 이병준, "전자상거래법 개정안의 법적 쟁점과 앞으로의 과제", 경제법연구 제18권 제3호, 2019, 145면 이하; 고형석, "전자상거래소비자보호법의 현안과 입법동향에 관한 연구—통신판매중개를 중심으로", 비교사법 제27권 제1호, 2020, 229면 이하 참조.

3_ 이런 의미에서 개정안은 개정이 필요한 사회현상 및 사실관계 등을 정확하게 반영하고 있다는 점에서 사안적합성(Sachgemäßheit)을 갖추었다고 할 수 있다.

4_ 다만 전부개정안 조문 하나하나를 일일이 열거하면서 검토할 수 없기 때문에 특정 조문에 대한 검토에 국한하여 검토하기로 한다.

에서만 재량 및 자유를 가지는 일정한 한계가 있다.[5] 이러한 입법자의 입법형성권의 한계는 입법자가 준수하여야 하는 입법의 원칙으로서 입법자의 자기구속(Selbstbindung des Gesetzgebers)의 사유가 된다. 따라서 입법의 원칙을 위반하는 것은 입법자의 자기 구속의 원리를 위반하는 것이 되어 위헌의 문제가 발생할 수 있다.[6] 따라서 입법의 원칙은 법령의 위헌여부에 대한 규범통제를 위한 사후기준임과 동시에 입법과정에서 법령의 합헌성을 사전에 판단할 수 있는 기준이 된다.[7]

1. 과잉금지(Übermaßverbot)원칙

헌법 제37조 제2항은 "국민의 모든 자유와 권리는 국가안전보장 · 질서유지 또는 공공복리를 위하여 필요한 경우에 한하여 법률로써 제한할 수 있으며, 제한하는 경우에도 자유와 권리의 본질적인 내용을 침해할 수 없다."라고 규정하고 있다. 이는 기본권을 제한하는 입법의 한계인 과잉금지원칙에 관한 것이다.[8] 과잉금지원칙은 헌법재판소의 위헌심사기준으로 제시되는 매우 중요한 원칙이기 때문에 입법자는 입법을 함에 있어서 과잉금지원칙에의 위반 여부를 신중히 판단해야 한다. 한편 과잉금지원칙은 목적의 정당성, 방법의 적정성(수단의 적합성), 피해의 최소성, 법익의 균형성[보호하려는 공익이 침해되는 사익보다 더 커야 한다는 것으로서 그래야만 수인(受忍)의 기대가능성이 있다는 것]이라는 하부원칙에 의해 판단된다. 입법이 위 원칙 중 어느 하나에라도 저촉되면 위헌이 된다.[9] 이

5_ 권형준, "입법재량론에 관한 연구", 헌법학연구 제12권 제3호, 2006, 507면.

6_ 홍완식, "헌법재판소의 결정을 통해 본 입법의 원칙", 헌법학연구 제15권 제4호, 2009, 489면 이하.

7_ 김병기, "위헌결정법률의 효력과 그에 대한 국회의 대응", 행정법연구, 2005년 하반기, 11면: "위헌적인 것으로 의심되는 법률은 내용적으로 국회의 심의과정에서 가급적 빠짐없이 논의되어 위헌요소가 제거되도록 수정되어야 한다."

8_ 헌재결 1992. 12. 24. 92헌가8 참조.

9_ 헌재결 1989. 12. 22. 88헌가13.

에 행정규제기본법 제5조(규제의 원칙) 제3항에 따르면 규제의 대상과 수단은 규제의 목적 실현에 필요한 최소한의 범위에서 가장 효과적인 방법으로 설정되어야 한다고 하고 있다. 특히 기본권 제한적인 규제의 근본적 속성상 국민의 자유와 권리를 최소한도로 침해하는 규제 마련은 규제당국이 고려해야 할 가장 중요한 원칙이라 할 수 있다.

특히 과잉금지원칙에서는 피해의 최소성, 법익의 균형성이 주로 문제된다. 먼저 (i) 피해의 최소성은 "입법자는 공익실현을 위하여 기본권을 제한하는 경우에도 입법목적을 실현하기에 적합한 여러 수단 중에서 되도록 국민의 기본권을 가장 존중하고 기본권을 최소로 침해하는 수단을 선택해야 한다."라는 것이며,[10] 구체적으로 "입법자는 그가 의도하는 공익을 달성하기 위하여 우선 기본권을 보다 적게 제한하는 단계인 기본권행사의 '방법'에 관한 규제로써 공익을 실현할 수 있는가를 시도하고 이러한 방법으로는 공익달성이 어렵다고 판단되는 경우에 비로소 그 다음 단계인 기본권행사의 '여부'에 관한 규제를 선택해야 한다."는 것을 의미한다.[11] 또한 입법자가 임의적 규정으로도 법의 목적을 실현할 수 있는 경우에 구체적 사안의 개별성과 특수성을 고려할 수 있는 가능성을 일체 배제하는 필요적 규정을 둔다면, 이는 비례의 원칙의 한 요소인 '최소침해성의 원칙'에 위배된다.[12] 그리고 (ii) 법익의 균형성은 "그 입법에 의하여 보호하려는 공익과 침해되는 사익을 비교 형량할 때 보호되는 공익이 더 커야 한다."라는 한계를 준수하여야만 인정된다.[13] 이러한 기준을 토대로, 헌법재판소는 예컨대 다른 책임 완화수단을 마련하지 아니한 채 토양오염관리대상시설(오염토지 포함)의 소유자 · 점유자 · 운영자를 오염원인자로 보아 손해배상 및 토양정화책임 등을 부담하도록 한 토양환경보전법에 대하여, 재산권 등 침해를 이유로, 헌법불합치결

10_ 헌재결 1998. 5. 28. 96헌가5.
11_ 헌재결 1998. 5. 28. 96헌가5.
12_ 헌재결 1998. 5. 28. 96헌가12.
13_ 헌재결 1990. 9. 3. 89헌가95.

정을 선고하였다.[14] 주된 이유는 위와 같은 책임을 부과하는 조항이 침해를 최소화하는 다른 방안이 존재함에도 불구하고 과도한 제재를 규정함으로써 피해의 최소성 및 법익의 균형성을 위반하여 과잉금지원칙에 위배된다는 것이다:

> "이 사건 오염원인자조항은 신속하고 확실하게 토양오염에 대한 책임자를 특정하고 그에 따른 책임이행을 확보할 수 있도록 오염원인자의 범위를 토양오염관리대상시설의 소유자·점유자·운영자로 확장하여 이들에게 무과실의 책임을 부담시키고 있는데, 이러한 입법목적은 토양환경보전법의 목적에 비추어 정당하다. 한편, 토양오염관리대상시설의 소유자·점유자·운영자에게 손해배상책임 및 오염토양의 정화책임 등을 부과하는 것은 그러한 입법목적 달성에 적합한 수단이 된다. 그러나 토양오염관리대상시설의 소유자·점유자·운영자에게 '토양오염을 유발시킨 자'(구법 제10조의3 제3항 제1호)의 책임에 대한 보충책임을 부담시키는 방법, 토양오염 발생에 관하여 선의·무과실이고 그 책임으로 돌릴 수 없는 경우에 한하여 면책하는 방법, 토양오염 발생에 대하여 선의·무과실인 토양오염관리대상시설의 소유자·점유자·운영자의 책임을 당해 토양오염관리대상시설의 시가 범위 내로 제한하거나, 일반적인 책임한도제를 도입하는 방법 등으로 침해를 최소화할 수 있으므로, 이 사건 오염원인자조항은 침해의 최소성 원칙에 반한다. 토양오염관리대상시설의 소유자·점유자·운영자는 사실상 면책이 불가능한 1차적인 무과실 책임을 부담하고, 경우에 따라서는 파산에 이를 정도로 거액에 이르기도 하는 비용을 그 범위의 제한 없이 전부 부담하여야 한다는 점에서, 이 사건 오염원인자조항으로 인하여 얻게 될 공익보다 토양오염관리대상시설의 소유자·점유자·운영자가 입게 되는 불이익이 더 클 수도 있다."

한편, 과잉금지원칙은 정책적 측면에서도 문제될 수 있는바, 일정 영역에 대한 국가의 입법재량이 존재하는 경우에도 그 입법재량의 행사로

14_ 헌재결 2012. 8. 23. 2010헌바167.

인한 정책적 타당성과 실현가능성 등을 종합적으로 고려하여 과잉금지원칙 위반 여부를 판단하게 된다.[15] 이러한 과잉금지원칙은 입법 단계부터 검토되어 그에 관한 위헌성의 문제를 사전에 방지할 필요가 있다. 이에 법제처 또한 과잉금지원칙에 대하여 "입법 목적이 정당하더라도 기본권 침해가 최소화되는 다른 방안은 없는지 항상 고민하는 자세가 필요하며, 기본권을 제한하더라도 같은 상황에 있는 다른 경우와 비교하여 그 제한이 다른 경우와 균형을 잃지 않도록 유념해야 하며, 특히 형벌이나 영업정지와 같은 행정제재 등을 규정할 때에는 해당 기본권의 본질적 내용을 침해하는 것은 아닌지 세심한 주의를 기울여야 한다"고 명시하고 있다.[16]

2. 명확성원칙(법률유보원칙, 포괄위임금지원칙)

헌법 제37조 제2항에 근거한 법률유보원칙과 헌법 제75조, 제95조에 근거한 포괄위임금지원칙은 법률형식과 수권범위에 있어 동일선상에서 논의될 수 있으며,[17] 이들은 법률의 명확성을 전제하므로 명확성원칙과도 같은 맥락에 있다. 명확성원칙은 "규제내용을 미리 알 수 있도록 공정한 고지를 하여 장래의 행동지침을 제공하고, 동시에 법 집행자에게 객관적 판단지침을 주어 차별적이거나 자의적인 법 해석을 예방"하기 위하여 필요하다.[18] 이는 종국적으로"어떠한 규정이 부담적 성격을 가지는 경우에는 수익적 성격을 가지는 경우에 비하여 명확성의 원칙이 더욱 엄격하게 요구된다고 할 것이고 따라서 형사법이나 국민의 이해관계가 첨예하게 대립되는 법률에 있어서는 불명확한 내용의 법률용어가 허용될 수 없으며, 만일 불명확한 용어의 사용이 불가피한 경우라면 용어

15_ 헌재결 2010. 10. 28. 2009헌바67 참조.

16_ 법제처, 법령입안 · 심사기준, 2019. 12.(이하 **"법제처 기준"**), 28면.

17_ 헌재결 2003. 7. 24. 2001헌바96 참조.

18_ 헌재결 1992. 4. 28. 90헌바27.

의 개념정의, 한정적 수식어의 사용, 적용한계조항의 설정 등 제반방법을 강구하여 동 법규가 자의적으로 해석될 수 있는 소지를 봉쇄해야 하는 것"을 이끌어 낸다.[19]

한편 불명확한 법률은 필연적으로 기본권을 침해하는 과도한 규제가 될 수밖에 없으며,[20] 죄형법정주의가 지배되는 형사관련 법률에서는 명확성의 정도가 강화되어 더 엄격한 기준이 적용되므로,[21] 법률조항이 처벌하고자 하는 행위가 무엇이며 그에 대한 형벌이 어떠한 것인지를 누구나 예견할 수 있고 그에 따라 자신의 행위를 결정할 수 있도록 구성요건을 명확하게 규정할 것이 요구된다.[22] 이는 침익적 행정처분의 근거가 되는 법령에서도 중요하며, 특히 신기술이나 빠르게 변화하는 산업분야를 규율하는 법제에 있어서는 국가가 불명확한 규제입법으로 해당 산업의 발전을 저해하지 않도록 더 엄격한 명확성이 요구된다:[23]

> "구 전기통신사업법 제32조의2, 제74조에 의하면, 전기통신사업자가 제공하는 전기통신역무를 이용하여 타인의 통신을 매개하는 더 한층 발전된 전기통신역무의 제공이나 그 산업발전의 기초가 되는 새로운 기술과 장비의 연구 · 개발행위 등도 금지될 수 있고, 또한 대가의 수령 여부를 불문하고, 전화나 피씨(PC) 통신 등을 위하여 개인이 그 전화기나 컴퓨터를 친지 또는 이웃에게 빌려주든지, 전자제품 매장에서 전시 · 판매용 전화기나 컴퓨터를 시용(試用)하도록 하는 것 등도 모두 금지행위에 해당하게 되는 것은 아닌가 하는 의문이 제기될 여지가 있어 죄형법정주의에서 도출되는 명확성의 원칙에 위배된다."[24]

19_ 헌재결 2002. 1. 31. 2000헌가8.

20_ 헌재결 1998. 5. 28. 96헌가1.

21_ 헌재결 2001. 6. 28. 99헌바34.

22_ 헌재결 2003. 3. 27. 2001헌바39.

23_ 헌재결 2002. 5. 30. 2001헌바5. 법제처도 법률의 입안, 심사 과정에서 이러한 헌법상 명확성원칙을 적용하고 있다. 법제처 기준, 35면.

24_ 헌재결 2003. 3. 27. 2001헌바39.

3. 체계정당성의 원리

헌법재판소는 "체계정당성(systemgerechtigkeit)의 원리"라는 것은 '동일 규범 내에서 또는 상이한 규범 간에 (수평적 관계이건 수직적 관계이건) 그 규범의 구조나 내용 또는 규범의 근거가 되는 원칙면에서 상호 배치되거나 모순되어서는 안 된다'는 하나의 헌법적 요청(verfassung spostulat)이다.[25] 즉 이는 규범 상호 간의 구조와 내용 등이 모순됨이 없이 체계와 균형을 유지하도록 입법자를 기속하는 헌법적 원리라고 볼 수 있다.[26] 이처럼 규범 상호 간의 체계정당성을 요구하는 이유는 입법자의 자의를 금지하여 규범의 명확성, 예측가능성 및 규범에 대한 신뢰와 법적 안정성을 확보하기 위한 것이고 이는 국가공권력에 대한 통제와 이를 통한 국민의 자유와 권리의 보장을 이념으로 하는 법치주의원리로부터 도출되는 것이기 때문이다. 다만 헌법재판소는 체계적합성 위반이 바로 위헌을 의미하는 것으로 보지 않으며 그러한 위반을 정당화할 합리적인 사유가 있으면 입법재량이 인정될 수 있다고 본다.[27] 그러나 이미 제정된 입법을 위헌으로 보는 위헌심사와 달리 사전에 입법을 함에 있어서 체계적합성이 가지는 의미는 다르다고 보아야 할 것이다. 헌법재판소의 통제규범으로서의 체계정당성 원칙은 과잉금지의 원칙과는 비교되는 최소한의 심사기준이 될 것이지만 입법자의 행위규범으로서의 체계정당성 원칙은 다른 원칙에 비하여 덜 중요한 것이 아니며 오히려 더 중요한 입법지침이 되어야 할 것이다. 즉 체계정당성 원칙 위반이 사후적으로 위헌의 정도에 이르지 않는다고 하더라도 입법자는 입법을 함에 있어서 다른 법령과의 바람직한 체계성 확보를 위해서 최대한 신중하게 꾸준히 법령을 정비해야 한다. 요컨대 입법자는 이러한 체계정당성의 원칙에 따라 개별 법률규정이나 개별법은 다른 법률규정 및 법률과의

25_ 헌재결 2004. 11. 25. 2002헌바66.

26_ 홍완식, "체계정당성의 원리에 관한 연구", 토지공법연구 제29집, 2006, 467면 이하.

27_ 헌재결 2004. 11. 25. 2002헌바66.

관계에서 모순이 발생하지 않도록 입법하여야 한다. 이러한 이유에서 법제처 또한 "체계정당성원리는 입법과정에서 당연히 지켜져야 할 원리이고, 특히 새로운 법제도를 창설할 때에는 당연히 기존 법제도와의 조화를 늘 염두에 두어야 할 것"이라고 규정함으로써,[28] 특정한 문제를 새로 규율하려는 경우에는 가능하면 현존하는 법질서 체계를 유지하며 기존 법질서와 규범 충돌이 발생하지 않도록 하고 있다.

Ⅲ. 개정안의 개별조항에 대한 고찰

1. 전자상거래법 적용대상(개정안 제2조 제5호 등)에 대한 재고

(1) 유형구분의 모호함과 중첩문제

현행법은 통신판매업자(비대면), 전자상거래사업자(전자문서用)를 중심으로 통신판매중개업자(예: 오픈마켓), 사이버몰운영자(예: 온라인쇼핑몰), 전자게시판서비스 제공자(예: 블로그, SNS) 등 10여개로 분류되며 각

〈표 1〉 **전자상거래법상 플랫폼사업자 분류**

- 통신판매업자(제2조 제3호)
- 통신판매중개업자(제20조 제2항)
- 통신판매중개자(제20조 제1항)
- 통신판매중개의뢰자(제20조 제2항)
- 통신판매업자인 통신판매중개자(제20조의2 제3항)
- 통신판매의 중요한 일부업무를 수행하는 통신판매중개업자(거래관여형 통신판매중개업자, 제20조의3)
- 전자상거래를 하는 사업자(제21조 제1항)
- 전자게시판 서비스 제공자(제9조의2)
- 전자게시판 이용 통신판매업자(제9조의2 제1항 제1호)

28_ 법제처 기준, 10면.

각 상이한 규율 적용하고 있다(표 1 참조).

반면에 개정안은 전자상거래법 적용대상 사업자를 크게 1) 온라인플랫폼 운영사업자 및 2) 온라인플랫폼 이용사업자, 3) 자체인터넷사이트

〈표 2〉 개정안에 따른 적용대상 사업자 분류

<table>
<tr><td colspan="2">온라인 플랫폼 운영사업자</td><td>온라인플랫폼 서비스를 제공하는 사업자('플랫폼 사업자')
▲재화 등에 관한 정보교환을 매개 또는
▲재화 등의 거래를 위한 연결수단을 제공 또는
▲재화 등의 거래를 중개하는 서비스 등</td></tr>
<tr><td rowspan="2">온라인 판매사업자</td><td>온라인 플랫폼 이용사업자</td><td>온라인플랫폼을 통해 재화 등의 정보를 제공하거나 재화 등을 거래하는 사업자('입점업체')</td></tr>
<tr><td>자체인터넷 사이트 사업자</td><td>자신이 직접 운영하는 인터넷 사이트, 애플리케이션(app) 등을 통해 재화 등을 판매하는 사업자</td></tr>
</table>

〈표 3〉 개정안에 따른 플랫폼사업자 종류별 규율내용

<table>
<tr><th colspan="2">구 분</th><th>규율내용</th><th>예 시</th></tr>
<tr><td>정보교환 매개</td><td>■ 자발적으로 재화 등의 거래가 이루어지는 경우</td><td>■ 現전자게시판서비스제공사업자 의무와 동일
☞ 피해구제신청 대행장치 마련, 분쟁발생시 신원정보 제공 및 분쟁해결 협조 등</td><td>블로그, 카페</td></tr>
<tr><td>연결수단 제공</td><td>■ 재화 등의 거래를 목적으로 하나(기능+대가), 입점업체로의 링크를 통해 거래개시를 알선하는 경우</td><td>■ 現 통신판매중개업자 의무와 동일
☞ 신원정보 확인 · 제공, 불만 · 분쟁 원인 및 피해 파악 등 필요 조치 시행</td><td>가격비교 사이트</td></tr>
<tr><td>중개</td><td>■ 플랫폼에서 직접 청약접수 등이 이루어지는 경우</td><td>■ 現 통신판매중개업자 의무+신설의무
☞ 정보제공, 외관책임, 위해방지조치, 국내대리인 지정</td><td>오픈마켓, 앱마켓</td></tr>
</table>

사업자로 구분하여 정의하고 있다(표 2 참조).[29] 그중 온라인 플랫폼 운영사업자는 거래방식 및 관여도 등이 달라 3가지로 구분하여 차별화된 규율을 적용한다(표 3 참조). 즉 개정안에서는 온라인 플랫폼 운영사업자의 거래방식 및 관여도 등에 따라 정보교환 매개 플랫폼 사업자, 연결수단 제공 플랫폼 사업자, 거래중개 플랫폼 사업자로 구분하여 차별화된 책임과 의무를 적용한다.

정리하면 이번 개정안의 핵심 중 하나는 현행 전자상거래법 적용대상인 통신판매업자, 통신판매중개업자, 전자게시판서비스제공자, 사이버몰 운영자 등의 개념을 전면 폐지하고, 크게 온라인 플랫폼 운영사업자와 온라인 판매사업자(온라인 플랫폼 이용사업자, 자체인터넷사이트 사업자)라는 두 분류로 재편한 점이다. 특히 온라인 플랫폼 운영사업자는 다시 ① 온라인 플랫폼 이용사업자와 소비자 간에 재화 등에 관한 정보 교환을 매개하는 서비스를 제공하는 사업자(개정안 제2조 제5호 가목 등, 이하 "정보교환 매개 플랫폼 사업자"), ② 온라인 플랫폼 이용사업자에게 재화 등의 판매를 위한 일정한 기능을 온라인 플랫폼 내에서 제공하고 그와 관련된 일정한 대가를 받으며 대통령령으로 정하는 방법으로 소비자와 온라인 플랫폼 이용사업자 간에 재화 등의 거래를 위한 연결수단을 제공하는 서비스를 제공하는 사업자(개정안 제2조 제5호 나목 등, 이하 "연결수단 제공 플랫폼 사업자"), ③ 온라인 플랫폼 이용사업자에게 인터넷 등 가상의 영업장을 제공하거나 온라인 플랫폼 이용사업자를 대신하여 소비자의 청약 접수를 받거나 계약을 체결하는 방법으로 재화 등의 거래를 중개하는 서비스를 제공하는 사업자(개정안 제2조 제5호 다목 등, 이하 "거래중개 플랫폼 사업자")로 분류된다. 개정안의 플랫폼 분류법은 유럽법연구소(European Law Institute: ELI)의 「온라인 플랫폼 모델법」(Model Rules on Online Platforms, 이

29_ 온라인 판매사업자에 ① 온라인 플랫폼을 통하여 재화 등의 정보를 소비자에게 제공하거나 재화 등을 거래하는 방법으로 비대면 전자상거래를 하는 사업자 즉 "온라인 플랫폼 이용사업자"(개정안 제2조 제7호), ② 자체 인터넷 사이트 등 대통령령으로 정하는 방법으로 비대면 전자상거래를 하는 사업자 즉 "자체 인터넷 사이트 등 이용사업자"(개정안 제2조 제8호)가 포함된다.

하 'MOP')의 영향을 많이 받은 것으로 판단되나,[30] 체계정합성의 차원에서 보면 분류법에 따른 용어의 정의 등은 국내에서 이미 활용되고 있는 정의규정을 먼저 활용해야 할 것이며 생소한 용어의 사용은 최대한 지양해야 할 것이다.

그런데 위와 같은 분류가 가지는 의미가 무엇인지에 대한 재고가 필요하다. 소비자는 물론 사업자들도 개정안이 분류하는 정보교환 매개 플랫폼 사업자, 연결수단 제공 플랫폼 사업자, 거래중개 플랫폼 사업자를 정확하게 구분하기 어려울 것이다. 이러한 입법 태도는 수범자들을 혼돈(Chaos)으로 유도하여 법체계의 복잡성을 증가시킬 뿐 실질적으로 소비자 보호에 크게 기여하지 못할 수 있다.[31] 결국 이러한 유형에 대한 구분은 판례 등의 직접을 통한 유권해석에 의해 개별집합군의 축적을 통해 귀납적으로 해결될 수밖에 없는 문제라고 할 수 있다. 그러나 침익적 행정처분의 근거가 되는 전자상거래법은 그 해석을 학설과 판례에 맡기는 것을 최대한 지양하고 명확하고 구체적으로 규정하고 정의해야 한다. 분류법의 대대적인 변화 자체를 비판하는 것은 아니지만 그 분류에 의해 기존에 전자상거래법의 적용을 받던 사업자들은 물론 그 적용 대상이 아니라고 판단되던 사업자들까지도 개정안 적용 대상 여부 및 권리의무관계의 해석에 있어 혼란을 겪을 수 있다는 점을 재고할 필요가 있다.[32] 예컨대 개정안 제2조 제5호의 가목, 나목, 다목의 규정은 각

30_ MOP의 번역은 김상중/이병준/황원재/정신동/박미영, "유럽법연구소(European Law Institute) 보고서: 온라인 플랫폼 모델법", 소비자법연구 제7권 제1호, 2021, 383면 이하 참조.

31_ Jeffrey Rudd, J.B. Ruhl's "Law-and-Society System": Burying Norms and Democracy Under Complexity Theory's Foundation, 29(3) William & Mary Environmental Law and Policy Review 552(2005), 552 ff.; J.B. Ruhl, The Co-Evolution of Sustainable Development and Environmental Justice: Cooperation, Then Competition, Then Conflict, 9 DUKE ENVTL. L. & POL'y F. 161(1999); J.B. Ruhl, Complexity Theory as a Paradigm for the Dynamical Law-and-Society System: A Wake-Up Call for Legal Reductionism and the Modern Administrative State, 45 DUKE L.J. 849(1996), 857 ff.

32_ 더 나아가 변화하는 시장을 고려하면 세분화된 유형화는 한계를 가질 수밖에 없다.

각의 유형이 중첩이 될 수 있는 여지를 가진다. 물론 가목은 나목과 다목이 아닌 경우에만 인정되는 유형으로 이해할 수도 있으나 조문 자체만을 놓고 보면 유형이 중첩될 여지도 있다. 유형의 구분이 명확해야 하는 이유는 유형을 세부적으로 구별하여 책임과 의무를 차등 부과하고 있기 때문이다.

참고로 「온라인 플랫폼 중개거래의 공정화에 관한 법률」 제정안 제2조 제5호에서는 “온라인 플랫폼 중개서비스”란 온라인 플랫폼 중개사업자가 온라인 플랫폼 이용사업자와 소비자 간의 거래 개시를 중개하는 서비스로서 다음 각 목의 어느 하나에 해당하는 것을 말한다(표 4).

〈표 4〉 개정안 제2조 제5호 각목

가. 다음의 사항이 함께 결합된 서비스
  1) 재화 또는 용역에 대한 정보 제공
  2) 대통령령으로 정하는 온라인 플랫폼 이용사업자와의 연결수단 제공
나. 재화 또는 용역에 대한 청약의 접수
다. 가목 또는 나목에 준하는 서비스로서 대통령령으로 정하는 서비스
라. 가목부터 다목까지의 규정에 따른 서비스에 부수하여 이루어지는 광고, 결제, 배송지원 및 고객관리 등의 서비스

일견 전자상거래법 개정안과 온라인 플랫폼 중개거래의 공정화에 관한 법률 제정안에서 분류한 유형이 매우 유사한 것처럼 보이기 때문에 양자의 정합성을 제고시킬 수 있다는 장점도 존재한다. 그러나 「온라인 플랫폼 중개거래의 공정화에 관한 법률」 제2조 제5호에서는 ‘정보 제공(동법 제2조 제5호 가목의 1)’, ‘연결수단 제공(동법 제2조 제5호 가목의 2)’을 모두 플랫폼 ‘중개’ 서비스로 보고 있어 정보 교환, 연결수단, 중개를 병렬적으로 이해하는 전자상거래법 개정안과도 다르다. 따라서 양 법률의 이러한 차이에 의해 혼란이 가중될 수도 있다. 또한 「온라인 플랫폼 중개거래의 공정화에 관한 법률」은 동법 제2조 제5호 각 목의 어느 하나에 해당하면 온라인 플랫폼 중개서비스에 해당하여 해당 서비스를 제공하

는 사업자가 동법의 규율을 받게 되는 체계로서, 동법 제2조 제5호 각 목 중 어디에 해당하는지에 따라 권리의무관계가 차등적으로 규율되는 체계가 아니라는 점에서, 각 유형에 따라 다른 책임과 의무를 부담하는 전자상거래법 개정안과는 규율체계가 다르다.

(2) 전자상거래법 개정안 제29조의 적용대상

개정안 제29조[33]와 관련하여 '정보교환 매개 플랫폼 사업자'의 의무가 현행법상 전자게시판서비스제공사업자 의무와 동일하다고 보면, 개정안 제29조는 '정보교환 매개 플랫폼 사업자'를 규율하지 않는다. 개정안 제29조 제1항은 동조의 적용 대상을 '재화 등의 거래를 목적으로 온라인 플랫폼 서비스를 제공하는 온라인 플랫폼 운영사업자'의 온라인 플랫폼을 통하여 재화 등을 판매하는 자가 사업자가 아닌 개인인 경우'로 규정하고 있는데, 개정안 제2조 제5호 가목 및 제6호의 '정보교환 매개 플랫폼 사업자'는 '온라인 플랫폼 이용사업자와 소비자 간에 재화 등에 관한 정보 교환을 매개하는 서비스를 제공하는 사업자'라고만 규정되어 있어, 문언상 '정보교환 매개 플랫폼 사업자'가 개정안 제29조 제1항의 온라인 플랫폼 운영사업자에서 배제되는지 여부가 명확하다고 할 수 없다. 요컨대 전자상거래법 개정안 제2조 제5호 가목은 지나치게 넓게 해석될

33_ 개정안 제29조(개인간 전자상거래에서의 소비자 보호) ① 재화 등의 거래를 목적으로 온라인 플랫폼 서비스를 제공하는 온라인 플랫폼 운영사업자는 자신의 온라인 플랫폼을 통하여 재화 등을 판매하는 자가 사업자가 아닌 개인(이하 "개인판매자"라 한다)인 경우에는 그 개인판매자의 성명·전화번호·주소 등 대통령령으로 정하는 사항을 확인하여야 하고, 개인판매자와 소비자(재화등을 사업자가 아닌 자로부터 제공받는 자도 포함한다. 이하 이 조에서 같다) 사이에 분쟁이 발생한 경우에는 소비자에게 그 정보를 제공하여 분쟁의 해결에 협조하여야 한다. ② 온라인 플랫폼 운영사업자가 제1항에 따른 개인판매자의 정보를 제공하지 아니하거나 제공한 정보가 사실과 다른 때에는 개인판매자의 고의 또는 과실로 소비자에게 발생한 손해에 대하여 개인판매자와 연대하여 배상할 책임을 진다. 다만, 소비자에게 피해가 가지 아니하도록 상당한 주의를 기울인 경우에는 그러하지 아니하다. ③ 온라인 플랫폼 운영사업자는 자신의 온라인 플랫폼을 통하여 개인 간 재화 등의 거래가 이루어지는 경우 제8조 제1항 제10호의 결제대금예치제도를 이용할 수 있음을 개인판매자 및 소비자에게 알려야 한다.

여지가 있다. 만약 '정보교환 매개 플랫폼 사업자'에게 개정안 제29조가 적용되게 되면, 블로그, 카페 등 SNS를 통해 거래되는 모든 거래에 있어서도 해당 블로그, 카페를 운영하는 플랫폼 운영사업자가 개정안 제29조 제1항에 따라 개인판매자의 정보를 제공하여야 할 것이며, 그러한 정보를 제공하지 아니하거나 제공한 정보가 사실과 다를 때에는 개인판매자의 고의 또는 과실로 소비자에게 발생한 손해에 대하여 연대책임을 진다는 해석마저 가능하게 되는바, 현실적으로 어떤 온라인 SNS 플랫폼 운영사업자도 감당하기 어려운 과도한 책임을 부담시키게 된다. 따라서 배제조항을 신설하는 방법을 통해 개정안 제29조가 '정보교환 매개 플랫폼 사업자'에게는 적용되지 않도록 명확하게 해야 할 것이다.

2. 다른 법률과의 관계(개정안 제4조)

개정안 제4조[34]는 현행 전자상거래법 제4조 단서[35]를 삭제하였다. 단서 규정의 의미가 모호하여 적용하기 어려운 문제점이 있다는 이유에서이다.[36] 즉 '다른 법률을 적용하는 것이 소비자에게 유리한 경우'에 대한 판단기준이 마련되지 않아 법 적용이 어렵고, 해석상 혼란을 초래한다는 이유에서이다. 전자상거래법의 특별법적 성격과 다른 법률과의 관계를 명확히 하기 위해 단서 조항을 삭제한 것은 다음과 같은 이유에서 재고가 필요하다. 거래형태가 다양화되면서 전자상거래법의 적용대상은 점점 넓어지게 되면서 특수한 유형의 거래를 규율하는 법에 전자상거래

34_ 개정안 제4조(다른 법률과의 관계) 전자상거래 및 우편 · 카탈로그 등 거래(이하 "전자상거래 등"이라 한다)에서의 소비자보호에 관하여 이 법과 다른 법률이 경합하는 경우에는 이 법을 우선 적용한다.

35_ 전자상거래법 제4조(다른 법률과의 관계) 전자상거래 또는 통신판매에서의 소비자보호에 관하여 이 법과 다른 법률이 경합하는 경우에는 이 법을 우선 적용한다. 다만, 다른 법률을 적용하는 것이 소비자에게 유리한 경우에는 그 법을 적용한다.

36_ 공정거래위원회, 「전자상거래 등에서의 소비자보호에 관한 법률 전면개정안」 설명자료(이하 '공정거래위원회 설명자료'), 2021.2., 15면.

법이 중첩적용될 가능성이 높아질 것이다. 그 경우에 전자상거래법이 특별법의 위상을 가진다고 하여 일반법이 가지는 모든 규정의 작용을 특별법 우선의 원칙을 적용하여 배제시킬 이유는 없다. 경우에 따라서는 특별법인 전자상거래법이 아닌 일반법이 적용되는 것이 소비자에게 유리할 수 있으므로, 현행법 제4조 단서는 소비자보호의 관점에서 보면 필요한 조항이라고 할 수 있다. 예컨대 전자상거래 방식의 다단계판매가 이루어지는 경우에 전자상거래법 이외에 「방문판매 등에 관한 법률」(이하 '방문판매법')이 적용되는데, 양자에 있어 소비자의 철회권 행사기간이 전자는 원칙적으로 '계약서를 받은 날로부터 14일'인 반면에 후자는 원칙적으로 '계약서를 받은 날로부터 7일'로 차이를 보인다. 이 경우에 소비자의 입장에서는 14일의 기간을 보장하는 방문판매법이 적용되는 것이 유리하다. 더욱이 전자상거래법 제4조가 명문화되지 않은 경우에도 당연히 해석을 통해 제4조 본문과 단서에 의한 해결이 예상되는데, 개정안과 같이 제4조 본문만을 남겨 두고 단서만을 삭제하는 것은 체계정합성에도 위배되며 소비자를 위해서도 현명하지 않은 선택이라 할 수 있다.

3. 청약철회 배제사유(개정안 제12조 제2항)

현행법상 철회권은 전자상거래법 제17조 제2항 제1호부터 제5호에 해당하는 경우에 배제된다(표 5).

〈표 5〉 전자상거래법 제17조 제2항 각호

1. 소비자에게 책임이 있는 사유로 재화 등이 멸실되거나 훼손된 경우. 다만, 재화 등의 내용을 확인하기 위하여 포장 등을 훼손한 경우는 제외한다.
2. 소비자의 사용 또는 일부 소비로 재화 등의 가치가 현저히 감소한 경우
3. 시간이 지나 다시 판매하기 곤란할 정도로 재화 등의 가치가 현저히 감소한 경우
4. 복제가 가능한 재화 등의 포장을 훼손한 경우

5. 용역 또는 「문화산업진흥 기본법」 제2조 제5호의 디지털콘텐츠의 제공이 개시된 경우. 다만, 가분적 용역 또는 가분적 디지털콘텐츠로 구성된 계약의 경우에는 제공이 개시되지 아니한 부분에 대하여는 그러하지 아니하다.

다만, 통신판매업자가 제6항에 따른 조치를 하지 아니하는 경우에는 제2호부터 제5호까지의 규정에 해당하는 경우에도 청약철회 등을 할 수 있다. 한편 전자상거래법 제17조 제2항 제6호 및 동 시행령 제21조(방문판매법 제8조 제2항 제5호 및 동 시행령 제12조)에 의하면, 소비자의 주문에 따라 개별적으로 생산되는 재화 등 또는 이와 유사한 재화 등에 대하여 철회를 인정하는 경우 사업자에게 회복할 수 없는 중대한 피해가 예상되는 경우로서 사전에 해당 거래에 대하여 별도로 그 사실을 고지하고 소비자의 서면(전자문서 포함)에 의한 동의를 받은 경우에는 철회가 배제된다. 즉 현행법(제17조 제2항 제6호)은 주문제작 상품 판매를 청약철회 제한사유로 시행령에서 규정하고 있으나, "청약철회를 인정하는 경우 회복할 수 없는 중대한 피해가 예상되는 경우" 등을 판단할 기준이 명확하지 않아 법 조항의 해석과정에서 불필요한 분쟁이 지속적으로 야기되었다. 이에 개정안 제12조는 청약철회의 배제여부가 문제되는 주문제작 상품과 관련된 분쟁을 방지하고자 이를 시행령이 아닌 법으로 상향하여 규정하였다. 개정안 제12조 제2항 제6호에 의하면, 재화 등을 개별적으로 주문하고 스스로 사용·이용하는 것이 명백하여 다른 소비자에게 재판매하는 것이 객관적으로 불가능한 경우에 철회권이 배제된다(표 6).

〈표 6〉 **개정안 제12조(청약철회 등) 제2항 제6호**

② 소비자는 다음 각 호의 어느 하나에 해당하는 경우에는 온라인판매사업자의 의사에 반하여 제1항에 따른 청약철회 등을 할 수 없다. 다만, 온라인판매사업자가 제6항에 따른 조치를 하지 아니하는 경우에는 제2호부터 제5호까지의 규정에 해당하는 경우에도 청약철회 등을 할 수 있다.

6. 소비자가 재화 등을 개별적으로 주문하고 스스로 사용 또는 이용하는 것이 명백하여 다른 소비자에게 재판매하는 것이 객관적으로 불가능한 경우

생각건대 "소비자가 재화 등을 개별적으로 주문하고 스스로 사용 또는 이용하는 것이 명백하여 다른 소비자에게 재판매하는 것이 객관적으로 불가능한 경우"란 무엇인가? 객관적 불능과 주관적 불능을 나누는 기준이 더 애매할 뿐만 아니라 민법상 불능을 나누는 기준으로 객관적 불능과 주관적 불능을 나누기도 하나, 이 또한 법에서 명시적으로 설시한 것은 아니다. 심지어 철회권과 관련된 조문은 소비자나 사업자 모두에게 매우 중요한 조항인데, 종전보다 더 명확화를 시도한 조항이 바라보는 관점에 따라서는 더 애매하고 모호할 수 있어 재고가 필요하다. 만약 위 조문이 소비자에게 유리하도록 규정한 것이라면 오히려 사업자 측에서 재판매하는 것이 객관적으로 불가능하다고 주장하는 경우가 더 많아질 것이며 그 경우에는 분쟁이 종전보다 더 장기화될 수 있다. "중대한 피해"가 있는지에 대한 판단은 항상 가능한 것은 아니지만 손해액을 판단하여 산술적 또는 계량경제학[37] 등을 통해 산정할 수 있지만 객관적

37_ 계량경제학(計量經濟學; econometrics)은 수량적(quantitative) 법칙을 검출하고 또한 그 현실타당성을 통계적 실험에 의해 검증하는 경제학의 한 분야이다. 그리고 계량경제학에서 '가장 중요한' 분석도구가 바로 회귀분석이다. 회귀분석(回歸分析; regression analysis; regression)은 특정 변수값의 변화와 다른 변수값의 변화가 가지는 함수식을 파악함으로써 상호관계를 추론하는 계량경제학의 한 방법론이다. Y라는 변수가 X의 변수값에 따라 변화하며, X 외에는 Y의 값을 좌우하는 변수가 없고, X와 Y의 관계가 선형(線形; linear)이라고 가정할 때, X, Y의 관계는 Y = a + b*X 로 표현되고, 이것이 단순 회귀분석식이다. 그리고 Y값의 결정에 영향을 미치는 설명변수가 1개가 아니라 X1, X2, X3 등 여러 개가 있는 경우에 적용하는 것이 다중회귀분석이다. 미국은 1980년대를 기점으로, 구체적인 손해액수의 증거가 획득되기 어려운 영역에서 계량경제학이 광범위하게 도입되기 시작하였다. 특히 공정거래법(The Sherman Act) 분야에서는, 담합에 따른 가격상승이 얼마만큼의 액수인지뿐만 아니라, 기업 인수합병으로 인한 경쟁제한효과가 과연 있는지, 그리고 있다면 얼마 만큼인지, 경쟁제한 여부를 판단하는 근거가 되는 시장획정을 어디까지 해야 하는지 등의 다양한 문제를 계량경제학을 통하여 해결하는 것을 당연시하는 수준에 이르렀다. 미국변호사협회(ABA)도 2005년에 법률가를 위한 계량경제학 서적을 출간하기에 이르렀다. ABA Section of Antitrust Law, Econometrics: Legal, Practical, and Technical Issues, 2005. 그 후 2014년에 제2판이 나왔다. 이 책에서는 회귀분석 등 계량경제학적 증거의 의의부터 시작하여, 회귀모형 설정, 변수 선택, 회귀분석 결과의 해석, 강건성 테스트, 유의성 테스트는 물론, 배심재판에서의 회귀분석, 인수합병, 공정거래법위반으로 인한 손해액

가능여부는 어떻게 판단해야 할 것인지에 대한 막연함을 가지게 한다. 객관적으로 불능이 '재판매의 실현이 어떠한 경우에도 객관적으로 불가능한 경우'를 의미하는 것이라면 이는 현실적으로 의미를 가지지 못한다. 개정안 제12조가 규율하는 '청약철회'는 기본적으로 사인 간의 법률관계로서 계약자유의 원칙, 사적자치의 원칙이 적용되는 영역이라는 점을 고려하면, 그 청약철회의 배제사유로 '객관적으로 불가능한 경우'라는 극단적인 기준을 도입한 것이므로 문제가 있다. '개별적으로 주문하고 스스로 사용 또는 이용하는 것이 명백'한 경우가 도대체 어떤 경우인지, 이것이 '주문제작 상품'을 의미하는지도 불분명하고, 어떤 경우에 이르러야 '재판매가 객관적으로 불가능한 경우'로 판단되는 것인지도 불분명하다는 점에 문제가 있다. 더 나아가 중대한 손해가 발생함에도 불구하고 객관적인 불능이 아니라고 보아 철회권을 인정하는 것이 과연 소비자보호를 위한 것인지도 진지한 고민이 필요하다.

4. 정보의 투명성 확보 조치와 영업비밀보호(개정안 제16조)

개정안은 허위·과장·기만적 소비자유인행위를 사전에 차단하기 위해 정보공개를 강화하고 그 방법을 구체화하기 위해 개정안 제16조를 신설하여 정보의 투명성을 확보하였다(표 7).

〈표 7〉 **개정안 제16조(정보의 투명성 확보 조치)**

② 온라인판매사업자는 재화 등과 관련된 검색결과에 순위를 정하여 표시하는 경우 해당 순위를 결정하는 데 이용되는 주요 결정 기준을 표시하여야 한다.
③ 제2항에 따른 주요 결정 기준 및 표시방법 등에 관하여 필요한 사항은 대통령령으로 정한다.

산정, 헌법상 차별 이슈에서의 회귀분석의 적용, 입찰담합과 차별적 가격 및 시장지배적 지위 등 공정거래법 위반 여부의 판단 이슈에서 시뮬레이션에 의한 회귀분석의 적용 등 회귀분석과 관련된 개별적 법률문제 전반을 분석하고 있다.

④ 온라인판매사업자는 거래되는 재화 등에 대한 소비자의 이용후기를 게시하는 경우 사용후기의 수집, 처리에 관한 정보를 공개하여야 한다.
⑤ 제4항에 따른 구체적인 내용과 범위, 방법 및 절차 등에 관하여 필요한 사항은 대통령령으로 정한다.

그런데 개정안 제16조 제2항 내지 제3항의 "검색 순위를 결정하는 데 이용되는 주요 결정 기준"에는 온라인 판매사업자나 온라인 플랫폼 운영사업자의 경쟁력이나 노하우(Konw-How)와 결합된 영업비밀(알고리즘)에 해당하는 정보가 포함될 가능성이 높다. 따라서 온라인 판매사업자나 온라인 플랫폼 운영사업자의 영업비밀은 공개대상에서 제외할 필요가 있다. 물론 그 구체적인 내용 및 범위 등을 개정안에서는 대통령령으로 위임하고 있어 대통령령에서 영업비밀을 제외할 수도 있을 것이다. 그러나 헌법 제23조 제1항은 "모든 국민의 재산권은 보장된다. 그 내용과 한계는 법률로 정한다"고 규정하고 있으며, 「부정경쟁방지 및 영업비밀보호에 관한 법률」(이하 "부정경쟁방지법") 제2조 제2호는 "공공연히 알려져 있지 아니하고 독립된 경제적 가치를 가지는 것으로서, 비밀로 관리된 생산방법, 판매방법, 그 밖에 영업활동에 유용한 기술상 또는 경영상의 정보"를 영업비밀로 규정하고 있고, 동법 제10조, 제11조는 타인의 영업비밀침해에 대한 금지청구권 및 손해배상청구권을 규정하고 있다. 이러한 점에 비추어볼 때 영업비밀은 헌법 제23조에 의하여 보장되는 재산에 해당한다는 점에서 시행령보다는 법률의 규정에서 명확하게 보호해 줄 필요가 있다. 그 보호를 법률에 두는 것과 위임된 시행령에 의해 보호할 수 있도록 하는 것이 결과에 있어 차이가 없을 수는 있으나 침해될 수 있는 가능성 및 구제 방법에 있어서도 법률에 의한 보호가 더 타당하다고 할 수 있다.

5. 온라인 판매사업자의 위해방지를 위한 조치의무규정(개정안 제20조)의 준용(개정안 제31조)

개정안 제31조[38]는 온라인판매사업자의 위해방지를 위한 조치위무를 규정한 개정안 제20조[39]를 온라인 플랫폼 운영사업자에 준용하도록 하고 있다. 먼저 개정안 제20조의 위해방지조치는 리콜조치의 실효성을 높이기 위한 방법이라고 할 수 있을 것인데,[40] 실질적으로는 그 조치의

38_ 개정안 제31조(온라인 플랫폼 거래에 준용) 제6조, 제16조, 제18조 제3항부터 제5항까지, 제19조, 제20조의 규정은 온라인 플랫폼 운영사업자에 이를 준용한다. 이 경우 각 조항 중 "온라인판매사업자"는 "온라인 플랫폼 운영사업자"로 본다.

39_ 개정안 제20조(위해방지를 위한 조치의무 등)

① 온라인판매사업자는 전자상거래에서 거래되는 재화 등으로 인해 소비자에게 생명 · 신체에 대한 위해 또는 재산에 대한 중대한 손해가 발생하지 아니하도록 다음 각 호의 조치를 취하여야 한다.

1. 대통령령으로 정하는 법령에 따라 사업자들에게 개선, 시정계획 수립 및 시행 등의 조치의무가 발생한 경우 해당 사업자들이 당해 의무를 이행하기 위해 필요한 조치
2. 기타 대통령령으로 정하는 조치

② 관계중앙행정기관의 장, 특별시장 · 광역시장 · 특별자치시장 · 도지사 · 특별자치도지사(이하 "시 · 도지사"라 한다) 또는 시장 · 군수 · 구청장은 전자상거래에서 거래되는 재화 등으로 인해 소비자에게 생명 · 신체에 대한 위해 또는 재산에 대한 중대한 손해가 발생하거나 발생할 우려가 있어 대통령령으로 정하는 법령에 따라 개선, 시정 등을 명하거나 권고한 사항의 이행을 담보하기 위해 공정거래위원회가 고시한 온라인판매사업자에 대해 대통령령에서 정하는 바에 따라 당해 재화 등의 판매를 즉시 차단하고 소비자에게 관련 정보를 제공하는 등 기술적 조치를 취하도록 명할 수 있다.

③ 제1항 및 제2항의 조치의무가 있는 사업자는 관계중앙행정기관의 장, 시 · 도지사 또는 시장 · 군수 · 구청장에게 당해 조치의무에 대하여 의견을 제출할 수 있다.

④ 제2항에 따른 관계중앙행정기관의 장, 시 · 도지사 또는 시장 · 군수 · 구청장은 제2항에 따른 온라인판매사업자에 대해 명령한 사실과 그 내용을 공정거래위원회에 통보하여야 한다.

⑤ 공정거래위원회는 제1항부터 제3항까지에 관하여 구체적인 내용과 절차 등을 정하여 고시할 수 있다.

⑥ 온라인판매사업자는 제1항 및 제2항에 따른 조치를 취하지 않아 소비자에게 손해를 발생시킨 경우에는 그 손해를 배상할 책임이 있다. 다만, 온라인판매사업자가 고의 또는 과실이 없음을 증명하는 경우에는 그러하지 아니하다.

40_ 제품안전기본법, 소비자기본법, 식품위생법, 식품안전법, 건강기능식품법, 축산물위생관리법, 약사법, 의료기기법, 전기용품 및 생활용품 안전관리법, 생활화학제품 및

무의 외연이 지나치게 넓다. **문제는 온라인 판매사업자에게 부과한 위해 방지를 위한 조치의무를 온라인 플랫폼 운영사업자에 준용하는 경우에 온라인 플랫폼 운영사업자는 어떻게 해야 방지조치의무를 이행한 것으로 볼 수 있는지 명확하지 않다는 것이다.** 온라인 판매사업자와 **온라인 플랫폼 운영사업자의** 역할이 다르며, 그들이 할 수 있는 방지조치의무도 상이할 것이기 때문에 온라인 플랫폼 운영사업자 입장에서는 자신이 취해야 할 의무가 무엇인지 알기 어려울 것이다.[41] 물론 대통령령으로 이를 위임할 수는 있으나 법에서 예상할 수 없는 사항을 대통령령으로 위임하는 것이 만능의 열쇠는 아니라는 점에서 재고가 필요하다. 요컨대 빠른 속도로 변화하는 산업분야를 규율하는 법제에 있어서는 국가가 불명확한 규제입법으로 해당 산업의 발전을 저해하지 않도록 더욱 엄격한 명확성이 요구되는바,[42] 온라인 플랫폼 운영사업자에게 제20조를 준용하는 제31조의 규정형태는 입법원칙 중 하나인 명확성의 원칙을 고려하여 수정할 필요가 있다.

6. 외관책임의 강화(개정안 제25조)

현행 전자상거래법에 의하면 플랫폼 운영사업자는 소비자에게 자신은 소비자와의 계약당사자가 아님을 간단히 고지만 하면 '입점업체 고의·과실로 인한 재산상 손해'에 대한 책임이 면책되어 소비자 보호에 매우 취약하다는 비판이 제기되었다. 즉 현행법(제20조의2 제1항)상 플랫폼 운영사업자는 면책고지[43]를 하지 아니하는 경우에만 연대책임을 부

살생물제의 안전관리법, 어린이제품안전특별법, 환경보건법, 먹는물관리법, 화장품법, 석면안전관리법 등에서 제품의 수거·파기, 회수, 판매금지 등의 제도를 이미 운용하고 있다.

41_ 온라인 판매사업자만이 알 수 있는 정보가 있다는 점에서 양자의 의무의 범주는 달라야 한다.

42_ 헌재 2002. 5. 30. 2001헌바5.

43_ 면책고지라는 용어 또한 타당한지 의문이다. 오히려 거래당사자가 아님에 대한[계약

담하는바, 대부분 플랫폼은 홈페이지 하단에 관련 내용을 공지하여 실질적으로 플랫폼 운영사업자는 책임으로부터 자유롭다는 것이다.[44] 그러나 이는 사실상 대부분 소비자가 온라인 플랫폼 운용사업자의 인지도 등을 신뢰하여 상품을 구매하는 거래현실이 전혀 반영되지 못하고 있다는 비판이 제기되었고 이에 개정안 제25조는 플랫폼 운영사업자의 외관책임을 강화하였다(표 8).

〈표 8〉 개정안 제25조(온라인 플랫폼 운영사업자의 의무와 책임)

① 온라인 플랫폼 운영사업자는 자신이 운영하는 온라인 플랫폼을 통하여 재화 등의 거래를 중개하는 경우 제24조 제2항[45]의 표시를 하지 아니한 때에는 온라인 플랫폼 이용사업자의 고의 또는 과실로 소비자에게 발생한 손해에 대하여 온라인 플랫폼 이용사업자와 연대하여 배상할 책임을 진다.
② 온라인 플랫폼 운영사업자는 자신이 운영하는 온라인 플랫폼을 통하여 재화 등의 거래를 중개하거나 재화 등의 거래를 위한 연결수단을 제공하는 경우 제24조제3항의 정보제공을 하지 아니하거나 제공한 정보가 사실과 다른 때에는 온라인 플랫폼 이용사업자의 고의 또는 과실로 소비자에게 발생한 손해에 대하여 온라인 플랫폼 이용사업자와 연대하여 배상할 책임을 진다. 다만, 소비자에게 피해가 가지 아니하도록 상당한 주의를 기울인 경우에는 그러하지 아니하다.
③ 온라인 플랫폼 운영사업자는 자신이 운영하는 온라인 플랫폼을 통하여 재화 등의 거래를 중개하는 경우 자신의 명의로 재화 등을 표시 · 광고 또는 공급하거나 자신의 명의로 계약서(계약내용에 관한 서면을 포함한다)를 교부하는 때에는 온라인 플랫폼 이용사업자의 고의 또는 과실로 소비자에게 발생한 손해에 대하여 온라인 플랫폼 이용사업자와 연대하여 배상할 책임을 진다. 다만, 소비자에게 피

당사자가 아니라는 것에 대한] 부인(否認)고지라는 명칭이 더 타당할 것이다. 물론 그러한 고지를 하면 책임으로부터 자유롭다면 그러한 결론을 받아들여 면책고지로 명명할 수도 있을 것이나 고지한 경우에도 책임을 질 수 있다면(본고 주 46 참조), 면책고지라는 명칭은 사용해서는 안 될 것이다.

44_ 공정거래위원회 설명자료, 46면. 그러나 그러한 해석이 과연 타당한지 의문이다. 즉 not A가 당연히 B가 되는 것이 아닌 것처럼, 고지하지 않은 경우에 통신판매중개의뢰자와 통신판매중개자가 연대책임을 물을 수 있다는 조항이 꼭 고지를 한 경우에는 연대책임을 지지 않는다고 읽을 필요는 없는 것이다. 따라서 고지를 하였다 하더라도 연대책임을 부담할 수 있다는 해석을 충분히 이끌어 낼 수 있다.

45_ 개정안 제24조 제2항 "온라인 플랫폼 운영사업자는 자신이 운영하는 온라인 플랫폼

해가 가지 아니하도록 상당한 주의를 기울인 경우에는 그러하지 아니하다.
④ 온라인 플랫폼 운영사업자는 자신이 운영하는 온라인 플랫폼을 통하여 재화 등의 거래를 중개하는 경우 제24조 제2항의 표시 또는 제3항의 정보제공을 한 경우에도 온라인 플랫폼 이용사업자와 소비자 사이의 거래에 있어 청약의 접수, 대금수령, 결제, 대금환급 등 대통령령으로 정하는 중요 업무를 수행하는 때에는 해당 업무와 관련하여 소비자에게 발생한 손해에 대하여 온라인 플랫폼 이용사업자와 연대하여 배상할 책임을 진다. 다만, 온라인 플랫폼 운영사업자가 고의 또는 과실이 없음을 증명하는 경우에는 그러하지 아니하다.

개정안 제25조 제1항 내지 제3항에 의하면 온라인 플랫폼 운영사업자는 ① 자체영업 및 입점업체 영업 미구분 · 표시, ② 입점업체에 대한 정보 미 · 허위 제공, ③ 자신 명의로 표시 · 광고 · 공급 · 계약서 교부한 경우에 플랫폼 운영사업자가 플랫폼 이용사업자와 연대하여 책임을 부담해야 한다. 한편 개정안 제25조 제4항에 의하면, 플랫폼 운영사업자는 거래과정의 중요업무, 즉, 청약의 접수, 결제, 대금수령, 대금환급 등[46]을 직접 수행하는 과정에서 해당업무와 관련하여 소비자에게 손해가 발생한 경우에도 플랫폼 이용사업자와 함께 연대책임을 부담한다.[47]

(1) 개정안 제25조 제3항

1) 규정이 가지는 추상성에 따른 위험

개정안 제25조 제3항은 플랫폼 운영사업자의 책임을 강화하여 소비자를 보호하려는 입법적 결단이 드러난다는 점에서 이번 개정안에서 매우 중요한 위치를 차지한다. 다만 동 규정의 "자신의 명의로 재화 등을

을 통하여 재화 등의 거래가 중개되는 경우 자신이 직접 제공하는 재화 등과 온라인 플랫폼 이용사업자가 제공하는 재화 등을 구분하여 표시하여야 한다."

46_ 개정안 제24조 ④ 온라인 플랫폼 운영사업자는 자신이 운영하는 온라인 플랫폼을 통하여 재화 등의 거래를 중개하는 경우 온라인 플랫폼 이용사업자의 청약의 접수, 대금수령, 결제, 대금환급, 배송 등 일부 업무를 수행하는 때에는 해당 업무의 내용을 소비자의 청약 전까지 소비자에게 제공하여야 한다.

47_ 플랫폼 운영사업자가 3면계약이라는 하나의 계약의 당사자로 인정된다면, 그는 계약상 책임을 부담할 것이다.

표시 광고 또는 공급하는 경우"가 구체적으로 어떤 경우를 의미하는지 해석상 명확하지 않은 부분이 있다. 예컨대 자신의 플랫폼에 재화 등의 거래 중개에 자연히 수반되는 재화 등의 표시, 광고를 게재 · 전시하거나, 자신의 플랫폼을 통해 거래의 중개가 이루어짐으로써 그에 따라 재화 등이 공급되는 행위까지도 포함될 여지가 있다. 즉 자신의 명의로의 재화 등을 표시 광고 또는 공급하는 경우에 그 주체가 온라인 플랫폼 운영사업자가 아닌 경우에도 연대책임을 부담할 수 있다. 예컨대 플랫폼 운영사업자가 인터넷 게시판에 플랫폼 이용사업자가 게시해 둔 상품의 표시 · 광고를 소비자로 하여금 볼 수 있도록 해 둔 경우에도 연대책임을 부담할 수 있다. 즉 개정안 제25조 제3항의 명문규정만을 놓고 보면 이용사업자가 온라인 플랫폼 운영사업자의 명의를 사용하여 재화 등을 광고하는 경우에도 연대책임을 물을 수 있다고 해석될 여지도 있는데, 그러한 해석은 타당하지 않다. 플랫폼 운영사업자가 본인은 계약당사자가 아니라는 점과 플랫폼 이용사업자의 정보를 명확하게 소비자에게 인지할 수 있게 하였음에도 불구하고 단순히 '자신의 명의로 재화 등을 표시 광고 또는 공급하는 경우'는 사실의 인정만으로 외관책임을 인정할 수 있다면, 이는 외관책임이 아니라 실질적으로 무과실책임(위험책임)을 인정하는 결과를 가져오므로 타당하지 않다. 물론 제25조 제3항 단서에 의해 플랫폼 운영사업자가 상당한 주의를 기울인 경우에는 책임을 지지 않도록 하고 있으나 어느 경우에 상당한 주의를 기울인 경우로 인정할 것인지 해석상 매우 넓게 열려 있다는 점에서 여전히 문제는 남는다. 생각건대 외관책임과 무과실책임은 명백히 다르며, 입법의 취지가 외관책임의 강화라는 점을 고려하면 상대방인 소비자에게 책임질 외관을 만들지 않았다면 책임을 질 필요가 없으며, 그러한 외관은 객관적이고 규범적인 관점에서 판단해야 할 것이다. 예컨대 MOP에서 '지배적인 영향력(predominant influence)'이라는 평가요소를 가지고 외관책임인정 여부를 판단하고 있다는 점을 고려하면, 이번 개정안 또한 외관책임은 인정할 만한 구체적인 기준을 판단할 수 있는 요소를 제시할 필요가 있다. 특히 온라인 플랫폼 운영사업자의 책임을 가중되기 위한 요건이라는 점을 감안하면, 그 의미를 더 명확히 할 필요가 있다. 더욱이 그 책임이 계약당사자로서의 책임과 연결된다는 점에서 책임 귀속을 위한 정당한 논거와 평가가 필요할 것이므로 이에 대해서는 매우 신중한 접근이 필요하다.[48]

2) 플랫폼 이용사업자의 귀책사유를 전제로 하는지에 대한 판단

개정안 제25조 제3항은 플랫폼 이용사업자의 고의 또는 과실로 소비자에게 발생한 손해에 대하여 운영사업자에게 연대책임을 부과하고 있다. 그런데 이 조항은 다음과 같은 해석상의 문제를 도출시킨다.

가. 플랫폼 이용사업자의 귀책사유가 인정된 경우

먼저 플랫폼 이용사업자의 책임이 채무불이행책임인 경우라면 계약당사자인 소비자는 민법 제390조에 기하여 채무불이행 사실만을 주장하면 될 뿐이고 채무자인 플랫폼 이용사업자가 귀책사유 없음을 증명하지 못하면 책임을 지게 된다.[49] 물론 불법행위책임이라면 민법 제750조에 기하여 피해자가 귀책사유를 증명할 책임을 부담한다.[50] 만약 전자의 경우에 소비자가 플랫폼 운영사업자에게 개정안 제25조 제3항에 기하여 연대책임을 주장하는 경우에 소비자는 이용사업자의 귀책사유를 증명하여야만 운영사업자에게 연대책임을 주장할 수 있는가? 아니면 민법상의 증명책임론이 그대로 적용되어 운영사업자 측에서 이용사업자 측의 귀책사유 없음을 증명하여 면책되는 것인가? 통설과 판례인 법률요건분류설[51]에 의하면 개정안 제25조 제3항의 이용사업자의 고의 또는 과실에 대한 증명책임은 소비자가 부담한다. 이는 동법이 적용됨으로 인하여 민법이 적용되는 것보다 더 불리한 것을 의미하는데,[52] 개정안 제4조

48_ 서종희, "도서정가제의 목적과 해석의 한계", 소비자법연구 제6권 제3호, 2020, 68면 이하 참조.

49_ 대법원 2017. 5. 18. 선고 2012다86895, 86901 전원합의체 판결.

50_ 대법원 2007. 5. 31. 선고 2005다41863 판결.

51_ 전원열, 민사소송법강의, 박영사, 2020, 321-322면, 380면.

52_ 물론 증명책임을 누가 부담하는지까지 현행 전자상거래법 제4조 단서가 고려한 것이

가 현행법상의 제4조 단서를 삭제하였기 때문에 종국적으로 소비자는 증명책임을 부담하게 된다.

나. 플랫폼 이용사업자가 무과실인 경우

플랫폼 이용사업자에게 귀책사유가 인정되지 않아 이용사업자의 책임이 인정되지 않는 경우라면 운영사업자 또한 책임을 부담하지 않을 것이다. 그런데 만약 플랫폼 이용사업자가 무과실책임을 부담하는 경우에도 운영사업자는 책임을 부담하지 않는가? 개정안 제25조 제3항을 놓고 보면 그러한 경우에도 운영사업자가 책임을 지지 않는 것으로 해석될 여지가 다분하다. 이는 입법자가 의도한 결과인가? 아니면 입법당시에 예측하지 못했던 부분인가? 개정안 제25조 제3항이 전면개정에서 차지하는 그 위치를 고려하면 이에 대한 재검토가 필요할 것이다.

(2) 개정안 제25조 제4항

개정안 제25조 제4항의 법적 성질을 어떻게 볼 것인지에 따라 동 조항의 평가는 달라질 것으로 판단된다. 즉 개정안 제25조 제4항의 운영사업자의 책임을 불법행위책임으로 볼 것인지 아니면 외관책임으로 볼 것인지에 따라 동 조항이 가지는 의미는 매우 다르다.

1) 불법행위책임으로 보는 경우

개정안 제25조 제4항의 플랫폼 운영사업자의 책임을 불법행위책임으로 보게 되면, 동 조항은 명문규정만을 전제로 하면, 두 가지의 의미를 가진다. 첫째, 불법행위책임에 있어 가해자의 귀책사유는 원칙상 피해자가 증명책임을 부담하는데,[53] 동 조항에 의하면 가해자인 운영사업자가 귀책사유에 대한 증명책임을 부담한다.[54] 둘째, 플랫폼 운영사업자가

라고 보기 어려울 수도 있으나, 증명책임에 대한 부분까지 제4조 단서를 통해 소비자를 보호하고자 하는 것이 입법취지라고 한다면 개정안 제4조가 현행법 제4조 단서를 삭제한 것은 타당하지 않다.

53_ 대법원 2007. 5. 31. 선고 2005다41863 판결.

54_ 공정거래위원회 설명자료, 46면에서도 이러한 특징을 강조한다.

귀책사유 없음을 증명한 경우에도 플랫폼 이용사업자는 책임을 지게 된다는 것이다. 전자에 대해서는 해석상 크게 문제되지 않을 것이지만 후자에 대해서는 해석상 이견이 있을 수 있을 것이다. 플랫폼 운영사업자와 플랫폼 이용사업자의 관계를 어떻게 볼 것인지가 명확하지 않으나 플랫폼 운영사업자를 플랫폼 이용사업자의 피용자의 지위를 인정하게 되면,[55] 플랫폼 운영사업자의 불법행위에 대해서 플랫폼 이용사업자는 민법 제756조에 기하여 사용자로서 배상책임을 부담하게 될 것이다. 그러나 민법 제756조의 사용자책임은 피용자의 불법행위의 성립을 전제로 하므로,[56] 피용자에게 귀책사유가 없다면 사용자책임도 인정되지 않는다. 반면에 개정안 제25조 제4항 본문은 플랫폼 운영사업자의 불법행위가 인정되지 않는 경우에도 플랫폼 이용사업자의 책임을 귀속시킬 수 있는 여지를 남기고 있다. 만약 이러한 해석이 가능하다면 개정안 제25조 제4항은 플랫폼 이용사업자의 책임을 강화한 것이라고 할 수 있으며 개정안 제25조가 아닌 개별조항으로 분리시키는 것이 타당하다고 할 수 있을 것이다. 물론 양자의 관계를 민법 제756조의 사용자와 피용자 관계로 보지 않게 되면 개정안 제25조 제4항은 독자적인 책임규정으로 큰 의미를 가질 것인데, 그러한 경우에도 플랫폼 운영사업자보다는 플랫폼 이용사업자의 책임강화에 초점을 맞출 필요가 있을 것이다. 다만 그러한 경우에도 플랫폼 이용사업자의 면책가능성에 대해서 어떠한 언급이 없어 경우에 따라서는 지나치게 가중된 책임을 플랫폼 이용사업자에게

55_ 민법 제756조의 사용자책임을 인정하기 위해서는 불법행위자에 대한 사용관계가 인정되어야 한다. 한편 타인을 사용한다는 것은 사용자와 피용자 사이에 사용관계가 있음을 말한다. 사용관계의 존부의 판단이 매우 애매하나, '실질적인 지시 · 감독관계'가 핵심적 내용이 된다. 사용관계는 고용계약 등에 의하여 성립하는 것이 일반적이지만, 고용관계가 없더라도 실질적 지시 · 감독관계가 있으면, 사용자와 피용자 관계에 있다고 할 수 있다. 이러한 관계는 사실상 어떤 사람이 다른 사람을 위하여 그 지휘 · 감독에 따라 사무를 집행하면 되는 것이고, 반드시 사용자 · 피용자 관계에 있을 필요는 없다(대법원 2010. 10. 28., 선고 2010다48387 판결 등). 이런 의미에서 사용관계는 고용관계나 근로관계보다 넓은 개념이라고 할 수 있다.

56_ 대법원 1992. 6. 23. 선고 91다33070 전원합의체 판결.

부담시키는 조항으로 비춰질 수 있을 것이다.

2) 채무불이행책임으로 보는 경우

온라인 플랫폼 운영사업자의 청약접수, 대금수령, 결제와 환급 등에서 잘못된 행위에 대한 책임과 관련하여 플랫폼 운영사업자를 3면 계약의 당사자로 본다면 제25조 제4항의 플랫폼 운영사업자의 책임은 채무불이행책임의 성질을 가진다고 할 수 있다. 그러나 온라인 플랫폼 운영사업자의 청약접수, 대금수령, 결제와 환급 등의 업무를 담당하는 것이 3면 계약의 당사자를 인정하기 위한 필요조건일 수는 있으나 충분조건은 아니기 때문에 개정안 제25조 제4항의 책임을 채무불이행책임으로 보기는 어려울 것이다. 물론 제25조 제4항을 제25조 이하에 두고, 제25조 제4항 또한 외관책임의 강화를 위해 규정한 것으로 본다면, 채무불이행책임으로 이해할 여지가 없는 것은 아니다. 한편 외관책임을 인정하기 위한 요건은 소비자에게 오인할 수 있는 외관형성을 전제로 하는데 플랫폼 운영사업자가 개정안 제24조 제2항 및 제3항의 의무를 준수하였다면 그 외관형성에 대한 책임을 질 필요가 없다고 볼 수도 있을 것이다.[57] 더 나아가 개정안 제25조 제4항에 의하면 자신의 플랫폼에서 이용사업자와 소비자 모두의 편의를 제공하는 용역을 수행한 것에 불과한 경우에도 플랫폼 운영사업자가 이용사업자와 연대책임을 지게 될 여지가 있는데(물론 귀책사유가 인정되지 않을 수 있겠지만),[58] 이 문제는 귀책사유

57_ 그런 의미에서 개정안 제25조 제4항은 외관책임이라고 보기 어려운 면을 가진다. 한편 개정안 제24조 제2항 및 제3항을 준수한 경우에는 거래중개 플랫폼 운영사업자의 고의 · 과실(귀책사유)가 인정되지 않을 수 있어 그 자체로 모순조항으로 볼 여지도 있다. 즉 개정안 제25조 제4항 단서를 가지고 있는 한 제25조 제4항은 구조적으로 완결된 조항으로 보기 어렵다. 물론 "제24조 제2항의 표시 또는 제3항의 정보제공을 한 경우에도"에 방점을 찍으면, 귀책사유를 판단함에 있어 제24조 제2항의 표시 또는 제3항의 정보제공은 고려하지 않겠다는 취지로 읽을 수 있으나 외관책임의 본질 및 그 외연 확장이 가지는 위험성 등을 종합적으로 고려하면 재고가 필요하다.

58_ 연대책임에 부담을 느낀 플랫폼 사업자는 신규 업체나 중소사업자의 입점을 꺼리게 되고 비교적 안전하다고 생각되는 중견 이상의 기업 제품으로의 쏠림 현상이 나타날

의 인정여부로 해결할 수 있다는 것만으로는 부족하며 외관책임의 외연의 지나친 확대가능성에 대한 위험성을 내포하고 있다는 점을 고려해야 할 것이다.[59]

그러나 개정안 제25조 제4항은 입법자의 의도 또한 외관책임의 강화로 보고 있지 않다는 점에서 이러한 해석은 지양될 필요가 있다.[60] 플랫폼 운영사업자가 자신의 중개활동에 부수하는 체약촉진 과정에서 잘못된 행위에 대한 책임을 규정한 것으로 개정안 제25조 제4항을 이해한다면, 채무불이행책임으로 보기보다는 불법행위책임으로 보는 것이 타당할 것이다.

(3) 검 토

거래중개 플랫폼 운영사업자의 책임을 강화하는 것은 종국적으로 소비자 가격에 전가할 유인(incentive)을 가지게 된다. 즉 플랫폼 사업자의 연대책임은 소비자 입장에서 직접적이고 즉시적으로 편익을 얻게 된다고 생각될 수 있지만, 자칫 실질적 행위 책임 주체인 입점사업자들의 도덕적 해이를 유발하여 오히려 상품 관리가 소홀히 되고, 소비자 분쟁 처리에 있어 소극적으로 대응할 수 있어 이를 방지하기 위한 운용 비용이 상승될 경우 결국 소비자 부담으로 이어질 수 있다. 또한 플랫폼 사업자 입장에서는 관리 가능한 일정 범주의 입점사업자들의 상품만을 제공할 수도 있을 것이고, 이로 인해 소비자 선택권은 점차 축소될 것이다. 결국 소비자 보호를 목적으로 한다는 입법 취지와 다르게 거래 당사자들의 법률적, 행정적 혼란을 야기시켜 이로 인한 피해의 상당 부분은 결국

것이다. 또한 플랫폼이 청약, 접수, 결제, 배송 등의 부가서비스를 제공하는 것은 거래관여가 아닌 시스템을 갖추지 못한 영세 중소상공인과 소비자의 편익을 위한 것인데, 이를 규제 근거와 기준으로 삼게 된다면 중소상공인들이 이를 직접적으로 수행하여야 하는 구조가 될 수 있고, 결국 중소상공인들의 부담은 더욱 커질 수밖에 없을 것이다.

59_ 더욱이 이 경우에도 플랫폼 이용사업자에게 연대책임을 부담하고 있는 개정안 제25조 제4항은 가중된 책임규정으로서 비판의 여지가 있다.

60_ 공정거래위원회 설명자료, 46면.

소비자들에게 귀속될 수 있다. 종국적으로는 외관책임의 지나친 확대 및 강화는 소비자에게 오히려 더 불리해질 수 있다. 또한 개정안 제25조 제3항과 관련하여 거래중개 플랫폼 운영사업자가 온라인 플랫폼 이용사업자와 연대책임을 부담할 가능성이 높아질수록 거래중개 플랫폼 운영사업자로서는 일정 규모 이상의 온라인 플랫폼 이용사업자와의 거래를 선호하고 상대적으로 규모가 작은 신규 시장진입자나 중소 플랫폼 이용사업자 등과의 거래를 회피할 가능성이 높아지게 된다. 특히 거래중개 플랫폼 운영사업자와의 거래가 성립되지 않은 중소형 온라인 플랫폼 이용사업자는 예측하지 못한 큰 부담을 안게 되며, 종국적으로는 국외 중개 플랫폼 운영사업자와의 거래를 체결해야 하는 이중부담의 문제에 봉착하게 된다.[61] 더 나아가 역외조항 및 국내대리인제도를 도입하였다 할지라도 실질적인 집행이 어렵다는 점을 감안하면, 해외 플랫폼 운영사업자와 국내 플랫폼 운영사업자 역차별의 문제는 더 커질 것이다.[62]

7. 맞춤형 광고 등 정보이용 시 고지의무 강화(개정안 제18조)

타깃형 광고 등 맞춤형 광고[63]가 크게 늘어나고 있으나 소비자는 이를

61_ 더 나아가 그 위험은 소비자에 대한 가격전가의 모습으로 나타날 수 있다. Hans-Bernd Schäfer, Grenzen des Verbraucherschutzes und adverse Effekte des Europäischen Verbraucherrechts, in : Stefan Grundmann (Hrsg.), Systembildung und Systemlücken in Kerngebieten des Europäischen Privatrechts, 2000, S. 559에서는 소비자의 법적 지위를 개선하기 위해서는 비용이 수반된다(제품의 가격이 상승한다)는 점을 지적하며 「과도한 소비자 보호」에 경종을 울린다. 즉 Schäfer 교수는 「과도한 소비자 보호」가 유럽 소비자법의 「역효과(die adverse Effekte)」를 발생시킬 수 있음을 지적한다.

62_ 아마존, 알리바바 등 해외사업자의 국내 시장 진출이 계속되고 있는 상황에서 국내 플랫폼 사업자들만 검색 · 노출순위를 결정하는 주요 기준 표시, 이용후기 수집 · 처리 정보 공개, 중개거래 · 직매입 분리 표시 · 고지 등 규제를 적용받는 반면 해외사업자 대상으로는 이런 사전 규제를 적용할 수 없을 것이다. 사전규제는 해외 법률과 충돌하고 역외 규정을 신설하더라도 실질적으로 해외 기업에 행정적인 집행력이 미치지 못하기 때문에 국내 사업자와의 규제 역차별은 더욱 심화될 것이다.

일반광고와 구분할 수 없어 합리적 선택에 제약을 가한다는 비판을 고려하여 개정안 제18조는 맞춤형 광고 제공 시 그 사실을 고지하도록 하고, 일반광고와 동시에 제공하도록 의무화하고 있다(표 9).[64] 즉 소비자가 맞춤형 광고 제품을 다수 소비자에게 선택될 가능성이 있는 유망한 제품으로 오인하고 구매하게 될 가능성이 있다고 보아, 개정안에서는 맞춤형 광고 제공 사실을 별도 표시하도록 하여 맞춤형 광고 수신여부를 소비자가 선택할 수 있도록 하였고, 소비자가 맞춤형 광고를 거부할 경우, 일반광고를 선택할 수 있도록 규정하고 있다.

〈표 9〉 **개정안 제18조**(소비자에 관한 정보의 이용 등)

③ 온라인판매사업자는 소비자의 기호, 연령, 성별, 소비습관, 구매내역 등의 특징에 따라 소비자에게 상품이나 서비스의 검색결과를 제공하거나 재화 등을 추천(이하 "맞춤형 광고"라 한다)하는 경우에는 그 내용과 방법을 사전에 소비자에게 고지하고, 맞춤형 광고의 수신 여부를 소비자가 선택할 수 있도록 하여야 한다.
④ 온라인판매사업자는 제3항에서 소비자가 해당 소비자의 특성이 반영되지 않은 일반적인 검색결과 또는 광고의 수신을 선택하는 경우에는 해당 정보를 소비자에게 제공하여야 한다.

생각건대 맞춤형 광고 자체는 위법하거나 불법한 것이 전혀 아니라고 판단된다. 다만 그러한 광고를 제공하는 과정에서 소비자의 개인정보가 보호될 필요가 있으므로 개인정보보호위원회에서 「온라인 맞춤형 광고 개인정보보호 가이드라인」을 제정・시행하고 있는 것이다. 공정거래위원회의 설명자료는 맞춤형 광고 자체가 '소비자의 합리적 선택을 제한'하고 '오인'을 유발한다는 전제 하에 개정의 필요성을 강조하고 있는데 이는 타당하지 않다. 요컨대 '광고'라는 사실을 명백하게 표시한다면, 어

63_ 개별 소비자의 기호, 연령, 소비습관, 거래내역 등을 반영한 광고를 의미한다.
64_ 개정안 제31조에서는 제18조 제3항 내지 제5항의 규정을 온라인 플랫폼 거래에도 준용하고 있다.

떤 상품에 대한 광고가 '맞춤형' 광고라는 이유만으로 일반광고보다 소비자의 오인 등을 유발하여 합리적 선택을 제한하는 등 더 큰 피해를 양산한다고 볼 만한 아무런 합리적인 근거가 없다. 오히려 경우에 따라서는 소비자의 효용을 증대시키는 것이라고 할 것인바, "맞춤형 광고는 소비자의 합리적 선택을 제한하고 오인을 유발하므로 이를 규제하여야 한다"는 입법의 목적은 타당하지 않다. 더 나아가 개인정보보호위원회가 「온라인 맞춤형 광고 개인정보보호 가이드라인」을 구속력 없는 가이드라인의 형태로 운영하고 있는데, 잘못된 입법목적에 기하여 개정안의 규제대상으로 삼았다는 점에서 개인정보보호라는 측면에서 규제의 필요성을 재검토할 필요가 있다. 요컨대 맞춤형 광고에 대해서는 이미 기존의 개인정보보호 법률이나 가이드라인 또는 그와 유사한 규제들이 많은데, 개정안과 같이 목적이나 효과가 불분명한 규제까지 추가될 경우 불필요한 과잉·중복 규제가 될 가능성이 높다는 비판을 받을 수 있다.

Ⅳ. 맺음말

현행 전자상거래법이 가지는 한계를 고민하면서 창의적인 해석에 기초를 마련하려고 시도하였던 판결[65]이나 해석의 한계를 인정하면서 입법의 필요성을 간접적으로 시사한 판결이 집적되어, 이는 입법자에 의한 결단을 이끌어 내는 계기가 되었다. 그러나 입법자는 현행법에 대한 진지한 고민과 반성, 학계에서 제기된 주장들, 수범자 사이의 이익균형 등을 종합적으로 고려하여 결단을 통해 법을 제정하거나 개정해야 한다. 그러한 의미에서 입법자의 결단은 새로운 시도가 아니라 종래 제기된 문제점을 개선하고 향후에 있을 변화에 대응하기 위한 것이라 할 수 있다. 즉 입법자의 법창조는 전적으로 입법자의 임의적이고 자유로운

65_ 대법원 2019. 9. 10.자 2019마5464 결정 등.

결정이 아닌 역사적으로 농익은 일획에 지나지 않다고 볼 수 있다. 이런 이유에서 라드브루흐(Radbruch)는 입법자의 창조적 일필(一筆)이 시인의 일필(一筆)이나 장군의 일검(一劍)보다 자의적인 것은 아니라고 평가한다.[66] 이를 전제로 본고에서는 2021년 전자상거래법 전부개정안이 현행법의 한계 등에 대한 학계 및 업계의 주장을 간과한 채 지나친 자의성을 가지고 있는 것은 아닌지 조심스럽게 살펴보았다. 더 나아가 과잉금지원칙, 명확성의 원칙, 그리고 체계적합성의 원칙이라는 입법의 원칙을 기준으로 개정안이 가지는 한계를 분석하였다. 크게 세 가지로 요약할 수 있다.

첫째, 개정안(제2조 제5항 등)이 분류하는 플랫폼 사업자의 유형, 즉 정보교환 매개 플랫폼 사업자, 연결수단 제공 플랫폼 사업자, 거래중개 플랫폼 사업자 유형 등은 수범자들 입장에서는 종래의 구분방법과의 이질성으로 인한 혼돈(Chaos)을 유도하여 법체계의 복잡성을 증가시킬 뿐 실질적으로 소비자 보호에 크게 기여하지 못할 수 있다.

둘째, 외관책임의 지나친 확대 및 강화(개정안 제25조)는 소비자에게 오히려 더 불리해질 수 있다. 특히 개정안 제25조 제3항과 관련하여 거래중개 플랫폼 운영사업자가 온라인 플랫폼 이용사업자와 연대책임을 부담할 가능성이 높아질수록 거래중개 플랫폼 운영사업자로서는 일정 규모 이상의 온라인 플랫폼 이용사업자와의 거래를 선호하고 상대적으로 규모가 작은 신규 시장진입자나 중소 플랫폼 이용사업자 등과의 거래를 회피하도록 유인하게 한다.

마지막으로, 전자상거래법은 침익적 행정처분의 근거가 되는데, 이번 개정안의 일부조항(개정안 제12조 제2항, 개정안 제16조, 개정안 제20조 및 제31조 등)은 규정이 가지는 의미가 모호하거나 대통령령 등으로 위임하고 있어 플랫폼 사업자의 기본권을 침해할 여지가 있다. 이는 종국적으로 소비자 보호에도 영향을 미칠 수 있다는 점에서 재고가 필요하다.

66_ 즉 그는 시인의 일필은 문학의 역사를 바꾸고 장군의 일검은 정치사를 바꾸지만 입법자의 일필은 단지 구전된 일필이라고 본 것이다.

참고문헌

고형석, "전자상거래소비자보호법의 현안과 입법동향에 관한 연구—통신판매중개를 중심으로", 비교사법 제27권 제1호, 2020

공정거래위원회, 「전자상거래 등에서의 소비자보호에 관한 법률 전면개정안」 설명자료, 2021.2

권형준, "입법재량론에 관한 연구", 헌법학연구 제12권 제3호, 2006

김병기, "위헌결정법률의 효력과 그에 대한 국회의 대응", 행정법연구, 2005년 하반기

김상중/이병준/황원재/정신동/박미영, "유럽법연구소(European Law Institute) 보고서: 온라인 플랫폼 모델법", 소비자법연구 제7권 제1호, 2021

서종희, "도서정가제의 목적과 해석의 한계", 소비자법연구 제6권 제3호, 2020

이병준, "전자상거래법 개정안의 법적 쟁점과 앞으로의 과제", 경제법연구 제18권 제3호, 2019

전원열, 민사소송법강의, 박영사, 2020

홍완식, "헌법재판소의 결정을 통해 본 입법의 원칙", 헌법학연구 제15권 제4호, 2009

홍완식, "체계정당성의 원리에 관한 연구", 토지공법연구 제29집, 2006

ABA Section of Antitrust Law, Econometrics: Legal, Practical, and Technical Issues, 2005.

Jeffrey Rudd, J.B. Ruhl's "Law-and-Society System": Burying Norms and Democracy Under Complexity Theory's Foundation, 29(3) William & Mary Environmental Law and Policy Review 552(2005)

J.B. Ruhl, The Co-Evolution of Sustainable Development and Environmental Justice: Cooperation, Then Competition, Then Conflict, 9 DUKE ENVTL. L. & POL'y F. 161(1999)

J,B, Ruhl, Complexity Theory as a Paradigm for the Dynamical Law-and-Society System: A Wake-Up Call for Legal Reductionism and the Modern

Administrative State, 45 DUKE L.J. 849(1996)

Hans-Bernd Schäfer, Grenzen des Verbraucherschutzes und adverse Effekte des Europäischen Verbraucherrechts, in: Stefan Grundmann (Hrsg.), Systembildung und Systemlücken in Kerngebieten des Europäischen Privatrechts, 2000

전자상거래법 전부개정안의 몇 가지 쟁점에 대한 검토*

—온라인 플랫폼 운영사업자를 중심으로—

김세준**

Ⅰ. 들어가며

「전자상거래 등에서의 소비자보호에 관한 법률」(이하 '전자상거래법')은 2002년 제정된 이후 몇 차례의 일부개정이 있었음에도 불구하고, 19년 동안 큰 폭으로 변화해 온 거래환경을 충분히 적절하게 규율할 수 없는 한계점에 이르렀다. 특히 디지털 경제가 활성화되고 온라인 플랫폼이 거래에서 차지하는 비중이 확대됨에 따라 새로운 체계를 전면적으로 정립해야 한다는 규범적 요구 역시 강한 설득력을 얻게 되었다. 물론 이미 지난 2018년에 전자상거래법 전면개정안[1]이 발의된 바 있으나, 학계 및

* 이 논문은 2021. 4. 6. 한국소비자법학회와 공정거래위원회가 공동으로 개최한 '변화하는 전자상거래와 전자상거래법의 발전방향' 학술대회에서 발표한 내용을 수정 · 보완한 것으로, 「소비자법연구」 제7권 특별호(2021)에 게재된 것이다.

** 경기대학교 공공안전학부 법학전공 부교수, 법학박사.

1_ 2018. 11. 9. 발의 의안번호 16485. 의원발의의 형식임에도 실질적으로는 공정거래위원회에서 마련한 개정안이었으며, 그만큼 중요한 의미를 가진 결과 많은 논의의 대상

실무계에서의 적지 않은 비판과 함께 철회되었다.

그 이후 예상하지 못한 코로나-19 팬데믹 상황으로 비대면 거래의 비중이 더욱 확대되고, 이로 인한 전자상거래환경의 급변 및 그에 따른 소비자보호의 필요성 등으로 새로운 전자상거래법의 마련이 한층 더 중요한 의미를 가지게 되었다. 본 발표에서 논하고자 하는 전자상거래법 전부개정안(이하 '개정안')[2] 역시 이러한 사회적 상황 및 요구의 산물이라고 볼 수 있으며, 그 개정의 필요성과 중요성은 물론 지대하다.

다만 전자상거래법의 개정, 특히 전면적인 개정은 분명한 방향성을 설정해 두고 그에 맞게 이루어져야 한다. 전자상거래법은 어디까지나 소비자보호를 일차적인 목적으로 한다. 그리고 전자상거래에서 특히 소비자를 보호해야 할 필요성은 그 거래유형이 비대면이라는 것에서 비롯된다. 그렇다면 비대면 거래라는 특수한 유형에서 어떻게 소비자를 효과적으로 보호할 것인지, 소비자에게 피해가 발생한 경우 그 피해를 어떻게 구제할 것인지에 입법의 방향이 맞춰져야 한다. 또한 전자상거래법은 복합적인 성격을 가진 법체계임에도 불구하고 가장 중요한 성질은 그것이 거래법, 특히 소비자와 사업자 간의 거래관계를 전제로 계약법상의 요건과 효과를 규율하고자 하는 법률이라는 점에 있다. 따라서 전자상거래법의 개정방향은 그러한 법률의 목적 및 성질에 부합하도록 설정되어야 한다.

그런데 개정안이 이러한 입법방향이나 소비자 보호라는 목적에 맞는 것인지, 그리고 추구하고자 하는 목적에 맞게 법률 자체적으로 정합성을 가지고 있는지 등에 관해서는 몇 가지 측면의 검토를 필요로 한다. 즉 세부적으로는 일부 용어에서부터, 각 규정의 내용, 그리고 넓게는 체계나 구성에 이르기까지 해소될 필요가 있는 의문점이 곳곳에서 발견되고 있다. 다만 이를 하나의 발표에서 모두 다루는 것은 한계가 있으므로, 개정안에서 가장 큰 변화를 보이고 있는 온라인 플랫폼 운영사업자

이 되었다.

2_ 2021. 3. 5. 자 공정거래위원회 공고 제2021-14호.

의 의무와 책임에 관한 내용에 중심을 두고 그 범위 내에서 몇 가지 쟁점을 검토하고자 한다.

II. 전자상거래와 온라인 플랫폼에 관한 정의 규정 관련

1. 적용범위의 축소 문제

개정안은 현행법의 전자상거래 개념정의를 그대로 유지하면서, 현행법이 전자상거래와 통신판매라는 이중적 개념하에서 주로 전통적인 통신판매 개념을 전제로 규정하고 있는 문제점을 해소하려고 한다. 전자상거래 중심의 개념재정비는 법해석 및 적용이나 수범자의 혼란방지 측면에서 상당한 의미가 있다. 그러나 이러한 재정비에도 불구하고 개정안에 의하면 전자상거래법의 적용범위가 축소될 위험이 있다.

개정안에서 거래형태에 따른 정의규정은 크게 두 가지로 구분된다. 하나는 제2조 제1호에서 규정하는 "전자상거래",[3] 다른 하나는 제2조 제12호에서 규정하는 "우편 · 카탈로그 등 거래"이다. 현행법에서 규정하는 전자상거래와 통신판매의 이원화 방식을 일부 수정된 이원적 방식을 통해 규정하는 것으로 이해된다. 정리하면 다음과 같다.

현행법	개정안
제2조(정의) 이 법에서 사용하는 용어의 뜻은 다음과 같다. 1. "전자상거래"란 전자거래(「전자문서 및 전자거래 기본법」 제2조 제5호에 따른 전자거래를 말한다. 이하 같다)의 방	(현행 유지)

3_ 동조 제2호에서는 "비대면 전자상거래", 제3호에서는 "선지급식 전자상거래"를 규정하고 있는데 일단 거래형태면에서는 전자상거래로 포괄할 수 있을 것이다.

법으로 상행위(商行爲)를 하는 것을 말한다.	
2. "통신판매"란 우편 · 전기통신, 그 밖에 총리령으로 정하는 방법으로 재화 또는 용역(일정한 시설을 이용하거나 용역을 제공받을 수 있는 권리를 포함한다. 이하 같다)의 판매에 관한 정보를 제공하고 소비자의 청약을 받아 재화 또는 용역(이하 "재화 등"이라 한다)을 판매하는 것을 말한다. 다만, 「방문판매 등에 관한 법률」 제2조 제3호에 따른 전화권유판매는 통신판매의 범위에서 제외한다.	(삭제)
(신설)	12. "우편 · 카탈로그 등 거래"란 우편, 카탈로그, 그 밖의 대통령령으로 정하는 방법으로 재화 등의 거래에 관한 정보를 제공하고 소비자의 청약을 받아 재화 등을 거래하는 것을 말한다.

현행법에서 통신판매는 우편, 전기통신의 방법으로 판매에 관한 정보를 제공하고 소비자의 청약을 받는 것을 모두 포함하고 있다. 그러나 개정안에서는 단지 우편이나 카탈로그, 기타 이와 유사한 방식으로 제한함으로써 전기통신 또는 방송 등의 방식으로 판매에 관한 정보를 제공하고 소비자의 청약을 받는 것을 전부 제외하고 있다. 이것은 물론 소비자보호에 불리하다. 이와 같이 개정안이 현행의 통신판매보다 더 좁은 범주에 관해서만 전자상거래법을 적용하고자 하는 것은 다음과 같은 점에서 문제가 있다.

디지털 경제의 활성화로 전자상거래법의 제정 당시에 비해 현재 전자상거래가 전체 소비자 거래에서 차지하는 비중이 대폭 증가하였고 그에 맞는 법체계를 구상하여야 할 필요성은 분명히 존재한다. 그럼에도 불구하고 전자상거래법의 규범적 취지와 목적은 유지되어야 한다. 전자상거래법은 원칙적으로 비대면(또는 원격) 거래에서의 소비자를 특별하게 보호하고자 하는 목적에서 마련된 법률이므로 단지 전자문서를 매개로 하는 거래만을 예상해서는 안 된다. 상거래에서의 전자적 수단은 말 그대로 원격거래의 수단일 뿐이다. 즉 어떠한 수단을 통해 비대면 거래가 이루어지든 소비자보호 필요성에 관해 동일한 문제를 야기한다면 그것에 대해서 전자상거래법이 전부 적용될 수 있어야 한다.[4]

한편 이는 개정안이 전자상거래 환경의 급변에 효과적으로 대처하기 위하여 온라인 플랫폼에 관해 집중적으로 규율하는 것에 따른 반작용으로 이해되기도 한다. 즉 개정안이 지나치게 디지털 환경만을 전제로 하고 있다는 점을 지적할 수 있다. 이와 같은 문제는 개정안 제2조 제2호의 "비대면 전자상거래" 개념의 정의규정에서도 나타난다. 해당 규정은 전자상거래를 다시 대면거래와 비대면 거래로 세분화하고 있는데, 이 규정의 실익이 무엇인지 개정안에서 분명하게 찾기 어렵다. 비대면 전자상거래를 별도로 정의한다는 것은 전자상거래의 기본개념에서 대면거래를 원칙으로 전제한다는 의미인데, 전자적 수단으로 이루어지는 대면거래에서 소비자를 보호해야 하는 구체적인 필요성이 무엇인지 그리고 과연 전자상거래법이 그러한 대면거래까지도 적용범위로 포괄해야 하는지는 의문이다. 전자상거래는 전자적 방식으로 이루어지는 '비대면 거래'를 의미한다. 따라서 오로지 그러한 방식이 문제될 뿐인 전자문서 및 전자서명과는 본질적으로 관계가 없다.[5] 그럼에도 불구하고 개정안의 이러한 태도는 오히려 전자상거래법의 본질적인 기능이 제한되는 결과로 이어진다. 즉 대면거래 형태의 전자상거래를 법적으로 규율할 필요성이 있는지 여부와는 별개로, 최소한 전자상거래법에 이러한 규정이 포함되어야 할 이유는 없는 것으로 보인다. 전자상거래법이 전자적 방

4_ 유럽연합 소비자권리지침(2011/83/EU)에서는 "격지자 간의 계약"(제2조 제7항)으로 규정함으로써 반드시 전자거래를 전제로 하고 있지 않은 것과 비교해 볼 수 있다.

5_ 이병준, "전자상거래법 개정안의 법적 쟁점과 앞으로의 과제", 「경제법연구」 제18권 제3호, 2019, 160-161면.

식에 치중하게 되면 오히려 보호대상이 되어야 하는 거래유형(가령 전기통신 또는 방송 등의 방법으로 거래하는 경우)이 보호의 영역 밖에 위치하게 되는 문제가 있다.

이에 관하여 다음의 예시를 비교해 볼 수 있다. 2019년 한국소비자법학회에서 수행한 「전자상거래법 전면개정 방안에 관한 연구」에서는 전자상거래법 전면개정안(이하 '학회안')을 제안하였는데, 그 정의규정 중 "통신상거래"의 개념을 다음과 같이 정의하고 있다.[6] "우편, 전기통신, 방송 그 밖에 원격통신수단을 활용하여 물품의 공급 또는 서비스의 제공에 관한 계약을 체결하는 상거래를 말한다. 다만, 전자상거래와 「방문판매 등에 관한 법률」 제2조 제3호에 따른 전화권유판매는 통신상거래의 범위에서 제외한다." 이는 현행법의 통신판매 개념을 통신상거래로 개정하고자 하는 것이며, 그 개념의 필요성 및 거래유형에 대한 적용가능성은 그대로 남겨 두고 현행법에서 통신판매를 중심으로 규율하고 있는 체계를 전자상거래 중심으로 재편하고자 한 결과라고 할 수 있다.

2. 온라인 플랫폼에 관한 정의 규정 검토

(1) 온라인 플랫폼 서비스 정의규정의 추상성에 따른 문제

개정안 제2항 제5호에서는 "온라인 플랫폼 서비스"를 네 가지로 구분하여 규정한다. 그중 부수적인 서비스를 규정하는 라목을 제외하면, 가목에서 "온라인 플랫폼 이용사업자와 소비자 간에 재화 등에 관한 정보교환을 매개하는 서비스"(이하 '정보교환 매개'), 나목에서 "온라인 플랫폼 이용사업자에게 재화 등의 판매를 위한 일정한 기능을 온라인 플랫폼 내에서 제공하고 그와 관련된 일정한 대가를 받으며 대통령령으로 정하는 방법으로 소비자와 온라인 플랫폼 이용사업자 간에 재화 등의 거래를 위한 연결수단을 제공하는 서비스"(이하 '연결수단 제공'), 다목에서 "온

6_ 서희석 · 서혜숙 · 이병준 · 최경진, 「전자상거래법 전면개정 방안에 관한 연구」, 한국소비자법학회, 2019, 26면.

라인 플랫폼 이용사업자에게 인터넷 등 가상의 영업장을 제공하거나 온라인 플랫폼 이용사업자를 대신하여 소비자의 청약 접수를 받거나 계약을 체결하는 방법으로 재화 등의 거래를 중개하는 서비스”(이하 ‘중개’)를 규정하고 있다.

가목에서 규정하는 정보교환 매개 서비스는 예를 들어 블로그나 카페 등과 같이 자발적으로 재화 등의 거래가 이루어지는 경우를 말하며, 현행법 제9조의2에서 규정하는 전자게시판서비스 제공자와 동일한 것으로 보인다.[7] 또한 나목에서 규정하는 연결수단 제공 서비스는 가격비교 사이트 등과 같이 재화 등의 거래를 목적으로(즉 그에 관한 기능을 제공하고 대가를 받는 등) 하지만 입점업체로의 링크를 통해 거래개시를 알선하는 경우를 말한다.[8] 이는 현행법상의 통신판매중개자의 개념을 세분화한 것으로 보인다. 그리고 다목에서 규정하는 중개 서비스는 플랫폼에서 직접 청약을 접수하고 대가지급이 이루어지는 형태의 오픈마켓이나 앱마켓 등을 예로 들 수 있다.[9] 이 개념 역시 현행법상 통신판매중개자에 해당한다. 이러한 유형의 구분은 각 온라인 플랫폼 서비스의 성격에 따라 그 의무 등이 달리 적용될 수 있다는 점에서 그 자체로는 의미가 있다. 그러나 다음과 같은 문제점이 있다.

사실상 개정안은 현행법의 통신판매중개자에 해당하는 중개 플랫폼 및 연결수단 제공 플랫폼을 주로 규율대상으로 삼고자 하는 것으로 보인다. 그렇다면 제2항 제5호의 각목의 순서는 ‘정보교환 매개 서비스 - 연결수단 제공 서비스 - 중개 서비스’의 순서가 아니라 가장 적용의 범위가 넓고 핵심적인 의미를 가지는 유형부터 ‘중개 서비스 - 연결수단 제공 서비스 - 정보교환 매개 서비스’의 순서로 규정하는 것이 옳을 것이다.

7_ 공정거래위원회, 「전자상거래 등에서의 소비자보호에 관한 법률 전면개정안」 설명자료, 2021. 2., 4면.

8_ 공정거래위원회, 앞의 자료, 4면.

9_ 공정거래위원회, 앞의 자료, 4면.

또한 가목의 법문언상 의미가 매우 모호하여 해석상 논란의 여지도 있다. 가목에서는 단순히 "재화 등에 관한 정보교환을 매개하는 서비스"라고만 규정하고 있는데, 온라인 플랫폼은 거래를 목적으로 연결수단을 제공하든 중개를 통해 그 내부에서 거래가 이루어지든 그 형태를 불문하고 기본적으로는 모두 정보교환이 매개되는 것을 전제로 한다. 이러한 측면에서 보면 가목은 나목 및 다목과 각각 구별되지 않을 수 있다. 즉 어떠한 서비스가 가목에 해당하면서 동시에 나목 또는 다목에 해당할 수도 있게 된다.[10] 그 결과 모든 온라인 플랫폼이 가목에 해당할 수 있게 된다. 이는 온라인 플랫폼 서비스의 유형을 구별하고자 하는 규정의 취지에 맞지도 않을 뿐만 아니라 현행법의 전자게시판서비스 제공자를 플랫폼의 한 유형으로 정의하고자 하는 방식으로도 적절치 못하며, 각각의 온라인 플랫폼에 관해 구별되어 있는 의무나 책임 규정이 누구에게 어떻게 적용되는지 법률 자체로써 해결되지 않는 문제를 야기하기도 한다.

결국 정보교환 매개 서비스는 거래를 목적으로 하는 것이 아니라 정보를 교환하는 것만을 매개하는 서비스이므로 이러한 유형에 부합하면서 다른 서비스 유형과 구별될 수 있도록 명확하게 규정하여야 한다. 예를 들면 학회안에서는 이러한 유형을 "전자상거래 정보제공서비스"로 규정하고 있으며 이 서비스를 "전자상거래를 위한 물품, 서비스 또는 디지털콘텐츠나 전자상거래업자에 관한 정보를 검색하여 검색된 정보의 위치나 순위를 제공하는 서비스"로 정의하고 있다(제2조 제4호).[11] 또한 개정안에서도 참고하고 있는 것으로 보이는 유럽법연구소(ELI)의 「온라인 플랫폼 모델법」(Model Rules on Online Platforms, 이하 '모델법') 제1조 제2항에서는 정보교환 매개 서비스에 관해 "관련 상품, 서비스 또는 디지털

10_ 현재 국회계류 중(위원회 심사)인 「온라인 플랫폼 중개거래의 공정화에 관한 법률안」에서는 제2항 제5호에서 "온라인 플랫폼 중개서비스"의 한 유형으로, "재화 또는 용역에 대한 정보 제공"과 "대통령령으로 정하는 온라인 플랫폼 이용사업자와의 연결수단 제공"이 함께 결합된 서비스를 규정하고 있다.

11_ 서희석 · 서혜숙 · 이병준 · 최경진, 앞의 보고서, 25면.

콘텐츠의 공급자를 찾고 이 공급자의 웹사이트로 유도하거나 연락처를 제공하기 위한 비교정보나 조언을 고객에게 제공하는 플랫폼"으로 정의하고 있다.[12] 개정안에서 정보교환 매개 서비스에 관해 규정하고자 하는 취지를 고려한다면, 적어도 위와 같이 정보교환만을 매개하는 서비스임이 분명하게 구별될 수 있는 방향으로 정의규정을 마련하여야 한다.

(2) 정보교환을 매개하는 온라인 플랫폼 운영사업자의 의무에 대한 문제

개정안은 주로 연결수단 제공 플랫폼 및 중개 플랫폼에 대한 의무와 책임을 규정하고 있으며, 정보교환 매개 플랫폼에 대해서는 상대적으로 완화된 의무와 책임을 규정하고 있을 뿐이다. 가령 제2장 제2절에서는 제28조의 분쟁해결의무 외에 다른 유형의 플랫폼에게 적용되는 의무와 책임은 정보교환 매개 플랫폼에 적용하지 않는다. 이는 정보교환 매개라는 특성을 고려할 때 개정안에서 규정하는 온라인 플랫폼 운영사업자에 대한 의무와 책임 규정이 정보교환 매개 서비스에 대해서 동등하게 적용될 필요가 없다는 사고에서 기인하는 것으로 이해된다.

그런데 제30조에 의하면 신고의무(제6조), 정보의 투명성 확보조치(제16조), 맞춤형 광고에 관한 의무(제18조 제3항 내지 제5항), 국내대리인 지정(제19조), 위해방지를 위한 조치의무(제20조)에 관한 규정이 온라인 플랫폼 운영사업자에게 준용되며, 여기에는 정보교환 매개 서비스를 제공하는 플랫폼 운영사업자도 포함된다. 이때 과연 정보교환 매개 플랫폼이 제20조에서 규정하는 위해방지를 위한 조치의무를 부담하는 것이 옳은지 의문이다. 위해방지 조치의무는 개정안에서 신설된 것으로서, 핵심적인 유통채널로 부각된 전자상거래 환경을 고려할 때 소비자의 생명·신체·재산에 위해가 되는 상품의 유통을 신속하게 차단할 필요성에서 규정되었다.[13] 그러나 이는 적어도 유통과정에 관여하는 중개 플랫폼,

---

12_ 모델법의 번역은 김상중·이병준·황원재·정신동·박미영, "유럽법연구소(European Law Institute) 보고서: 온라인 플랫폼 모델법", 「소비자법연구」 제7권 제1호, 2021, 383면 이하에 의한다.

또는 넓게 보아도 연결수단 제공 플랫폼에게 적용할 수 있는 규정이다. 즉 이 의무는 거래목적으로 서비스를 제공하는 플랫폼에게만 적용되는데, 정보교환 매개는 거래를 목적으로 하는 서비스가 아니다. 다른 규정과 비교하자면 개인 간의 전자상거래에 관한 제29조 제1항은 "재화 등의 거래를 목적으로 온라인 플랫폼 서비스를 제공하는 온라인 플랫폼 운영사업자"를 대상으로 하는데, 이 경우에도 정보교환 매개 플랫폼은 제외되는 것으로 해석된다. 그럼에도 불구하고 제30조 준용규정에 의해 제20조가 모든 온라인 플랫폼 운영사업자에게 적용됨으로써 정보교환 매개 플랫폼 역시 위해방지 조치의무를 부담하게 되는 결과는 부당하다. 그리고 이러한 부당한 결과가 발생하는 이유는 정의규정에서 각 온라인 플랫폼 서비스의 유형을 구별하고 있음에도 불구하고 실제 의무규정 등에서는 그 구별이 모호하게 되어 있기 때문이다.

(3) 온라인 플랫폼 운영사업자와 이용사업자의 구별

개정안은 제2조 정의규정에서 "온라인 플랫폼 운영사업자"(6호)와 "온라인 플랫폼 이용사업자"(7호)를 명확하게 구별하고 있다. 이에 따르면 온라인 플랫폼 운영사업자는 어디까지나 "온라인 플랫폼 서비스를 제공하는 사업자"이다. 이러한 구별을 전제로 하면, 하나의 사업자가 온라인 플랫폼 운영사업자이면서 동시에 온라인 플랫폼 이용사업자로서 재화 등을 판매하는 경우에도 별다른 문제가 발생하지 않는다. 가령 온라인 플랫폼 운영사업자가 자신의 플랫폼에서 재화 등을 판매하는 경우, 그 판매와 같은 거래행위의 범위에서 그는 온라인 플랫폼 이용사업자가 될 뿐이다. 즉 모든 경우에 동일한 사업자가 2중적 지위를 가지는 것은 아니다. 사업자의 구체적인 행위를 전제로 판단하면 그가 어떠한 사업자인지가 중요한 것이 아니라 그가 누구로서 행위를 했는지가 중요하다. 즉 온라인 플랫폼 운영사업자이더라도 전자상거래행위를 한 경우에는

13_ 공정거래위원회, 앞의 자료, 38면.

그 범위에서 온라인 플랫폼 이용사업자(온라인판매사업자)로서의 규정을 얼마든지 적용할 수 있다.

그럼에도 불구하고 개정안은 이와 같은 개념 구별을 무색하게 만드는 문제가 있다. 개정안 제24조 제2항에서는 "온라인 플랫폼 운영사업자는 자신이 운영하는 온라인 플랫폼을 통하여 재화 등의 거래가 중개되는 경우 자신이 직접 제공하는 재화 등과 온라인 플랫폼 이용사업자가 제공하는 재화 등을 구분하여 표시하여야 한다"고 규정하고 있다. 이러한 규정을 둔 취지는 중개거래와 직매입을 혼용하는 플랫폼이 증가하고 있음에도 그것을 구별하지 않아 소비자가 중개거래 상품을 직매입 상품으로 오인하고 구매할 가능성이 있기 때문으로 보인다.[14] 이 규정은 어디까지나 온라인 플랫폼 운영사업자가 동시에 온라인 플랫폼 이용사업자이기도 한 경우를 전제로 하는데, 이때에도 소비자가 온라인 플랫폼 운영사업자를 이용사업자로 오인할 정당한 이유가 있는 경우 이용사업자로서의 책임을 부담하면 될 뿐이다. 그런데 오히려 소비자의 오인에 대한 근거규정은 개정안에서 전혀 존재하지 않는다. 이를 종합해 보면 다음과 같은 문제점으로 정리해 볼 수 있다.

첫째, 개정안에서는 현행법 제20조 제1항을 삭제하였다. 그러나 현행법 제20조 제1항은 면책고지만을 규정하고 있는 것이 아니라, 통신판매중개자가 부담하게 되는 외관책임의 근거를 규정하고 있는 것으로 보아야 한다. 단지 이 규정을 고지의무를 이행하면 면책되는 것으로만 파악하여 삭제하게 되면 결과적으로 온라인 플랫폼 운영사업자가 언제 어떠한 책임을 부담하는지 모호해지는 문제가 발생한다. 이러한 문제는 이하에서 살펴볼 개정안 제25조에 관한 다양한 쟁점과 관련이 되어 있으므로 그 부분에서 구체적으로 살펴본다.

둘째, 개정안에서는 현행법 제20조의2 제3항의 "통신판매업자인 통신판매중개자" 개념을 규정하지 않고 있다. 이는 "통신판매업자인 통신판

14_ 공정거래위원회, 앞의 자료, 42면.

매중개자"의 개념이 구체적으로 어떠한 의미를 가지는지에 관해 학설이나 실무상의 다양한 논란이 있었기 때문으로 보인다. 또한 앞서 언급한 바와 같이 정의 규정상의 두 가지 개념으로 규율이 가능하기 때문으로도 이해된다. 즉 하나의 사업자가 2중적 지위를 가지는 경우에도 의무규정 등의 적용에 관해서는 각각의 지위가 구별되어 적용을 받으므로, 온라인 플랫폼 운영사업자가 직접 재화 등을 판매하는 경우에는 운영사업자가 아닌 온라인 플랫폼 이용사업자(온라인판매사업자)로서 행위하는 것으로 보면 된다. 그럼에도 불구하고 제24조 제2항은 그것을 구별하지 않고 있다. 그 결과 온라인 플랫폼 운영사업자도 직접 재화를 제공할 수 있는 것으로 해석될 여지가 있으며, 이러한 해석은 온라인 플랫폼 운영사업자의 정의와 충돌한다.

셋째, 제25조 제1항은 온라인 플랫폼 운영사업자를 의무주체로 하면서 제24조 제2항의 표시를 하지 아니한 경우의 효과에 관해 규정하고 있다. 그런데 제24조 제2항의 표시는 어디까지나 온라인 플랫폼 운영사업자가 동시에 이용사업자인 경우에 부담하는 의무이다. 하지만 제25조 제1항은 법문언상으로 온라인 플랫폼 운영사업자가 재화 등의 거래를 중개하는 경우를 전제로 하고 있으므로, 그는 제24조 제2항의 표시를 할 수 없다. 그럼에도 불구하고 중개 서비스를 제공하는 온라인 플랫폼 운영사업자가 제24조 제2항의 표시를 하도록 하는 것은 서로 다른 의무주체를 동일하게 취급하는 것이어서 적절하지 않으며, 법조문 간의 정합성 면에서도 문제가 있다. 이 역시 정의규정에 따라 각 주체의 의무와 책임이 그에 맞는 방식으로 명확하게 규정되어 있지 않은 것에 기인한다.

Ⅲ. 온라인 플랫폼 운영사업자의 의무와 책임 관련

온라인 플랫폼 운영사업자의 의무와 책임에 관한 규정으로서 현행법과 개정안의 내용을 비교하면 다음과 같다.

현행법	개정안
제20조(통신판매중개자의 의무와 책임)	제24조(온라인 플랫폼 운영사업자의 정보제공의무 등)
① 통신판매중개를 하는 자(이하 "통신판매중개자"라 한다)는 자신이 통신판매의 당사자가 아니라는 사실을 소비자가 쉽게 알 수 있도록 총리령으로 정하는 방법으로 미리 고지하여야 한다.	(삭제)
(신설)	② 온라인 플랫폼 운영사업자는 자신이 운영하는 온라인 플랫폼을 통하여 재화 등의 거래가 중개되는 경우 자신이 직접 제공하는 재화 등과 온라인 플랫폼 이용사업자가 제공하는 재화 등을 구분하여 표시하여야 한다.
② 통신판매중개를 업으로 하는 자(이하 "통신판매중개업자"라 한다)는 통신판매중개를 의뢰한 자(이하 "통신판매중개의뢰자"라 한다)가 사업자인 경우에는 그 성명(사업자가 법인인 경우에는 그 명칭과 대표자의 성명) · 주소 · 전화번호 등 대통령령으로 정하는 사항을 확인하여 청약이 이루어지기 전까지 소비자에게 제공하여야 하고, 통신판매중개의뢰자가 사업자가 아닌 경우에는 그 성명 · 전화번호 등 대통령령으로 정하는 사항을 확인하여 거래의 당사자들에게 상대방에 관한 정보를 열람할 수 있는 방법을 제공하여야 한다.	③ 온라인 플랫폼 운영사업자는 자신이 운영하는 온라인 플랫폼을 통하여 재화 등의 거래를 중개하는 경우 온라인 플랫폼 이용사업자의 성명(사업자가 법인인 경우에는 그 명칭과 대표자의 성명) · 주소 · 전화번호 등 대통령령으로 정하는 신원 관련 정보(이하 이 조에서 "신원관련정보"라 한다)를 확인하여 소비자의 청약 전까지 소비자에게 제공하여야 하고, 온라인 플랫폼 운영사업자가 자신이 운영하는 온라인 플랫폼을 통하여 재화 등의 거래를 위한 연결수단을 제공하는 경우에는 온라인 플랫폼 이용사업자의 신원관련정보를 확인하여 온라인 플랫폼 이용사업자와 소비자 사이에 분쟁이 발생한 경우 소비자에게 그 정보를 제공하여야 한다.
제20조의2(통신판매중개자 및 통신판매중개의뢰자의 책임)	제25조(온라인 플랫폼 운영사업자의 의무와 책임)
① 통신판매중개자는 제20조 제1항의	(삭제)

고지를 하지 아니한 경우 통신판매중개의뢰자의 고의 또는 과실로 소비자에게 발생한 재산상 손해에 대하여 통신판매중개의뢰자와 연대하여 배상할 책임을 진다.	
(신설)	① 온라인 플랫폼 운영사업자는 자신이 운영하는 온라인 플랫폼을 통하여 재화 등의 거래를 중개하는 경우 제24조 제2항의 표시를 하지 아니한 때에는 온라인 플랫폼 이용사업자의 고의 또는 과실로 소비자에게 발생한 손해에 대하여 온라인 플랫폼 이용사업자와 연대하여 배상할 책임을 진다.
② 통신판매중개자는 제20조 제2항에 따라 소비자에게 정보 또는 정보를 열람할 수 있는 방법을 제공하지 아니하거나 제공한 정보가 사실과 달라 소비자에게 발생한 재산상 손해에 대하여 통신판매중개의뢰자와 연대하여 배상할 책임을 진다. 다만, 소비자에게 피해가 가지 아니하도록 상당한 주의를 기울인 경우에는 그러하지 아니하다.	② 온라인 플랫폼 운영사업자는 자신이 운영하는 온라인 플랫폼을 통하여 재화 등의 거래를 중개하거나 재화 등의 거래를 위한 연결수단을 제공하는 경우 제24조 제3항의 정보제공을 하지 아니하거나 제공한 정보가 사실과 다른 때에는 온라인 플랫폼 이용사업자의 고의 또는 과실로 소비자에게 발생한 손해에 대하여 온라인 플랫폼 이용사업자와 연대하여 배상할 책임을 진다. 다만, 소비자에게 피해가 가지 아니하도록 상당한 주의를 기울인 경우에는 그러하지 아니하다.
③ 제20조 제1항에 따른 고지에도 불구하고 통신판매업자인 통신판매중개자는 제12조부터 제15조까지, 제17조 및 제18조에 따른 통신판매업자의 책임을 면하지 못한다. 다만, 통신판매업자의 의뢰를 받아 통신판매를 중개하는 경우 통신판매중개의뢰자가 책임을 지는 것으로 약정하여 소비자에게 고지한 부분	(삭제)

에 대하여는 통신판매중개의뢰자가 책임을 진다.	
(신설)	③ 온라인 플랫폼 운영사업자는 자신이 운영하는 온라인 플랫폼을 통하여 재화 등의 거래를 중개하는 경우 자신의 명의로 재화 등을 표시·광고 또는 공급하거나 자신의 명의로 계약서(계약내용에 관한 서면을 포함한다)를 교부하는 때에는 온라인 플랫폼 이용사업자의 고의 또는 과실로 소비자에게 발생한 손해에 대하여 온라인 플랫폼 이용사업자와 연대하여 배상할 책임을 진다. 다만, 소비자에게 피해가 가지 아니하도록 상당한 주의를 기울인 경우에는 그러하지 아니하다.
(신설)	④ 온라인 플랫폼 운영사업자는 자신이 운영하는 온라인 플랫폼을 통하여 재화 등의 거래를 중개하는 경우 제24조 제2항의 표시 또는 제3항의 정보제공을 한 경우에도 온라인 플랫폼 이용사업자와 소비자 사이의 거래에 있어 청약의 접수, 대금수령, 결제, 대금환급 등 대통령령으로 정하는 중요 업무를 수행하는 때에는 해당 업무와 관련하여 소비자에게 발생한 손해에 대하여 온라인 플랫폼 이용사업자와 연대하여 배상할 책임을 진다. 다만, 온라인 플랫폼 운영사업자가 고의 또는 과실이 없음을 증명하는 경우에는 그러하지 아니하다.
④ 통신판매중개의뢰자(사업자의 경우에 한정한다)는 통신판매중개자의 고의 또는 과실로 소비자에게 발생한 재산상 손해에 대하여 통신판매중개자의 책임이라는 이유로 면책되지 아니한다.	제27조(온라인 플랫폼 이용사업자의 책임) 온라인 플랫폼 이용사업자는 온라인 플랫폼을 통하여 재화 등의 거래가 중개되거나 재화 등의 거래를 위한 연결수단이 제공되는 과정에서 온라인

다만, 소비자에게 피해가 가지 아니하도록 상당한 주의를 기울인 경우에는 그러하지 아니하다.	플랫폼 운영사업자의 고의 또는 과실로 소비자에게 발생한 손해에 대하여 온라인 플랫폼 운영사업자의 행위라는 이유로 면책되지 아니한다. 다만, 소비자에게 피해가 가지 아니하도록 상당한 주의를 기울인 경우에는 그러하지 아니하다.
제20조의3(통신판매의 중요한 일부 업무를 수행하는 통신판매중개업자의 책임) 통신판매에 관한 거래과정에서 다음 각 호의 업무를 수행하는 통신판매중개업자는 통신판매업자가 해당 각 호의 각 목에 따른 의무를 이행하지 아니하는 경우에는 이를 대신하여 이행하여야 한다. 이 경우 제7조 및 제8조의 "사업자"와 제13조 제2항 제5호 및 제14조 제1항의 "통신판매업자"는 "통신판매중개업자"로 본다. 1. 통신판매중개업자가 청약의 접수를 받는 경우 가. 제13조 제2항 제5호에 따른 정보의 제공 나. 제14조 제1항에 따른 청약의 확인 다. 그 밖에 소비자피해를 방지하기 위하여 필요한 사항으로서 대통령령으로 정하는 사항 2. 통신판매중개업자가 재화 등의 대금을 지급받는 경우 가. 제7조에 따른 조작 실수 등의 방지 나. 제8조에 따른 전자적 대금지급의 신뢰 확보 다. 그 밖에 소비자피해를 방지하기 위하여 필요한 사항으로서 대통령령으로 정하는 사항	제26조(전자상거래의 중요한 일부 업무를 수행하는 온라인 플랫폼 운영 사업자의 책임) 온라인 플랫폼 운영사업자는 자신이 운영하는 온라인 플랫폼을 통하여 재화 등의 거래가 중개되는 과정에서 다음 각 호의 업무를 수행하는 경우 온라인 플랫폼 이용사업자가 해당 각 호의 각 목에 따른 의무를 이행하지 아니하는 경우에는 이를 대신하여 이행하여야 한다. 이 경우 제8조 제1항 제5호 및 제9조 제1항의 "온라인판매사업자"와 제10조 및 제69조의 "사업자"는 "온라인 플랫폼 운영사업자"로 본다. 1. 온라인 플랫폼 운영사업자가 청약의 접수를 받는 경우 가. 제8조 제1항 제5호에 따른 정보의 제공 나. 제9조 제1항에 따른 청약의 확인 다. 그 밖에 소비자피해를 방지하기 위하여 필요한 사항으로서 대통령령으로 정하는 사항 2. 온라인 플랫폼 운영사업자가 재화 등의 대금을 지급받는 경우 가. 제10조에 따른 전자적 대금지급의 신뢰 확보 나. 제69조에 따른 조작 실수 등의 방지 다. 그 밖에 소비자피해를 방지하기 위하여

	하여 필요한 사항으로서 대통령령으로 정하는 사항

1. 현행법 제20조 제1항의 삭제에 따른 문제점

(1) 고지의무규정 삭제의 취지

개정안은 현행법 제20조 제1항을 삭제하였다. 현행법에서는 통신판매중개를 하는 자는 자신이 통신판매의 당사자가 아니라는 사실을 소비자가 쉽게 알 수 있도록 미리 고지하여야 한다. 이로써 통신판매중개자가 부담하는 책임의 근거가 명확하게 주어져 있다. 그러나 개정안에서는 이러한 고지의무 규정이 존재하지 않는다. 다만 위의 대조표를 보면 알 수 있듯이, 현행법 제20조 제1항을 삭제하는 대신 개정안 제24조 제2항을 신설하고 그에 따라 제25조 제1항 내지 제4항을 개정 또는 신설하였다. 이로써 개정안은 온라인 플랫폼 운영사업자의 외관책임을 강화하고자 하는 것으로 보인다. 또한 현행법 제20조 제1항을 삭제하는 이유로서 플랫폼 사업자가 소비자에게 계약당사자가 아님을 간단히 고지만 하면 입점업체의 고의 · 과실로 인한 재산상 손해에 관해 책임이 면제되어 소비자 보호에 매우 취약하다는 점을 제시하고 있다.[15]

(2) 외관책임이 약화되는 문제점

그러나 이와 같은 개정안의 체계와 내용은 오히려 온라인 플랫폼 운영사업자의 외관책임을 약화시키는 문제가 있다. 우선 개정안 제24조 제2항은 온라인 플랫폼 운영사업자가 동시에 자신의 플랫폼에서 재화 등을 직접 제공하는 경우만을 전제로 적용되는 규정이다. 따라서 중개자와 플랫폼 이용자의 이중적인 지위를 갖게 되는 경우에만 그 제공하는 재화 등을 구분하여 표시할 의무가 있을 뿐이다. 즉 재화 등의 거래

15_ 공정거래위원회, 앞의 자료, 46면.

를 중개만 하는 온라인 플랫폼 운영사업자에게는 제24조 제2항이 적용되지 않는다.

한편 제25조 제1항은 제24조 제2항의 표시를 하지 않은 경우 온라인 플랫폼 운영사업자가 연대책임을 부담하는 것을 규정한다. 그런데 이때 제24조 제2항의 표시는 결국 위에서 말하는 이중적인 지위를 가지는 경우에만 가능한 것이므로, 그 반대해석상 오로지 중개만을 하는 온라인 플랫폼 운영사업자는 제25조 제1항의 적용도 받지 않게 된다. 그 결과 온라인 플랫폼의 외관책임이 인정되는 범위는 대폭 축소된다. 이에 따르면 중개만을 하는 온라인 플랫폼은 어떠한 경우에도 책임을 부담하지 않게 되며, 이는 현행법보다도 소비자 보호 수준이 더욱 낮아지는 결과로 이어진다. 물론 이에 관해 제25조 제2항 내지 제4항의 규정을 두고 있으나, 이들 각각의 규정 역시 이하에서 살펴보는 바와 같이 몇 가지 문제점을 안고 있으므로 플랫폼의 책임에 대한 적절한 근거나 해결책이 될 수 없다.

이러한 문제점이 발생하는 것은 현행법 제20조 제1항의 의미를 면책고지 규정으로만 이해하는 것에서 비롯되기도 한다. 즉 이 규정은 통신판매중개자 입장에서는 면책의 근거가 될 수 있으나,[16] 소비자 입장에서는 통신판매중개자에게 책임을 묻기 위한 근거로 작용한다. 그리고 이로부터 비로소 통신판매중개자의 외관책임이 형성된다. 또한 이때 온라인 플랫폼 운영사업자가 자신의 플랫폼에서 직접 재화 등을 제공하는 2중적 지위를 가지는 경우를 전제로 하더라도 별다른 문제가 발생하지 않는다. 고지의무는 중개자로서의 책임이며, 직접 재화 등을 제공하는 경우 그 거래의 범위에 관해서는 중개자가 아니라 통신판매업자(온라인 플랫폼 이용사업자)이므로 그에 해당하는 책임(이는 외관책임이 아니라 사업자

16_ 물론 고지만으로 면책될 수 있는 것은 분명하므로 면책요건을 엄격하게 강화하는 것도 고려해 볼 수 있다. 이에 관해, 고형석, "소비자보호를 위한 전자상거래소비자보호법의 개정방안에 관한 연구", 「법학논총」 제31권 제2호, 2018, 431면. 그러나 면책의 요건을 쉽게 충족할 수 있다고 하여 해당 조항을 삭제하는 것은 더욱 심각한 문제를 유발한다.

자신의 고유한 책임이다)을 그대로 부담하기 때문이다. 이는 중개자로서 통신판매의 당사자가 아니라는 고지를 한 경우도 마찬가지이다. 즉 중개자로서 고지를 했다고 하더라도 재화 등을 직접 제공하는 경우 여전히 온라인 플랫폼 이용사업자로서 책임을 부담한다. 그리고 중개의 경우는 당사자가 아니라는 점에 대한 고지를 하지 않은 경우에 한하여 외관책임을 부담하면 된다. 그럼에도 불구하고 개정안에서 현행법 제20조 제1항을 삭제하는 것은 오히려 온라인 플랫폼 운영사업자의 책임을 완화하고 소비자 보호에 역행하는 결과가 된다.

나아가 온라인 플랫폼 운영사업자가 직접 재화 등을 제공하지 않는 경우(중개만 하는 경우)에도 소비자에게 계약당사자로서의 책임을 부담하기 위해서는, 그 외관책임의 근거로서 소비자가 사업자를 당사자로 오인할 수 있는 경우가 명확한 근거로서 전제되어야 한다. 그런데 그 근거 규정을 삭제함으로써 온라인 플랫폼 운영사업자에게 당사자 외관이 존재하는지 여부의 판단기준이 존재하지 않게 되고, 이로써 역시 온라인 플랫폼 운영사업자는 책임 자체로부터 자유로워질 수 있다. 다음 두 가지 예시와 비교해 보면, 이러한 외관책임의 근거가 어떠한 식으로 전제되어야 하는지 분명히 알 수 있다.

첫째, 학회안 제16조 제2항은 "전자상거래 중개업자는 소비자가 전자상거래에 관한 계약을 체결하기 전까지 자신이 계약 당사자가 아니라는 사실과 계약 당사자의 상호 및 대표자 성명을 소비자가 쉽게 알 수 있는 방법으로 명확하게 표시하여야 한다"고 규정하며, 제3항에서는 "전자상거래 중개업자가 제2항에 따라 계약 당사자가 아니라는 사실을 표시하지 않거나 이를 소비자에게 고지되었다고 보기 어려운 방법으로 표시하는 등 중요한 원인을 제공하여 소비자가 전자상거래 중개업자를 계약 당사자로 오인하고 계약을 체결한 경우 전자상거래 중개업자는 소비자에게 계약 당사자로서의 책임을 부담한다"고 규정한다. 물론 제3항에서 말하는 계약 당사자로서의 책임에 관해서는 다양한 의견이 있을 수 있으나,[17] 적어도 학회안에서는 소비자의 오인에 따르는 중개업자의 외관책임 및 그 근거 자체는 명확하게 규정하고 있는 것으로 나타난다.

둘째, 모델법 제13조는 플랫폼 역할에 대한 정보 제공의무를 규정하고 있으며, 이에 따르면 "플랫폼 운영자는 고객이 플랫폼 운영자가 아니라 공급자와 계약을 체결하는 과정에 들어간다는 점을 가급적 이른 시점에 그리고 공급자와 고객 간 계약이 체결되기 직전에 현저한 방식으로 고지해야 한다." 그리고 제19조는 "제13조가 위반된 경우 고객은 공급자와 고객 사이의 계약에 있어 공급자에게 행사할 수 있는 권리 구제수단을 플랫폼 운영자에게도 행사할 수 있다"고 규정한다. 이에 따르면 플랫폼 운영자가 자신의 정보제공의무를 이행하지 않았다는 점이 그 책임의 정당화 근거가 된다. 가령 플랫폼 운영자가 제13조의 의무를 이행하지 않음으로써, 플랫폼 운영자가 상품의 판매자인 것으로 소비자가 오인할 수 있어야 중개자에게 책임이 부과될 수 있다는 의미이다.[18]

2. 온라인 플랫폼 이용사업자의 신원정보 제공에 관한 문제점

(1) 당사자가 아니라는 사실의 고지의무와 신원정보 제공의무의 구별

개정안 제24조 제3항에서는 중개 또는 연결수단 제공 플랫폼 운영사업자가 그 플랫폼 이용사업자의 정보를 제공하도록 규정하고 있으며, 제25조 제2항에서는 온라인 플랫폼 운영사업자가 이러한 정보를 제공하지 않는 경우 또는 제공한 정보가 사실과 다른 경우에 연대책임을 부담하도록 규정하고 있다. 이 신원정보의 제공의무는 현행법 제20조 제2항에서도 규정하고 있고, 현행법 제20조의2 제2항은 통신판매중개자에게 연대책임을 부과하고 있다. 그러나 온라인 플랫폼 이용사업자의 정보를 제공하는 것과 자신이 당사자가 아님을 고지하는 것은 별개의 문제이다. 즉 이러한 신원정보제공이 곧바로 외관책임의 근거가 되는 것이 아니다.

17_ 서희석 · 서혜숙 · 이병준 · 최경진, 앞의 보고서, 46-47면 참고.

18_ 김상중 · 이병준 · 황원재 · 정신동 · 박미영, 앞의 자료, 428면.

최소한 현행법에서는 제20조 제1항의 고지의무가 존재하므로 통신판매중개자가 자신이 계약당사자가 아니라는 점을 고지한 후에, 그렇다면 누가 계약당사자인지 그 정보를 제공하도록 정하고 있음으로써 소비자 보호를 위한 2중의 장치를 마련해 두고 있다. 그러나 개정안에서는 당사자가 아니라는 점에 대한 고지의무가 존재하지 않으므로 이용사업자의 신원정보제공의무 이행만으로 그 플랫폼 운영사업자는 면책될 수 있다. 이는 소비자 보호에 더 불리하다.

(2) 제4조 단서의 삭제에 따른 문제점

개정안 제25조 제2항은 온라인 플랫폼 이용사업자의 신원정보를 제공하지 않거나 제공된 정보가 사실과 다른 경우 그 플랫폼 운영사업자가 연대책임을 부담하도록 규정하고 있으나, 단서에 면책사유를 둠으로써 면책의 가능성을 전제하고 있다. 이는 현행법 제20조의2 제2항 역시 마찬가지이다.

그런데 상법 제99조는 중개인이 당사자 일방의 성명 또는 상호를 상대방에게 표시하지 아니한 경우 상대방이 중개인에게 이행을 청구할 수 있는 것으로 규정하면서도 면책사유를 두고 있지 않다. 따라서 온라인 플랫폼 운영사업자가 이용사업자의 신원정보를 제공하지 않은 경우에 전자상거래법을 적용하는 것보다 상법 제99조를 적용하는 것이 소비자에게 더욱 유리하다. 그리고 현행법에 따르는 경우 제4조에 의해 상법 제99조가 우선 적용될 수 있다. 물론 이렇게 되는 경우 소비자 보호를 목적으로 하는 전자상거래법의 존재의의에 대해 의문을 품을 수 있으나,[19] 적어도 상법규정을 통해 소비자를 더욱 보호하게 되는 여지는 존재한다. 그러나 개정안에 따르면 이러한 가능성 자체가 존재하지 않는다. 아래에서 보는 바와 같이 제4조의 단서규정이 삭제되었기 때문이다.

19_ 고형석, 앞의 논문, 432면.

현행법	개정안
제4조(다른 법률과의 관계) 전자상거래 또는 통신판매에서의 소비자보호에 관하여 이 법과 다른 법률이 경합하는 경우에는 이 법을 우선 적용한다. 다만, 다른 법률을 적용하는 것이 소비자에게 유리한 경우에는 그 법을 적용한다.	제4조(다른 법률과의 관계) 전자상거래 및 우편 · 카탈로그 등 거래(이하 "전자상거래 등"이라 한다)에서의 소비자보호에 관하여 이 법과 다른 법률이 경합하는 경우에는 이 법을 우선 적용한다.

개정안에서 제4조 단서를 삭제한 이유는 그 규정의 의미가 모호하여 적용하기 어려운 문제가 있기 때문인 것, 그리고 전자상거래법의 특별법적 성격 및 다른 법률과의 관계를 명확히 하기 위한 것으로 보인다.[20] 그러나 과연 현행법 제4조 단서 규정의 의미가 모호한지 의문이며, 이를 삭제함으로써 특별법적 성격이 분명해진다거나 다른 법률과의 관계가 명확해진다고 볼 수도 없다.

가령 전자상거래의 방식으로 다단계판매를 한 경우 「방문판매 등에 관한 법률(이하 '방문판매법')」과 전자상거래법이 경합하는데, 이때 소비자가 철회할 수 있는 기간에 관해 방문판매법은 원칙적으로 계약서를 받은 날부터 14일, 전자상거래법은 원칙적으로 계약서를 받은 날부터 7일로 규정한다. 따라서 현행법 제4조 단서에 의하면 철회할 수 있는 기간이 더 길게 규정된 방문판매법이 소비자에게 더 유리하므로 우선 적용된다. 또한 "방문판매, 전화권유판매, 다단계판매, 후원방문판매, 계속거래 및 사업권유거래(이하 "특수판매"라 한다)에서의 소비자보호와 관련하여 이 법과 다른 법률이 경합하여 적용되는 경우에는 이 법을 우선 적용한다"고 규정하고 있는 방문판매법 제4조 본문과도 충돌하지 않는다.

그런데 개정안과 같이 제4조 단서를 삭제하는 경우에는 방문판매법과의 관계가 불분명해질 뿐만 아니라 적용범위에 관해 정면으로 충돌한

20_ 공정거래위원회, 앞의 자료, 15면.

다. 방문판매법 제4조에 의하면 방문판매법이 우선 적용되어야 하고, 개정안에 따르면 전자상거래법이 우선 적용되어야 하기 때문이다. 위의 예시에서 보는 바와 같이 현행법 제4조 단서의 의미가 모호하지도 않을 뿐더러, 개정안이 오히려 다른 법률과의 관계를 더욱 복잡하고 불명확하게 만든다는 점에서 제4조 단서를 삭제하는 개정안은 심각한 문제점을 안고 있다.

전자상거래법의 특별법적 성격을 명확히 하기 위해서는 다른 법률과의 관계 및 적용범위에 관한 규정을 개정할 것이 아니라, 일반법과 중복 적용되는 영역에서 소비자 보호에 더욱 유리한 요건들을 그 내용적 요소로 규정하도록 해야 한다. 이러한 측면에서 개정안 제25조 제2항 단서의 면책사유가 가지는 의미를 재검토해 볼 필요가 있다.

3. 외관책임과 개정안 제25조 제3항의 문제점

본질적으로 외관책임은 계약당사자가 아님에도 불구하고 계약당사자에 준하는 책임을 부담하도록 하는 것을 의미하므로, 그러한 책임의 명확한 근거가 필요하다. 이를 위해 현행법은 제20조 제1항에서 당사자가 아니라는 사실에 대한 고지의무를 부과하고 있다. 일단 현행법의 고지의무 규정이 가지는 정당성이나 그 의무이행의 방법 측면에 관한 논의는 별개로 하더라도, 적어도 타인의 책임을 자신이 부담하도록 하기 위해서는 자신의 고유한 의무가 별도로 존재하여야 하고 스스로 그 의무에 위반하는 것이 전제되어야 한다. 즉 온라인 플랫폼 운영사업자가 플랫폼 이용사업자의 책임을 부담하기 위해서는 그 타인의 책임이 귀속될 수 있는 근거로서 자신의 고유한 의무가 명확히 존재하여야 하고, 또한 온라인 플랫폼 사업자가 그러한 자신의 의무를 위반하여야 한다. 그러나 개정안에서는 그러한 고유한 의무를 규정하고 있는 근거 자체가 삭제되었다. 그리고 아마도 그것을 대체하기 위한 규정으로 제25조 제3항을 신설한 것으로 보인다.

이와 같이 개정안 제25조 제3항의 신설 취지를 현행법 제20조의 제1항을 대체하는 규정을 마련한 것으로 파악하면, 온라인 플랫폼 운영사업자가 자신의 명의로 표시 · 광고 · 공급을 하거나 계약서를 교부하는 것을 그대로 '계약당사자에 준하는 것으로 볼 수 있는 경우'로 보고 그에 따라 '외관책임'을 인정하려는 것으로 보인다. 그러나 이것은 온라인 플랫폼 운영사업자의 책임에 대한 요건으로는 불충분하다.

(1) 소비자 보호수준의 약화

일단 외관책임이 인정되기 위해서는 외관에 대한 신뢰가 전제되어야 한다. 즉 소비자가 온라인 플랫폼 운영사업자를 계약의 상대방으로 오인할 수 있어야 한다. 만일 소비자가 오인하지 않고 있거나 그 외관을 충분히 신뢰하고 있지 않다면 외관 자체가 형성될 수 없다. 따라서 그에 따른 책임도 발생하지 않음은 물론이다. 그런데 소비자가 언제 그러한 오인을 하는지, 아니면 오인을 하지 않는지 객관적으로 명백하기 밝힐 수 없다는 어려움이 있으므로 그 외관형성에 관해서는 사업자의 의무로 규정하는 것이 적절하다. 따라서 사업자가 자신이 계약당사가자 아니라는 점을 분명히 밝힘으로써 소비자가 오인할 가능성을 차단하도록 하고,[21] 그렇지 않은 경우에 실제로 소비자가 오인하였는지 여부와 상관없이 외관형성을 인정하는 것이 현행법 제20조 제1항의 취지라고 볼 수 있다.

그렇다면 개정안 제25조 제3항에서 온라인 플랫폼 운영사업자가 자신의 명의로 표시 · 광고 · 공급을 하지 않고 또한 자신의 명의로 계약서를 교부하지 않았다면 소비자가 오인할 가능성이 차단되는지 살펴야 한다. 이 경우에도 소비자가 오인할 가능성이 규범적으로 남아 있다면 이는 외관형성의 정당한 사유가 되지 못한다. 그러나 온라인 플랫폼 운영사업자가 단지 자신의 명의로 표시 · 광고 · 공급을 하지 않고 또한 자신의 명의로 계약서를 교부하지 않았다고 하여 소비자의 오인가능성이 차

21_ 이 경우에도 소비자가 오인할 사실상의 가능성은 남아 있을 수 있으나, 적어도 규범적으로는 그러한 가능성이 차단되는 것으로 보아야 한다.

단되었다고 보기는 어렵다. 사업자의 특정한 행위를 제한적으로 열거하는 동조의 규정 방식상 다른 원인이 개입할 가능성이 열려 있기 때문이다. 그럼에도 불구하고 개정안 제25조 제3항의 요건에 해당하는 경우 외에 온라인 플랫폼 운영사업자는 전혀 책임을 부담하지 않게 되고, 이는 소비자의 오인 가능성이 존재하는 경우에도 사업자의 책임을 인정하지 않게 되는 것이어서 소비자 보호목적에 반한다.

만일 현행법 제20조 제1항이 고지의무를 이행하기만 하면 면책되는 경직성을 가지는 것이 문제였다면, 소비자가 통신판매중개자(온라인 플랫폼 운영사업자)를 '계약당사자로 오인하여 계약을 체결하는 경우' 통신판매중개자(온라인 플랫폼 운영사업자)가 계약당사자로서 책임을 부담할 수 있도록 하는 취지의 규정으로 개정하는 방안도 고려해 볼 수 있다. 이는 소비자의 오인발생을 그 귀책의 명확한 근거로 한다는 점에서 유의미한 방식이다.[22] 그리고 이때 소비자가 오인할 수 있는 구체적인 사유를 상세히 규정하거나, 그 오인의 존부에 관한 증명책임을 사업자에게 부담시키는 등의 보완책도 추가로 생각해 볼 수 있다.[23]

(2) 법문의 추상성으로 인한 문제

개정안 제25조 제3항은 지나치게 추상적이라는 점에서 또 다른 문제점을 유발한다. 결국 동 조항이 의도하고 있는 바는 온라인 플랫폼 운영사업자가 자신의 명의로 표시 · 광고 · 공급을 하거나 계약서를 교부하면 소비자는 그가 계약상대방이라고 오인하게 되므로 그 외관에 따라

22_ 서희석, "통신판매중개자의 법적 지위와 책임—전자상거래법상 통신판매중개자책임의 재구성", 「소비자법연구」 제7권 제1호, 2021, 106면.

23_ 이에 관해 모델법 제20조의 각 세부요건을 참고할 수 있다. 그러나 모델법 제20조는 소비자가 플랫폼 운영자를 계약상대방으로 오인한 경우를 규정하는 것이 아니라, 플랫폼 운영자가 공급자(이용사업자)에게 '지배적 영향력'을 행사하고 있는 경우를 규정하는 것이라는 점은 차이가 있다. 그리고 당사자에 대한 오인이 아니라 지배적 영향력의 존부에 관한 오인의 경우 플랫폼 운영자가 계약당사자로서의 책임을 부담하는지(즉 지배적 영향력만으로도 동일한 책임을 부과할 수 있는지)에 관해서는 더욱 심도 있는 논의가 필요하다.

책임을 부담하여야 한다는 것이다. 그러나 '자신의 명의로 재화 등을 표시·광고·공급'한다는 것이 구체적으로 어떠한 경우를 의미하는지, 또한 '자신의 명의로 계약서를 교부'하는 것이 무엇을 말하는지 알 수 없다. 예를 들어, 제24조 제3항에 따라 온라인 플랫폼 운영사업자가 이용사업자의 신원정보를 모두 제공한 후 자신의 상호 등을 판매자의 상호와 병기하여 재화 등을 광고할 수도 있고, 또한 자신은 계약당사자가 아니라는 점을 명시적으로 표시한 후 단지 재화 등의 광고 시에 자신의 상호를 포함하여 광고하는 경우 등도 있을 수 있다. 그리고 이때 소비자의 오인가능성은 매우 낮다. 그럼에도 불구하고 제25조 제3항에 의하면 이 모든 경우에 관해 온라인 플랫폼 운영사업자가 연대책임을 부담한다. 이는 외관이 형성되지 않았음에도 온라인 플랫폼 운영사업자가 책임을 지게 되는 것이어서 외관책임과는 전혀 무관하다. 또한 자신의 명의로 계약서를 교부한다는 것이 재화 등의 거래계약서를 말하는지 아니면 플랫폼과 소비자 간의 중개계약 또는 플랫폼이용계약에 관한 계약서를 의미하는지 불분명할 뿐만 아니라, 판매자의 명의가 운영사업자인 경우를 의미하는지 중개자의 명의가 운영사업자인 경우를 의미하는지도 불분명하다.

이와 같은 결과, 개정안 제25조 제3항에 따르면 어떠한 식으로든 자신의 명의가 표시·광고·공급행위 또는 계약서에 나타난 모든 온라인 플랫폼 운영사업자를 아무런 제한 없이 계약당사자와 동일하게 취급하게 된다. 이는 부당하다. 중개자로서의 플랫폼 운영사업자는 여타 법률상의 주체와 마찬가지로 자신의 행위에 대해서만 자기책임을 부담하여야 하는 것이 원칙이다.[24] 그런데 개정안 제25조 제3항은 고유한 의무위반이 없음에도 불구하고 중개자로서의 플랫폼 운영사업자의 책임을 지나치게 확대하는 것으로서 계약법의 원칙과 양립할 수 없다.[25]

24_ 유용석·박신욱, "온라인서비스제공자 책임확장의 현상과 그 한계설정을 위한 시론—플랫폼 서비스를 제공하는 OSP의 책임을 중심으로", 「동아법학」 제89호, 2020, 230면.

25_ 서종희, "도서정가제의 목적과 해석의 한계—대법원 2019. 9. 10. 자 2019마5464 결

4. 기타: 개정안 제25조 제4항의 규정 실익에 관한 의문

역시 신설된 제25조 제4항은 재화 등의 거래를 중개하는 온라인 플랫폼 운영사업자가 온라인 플랫폼 이용사업자와 소비자 간의 거래에 관해 청약의 접수, 대금수령, 결제, 대금환급 등의 중요 업무를 수행하는 때에는 '해당 업무와 관련하여' 소비자에게 발생한 손해에 대하여 연대책임을 부담한다고 규정한다. 그런데 여기에서 말하는 중요 업무는 소위 소비자-플랫폼-공급자 간의 3면 관계에 비추어 보면, 소비자와 온라인 플랫폼 운영사업자 간의 계약내용에 따르는 업무에 해당한다. 그렇다면 이러한 업무를 수행하여야 할 의무는 온라인 플랫폼 운영사업자 자신의 고유한 의무에 해당하므로 이를 위반한 경우 직접 소비자에 대하여 채무불이행에 따르는 책임을 부담하게 된다. 즉 계약법상의 일반원칙에 따라 소비자는 온라인 플랫폼 운영사업자에게 직접 계약상의 책임을 물을 수 있음에도 불구하고, 이와 다르지 않은 내용을 전자상거래법에서 별도로 규정해야 하는 구체적인 이유가 무엇인지에 관해서는 의문이 든다. 개정안 제25조 제4항에서 규정하는 온라인 플랫폼 운영사업자의 책임을 불법행위책임으로 보아 그 규정의 실익을 찾는 것으로 보이나,[26] 위에서 언급한 바와 같이 이 경우의 책임은 채무불이행책임이다.

한편 개정안 제25조 제4항 단서에서는 온라인 플랫폼 운영사업자가 고의 또는 과실이 없음을 증명하는 경우에는 책임이 없음을 규정함으로써, 그 고의나 과실이 없음에 대한 증명책임을 온라인 플랫폼 운영사업자에게 부담시키고자 한다. 즉 단서조항을 통해 증명책임을 전환하고자 하는 의도[27]가 보이는데, 제25조 제4항 본문의 책임이 채무불이행책임인 이상 이미 온라인 플랫폼 운영사업자의 고의나 과실은 추정되며, 그것의 부존재를 사업자가 증명해야 함은 당연하다. 따라서 증명책임의

정에 대한 비판적 검토", 「소비자법연구」 제6권 제3호, 2020, 68면.

26_ 공정거래위원회, 앞의 자료, 46면.

27_ 공정거래위원회, 앞의 자료, 46면.

전환 역시 불필요하다는 점에서 동 조항을 규정할 실익이 구체적으로 존재하지 않는 것으로 보인다.

Ⅳ. 나오며

본 논문은 전자상거래법이 그 입법목적을 달성하기에 적합하고 또한 사회변화에 부합하는 방향으로 합리적인 개정이 이루어지기를 바라는 취지에서, 좁은 소견이나마 긍정적인 부분보다는 문제가 될 만한 부분들을 집중적으로 지적하고자 하였다. 이상에서 살펴본 바에 따라 개정안의 문제점을 정리하면 다음과 같다.

첫째, 개정안은 전자상거래법의 적용범위를 축소하고 있다. 물론 적용범위가 축소되는 것 자체는 문제가 아니지만 그 결과 전자상거래법이 추구해야 하는 소비자 보호의 목적에 반하게 되는 것은 문제이다. 결정적으로는 오히려 현행법보다도 소비자 보호에 더욱 취약해지는 문제점을 곳곳에서 보이고 있다는 점이 우려된다.

둘째, 비대면 거래를 원칙으로 하는 전자상거래 전반에 관해 변화된 거래현실을 충실하게 반영해야 함에도 그러한 개정방향보다는 온라인 플랫폼, 그중에서도 물품 공급자로서의 지위를 겸하는 중개플랫폼이나 개인 간 거래행위를 중개하는 플랫폼 등 특정한 유형만을 주된 적용대상으로 하고 있다는 점은 적용범위가 축소됨과 동시에 전자상거래법의 본질적인 의미가 왜곡될 수 있다는 우려를 낳는다.

셋째, 전자상거래법은 기본적으로 소비자와 사업자 간의 계약관계를 대상으로 하는 법률임에도 불구하고 개정안에서는 계약법의 원칙이나 법리상의 근거가 불분명하고 모호한 부분이 존재한다. 또한 법률의 문언이나 체계상의 정합성에도 일부 의문이 제기된다. 적어도 현행법의 문제점을 해소하는 방향으로 개정이 이루어져야 함에도 그러한 고려 역시 충분치 못한 것으로 보인다.

넷째, 그간 실무 및 학계에서 지속적으로 논의되거나 제안되어 온 다양한 개선점들이 거의 반영되지 않았다. 특히 소비자계약법의 핵심규정이라고 볼 수 있는 소비자철회권 관련 규정에 대해서는 과연 전부개정안이라고 할 수 있는지 의심될 정도로 변화가 없는데, 이는 매우 아쉽다.

거래환경의 급변에 따라 전자상거래법을 대폭적으로 개정할 필요성은 분명하게 존재한다. 그러나 필요성만으로 입법이 이루어지는 것은 아니다. 개정안에 나타난 다양한 한계점과 문제점이 충실한 논의과정을 거치고, 합리적으로 해결되어, 새롭게 반영될 수 있기를 기대한다.

참고문헌

고형석, "소비자보호를 위한 전자상거래소비자보호법의 개정방안에 관한 연구", 「법학논총」 제31권 제2호, 2018.

서종희, "도서정가제의 목적과 해석의 한계－대법원 2019. 9. 10. 자 2019마5464 결정에 대한 비판적 검토", 「소비자법연구」 제6권 제3호, 2020.

서희석, "통신판매중개자의 법적 지위와 책임－전자상거래법상 통신판매중개자 책임의 재구성", 「소비자법연구」 제7권 제1호, 2021.

유용석 · 박신욱, "온라인서비스제공자 책임확장의 현상과 그 한계설정을 위한 시론－플랫폼 서비스를 제공하는 OSP의 책임을 중심으로", 「동아법학」 제89호, 2020.

이병준, "전자상거래법 개정안의 법적 쟁점과 앞으로의 과제", 「경제법연구」 제18권 제3호, 2019.

공정거래위원회, 「전자상거래 등에서의 소비자보호에 관한 법률 전면개정안」 설명자료, 2021. 2.

김상중 · 이병준 · 황원재 · 정신동 · 박미영, "유럽법연구소(European Law Institute) 보고서: 온라인 플랫폼 모델법", 「소비자법연구」 제7권 제1호, 2021.

서희석 · 서혜숙 · 이병준 · 최경진, 「전자상거래법 전면개정 방안에 관한 연구」, 한국소비자법학회, 2019.

2021년 전자상거래법 전부개정안의 주요 쟁점과 향후 과제*

정신동**

Ⅰ. 플랫폼 경제의 성장과 글로벌 규율 동향

오늘날 디지털 경제 내지 플랫폼 경제의 급격한 성장은 굳이 통계자료를 인용하지 않더라도 대부분의 사업자와 소비자가 현실 속에서 이미 경험하고 있는 것으로 특히 코로나19 장기화에 따른 비대면 거래 활성화로 인해 온라인 유통시장이 급성장하고 있음에 의문의 여지가 없다. 나아가 시장 내 핵심적 거래구조가 온라인 플랫폼을 중심으로 재편되고 있다는 평가 역시 이의를 제기하기 어려운 상황이다. 이러한 플랫폼 경제의 급성장 내지 플랫폼 중심의 거래구조 개편 상황하에서 온라인 플랫폼 중심의 전자상거래를 법적으로 적절히 규율하고, 새로운 환경하에서 예상되는 소비자 문제를 충실히 해결할 수 있는 규율체계를 수립하고자 하는 법제 동향은 어렵지 않게 발견된다. 이미 중국, 일본, EU 등에서 이를 위한 입법이 결실을 맺었거나 본격화되고 있는 상황이고, 미국

* 이 논문은 「소비자법연구」 제7권(2021)에 게재된 것입니다.
** 강릉원주대학교 법학과 조교수.

에서도 온라인 시장을 운영하는 플랫폼 사업자의 의무와 책임을 강화하는 판결들이 (특히 중개플랫폼 운영자가 직접 제조물책임을 부담해야 하는지 여부와 관련하여[1]) 세계적인 관심을 끌고 있다.[2]

특히 최근 온라인 플랫폼 거래현상과 관련하여 입법 활동이 가장 집중적으로 이뤄지고 있는 지역은 유럽연합이라고 말할 수 있다. 첫째, 온라인 플랫폼 사업자의 불공정 거래관행으로부터 (특히 중소)플랫폼 이용사업자를 보호하기 위해 온라인 플랫폼 시장의 공정성 및 투명성 강화를 위한 규칙(이하 'P2B법'이라 한다)[3]이 제정되어 2020년 7월 12일부터 시행되고 있다. 온라인 중개 서비스를 제공하는 플랫폼 운영자와 소위 입점사업자의 관계를 규율하는 P2B법은 EU 집행위원회가 제안한 원안에 비해 규제수준이 상당히 후퇴했다는 비판이 제기되고 있음에도 불구하고, 온라인 플랫폼과 이를 이용하는 사업자 간의 관계를 구속력 있게 규율하고 있다는 점에서 상당한 주목을 받고 있다. 나아가 EU에서는 최근

1_ 이 문제와 관련하여 큰 주목을 받았던 사례는 Oberdorf v. Amazon.com Inc. 판결이다. 이 판결에 대해서는 Busch, EuCML 2019, 173; 이병준 · 정신동 · 김세준, "플랫폼 경제시대에 있어 제조물책임법의 확장—Oberdorf v. Amazon.com Inc. 판결을 중심으로", 「소비자법연구」 제6권 제1호, 2020, 141면 이하 참조. 유사한 문제가 최근 2020년 8월 캘리포니아 항소법원에서 노트북 충전기의 결함과 관련하여 제기되어 중개플랫폼의 제조물책임이 인정된 바 있다(9 Bolger v. Amazon.com, 53 Cal.App.5th 431 (Cal. Ct. App. 2020).

2_ 온라인 플랫폼 운영자의 제조물책임과 관련된 판결들을 조망할 수 있는 최근 문헌으로 Bender Product Liability's Amazon Problem, 5 J.L. & Tech. Tex. (2021), 〈https://ssrn.com/abstract=3628921〉에서 확인 가능하다.

3_ Regulation (EU) 2019/1150 of the European Parliament and of the Council of 20 June 2019 on promoting fairness and transparency for business users of online intermediation services. P2B법 내용을 자세히 소개하고 있는 국내 문헌으로 김진우, "유럽연합 및 일본의 온라인 플랫폼 규율과 국내 추진법안의 비교 및 시사점", 「소비자법연구」 제7권 제1호, 2021, 202면 이하; 황태희, "온라인 중개플랫폼 사업자 규제에 대한 EU 및 국내 입법 동향에 관한 소고", 「법학연구」 통권 제63집, 전북대학교 법학연구소, 2020, 449면 이하; 손영화, "EU의 디지털플랫폼규칙에 관한 소고", 「법학논집」 제25권 제2호, 이화여자대학교 법학연구소, 2020, 365면 이하; 강지원, "EU의 온라인 플랫폼 규칙 시행이 유통분야에 주는 시사점", 「유통법연구」 제7권 제1호 2020, 41면 이하 참조.

온라인 플랫폼 내 거래와 관련된 소비자 보호 문제를 해결하기 위해 2011년 제정된 EU 소비자권리지침을 개정하여 거래의 투명성 확보를 위한 다양한 정보제공의무들을 새로이 도입하였다. 2019년 11월 소위 New Deal for Consumers로 불리는 EU 소비자보호규정의 강화 및 현대화를 위한 입법지침[4]을 제정하여 소비자권리지침을 개정하면서 온라인 시장(Online Marketplace)이라는 개념을 신설하였고,[5] 웹사이트 내지 애플리케이션 내에서 일어나는 개인 간 거래에 대해서도 의미 있는 규정을 도입하였다. 또한 2019년 12월에는 EU의 대표적인 소비자법학자 및 법률가들이 회원으로 활동하고 있는 유럽법연구소(European Law Institute: ELI)에서 온라인 플랫폼 규율에 대한 모델법(Model Rules on Online Platforms)을 마련하여 EU 차원의 입법에 상당한 영향을 미치고 있다.[6] 그리고 가장 최근에 디지털 시장을 규율하기 위해 EU에서 논의 중인 2개의 법안, 즉 아직 최종 입법이 이뤄진 것은 아니고 법안 발의권을 가지고 있는 EU 집행위원회에 의해 제안된 법안에 불과하지만 EU 디지털서비스법안(Proposal of Digital Services Act: 이하 'DSA'라 한다)[7] 및 EU 디지털시

4_ Directive (EU) 2019/2161 of the European Parliament and of the Council of 27 November 2019 amending Council Directive 93/13/EEC and Directives 98/6/EC, 2005/29/EC and 2011/83/EU of the European Parliament and of the Council as regards the better enforcement and modernisation of Union consumer protection rules.

5_ 이 지침에서 온라인 시장 개념은 "소비자가 웹사이트, 웹사이트의 일부분 또는 사업자에 의해 운영되거나 사업자의 이름으로 운영되는 애플리케이션 등의 소프트웨어를 사용하여 다른 사업자나 소비자와 원거리계약을 체결할 수 있도록 하는 서비스(service using software, including a website, part of a website or an application, operated by or on behalf of a trader which allows consumers to conclude distance contracts with other traders or consumers)"를 말한다(Art. 3(1)(b)(n)).

6_ ELI 온라인 플랫폼 모델법 전문과 조문별 축조해설은 https://www. europeanlawinstitute.eu/fileadmin/user_upload/p_eli/Publications/ELI_Model_Rules_on_Online_Platforms.pdf 에서 확인할 수 있다. ELI측의 공식 승인을 얻은 모델법 전문과 해설 번역본으로 김상중 · 이병준 · 황원재 · 정신동 · 박미영, "ELI 보고서: 온라인 플랫폼 모델법", 「소비자법연구」 제7권 제1호, 2021, 383면 이하 참조.

7_ COM(2020) 825 final. 이 법안을 조망하는 독일문헌으로 Härting/Adamek, CR 2021, 165 ff.; Rössel, ITRB 2021, 35 ff. 이 법안에 대한 국내 문헌은 많지 않지만 DSA가 전

장법안(Proposal of Digital Markets Act: 이하 'DMA'라 한다)[8]이 세계적인 주목을 받고 있다. 디지털 서비스 패키지라고 불리는 이 두 법안 중 DSA는 디지털 서비스와 관련된 일반적 책임원칙과 주의의무에 관한 규정을 두고 있고, DMA는 게이트키퍼 역할을 하는 핵심 플랫폼 서비스의 행동을 규제하는 내용을 담고 있다. 이중에서 전자상거래 소비자보호와 관련하여 우리에게 시사점을 주는 법안은 DSA로서 그 적용범위가 온라인 시장뿐만 아니라 온라인 플랫폼, 소셜미디어 사업자 등 대부분의 디지털 서비스 제공자에게 적용될 예정이다.

이러한 세계적 규율 추세 하에서 온라인 플랫폼 운영자에 대한 새로운 규율체계를 마련하고자 하는 시도가 국내에서도 행해지고 있는 것에 대해서는 그 시의성에 이의를 제기하기 힘들 것이다. 구체적으로 (비록 그 내용에 있어서 유사하다고 말하기는 힘들지만) EU의 P2B법에 대응되는 온라인 플랫폼 중개거래의 공정화에 관한 법률안(이하 '온라인 플랫폼 공정화 법안'이라 한다)[9]이 발의되어 2021년 1월 29일 국회 법제사법위원회에 회부되어 심사 중에 있고, 본고에서 논의대상이 되는 「전자상거래 등에서의 소비자보호에 관한 법률 전부개정법률안」(이하 '전자상거래법 전부개정안'이라 한다)[10]이 공정거래위원회에 의해 마련되어 2021년 3월 5일부터 4월 14일까지(40일간) 입법예고가 되었다. 특히 전자상거래법 전부개정안은 ① 용어 정리 및 규율 체계 개편, ② 위해방지를 위한 조치의무, ③ 검

자상거래와 관련하여 의미를 가지는 주요 내용에 대한 소개 및 평가로 이병준, "유럽연합 디지털 서비스법을 통한 플랫폼 규제—디지털 서비스법 초안과 그 시사점을 중심으로", 한국유통법학회 2021년 춘계학술대회 자료집, 2021, 25면 이하; 이상윤, "유럽연합의 플랫폼 규제 동향", 「외법논집」 제44권 제3호, 2020, 312면 이하 참조.

8_ COM(2020) 842 final.

9_ 온라인 플랫폼 중개거래의 공정화에 관한 법률안[정부 발의, 의안번호: 7743, 발의연월일: 2021.1.28.]. 동 법안은 온라인 플랫폼 중개거래계약서 교부의무, 온라인 플랫폼 중개사업자의 사전통지 의무를 규정함과 아울러 온라인 플랫폼 중개사업자의 불공정거래행위 기준 등을 마련하고 있다.

10_ 전자상거래 등에서의 소비자보호에 관한 법률 전부개정법률안(공정거래위원회), https://www.moleg.go.kr/lawinfo/makingInfo.mo?lawSeq=62975&lawCd=0&&lawType=TYPE5&mid=a10104010000에서 확인할 수 있다.

색결과 및 후기게시판, 맞춤형 광고 등에 대한 정보의 투명성 확보, ④ 중개 플랫폼 운영사업자의 실제 역할에 대한 표시 및 수행하는 역할에 따른 소비자 피해에 대한 책임, ⑤ 임시중지명령제도 활용 가능성 확대 및 동의의결제도, ⑥ 해외사업자에 대한 역외적용규정 및 국내대리인 제도 등을 주요 내용으로 하고 있는데 이들 내용 중에는 변화된 시장상황에 상응하는 규율체계로서 전자상거래 소비자정책의 변화를 의미하는 것이 적지 않다. 이에 본고에서는 전자상거래법 전부개정안 내용 중 소비자법 정책 차원에서 큰 변화를 가져올 몇 가지 규율내용을 분석해 보고 관련 EU 입법례를 비교 · 검토하면서 앞으로 좀 더 고민해 볼 필요가 있는 입법 과제에 대해 살펴보고자 한다.

II. 2021년 전자상거래법 전부개정안 주요 내용의 검토

1. 통신판매중개업에서 온라인 플랫폼 서비스로의 규율대상 전환

전자상거래법 전부개정안 제2조(정의) 이 법에서 사용하는 용어의 뜻은 다음과 같다.

4. "온라인 플랫폼"이란 둘 이상의 집단의 이용자들 간에 재화 등의 거래, 정보 교환 등 상호작용을 목적으로 하는 인터넷 홈페이지, 모바일 응용프로그램 및 이에 준하는 전자적 시스템을 말한다.

5. "온라인 플랫폼 서비스"란 온라인 플랫폼을 통하여 이루어지는 다음 각 목의 어느 하나에 해당하는 서비스를 말한다.

가. 온라인 플랫폼 이용사업자와 소비자 간에 재화 등에 관한 정보 교환을 매개하는 서비스

나. 온라인 플랫폼 이용사업자에게 재화 등의 판매를 위한 일정한 기능을 온라인 플랫폼 내에서 제공하고 그와 관련된 일정한 대가를 받으며 대통령령으로 정하는 방법으로 소비자와 온라인 플랫폼 이용사업자 간에 재화 등의 거래를 위한 연결 수단을 제공하는 서비스

다. 온라인 플랫폼 이용사업자에게 인터넷 등 가상의 영업장을 제공하거나 온라

인 플랫폼 이용사업자를 대신하여 소비자의 청약 접수를 받거나 계약을 체결하는 방법으로 재화 등의 거래를 중개하는 서비스
라. 가목부터 다목까지의 규정에 따른 서비스에 부수하여 이루어지는 결제 및 배송지원, 고객 관리 등의 서비스

전자상거래법 전부개정안은 제2조에서 본 법안상 사용되는 용어들을 정의하고 있는데, 온라인 플랫폼이라는 개념을 중심으로 하여 전자상거래법상의 용어를 대폭 재정비하고 있다. 그 입법이유로는 온라인 플랫폼이 단순한 중개기능을 넘어 플랫폼 사업자가 광고게재, 청약접수, 대금수령, 결제대행, 청약철회 접수 등 거래에 관여하는 정도 및 역할이 크게 증가하고 있으나, 현행 전자상거래법은 우편 · 카탈로그 등 전통적인 통신판매 방식의 거래를 기반으로 하고 있어 온라인 플랫폼을 중심으로 재편된 거래구조 및 시장상황 변화를 반영하는 것이라고 밝히고 있다.[11] 이에 전자상거래법 전부개정안은 규율대상이 되는 사업자들을 '온라인 플랫폼 운영사업자' 및 '온라인 플랫폼 이용사업자', ' 자체 인터넷 사이트 등 이용사업자'로 구분 · 정의하고, 이 중 '온라인 플랫폼 운영사업자'는 거래방식 및 관여도 등에 따라 '정보매개', '연결수단 제공', '거래 중개' 등 3가지 유형[12]으로 구분하여 규정하고 있다.

주지하다시피 현행 전자상거래법은 그 법률명이 '전자상거래' 등에서의 소비자보호에 관한 법률이긴 하지만 사실상 '통신판매' 및 '통신판매중개' 개념이 규율체계의 핵심을 구성하는 법률이었다. 전자상거래법에서 사용되는 용어를 정의하고 있는 현행법 제2조가 전자거래의 방법으로 상행위를 하는 것을 전자상거래로 규정하면서(제1호), 우편 · 전기통신, 그 밖에 총리령으로 정하는 방법으로 재화 또는 용역의 판매에 관한

11_ 전자상거래 등에서의 소비자보호에 관한 법률 전부개정법률(안) 1면 이하.

12_ 그 밖에 "가목부터 다목까지의 규정에 따른 서비스에 부수하여 이루어지는 결제 및 배송지원, 고객 관리 등의 서비스"도 전자상거래법 전부개정안상에서의 온라인 플랫폼 서비스에 해당하나 이 유형의 서비스에는 적용되는 조문이 많지 않으므로 논의 대상에서 제외한다.

정보를 제공하고 소비자의 청약을 받아 재화 또는 용역을 판매하는 것을 통신판매로 정의하여 우편을 포함한 통신개념을 기초로 상당히 넓은 의미의 개념정의를 두고 있었다. 나아가 통신판매중개 개념은 사이버몰의 이용을 허락하는 경우 또는 자신의 명의로 통신판매를 위한 광고수단을 제공하거나 그 광고수단에 자신의 이름을 표시하여 통신판매에 관한 정보의 제공이나 청약의 접수 등 통신판매의 일부를 수행하는 것으로 (지나치게 그리고 불필요한 정도로 자세히) 정의[13]되어 새로운 플랫폼 비즈니스 모델 내지 전자상거래 환경이 등장할 때마다 중개 개념에 대한 소모적 논쟁을 야기할 가능성이 높았다.[14] 이러한 문제는 현행 전자상거래법이 최근의 플랫폼 현상을 담지 못하는 낡은 개념 정의들을 사용했기 때문이라고 말할 수 있는데, 이러한 맥락에서 전자상거래법 전부개정안이 '온라인 플랫폼'을 핵심으로 용어와 법률 체계를 재정비하는 것은 매우 긍정적으로 평가할 수 있다.

규율대상으로서의 플랫폼을 어느 범위까지 한정할 것인지, 내지 온라인 플랫폼을 어떻게 단계별로 나눌 것인지의 문제는 법 정책의 문제이고, 해당 법률이 규율하고자 하는 법의 목적에 따라 다양하게 취급될 수 있을 것이다. 이 문제와 관련하여 국내 전자상거래법 개정에 큰 시사점을 주는 비교법례로는 ELI 온라인 플랫폼 모델법을 고려할 수 있다. 이 모델법은 ⅰ) 고객으로 하여금 플랫폼 운영자에 의해 통제되는 전자적 환경에서 물품, 서비스 또는 디지털콘텐츠의 공급에 대한 계약을 공급

13_ 이러한 통신판매중개 개념 정의를 토대로 ① 장소대여형, ② 정보제공형, ③ 거래관여형으로 구분하는 문헌으로 서희석, "통신판매중개자의 법적 지위와 책임－전자상거래법상 통신판매중개자책임의 재구성", 「소비자법연구」 제7권 제1호, 2021, 101면; 최나진, "개정 전자상거래소비자보호법상의 통신판매중개자의 지위와 책임", 「외법논집」 제40권 제3호, 2016, 112면.

14_ 특히 최근에는 전통적으로 전자게시판서비스제공자에 불과하였던 페이스북, 인스타그램과 같은 SNS 플랫폼 운영자에 있어서도 이들이 상품관련 Shop 기능을 운영함으로써 법적 지위에 대한 논란이 있었다. 최근 SNS 플랫폼에서의 전자상거래 특징과 전자상거래법 적용 문제에 대해서는 이병준, "SNS마켓에서의 소비자보호", 「유통법연구」 제7권 제2호, 2020, 5면 이하 참조.

자와 체결할 수 있게 하는 플랫폼, ii) 고객이 공급자와 접촉하고 플랫폼 밖에서 계약을 체결하기 위해 열람할 수 있는 광고를 플랫폼 운영자에 의해 통제되는 전자적 환경 하에서 공급자가 할 수 있는 플랫폼, iii) 관련 상품, 서비스 또는 디지털 콘텐츠의 공급자를 확인하고 이 공급자의 웹사이트로 유도하거나 연락사항을 제공하기 위한 비교정보나 조언을 고객에게 제공하는 플랫폼 그리고 iv) 사용후기를 작성할 수 있도록 하는 플랫폼을 그 규율대상으로 하고 있고,[15] 플랫폼이 이들 중 어느 하나에만 해당하는 것이 아니라 여러 경우에 중첩적으로 해당할 수 있다고 보고 있다.[16] 이러한 규율 방식은 국내 전자상거래법상 전자게시판서비스제공자를 제외한 그 밖의 거래 목적 플랫폼들을 대상으로 하는 것으로 플랫폼 현상의 특징을 잘 도출하고 있다고 평가된다.[17] 이에 비해 전자상거래법 전부개정안은 앞서 언급한 통신판매중개 개념과 전자게

15_ ELI Model rules Article 1: Purpose and Scope

2. These rules are intended to be used in relation to platforms which:

a) enable customers to conclude contracts for the supply of goods, services or digital content with suppliers within a digital environment controlled by the platform operator;

b) enable suppliers to place advertisements within a digital environment controlled by the platform operator which can be browsed by customers in order to contact suppliers and to conclude a contract outside the platform;

c) offer comparisons or other advisory services to customers which identify relevant suppliers of goods, services or digital content and which direct customers to those supplier's websites or provide contact details; or

d) enable platform users to provide reviews regarding suppliers, customers, goods, services or digital content offered by suppliers, through a reputation system.

16_ ELI 온라인 플랫폼 모델법 공식 해설에 의하면 이 4가지 서비스의 공통점이 공급자와 고객 간의 상품, 서비스 또는 디지털 콘텐츠 계약의 체결을 용이하게 하거나 이에 영향을 미친다는 점에 있다고 한다(김상중 · 이병준 · 황원재 · 정신동 · 박미영, "ELI 보고서: 온라인 플랫폼 모델법", 「소비자법연구」 제7권 제1호, 2021, 409면).

17_ 이용자 간 소셜 커뮤니케이션만 가능하게 하는 단순한 검색엔진 플랫폼이나 소셜 네트워크 플랫폼은 ELI 온라인 플랫폼 모델법이 적용되지 않는다는 공식 해설로 김상중 · 이병준 · 황원재 · 정신동 · 박미영, "ELI 보고서: 온라인 플랫폼 모델법", 「소비자법연구」 제7권 제1호, 2021, 409면 참조.

시판서비스 제공자 개념을 삭제한 뒤 SNS상에서의 거래까지 규율 범위에 포섭하기 위한 초석으로 플랫폼 서비스 범위를 상당히 넓히고 있고, 총 3가지 유형으로 온라인 플랫폼 서비스를 단계별로 구분하고 있다. 우선 소위 SNS 플랫폼, 즉 전자게시판서비스제공자를 표현하기 위해 "온라인 플랫폼 이용사업자와 소비자 간에 재화 등에 관한 정보 교환을 매개하는 서비스"라는 정의규정을 두고 있고, 가격비교사이트 등과 같이 별도의 링크를 제공하는 경우를 위해 "온라인 플랫폼 이용사업자에게 재화 등의 판매를 위한 일정한 기능을 온라인 플랫폼 내에서 제공하고 그와 관련된 일정한 대가를 받으며 대통령령으로 정하는 방법으로 소비자와 온라인 플랫폼 이용사업자 간에 재화 등의 거래를 위한 연결수단을 제공하는 서비스"라는 표현을 사용하고 있으며, 마지막으로 오픈마켓 등을 나타내기 위해 "온라인 플랫폼 이용사업자에게 인터넷 등 가상의 영업장을 제공하거나 온라인 플랫폼 이용사업자를 대신하여 소비자의 청약 접수를 받거나 계약을 체결하는 방법으로 재화 등의 거래를 중개하는 서비스"라는 표현을 사용하고 있다.

이처럼 단계별로 온라인 플랫폼 서비스를 분류하는 것은 (적어도 현행 전자상거래법에 비해) 법 기술적으로 진일보한 입법례로 평가될 수 있지만 전자상거래법 전부개정안상의 플랫폼 서비스 개념정의가 본래 표현하고자 하였던 바를 정확하게 규정하고 있는지는 의문이 제기될 수 있다. 예컨대 순수한 전자게시판서비스제공자는 적극적으로 정보교환을 매개하지 않는다는 점에서 '재화 등에 관한 정보교환을 매개하는 서비스'라기 보다 '재화 등에 관한 정보의 교환이 가능한 전자적 시스템만을 제공하는 서비스'라 표현하거나 기존의 전자게시판 서비스 제공자 개념을 활용하여 정보교환매개 플랫폼 서비스를 정의하는 것이 더 적절할 수 있고, 가격비교사이트와 같이 링크를 제공하는 경우에 대해서는 배너광고 등과 구분하기 위해 (ELI 온라인 플랫폼 모델법이 그러하듯이) '판매자에 대한 정보를 확인 가능케 하고 이 판매자의 웹사이트로 유도하는 비교 정보 등의 서비스'라는 표현이 추가될 필요가 있어 보인다. 또한 오픈마켓 등에만 '중개'라는 표현을 사용하고 있는 개념정의도 중개 개념을 너무 협소하게 사용하는 것은 아닌지 재고의 여지가 있어 보인다.

이처럼 단계별 플랫폼 서비스의 특성을 좀 더 잘 표현하기 위해 개념정의 조항을 부분적으로 수정하는 것은 어느 정도 필요해 보이는 가운데, 낡은 개념을 대체하는 용어들이 새로이 도입된 것은 매우 긍정적으로 평가될 수 있을 것이다. 예컨대 이제는 거의 사용되지 않는 사이버몰이라는 용어 대신 온라인몰이라는 표현이 사용되고 있고, 온라인 플랫폼 '용역'이 아니라 온라인 플랫폼 '서비스'라는 용어가 사용되고 있는데 앞으로 전자상거래법 영역을 넘어서 소비자 보호와 관련된 다른 법률에도 영향을 줄 수 있는 적절한 사용례라고 생각된다.

2. 해외 플랫폼 사업자의 규율

전자상거래법 전부개정안 제5조(국외행위에 대한 적용) 이 법은 국외에서 이루어진 행위라도 국내소비자에게 영향을 미치는 경우에는 적용한다.
…

제19조(국내대리인의 지정) ① 국내에 주소 또는 영업소가 없는 온라인판매사업자로서 매출액 등 대통령령이 정하는 기준에 해당하는 자는 다음 각 호의 사항을 대리하는 자(이하 "국내대리인"이라 한다)를 서면으로 지정하여야 한다.
1. 제28조에 따른 소비자 불만 · 분쟁해결 및 피해예방 · 구제 업무
2. 제74조 제3항에 따라 준용되는 「독점규제 및 공정거래에 관한 법률」 제98조에 따른 문서의 제출
3. 제55조 제1항, 제74조 제2항에 따라 준용되는 「독점규제 및 공정거래에 관한 법률」 제81조 제1항에 따른 자료 · 물건 등의 제출
② 국내대리인은 국내에 주소 또는 영업소가 있는 자로 한다.
③ 제1항에 따라 국내대리인을 지정한 때에는 다음 각 호의 사항 모두를 인터넷 사이트 등에 공개하여야 한다.
1. 국내대리인의 성명(법인의 경우에는 그 명칭 및 대표자의 성명을 말한다)
2. 국내대리인의 주소(법인의 경우에는 영업소 소재지를 말한다), 전화번호 및 전자우편 주소
④ 국내대리인이 제1항 각 호와 관련하여 이 법을 위반한 경우에는 해당 국내대리

인을 지정한 온라인판매사업자가 그 행위를 한 것으로 본다.

(1) 역외적용

전자상거래법 전부개정안은 제5조에서 역외적용에 관한 규정을 신설하고 있다. 그동안 명시적 규정이 없어 해외플랫폼에 대한 법집행 여부가 불분명한 부분이 있었으므로, 해외에서 이루어진 행위에 대해서도 이것이 국내 소비자에 영향을 미치는 경우에는 전자상거래법을 적용할 수 있도록 하는 관련 조항을 마련하였다고 그 입법 이유를 밝히고 있다.[18] 이처럼 전자상거래법의 역외적용 가능성을 두고 있는 규율방식은 이미 중국 전자상거래법상에도 도입이 된 바 있어 중국 전자상거래법 제2조에서 "중국 내의 전자상거래 활동은 본 법의 적용을 받는다"고 규정하여 역외적용 가능성을 열어 두고 있다.[19] 또한 주목할 만한 비교법례로 최근 EU 집행위원회에서 발의한 DSA 제1조 제3항[20]도 고려해 볼 필요가 있는데, DSA도 우리 전자상거래법 전부개정안에서와 같이 장소적 적용범위를 상당히 확대하여 디지털 서비스 제공자의 주소지가 어디인지와 상관없이 이 서비스 제공자가 EU 내에 영업소 내지 거주지를 두고 있는 이용자에게 중개 서비스를 제공하는 경우 DSA가 적용될 수 있도록 규정하고 있기 때문이다.[21] 구체적으로 EU 내 서비스를 제공하는 경우라 함은 DSA 제1조 제2항 d)호가 정의하고 있는데, 이에 따를 경우 EU와 실질적으로 연결(substantial connection)되어 있는 서비스 제공자

18_ 전자상거래 등에서의 소비자보호에 관한 법률 전부개정법률(안) 3면.

19_ 이에 대해 자세한 내용은 김나현, "중국 전자상거래법에 관한 소고", 「중앙법학」 제21권 제1호, 2019, 21면 이하 참조.

20_ DSA Article 1 (Subject matter and scope) 4. This Regulation shall apply to intermediary services provided to recipients of the service that have their place of establishment or residence in the Union, irrespective of the place of establishment of the providers of those services.

21_ 이병준, "유럽연합 디지털 서비스법을 통한 플랫폼 규제—디지털 서비스법 초안과 그 시사점을 중심으로", 한국유통법학회 2021년 춘계학술대회 자료집, 2021, 29면 참조.

가 하나 이상의 EU 회원국 내 법인 또는 자연인에게 자신의 서비스 이용가능성을 창출하는 경우에 인정된다. 이러한 실질적 연결은 해외 서비스 제공자가 EU 내에 주소지를 두고 있는 경우 당연히 인정될 수 있는 것이고, 만약 역내 주소지를 두고 있지 않다면 해당 서비스의 이용자가 상당한지 또는 서비스 활동이 EU 회원국가를 지향하고 있는지에 따라 판단한다.[22] 이는 DSA의 전신이라고 할 수 있는 2000년 EU 전자상거래 지침[23]이 EU 내에서 주소지를 두고 있는 서비스 제공자에 한정하여 적용범위를 제한[24]하고 있음을 생각해 보면 해외 대규모 온라인 플랫폼을 규제하고자 하는 목적을 가지고 있는 것으로 볼 수 있다. 글로벌 플랫폼 사업자와 국내 소비자 간의 거래가 증가하고 있고, 전자상거래법 개정이 큰 관심을 불러일으킬 때마다 해외사업자와 국내사업자를 부당히 차별한다는 비판이 제기되어 왔던 만큼 이번 전자상거래법 전부개정안에서의 역외적용 조항 신설은 그 의미가 적지 않다고 생각된다.

(2) 국내대리인 지정

나아가 전자상거래법 전부개정안 제19조는 역외적용에 관한 규정의 실질적 집행가능성을 확보하는 차원에서 소위 국내대리인 지정제도를 새로이 도입하고 있다. 해외 전자상거래사업자와 국내소비자 간 거래 증가를 고려해 보았을 때 국내에 주소 내지 영업소가 없는 해외사업자로 하여금 국내법을 준수하도록 하고 소비자 분쟁해결업무에 적극적으로 참여하도록 유도하기 위해 국내에 주소·영업소가 없는 일정 규모 이상의 전자상거래사업자에게 국내대리인 지정 의무를 부과한다고 그 입법이유를 밝히고 있다.[25] 이처럼 국내에 주소 내지 영업소가 없는 해

22_ EuGH 07.12.2010, C-585/08, C-144/09 - Pammer und Alpenhof 참조.

23_ Directive 2000/31/EC of the European Parliament and of the Council of 8 June 2000 on certain legal aspects of information society services, in particular electronic commerce, in the Internal Market.

24_ DSA 입법이유 58.

25_ 전자상거래 등에서의 소비자보호에 관한 법률 전부개정법률(안) 5면.

외 사업자로 하여금 국내 대리인을 지정하도록 하는 제도는 이미 타법에서 시행중인 경우도 있고, 입법을 통해 그 도입을 시도하고 있는 영역도 적지 않다. 대표적으로 현행 개인정보보호법[26] 제39조의11 제1항이 "국내에 주소 또는 영업소가 없는 정보통신서비스 제공자 등으로서 이용자 수, 매출액 등을 고려하여 대통령령으로 정하는 기준에 해당하는 자"는 국내대리인을 서면으로 지정하도록 규정하고 있다.[27] 이 규정은 글로벌 사업자에게도 국내 사업자에 대해 행사하는 것과 마찬가지로 본인의 개인정보에 대해 수집·이용·제공 등의 동의 철회, 열람청구, 정정요구 등 자기결정권을 실질적으로 행사할 수 있도록 하고, 관할 당국이 글로벌 사업자의 개인정보 침해 여부를 판단하기 위해 자료를 요청할 경우 필요한 자료를 신속하게 제출할 수 있도록 도입되었는데, 그 입법이유와 조문 내용 및 체계가 전자상거래법 전부개정안에서의 그것과 매우 유사하다. 나아가 해외 사업자의 국내대리인 지정 제도는 게임산업진흥에 관한 법률 전부개정 과정에 있어서도 상당한 주목을 받고 있어 최근 국회에서 논의 중인 「게임산업진흥에 관한 법률 전부개정법률안」[28] 제74조에서도 국내 주소 또는 영업장이 없는 게임사업자 중 대통령령으로 정하는 기준에 해당하는 자는 국내대리인을 지정할 의무를 부과하고 있다.

유사한 해외 입법례로 EU의 DSA 또한 해외사업자에게 역내 대리인을 지정하도록 하는 제도를 도입하고 있다.[29] 즉 해외 플랫폼 사업자에게까지 그 적용범위를 확대하고 있는 DSA의 실질적 집행을 보장하기 위

26_ 개인정보 보호법 [시행 2020. 8. 5.] [법률 제16930호, 2020. 2. 4., 일부개정].

27_ 본 조항은 본래 2018년 「정보통신망 이용촉진 및 정보보호 등에 관한 법률」에 도입되었던 국내대리인 제도를 동법상의 개인정보 보호 관련 규정을 삭제하면서 개인정보보호법상 특례 조항으로 규정한 것이다.

28_ 게임산업진흥에 관한 법률 전부개정법률안[이상헌의원 대표발의, 의안번호: 2106496, 발의연월일: 2020.12.15.].

29_ 이 내용을 소개하는 문헌으로 이병준, "유럽연합 디지털 서비스법을 통한 플랫폼 규제—디지털 서비스법 초안과 그 시사점을 중심으로", 한국유통법학회 2021년 춘계학술대회 자료집, 2021, 33면 참조.

해 EU 내에 주소지를 두고 있지 않은 중개서비스 제공자는 법적 대리인 (Legal representatives)을 서면으로 지정하도록 하고 관할 당국으로부터 감독을 받으며 DSA의 위반행위에 대해 책임을 부담하도록 하고 있다(DSA 제11조).[30] 좀 더 구체적으로 살펴보면 EU 내에 법적 대리인을 지정하는 것이 EU 내에 주소 내지 영업소를 두는 것으로 인정되지는 않는다고 하면서(DSA 제11조 제5항), DSA상의 의무에 대한 위반행위가 있을 시 이 위반행위에 대해 법적 대리인이 책임을 부담할 수 있다고 규정하고 있으며, 이로 인해 (해외)중개서비스 제공자가 부담해야 할 책임이 면해지는 것은 아니라고 규정하고 있다(DSA 제11조 제3항). 이처럼 온라인상에서 행해지는 서비스에 있어서는 국내 소비자에게 피해가 발생하여도 현실적으로 이를 해결하고 해외사업자를 제재하기 매우 어렵다는 문제가 있으므로 국내대리인 제도 도입의 필요성에는 이의를 제기하기 힘들 것이다. 다만 이 제도의 실제 운영에 있어서의 의미, 예컨대 국내대리인이 의무를 이행하지 않더라도 해외 사업자에 대한 실질적 제재조치가 어렵다는 비판이 제기될 수 있으므로,[31] 집행의 실효성을 확보하기 위한 대응방안은 신중하게 고민될 필요가 있다.

그 밖에 국내대리인 지정제도의 도입 필요성 그 자체에는 의문이 없다 할지라도 현재 전자상거래법 전부개정안에서 국내대리인 제도를 규정하고 있는 조문이 충분한 내용을 담고 있는지에 대해서는 약간의 의문이 들 수 있다. 우선 동 개정안에서는 국내대리인을 지정해야 하는 자를 매출액 등 대통령령이 정하는 기준에 해당하는 해외 온라인판매사업자로 제한하고 있는데, EU의 DSA상 법적 대리인 제도와 비교해 보았을 때 이러한 적용대상 제한이 필요한지 의문이 들 수 있다. DSA상 법적 대

30_ DSA 입법이유 37.

31_ 개인정보보호위원회에서 34개 해외사업자의 국내대리인 운영 실태를 점검(2020.2.~8.)한 결과 7개 해외사업자가 개인정보 처리 관련 불만을 제대로 처리하지 않거나, 국내대리인의 성명 · 주소 · 연락처 등을 개인정보 처리방침에 포함하지 않은 것으로 나타났다는 지적으로 게임산업진흥에 관한 법률 전부개정법률안 국회 검토보고서(문화체육관광위원회 수석전문위원 임재주), 2021. 2, 74면 각주 33 참조.

리인 지정 의무가 부과되는 해외 플랫폼 사업자에 있어서는 매출액 등의 제한이 없기 때문이다. 다만 실질적인 집행에 좀 더 초점을 두고자 하는 의도로 주요한 해외 플랫폼 사업자에게만 국내대리인 지정 의무를 부과한 것이라면 이러한 기준 설정이 반드시 비합리적이라고 말할 수는 없을 것이다.[32] 다만 몇몇 기준을 충족시키는 해외 플랫폼 사업자에게만 국내대리인 지정 의무를 부과하는 것이 법 정책적으로 지지될 수 있는 경우에도 법률 차원에서 단지 '매출액 등 대통령령이 정하는 기준'이라고만 표현해 두는 것이 충분한지는 의문이 들 수 있다. 우선 법률차원에서 수범자에게 제공되는 정보가 지나치게 협소하다는 비판이 제기될 수 있고, 매출액보다 (피해의 확대 가능성 등 차원에서) 더 중요할 수 있는 '이용자 수'가 빠져 있다는 점에서 보완이 필요하다는 지적이 가능하다. 이러한 차원에서 개인정보보호법 제39조의11 제1항이 "국내에 주소 또는 영업소가 없는 정보통신서비스 제공자 등으로서 이용자 수, 매출액 등을 고려하여 대통령령으로 정하는 기준에 해당하는 자"에게 국내대리인 지정 의무를 부과하는 규율방식을 이해할 수 있을 것이다. 나아가 (비록 법적대리인과 관계된 것은 아니지만) EU의 DSA도 대형 온라인 플랫폼에 상당히 강화된 특별 의무를 부과하면서 대형 온라인 플랫폼(Very Large Online Platforms) 여부를 판단하는 기준으로서 매월 EU 내 4,500만 명 이상(EU 전체 시민의 약 1/10)의 적극적 이용자가 있는 경우[33]를 제시하여 적극적인 규제를 실시하고 있다는 점도 참고할 만하다(DSA 제25조).[34] 이용자 수라

32_ 이러한 취지로 전자상거래 등에서의 소비자보호에 관한 법률 규제영향분석서, 공정거래위원회, 2021. 2, 51면 이하 참조. 모든 규모의 사업자에 대해 적용할 경우 법준수를 위해 과도한 비용이 발생하게 되며 국내대리인 지정여부를 관리함에 있어서도 상당한 집행비용이 발생된다는 점을 단점으로 지적하고 있다. 또한 소규모 해외사업자는 매출액, 거래규모가 작고, 국내소비자와의 거래 규모가 크지 않을 것으로 예상된다는 점도 그 근거로 하고 있다.

33_ 이러한 경우 대부분 소위 문지기(Gatekeeper)역할을 하는 것으로 보고 DMA상의 특별규정도 적용 가능하다는 지적으로 Rössel ITRB 2021, 35, 41

34_ DSA Article 25(Very large online platforms) 1. This Section shall apply to online platforms which provide their services to a number of average monthly active

는 기준이 온라인상 여러 법률문제에 있어 그 파급력을 추정할 수 있는 중요한 표지이기 때문이다. 끝으로 전자상거래법 전부개정안 제19조 제4항이 "국내대리인이 제1항 각 호와 관련하여 이 법을 위반한 경우에는 해당 국내대리인을 지정한 온라인판매사업자가 그 행위를 한 것으로 본다"고만 규정하고 있고,[35] 국내대리인에게 부과할 수 있는 책임 제도는 규율하고 있지 않다는 점도 재고될 필요가 있다. 이 점에 있어서 국내대리인 제도의 실효성에 강한 의문이 제기될 수 있으므로 EU가 DSA상의 모든 의무 위반행위에 대하여 국내대리인으로 하여금 책임을 질 수 있도록 규정(DSA 제11조 제3항)하고 있는 바를 참고하여 좀 더 강화된 제도로 보완할 필요도 있어 보인다.

3. 검색결과 및 이용후기의 규율

전자상거래법 전부개정안 제16조(정보의 투명성 확보 조치) ① 온라인판매사업자는 소비자에게 재화 등의 거래와 관련된 검색결과를 제공할 때 광고를 구분하여 표시하여야 한다.

② 온라인판매사업자는 재화 등과 관련된 검색결과에 순위를 정하여 표시하는 경우 해당 순위를 결정하는 데 이용되는 주요 결정 기준을 표시하여야 한다.

③ 제2항에 따른 주요 결정 기준 및 표시방법 등에 관하여 필요한 사항은 대통령령으로 정한다.

④ 온라인판매사업자는 거래되는 재화 등에 대한 소비자의 이용후기를 게시하는 경우 사용후기의 수집, 처리에 관한 정보를 공개하여야 한다.

⑤ 제4항에 따른 구체적인 내용과 범위, 방법 및 절차 등에 관하여 필요한 사항은 대통령령으로 정한다.

---

recipients of the service in the Union equal to or higher than 45 million, calculated in accordance with the methodology set out in the delegated acts referred to in paragraph 3.

35_ 이러한 위반행위도 소비자 불만 · 분쟁해결 및 피해예방 · 구제 업무 및 몇몇 자료 내지 물건 제출의무 위반에 한정된다.

(1) 의 의

전자상거래법 전부개정안은 제16조에서 정보의 투명성 확보 조치라는 표제하에 검색결과 · 순위 및 사용자 후기에 관한 특별 규정을 신설하고 있다. 검색결과 · 순위, 사용자 후기는 소비자의 선택에 절대적 영향을 미치기 때문에 기만적인 소비자 유인행위로부터의 합리적 선택권을 보호하기 위해 투명성을 확보할 필요성을 입법 이유로 제시하면서[36] 이러한 기만적 소비자유인행위를 사전에 차단하기 위해 거래와 관련된 검색결과를 제공할 때 광고를 구분하여 표시하도록 하고, 검색순위를 결정하는 주요결정 기준을 표시하도록 의무화하며, 사업자가 이용후기 게시판을 사용하는 경우 이용후기의 수집 · 처리에 관한 정보를 공개하도록 규정하고 있다.

전자상거래법 전부개정안 제16조의 규율내용은 지금까지 검색결과와 이용후기 조작에 대한 법적 규율을 주로 현행 전자상거래법 제21조 제1항 제1호로 해결해 왔다는 점에서 그 의의가 적지 않다고 생각한다. 현행 전자상거래법 제21조 제1항은 전자상거래 사업자가 해서는 안 되는 금지행위를 나열하고 있는데 주로 동항 제1호상의 "거짓 또는 과장된 사실을 알리거나 기만적 방법을 사용하여 소비자를 유인 또는 소비자와 거래하거나 청약철회 등 또는 계약의 해지를 방해하는 행위"를 근거로 검색결과 내지 이용후기 조작을 규율하고 있다.[37] 이에 따라 전자상거래 소비자보호지침[38]이 전자상거래법 제21조 제1항 제1호에 해당할 수 있는 구체적 유형으로 "사이버몰에서 판매하는 재화 등의 품질 및 배송 등과 관련하여 사업자에게 불리한 이용후기를 삭제하거나 사업자에게 고용된 자 또는 사이버몰이 후원하고 있는 소비자로 하여금 거짓으로 사

36_ 전자상거래 등에서의 소비자보호에 관한 법률 전부개정법률(안) 4면.

37_ 이러한 규율 방식은 사후적인 규제만 가능하여 사업자의 기만적 소비자 유인행위로부터 사전적 보호를 실시하기에는 미흡하다는 지적으로 전자상거래 등에서의 소비자보호에 관한 법률 규제영향분석서, 공정거래위원회, 2021.2, 23면 참조.

38_ 전자상거래 등에서의 소비자보호 지침[시행 2015. 8. 20.] [공정거래위원회고시 제2015-7호, 2015. 8. 20, 일부개정].

업자에게 유리한 이용후기를 작성하도록 한 경우" 및 "사업자가 광고비를 받았다는 사실을 소비자에게 알리지 않고 '베스트, 추천, 기대, 화제' 등의 명칭을 붙여 재화 등을 소개함으로써 소비자로 하여금 재화 등에 대한 합리적인 평가가 토대가 되어 추천된 재화 등으로 오인하게 한 경우"를 제시하고 있을 뿐이다. 이러한 상황에서 전자상거래법 전부개정안이 법률 차원에서 온라인판매사업자로 하여금 거래와 관련된 검색결과를 제공할 때 광고를 구분하여 표시하도록 하고, 검색결과상 순위를 결정하는 데 이용되는 주요 결정 기준 및 소비자의 이용후기의 수집, 처리에 관한 정보를 공개하도록 규정한 것은 투명성 강화라는 차원에서 매우 의미 있다고 생각된다.

전자상거래법 전부개정안이 온라인판매사업자로 하여금 검색결과에 순위를 결정하는 데 이용되는 주요 결정 기준을 표시하도록 의무화하는 것에 대해서는 이미 「온라인플랫폼공정화법안」 제6조 제1항 제5호에서 "거래되는 재화 또는 용역이 온라인 플랫폼에 노출되는 순서, 형태 및 기준 등에 관한 사항"을 온라인 플랫폼 중개사업자가 온라인 플랫폼 이용사업자에게 교부하는 온라인 플랫폼 중개거래계약서에 포함되도록 규정하고 있다는 점에서 이중규제라는 비판이 제기될 수 있다. 그러나 검색순위를 결정하는 주요기준의 공개가 온라인 플랫폼 이용사업자에 대해 가지는 의미와 일반 소비자에 대해 가지는 의미가 다를 수밖에 없다는 점에서 양 법안 모두에 검색순위결정 기준 공개의무 조항을 두는 것은 매우 타당하다고 생각된다. 검색결과 내지 검색순위는 소비자의 구매 의사에 중대한 영향을 주는 광고 효과를 가지게 되는데, 어떤 기준으로 검색순위가 결정되는지는 추상적 · 포괄적으로 표시되어 불투명한 경우가 적지 않다. 이러한 상품 검색순위의 불투명성 문제는 소비자의 시각에서 바라보았을 때와 (중소)입점사업자 입장에서 볼 때 그 이해관계에 있어 큰 차이가 존재할 수밖에 없는데, 소비자에 있어서는 예상치 못한 순위 기준으로 인해 발생할 수 있는 불공정한 영향력으로부터 보호받는 것, 즉 오인유발 가능성을 예방하는 것이 중요한 의미를 갖고, 이와 달리 온라인 플랫폼에 입점하는 중소사업자에 있어서는 검색 순위의 최적화(ranking optimization)를 위해 조치할 수 있도록, 즉 자신의 상품을 가능한 한 상위에 노출시킬 수 있도록 검색순위를 결정하는 기준을 명확히 인지하는 것이 중요하다.[39]

유사한 맥락에서 최근 EU에서는 검색결과를 결정하는 주요 매개변수를 공개할 의무를 온라인 플랫폼에 부과하는 다양한 입법적 시도를 하고 있다. 우선 EU P2B법이 제5조에서 검색·배열순위 주요 원칙 공개와 관련하여 온라인플랫폼 사업자가 자사 웹사이트 화면에 배열되는 업체·상품 등의 우선순위를 결정짓는 주요 변수 및 고려되는 각 변수 간의 상대적 중요도를 약관에 명시하고, 특정 업체의 경제적 대가 지급이 검색·배열순위의 결정에 영향을 미치는 경우 그러한 사실을 약관에 명시하거나 일반 대중에 공개하도록 하고 있다.[40] 이는 국내의 온라인플랫폼공정화법안상의 검색순위 결정기준 공개에 부합하는 것으로서 전자상거래법 전부개정안상의 투명성 조항에 대응되는 것으로는 EU의 개정 소비자권리지침을 언급할 수 있다. 2011년 제정된 EU 소비자권리지침은 최근 개정·보완되어 온라인 시장(online marketplace) 개념이 신설되었는데, 이 온라인 시장에 대해서는 일반적인 전자상거래사업자에 비해 특별 정보제공의무가 추가로 부과되고 있다. 그중에서 단연 주목을 끄는 정보제공 의무사항은 검색순위를 결정하는 주요 매개변수 및 매개변수간의 중요도이다.[41] 즉 소위 P2B 관계에 있어서 뿐만 아니라 플랫폼

39_ 그 외에 온라인 플랫폼 운영자가 입점 사업자에게 사전적 고지 없이 검색결과 값에서 삭제하거나(Delisting), 입점 사업자의 이용계정을 중지 또는 폐쇄하는 경우도 문제될 수 있다. 특히 플랫폼 사업자가 중소입점사업자에게 자신의 온라인 중개서비스 제공을 중단하거나, 종료할 수 있는 사유가 약관에 명시되어 있지 않다면, 또는 해지사유 등이 포괄적으로 표현되거나, 불명확하게 표현된 경우가 문제 될 수 있는데 온라인플랫폼공정화법안은 이를 규율하는 규정들을 두고 있다.

40_ 이에 대한 자세한 소개로 김진우, "유럽연합 및 일본의 온라인 플랫폼 규율과 국내 추진법안의 비교 및 시사점", 「소비자법연구」 제7권 제1호, 2021, 214면 이하 참조.

41_ 2019년 New Deal for Consumers 하에 개정된 EU Consumer Right Directie Art. 6a(1a).

운영자와 소비자와의 관계에 있어서도 검색순위 결정기준이 가지는 의미가 상당하기 때문에, 즉 소비자 기만이나 선호도 왜곡을 방지하고 보다 정확한 검색 · 배열 순위의 제공을 통해 온라인 플랫폼 운영의 투명성 제고가 필요하기 때문에 소비자권리지침도 이를 새로이 도입한 것이다. 또한 P2B 관계와 P2C 관계 모두를 규율대상으로 하고 있는 ELI 온라인 플랫폼 모델법에서도 "플랫폼 운영자는 플랫폼의 검색 결과로 제시되는 순위를 결정하는 주요 매개 변수와 이러한 주요 매개 변수의 상대적 중요성을 이용자에게 쉽게 접근할 수 있도록 제공해야 한다."고 하여(모델법 제4조[42]) 공개의무를 부과하고 있다는 점에서 이러한 검색순위의 투명성 규율은 비교법적으로 그 타당성에 의문을 제기하기 어려워 보인다.

(2) 비판적 관점에서의 개선사항

전자상거래법 전부개정안이 제16조에서 검색결과 · 순위 및 사용자 후기에 관한 투명성을 확보하기 위해 새로운 규율을 시도하는 것은 매우 지지될 만한 것이나 조문 전체의 내용과 체계에 있어서는 다음과 같은 보완점이 있다고 생각된다. 우선 사업자가 공개해야 하는 사항이 지나치게 추상적으로 표현되어 있고, 경우에 따라서 사업자의 영업이익 등을 보호해야 하는 경우와 같이 공개하지 않아도 될(또는 공개해서는 안 되는) 사항에 대해 법률 차원에서 전혀 언급되지 않고 있다는 문제가 있다. 전자상거래법 전부개정안은 "재화 등과 관련된 검색결과에 순위를 정하여 표시하는 경우 해당 순위를 결정하는 데 이용되는 주요 결정 기준을 표시하여야 한다."고만 규정하고 주요 결정 기준 및 표시방법 등에 관하여 필요한 사항은 대통령령에 (거의 포괄적으로) 위임하고 있기 때문

42_ ELI Model rules Article 4: Transparency of Rankings

1. Platform operators must provide users with easily accessible information about the main parameters determining rankings presented to users as a result of their search query, and the relative importance of these main parameters.

이다. 물론 이 조항이 사업자의 알고리즘 공개를 포함하는 것은 아니라고 생각되지만, 법 문언상 사업자가 마케팅 차원에서 상당한 시간과 자원을 투입하여 개발한 알고리즘 변수와 변수를 이용한 산식 등이 공개되어 사업자의 경쟁수단과 관련된 영업비밀 침해 가능성이 있다는 오해는 면하기 어려워 보인다.[43] 따라서 사업자가 알고리즘을 설계하고 운영할 자유는 충분히 보장된다는 사실을 법률 차원에서 선언하기 위한 보완은 필요해 보인다. 이러한 차원에서 EU P2B법에서도 검색·배열 순위 결정에 사용되는 알고리즘 자체를 공개할 필요는 없고, EU법상 보호되는 영업비밀에 해당되는 사항 역시 공개대상에서 제외하도록 하고 있으며,[44] P2B 관계와 P2C 관계 모두를 규율대상으로 하고 있는 ELI 온라인 플랫폼 모델법에서도 검색결과 결정 기준 공개의무가 "검색 결과의 바탕이 되는 알고리즘에 관한 영업비밀을 침해하지 않아야" 하고, "플랫폼 운영자는 고객에게 불리하게 검색결과를 조작하는 데 쉽게 이용될 수 있는 정보를 공개할 필요가 없다"고 분명히 하고 있다(제4조 제1항 후단[45]). 우리의 경우도 중개사업자의 영업비밀을 보호하고 중개사업자 외의 자가 검색 결과를 조작하는 어뷰징(abusing)의 가능성을 차단하는 조문이 필요해 보인다.

법률 차원에서 지나치게 간소한 내용만을 규정하고 시행령에 위임되는 범위가 상당히 넓다는 비판은 이용후기 투명성 규율에도 동일하게 제기될 수 있다. 법률 차원에서는 "거래되는 재화 등에 대한 소비자의

43_ 이러한 우려는 이미 온라인공정화법안에 대해 사업자단체 차원에서 제기된 바 있다. 이에 대해서는 온라인 플랫폼 중개거래의 공정화에 관한 법률안 국회 검토보고서(정무위원회 전문위원 김원모), 2021.2, 50면 참조.

44_ 손영화, "EU의 디지털플랫폼규칙에 관한 소고", 「법학논집」 제25권 제2호, 이화여자대학교 법학연구소, 2020. 379면.

45_ ELI Model rules Article 4: Transparency of Rankings

1. … This duty is without prejudice to any trade secrets regarding the underlying algorithms. Platform operators are not required to disclose any information which could easily be used to manipulate search results to the detriment of customers

이용후기를 게시하는 경우 사용후기의 수집, 처리에 관한 정보를 공개" 해야 한다고만 규정되어 있고, 공개의 구체적인 내용과 범위, 방법 및 절차 등에 관해서는 모두 대통령령에 위임하고 있기 때문이다. 온라인판매사업자 및 온라인 플랫폼 운영사업자가 이용후기 시스템을 운영하는 양태는 매우 다양할 수 있는데, 예를 들어 사용후기가 검증된 거래에 근거한 것이라고 주장되는지 여부, 대가에 기한 사용후기 작성도 허용하는지 여부, 처음부터 사용후기 시스템이 일정한 기간 동안만 사용후기를 게시하도록 하고 있는지 여부 등 그 양상이 다양할 수 있으므로 공개해야 할 사용후기의 수집, 처리에 관한 정보를 부분적으로라도 법률 차원에서 예시해 주는 것이 사업자의 예측가능성 차원에서 필요해 보인다. 이는 전자상거래법 전부개정안 제16조 제4항에 따라 공개되어야 할 정보에 후기의 순서를 결정하는 주요한 매개 변수 및 사용후기가 게시되는 상대적 중요도가 포함되는 것으로 볼 경우 더욱 그러하다.[46] 검색결과 및 검색순위를 결정하는 기준 공개에 있어서와 마찬가지로 법률 차원의 보완이 필요하다고 생각된다.[47]

그 밖에 재고의 여지가 있는 자구상의 표현을 생각해 보면 우선 조문의 표제를 구체화할 필요성이 있다고 보인다. 현재 표제는 "정보의 투명

46_ 예컨대 어뷰징 예방 차원에서 온라인 플랫폼 운영자는 고객 일반에게 피해를 주는 사용후기 시스템 조작에 쉽게 사용될 수 있는 정보를 공개할 필요는 없을 것이다.

47_ ELI의 온라인플랫폼모델법은 이용후기 시스템의 운영과 관련하여 정보제공의무 수준을 넘어서는 다양한 주의의무를 부과하고 있다. 대표적으로 1) 플랫폼 운영자가 사용후기가 검증된 거래에 근거한 것이라고 주장한다면 플랫폼 운영자는 그 거래의 당사자로부터 비롯된 사용후기라는 것을 보장해야 할 의무, 2) 만약 플랫폼 운영자가 사용후기의 작성자가 사용후기 작성에 어떠한 이익을 받았다는 것을 알았거나 알았어야만 하는 경우라면 이러한 사정을 표시할 의무, 3) 사용후기는 정당한 이유가 있는 경우에만 게시가 거부되거나 삭제될 수 있고, 사용후기의 작성자에게는 지체 없이 그 사용후기의 게시거부 또는 삭제 사실과 그 거부 또는 삭제의 이유를 통지할 의무 4) 사용후기 시스템이 일정한 기간 동안만 사용후기를 게시하는 경우라면, 이 기간을 플랫폼 이용자에게 표시할 의무 등을 부과하고 있다(제6조). 김상중 · 이병준 · 황원재 · 정신동 · 박미영, "ELI 보고서: 온라인 플랫폼 모델법", 「소비자법연구」 제7권 제1호, 2021, 414면 참조.

성 확보 조치"로 표현되어 있는데 광고와 검색결과의 구분, 검색순위 결정기준 공개 및 이용후기 수집 및 처리사항 공개를 규정하면서 정보의 투명성이라는 자구를 사용하는 것은 너무 포괄적 개념을 사용하는 인상을 지우기 힘들어 보인다. 언급된 사항 외에도 정보라 표현할 사항은 매우 많을 것이기 때문이다. 따라서 '검색결과 및 이용후기 투명성 확보'라고 수정하는 것도 하나의 보완책이 될 수 있다고 생각된다. 나아가 후기라는 개념을 사용함에 있어 이 표현에 (소위 별점 부여와 같은) 등급 평가도 포함된다는 사실을 보완하는 것이 의미 있다고 생각된다. 일반적으로 이용후기(後記)라 하면 이용 후에 이를 평가하는 뒷날의 기록 내지 글을 뜻하는 것으로 이해되고, 등급평가의 경우 이것이 산술적으로 평균값을 도출해 표시하는 등 텍스트로 남겨지는 후기와 다른 특성이 있기 때문이다.

끝으로 전자상거래법 전부개정안 제16조 제2항이 검색순위를 결정하는 데 이용되는 주요 '결정 기준'을 공개해야 한다고 규정하여 "기준"이라는 용어를 사용하고 있는데, 이를 정확히 매개변수(媒介變數) 내지 파라미터(parameter)라고 표현하는 방안을 검토할 필요가 있다고 생각된다. 결론적으로 공개되어야 할 사항들에 있어 큰 차이가 없을 수도 있지만 엄격히 고찰해 보았을 때 이들이 가지는 의미가 (특히 알고리즘 분야의 용어 사용례를 고려해 보면) 완전히 동일하지는 않기 때문이다. EU P2B법, EU 개정 소비자권리지침 및 ELI 온라인 플랫폼 모델법 등 주요한 EU 입법례들이 모두 파라미터(parameter)라는 용어를 사용하고 기준(criteria)이라는 표현을 사용하고 있지 않음을 고려할 필요가 있다고 생각된다.

4. 맞춤형 광고 규율

전자상거래법 전부개정안 제18조(소비자에 관한 정보의 이용 등) …

⑤ 온라인판매사업자는 소비자의 기호, 연령, 성별, 소비습관, 구매내역 등의 특

징에 따라 소비자에게 상품이나 서비스의 검색결과를 제공하거나 재화 등을 추천(이하 "맞춤형 광고"라 한다)하는 경우에는 그 내용과 방법을 사전에 소비자에게 고지하고, 맞춤형 광고의 수신 여부를 소비자가 선택할 수 있도록 하여야 한다.
④ 온라인판매사업자는 제3항에 따라 소비자가 맞춤형 광고 대신 해당 소비자의 특성이 반영되지 않은 일반적인 검색결과 또는 광고의 수신을 선택하는 경우에는 해당 정보를 소비자에게 제공하여야 한다.
⑤ 공정거래위원회는 제3항 및 제4항에 따른 맞춤형 광고의 고지의 내용과 방법, 맞춤형 광고에 대해 소비자가 선택할 수 있도록 하는 방법을 정하여 고시할 수 있다.

전자상거래법 전부개정안은 제18조에서 소비자에 관한 정보의 이용 등이라는 표제하에 맞춤형 광고 등 정보이용 시 고지의무를 규율하고 있다. 그 입법이유에 의하면 소위 타깃형 광고 등 맞춤형 광고가 크게 늘어나고 있으나, 소비자는 이를 일반광고와 구분할 수 없어 합리적 선택을 제약받게 되므로, 맞춤형 광고 제공 시 그 사실을 고지하도록 하고, 소비자가 맞춤형 광고를 거부할 경우 일반광고를 선택할 수 있도록 규정하였다고 한다.[48] 이처럼 맞춤형 광고의 투명성 등을 확보하기 위한 유사한 입법적 시도는 EU DSA에서도 발견되는데 맞춤형 광고가 제공되는 수신자를 결정하기 위해 사용되는 주요 매개변수에 대해 의미 있는 정보를 고지하도록 하고 있다.[49] 2020년 10월 EU 의회 내 법제위원회에서 DSA 제정과 관련하여 발표한 보고서에서는 맞춤형 광고 내지 개인화된 광고 자체를 금지하는 방안에 대해서도 언급이 되었지만,[50] EU 집행위원회가 2020년 12월 제안한 법안에서는 맞춤형 광고 그 자체를 금지하는 방안 대신 투명성을 강화하는 방안을 제시하였다.

여기서 규율대상이 되고 있는 맞춤형 광고는 인공지능 알고리즘, 사

48_ 전자상거래 등에서의 소비자보호에 관한 법률 전부개정법률(안) 4면.

49_ DSA Art. 24 c). DSA상 온라인 광고에 관한 투명성 의무에 대해서는 이병준, "유럽연합 디지털 서비스법을 통한 플랫폼 규제—디지털 서비스법 초안과 그 시사점을 중심으로", 한국유통법학회 2021년 춘계학술대회 자료집, 2021, 39면 이하 참조.

50_ Europäisches Parlament, Bericht des Rechtsausschusses mit Empfehlungen an die Kommission zum Gesetz über digitale Dienste, 05.10.2020, A9-0177/2020, S. 11.

물인터넷 및 빅데이터로 대변되는 4차산업혁명 시대에 기업의 중요한 마케팅 전략이자 중요 수익구조와도 연관되어 있기 때문에 사업자의 입장에서는 그 의미가 매우 크다고 말할 수 있다. 온라인 사업자가 이용자에게 더 나은 서비스를 제공하기 위하여 고객을 분석하는 것은 매우 흔한 일이며, 개인의 선호도에 따라 제공되는 광고가 불특정 다수인에게 무작위로 제공되는 광고보다 수신자의 거부감이 덜할 수도 있다. 그러나 맞춤형 광고는 이를 수신하는 소비자에 있어 개인 프라이버시 및 개인정보 통제와 관련하여 적지 않은 문제를 야기하기도 한다. 임신한 사실을 숨기고 싶어하는 미성년자에게 임산부 용품에 대한 온라인 타깃팅 광고가 행해지거나, 화상에 기한 흉터 치료를 위해 성형외과 웹사이트를 검색 및 방문하였는데 이로 인한 행태정보를 토대로 수신하고 싶지 않은 각종 미용 성형수술 광고를 접하게 되는 등의 경우를 생각해 보면 소비자에 있어서 맞춤형 광고 수신에 대한 통제권을 행사하도록 하는 것도 매우 중요한 법적 과제라 말할 수 있다. 현재 이러한 맞춤형 광고 및 행태 정보 수집과 관련해서 가장 자세히 지침을 제시하고 있는 규범은 2017년 7월 "온라인 맞춤형 광고 개인정보보호 가이드라인"[51]이다.[52] 이 가이드라인은 온라인 행태정보를 "웹 사이트 방문 이력, 앱 사용 이력, 구매 및 검색이력 등 이용자의 관심, 흥미, 기호 및 성향 등을 파악하고 분석할 수 있는 온라인상의 이용자 활동정보"로, 온라인 맞춤형 광고를 "행태정보를 처리하여 이용자의 관심, 흥미, 기호 및 성향 등을 분석·추정한 후 이용자에게 맞춤형으로 제공되는 온라인 광고"로 정의하면서,[53] 온라인 행태정보 수집·이용의 투명성과 이용자의 통제권 보장

51_ 방송통신위원회·한국인터넷진흥원, 온라인 맞춤형 광고 개인정보보호 가이드라인, 2017.2.

52_ 이의 실효성에 의문을 제기하는 문헌으로 박성용, "온라인맞춤형광고 개인정보보호 가이드라인에 대한 비판적 검토", 「소비자문제연구」 제48권 제3호, 2017, 224면 이하 참조.

53_ 방송통신위원회·한국인터넷진흥원, 온라인 맞춤형 광고 개인정보보호 가이드라인, 2017. 2, 1면.

에 관한 사항을 제시하고 있다. 언급한 전자상거래법 전부개정안 제18조 제3항 및 제4항에서 규정하고 있는 맞춤형 광고의 규율은 대체로 "온라인 맞춤형 광고 개인정보보호 가이드라인"에서 제시하고 있던 기준과 유사한 것인데 이를 준수해야 하는 사업자의 범위를 온라인 맞춤형 광고 사업자[54]뿐만 아니라 온라인 광고 매체 사업자[55]에게까지 확대될 수 있다는 점에 그 특색이 있다. 나아가 전자상거래법 전부개정안 제18조가 "온라인 맞춤형 광고 개인정보보호 가이드라인"에서 보다 좀 더 강화된 규제를 시도하는 사항도 있는데 맞춤형 광고의 수신 여부를 소비자가 선택할 수 있도록 하고, 소비자가 맞춤형 광고 대신 일반적인 광고 수신을 선택할 수 있도록 규정한 것이 이에 해당한다. 현재 "온라인 맞춤형 광고 개인정보보호 가이드라인"에서는 이용자가 행태정보의 제공 및 온라인 맞춤형 광고 수신 여부를 쉽게 선택할 수 있는 다양한 통제 수단과 이용방법이 제공되어야 한다고 하면서, ⅰ) 이용자가 맞춤형 광고 수신 여부를 광고 화면 또는 관련 링크 등을 통해 직접 결정할 수 있는 통제 수단을 제공하는 방식, ⅱ) 이용자가 PC, 스마트폰 등의 단말기에서 쿠키 및 인터넷 이용기록을 삭제·차단함으로써 인터넷 맞춤형 광고를 통제할 수 있는 방법을 설명하거나 링크하는 방식으로 안내하는 형태 중 어느 하나만 조치해도 충분한 것으로 안내하고 있다.[56] 이는 전자상거래법 전부개정안이 보장하도록 하는 소비자의 통제권에 비해 약한 수준에 해당하는 것으로 어떤 규율 방식이 적정한 것인지는 면밀한 검토가 필요해 보인다. 끝으로 전자상거래법 전부개정안이 정의하고 있는 맞춤형광고의 범위가 지나치게 넓은 것은 아닌지 재고의 여지가 있다. 전부개정안에 의하면 연령, 성별과 같이 온라인상의 행태정보 또는 활

54_ 동 가이드라인에 의하면 "자사 또는 타사의 웹사이트 및 앱 등 온라인 매체를 통해 행태정보를 수집하고, 온라인 맞춤형 광고를 전송하는 사업자"를 말한다.

55_ 동 가이드라인에 의하면 "자사 웹사이트 및 앱 등 온라인 매체를 통해 행태정보의 수집을 허용하거나 온라인 맞춤형 광고가 전송되도록 하는 사업자"를 말한다.

56_ 방송통신위원회·한국인터넷진흥원, 온라인 맞춤형 광고 개인정보보호 가이드라인, 2017. 2, 4면 이하.

동정보라고 보기 힘든 정보를 활용하는 경우에도 맞춤형광고로 포섭될 수 있기 때문이다. 규제대상으로서의 맞춤형광고를 좀 더 명확히 한정하는 것이 필요해 보인다.

5. 온라인 플랫폼 운영사업자의 정보제공 의무 확대

전자상거래법 전부개정안 제24조(온라인 플랫폼 운영사업자의 정보제공의무 등)

① …

② 온라인 플랫폼 운영사업자는 자신이 운영하는 온라인 플랫폼을 통하여 재화 등의 거래가 중개되는 경우 자신이 직접 제공하는 재화 등과 온라인 플랫폼 이용사업자가 제공하는 재화 등을 구분하여 표시하여야 한다.

③ …

④ 온라인 플랫폼 운영사업자는 자신이 운영하는 온라인 플랫폼을 통하여 재화 등의 거래를 중개하는 경우 온라인 플랫폼 이용사업자의 청약의 접수, 대금수령, 결제, 대금환급, 배송 등 일부 업무를 수행하는 때에는 해당 업무의 내용을 소비자의 청약 전까지 소비자에게 제공하여야 한다.

---

(1) 소위 하이브리드형 플랫폼 운영자 문제의 해결

전자상거래법 전부개정안은 제24조에서 온라인 플랫폼 운영사업자의 정보제공 의무를 확대하는 방안을 마련하고 있는데 구체적으로 중개거래와 직매입을 혼용하는 플랫폼이 증가하고 있으나, 이를 구분표시 하지 않아 소비자가 중개거래 상품을 직매입 상품으로 오인하고 구매할 가능성이 상존하므로, 온라인 플랫폼 운영사업자에게 중개거래와 직매입 상품을 분리하여 표시 · 고지하도록 하고, 거래과정에서 수행하는 청약접수, 대금수령 등 업무내용을 소비자에게 정보제공 하도록 의무화했다고 입법이유를 밝히고 있다.[57]

소위 플랫폼 내 입점사업자 시각에서 바라보았을 때 몇몇 온라인 플랫폼이 단순히 중개자로서의 지위뿐만 아니라, 동시에 직접 재화 또는

57_ 전자상거래 등에서의 소비자보호에 관한 법률 전부개정법률(안) 6면.

서비스를 판매하는 공급자의 지위를 가져 제3의 입점 사업자와 경쟁 구도를 형성하는 경우가 문제 될 수 있음은 이미 널리 알려져 있다(소위 하이브리드형 전자상거래 플랫폼 운영자의 문제). 이러한 문제는 온라인 중개 플랫폼 자신이 스스로 판매자로 등장하는 경우뿐만 아니라, 예컨대 플랫폼의 자회사와 같이 법적 · 경제적 연결고리가 형성되어 있는 자를 통해 입점사업자와 경쟁구도를 만드는 경우에도 발생할 수 있는데, 어느 경우든 온라인 플랫폼이 판매하는 상품과 제3의 입점사업자가 플랫폼을 통해 판매하는 상품을 소비자가 쉽게 구분할 수 없다는 문제가 발생한다. 자신이 직접 판매하는 온라인 쇼핑몰과 온라인 중개시장의 결합이 특정 도메인 내 하나의 웹사이트에서 나타나고, 소비자의 시각에서는 온라인 플랫폼 운영자의 이러한 '이중적 역할'을 인식하기 매우 힘들 것이기 때문이다. 이러한 맥락에서 전자상거래법 전부개정안 제24조 제2항이 온라인 플랫폼 운영사업자 자신이 직접 계약 당사자가 되는 경우와 다른 플랫폼 이용사업자가 판매하는 경우를 구분하여 표시하도록 하고 있는 것은 그 의미가 매우 크다고 볼 수 있다. 이는 전부개정안 제25조가 계약당사자 오인가능성을 기초로 구분 표시의무가 제대로 이행되지 않은 경우 특정 요건하에 플랫폼 이용사업자와 함께 운영사업자도 연대배상책임을 부담하도록 하고 있다는 점에서 더욱 그러하다(제25조 제1항). 다만 전자상거래법 전부개정안 제24조 제2항은 "온라인 플랫폼 운영사업자는 … 자신이 직접 제공하는 재화 등과 온라인 플랫폼 이용사업자가 제공하는 재화 등을 구분하여 표시하여야 한다"고 규정하여 '제공'이라는 개념을 사용하고 있는데 이로써 규율대상이 되는 사안이 명확하게 표현되고 있는지에 대해서는 의문이 제기될 수 있다. 제공이라는 용어를 판매로 대체하는 방안 내지 '자신이 직접 계약 당사자로서 판매하는 경우'로 좀 더 구체적으로 기술하는 방안을 고려할 필요가 있어 보인다.

(2) 소위 면책고지 조항의 삭제?

나아가 전자상거래법 전부개정안은 온라인 플랫폼 운영사업자의 정보제공의무 및 책임과 관련하여 소위 현행 전자상거래법상의 면책고지 조항을 삭제하였다. 현행 법률상 온라인 플랫폼 운영사업자는 소비자와의 계약당사자가 아님을 소비자에게 간단히 고지만 하면 '입점업체의 고의 · 과실로 인한 재산상 손해'에 대한 책임이 면책되어 소비자 보호가 매우 취약한 상태라고 하면서 이러한 고지의무는 무의미한 것으로 판단하였는데 이에 대해서는 상당한 의문이 제기될 수 있다.

첫째, 현행 전자상거래법 제20조 제1항과 제20조의2 제1항의 규율 내용에 대해 소위 '면책고지'라는 표현을 사용하는 것이 적절한지 비판적 시각이 있을 수 있다. 이들 조항들은 통신판매중개자가 자신이 통신판매의 당사자가 아니라는 사실을 소비자가 쉽게 알 수 있도록 고지하지 않으면 통신판매중개의뢰자의 고의 또는 과실로 소비자에게 발생한 재산상 손해에 대하여 통신판매중개의뢰자와 연대하여 배상할 책임을 진다고 규정하고 있다. 즉 해당 고지의무를 위반하는 경우 연대배상책임을 진다고 규정하고 있지, 해당 고지의무를 이행할 시 중개자로서 부담할 수 있는 연대배상책임이 모두 면제된다고 규정하고 있지는 않다. 그럼에도 불구하고 (또한 대표적인 소비자보호법임에도 불구하고) 이를 면책고지라고 칭하면서 소비자에게 불리한 반대해석을 한 것은 상당히 부적절하다고 생각된다. 다른 법리에 기해 (고지의무 이행에도 불구하고) 통신판매중개자가 판매자에 의해 야기된 손해에 대해 연대책임을 부담할 사안이 충분히 있을 수 있기 때문이다. 둘째 이것을 소위 면책조항으로 본다 할지라도 전자상거래법 전부개정안에서 중개자가 계약당사자가 아님을 고지할 의무 자체를 삭제한 것이 타당한지는 매우 의문이다. 전부개정안에 의하면 거래의 투명성 확보를 위해 여러 가지 정보제공의무들이 온라인 플랫폼 운영사업자에게 부과되고 있지만, 플랫폼 사업자가 특정 거래에 있어 중개자로서 역할만 담당하고 계약 당사자가 아님을 소비자에게 알리는 것은 투명성 확보를 위한 가장 기본적인 의무로서 다른 특별 정보제공의무에 앞서는 것으로 보아야 하기 때문이다. 유사한 맥락에서 ELI 온라인 플랫폼 모델법에서도 플랫폼 이용자에 대한 플랫폼 운영자의 다양한 정보제공의무를 규정하면서 '플랫폼 역할'에 대한 정보제공의무도 부과하고 있다(제13조). 즉 플랫폼 운영자는 고객이 플랫폼 운영자가 아니라 공급자와 계약을 체결하는 과정에 들어간다는 점을 가급적 이른 시점에 그리고 공급자와 고객 간 계약이 체결되기 직전에 현저한 방식으로 고지하도록 하여 중개자로서의 자신의 역할에 대해 고지할 플랫폼 운영자의 의무를 규정하고 있다.[58] 이러한 정보는 '고객의 여정(customer journey)' 기간 전체에 걸쳐 이용할 수 있어야 하므로 특별히 플랫폼 운영자에게 '가급적 이른 시점에' 그리고 '공급자와 고객 간 계약이 체결되기 직전에' 정보를 제공할 것을 요구하고 있다.[59] 국내 전자상거래법 전부개정안에서 특정 거래에 있어 플랫폼 운영사업자가 계약당사자가 아님을 고지할 의무 자체를 삭제한 것은 재고가 필요해 보인다.

6. 대체적 분쟁해결기능의 강화

전자상거래법 전부개정안 제35조(전자상거래 소비자분쟁조정위원회의 설치) ① 이 법의 적용을 받는 전자상거래 등에 관한 분쟁을 조정하기 위하여 「소비자기본법」 제33조에 따른 한국소비자원(이하 "소비자원"이라 한다)에 전자상거래 소비자분쟁조정위원회(이하 "조정위원회"라 한다)를 둔다.

58_ ELI Model rules Article 13 (Duty to Inform About the Role of the Platform) At the earliest opportunity and directly before the conclusion of the supplier-customer contract, the platform operator must inform the customer, in a prominent manner, that the customer will be entering into a contract with a supplier and not with the platform operator.

59_ 이 고지의무를 위반한 경우 소비자는 판매자에게 행사할 수 있는 모든 권리와 구제수단을 플랫폼 운영자에게도 행사할 수 있게 된다. 계약 당사자의 오인가능성을 기초로 마련된 조항이라는 점에서 타당한 법률효과로 판단된다. 김상중 · 이병준 · 황원재 · 정신동 · 박미영, "ELI 보고서: 온라인 플랫폼 모델법", 「소비자법연구」 제7권 제1호, 2021, 427면 이하 참조.

전자상거래법 전부개정안은 제35조 이하에서 전자상거래 소비자분쟁조정위원회 설치 및 운영에 관한 사항을 규정하고 있다. 그 입법이유로서 한국소비자원의 '소비자분쟁조정위원회' 조정건수 중 전자상거래분쟁조정 건수 · 비중이 지속적으로 증가하고 있고, 특히 소비자-플랫폼-입점업체 3면 관계의 거래구조 성격상 3자가 관련된 분쟁을 일회적으로 해결해야 하는 등 특화된 분쟁조정 기구가 필요하므로, 한국소비자원에 전자상거래 관련 분쟁조정을 전담하는 '전자상거래 소비자분쟁조정위원회'를 설치 · 운영하도록 한다고 밝히고 있다.[60] 이미 소비자기본법상 소비자분쟁조정위원회가 규정되어 운영되고 있음에도 불구하고 전자상거래 소비자분쟁조정위원회를 신설하는 것은 소비자-플랫폼-입점업체 3자가 관련된 분쟁을 일회적으로 해결해야 할 필요성에서 근거지어질 수 있다고 생각되고, 이러한 차원에서 전자상거래 소비자분쟁조정위원 자격 및 필수참가 위원을 적절히 제시하고 있다고 판단된다.

소비자 거래와 관련된 분쟁은 대개 소액 사건인 경우가 대부분이라 법원 밖에서의 분쟁해결, 즉 대체적 분쟁해결이 가지는 의의는 매우 크다. 특히 국내 소비자 분쟁의 경우 소비자 상담, 피해구제, 분쟁조정이라 일컬어지는 각각의 단계별로 소비자단체, 지방자치단체, 한국소비자원 및 소비자분쟁조정위원회가 기능하고 있다는 점에서 매우 밀도 있는 분쟁해결구조를 운영하고 있다. 이에 더하여 전자상거래법 전부개정안은 '전자상거래 분쟁조정위원회'를 추가로 도입 · 운영하고자 하는 것으로서 그 의의가 적지 않다고 생각된다. 이처럼 디지털 세계에서의 사업자와 이용자 간 분쟁에 대해 법원 밖에서의 해결이 강조되고 있는 현상은 최근 EU에서도 분명히 드러나고 있는데,[61] 구체적으로 DSA는 (국내 전자상거래법에는 이미 도입되어 있는) 온라인 플랫폼으로 하여금 접근이 쉽

60_ 전자상거래 등에서의 소비자보호에 관한 법률 전부개정법률(안) 7면.

61_ 이에 대한 소개로 이병준, "유럽연합 디지털 서비스법을 통한 플랫폼 규제－디지털 서비스법 초안과 그 시사점을 중심으로", 한국유통법학회 2021년 춘계학술대회 자료집, 2021, 36면.

고 신속히 처리될 수 있는 내부 불만처리 시스템(Internal complaint-handling system)을 운영할 의무를 새롭게 도입하면서(제17조),[62] 그 외에 법원 밖의 독립성, 수단, 전문지식 등을 갖춘 인증기관에 의한 대체적 분쟁해결 가능성(Out-of-court dispute settlement)을 통하여 공정하고 신속하며 비용에서도 효율적인 분쟁해결 가능성에 대한 규정을 마련하도록 하고 있다(제18조). 그리고 이러한 대체적 분쟁해결 가능성은 법원을 통한 사법적 구제에 보완적 기능을 담당하고 법원을 통한 구제 가능성에 영향을 미쳐서는 안 된다고 한다. 이러한 차원에서, 즉 전자상거래 사업자 자체적 분쟁해결 시스템과 외부의 독립된 인증기관에 의한 법원 밖 분쟁해결이 강조되고 있는 맥락에서 국내 전자상거래법 전부개정안과 EU는 대단히 유사한 지향점을 가지고 있다.

나아가 전자상거래법 전부개정안은 소비자보호법 영역에 '동의의결제도'를 도입하는 새로운 시도를 실시하고 있다. 전자상거래에서의 '허위 · 과장 · 기만적 소비자유인행위'는 동시다발적 소비자 피해를 야기하나 피해금액이 소액인 이유로 소송을 통한 권리구제가 어려운 측면이 있으므로, 전자상거래사업자의 '허위 · 과장 · 기만적 소비자유인행위'에 대한 신속하고 효과적인 피해구제를 위해 동의의결제도를 도입한다고 설명하고 있다.[63] 동의의결제도는 미국에서 유래된 제도로서,[64] 경쟁당국의 조사 · 심의의 대상이 되는 행위에 대해 사업자가 스스로 시정방안을 마련하여 경쟁당국에 신청하면, 경쟁당국이 이를 검토한 결과 제출된 시정방안의 타당성이 인정되는 경우, 해당 행위의 위법성 여부를 묻지 않고 신속하게 사건을 종결시키는 제도이다. 현재 국내에서는 공정거래법[65]과 표시광고법[66]에 동의의결제도가 도입되어 활용되고 있다.

62_ DSA 입법이유 44 참조.

63_ 전자상거래 등에서의 소비자보호에 관한 법률 전부개정법률(안) 7면 이하.

64_ 주요국의 동의의결제도 현황에 대해서는 송혜진 · 박희주, 「동의의결제도의 실효성 확보를 위한 운영방안 연구: 동의의결 이행관리를 중심으로」, 한국소비자원 정책연구 20-11, 2020, 18면 이하 참조.

65_ 독점규제 및 공정거래에 관한 법률 [시행 2020. 8. 12.] [법률 제16998호, 2020. 2. 11.,

이런 상황에서 전자상거래법 전부개정안이 동의의결제도를 도입하고 있는 것은 (표시광고법에 경쟁법적 성격이 있다는 점을 고려하여) 경쟁법적 영역을 넘어서서 순수한 소비자거래 영역에 도입된다는 점에서 그 의의가 적지 않다고 생각된다. 앞서 언급한 바와 같이 오늘날 대량생산·대량소비의 시대에 소비자는 소액·다수의 피해에 직면하는 경우가 많고, 이를 법원 내에서 소송으로 해결하는 것은 현실적으로 그 어려움이 크다는 점에서 실질적인 소비자피해구제를 위한 보충적 수단으로 동의의결제도가 기능할 수 있을 것이다. 다만 실제에 있어 동의의결제도 운용의 신뢰를 어떻게 형성해 나갈 것인가 그리고 공정거래위원회 동의의결 집행의 신속성은 어떻게 담보될 수 있는가에 대한 고민은 앞으로의 과제라 하겠다.[67]

결론적으로 전자상거래 분쟁조정위원회의 신설 및 소비자보호법 영역에 동의의결제도 도입 등은 법원 밖에서의 대체적 분쟁해결을 강화한다는 점에서 그 기초를 공유하는 것이고, 이는 EU의 DSA와도 유사한 방향성을 설정하는 것으로서 실질적인 소비자 권익증진에도 상당히 기여할 것으로 기대된다.

7. 온라인상 개인 간 거래의 규율

전자상거래법 전부개정안은 제29조에서 개인 간 전자상거래에서의 소비자 보호 방안을 규정하고 있다. 중고마켓 등 개인 간 플랫폼을 통한 거래가 급증하고 있으나 소비자 피해구제 및 분쟁 조정이 미흡한 측면이 있으므로, 개인 간 거래 온라인 플랫폼 운영사업자로 하여금 신원정

타법개정].

66_ 표시·광고의 공정화에 관한 법률 [시행 2018. 12. 13.] [법률 제15699호, 2018. 6. 12., 일부개정].

67_ 이러한 차원에서 동의의결제도의 실효성 확보를 위한 개선방안을 제시하는 최근 문헌으로 송혜진·박희주, 「동의의결제도의 실효성 확보를 위한 운영방안 연구: 동의의결 이행관리를 중심으로」, 한국소비자원 정책연구 20-11, 2020, 61면 이하 참조.

보 확인 및 분쟁발생 시 제공 의무를 명확히 하고, 판매자에 대한 결제대금예치제도 활용 등 권고 의무를 부과한다고 설명되고 있다.[68] 특히 개인 간 거래 온라인 플랫폼 운영사업자로 하여금 신원정보 확인의무와 분쟁발생 시 이를 제공할 의무를 부과하고 있는 것은 (비록 현행 전자상거래법에 유사한 규율이 이미 규정되어 있다 할지라도) 논쟁의 여지가 있어 보인다. SNS 플랫폼 내 일반 게시판과 같이 거래를 목적으로 마련되지는 않은 플랫폼이 아니라 중고마켓 등 처음부터 거래를 목적으로 마련된 플랫폼에게 이러한 의무가 부과된다는 점에서 어느 정도 설득력이 있을 수 있는 반면, 판매자가 사업자성을 가지지 않는 순수한 Peer임에도 불구하고 이들의 신원정보를 노출시킬 수 있다는 점에서 반대의견 또한 충분히 가능하다고 생각한다. 또한 개인 간 거래라고 하면서 '개인판매자-소비자' 관계라는 표현을 사용하여 마치 개인들의 거래도 소비자문제인 듯이 규정된 것은 재고의 여지가 있어 보인다. C2C라는 표현보다 P2P라는 용어가 더 적절한 이유이기도 하다.

나아가 전자상거래법 전부개정안 제29조의 내용과는 별도로 이번 전자상거래법 전부개정안이 온라인상 개인 간 거래에 있어 '소비자' 보호를 강화한다고 하면서 P2P 거래 플랫폼과 관련하여 해결되어야 할 가장 기본적인 문제, 즉 개인 간 거래에서는 법령에 의해 보장되는 소비자법상의 권리가 발생되지 않는다는 점을 알리는 과제는 도외시되었다는 지적이 가능하다. 특히 '소비자가 개인간 거래의 경우 청약철회권 등 소비자보호법상 권리가 인정되지 않는다는 점을 명확히 인식하고 계약을 체결하는가?'에 대한 해답은 향후 과제로 남겨져 있는 상황이다. 사업자와 개인이 공존하는 플랫폼에서 이들과 계약을 체결하는 소비자들은 개인들과 거래하는 경우 소비자법에 의한 보호를 받지 못함을 인식하지 못하고 계약을 체결하는 경우가 많다. 기본적으로 판매자가 사업자인지 개인인지를, 즉 판매자의 지위에 대한 명시적 고지를 하도록 하면서, 개

68_ 전자상거래 등에서의 소비자보호에 관한 법률 전부개정법률(안) 7면.

인의 경우 소비자법에 의한 보호를 받지 못함을 구매자인 소비자에게 알릴 필요가 있다. 비교법적으로 이러한 특별 정보제공의무는 이미 EU 개정 소비자권리지침[69]과 ELI 온라인 플랫폼 모델법[70]에 규정되어 있는데, 개인 간 거래 온라인 플랫폼 운영사업자에게 부과되어야 할 1차적인 의무로서 향후 논의될 필요가 있다고 생각된다.

8. 규율의 공백: 온라인 구독경제 시대에 소비자보호 강화

최근 온라인 시장에서 소비자가 상품 및 서비스를 이용함에 있어 월 이용료를 지불하고 필요한 기간만큼 사용하는 '구독'의 소비행태가 하나의 경향으로 뚜렷이 나타나고 있다. 그런데 이러한 구독경제가 보편적인 거래 현상이 된 만큼 온라인상의 계속적 계약관계와 관련하여 다양한 소비자 문제가 발생하고 있다. 특히 소비자들이 선택을 번복하는 것을 귀찮아하는 성향을 노린 소위 '다크 넛지(dark nudge)'[71]와 관련된 분쟁이 지속적으로 발생하고 있는데,[72] 예컨대 디지털 음원서비스 등에서 최

69_ 제6a조 온라인 시장에서 체결된 계약에 있어서 추가적인 정보제공의무 (1) 소비자가 온라인 시장에서 원거리 계약 또는 이에 상응하는 계약의 청약에 구속되기 전에 온라인 시장 운영자는 명확하고 이해하기 쉽고 사용 중인 원격통신수단에 적합하게 다음과 같은 정보를 소비자에게 제공한다.

a) …

b) 상품, 서비스 또는 디지털 콘텐츠를 제공하는 제3자의 온라인 시장에 대한 정보제공에 기초하여 사업자인지의 여부;

c) 상품, 서비스 또는 디지털 콘텐츠를 제공하는 제3자가 사업자가 아니라면 유럽연합 소비자보호법에 규정된 소비자권리는 그 계약에 적용되지 않는다;

70_ 제14조 공급자에 대한 정보를 제공할 의무 1. 플랫폼 운영자는 공급자와 고객 사이의 계약이 체결되기 직전에 현저한 방식으로 공급자가 자신의 물품, 서비스 또는 디지털 콘텐츠를 사업자로서 제공하는지 여부를 고객에게 고지해야 한다. 공급자가 사업자가 아닌 경우 플랫폼 운영자는 소비자 법이 공급자와 고객 사이의 계약에 적용되지 않는다는 점도 고객에게 고지해야 한다.

71_ 옆구리를 슬쩍 찌른다는 뜻의 넛지(nudge)와 어두움을 의미하는 다크(dark)가 결합된 단어로 팔꿈치로 툭 옆구리를 찌르듯 비합리적 구매를 유도하는 상술을 지칭하는 신조어를 말한다.

초 가입 시에 할인을 제공하거나 무료 혜택을 제공한 뒤 특정 기간 이후 자동으로 본래의 유상계약으로 전환되는 계약을 체결하였는데 이후 특별한 고지 없이 또는 충분한 고지 없이 유상계약으로 전환하여 자동결제를 진행하는 경우, 또는 할인이 제공되거나 무료 혜택이 제공되는 기간이 도과되기 전 해지할 수 있는 방법을 매우 어렵거나 성가시게 설계하여 사실상 소비자가 계약의 해지를 스스로 포기하도록 유도하는 경우가 그러하다.[73]

이처럼 계약 내용이 특정 기간 이후 수정되는 계속적 계약관계에 있어서는 대개 소비자들이 구독계약을 체결할 때 장래의 계약내용 변경에 대한 명시적 동의를 하게 되어 있다. 그러한 소비자의 동의 의사표시가 없는 경우에는 계약의 효력 자체에 이의를 제기할 수 있겠지만, 대개의 구독경제에 있어서는 최초 가입 시 사업자들의 고지가 이뤄지고 이에 대해 소비자가 동의의 의사표시를 하는 경우가 일반적이다. 따라서 온라인 구독경제 시대에 소비자보호를 강화하기 위해서는 소비자의 해지권 행사를 실질적으로 보장하는 것에 초점을 맞추는 것이 더 중요하다고 생각된다. 오늘날 많은 사람들이 온라인상의 서비스를 제공받기 위해 다수의 구독계약을 체결하고 있기 때문에 개별 계약마다 해지기간을 사전에 충분히 인지하고 해지권 행사 여부를 숙고하는 것은 매우 비현실적인 경우가 많다. 이는 체결된 구독계약에 기해 지불되는 월정액이 소액에 해당하는 경우 더욱 그러할 것이다. 이에 사적자치원칙상의 자기결정권을 조금 더 실질적으로 보장한다는 차원에서 유상계약으로의 전환 내지 할인기간의 종료 전 최소 2회 이상의, 충분한 기간을 둔 해지권 행사 여부에 대한 고지가 필요하다고 생각한다. 이러한 차원에서 구독경제상의 소비자 문제에 대해 이번 전자상거래법 전부개정안이 침묵

72_ 최근 다크 넛지 현상과 관련된 온라인상의 피해 현황에 대해서는 권동욱, 「신유형 소비자문제(다크 넛지) 실태조사」, 한국소비자원, 2019, 3면 이하 참조.

73_ 최근 모바일을 통한 해지를 제한하고 유선전화로만 해지가 가능하도록 하는 경우가 문제되고 있다.

하고 있는 것은 아쉽다고 평가할 수 있다.

Ⅲ. 나가며

지금까지 전자상거래법 전부개정안의 주요 내용을 토대로 하여 향후 예상되는 소비자정책의 변화를 살펴본 뒤 최근 소비자 분쟁사례를 토대로 몇몇 과제를 제시해 보았다. 구체적으로 '핵심개념으로서 온라인플랫폼 서비스 용어의 사용', '해외 플랫폼 사업자 규율을 위한 제도적 장치 도입', '검색순위 및 이용후기에 대한 적극적인 규율 시도', '맞춤형 광고에 대한 법률차원의 규제', '온라인 플랫폼 운영사업자의 정보제공 의무 확대 및 대체적 분쟁해결기능 강화'를 플랫폼 경제 시대에 부합하는 정책 패러다임으로 평가해 보았고, '온라인상의 개인 간 거래' 및 '온라인 구독경제 시대의 소비자 보호'와 관련하여 향후 심도 있는 연구와 적극적인 입법이 필요하다고 제시해 보았다. 그리고 국내 전자상거래법 전부개정안이 지향하고 있는 법 정책적 수단들이 해외의, 특히 EU의 입법 방향과 상당히 유사하다는 점도 각 쟁점별로 자세히 확인해 보았다. 이러한 세계적 규율 추세하에서 온라인 플랫폼 운영자에 대해 적합한 규율체계를 마련하고자 하는 이번 전자상거래법 전부개정 시도가 더욱 완결된 법안으로 최종 시행되어 대한민국이 플랫폼 강국일 뿐만 아니라 플랫폼 법제 선진국으로서의 면모도 충분히 갖추기를 기대해 본다.

참고문헌

강지원, "EU의 온라인 플랫폼 규칙 시행이 유통분야에 주는 시사점", 「유통법연구」 제7권 제1호 2020.

게임산업진흥에 관한 법률 전부개정법률안 국회 검토보고서(문화체육관광위원회 수석전문위원 임재주), 2021.

공정거래위원회, 전자상거래 등에서의 소비자보호에 관한 법률 규제영향분석서, 2021.

김나현, "중국 전자상거래법에 관한 소고", 「중앙법학」 제21권 제1호, 2019.

김상중 · 이병준 · 황원재 · 정신동 · 박미영, "ELI 보고서: 온라인 플랫폼 모델법", 「소비자법연구」 제7권 제1호, 2021.

김진우, "유럽연합 및 일본의 온라인 플랫폼 규율과 국내 추진법안의 비교 및 시사점", 「소비자법연구」 제7권 제1호, 2021.

권동욱, 「신유형 소비자문제(다크 넛지) 실태조사」, 한국소비자원, 2019.

박성용, "온라인맞춤형광고 개인정보보호 가이드라인에 대한 비판적 검토", 「소비자문제연구」 제48권 제3호, 2017.

서희석, "통신판매중개자의 법적 지위와 책임—전자상거래법상 통신판매중개자 책임의 재구성", 「소비자법연구」 제7권 제1호, 2021.

손영화, "EU의 디지털플랫폼규칙에 관한 소고", 「법학논집」 제25권 제2호, 이화여자대학교 법학연구소, 2020.

송혜진 · 박희주, 「동의의결제도의 실효성 확보를 위한 운영방안 연구: 동의의결 이행관리를 중심으로」, 한국소비자원 정책연구 20-11, 2020.

온라인 플랫폼 중개거래의 공정화에 관한 법률안 국회 검토보고서(정무위원회 전문위원 김원모), 2021.

이병준, "유럽연합 디지털 서비스법을 통한 플랫폼 규제—디지털 서비스법 초안과 그 시사점을 중심으로", 한국유통법학회 2021년 춘계학술대회 자료집, 2021.

이병준, "SNS마켓에서의 소비자보호", 「유통법연구」 제7권 제2호, 2020.

이병준 · 정신동 · 김세준, "플랫폼 경제시대에 있어 제조물책임법의 확장—

Oberdorf v. Amazon.com Inc. 판결을 중심으로", 「소비자법연구」 제6권 제1호, 2020.

이상윤, "유럽연합의 플랫폼 규제 동향", 「외법논집」 제44권 제3호, 2020.

최나진, "개정 전자상거래소비자보호법상의 통신판매중개자의 지위와 책임", 「외법논집」 제40권 제3호, 2016.

황태희, "온라인 중개플랫폼 사업자 규제에 대한 EU 및 국내 입법 동향에 관한 소고", 「법학연구」 통권 제63집, 전북대학교 법학연구소, 2020.

Busch, When Product Liability Meets the Platform Economy: A European Perspective on Oberdorf v. Amazon, EuCML 2019, 173.

Bender, Product Liability's Amazon Problem, 5 J.L. & Tech. Tex., 2021.

Europäisches Parlament, Bericht des Rechtsausschusses mit Empfehlungen an die Kommission zum Gesetz über digitale Dienste, 05.10.2020, A9-0177/2020.

Härting/Adamek, Digital Services Act — ein Überblick, Neue Kompetenzen der EU-Kommission und hoher Umsetzungsaufwand für Unternehmen, CR 2021, 165 ff.

Rössel, Digital Services Act — Vorschlag zur Harmonisierung der Verantwortlichkeit von Onlineplattformen, ITRB 2021, 35 ff.

2021년 전자상거래법 전부개정안에 관한 비판적 고찰* **

—온라인 플랫폼 유형별 규율 내용을 중심으로—

이병준***

Ⅰ. 들어가며

2002년도 제정된 『전자상거래 등에서의 소비자보호에 관한 법률』(이하 '전자상거래법'이라고 함)은 제정될 당시에는 매우 혁신적인 내용을 담고 있어서—세부적인 내용에 대하여는 의견이 다를 수는 있지만—그 당시로서는 IT와 전자상거래 강국으로서 한국의 위상에 어느 정도 맞는 법을 만들었다고 평가할 수 있다.[1] 특히 전자상거래 거래당사자의 관계뿐만

* 이 논문은 2021년 한국민사법학회 추계학술대회에서 발표한 글을 대폭적으로 수정 · 보완한 것임.

** 이 논문은 「유통법연구」 제8권 제2호(2021)에 게재된 것입니다.

*** 한국외국어대학교 법학전문대학원 교수.

1_ 이에 관하여 자세한 것은 이미 이병준, "전자상거래에 관한 법제의 현황과 과제—전자상거래소비자보호법의 의미와 그 문제점을 중심으로", 외법논집 제32권, 2008, 265면 이하; 이병준, "한국 전자상거래소비자보호법상 규율대상의 현황과 과제", 「외법논집」 제39권 제4호, 2015, 159면 이하.

아니라 중개자, 사업자와 소비자 사이의 삼면관계를 고려하여 중개자의 의무와 책임에 관한 규정을 두었다는 점은 다른 입법례와 비교하여 선도적인 내용을 담고 있었다. 그런데 그사이 전자상거래 환경은 많은 변화를 거쳐 왔고 입법 당시에 생각하지 못하였던 모바일 커머스,[2] 소셜미디어 커머스,[3] 라이브 커머스[4] 등 새로운 유통채널의 등장으로 규율내용이 적절한지의 여부에 대한 검토필요성이 제기되거나, 규율내용의 변화가 요구되고 있다. 현재는 전자상거래 플랫폼을 중심으로 한 시장으로 변모하였다. 그에 따라 각국에서는 전자상거래 플랫폼 내지 온라인 플랫폼 중심의 법적 규율을 만들고 있거나 만드는 논의과정에 있다.[5]

그런데 중개자의 의무와 책임규정은 업계에서 만연하고 있는 "계약당

2_ 이에 관하여 윤주희, "모바일 전자상거래에서 소비자문제에 대한 법적 보호방안 연구",.「소비자문제연구」 제45권 제3호, 2014, 255면 이하; 고형석, "전자상거래에 있어서 조작실수방지의무와 소비자보호에 관한 연구—모바일 전자상거래를 중심으로",「IT와 법연구」 제7권, 2013, 117면 이하 참조.

3_ 이에 관하여 이병준, "SNS마켓에서의 소비자보호",「유통법연구」 제7권 제2호, 2020, 1면 이하; 최우령, "SNS 1인 마켓 사업자의 상인성",「유통법연구」 제6권 제2호, 2019, 205면 이하 참조.

4_ 이에 관하여 김진봉, "라이브 커머스의 발전 및 규제 검토",「유통법연구」 제7권 제2호, 2020, 31면 이하 참조.

5_ 유럽연합에서의 전자상거래 내지 플랫폼 관련 법제에 관한 문헌으로 김세준, "유럽연합 디지털콘텐츠계약 지침안에 따른 계약적합성 문제",「소비자법연구」 제3권 제2호, 2017, 187면 이하; 김진우, "디지털콘텐츠 거래에서의 담보책임—유럽연합 디지털콘텐츠지침안 및 우리 전자상거래법의 입법방향",「법학연구」 제26권 제4호, 2016, 77면 이하; 김진우, "유럽연합 디지털콘텐츠지침안의 의의와 적용범위",「아주법학」 제10권 제3호, 2016, 158면 이하; 이병준, "유럽연합 디지털 서비스법을 통한 플랫폼 규제—디지털 서비스법 초안의 주요내용과 입법방향을 중심으로",「소비자법연구」 제7권 제2호, 2021, 181면 이하; 황원재, "디지털콘텐츠 공급계약에 대한 철회권—독일 및 유럽법상의 논의를 중심으로",「외법논집」 제44권 제1호, 2020, 59면 이하; 지광운, "유럽연합 플랫폼사업자 규제동향과 시사점",「법과정책연구」 제20권 제2호, 2020, 153면 이하. 중국 전자상거래법에 관한 문헌으로 김나현, "전자상거래법에 관한 소고",「중앙법학」 제21권 제1호, 2019, 329면 이하; 서의경, "중국의 전자상거래법 입법에 관한 연구",「소비자법연구」 제7권 제1호, 2021, 263면 이하; 임종천, "중국 소비자 보호 법제에 관한 고찰—전자상거래에서의 소비자 보호를 중심으로",「중국연구」 제87권, 2021, 209면 이하.

사자가 아니며, 시장의 개설자 또는 중개자에 불과하다"라는 사실의 면책고지를 통하여 계약상의 책임뿐만 아니라 법적 책임을 면하게 한다는 측면에서 많은 비판을 받았다. 따라서 중개자의 책임은 강화되어야 한다는 지적이 꾸준히 이어졌다.[6] 이에 2018년에 전자상거래법 전부개정의 논의가 진행되었으나, 준비부족에 따른 많은 비판이 제기되면서 실패로 돌아갔다.[7] 공정거래위원회는 다시 2021년 3월 5일부터 4월 14일까지(40일간) 전자상거래법 전부개정안을 입법예고하였다.[8] 입법예고안은 전례에 볼 수 없었던 많은 관심을 받아서 학계, 산업계, 소비자단체를 중심으로 많은 논의가 이어졌다.[9] 그러나 그 후 공정거래위원회를 통한

6_ 이에 관한 최근의 문헌으로 서희석, "통신판매중개자의 법적 지위와 책임—전자상거래법상 통신판매중개자책임의 재구성", 「소비자법연구」 제7권 제1호, 2021, 97면 이하 및 여기에 인용된 문헌 참고.

7_ 2018. 11. 전재수 의원의 대표발의로 제안된 전자상거래법 전부개정법률안은 2019. 8. 26. 철회되었다. 이에 관하여 이병준, "전자상거래법 개정안의 법적 쟁점과 앞으로의 과제", 「경제법연구」 제18권 제3호, 2019, 145면 이하; 고형석, "전자상거래소비자보호법 개정안에 대한 고찰", 「한양법학」 제30권 제1호, 137면 이하 참조.

8_ http://www.ftc.go.kr/www/selectReportUserView.do?key=10&rpttype=1&report_data_no=8985.

9_ 이에 관한 문헌으로 김세준, "전자상거래법 전부개정안의 몇 가지 쟁점에 대한 검토—온라인 플랫폼 운영사업자를 중심으로", 「소비자법연구」 특별호, 2021, 9면; 서종희, "입법원칙을 기초로 바라본 전자상거래법 전부개정안의 의미와 한계", 「소비자법연구」 특별호, 2021, 33면; 정신동, "2021년 전자상거래법 전부개정안의 주요 쟁점과 향후 과제", 「소비자법연구」 특별호, 2021, 63면 이하; 고형석, "전자상거래법 전부개정안에 대한 연구—체계 및 총칙을 중심으로", 「소비자법연구」 특별호, 2021, 129면 이하; 이병준, "온라인 플랫폼을 통한 개인간 거래와 소비자보호—당근마켓과 연관된 전자상거래법 전부개정안 제29조를 중심으로", 「소비자법연구」 특별호, 2021, 93면 이하; 김상중, "온라인플랫폼 이용의 계약법적 이해와 전자상거래법 전부개정안 검토", 「소비자법연구」 제7권 제3호, 2021, 9면 이하; 장보은, "2021년 전자상거래법 개정안의 적용 범위에 대한 검토", 「소비자법연구」 제7권 제3호, 2021, 39면 이하; 김세준, "전자상거래법에서 온라인 플랫폼의 규모 등에 따른 차등적 규율 가능성—유럽연합 DSA와의 비교를 중심으로", 「소비자법연구」 제7권 제3호, 2021, 61면 이하; 장병주, "전자상거래법 전면개정안에 의한 소비자 보호의 문제점—다른 법률과의 관계를 중심으로", 「소비자법연구」 제7권 제3호, 2021, 155면 이하; 고형석, "전자상거래법 전부개정안 중 전자상거래 등에서 소비자보호에 관한 연구", 「민사법의 이론과 실무」 제24권 제3호, 2021, 169면 이하; 고형석, "전자상거래법 전부개정안에서 온라인 플랫폼 중개에 대한

정식 법안은 상정되지 않은 사이에 다양한 의원입법안들이 나오고 있는 실정이다.[10]

본 논문에서는 플랫폼의 유형에 따른 의무와 책임을 중심으로 논의하여 전부개정안의 문제점을 지적하고 나름의 수정안을 제시해 보려고 한다. 또한 현재 가장 최신의 입법안인 유동수 의원안을 바탕으로 논의를 진행하려고 한다.[11]

II. 온라인 플랫폼 서비스 유형에 따른 의무와 책임

1. 전자상거래와 온라인 플랫폼 중심의 개편

현행 전자상거래법은 통신판매 개념을 중심으로 전자상거래를 함께 규율하는 체계를 사용하고 있다. 그런데 통신판매는 그 유형이 정착되어 있고 새로운 현상이 거의 등장하지 않고 있어 규율내용이 고착되어 있으나, 전자상거래 영역은 전자상거래 사업자와 쇼핑몰 위주의 거래에서 전자상거래 플랫폼을 통한 입점사업자 거래를 중심으로 개편하고 있다.[12] 이에 전부개정안은 기본적으로 전자상거래를 중심으로 법의 내용

연구", 「재산법연구」 제38권 제1호, 2021, 193면 이하; 정신동, "투명성과 이용자 통제권 강화를 위한 온라인 맞춤형 광고의 규율: EU 디지털서비스법안과 2021년 전자상거래법 전부개정안의 분석을 중심으로", 「소비자문제연구」 제52권 제2호, 2021, 143면 이하.

10_ 윤관석 의원안, 전제수 의원안, 김병욱 의원안, 이정문 의원안, 유동수 의원안.

11_ 유동수 의원안은 발의될 당시 공정거래위원회에서 검토하고 있던 수정안을 바탕으로 한 것으로 알려져 있다. 그 이후 공정거래위원회에서는 정식법안을 발의하고 있지 않다.

12_ 2019년 전제수 의원 전부개정안에서는 전자상거래 사업자와 중개사업자 개념을 포기하고 '전자상거래 사업자'로 통칭하기로 하고 거래에서 하는 역할과 행위에 상응하게 의무와 책임을 부여하려고 하였다. 그러나 법률안의 내용을 자세히 살펴보면 개념정의에서는 아니지만, 규정내용에서 실질적으로 사이버몰 운영자, 입점 전자상거래 사업자, 입점 전자상거래 사업자가 별도로 있는 사이버몰 운영자로 새로운 개념설정을 하고 있었는데 많은 비판을 받았다(이에 관하여 이병준, 「경제법연구」 제18권 제3호,

을 개편하는 한편, 우편 · 카탈로그를 이용한 거래에 전자상거래에 관한 규정내용을 준용하는 형식을 취하고 있다(제23조 참조).[13]

그러면서 온라인 플랫폼 개념을 신설하고 온라인 플랫폼 서비스 유형을 4가지로 나누는 한편, 활동하는 주체로 “온라인 플랫폼 운영사업자”, “온라인 플랫폼 이용사업자” 및 온라인 플랫폼을 이용하지 않은 “자체 인터넷 사이트 등 이용사업자” 개념을 신설하고 있다. 기존의 통신판매 개념을 중심으로 법이 제정되다 보니 중개업자 개념도 통신판매중개를 하는 것으로 되어 있어 현실거래와 맞지 않은 점이 있었다는 비판이 존재하였다. 현실적으로 온라인 플랫폼 개념이 이미 거래계에서 많이 사용되고 있으므로 이러한 용어 중심의 개편은 매우 타당한 것으로 평가된다.[14]

또한 전부개정안에서는 온라인 플랫폼의 책임을 강화하는 내용이 대폭적으로 추가되었는데, 이러한 책임 강화는 단순히 중개자 개념만으로는 근거짓기 어렵다. 온라인 플랫폼이 중개자로서 기능을 하더라도 온라인 플랫폼이 시장의 개설자로서 온라인 플랫폼 내의 시장질서를 약관 등의 규정을 통하여 마련하고 다양한 서비스를 제공하면서 시장의 규율자 내지 지배자로서의 역할도 하고 있다.[15] 또한 단순한 중개의 1회적

149면 이하 참조).

13_ 필자는 이미 장기적으로는 전자상거래소비자보호법이 아니라, 전자상거래법으로 전면개정하는 것이 필요하다는 입장을 밝혔다. 즉 통신판매에 관한 규정을 방문판매법으로 다시 보내고 전자상거래법은 전자상거래 사업자 및 소비자 사이의 관계는 물론 전자상거래 플랫폼에 관한 규정을 담으면서 전자상거래 플랫폼과 소비자 및 전자상거래 사업자와의 관계를 포괄적으로 규율할 필요가 있다고 주장하였다(이병준, 「경제법연구」 제18권 제3호, 149면 주 18). 이와 동일하게 통신판매를 방문판매법으로 편입해야 하는 것에 찬성하는 견해로 장보은, 「소비자법연구」 제7권 제3호, 44면.

14_ 동일한 긍정적 평가로 고형석, 「소비자법연구」 제7권 특별호, 142면; 정신동, 「소비자법연구」 제7권 특별호, 68면; 장보은, 「소비자법연구」 제7권 제3호, 42면. 법 개정으로 인하여 그 밖의 유형의 통신판매 중개에 관한 규정내용에 공백이 생겼다고 하는 타당한 지적으로 고형석, 「소비자법연구」 제7권 특별호, 145면 참조.

15_ 이를 온라인 플랫폼의 오픈마켓 조성 · 관리자 기능으로 표현하는 문헌도 있다(김상중, 「소비자법연구」 제7권 제3호, 14면).

관계를 형성하는 보통의 중개에서와 달리 온라인 플랫폼은 사업자와 소비자 모두 플랫폼을 이용하는 고객으로서 기본적으로 회원가입을 하고 기본적인 계약관계를 맺고 그 안에서 개별적인 계약을 사업자와 소비자 사이에 맺는 관계가 형성되는 계속적 계약관계가 전제되어 있는 계약법적 특수성이 3면 계약관계를 통하여 존재하게 된다.[16] 더 나아가 온라인 플랫폼에서는 이용자의 다양한 행태정보, 거래정보 등을 축적하고 있어 빅데이터 활용 주체로서의 역할과 책임이 온라인 플랫폼에 부과될 수 있다. 이러한 측면에서 단순한 중개자로 바라보지 않고 온라인 플랫폼 개념을 설정하고 이 개념을 통하여 의무와 책임에 관한 규정을 마련한 것은 매우 타당하다고 생각된다.

2. 온라인 플랫폼 서비스 유형에 따른 의무와 책임의 부과

전부개정안의 규율 특징은 온라인 플랫폼에 대한 개념정의를 하는 한편, 온라인 플랫폼 서비스를 유형화하고 그에 따른 의무와 책임을 부과하고 있다는 점이다. 즉 온라인 플랫폼을 "재화 등의 거래와 관련된 둘 이상 이용자 간의 상호작용을 위하여 정보통신설비를 이용하여 설정된 전자적 시스템"으로 정의하고(제2조 제4호) 더 나아가 온라인 플랫폼에서 제공하고 있는 서비스 유형을 크게 (1) 중개 서비스, (2) 연결수단 제공 서비스, (3) 전자게시판 서비스, (4) 결제, 배송지원, 고객 관리 등의 부수적 서비스로 나누고 있다(제2조 제5호). 다양한 온라인 플랫폼 유형이 존재하고 있기 때문에 일률적인 규율 방식을 취하지 않고 서비스 유형별로 적용규정을 세분화하는 입장은 새로운 시도이면서, 온라인 플랫폼이 서비스 유형에 따라 갖는 특징과 그 기능에 맞추어 의무와 책임을 부과하려고 한다는 측면에서 매우 타당한 접근방식일 수 있다고 생각된다.

그런데 현재 많은 비판을 받고 있는 규정내용이 바로 이 온라인 플랫

16_ 이에 관하여 최근의 자세한 분석으로 김상중, 「소비자법연구」 제7권 제3호, 15면 이하 참조.

폼 서비스 유형의 개념정의이다. 입법자가 전부개정안의 개념정의를 통하여 어떠한 온라인 플랫폼 서비스를 규정하려고 하였는지가 명확하지 않을 뿐만 아니라, 서비스 유형의 개념정의를 통하여 모든 온라인 플랫폼 서비스를 적합하게 구분하고 포괄하고 있는 내용을 담고 있는지에 관한 의문이 제기되고 있다. 그런데 서비스 유형에 따라 부과되는 의무와 책임의 내용도 크게 달라지기 때문에 유형별 서비스 개념은 무엇보다도 명확하게 설정할 필요가 있다.[17]

기본적으로 본 법안상 온라인 플랫폼 개념과 서비스 유형은 공정거래위원회에서 그전에 만들었던 「온라인 플랫폼 공정화에 관한 법안」(이하 '온라인 플랫폼 공정화법'이라고 함)상 개념을 차용하고 있다. 그런데 온라인 플랫폼 공정화법은 온라인 플랫폼 사업자와 그에 입점하고 있는 입점사업자와의 관계를 중심으로 불공정거래에 초점이 맞추어진 입법임에 반하여 전자상거래법은 온라인 플랫폼 서비스를 이용하는 소비자보호에 초점이 맞추어진 입법이다. 각 법률상 개념을 동일하게 사용하면 좋겠지만, 그 입법목적이 분명히 다르므로 개념정의도 달라져야 한다.[18] 가령 온라인 플랫폼 개념정의에서 "이용자 상호간"이라는 표현을 사용함으로써 온라인 플랫폼이 갖는 양면시장이라는 특성을 강조하고 있다. 그런데 이는 온라인 플랫폼의 집중화현상을 나타내기 위한 개념인데, 거래를 중심으로 소비자보호를 목적으로 하고 있는 전자상거래법에 이와 같은 측면에서의 온라인 플랫폼 개념이 강조될 필요가 있는지 의문이다. 또한 온라인 플랫폼 서비스 유형을 개념정의하면서 "온라인 플랫폼 이용사업자"를 중심으로 개념정의가 되어 있는데, 이 부분도 소비자를 중심으로 정의하는 방식이 충분히 가능하다고 생각된다. 더 나아가 온라인 플랫폼 공정화법은 플랫폼 유형별로 특별히 의무와 책임을 차별

17_ 이와 같은 지적으로 장보은, 「소비자법연구」 제7권 제3호, 46면.

18_ 같은 취지로 정신동, 「유통법연구」 제8권 제1호, 101면 이하. 그러나 법률상 통일성 확보를 위하여 용어의 정의를 일치시킬 필요가 있다는 견해로 최성경, "온라인 플랫폼 사업자의 책임—전자상거래 등에서의 소비자보호에 관한 법률 개정 논의를 중심으로", 「법조」 제70권 제5호, 2021, 212면.

화하고 있지 않음에 반하여, 전자상거래법은 각 유형별로 적용규정을 달리하면서 의무와 책임을 달리하므로 그 정의의 정확도에서 큰 차이를 가질 수밖에 없다. 이처럼 온라인 플랫폼 공정화법을 기본으로 하여 전자상거래법상의 온라인 플랫폼의 개념과 서비스 유형을 만들다 보니 소비자법 본연의 기능에 맞춘 용어정의가 되지 않는다는 비판이 가능하다.[19]

(1) 전부개정안의 유형별 분석

1) 중개 서비스

(가) 법률규정의 해석

전부개정안은 중개 서비스를 "온라인 플랫폼 이용사업자에게 인터넷 등 가상의 영업장을 제공하거나 온라인 플랫폼 이용사업자를 대신하여 소비자의 청약 접수를 받거나 계약을 체결하는 방법으로 재화 등의 거래를 중개하는 서비스"로 개념정의 하고 있다(제2조 제5호 가목). 이 개념정의를 법문의 문언적 의미에 충실한 해석을 하면 (1) 온라인 플랫폼 이용사업자에게 인터넷 등 가상의 영업장을 제공하는 방식과 (2) 온라인 플랫폼 이용사업자를 대신하여 서비스의 청약 접수를 받거나 계약을 체결하는 방식 중 하나의 방식만 충족되면 중개서비스가 인정될 수 있다.[20] 이와 같은 시각에서는 첫 번째 유형은 온라인 플랫폼에 입점을 포함하여 플랫폼 설비를 이용할 수 있도록 하는 장소제공형 중개를 하는 방식을 포괄하고 있는 것으로 보이고, 두 번째 유형은 플랫폼을 통한 체약중개를 의미하는 것으로 보인다.

통상 중개는 계약체결의 소개 또는 주선을 통하여 이루어진다.[21] 전자

19_ 이러한 현상을 "온라인 플랫폼 공정화법의 저주"라고까지 칭하기도 한다.

20_ 이와 같은 이해방식은 영업장을 제공하는 것을 독립적인 서비스로 이해하고 계약체결 여부와 상관없는 것으로 조문의 내용을 읽는 해석이다(정신동, 「유통법연구」 제8권 제1호, 100면).

21_ 법무부 민법개정특별분과위원회 2001년 11월 24일에 발표한 민법개정시안 제692조의2(중개의 의의)에서는 "중개는 당사자 일방이 상대방에 대하여 계약체결의 소개 또

상거래법상의 중개 개념은 일반적인 중개 개념과 동일한지를 우선 살펴볼 필요가 있다. 우선 분명한 것은 전자상거래법상의 중개 개념이 기술적인 의미에서의 정보의 매개 내지 중개를 의미하는 것이 아니라, 계약법적 의미에서의 중개를 의미한다는 점이다.[22] 그런데 온라인 중개 플랫폼을 통하여 중개가 이루지고 있는 전형적인 경우가 통상의 중개에서처럼 계약체결의 계기를 마련하거나, 계약체결에 관여하는 경우까지 요구하는지 아니면 단순히 당사자들이 계약체결을 할 수 있는 기술적 수단만을 마련하는 것으로 충분한지가 문제된다.

전부개정안의 첫 번째 유형인 장소제공형 중개의 경우에 중개자의 지위에 있는 온라인 플랫폼이 계약체결에 관여하는 경우가 주된 유형에 해당하겠지만, 계약체결에 관여하지 않는 유형도 존재할 수 있다. 이러한 측면에서 계약체결에 관여하는 체약중개는 물론, 순수하게 가상의 영업장만을 제공하여 입점하는 형태의 중개도 가능하다. 두 번째 유형인 체약중개에서는 표현상으로 이용사업자를 "대신"하여 소비자의 청약접수를 받거나 계약을 체결하는 방법이라고 하여 온라인 플랫폼이 사자(使者) 또는 대리인으로 계약을 체결하는 것을 전제로 한 것으로 볼 수 있다. 그런데 온라인 플랫폼에서 기본적으로 계약체결 시스템을 마련하고 이를 통하여 계약체결의 당사자들이 의사소통을 할 수 있는 기능을 제공하고 있을 뿐이지, 사자 또는 대리인으로 활동한다고 유보하는 경우는 거의 없다는 점을 주의해야 한다.[23] 이러한 측면에서 "대신하여"라

는 주선을 의뢰하고 상대방이 이를 승낙함으로써 그 효력이 생긴다"고 규정하고 있다. 이 개정안의 의미와 비판적 분석에 관하여 자세한 것은 이병준, "民法上 典型契約으로서의 仲介契約과 仲介人의 責任—입법안에 관한 비판적 검토를 중심으로", 「법학연구」(부산대학교 법학연구소) 제42권 제1호, 2001, 258면 이하 참조.

22_ 기술적 의미의 중개개념을 사용하고 있는 유럽연합의 디지털 서비스 법(안)과 구별된다. 이에 관하여 자세한 것은 이병준, "법체계 측면에서 유럽연합 디지털 서비스법과 플랫폼 규제의 특징", 「유통법연구」 제8권 제1호, 2021, 49면 이하 참조.

23_ 통상적인 온라인 플랫폼이 갖는 중개기능을 기초로 해서 보았을 때 온라인 플랫폼은 상법상 중개인, 대리상 또는 위탁매매인으로 기능하지 않는다[이를 적절하게 지적하는 문헌으로 곽관훈, "온라인 플랫폼사업자와 상거래법제—'양면시장(Two-Sided

는 표현을 요건으로 상정하는 것은 적절하지 않은 것으로 보인다. 하여튼 이 유형은 계약체결에 관여하여 계약체결을 돕는 체약중개를 예정하고 있는 것으로 해석된다.

이러한 측면에서 전부개정안에서 상정하고 있는 입점방식과 체약중개방식이 서로 명확히 구분되는 개념은 아니다. 왜냐하면 입점방식의 경우 체약방식과 비체약방식 모두 가능하다고 볼 수 있기 때문이다.[24] 반대로 체약방식의 경우도 장소대여형은 물론 장소대여 없이 계약체결을 돕는 중개도 가능하다. 결국 이와 같이 전부개정안이 상정하고 있는 중개 서비스의 개념정의를 이해하게 되면 중개 서비스 개념은 엄격한 개념상의 구분을 통하여 개념정의를 하고 있지 않고 현재 시장에 존재하는 대표적인 유형을 사례화하여 열거하고 있다고 생각된다. 그런데 문제는 이와 같은 유형별 열거적 규정이 모든 유형의 중개를 포괄하고 있는지 문제될 수 있다. 물론 이와 같이 제한된 유형을 중개 서비스로 보겠다고 하는 입법자의 입법의도가 있다면 모르겠으나, 현재 입법자료를 보면 이와 같은 의도를 가지고 있지 않은 것으로 보이므로 모든 유형의 중개를 포괄할 수 있는 개념정의가 필요하다고 생각된다.

(나) 중개 서비스를 제공하고 있는 온라인 플랫폼에 부과되고 있는 의무와 책임의 내용

> **제2절 온라인 플랫폼 운영사업자**
>
> **제24조(온라인 플랫폼 운영사업자의 정보제공의무 등)** ① 온라인 플랫폼 운영사업자는 제2조 제5호 가목 또는 나목의 서비스를 제공하는 경우 다음 각 호의 사항을 총리령이 정하는 바에 따라 게시하여야 한다.

Market)'에 적합한 규제방향 검토", 「기업법연구」 제32권 제1호, 2018, 146면 이하]. 온라인 플랫폼 운영자는 통상적으로 당사자들을 대신하여 계약의 협상과정, 계약체결과정 또는 이행과정에서 행위하지 않는다.

24_ 이와 유사하게 첫 번째 유형은 유럽법연구소의 매칭 플랫폼에 해당하며, 두 번째 유형은 유럽연합 소비자권리지침상의 '온라인 시장' 개념에 해당한다고 이해하는 견해도 주장되고 있다(정신동, 「유통법연구」 제8권 제1호, 102면 이하 참조).

1. 상호 및 대표자 성명
2. 영업소가 있는 곳의 주소(소비자의 불만을 처리할 수 있는 주소를 포함한다)
3. 전화번호 · 전자우편주소
4. 사업자등록번호
5. 온라인 플랫폼의 이용약관
6. 그 밖에 소비자보호를 위하여 필요한 사항으로서 대통령령으로 정하는 사항

② 온라인 플랫폼 운영사업자는 제2조 제5호 가목의 서비스를 제공하는 경우 자신이 거래 당사자가 아니라는 사실을 소비자가 쉽게 알 수 있도록 미리 고지하여야 한다. 다만, 온라인 플랫폼 운영사업자가 자신이 운영하는 온라인 플랫폼에서 재화 등을 직접 제공하는 경우에는 자신이 판매주체임을 표시해야 한다.

③ 온라인 플랫폼 운영사업자는 제2조 제5호 가목 또는 나목의 서비스를 제공하는 경우 온라인 플랫폼 이용사업자(제2조 제5호 나목의 서비스를 제공하는 경우에는 해당 연결수단을 통해 직접 연결되는 온라인 플랫폼 이용사업자에 한한다. 이하 이 항에서 같다)의 성명(사업자가 법인인 경우에는 그 명칭과 대표자의 성명) · 주소 · 전화번호 등 대통령령으로 정하는 신원 관련 정보(이하 이 조에서 "신원관련정보"라 한다)를 확인하여 소비자의 청약 전까지 소비자에게 제공하여야 한다. 다만, 온라인 플랫폼 운영사업자가 제2조 제5호 나목의 서비스를 제공하는 경우에는 소비자가 해당 연결수단을 통하여 온라인 플랫폼 이용사업자의 신원관련정보를 확인할 수 있는 때에는 소비자에게 그 신원관련정보를 제공한 것으로 본다.

④ 온라인 플랫폼 운영사업자는 제2조 제5호 가목의 서비스를 제공하는 경우 온라인 플랫폼 이용사업자의 청약의 접수, 대금수령, 결제, 대금환급, 배송 등 일부 업무를 수행하는 때에는 해당 업무의 내용을 소비자가 쉽게 알 수 있도록 미리 고지하여야 한다.

⑤ 공정거래위원회는 제2항부터 제4항까지에 따른 고지 · 표시 또는 정보제공의 내용 · 방법 등을 정하여 고시할 수 있다.

⑥ 제3항에 따른 온라인 플랫폼 운영사업자가 인접지역 거래를 하는 자인 경우 신원관련정보를 제공함에 있어 필요한 사항은 제7조 제4항을 준용한다.

제25조(온라인 플랫폼 운영사업자의 의무와 책임) ① 온라인 플랫폼 운영사업자는 제2조 제5호 가목의 서비스를 제공하는 경우 제24조 제2항 전단의 고지 또는 제24조 제2항 후단의 표시를 하지 아니한 때에는 온라인 플랫폼 이용사업자의 고의 또는 과실로 소비자에게 발생한 손해에 대하여 온라인 플랫폼 이용사업자와 연대하여 배상할 책임을 진다.

② 온라인 플랫폼 운영사업자는 제2조 제5호 가목 또는 나목의 서비스를 제공하

는 경우 제24조 제3항의 정보제공을 하지 아니하거나 제공한 정보가 사실과 달라 소비자에게 발생한 손해에 대하여 온라인 플랫폼 이용사업자와 연대하여 배상할 책임을 진다. 다만, 소비자에게 피해가 가지 아니하도록 상당한 주의를 기울인 경우에는 그러하지 아니하다.
③ 온라인 플랫폼 운영사업자는 제2조 제5호 가목의 서비스를 제공하는 경우 특정 재화 등에 대하여 거래당사자인 것처럼 표시·광고하거나 자신의 명의로 특정 재화 등을 공급 또는 계약서(계약내용에 관한 서면을 포함한다)를 교부하여 소비자로 하여금 자신을 거래당사자로 오인하거나 오인할 수 있도록 한 때에는 해당 재화 등의 거래에 있어 온라인 플랫폼 이용사업자의 고의 또는 과실로 소비자에게 발생한 손해에 대하여 온라인 플랫폼 이용사업자와 연대하여 배상할 책임을 진다. 다만, 소비자에게 피해가 가지 아니하도록 상당한 주의를 기울인 경우에는 그러하지 아니하다.
제26조(온라인 플랫폼 운영사업자의 중요 업무 수행에 따른 책임) 온라인 플랫폼 운영사업자는 제2조 제5호 가목의 서비스를 제공하는 경우 온라인 플랫폼 이용사업자와 소비자 사이의 거래에 있어 청약의 접수, 대금수령, 결제, 대금환급 등 대통령령으로 정하는 중요 업무를 수행하는 때에는 해당 업무 수행과 관련하여 소비자에게 발생한 손해에 대하여 배상할 책임을 진다. 다만, 온라인 플랫폼 운영사업자가 고의 또는 과실이 없음을 증명하는 경우에는 그러하지 아니하다.
제27조(전자상거래의 중요한 일부 업무를 수행하는 온라인 플랫폼 운영사업자의 이행책임) 온라인 플랫폼 운영사업자는 제2조 제5호 가목의 서비스를 제공하는 과정에서 다음 각 호의 업무를 수행하는 경우 온라인 플랫폼 이용사업자가 해당 각 호의 각 목에 따른 의무를 이행하지 아니하는 경우에는 이를 대신하여 이행하여야 한다. 이 경우 제8조 제1항 제6호 및 제9조 제1항의 "온라인판매사업자"와 제10조 및 제69조의 "사업자"는 "온라인 플랫폼 운영사업자"로 본다.
1. 온라인 플랫폼 운영사업자가 청약의 접수를 받는 경우
가. 제8조 제1항 제6호에 따른 정보의 제공
나. 제9조 제1항에 따른 청약의 확인
다. 그 밖에 소비자피해를 방지하기 위하여 필요한 사항으로서 대통령령으로 정하는 사항
2. 온라인 플랫폼 운영사업자가 재화 등의 대금을 지급받는 경우
가. 제10조에 따른 전자적 대금지급의 신뢰 확보
나. 제69조에 따른 조작 실수 등의 방지
다. 그 밖에 소비자피해를 방지하기 위하여 필요한 사항으로서 대통령령으로 정하는 사항

제29조(분쟁해결의무 등) ① 온라인 플랫폼 운영사업자는 제2조 제5호 가목 또는 나목의 서비스를 제공하는 경우 그 과정에서 발생하는 소비자 불만이나 분쟁의 해결을 위하여 그 원인 및 피해의 파악 등 필요한 조치를 신속히 시행하여야 한다. 이 경우 필요한 조치의 구체적인 내용과 방법 등은 대통령령으로 정한다.
② 온라인 플랫폼 운영사업자는 제2조 제5호 다목의 서비스를 제공하는 경우 이로 인한 소비자피해가 발생하지 아니하도록 다음 각 호의 사항을 이행하여야 한다.
1. 온라인 플랫폼 이용사업자가 이 법에 따른 의무를 준수하도록 안내하고 권고할 것
2. 온라인 플랫폼 이용사업자와 소비자 사이에 이 법과 관련하여 분쟁이 발생한 경우 소비자의 요청에 따라 제37조에 따른 조정위원회 또는 제44조 제1항에 따른 소비자피해 분쟁조정기구에 소비자의 피해구제신청을 대행하는 장치를 마련하고 대통령령으로 정하는 바에 따라 운영할 것
3. 그 밖에 소비자피해를 방지하기 위하여 필요한 사항으로서 대통령령으로 정하는 사항
③ 온라인 플랫폼 운영사업자는 자신이 운영하는 온라인 플랫폼을 통하여 제2조 제5호 다목의 서비스를 제공하는 경우 온라인 플랫폼 이용사업자에 대하여 제7조 제1항 제1호 및 제2호의 신원정보를 확인하기 위한 조치를 취하여야 한다.
제30조(온라인 플랫폼 운영사업자의 위해방지 조치의무) ① 온라인 플랫폼 운영사업자(제2조 제5호 가목 또는 나목의 서비스를 제공하는 경우에 한정한다. 이하 이 조에서 같다)는 전자상거래에서 거래되는 재화 등으로 인해 소비자에게 생명 · 신체에 대한 위해 또는 재산에 대한 중대한 손해가 발생하지 아니하도록 다음 각 호의 조치를 취하여야 한다.
1. 대통령령으로 정하는 법령에 따라 관련 사업자에게 개선, 시정계획 수립 및 시행 등의 조치의무가 발생한 경우 해당 사업자가 해당 의무를 이행함에 있어 판매차단조치 등 온라인 플랫폼 운영사업자에게 협조를 구하는 조치
2. 그 밖에 대통령령으로 정하는 조치
② 관계중앙행정기관의 장, 시 · 도지사는 전자상거래에서 거래되는 재화 등으로 인해 소비자에게 생명 · 신체에 대한 위해 또는 재산에 대한 중대한 손해가 발생하거나 발생할 우려가 있어 대통령령으로 정하는 법령에 따라 개선, 시정 등을 명하거나 권고한 사항의 이행을 담보하기 위하여 온라인 플랫폼 운영사업자에 대해 당해 재화 등의 판매를 즉시 차단하거나 소비자에게 관련 정보를 제공하는 등 대통령령으로 정하는 필요한 조치를 취하도록 명할 수 있다. 이 경우 해당 명령의 대상은 매출액, 이용자수 등을 고려하여 공정거래위원회가 정하여 고시하는 일정 규모 이상인 온라인 플랫폼 운영사업자에 한한다.

③ 제1항 및 제2항에 따른 조치의무가 있는 사업자는 관계중앙행정기관의 장, 시 · 도지사 또는 시장 · 군수 · 구청장에게 당해 조치의무에 대하여 의견을 제출할 수 있다.
④ 제2항에 따른 관계중앙행정기관의 장, 시 · 도지사는 제2항에 따라 온라인 플랫폼 운영사업자에 대해 명한 사실과 그 내용을 공정거래위원회에 통보하여야 한다.
⑤ 공정거래위원회는 제1항부터 제3항까지에 관한 구체적인 내용과 절차 등을 정하여 고시할 수 있다.
⑥ 온라인 플랫폼 운영사업자는 제1항 및 제2항에 따른 조치를 취하지 않아 소비자에게 손해를 발생시킨 경우에는 그 손해를 배상할 책임이 있다. 다만, 온라인 플랫폼 운영사업자가 고의 또는 과실이 없음을 증명하는 경우에는 그러하지 아니하다.
제32조(온라인 플랫폼 거래에 준용) 제2조 제5호 가목 및 나목의 서비스를 제공하는 온라인 플랫폼 운영사업자에 대해서는 제6조, 제16조, 제18조 제3항 및 제4항, 제19조의 규정을 준용하고, 제2조 제5호 다목의 서비스를 제공하는 온라인 플랫폼 운영사업자에 대해서는 제6조, 제19조의 규정을 준용한다. 이 경우 각 조항 중 "온라인판매사업자"는 "온라인 플랫폼 운영사업자"로 본다.

전부개정안에서 중개 서비스 플랫폼 운영자에게 부과하고 있는 의무와 책임의 내용을 살펴보면 다음과 같다. (1) 온라인 플랫폼 운영자로서 신원과 거래 관련 정보 게시의무(제24조 제1항)와 당사자가 아니라는 사실의 고지의무(제24조 제2항), (2) 플랫폼 이용사업자의 신원정보 확인 및 정보제공의무(제24조 제3항), (3) 중요 업무를 수행 시의 고지의무(제24조 제4항), (4) 제24조 제2항의 고지의무 내지 표시의무 위반에 따른 연대책임(제25조 제1항), (5) 제24조 제3항의 신원정보 확인 내지 정보제공의무 위반에 따른 연대책임(제25조 제2항), (6) 거래당사자로 오인 가능성에 따른 연대책임(제25조 제3항), (7) 중요업무 수행에 따른 손해배상책임(제26조)과 이행책임(제27조), (8) 분쟁해결의무(제29조), (9) 위해방지 조치의무(제30조), (10) 준용규정(제32조)을 통한 제6조, 제16조, 제18조 제3항, 제4항, 제19조) 등을 통한 의무와 책임을 부담하게 된다.

위의 규정 내용을 바탕으로 전부개정안에서 중개 서비스를 제공하는 온라인 플랫폼 운영자에게 부과하는 책임구조의 핵심적인 내용을 풀어서 설명하면 다음과 같다. 첫째, 온라인으로 중개 서비스를 제공하는 경우에 소비자가 온라인 플랫폼을 통하여 체결하는 계약의 당사자가 누구인지가 불명확한 경우가 많다. 따라서 계약당사자가 아니라는 사실의 고지의무 중개를 담당하고 있는 온라인 플랫폼 운영자에게 의무와 책임을 부과한다(제24조 제2항). 이를 위반하는 경우에 온라인 플랫폼 운영자는 계약당사자와 연대책임을 부담하게 된다(제25조 제1항). 여기까지는 현행법에 있는 내용이다. 새롭게 신설되어 부과되고 있는 내용이 그다음에 나온다. 둘째, 중개자에 불과하고 계약당사자가 아니라는 고지와 상관없이, 온라인 플랫폼 운영자가 계약당사자인 것처럼 표시·광고를 하거나 자신의 명의로 계약서를 교부하여 소비자로 하여금 온라인 플랫폼 운영자를 계약당사자로 오인하거나 오인가능하게 한 경우에는 온라인 플랫폼 운영자는 계약당사자와 연대책임을 부담한다(제25조 제3항). 셋째, 온라인 플랫폼 운영자가 계약당사자가 아니더라도 계약상 일부 중요업무를 수행하는 경우 그 책임여부를 명확하게 특정하기 위해서 해당 업무를 고지하고(제24조 제4항) 해당 업무와 연관하여 손해가 발생한 경우 책임을 부담한다(제26조).[25]

그런데 이와 같은 강한 책임이 부과되기 위해서는 단순한 계약체결의 기회, 즉 알선(내지 매칭)이 이루어지는 것만으로는 부족하고 더 나아가서 온라인 플랫폼에서 해당 계약체결에 관여되어 있는 사정이 추가로

25_ 개정 과정에서 중요업무 고지의무 위반에 따른 법률효과에 대하여 혼선이 있었다. 현재는 의무위반에 따른 책임으로서 채무불이행 내지 불법행위책임을 플랫폼 운영자가 부담하는 당연한 규정내용을 담고 있는 내용으로 규정되어 있다. 그런데 중요 업무를 누가 수행하고 있는지 고지하지 않으면 의무위반에 따른 손해가 발생하였을 때 소비자는 플랫폼 운영자 내지 플랫폼 이용사업자 사이에 누구에게 책임을 물어야 하는지에 관한 혼선을 불러일으키게 된다. 따라서 소비자보호를 위해서는 고지의무위반에 따른 법률효과를 연대책임으로 구성하여 혼선에 따른 책임을 묻는 곤란으로부터 소비자가 벗어날 수 있도록 해야 하는 것이 타당하다고 생각된다. 물론 연대책임에 따라 책임을 부담한 주체가 의무위반을 하지 않은 경우에는 의무위반을 한 당사자에게 구상권을 행사할 수 있음은 물론이다.

필요한 것으로 생각된다. 특히 온라인 플랫폼 운영자가 계약상 일부 중요업무를 수행하는 경우에 관한 규정은 온라인 플랫폼을 통하여 중개된 계약이 체결되는 것뿐만 아니라, 계약이 이행되는 것을 전제로 하여 만들어진 것이다. 그런데 현재 전부개정안의 중개서비스 개념정의는 중개를 통하여 온라인 플랫폼에서 마련한 계약체결 시스템을 이용하지 않고 플랫폼 밖에서 계약체결을 할 수 있는 가능성이 열려 있는 경우도 포괄하고 있는 것으로 해석된다. 필자의 견해로는 온라인 플랫폼에서 제공하는 계약체결 시스템을 통하여 계약이 체결되는 경우로 한정하여 위와 같은 책임을 설정하는 것이 타당하다고 생각된다. 특히 온라인 플랫폼 밖에서 계약이 체결되는 연결수단 제공 서비스와의 균형을 고려하면 플랫폼상으로 계약체결이 이루어지는 경우로 제한하는 좁은 의미의 중개서비스 개념을 설정하는 것이 필요하다.

(다) 수정 제안

현재 연결되어 있는 의무와 책임의 내용 그리고 연결수단 제공 서비스와의 균형을 고려하여 중개 서비스 정의의 문언을 최소한도로 수정한다면 다음과 같이 하는 것이 바람직하다고 생각된다. 즉 현재의 법문을 "(1) 온라인 플랫폼 이용사업자에게 인터넷 등 가상의 영업장을 제공하거나 온라인 플랫폼 이용사업자를 대신하여 (2) 소비자의 청약 접수를 받거나 계약을 체결하는 방법으로 재화 등의 거래를 중개하는 서비스를 제공하는 것"으로 연결되어 있는 형태를 수정하는 방법을 고려할 수 있다. 다시 말하면 여기서의 개념정의는 영업장을 제공하는 것을 독립적인 서비스로 이해하지 않고 계약체결 여부와 결부하여 조문의 내용을 수정하는 것이다. 이와 같이 개념정의를 하게 되면 입점 여부와 상관없이 온라인 플랫폼을 통하여 계약이 체결되는 방식의 중개에 초점이 있게 된다.

그런데 전자상거래법이 소비자법이라는 점을 감안하면 온라인 플랫폼 서비스 개념에서 주체가 플랫폼 이용사업자로 되어 있음이 해당 조문의 문제점으로 보인다. 또한 온라인 플랫폼 서비스의 정의에서 주체가 등장하다 보니, 온라인 플랫폼 이용사업자가 아니라 개인이 상품이나 서비스를 제공하는 경우는 제외되는 결과에 이른다.[26] 이러한 점을 감안하면 온라인 플랫폼에서 상품 내지 서비스에 대한 정보를 제공하고, 온라인 플랫폼 거래를 알선 내지 중개하며 해당 계약이 온라인 플랫폼에서 마련한 시스템을 통하여 체결되는 경우라는 내용을 담은 개념정의가 더 적합하다고 생각된다.[27]

이와 같이 개념정의를 하게 되면 온라인 플랫폼이 제공하고 있는 시장과 시스템을 통하여 계약이 체결되는 경우로 한정하여 중개서비스를 이해하게 된다. 그렇게 되면 온라인 플랫폼에서 거래와 관련된 정보를 제공하고 거래 당사자인 온라인 플랫폼 이용사업자와 소비자가 상호 연결되는 매칭이 이루어지지만, 거래가 온라인 플랫폼이 제공하는 시스템 밖에서 이루어지는 경우는 제외하게 된다. 여기서 주의할 점은 온라인 플랫폼 서비스를 통하여 거래 당사자 사이의 매칭을 통한 알선이 일어났지만, 온라인 플랫폼상으로 거래가 일어나지 않을 수 있는 것이다. 예컨대 판례상으로 카카오 대리의 경우 종국적인 계약체결은 카카오 대리 플랫폼에서 일어나는 것이 아니고 대면으로 일어나기 때문에 통신판매가 아니라는 이유로 통신판매중개가 아닌 것으로 본 적이 있다.[28] 결국 카카오 대리와 같이 온라인 플랫폼을 통하여 매칭이 이루어지지만 계약체결은 플랫폼 밖에서 이루어지는 경우는 여기서 말하는 협의의 중개서비스에 포함되지 않게 된다.

26_ 현재 통신판매중개 개념에서는 이러한 제한이 없으므로 개인 간 거래도 적용범위에 포함되고 있다는 점과 다르다.

27_ 이러한 개념정의는 계약법적으로 중개계약이 체결된 상태에서 중개가 이루어진다는 점을 강조한 것이며, 주체 내지 기술 중립적으로 개념정의를 하고 있는 것이다.

28_ 광주지방법원 2019. 9. 5. 선고 2018나65100 판결. 더 나아가 개인간 거래를 중개하는 플랫폼이라서 본 규정의 적용범위에 포함되지는 않지만 당근마켓도 플랫폼상으로도 정보제공과 매칭만 이루어진다는 점에서 여기서 말하는 중개 서비스에 해당하지 않는 것으로 보인다.

2) 연결수단 제공 서비스

(가) 법률규정의 해석

전부개정안은 2번째 온라인 플랫폼 서비스로서 연결수단 제공 서비스를 규정하고 있다. 법안은 연결수단 제공 서비스를 "온라인 플랫폼 이용사업자의 재화 등에 관한 정보를 온라인 플랫폼 내에서 제공하고, 대통령령으로 정하는 방법으로 소비자와 온라인 플랫폼 이용사업자 간에 재화 등의 거래를 위한 연결수단을 제공하는 서비스"로 정의하고 있다. 연결수단 제공서비스의 개념요소는 (1) 상품 또는 서비스에 대한 정보제공과 (2) 거래를 위한 연결수단 제공이다. 따라서 연결수단 제공 서비스가 인정되기 위해서는 단순히 정보 제공만으로는 그 요건을 충족하지 못하고 더 나아가 링크와 같은 연결수단을 제공하여야 한다.

중개 서비스와 연결수단 제공 서비스는 거래 대상에 관한 정보를 통하여 사업자와 소비자 사이를 알선(내지 매칭)이 이루어진다는 점에서 공통점을 가지고 있으나, 연결수단 제공 서비스의 경우에는 온라인 플랫폼 자체에서 계약체결이 이루어지지 않고 연결수단으로 연결된 전자상거래 사업자의 쇼핑몰 사이트 등 온라인 플랫폼 밖에서 계약이 체결된다는 점에 결정적인 차이점이 있다.

(나) 부과되고 있는 의무와 책임의 내용

연결수단 제공 서비스 플랫폼에 대하여는 기존에 통신판매중개업자에게 적용되었던 조문만 적용하고 온라인 중개 플랫폼에 신설된 강화된 책임을 적용하지 않으려는 입법목적이 있는 것으로 설명되고 있다.[29] 그러나 실제로는 상당히 많은 규정이 적용되어 (1) 온라인 플랫폼 운영자로서 신원과 거래 관련 정보 게시의무(제24조 제1항), (2) [직접 연결된 경우로 한정하여] 플랫폼 이용사업자의 신원정보제공의무(제24조 제3항), (3) 신원정보 미제공에 따른 손해배상책임(제25조 제2항), (4) 분쟁해결의무(제29조), (5) 위해방지조치의무(제30조), (6) 준용규정(제32조)을 통한

29_ 이러한 분석으로 서종희, 「소비자법연구」 제7권 특별호, 41면.

第6조, 제16조, 제18조 제3항, 제4항, 제19조) 등을 통한 의무와 책임을 부담하게 된다.

중개 서비스를 제공하고 있는 온라인 플랫폼에게 부과되고 있는 의무와 책임을 연결수단 제공 서비스 플랫폼에 부과되고 있는 의무와 책임에 비교하여 둘 사이의 차이가 나는 결정적인 요인에 주목할 필요가 있다. 즉 본 개정안에 새롭게 신설되는 책임의 내용을 연결수단 제공 서비스 플랫폼에는 적용하지 않는다. 첫째 단계에서 계약당사자가 아니라는 사실의 고지의무는 동일하게 부과된다. 이와 같은 고지의무의 부과가 필요한 것은 고지의무는 계약을 체결할 때는 물론 계약체결 개시단계에서부터 인정되기 때문이다. 따라서 소비자는 상품정보와 연결수단을 제공하는 온라인 플랫폼을 계약체결 시작단계에서부터 오인할 수 있고 이를 방지할 필요가 있는 것이다. 그런데 두 번째와 세 번째 단계에서의 의무와 책임은 부과되지 않는다. "온라인 플랫폼에서 계약당사자인 것처럼 표시 · 광고를 하거나 자신의 명의로 계약서를 교부하여 소비자로 하여금 온라인 플랫폼으로 오인하거나 오인가능하게 한 경우"라는 것은 결국 계약체결 단계에서의 오인가능성을 고려한 조문인데 연결수단 제공 서비스 플랫폼에서는 계약체결이 플랫폼 밖에서 이루어지기 때문에 이와 같은 오인 가능성이 계약체결단계에서는 존재하지 않는다. 또한 계약이 온라인 플랫폼 밖에서 체결되는 경우에는 원칙적으로 온라인 플랫폼에서 계약상 일부 중요 업무를 대신 수행할 가능성이 존재하지 않는다. 따라서 이 내용에 관한 의무와 책임은 적용되지 않는 것으로 규정하고 있다.

(다) 수정 제안

정보제공과 연결수단의 제공은 다양하게 존재한다. 배너광고, 검색서비스에서의 상품정보, 가격비교 사이트의 상품정보 등을 클릭하면 광고주 내지 사업자의 홈페이지로 연결된다. 이러한 모든 경우를 연결수단 제공 서비스로 보려고 하는 의도는 전부개정안에서 없는 것으로 보인다. 개념정의에서 "대통령령으로 정하는 방법"으로 한정하고 있기 때문이다. 입법자료를 살펴보면 가격비교 사이트를 대표적인 예로 들고 있으나,[30] 그 밖에 별도의 제한하는 내용을 밝히고 있지 않다. 그러나 학설상으로는 거래를 목적으로 하지만 입점업체로의 링크를 통하여 거래개시를 알선하는 경우, 즉 중개를 하는 경우로 한정하려는 견해[31]와 배너광고 등과 구분하기 위하여 '판매자에 대한 정보를 확인 가능케 하고 이 판매자의 웹사이트로 유도하는 비교 정보 등의 서비스'라는 표현을 추가하여 연결수단 제공의 개념을 제한하려고 하는 견해[32]가 주장되고 있다. 이와 같은 해석방향은 공히 전자상거래 소비자보호지침에서 통신판매중개와 관련하여 단순히 배너광고를 통하여 다른 사이트로 이동하는 경우는 통신판매중개가 아님에 반하여, 다른 사이트로 이동은 하지만 계속하여 해당 연결된 사이트가 온라인 플랫폼을 통하여 운영되었다고 소비자가 신뢰할 수 있다고 보이는 경우를 중개로 인정하고 있다는 사정을 감안하고 있다.[33] 따라서 단순히 연결수단만을 제공하는 것만으로는 부족하고 "연결수단의 제공을 통하여 중개 서비스를 제공하는 경우"로 제한하는 것이 더 명확할 것이다.[34] 더군다나 앞에서 살펴본 바와 같이

30_ 공정거래위원회, 「전자상거래 등에서의 소비자보호에 관한 법률 전면개정안」 설명자료, 2021, 4면.

31_ 김세준, 「소비자법연구」 제7권 특별호, 14면; 고형석, 「소비자법연구」 제7권 특별호, 144면.

32_ 정신동, 「소비자법연구」 제7권 특별호, 70면.

33_ 전자상거래 등에서의 소비자보호 지침 [시행 2015. 8. 20.] [공정거래위원회고시 제2015-7호, 2015. 8. 20., 일부개정] II. 일반사항 2. 통신판매, 통신판매업자, 통신판매중개자의 개념정의 및 책임의 범위 사. 포털사이트 등에서 단순히 띠(배너)를 게시하고 동 띠를 클릭하는 경우 다른 사이트로 이동하여 거래가 이루어지는 경우에는 띠를 게시한 사이트에서 통신판매에 필요한 절차의 중요한 일부가 수행된 것이 아니므로 띠가 게시된 사이트를 운영하는 사업자를 통신판매중개자라고 할 수 없다. 그러나 포털사이트 등에서 띠를 통하여 이동한 사이트가 당해 포털사이트 등과 전혀 다른 사이트임을 소비자가 명백히 인식할 수 있도록 충분히 조치하지 아니하여 소비자들이 해당 띠와 연결된 사이트가 당해 포털사이트 등에 의하여 운영되는 것이라고 신뢰할 수 있었던 경우에는, 당해 포털사이트 등을 운영하는 사업자는 통신판매중개자 또는 통신판매업자로서의 책임을 진다.

34_ 실무적으로 단순한 상업적 정보제공만을 하는 광고와 중개를 구분하는 것은 매우 중

추가적인 의무와 책임이 부과되고 있다는 사정을 감안하면 중개 서비스로 한정하는 것이 필요하다고 생각된다.

3) 전자게시판 제공 서비스

(가) 법률규정의 해석

전부개정안은 3번째 온라인 플랫폼 서비스 유형으로 전자게시판 제공 서비스를 규정하고 있다. 구체적으로는 "「정보통신망 이용촉진 및 정보보호 등에 관한 법률」 제2조 제1항 제9호의 게시판(공개범위 설정에 따라 제한된 상대에게만 공개되는 경우도 포함한다. 이하 "전자게시판"이라 한다)을 이용하여 비대면 전자상거래 또는 제2조 제5호 가목에서 정하고 있는 거래의 중개가 이루어지는 경우 해당 전자게시판을 제공하는 서비스"라고 정의하고 있다(제2조 제5호 다목).

원래 공정거래위원회 입법예고안에서는 이를 "온라인 플랫폼 이용사업자와 소비자 간에 재화 등에 관한 정보 교환을 매개하는 서비스"로 정의하였다. 그런데 이와 같은 정보교환 매개 서비스는 모든 플랫폼들이 제공하는 서비스이므로 정보교환 매개 서비스는 개념적으로 연결수단 제공 및 중개 서비스를 포괄하는 광의의 서비스 개념에 해당한다.

(나) 부과되고 있는 의무의 내용

전자게시판 제공 서비스 플랫폼에 대하여는 (1) 해당 게시판에서 거래가 일어나는 경우 일정한 관리적 조치를 취할 의무(제29조 제2항), (2) 이용사업자의 신원확인 의무(제29조 제3항), (3) 준용규정(제32조)을 통한 의무(제6조, 제19조)가 부과된다. 이와 같은 의무 내용은 2016년도 전자상거래법 개정 때에 신설된 내용이다.[35] 현행법에서 크게 확대되는 의무내

요한 문제이다. 통상 온라인 플랫폼에서 제공하는 서비스에 대하여 계약체결 횟수와 무관하게 일정한 금액(정률)을 대가로 지급하는 경우 광고로 보고 계약체결 시 수수료를 지급하는 경우 중개로 보고 있으나, 이 기준이 명확한 것으로 보이지는 않는다. 결국 당사자의 의사를 기초로 광고와 중개를 구분해야 한다고 생각된다.

35_ 이 규정에 대하여 외국의 유사 입법례를 찾아볼 수 없는 규제라고 비판하는 견해도 있다(신영수, "전자상거래법상 전자게시판 규제의 요건 및 SNS플랫폼에 대한 적용범

용은 없는 것으로 보인다.

(다) 수정 제안

원래 전자게시판 서비스 개념은 소셜미디어 서비스처럼 거래목적으로 만들어진 온라인 플랫폼이 아닌 곳에서 이용자들이 온라인 플랫폼을 거래목적으로 사용한 경우에 거래로 인하여 발생할 수 있는 최소한의 관리적 조치를 요구하기 위하여 만들어진 개념이다. 개정 당시에 "플랫폼" 개념이 일상화되어 있지 않다는 점에서 정보통신망법상 규정된 전자게시판 개념을 차용하여 사용하고 있으나, 본 법안에서 플랫폼 개념을 도입한 이상 다시 플랫폼 개념을 사용하는 것이 타당하다고 생각된다. 이러한 측면에서 공정거래위원회의 입법예고안의 시도는 정당하다. 다만 앞의 개념들과 중첩되는 경우를 방지하기 위하여 '거래를 목적으로 하지 않는 플랫폼'으로 한정할 필요가 있다.

이와 같은 개념정의를 새롭게 하게 되면 추가로 아래의 쟁점을 고려할 필요가 있다. 첫째, 온라인 플랫폼상에서 거래가 일어나는 경우도 있지만, 매칭만 일어나고 계약체결이 온라인 플랫폼 밖에서 이루어지는 경우가 이 유형에서도 많다는 점을 감안해야 한다.[36] 따라서 이 유형을 포괄하는 개념정의가 필요하다. 둘째, SNS처럼 사업자에 의하여 제공되는 비거래 목적이기는 하지만 영리성을 갖는 온라인 플랫폼에 한정하고, 대학교 등 사업을 목적으로 하지 않은 비영리 온라인 플랫폼까지 이 개념의 범주에 들어오는 것을 방지할 필요가 있다.[37]

위", 「동북아법연구」 제15권 제2호, 2021, 264면. 그러나 DSA에서는 유사한 규정 내용이 SNS 등 호스팅 서비스에 도입되었으므로 오히려 전자상거래법이 선제적인 입법을 한 것으로 풀이된다.

36_ 이와 달리 규제 요건으로서 단순한 정보의 제공의 역할에 그치지 않고 청약을 받은 역할까지 이루어져야 한다는 견해로 신영수, 「동북아법연구」 제15권 제2호, 271면.

37_ 이 쟁점은 현행법에서는 '전자게시판 서비스' 개념에서 영리성을 요구하고 있기 때문에 해결되고 있다(신영수, 「동북아법연구」 제15권 제2호, 272면).

(2) 유럽연합법과의 비교법적 분석

유럽연합에서는 원래 전자상거래 사업자와 소비자 사이의 관계에 대한 규정만 두고 있었지 중개사업자에 대한 규정을 두고 있지 않았다. 그러나 최근에 소비자권리지침의 개정을 통하여 온라인 시장(Online Marketplace)에서 중개가 일어나는 경우에 추가적인 정보제공의무를 부과하는 내용을 규정하기도 하였다. 그러나 소비자권리지침은 비대면거래로 인하여 발생하는 정보비대칭의 문제를 중심으로 규율하는 내용의 입법이므로 그 밖의 내용에 대한 규정은 없다.[38] 또한 최근에 발표된 디지털 서비스법에서도 온라인 플랫폼 개념을 도입하고 다양한 의무와 책임에 관한 규정을 도입하고 있다. 그러나 디지털 서비스법은 온라인 플랫폼을 기술적으로 접근하고 있어 거래목적으로 활용되는 온라인 플랫폼에 한정하여 규정을 두고 있지 않다. 그러나 거래를 목적으로 하는 전자상거래 플랫폼에 대하여 일부 특화된 조문을 두고 있으나, 이도 전자상거래로 인하여 발생하는 계약법적 문제를 다루기보다는 불법정보 등으로 인하여 발생하는 의무와 책임과 관련된 내용을 주로 규정하고 있다.

그에 반하여 유럽연합법은 아니지만, 유럽법연구소에서 제정한 유럽연합의 학자들이 만든 플랫폼 모델법은 정면으로 거래목적으로 하는 온라인 플랫폼과 거기서 발생하는 3면계약에 따른 온라인 플랫폼의 의무와 책임에 관한 규정내용을 다루고 있다.[39] 이해의 편이를 위하여 모델법에서는 (1) 전자상거래 플랫폼, (2) 거래매칭 플랫폼, (3) 거래정보제공 플랫폼, (4) 이용후기 플랫폼으로 나누고 있다. 전자상거래 플랫폼은 "고객으로 하여금 플랫폼 운영자에 의해 통제되는 전자적 환경에서 물품, 서비스 또는 디지털콘텐츠의 공급에 대한 계약을 공급자와 체결할 수 있게 하는 플랫폼"으로 규정하고 있다(모델법 제1조 제2항 제a호). 즉 오픈마켓과 같이 온라인 플랫폼 운영자에 의하여 마련한 플랫폼 내에서 계약체결, 즉 전자상거래가 일어나는 플랫폼을 말한다. 두 번째 유형인

38_ 이에 관하여 자세한 분석은 정신동, 「유통법연구」 제8권 제1호, 87면 이하.

39_ 이에 관하여 자세한 분석은 정신동, 「유통법연구」 제8권 제1호, 92면 이하 참조.

거래매칭 플랫폼은 "고객이 공급자와 접촉하고 플랫폼 밖에서 계약을 체결하기 위해 열람할 수 있는 광고를 플랫폼 운영자에 의해 통제되는 전자적 환경하에서 공급자가 할 수 있는 플랫폼"으로 정의되어 있다(모델법 제1조 제2항 제b호). 세 번째 거래정보제공 플랫폼은 "관련 상품, 서비스 또는 디지털 콘텐츠의 공급자를 확인하고 이 공급자의 웹사이트로 유도하거나 연락사항을 제공하기 위한 비교정보나 조언을 고객에게 제공하는 플랫폼"으로 개념정의되고 있다(모델법 제1조 제2항 제c호). 여기에는 대표적으로 가격비교 사이트가 포함된 것으로 보고 있다. 그러나 거래를 목적으로 하지 않은 단순한 검색엔진 플랫폼, 소셜 미디어 플랫폼은 모델법이 적용되지 않는다고 한다.[40]

유럽법연구소 모델법은 이와 같이 온라인 플랫폼의 유형을 나누고 있으나, 이 유형에 따른 의무와 책임의 내용을 세분화하고 있지 않다. 즉 모든 유형의 온라인 플랫폼에 대하여 동일하게 모델법을 적용하고 있다. 그러한 점에서 모든 거래를 목적으로 하는 온라인 플랫폼을 대상으로 하고 있을 뿐만 아니라, 모든 거래를 목적으로 하는 온라인 플랫폼에 일반적으로 적용될 수 있는 규칙을 만들고 있다고 평가할 수 있다.[41] 그에 반하여 전자상거래법 전부개정안은 온라인 플랫폼 서비스 유형을 나누고 있을 뿐만 아니라, 유형에 적용되는 의무와 책임의 내용을 다르게 구성하고 있기 때문에 더 엄격한 서비스 개념정의가 이루어질 필요가 있는 것이다.

(3) 소 결

통상 온라인 플랫폼은 (1) 단순히 정보제공만 하는 경우(정보제공형), (2) 시장의 역할만 하는 경우(장소대여형), (3) 거래의 중개 내지 매개역할을 하는 경우(거래중개형), (4) 직접 판매를 하는 경우(판매자형)으로 나눈다. 이 중에서 직접 판매를 목적으로 하는 온리인플랫폼은 자체인터넷

40_ 김상중 외, 「소비자법연구」 제7권 제1호, 409면 참조.
41_ 이와 같은 평가로 정신동, 「유통법연구」 제8권 제1호, 95면.

사업자 유형으로 분류하고 있으므로 판매자형은 우선 제외된다.

정보제공형의 경우에는 거래를 목적으로 하는 경우와 거래를 목적으로 하지 않는 경우로 나누어야 할 것이다. 그리고 단순히 시장의 역할만 하는 경우와 더 나아가서 중개를 적극적으로 하는 경우로 나눌 수 있다. 이렇게 보게 되면 정보제공형이 가장 광의의 개념이고 그 안에 장소대여형이 있고, 마지막으로 거래중개형이 존재하게 된다. 이와 같이 개념정의 유형을 만든다면 가장 넓은 정보제공형에 모두 적용되는 규정, 장소대여형에 적용되는 규정, 거래중개형에게만 적용되는 규정으로 규정체계를 만들 수 있다.

그에 반하여 전자상거래법 전부개정안에서 플랫폼 서비스 유형은 중첩적으로 성립할 수 있는 단계적 개념이 아니라, 유형별로 규정이 중첩적으로 적용될 수 없는 상호 배척적인 개념으로 이해된다. 물론 하나의 플랫폼에서 동시에 중개 서비스, 연결수단 제공 서비스, 게시판 제공 서비스를 동시에 제공할 수 있는 있는 하이브리드형으로 서비스를 제공할 수 있다. 예컨대 Naver 플랫폼의 경우 검색서비스를 바탕으로 시작하였지만, 이메일과 같은 서비스를 제공하기도 하고 쇼핑, 쇼핑 Live와 같은 마켓플레이스를 운영하면서 중개 서비스를 동시에 제공하고 있다. 하지만 분명한 것은 서비스의 법적 성질은 각 서비스별로 판단되어야 하고, 전부개정안은 기본적으로 가목의 중개 서비스가 성립한다면 나목의 연결수단 제공 서비스가 성립할 수 없도록 조문을 설계하고 있다는 점이다. 마찬가지로 전부개정안에서는 가, 나목이 성립하면 다목의 게시판 제공 서비스도 성립할 수 없다.[42]

전체적인 의무와 책임의 내용을 살펴보면 장소대여형과 중개형 중 플랫폼에서 계약이 체결되는 경우로 한정하는 것이 타당하다는 측면에서 현재 중개 서비스 개념은 타당하다고 생각된다. 다만 계약체결을 대신

42_ 중첩적용가능성을 논하는 입장으로 장보은, 「소비자법연구」 제7권 제3호, 46면: "거래 중개형 플랫폼에 관한 규정을 적용한다고 명시하거나, 애초에 플랫폼 간에 규정의 중첩이 없도록 가능한 한 정의를 명확하게 하는 것이 바람직하다."

하는 경우보다 시스템을 제공하는 경우가 더 많다는 점을 감안하면 온라인 플랫폼에서 계약체결을 대신하는 경우라는 제한을 없애고 계약체결 시스템을 마련하는 것으로 일반적인 표현을 사용하는 것이 타당하다. 그리고 연결수단 제공 서비스의 경우 온라인 플랫폼이 거래정보와 매칭 기능을 제공하고 계약체결은 밖에서 이루어지는 중개 서비스로 넓힐 필요가 있다. 결국 첫 번째 유형은 온라인 플랫폼 내의 전자상거래 중개를 하는 경우이고, 두 번째 유형은 매칭을 통한 온라인 플랫폼 밖에서의 거래를 중개하는 경우에 해당하게 된다.[43]

마지막으로 전자게시판 서비스는 거래를 목적으로 하지 않는 온라인 플랫폼에서 거래를 목적으로 하는 이용이 존재하는 경우로 개념을 더 포괄적으로 정의할 필요가 있다. 현재 SNS 플랫폼에서 거래목적의 정보를 통하여 거래매칭이 일어나지만, 계약체결은 온라인 플랫폼 밖에서 다른 통신수단 등을 통하여 계약체결이 흔하게 일어나기 때문이다. 따라서 이 경우에도 온라인 플랫폼에서 계약이 체결되는 경우는 물론, 플랫폼 밖에서 계약이 체결되는 경우도 포괄하여 규정하는 것이 타당하다고 생각된다.

이렇게 개념정의를 한 후 온라인 플랫폼 서비스별로 의무와 책임을 단계적으로 부과할 수 있다. 전자상거래 중개 플랫폼의 경우 계약체결이 플랫폼상으로 이루어지므로 온라인 플랫폼이 마련한 시장질서 안에

43_ 이와 같은 유사한 사고하에 유두현 의원 대표로 2021. 11. 23.에 발의된 「온라인 플랫폼 기본법안」에 따르면 온라인 플랫폼 서비스를 다음과 같이 정의하고 있다는 점을 참고할 필요가 있다. 제2조(정의) 2. “온라인 플랫폼 서비스”란 「정보통신망 이용촉진 및 정보보호 등에 관한 법률」 제2조 제1항 제2호의 정보통신서비스로서 다음 각 목의 어느 하나에 해당하는 서비스를 말한다. 가. 고객이 온라인 플랫폼 운영자가 통제하는 전자적 환경하에서 공급자의 재화, 용역 또는 디지털 콘텐츠의 공급에 관한 계약을 체결할 수 있도록 하는 서비스 나. 온라인 플랫폼 운영자가 통제하는 전자적 환경하에서 공급자가 광고를 할 수 있고, 고객이 공급자를 검색하여 온라인 플랫폼 밖에서 계약을 체결할 수 있도록 하는 서비스 다. 고객이 온라인 플랫폼 내에서 공급자를 검색하여 공급자와 계약을 체결할 수 있는 별도의 인터넷 홈페이지에 접속하기 위한 정보를 제공하는 서비스.

서 계약이 체결되고 이행이 이루어진다. 따라서 온라인 플랫폼은 이와 같은 전자상거래를 통제하고 정보를 축적하는 기능을 하게 된다. 따라서 단순한 중개자보다 더 강화된 의무와 책임이 부과될 수 있다. 그에 반하여 거래 매칭 플랫폼의 경우 거래에 관한 정보와 매칭만 일어나고 계약체결은 온라인 플랫폼 밖에서 이루어진다는 측면에서 전자상거래 플랫폼보다는 더 완화된 의무와 책임이 부과되어야 한다. 마지막으로 비거래 목적의 플랫폼에서 거래가 일어나고 있는 경우에는 현재 전자게시판 서비스에 부과되고 있는 관리적 의무만을 부과하는 것으로 충분하다고 보인다. 이와 같은 사고하에서 온라인 플랫폼 서비스의 개념정의가 이루어진다면 학설과 입법모델에서 사용하고 있는 온라인 플랫폼 서비스 유형과 일치하는 개념이 설정될 뿐만 아니라, 시장참가자들도 쉽게 이해할 수 있어 법적용의 투명성이 더 강화될 것으로 기대된다.

온라인 플랫폼의 분류

전부개정안	수정제안	
중개서비스	거래목적 중개 서비스	플랫폼 내의 계약체결
연결수단 제공 서비스		플랫폼 밖에서의 계약체결
전자게시판 제공 서비스	비거래목적 서비스	플랫폼 내의/밖에서의 계약체결

III. 인접지역 거래 플랫폼의 의무와 책임

인접지역 거래의 경우 전형적인 비대면거래에서와 달리 영업소가 존재하므로 사업자의 신원을 현실적으로 확인할 수 있다. 또한 소비자가 상품의 내용을 잘 알고 있는 것이라면 전통적인 비대면 전자상거래로 인한 위험이 존재하지 않으므로 소비자보호 필요성이 존재하지 않는다.[44] 적용제외 규정에서 인접지역 거래에 관한 규정을 둔 것은 기본적으로 비대면 전자상거래에서 사업자가 소비자에게 부담하고 있는 정보

제공의무와 철회권에 관한 규정의 적용을 제외하기 위한 목적으로 가지고 있었다. 그런데 배달앱과 같은 온라인 중개 플랫폼의 경우에 그 밖에 규정이 어느 한도에서 적용되어야 하는지가 논의되어야 한다.

1. 현행 전자상거래법과 관련된 논의

현행 전자상거래법은 "일상 생활용품, 음식료 등을 인접지역에 판매하기 위한 거래에 대하여는 제12조부터 제15조까지, 제17조부터 제20조까지 및 제20조의2를 적용하지 아니한다"고 규정하고 있다(제3조 제4항).

이러한 규정 내용에 대하여 인접지역 판매에 대하여 적용제외규정을 광범위하게 두는 것은 소비자보호에 역행하므로 적용제외규정을 두는 것은 타당하지 않다는 주장이 입법론으로 제기되었다.[45] 하지만 거래 계약의 당사자가 누구인지에 관한 혼란은 배달앱과 같은 인접지역의 거래를 중개하는 플랫폼에도 존재하므로 통신판매중개와 관련된 조항은 인접지역 거래에도 적용될 필요성이 있다. 법개정을 통하여 통신판매중개업자 중에서 통신판매에 대한 관여도에 따라 책임을 더 부담하는 조항이 신설되었으나(제20조의3), 이 조항은 적용제외 규정에서 빠져서 통신판매의 일부를 수행하는 통신판매중개업자는 일정한 의무를 부담한다. 따라서 정보제공의무와 청약철회를 부담하는 것을 전제로 되어 있는 제20조의2 제3항만 적용을 제외하면 되고 나머지 규정은 그대로 적용하는

44_ 이병준, 「안암법학」 제52권, 197면; 장보은, 「소비자법연구」 제7권 제3호, 46면. 입법례로는 소비자권리지침(Directive 2011/83/EU of the European Parliament and of the Council of 25 October 2011 on consumer rights) Article 3 3. This Directive shall not apply to contracts: (j) for the supply of foodstuffs, beverages or other goods intended for current consumption in the household, and which are physically supplied by a trader on frequent and regular rounds to the consumer's home, residence or workplace.

45_ 고형석, 「법학연구」 제24권 제1호, 84면; 안수현, "배달앱 서비스산업을 둘러싼 법적 이슈와 과제", 「경제법연구」 제15권 제2호, 2016., 70면. 이 견해는 적어도 정보제공의무 등에 관한 규정은 적용되는 것으로 조항을 정리할 필요가 있다고 주장한다.

것으로 하는 법개정이 필요하다고 생각된다. 즉 통신판매중개를 하는 플랫폼의 경우에는 다른 플랫폼에서 동일하게 중개로 인한 책임을 부과할 필요가 있다고 생각한다.[46]

2. 전부개정안의 내용

제3조(적용 제외)
⑤ 일상 생활용품, 음식료 등을 인접지역에 판매하기 위한 거래(이하 "인접지역 거래"라 한다)에 대하여는 다음 각 호의 어느 하나에 해당하는 경우를 제외하고는 제6조부터 제9조까지, 제11조부터 제15조까지, 제20조, 제30조를 적용하지 아니한다.
1. 제32조의 규정에 의하여 준용되는 온라인 플랫폼 운영사업자의 제6조에 따른 신고
2. 온라인 플랫폼 이용사업자의 제7조에 따른 신원정보 제공
제7조(신원정보의 제공) ① 온라인판매사업자는 소비자에게 재화 등의 거래에 관한 청약을 받을 목적으로 표시·광고를 할 때에는 그 표시·광고에 다음 각 호의 사항을 포함하여야 한다.
④ 제1항에 따른 온라인판매사업자가 인접지역 거래를 하는 자인 경우 신원정보의 내용, 제공시기 및 방법 등에 관하여 필요한 사항은 따로 대통령령으로 정한다.
제24조(온라인 플랫폼 운영사업자의 정보제공의무 등) ① 온라인 플랫폼 운영사업자는 제2조 제5호 가목 또는 나목의 서비스를 제공하는 경우 다음 각 호의 사항을 총리령이 정하는 바에 따라 게시하여야 한다.
③ 온라인 플랫폼 운영사업자는 제2조 제5호 가목 또는 나목의 서비스를 제공하는 경우 온라인 플랫폼 이용사업자(제2조 제5호 나목의 서비스를 제공하는 경우에는 해당 연결수단을 통해 직접 연결되는 온라인 플랫폼 이용사업자에 한한다. 이하 이 항에서 같다)의 성명(사업자가 법인인 경우에는 그 명칭과 대표자의 성명)·주소·전화번호 등 대통령령으로 정하는 신원 관련 정보(이하 이 조에서 "신원관련정보"라 한다)를 확인하여 소비자의 청약 전까지 소비자에게 제공하여야 한다.
⑥ 제3항에 따른 온라인 플랫폼 운영사업자가 인접지역 거래를 하는 자인 경우 신원관련정보를 제공함에 있어 필요한 사항은 제7조 제4항을 준용한다.

46_ 이와 달리 제20조 제1항의 고지의무와 제20조의2 제1항의 연대책임 규정을 제외해야 한다는 견해로 최성경, 「법조」 제70권 제5호, 204면.

인접지역 거래와 관련하여 전부개정안의 핵심적인 내용은 사업자의 통신판매업자로서의 신고의무와 신원정보제공의무를 신설하는 것이다. 입법이유를 보면 “최근 배달앱의 등장으로 음식료 등이 판매될 수 있는 ‘인접지역’의 범위가 물리적으로 크게 넓어져 ‘소비자가 판매자의 사업장을 손쉽게 방문하기 어려운 경우’도 증가하고 있는데, 현행법에 따르면 이 경우에도 판매자 신원정보 제공에 관한 규제 등 전자상거래법 규제의 적용이 대부분 제외되고 있어 소비자 피해구제를 어렵게 하는 요인으로 작용하고 있다”고 하면서 “이에 ‘인접지역 거래’의 경우에도, 배달음식료 판매업자와 같은 온라인 플랫폼 이용사업자에 대해서는 표시·광고할 때 자신의 상호·주소·전화번호·인터넷도메인 이름·호스트 서버 소재지 등과 같은 신원정보를 공정거래위원회 또는 지방자치단체장에게 신고할 의무를 부과하는 등 전자상거래법 규제 중 필요한 사항들이 적용되도록” 하겠다는 것이다.

하지만 우선 입법이유가 타당하지 않다. 입법이유서에서 밝히고 있는 바와 같이 거리가 멀어서 피해구제가 쉽게 이루어질 수 없다면 더 이상 인접지역의 거래가 아니기 때문이다. 인접지역의 거래라는 추상적 개념을 어떻게 구체화하느냐의 문제가 있지만 배달앱을 통하여 배달이 된다고 하여 모두 인접지역 거래는 아닌 것이다. 지역적으로 쉽게 영업소를 소비자가 인식할 수 있고 방문할 수 있어야 인접지역의 거래로 볼 수 있을 것이다.[47] 더 나아가 현실적으로 상점을 두고 있는 경우에는 그 위치는 쉽게 검색할 수 있으며 연락처도 확인할 수 있는 경우가 일반적이다. 통신판매 신고제도가 갖는 신원정보 확보라는 측면을 고려하면, 인접지역 사업자에게 이러한 정보가 소비자에 의하여 쉽게 확인이 되므로 신고의무를 신설할 필요가 있는지에 관하여 의문이 존재한다.

또한 인접지역의 거래에 대하여 신원정보제공의무를 통상의 전자상거래 사업자와 동일하게 부과할 필요가 없을 것이다.[48] 왜냐하면 인접지

47_ 이러한 측면에서 인접지역거래의 개념을 좁게 해석해야 한다는 입장으로 장보은, 「소비자법연구」 제7권 제3호, 55면.

역 사업자는 통상의 전자상거래 사업자와 달리 현실의 영업소를 운영하는 자이기 때문이다.[49] 다만 온라인 플랫폼을 통하여 중개가 일어나는 경우 계약당사자가 누구인지에 관한 혼동이 일어나는 것은 다른 중개 플랫폼에서와 동일하므로 거래당사자가 다름을 인식하기 위하여 명확히 판매자인 인접지역 사업자의 신원정보를 기재하는 것은 타당하다고 생각된다. 그러나 계약체결 전에 전화번호 등 연락처를 제공하게 되면 중개를 통하여 성립해야 할 거래가 플랫폼 밖에서 체결될 가능성이 존재한다는 점을 고려하면 제공될 정보도 한정하는 것이 타당하다고 생각된다. 다만 분쟁이 발생하였을 때에는 분쟁해결을 위하여 신원정보를 확인하고 제공하는 것은 필요하다고 생각된다. 이러한 측면에서 대안을 모색해 보면 조문의 내용은 다음과 같이 구성할 수 있다.

> 대안: 제3조(적용 제외)
> ⑤ 일상 생활용품, 음식료 등을 인접지역에 판매하기 위하여 <u>영업소를 운영하고 있는 사업자(이하 "인접지역 사업자"라 한다)</u>에 대하여는 다음 각 호의 어느 하나에 해당하는 경우를 제외하고는 제6조부터 제9조까지, 제11조부터 제15조까지, <u>제19조</u>, 제20조, 제30조를 적용하지 아니한다.

전항의 금융거래와 동일하게 사업자로 주체를 명시하는 것이 좋겠다. 따라서 이와 같은 내용으로 표현을 수정하였다. 그리고 제19조의 경우 국내에 국내 영업소가 존재한다는 점을 감안하면 국내대리인 제도는 적용되지 않을 것이기 때문에 제외되는 조문에 추가할 필요가 있다.

48_ 자율적으로 신원정보가 제공되고 있으므로 법제화가 필요하지 않다는 견해로 최성경, 「법조」 제70권 제5호, 214면.

49_ 또한 소비자와 직접 연결이 되지 않고 계약 체결, 이행 더 나아가 피해구제까지 모두 온라인 플랫폼에게 맡기려고 하는 인접지역 사업자가 존재하므로 이러한 사업모델을 가능하게 하기 위해서도 정보제공의무 부과를 고려할 필요가 있다는 지적도 있다.

Ⅳ. 개인간 거래 플랫폼의 의무와 책임

제31조(개인간 전자상거래에서의 소비자 보호) ① 개인간 재화 등의 거래를 목적으로 온라인 플랫폼을 운영하는 사업자(이하 '개인간 전자상거래 온라인 플랫폼 운영사업자'라 한다)는 자신의 온라인 플랫폼을 통하여 재화 등을 판매하는 자가 사업자가 아닌 개인(이하 "개인판매자"라 한다)인 경우에는 그 개인판매자의 전화번호 등 연락처를 확인하여야 하고, 개인판매자와 소비자(재화 등을 사업자가 아닌 자로부터 제공받는 자도 포함한다. 이하 이 조에서 같다) 사이에 분쟁이 발생하는 경우에는 다음 각 호의 어느 하나에 해당하는 자의 요청에 따라 그 정보와 거래내역을 제공하여 분쟁의 해결에 협조하여야 한다.

1. 분쟁조정기구(제37조에 따른 전자상거래 소비자분쟁조정위원회 또는 제44조 제1항에 따른 소비자피해 분쟁조정기구를 말한다)
2. 법원(재판상 필요에 의하여 「민사소송법」 제294조의 규정에 의하여 개인간 전자상거래 온라인 플랫폼 운영사업자에게 개인판매자의 신원정보를 요청하는 경우를 말한다)
3. 소비자(개인판매자가 개인간 전자상거래 온라인 플랫폼 운영사업자에게 소비자에 대한 정보 제공에 동의한 경우에 한정한다)

② 제1항 제1호에 따라 개인판매자의 신원정보를 제공받아 분쟁조정업무를 담당하거나 담당하였던 자는 해당 정보를 제공받은 목적 외의 용도로 사용하거나 제3자에게 제공하여서는 아니 된다.

③ 개인간 전자상거래 온라인 플랫폼 운영사업자는 제1항에 따른 개인판매자의 정보를 제공하지 아니하거나 제공한 정보가 사실과 달라 소비자에게 발생한 손해에 대하여 개인판매자와 연대하여 배상할 책임을 진다. 다만, 소비자에게 피해가 가지 아니하도록 상당한 주의를 기울인 경우에는 그러하지 아니하다.

④ 개인간 전자상거래 온라인 플랫폼 운영사업자는 다음 각 호의 사항을 이행하여야 한다.

1. 제8조 제1항 제11호의 결제대금예치제도를 이용할 수 있는 경우 개인판매자 및 소비자에게 이를 이용할 수 있음을 알리고 이용을 권고할 것
2. 개인판매자와 소비자 간 계약에는 제8조, 제9조, 제10조부터 제15조까지의 규정이 적용되지 않는다는 것을 소비자에게 적절한 방법으로 알릴 것
3. 자신의 온라인 플랫폼을 통하여 재화 등을 제공하는 자가 온라인 플랫폼 이용사업자에 해당하는 경우에는 적절한 방법으로 이를 표시할 것

⑤ 공정거래위원회는 제4항에 따른 사항에 대한 표시 및 고지의 내용과 방법을 정하여 고시할 수 있다.

개인간 거래플랫폼은 소비자법인 전자상거래법에는 맞지 않는 규정일 수 있으나, 가입되어 서비스를 이용하고 있는 개인 판매자와 구매자를 위하여 사업자인 온라인 플랫폼 운영자가 공정한 거래와 피해구제를 위하여 의무와 책임을 부담할 수 있다는 측면에서 이와 같은 규정을 전자상거래법에 두는 것은 타당하다.[50] 이 규정은 전자상거래법 제정 때부터 존재하였으나, 본 전부개정안에서 별도의 조문으로 나오면서, 특히 당근마켓과 관련하여 논의가 많이 되었다. 필자도 이에 관한 논문을 이미 발표하였고 본 조문에서는 필자가 그간 주장하였던 것이 많이 반영되긴 하였다. 그러나 아직 일부는 반영되지 않아서 여기서 이 한도에서 논의하기로 한다.

1. 개인간 거래 온라인 플랫폼으로 수정 필요

본 조문에서 온라인 플랫폼에 대하여 신원정보를 확인하고 분쟁발생시 신원정보와 거래내역을 제공할 의무를 부과하는 한편(제1항), 결제예치제도에 관한 정보, 소비자계약에 관한 보호수단이 적용되지 않는다는 정보, 사업자성에 관한 정보를 제공할 의무를 부과하고 있다는 점(제4항)을 고려하면 개인간 전자상거래 온라인 플랫폼에 한정하여 적용할 필요가 없다. 즉 온라인 플랫폼을 통하여 전자상거래가 중개되는 경우는 물론 대면거래로 계약이 체결되는 경우에도 적용할 필요가 있다.[51] 즉 온라인 플랫폼상으로 계약이 체결되는 경우에는 물론 플랫폼 밖에서 계약

50_ 같은 입장으로 정신동, “개인 간 거래를 중개하는 온라인 플랫폼 운영자의 의무와 책임—이용자의 지위에 따른 분석을 중심으로”, 「소비자법연구」 제7권 제4호, 2021, 212면.

51_ 더 나아가 개인간 거래는 상거래가 아니므로 전자“상”거래의 표현의 부적절성을 지적하는 견해로 장보은, 「소비자법연구」 제7권 제3호, 48면.

을 체결하는 경우에도 적용할 필요가 있다. 이러한 측면에서는 장소대여형은 물론 거래중개형을 포함한 모든 유형의 거래플랫폼에 대하여 적용될 필요가 있다.[52]

본 조문과 많이 논의되고 있는 당근마켓의 경우 판매되는 상품정보만 플랫폼을 통하여 광고하고 계약체결은 통상 대면으로 이루어진다는 측면에서 전자상거래 방식으로 체결되는 온라인 플랫폼을 적용범위로 한정한다면 본 조문을 당근마켓과 같은 순수 매칭플랫폼에 적용할 수 없다는 부당한 결과가 발생하게 된다.

2. 개인간 거래 플랫폼 서비스에 따른 소비자보호

개인간 거래 플랫폼에 관한 규정은 온라인 플랫폼 운영자가 플랫폼에 회원으로 가입한 소비자를 보호하기 위한 목적을 가지고 있다. 따라서 본 규정은 온라인 플랫폼 서비스를 제공하고 있는 사업자인 온라인 플랫폼 운영자에게 소비자인 개인간 거래에서의 구매자를 보호하기 위한 내용을 담고 있다. 그러므로 전자상거래법이 소비자보호법이라는 측면에서 본 규정은 정당화될 수 있다.

그러나 개인간 거래에서 주체는 개인판매자와 개인구매자(Peer to Peer, P2P)이다. 소비자 개념은 사업자에 개념에 대응하는 개념이므로 개인판매자의 대응하는 개념으로 소비자 개념은 부적절하고 소비자 개념을 대신하여 개인구매자라는 표현이 타당하다고 생각된다.

3. 개인간 거래에서의 위험에 대한 관리의무

개인간 거래의 경우 크게 보면 2가지 위험이 소비자에게 존재한다. 첫째, 개인간 거래에서는 소비자법이 적용되지 않는다. 그런데 온라인으

52_ 이에 관하여 상세한 내용은 정신동, 「소비자법연구」 제7권 제4호, 197면 이하 참조.

로 거래하는 소비자들은 소비자법에 의한 보호에 익숙하다 보니, 개인간 거래에서도 동일한 보호를 받을 것으로 기대하는 경우가 많다. 따라서 개인간 거래가 일어나는 온라인 플랫폼에서는 소비자보호 관련 법률에 의한 보호를 받지 못함을 거래 당사자들에게 알릴 필요가 있다. 이를 반영하고 있는 것이 현재 제31조 제4항 제2호이다. 그에 따르면 "개인판매자와 소비자 간 계약에는 제8조, 제9조, 제10조부터 제15조까지의 규정이 적용되지 않는다는 것을 소비자에게 적절한 방법으로 알릴 것"으로 규정하고 있다. 그런데 전자상거래법의 이와 같은 규정뿐만 아니라, 많지는 않겠지만 할부로 구매한 경우에는 할부거래법에 의한 보호를 받지 못하고 더 나아가 소비자기본법에 의한 보호를 받지 못하여, 예컨대 분쟁이 발생한 경우 소비자분쟁조정제도를 이용하지 못하게 된다.[53] 따라서 좀 더 포괄적으로 소비자법에 의한 보호를 받지 못함을 알리는 것으로 내용을 수정하는 것이 타당하다고 생각된다.

둘째, 개인간 거래에서 많은 경우에 사업자가 숨어서 거래를 하는 경우가 있다. 물론 AI를 통하여 사업자인 경우에 판매 상품과 판매 양태를 보면 이를 알 수 있는 경우도 존재하고 온라인 플랫폼에서 이를 관리하면 될 것이다. 그런데 발각이 되기 전까지는 이와 같은 사업자는 소비자법, 여기서 전자상거래법상 부과된 의무와 책임을 회피할 가능성이 존재한다. 더 나아가서 처음에는 개인판매자로 판매를 시작하였으나, 판매 횟수와 판매 대금의 양적 증가로 사업자로 될 수 있는 경우도 존재한다. 이처럼 개인판매자에서 사업자로 성장하고 있는 경우 온라인 플랫폼에서 거래내역을 확인할 수 있다면 어느 정도 관리가 가능할 것이나, 밖에서 거래가 일어나는 경우 관리영역 밖일 가능성이 존재한다. 또한 현재는 통신판매업 신고면제기준만 제시하고 있지, 언제부터 사업자가 되는지에 관한 객관적 기준이 제시되어 있지 않기 때문에 개인판매자와 온라인 플랫폼으로서도 사업자성을 판단하기에 곤란하다. 현재는 이와

53_ 물론 전자문서 및 전자거래법에 의하여 설립된 분쟁조정은 활용할 수 있다.

같은 기준의 제시 없이 "사업자"인 경우에는 표시할 의무만을 부과하고 있다(제31조 제4항 제3호).[54]

이와 같은 2가지 개인간 거래로 인하여 발생하는 위험에 대처하기 위하여 온라인 플랫폼 운영자에게 관리적 조치를 할 의무를 부과하는 것은 타당하다. 그러나 위에서 지적한 바와 같이 약간의 개선할 내용이 입법적으로 존재한다고 생각된다.

Ⅴ. 나가며

2021년에 상정된 전부개정안은 현재 의원안의 형식으로 상정되어 있지만, 공정거래위원회에서 만든 입법예고안을 바탕으로 논의된 내용을 수정하는 형식으로 만들어졌다. 그런데 온라인 플랫폼의 개념과 서비스 유형이 온라인 플랫폼 공정화법을 바탕으로 만들어져서 소비자법에 적절하지 않은 내용을 가지고 있을 뿐만 아니라, 규율되어야 할 서비스의 내용을 적합하고 명확하게 설정하지 못하고 있다. 그런데 서비스 유형별 적용될 법률규정이 엄격히 구분되어 있고, 그에 따라 온라인 플랫폼에서 부담해야 할 의무와 책임의 내용이 달라지므로, 수범주체인 온라인 플랫폼 운영자는 물론, 다른 시장참여자 및 법을 해석하고 집행해야 하는 자들에게 엄격한 개념 설정이 필요해 보인다. 본 논문에서는 제공하는 서비스의 특징을 바탕으로 유형별 개념을 재설정하고 그에 부합하는 의무와 책임 내용을 설정하려고 하였다.

온라인 플랫폼은 비교적 새로운 현상이다. 그러나 그 사회적 파급력과 시장에 미치는 영향력을 고려하면 빠른 시일 내로 전부개정안을 다듬어서 온라인 플랫폼을 통한 거래를 규율할 필요가 있다. 그런데 온라인 플랫폼을 통하여 제공되는 서비스는 다양할 뿐만 아니라, 다양한 서

54_ 이 문제점에 관한 상세한 논의는 정신동, 「소비자법연구」 제7권 제4호, 205면 이하 참조.

비스가 융합되거나 병렬적으로 제공되고 있다. 따라서 입법자가 어떠한 측면에서 온라인 플랫폼을 통한 거래를 규율하려고 하는지에 관한 명확한 입법의도에 맞게 개념을 설정하고 의무와 책임을 부과하는 작업이 필요하다. 전부개정안은 이와 같은 시각에서 보았을 때 전체적인 입법의도에는 공감할 수 있지만, 그 구체적인 내용에 있어서는 아직도 많은 논의를 통하여 개정내용을 수정할 필요가 있어 보인다.

모든 입법이 그러하듯이 법률은 현상을 따라갈 수밖에 없다. 2021년도 전부개정안은 현재 또한 가까운 과거의 시장의 모습을 반영하여 만들어진 법안이 될 것이다. 그런데 이미 라이브커머스가 활발히 이용되고 있고, 현재 Facebook에서 메타버스를 지향할 것이라는 점을 선언하였기 때문에 현재 2차원의 컴퓨터 화면 내지 모바일 화면으로 구현되는 전자상거래 시장을 기초로 만들어진 전자상거래법은 3차원의 거래세계를 바탕으로 또 다시 변화의 필요성을 예고하고 있다. 특히 메타버스도 또 다른 형태의 온라인 플랫폼이라는 점을 감안하면 여기서 다루었던 내용은 다시 수정과 변화를 거쳐야 할 것으로 보인다.[55]

55_ 이를 지적하고 있는 문헌으로 Heet/Kalbhenn, Metaversum und Plattformregulierung, MMR-Aktuell 2021, 442089.

참고문헌

1. 국내문헌

곽관훈, "온라인 플랫폼사업자와 상거래법제—'양면시장(Two-Sided Market)'에 적합한 규제방향 검토", 「기업법연구」 제32권 제1호, 2018

고형석, "전자상거래에 있어서 조작실수방지의무와 소비자보호에 관한 연구—모바일 전자상거래를 중심으로", 「IT와 법연구」 제7권, 2013

고형석, "전자상거래소비자보호법 개정안에 대한 고찰", 「한양법학」 제30권 제1호, 2019

고형석, "전자상거래법 전부개정안에 대한 연구—체계 및 총칙을 중심으로", 「소비자법연구」 특별호, 2021

고형석, "전자상거래법 전부개정안 중 전자상거래 등에서 소비자보호에 관한 연구", 「민사법의 이론과 실무」 제24권 제3호, 2021

고형석, "전자상거래법 전부개정안에서 온라인 플랫폼 중개에 대한 연구", 「재산법연구」 제38권 제1호, 2021

공정거래위원회, 『전자상거래 등에서의 소비자보호에 관한 법률 전면개정안』 설명자료, 2021

김나현, "전자상거래법에 관한 소고", 「중앙법학」 제21권 제1호, 2019

김상중, "온라인플랫폼 이용의 계약법적 이해와 전자상거래법 전부개정안 검토", 「소비자법연구」 제7권 제3호, 2021

김세준, "유럽연합 디지털콘텐츠계약 지침안에 따른 계약적합성 문제", 「소비자법연구」 제3권 제2호, 2017

김세준, "전자상거래법에서 온라인 플랫폼의 규모 등에 따른 차등적 규율 가능성—유럽연합 DSA와의 비교를 중심으로", 「소비자법연구」 제7권 제3호, 2021

김세준, "전자상거래법 전부개정안의 몇 가지 쟁점에 대한 검토—온라인 플랫폼 운영사업자를 중심으로", 「소비자법연구」 특별호, 2021

김진봉, "라이브 커머스의 발전 및 규제 검토", 「유통법연구」 제7권 제2호, 2020

김진우, "디지털콘텐츠 거래에서의 담보책임—유럽연합 디지털콘텐츠지침안 및 우리 전자상거래법의 입법방향", 「법학연구」 제26권 제4호, 2016

김진우, “유럽연합 디지털콘텐츠지침안의 의의와 적용범위”, 「아주법학」 제10권 제3호, 2016
서의경, “중국의 전자상거래법 입법에 관한 연구”, 「소비자법연구」 제7권 제1호, 2021
서종희, “입법원칙을 기초로 바라본 전자상거래법 전부개정안의 의미와 한계”, 「소비자법연구」 특별호, 2021
서희석, “통신판매중개자의 법적 지위와 책임—전자상거래법상 통신판매중개자 책임의 재구성”, 「소비자법연구」 제7권 제1호, 2021
신영수, “전자상거래법상 전자게시판 규제의 요건 및 SNS플랫폼에 대한 적용범위”, 「동북아법연구」 제15권 제2호, 2021
안수현, “배달앱 서비스산업을 둘러싼 법적 이슈와 과제”, 「경제법연구」제15권 제2호, 2016.
윤주희, “모바일 전자상거래에서 소비자문제에 대한 법적 보호방안 연구”, 「소비자문제연구」 제45권 제3호, 2014
이병준, “법체계 측면에서 유럽연합 디지털 서비스법과 플랫폼 규제의 특징”, 「유통법연구」 제8권 제1호, 2021
이병준, “온라인 플랫폼을 통한 개인간 거래와 소비자보호—당근마켓과 연관된 전자상거래법 전부개정안 제29조를 중심으로”, 「소비자법연구」 특별호, 2021
이병준, “유럽연합 디지털 서비스법을 통한 플랫폼 규제—디지털 서비스법 초안의 주요내용과 입법방향을 중심으로”, 「소비자법연구」 제7권 제2호, 2021
이병준, “전자상거래법 개정안의 법적 쟁점과 앞으로의 과제”, 「경제법연구」 제18권 제3호, 2019
이병준, “전자상거래에 관한 법제의 현황과 과제—전자상거래소비자보호법의 의미와 그 문제점을 중심으로”, 「외법논집」 제32권, 2008
이병준, “한국 전자상거래소비자보호법상 규율대상의 현황과 과제”, 「외법논집」 제39권 제4호, 2015
이병준, “SNS마켓에서의 소비자보호”, 「유통법연구」 제7권 제2호, 2020
이병준, “民法上 典型契約으로서의 仲介契約과 仲介人의 責任—입법안에 관한 비판적 검토를 중심으로”, 「법학연구」(부산대학교 법학연구소) 제42권 제1호, 2001

임종천, "중국 소비자 보호 법제에 관한 고찰—전자상거래에서의 소비자 보호를 중심으로", 「중국연구」 제87권, 2021
장보은, "2021년 전자상거래법 개정안의 적용 범위에 대한 검토", 「소비자법연구」 제7권 제3호, 2021
장병주, "전자상거래법 전면개정안에 의한 소비자 보호의 문제점—다른 법률과의 관계를 중심으로", 「소비자법연구」 제7권 제3호, 2021
정신동, "2021년 전자상거래법 전부개정안의 주요 쟁점과 향후 과제", 「소비자법연구」 특별호, 2021
정신동, "투명성과 이용자 통제권 강화를 위한 온라인 맞춤형 광고의 규율: EU 디지털서비스법안과 2021년 전자상거래법 전부개정안의 분석을 중심으로", 「소비자문제연구」 제52권 제2호, 2021
정신동, "개인 간 거래를 중개하는 온라인 플랫폼 운영자의 의무와 책임—이용자의 지위에 따른 분석을 중심으로", 「소비자법연구」 제7권 제4호, 2021
지광운, "유럽연합 플랫폼사업자 규제동향과 시사점", 「법과 정책연구」 제20권 제2호, 2020
최성경, "온라인 플랫폼 사업자의 책임—전자상거래 등에서의 소비자보호에 관한 법률 개정 논의를 중심으로", 「법조」 제70권 제5호, 2021
최우령, "SNS 1인 마켓 사업자의 상인성", 「유통법연구」 제6권 제2호, 2019
황원재, "디지털콘텐츠 공급계약에 대한 철회권—독일 및 유럽법상의 논의를 중심으로", 「외법논집」 제44권 제1호, 2020

2.해외문헌

Heet/Kalbhenn, Metaversum und Plattformregulierung, MMR-Aktuell 2021

2021년 전자상거래법 개정안의 적용 범위에 대한 검토*

장보은**

Ⅰ. 논의의 범위

「전자상거래 등에서의 소비자보호에 관한 법률」(이하 '전자상거래법')이 처음 제정되어 시행된 지도 만 19년이 지났다.[1] 당시 전자상거래법은 인터넷의 발달로 전자상거래 비중이 증가하고 이로 인하여 소비자 피해 가능성이 높아짐에 따라 종전에 「방문판매 등에 관한 법률」(이하 '방문판매법')에 있던 통신판매에 관한 사항을 별도로 분리하여 규정하고자 제정되었다.[2] 이후에도 전자상거래법은 수차례 일부개정을 통해 전자상거래에서의 소비자보호 및 사업자의 책임을 강화하는 방향으로 발전되어 왔다.

그런데 점차 일상 거래에서 전자상거래의 비중이 확대되고, 특히 전 세계적인 팬데믹 상황과 디지털 경제의 확대로 인해 온라인 유통시장이

* 이 논문은 「소비자법연구」 제7권 제3호(2021)에 게재된 것입니다.
** 한국외국어대학교 법학전문대학원 부교수, 법학박사.
1_ 전자상거래법은 2002. 3. 30. 법률 제6687호로 제정되어 2002. 7. 1. 시행되었다.
2_ 전자상거래법의 제정이유 참조.

급성장하면서 기존에는 예상하지 못했던 전자상거래의 형태도 등장하였다. 이러한 상황에서 기존의 통신판매를 토대로 제정되었던 전자상거래법의 일부개정만으로 현재의 온라인 시장을 포섭하는 것에는 한계가 있다는 점이 지적되었다.[3] 이에 따라 공정거래위원회는 「전자상거래법 전부개정법률안」(이하 '전자상거래법 전부개정안' 또는 '전부개정안')을 마련하여 2021. 3. 5. 입법예고한 바 있고,[4] 이후 유사한 내용의 전자상거래법 개정안이 발의되어 논의되고 있다. 이러한 전자상거래법에 대한 전면개정 논의는 그동안 크게 변화한 시장 상황을 반영할 필요가 있다는 점에서 시의적인 대응으로 생각된다. 비교법적으로도 전자상거래에 관한 규정을 온라인 플랫폼을 중심으로 개편하려는 움직임은 유럽연합을 비롯한 주요 국가에서 공통적인 현상이다.[5] 다만, 전자상거래법의 체계에 대한 근본적인 변화를 예고하고 있는 만큼, 전자상거래법 전부개정안에 대하여는 보다 면밀한 검토가 이루어져야 할 것이다.

이미 전자상거래법 전부개정안에서 제기된 여러 쟁점에 대해서는 다각적인 분석이 진행되고 있으므로,[6] 이 글에서는 특히 전부개정안이 전제하고 있는 체계와 적용 대상에 대해 살펴보고, 전자상거래 시장의 변

3_ 참고로 2018. 11. 전재수 의원의 대표발의로 제안된 전자상거래법 전부개정법률안도 제안이유에서 급속하게 성장 변화하고 있는 전자상거래 시장의 현실을 담아내기에는 2002년에 제정된 법규상 개념 체계 및 의무만으로는 많은 한계가 있다는 점을 언급하였으나, 법안으로 확정되지 못하고 2019. 8. 26. 철회되었다.

4_ 공정거래위원회 2021. 3. 5.자 보도자료, "공정위, 전자상거래 소비자보호법 전부개정안 입법예고" 참조.

5_ 대표적으로 유럽연합의 온라인 플랫폼 시장의 공정성 및 투명성 강화를 위한 규칙(Regulation (EU) 2019/1150 of the European Parliament and of the Council of 20 June 2019 on promoting fairness and transparency for business users of online intermediation services) 등 참조. 비교법적 동향에 관한 최신 논의는 정신동, "2021년 전자상거래법 전부개정안의 주요 쟁점과 향후 과제", 소비자법연구 제7권 특별호, 2021, 64-66면 참조.

6_ 이병준, "온라인 플랫폼을 통한 개인간 거래와 소비자보호", 소비자법연구 제7권 특별호, 2021, 93면 이하, 정신동(주 5), 65면 이하, 김세준, "전자상거래법 전부개정안의 몇 가지 쟁점에 대한 검토", 소비자법연구 제7권 특별호, 2021, 9면 이하 등.

화에 대응하여 법규를 전면적으로 개편한다는 취지에 상응하여 이러한 적용 범위가 적절한지를 검토하고자 한다. 또한 전부개정안은 일정한 거래에 대한 적용제외 조항 등을 두고 있는바, 그 타당성에 대하여도 살펴보겠다.

Ⅱ. 온라인 플랫폼 거래 중심의 제도 개편과 적용 대상의 확정

1. 전자상거래법 전부개정안의 편제

전자상거래법 전부개정안은 전자상거래의 실태를 반영하여, 기존에 통신판매업자와 전자상거래 사업자를 중심으로 하는 규율 체계를 특히 온라인 플랫폼 서비스를 위시한 전자상거래 중심으로 개편하고자 하였다. 동시에 큰 틀에서는 기존의 전자상거래법 체계를 유지함으로써 시장 혼란을 최소화하려는 의도도 읽을 수 있다.

현행 전자상거래법은 전자거래의 방법으로 상행위를 하는 것을 전자상거래라고, 우편 · 전기통신, 그 밖에 총리령으로 정하는 방법으로 재화 또는 용역의 판매에 관한 정보를 제공하고 소비자의 청약을 받아 재화 또는 용역을 판매하는 것 중 방문판매법상 전화권유판매를 제외한 것을 통신판매라고 규정하고 있다.[7] 이 둘 간의 관계에 대하여는 논란이 있으나,[8] 현행 전자상거래법은 그 명칭에도 불구하고 이 중 '전자상거래'

7_ 현행 전자상거래법 제2조 제1호 및 제2호.

8_ 대표적으로 입법 취지와 규정의 통일적 해석 등을 고려하여 전자상거래를 통신판매의 한 유형으로 보는 견해와 전자상거래를 별도로 규정한 취지를 고려하여 양자의 적용 범위가 다르다고 하는 견해가 있다. 관련 논의는 서희석, "전자상거래소비자보호법의 체제 개편", 경영법률 제23권 제2호, 2013, 508면; 윤주희, "전자상거래, 통신판매 및 통신판매중개의 법적개념에 대한 새로운 접근", 경희법학 제48권 제2호, 2013, 46-48면; 이병준, "전자상거래법 개정안의 법적 쟁점과 앞으로의 과제", 경제법연구 제18권 제3호, 2019, 148면 등 참조.

라는 개념보다는 '통신판매'와 '통신판매중개'라는 개념을 위주로 온라인을 통한 거래 전반을 규율하는 형태이다.[9] 현실 거래에서는 전통적인 의미의 우편 · 전기통신 등을 통한 통신판매보다는 온라인 플랫폼을 포함하여 인터넷을 이용한 비대면 거래가 주류를 이루고 있음에도 불구하고, 방문판매법에 있던 통신판매에 관한 규정을 시초로 하였던 연혁적인 이유로 인하여 여전히 통신판매를 그 중심에 두고 있는 것이다. 이는 거래계에서 사용되는 용례와 법문의 용어 사용이 괴리되는 이유가 되었고, 보다 중요하게는 온라인 플랫폼과 같이 새롭게 대두된 전자상거래 방식을 제대로 담아내지 못하는 문제가 있었다.

전자상거래법 전부개정안은 '통신판매'를 전면에 내세우는 대신, '온라인 플랫폼'을 둘 이상의 집단의 이용자들 간에 재화 등의 거래, 정보교환 등 상호작용을 목적으로 하는 인터넷 홈페이지, 모바일 응용프로그램 및 이에 준하는 전자적 시스템이라고 한 다음, 전자상거래 사업자를 '온라인 플랫폼 운영사업자', '온라인 플랫폼 이용사업자' 및 '자체 인터넷 사이트 등 이용사업자'로 구분하여 정의하고, 각 사업자별로 의무 및 준수사항을 정하고 있다.[10] 나아가 온라인 플랫폼 서비스의 구별에 따라 전자상거래 사업자 중 온라인 플랫폼 운영사업자를 재화 등에 관한 정보교환을 매개하는 서비스를 제공하는 사업자, 재화 등의 거래를 위한 연결수단을 제공하는 서비스를 제공하는 사업자, 재화 등의 거래를 중개하는 서비스를 제공하는 사업자 등으로 구분하여 규율하고자 하였다.[11]

한편, '통신판매'에 관한 정의를 삭제하고 '우편·카탈로그 등 거래'에 관해 전자상거래 사업자에 관한 주요 규정을 준용하도록 함으로써, 전부개정안에서는 '전자상거래'가 중심이 된다는 점을 분명히 하고자 하였다.[12] 또한 전부개정안은 인터넷을 이용한 비대면 거래를 특별히 '비대

9_ 정신동(주 5), 67-68면 등.

10_ 전부개정안 제2조 제4호 및 제6호 내지 제8호 등.

11_ 전부개정안 제2조 제5호 등.

면 전자상거래'라고 하였으며, 그중에 소비자가 재화 등을 공급받기 전에 미리 재화 등의 거래대금을 지급하는 경우를 '선지급식 전자상거래'라고 하여 소비자 보호를 위한 별도의 규정을 두었다.[13]

이러한 전부개정안이 제안하는 전반적인 법체계는 온라인 플랫폼을 중심으로 하는 변화된 거래구조를 반영한 것으로, 통신판매를 기본적인 거래 방식으로 상정하는 현행 전자상거래법과 비교하여 진일보한 접근이라고 할 것이다. 다만, 전자상거래나 통신판매에 관한 기존의 규정을 일부 유지한 것이나, 온라인 플랫폼 서비스를 현재 제공되는 여러 서비스를 기초로 하여 몇 가지 방식으로 나누어 규정하려는 것 등에 대하여는 그 타당성을 검토할 필요가 있다.

2. 전자상거래의 정의 및 통신판매와의 관계

우선 전자상거래법 전부개정안은 현행 전자상거래법상 '전자상거래'에 관한 정의를 그대로 유지하고 있다. 즉, '전자상거래'란 전자문서 및 전자거래 기본법(이하 '전자문서법') 제2조 제5호에 따른 전자거래의 방법으로 상행위를 하는 것을 말한다고 한다. 이 규정에 따르면 재화나 용역을 거래할 때 그 전부 또는 일부가 전자문서에 의하여 처리되는 거래를 전자거래라고 하는바,[14] 전자문서를 이용하여 상행위를 하는 것을 전자상거래라고 하는 것이다.

그런데 처음 전자상거래법이 제정될 시점에는 상거래에서 전자문서가 사용되는지 여부가 주요한 기준이 되고 관련된 쟁점을 검토하는 것이 의미가 있었을 것이나,[15] 현재 전자상거래법의 취지에 비추어 보면

12_ 전부개정안 제2조 제12호 등.

13_ 전부개정안 제2조 제1호 내지 제3호.

14_ 전자문서법 제2조 제5호.

15_ 참고로 2002년 시행된 전자상거래법에는 전자문서의 활용에 관한 별도 규정이 존재하기도 하였다. 2002. 3. 30. 법률 제6687호로 제정된 구 전자상거래법 제5조 참조.

전자문서 사용 여부를 기준으로 하는 전자상거래에 관한 정의를 그대로 유지할 필요성이 있는지는 의문이다. 전자문서에 대해 서면문서 수준의 법률적 효력을 부여하고 전자거래의 신뢰성을 확보하는 것 등은 전자문서법의 관심 사항이고,[16] 전자상거래법 전부개정안은 온라인 플랫폼 중심의 온라인 유통시장을 규율함으로써 소비자 권익을 내실 있게 보호하기 위한 것이다. 전부개정안은 이를 위해 '비대면 전자상거래'를 별도로 정의하여, 전자상거래 중 인터넷 등의 방법으로 정보제공, 청약 및 거래가 이루어지는 경우를 특별히 규정하고 있으나, 사실상 전자상거래법 전부개정안의 주요 내용은 온라인판매사업자와 온라인 플랫폼 운영사업자 등의 전자상거래 사업자에 대한 것으로 비대면 전자상거래를 그 대상으로 하고, 그 외의 전자상거래를 전제로 하는 규정은 찾아보기 어렵다.

종전과 같이 전자문서법의 규정을 차용하여 전자상거래를 정의하는 것은 그 적용 범위를 확장하는 의미가 있을지는 모르겠으나, 실제 전자상거래법이 그렇게 광범위한 영역에서 규범력을 가지는지는 의문이고, '비대면 전자상거래'라는 용어를 사용함으로써 전자상거래가 본질적으로 비대면의 성격을 가진다는 점을 불분명하게 하는 측면이 있다. 기존의 정의 규정을 유지할 것이 아니라, 전자상거래법을 전부 개정하는 취지에 부합할 수 있도록 법규의 적용 대상인 '전자상거래'가 무엇인지를 정면으로 규정하는 것이 바람직하다. 전부개정안이 규율하고자 하는 전자상거래가 인터넷이나 모바일 앱을 통해 거래가 이루어지는 경우를 의미한다면, 이러한 점이 정의 규정에서부터 드러나야 할 것이다. 전자상거래법의 취지를 고려하면, 이를테면 대면 상거래에서 전자기기를 활용하여 서명을 받거나 오프라인 매장에서 전자기기로 무인주문하는 경우를 전자상거래법으로 보호할 것은 아니다.[17] 그렇다면 비대면 전자상거

16 전자문서법 제1조 참조,

17_ 참고로 2019년 한국소비자법학회에서 수행한 "전자상거래법 전면개정 방안에 관한 연구"에서는 '자동판매기를 통하여 또는 자동주문 시스템을 갖춘 사업장에서 그 시스

래라는 용어를 새로 규정할 것이 아니라, 대면으로 이루어지는 거래에 전자문서가 사용되었다고 하여 전자상거래법의 적용 대상이 되는 것은 아니라는 점을 알 수 있도록 규정하는 것이 필요하다.[18]

또한 전자상거래법 전부개정안은 현행법상 통신판매를 중심으로 하는 규정 체제를 탈피하고, 온라인 플랫폼을 위시한 전자상거래를 중심으로 용어 및 규율을 개편하였다. 이와 관련하여 정의 규정에서 '통신판매'에 관한 사항을 삭제하고, 이를 축소하여 '우편 · 카탈로그 등 거래'에 관한 사항을 새로 삽입하면서[19] 전자상거래 사업자에 관한 일부 규정을 준용하도록 하였다.[20] 이는 전자상거래 위주의 거래 실태를 반영한다는 점에서는 긍정적이지만, 통신판매를 중심에 두는 현행 전자상거래법의 원형을 탈피하지 못했다는 데에 한계가 있다.

그동안 우편이나 카탈로그에 의한 거래는 현실 거래에서 그 비중이 매우 축소되었고, 내용면으로도 여타의 전자상거래와 같은 범주로 이해하기는 곤란할 정도이다. 오히려 전자상거래법상 여타의 전자상거래보다는 방문판매나 전화권유판매와 같은 전통적인 의미의 특수판매와 유사성을 가진다고 할 것이다. 우편이나 카탈로그에 의한 거래에서도 소비자 보호가 필요함은 물론이나, 이를 온라인 플랫폼 거래 등과 동일한 선상에서 논의하는 것에 대해서는 상당한 의문을 제기할 수밖에 없고, 특히 전자상거래법의 주요 규정을 그대로 준용하는 것은 연혁적 이유를 제외하고는 합리적인 근거를 찾기 어렵다.

전자상거래법이 전부개정을 통해 온라인 거래를 규율하는 대표적인 법률로서 자리매김하려면, 법이 제정될 당시의 시장 상황이나 그 유래에

템을 통하여 체결되는 계약'에는 전자상거래법이 적용되지 않는다는 취지의 규정을 제안한 바 있다.

18_ '비대면 전자상거래'라는 용어를 사용하는 것은 바람직하지 않으나, 전부개정안에서 새롭게 정의한 그 개념을 중심으로 '전자상거래'의 정의를 가다듬는 방안도 고려해 볼 수 있겠다.

19_ 전부개정안 제2조 제12호.

20_ 전부개정안 제23조.

매여 있을 것이 아니라, 시장 상황에 따라 성격이 달라진 통신판매와는 과감하게 단절하고 새로운 법 현상에 대한 보다 진지한 검토가 필요하다. 우편이나 카탈로그에 의한 거래에 관한 규정은 방문판매법으로 다시 이관하는 등 그 위상과 실질에 맞게 취급하는 것이 타당할 것이다.[21]

3. 전자상거래 사업자의 분류

전자상거래 전부개정안은 전자상거래 구조를 (ⅰ) 온라인 플랫폼을 전제로 하는 온라인 플랫폼 운영사업자와 온라인 플랫폼 이용사업자, 소비자의 3면 관계와 (ⅱ) 온라인 플랫폼 외에 자체 인터넷 사이트 사업자와 소비자 간의 2면 관계로 나누어 인식한다. 이에 따르면 온라인 플랫폼 이용사업자와 자체 인터넷 사이트 사업자는 소비자와 재화 등의 판매계약을 통해 인터넷을 이용하여 재화 등을 판매하는 사업자로서 온라인판매사업자가 된다. 또한 온라인 유통시장에서 온라인 플랫폼을 이용한 거래 비중이 늘어나면서 플랫폼 운영자에 대한 규제의 필요성이 커졌고, 이를 위해 현행 전자상거래법에서는 '통신판매중개'의 개념을 활용하거나 '사이버몰 운영자', '전자게시판 서비스 제공자' 등을 별도로 규정하고 있으나, 전부개정안에서는 '온라인 플랫폼 운영사업자'를 주요한 전자상거래법 사업자로 규정하였다.

즉, 전부개정안은 온라인 플랫폼 서비스를 (ⅰ) 온라인 플랫폼 이용사업자와 소비자 간에 재화 등에 대한 정보 교환을 매개하는 서비스, (ⅱ) 소비자와 온라인 플랫폼 이용사업자 간에 재화 등의 거래를 위한 연결수단을 제공하는 서비스, (ⅲ) 온라인 플랫폼 이용사업자에게 인터넷 등 가상의 영업장을 제공하거나 청약 접수를 받거나 계약을 체결하는 방법으로 재화 등의 거래를 중개하는 서비스, (ⅳ) 위의 각 서비스에 부수하여 이루어지는 결제 및 배송지원, 고객 관리 등의 서비스로 구분한 다음,

21_ 유사한 취지의 논의는 이병준(주 8), 149면 참조.

온라인 플랫폼 운영사업자도 제공하는 서비스의 내용에 따라 구체적인 규율을 달리하였다. 예컨대 각종 SNS나 중고마켓 등의 플랫폼은 정보교환 매개형, 가격비교사이트나 SNS 쇼핑의 경우는 연결수단 제공형, 오픈마켓, 숙박앱, 배달앱, 앱장터 등은 거래 중개형이라고 한다.[22] 이처럼 온라인 플랫폼 운영사업자의 유형을 세분화하여 그 의무나 책임을 규정하는 것은 현실에 존재하는 다양한 온라인 플랫폼 유형을 포섭하고 그 역할에 상응하는 규제를 두기 위한 것으로 이해된다.

그런데 법에 규정된 정의만으로는 각각의 유형을 특정하기가 쉽지 않고, 이에 따라 플랫폼을 구별하는 것이 최선의 방식인지에 대해서는 의문이 있다. 명칭과 그에 따른 정의 규정은 바뀌었으나 사실상 정보교환 매개형 플랫폼은 현행 전자상거래법상 전자게시판 서비스 제공자와, 연결수단 제공형 플랫폼은 현행 통신판매중개업자와 유사한 것으로 보인다.[23] 그러나 이러한 규정 취지를 알지 못하면 재화 등에 대한 정보 교환을 매개하는 서비스나 재화 등의 거래를 위한 연결수단을 제공하는 서비스가 무엇을 의미하는지조차 알기 어렵다. 한편 전부개정안은 거래 중개형 플랫폼에 대해서만 '중개'라는 표현을 명시적으로 사용하고 있는데, 법적인 개념으로 중개란 타인 간 법률행위의 성립을 위하여 조력하는 사실행위를 의미한다.[24] 플랫폼이라는 온라인 공간을 제공하고, 플랫폼을 통해 상거래에 관한 청약을 받거나 계약을 체결할 수 있도록 하는 것 등은 중개에 해당하는 것으로 볼 수 있다. 경우에 따라서는 정보교환 매개형이나 연결수단 제공형 플랫폼도 전자상거래를 중개하는 역할을 하는 것으로 평가될 수도 있을 것이다. 기본적으로 플랫폼 운영사업자가 직접 상거래의 당사자가 아님에도 불구하고 전자상거래법의 수범자

22_ 공정거래위원회 2021. 3. 5.자 보도자료, "공정위, 전자상거래 소비자보호법 전부개정안 입법예고", 4면.

23_ 공정거래위원회 2021. 3. 5.자 보도자료, "공정위, 전자상거래 소비자보호법 전부개정안 입법예고", 8면.

24_ 편집대표 정동윤, 주석상법 총칙 상행위 2, 한국사법행정학회, 2013, 112면(김재범 집필 부분).

가 되는 이유는 온라인판매사업자와 소비자 간의 거래를 위해 조력하기 때문이다. 전부개정안이 온라인 플랫폼 서비스의 구별에 대한 규정 형태를 유지하고자 한다면, 하위법령 등을 통해 그 추상성을 보완하는 작업이 반드시 수반되어야 한다. 나아가 전부개정안은 각 유형에 따라 규제를 달리할 것을 전제로 하므로, 한 플랫폼에서 중첩적인 서비스가 이루어지는 경우를 해결할 필요도 있다. 예를 들어 거래 중개형 플랫폼의 경우 정보교환 매개 서비스나 연결수단 제공 서비스가 함께 이루어지는 경우가 많을 것이다. 이때에는 거래 중개형 플랫폼에 관한 규정을 적용한다고 명시하거나, 애초에 플랫폼 간에 규정의 중첩이 없도록 가능한 한 정의를 명확하게 하는 것이 바람직하다.

각 플랫폼 운영자가 제공하는 주요 서비스 내용이 다르면 그에 따른 규제가 달라질 수 있고, 대표적인 경우를 몇 가지 형태로 나누어 규정하는 것은 가능한 방식이고 일견 타당해 보인다. 다만 전자상거래법 전부개정안 내용을 살펴보면, 여전히 거래 중개형 플랫폼을 중심으로 규제하되 소비자 보호 필요성이 대두되어 현행법상으로도 규제 대상이 되었던 몇 가지 유형을 추가하는 것 정도로 요약되는 것 같다. 이것이 현재 온라인 시장을 적절히 반영하고 있는지, 나아가 새로 나타나는 사업 모델에 대응할 수 있을 것인지에 대하여는 더 고민해 보아야 할 것이다. 예를 들어 전자상거래를 온라인 플랫폼을 전제로 하는 3면 관계와 자체 인터넷 사이트를 전제로 하는 2면 관계로 구별하는 것은 분명한 기준이 있는 것처럼 보인다. 그러나 온라인 플랫폼에서 상거래가 이루어지는 경우, 온라인 플랫폼 운영사업자의 관여 정도가 높다면 이를 단순한 중개로 볼 것인지, 아니면 오히려 운영사업자의 거래로 보는 것이 실질에 부합하는지가 불분명해지기도 한다. 전부개정안에서는 온라인 플랫폼 운영사업자가 상거래를 중개하면서 동시에 직접 판매를 하는 경우 정도를 예상하여 자신이 직접 제공하는 재화 등과 온라인 플랫폼 이용사업자가 제공하는 재화 등을 구분하여 표시하도록 의무화하고 있지만,[25] 플랫폼 운영사업자가 이른바 직매입 외의 다른 방식의 사업 모델을 도입할 가능성은 언제든지 열려 있다. 플랫폼에서 재화 등의 거래에 대한 중개나 직매입 거래가 아닌 위탁매매나 대리상으로서의 거래가 이루어지는 경우도 있을 것이고, 특히 플랫폼에서 재화의 매매가 아닌 노동력이나 용역의 거래를 하는 경우 거래의 주요 조건이나 방식을 상당 부분 플랫폼이 정하는 경우도 있다. 이처럼 온라인 거래 유형을 어떻게 보아야 하는지가 여전히 불분명한 부분이 있음에도,[26] 전자상거래법 전부개정안은 플랫폼 거래인지 아닌지, 플랫폼 거래라면 어떤 유형의 플랫폼인지를 알 수 있다는 전제하에 각 사업자들의 의무를 규정하고, 이를 위반하면 책임을 부과한다.

온라인 거래에서의 소비자 보호를 위해 사업자에게 여러 의무를 지우는 것도 필요하겠지만, 동시에 플랫폼을 둘러싼 권리의무 관계, 개별 주체의 책임에 대하여 일반적인 원칙과 방향을 정하는 것도 중요하다. 이는 여러 온라인 플랫폼 모델에 대해 자세히 규정하고 그에 대하여 구체적인 의무를 부과하는 것 이상으로 실질적인 문제해결에 도움을 줄 수도 있을 것이다. 플랫폼을 운영하며 여러 이용자들을 위해 온라인상의 일정한 공간을 제공하고 거래를 할 수 있도록 조력하는 사업자들은 거래의 직접 당사자가 아니더라도, 자신의 플랫폼을 이용하는 소비자들에게 거래의 실질에 대해 오해가 없도록 하고 분쟁을 해결하기 위한 조치를 하는 등 일정한 의무를 부담한다. 그 외에도 플랫폼 운영사업자는 플랫폼에서 이루어지는 거래에 대한 관여 정도에 따라 더 큰 책임을 질 수 있다. 일반적으로 관여도가 클수록 그 의무나 책임 또한 무거워질 것이다. 예컨대 같은 거래 중개형 플랫폼이라고 하더라도 플랫폼 운영사업자가 타인의 상거래를 중개를 하는 정도에 그치는 때와 재화 등의 품질

25_ 전부개정안 제24조 제2항.

26_ 예를 들어 플랫폼을 매개로 이루어지는 노동력 제공의 경우, 노동력을 제공하는 자를 개인사업자로 보아야 하는지, 근로자로 보아야 하는지에 대한 논의가 활발하고, 비교법적으로는 일부 사업 모델에 대하여는 입법을 통해 근로자성을 인정하려는 움직임도 있다. 민창욱, "플랫폼 노동에 대한 법적 규제—미국 우버(Uber) 사례의 시사점", 저스티스 통권 제183호, 2021, 573면 이하 등 참조.

과 가격 등 주요 거래 조건을 직접 정하는 등 거래에 대한 관여도가 높은 때를 비교하면 후자가 더 무거운 책임을 지는 것이 타당하다. 이 경우에는 운영사업자가 자신이 플랫폼 운영사업자로서 거래의 당사자가 아니라고 고지하였다고 하여 책임을 면한다고 하기는 어렵게 될 수 있다. 다만 거래를 용이하게 하기 위하여 각종 서비스를 제공하는 것과 거래 자체에 개입하는 것은 구분할 필요가 있다. 플랫폼에서 서비스를 제공하는 운영사업자는 그 이행과 관련한 의무를 부담하고, 부수적인 서비스를 제공하는 것 자체로 상거래에 대한 관여도가 높아진다고 볼 수도 있다. 그러나 서비스 내용이 청약을 접수하거나 대금을 받는 등으로 당사자들의 전자상거래를 성립시킬 수 있도록 편의를 제공한다고 하여 플랫폼 운영사업자가 상거래의 주체가 된다고 보기는 어렵다. 반면 플랫폼에서 거래할 수 있는 자격 요건을 정하고 당사자에게 교육이나 평가를 하거나, 거래 조건을 정하고 그와 다른 내용의 거래를 금지하는 등의 사정이 있다면 플랫폼 운영사업자가 당사자들의 전자상거래에 직접 개입하는 것으로 볼 수 있고, 경우에 따라서는 플랫폼 운영자의 사업 모델이 실현되는 것이지 제3자들의 전자상거래를 중개하는 것이 아니라고 평가될 수도 있을 것이다.

4. 개인 간 전자상거래에서의 소비자 보호와 개인판매자의 개념

전자상거래법 전부개정안에서 새롭게 규정된 개념 중에는 '사업자가 아닌 개인', '개인판매자'가 있다. 이는 전부개정안 제29조에서 규율하는 것으로, 온라인 플랫폼을 통해 사업자가 아닌 개인이 재화 등을 판매하는 경우 온라인 플랫폼 운영사업자에게 그 개인판매자의 신원정보를 확인하고, 개인판매자와 소비자 사이에 분쟁이 발생한 경우에는 소비자에게 그 정보를 제공하여 분쟁의 해결에 협조하도록 하는 한편, 개인판매자 및 소비자에게 결제대금예치제도를 이용할 수 있음을 고지하도록 하였다. 이는 전에 없던 규제는 아니고, 현행 전자상거래법 제20조 제2항에 규정된 내용 가운데 통신판매중개의뢰자가 사업자가 아닌 경우 통신판매중개업자에게 그 통신판매중개의뢰자의 신원정보를 확인하여 거래의 당사자들에게 상대방에 관한 정보를 열람할 수 있는 방법을 제공하여야 한다는 부분을 반영한 것으로, 개인 간의 거래에서 판매자가 연락이 두절되거나 환불을 거부하는 등의 피해 사례가 늘어남에 따라 플랫폼 운영자에게 일정한 의무를 부과하려는 것이라고 한다.[27]

그런데 이러한 개인판매자에 대한 규제의 필요성을 인정하더라도, 이를 전자상거래법의 적용 대상으로 하는 것이나 전부개정안의 규정 태도가 적절한지에 대하여는 검토가 필요하다. 우선, '사업자가 아닌 개인'은 입법 취지 등에 비추어 중고마켓과 같은 개인 간의 거래를 전제로 하는 것으로 보이나, 법문의 해석으로는 그 의미를 알기 어렵다. 전자상거래법상 '사업자'는 물품을 제조(가공 또는 포장을 포함한다) · 수입 · 판매하거나 용역을 제공하는 자를 말하는 것으로 정의되며,[28] 이는 전부개정안에서도 동일하다.[29] 문언 그대로라면 온라인 플랫폼을 통해 재화 등을 판매하는 개인은 전자상거래법상 사업자에 해당하는 것으로 볼 여지도 있다. 사업자에 관한 정의 규정을 삭제하거나 적절히 수정하여야 할 것이다. 나아가 그렇게 정의 규정을 수정한다고 하더라도, 사업자와 개인의 경계를 정하는 것은 쉽지 않다. 상법상 상인이라고 하기 위해서는 영업성이 요건인바, 영리의 목적으로 반복적으로 같은 종류의 행위를 상당 기간 반복하여 행하여야 한다.[30] 어느 정도가 되어야 사업자가 되는지는 구체적인 사실관계에 따라 달리 판단하여야 하겠지만, 전부 해석에 맡기기보다는 주요 기준을 법이나 하위 법령에서 제시하는 것이 바람직할 것이다.[31]

27_ 공정거래위원회, 2021. 3. 7.자 보도자료, "[설명] 전자상거래법 입법예고 기사 관련(일부매체 3.7.)" 참조.

28_ 현행 전자상거래법 제2조 제6호.

29_ 전부개정안 제2조 제10호.

30_ 편집대표 정동윤, 주석상법 총칙 상행위 1, 한국사법행정학회, 2013, 107-109면(양명조 집필 부분).

보다 근본적인 문제는 전자상거래법의 목적이나 체계에 비추어 개인 판매자를 수범자로 할 수 있는지 여부이다. 우선 개인 간의 거래는 상거래가 아니고,[32] 따라서 어떤 형태로 이루어지더라도[33] 전자상거래라고 할 수 없다. 이를 중개하는 것은 상행위를 중개하는 것이 아니고 어디까지나 민사 중개에 해당할 뿐이므로,[34] '개인간 전자상거래'라는 표현은 형용 모순으로 볼 수도 있다. 일반적으로 개인 간의 거래에서는 사업자와 개인 간의 거래처럼 정보의 비대칭 등이 문제되지 않으므로, 반드시 일방 당사자를 보호하여야 하는 것은 아니다. 그럼에도 전부개정안에서 재화 등을 사업자가 아닌 자로부터 제공받는 자도 소비자라고 하면서, 이 경우에도 소비자 보호의 필요성이 있다고 역설한다.[35] 이는 실제 여러 피해가 빈번하게 일어나고 있는 데에 대한 현실적인 대응으로 이해된다.

그런데 이러한 보호 필요성을 인정하더라도, 개인 간의 거래에서 매수인을 소비자라고 하여 일방적으로 보호하고, 이를 위해 매도인 또는 중개인에게 추가적인 의무를 부담하도록 하는 것은 제한적으로 접근할 필요가 있다. 특히 전자상거래법 전부개정안에서는 온라인 플랫폼 운영

31_ 참고로 국내 대표적인 중고마켓 중 하나인 당근마켓에서는 전문판매업자의 거래를 제한한다고 하면서, 동일 상품군에 한하여 많은 재고를 보유하거나 다양한 사이즈나 색상으로 판매하는 경우, 동네와 상관없는 인터넷 쇼핑몰 물품을 판매하는 경우, 점포 정리로 물품을 판매하는 경우, 진열품(디피 상품)을 판매하는 경우, 구매 대행하는 경우, 대량으로 주문받는 경우 등을 예시하고 있다. 다만, 당근마켓의 경우 당사자 간의 직거래를 하는 등 통신판매(전자상거래)가 전제되지 않아 전부개정안 제29조의 적용 대상이 아니라는 견해는 이병준(주 6), 104-106면.

32_ 편집대표 정동윤(주 24), 112-113면(김재범 집필 부분).

33_ 다만 전부개정안 제29조에서 규율하고자 하는 개인 간 전자상거래는 온라인 플랫폼에서 재화 등의 판매가 이루어지는 경우, 즉 거래 중개형으로 이해된다. 그 외에 정보제공 매개형이나 연결수단 제공형의 플랫폼은 이에 해당하지 않는 것으로 보인다. 이병준(주 6), 105면 참조.

34_ 참고로 민사중개인도 영업으로 중개에 관한 행위를 하므로 상법상 당연상인에 해당하고, 사업자로서 일정한 의무를 부담할 수 있다. 편집대표 정동윤(주 24), 113면(김재범 집필 부분).

35_ 전부개정안 제29조 제1항 참조.

사업자[36]에게 개인판매자의 신원을 확인하고 분쟁 발생 시 이를 소비자에게 제공하도록 하였고, 만일 정보를 제공하지 않거나 제공한 정보가 사실과 다른 때에는 개인판매자의 고의 또는 과실로 소비자에게 발생한 손해에 대하여 개인판매자와 연대하여 책임을 부담하는 것으로 하였다. 그러나 개인 간의 거래를 중개하는 것과 관련하여 과도한 신원정보를 수집하는 것은 개인정보 침해 소지가 있고, 플랫폼 운영사업자가 제공받는 개인판매자의 정보가 사실과 다른지를 확인하는 것이 매우 어려우며, 연대책임까지 인정하여 매수인을 보호할 근거가 충분하지 않다는 점을 고려하면, 전부개정안의 요구는 합리적이지 않다. 플랫폼 운영사업자에게 분쟁 발생 시 보유하고 있는 당사자들의 신원정보를 상대방에게 제공하도록 하는 정도로 의무를 제한하는 것이 현실적이다. 많은 정보를 수집하여 소비자에게 제공하는 것보다 소비자에게 정말 필요한 정보를 전달하고 소비자 보호에 내실을 기하는 것이 바람직하다. 예를 들어 소비자에게는 개인판매자에 대한 자세한 신원정보를 아는 것보다 오히려 매수인이 온라인 플랫폼을 통해 개인 간 거래를 하는 경우 철회권 등의 여타의 전자상거래에서 인정되는 소비자 보호 제도의 적용이 없다는 점을 분명히 알고 거래하는 것이 보다 중요할 수 있다. 플랫폼 운영사업자에게 거래 전에 이러한 점을 매수인에게 고지하도록 하는 방안을 고려해 볼 수 있을 것이다.[37]

36_ 온라인 플랫폼 운영사업자는 온라인 플랫폼 서비스를 제공하는 사업자를 말한다고 하는바, 온라인 플랫폼 서비스는 온라인 플랫폼 이용사업자와 소비자 간의 거래와 관련된 서비스를 의미하는 것으로 다시 정의되어 있으므로, 개인 간의 거래만을 중개하는 플랫폼을 운영하는 경우에는 엄밀히 말하면 법상 온라인 플랫폼 운영사업자라고 보기 어렵다고 볼 여지도 있다. 용어의 정비가 요구된다. 전부개정안 제2조 제5호, 제6호 참조.

37_ 이병준(주 6), 119면 참조.

Ⅲ. 적용제외 및 역외적용

1. 현행 전자상거래법의 적용제외 규정과 전부개정안의 비교

전부개정안에서는 현행 전자상거래법과 유사하게 제3조에서 전부 또는 일부의 규정에 대하여 적용을 제외하는 거래에 대해 규정하고 있다. 그 내용은 아래 표에서 보는 바와 같이 현행법과 거의 동일하고, 인접지역 판매 거래에 대한 적용범위를 수정한 것이 주된 개정이라고 할 수 있다.

현행 전자상거래법	전자상거래법 전부개정안
제2조 2. "통신판매"란 우편 · 전기통신, 그 밖에 총리령으로 정하는 방법으로 재화 또는 용역(일정한 시설을 이용하거나 용역을 제공받을 수 있는 권리를 포함한다. 이하 같다)의 판매에 관한 정보를 제공하고 소비자의 청약을 받아 재화 또는 용역(이하 "재화 등"이라 한다)을 판매하는 것을 말한다. 다만, 「방문판매 등에 관한 법률」 제2조 제3호에 따른 전화권유판매는 통신판매의 범위에서 제외한다.	제3조 ① 이 법의 규정은「방문판매 등에 관한 법률」 제2조 제3호에 따른 전화권유판매에는 적용하지 아니한다.
제3조 ① 이 법의 규정은 사업자(「방문판매 등에 관한 법률」 제2조 제6호의 다단계판매원은 제외한다. 이하 이 항에서 같다)가 상행위를 목적으로 구입하는 거래에는 적용하지 아니한다. 다만, 사업자라 하더라도 사실상 소비자와 같은 지위에서 다른 소비자와 같은 거래조건으로 거래하는 경우에는 그러하지 아니	② 이 법의 규정은 사업자(「방문판매 등에 관한 법률」 제2조 제6호의 다단계판매원은 제외한다. 이하 이 항에서 같다)가 상행위를 목적으로 구입하는 거래에는 적용하지 아니한다. 다만, 사업자라 하더라도 사실상 소비자와 같은 지위에서 다른 소비자와 같은 거래조건으로 거래하는 경우에는 그러하지 아니

하다.	하다.
② 제13조 제2항에 따른 계약내용에 관한 서면(전자문서를 포함한다. 이하 같다)의 교부의무에 관한 규정은 다음 각 호의 거래에는 적용하지 아니한다. 다만, 제1호의 경우에는 총리령으로 정하는 바에 따라 계약내용에 관한 서면의 내용이나 교부의 방법을 다르게 할 수 있다.	③ 제8조 제1항에 따른 계약내용에 관한 서면(전자문서를 포함한다. 이하 같다)의 교부의무에 관한 규정은 다음 각 호의 거래에는 적용하지 아니한다. 다만, 제1호의 경우에는 총리령으로 정하는 바에 따라 계약내용에 관한 서면의 내용이나 교부의 방법을 다르게 할 수 있다.
1. 소비자가 이미 잘 알고 있는 약관 또는 정형화된 거래방법에 따라 수시로 거래하는 경우로서 총리령으로 정하는 거래	1. 소비자가 이미 잘 알고 있는 약관 또는 정형화된 거래방법에 따라 수시로 거래하는 경우로서 총리령으로 정하는 거래
2. 다른 법률(「민법」 및 「방문판매 등에 관한 법률」은 제외한다)에 이 법의 규정과 다른 방법으로 하는 계약서 교부의무 등이 규정되어 있는 거래	2. 다른 법률(「민법」 및 「방문판매 등에 관한 법률」은 제외한다)에 이 법의 규정과 다른 방법으로 하는 계약서 교부의무 등이 규정되어 있는 거래
③ 통신판매업자가 아닌 자 사이의 통신판매중개를 하는 통신판매업자에 대하여는 제13조부터 제15조까지, 제17조부터 제19조까지의 규정을 적용하지 아니한다.	
④ 「자본시장과 금융투자업에 관한 법률」의 투자매매업자 · 투자중개업자가 하는 증권거래, 대통령령으로 정하는 금융회사 등이 하는 금융상품거래 및 일상 생활용품, 음식료 등을 인접지역에 판매하기 위한 거래에 대하여는 제12조부터 제15조까지, 제17조부터 제20조까지 및 제20조의2를 적용하지 아니한다.	④ 「자본시장과 금융투자업에 관한 법률」의 투자매매업자 · 투자중개업자가 하는 증권거래, 대통령령으로 정하는 금융회사 등이 하는 금융상품거래에 대하여는 제6조부터 제9조까지, 제11조부터 제16조까지, 제18조 제3항부터 제5항까지, 제19조, 제20조, 제24조부터 제29조까지를 적용하지 아니한다.
	⑤ 일상 생활용품, 음식료 등을 인접지역에 판매하기 위한 거래(이하 "인접지역 거래"라 한다)에 대하여는 제6조, 제8조, 제9조, 제11조부터 제15조까지를

	적용하지 아니한다. 다만, 온라인 플랫폼 운영사업자는 자신이 제공하는 온라인 플랫폼 서비스가 인접지역 거래와 관련되더라도 제30조의 규정에 의하여 준용되는 제6조에 따른 온라인판매사업자 신고를 하여야 한다.

이하에서는 전자상거래법을 전면 개정하면서 현행 규정을 수정할 필요는 없는지, 전부개정안에서 개정의 대상이 된 인접지역 거래에 대한 개정 내용이 타당한지를 중심으로 적용제외 규정을 검토한다.

2. 적용제외 규정의 정비 필요성

전자상거래법 전부개정안 제3조 제2항 및 제3항은 현행 전자상거래법 제3조 제1항 및 제2항과 거의 동일한 내용을 담고 있고, 제1항은 현행 전자상거래법 제2조 제2호에서 통신판매를 정의하면서 단서에 규정하였던 것으로 전부개정안에서 통신판매에 관한 정의가 삭제되면서 제3조 제1항으로 추가된 것이다. 2002년 법 제정 시부터 거의 유사한 내용이 유지되어 온 것으로, 특히 제3조의 적용제외 부분은 당시 방문판매법상 적용제외 규정[38]과 내용이나 구조면에서 그 유사성을 확인할 수 있다. 그런데 그로부터 20년이 지난 현시점에서 방문판매법과의 관계에서 전자상거래를 파악하는 법 구조에는 재고를 요한다.

앞서 언급한 바와 같이 전자상거래를 통신판매나 방문판매법의 특수거래와는 단절된 온라인 비대면 거래를 포괄할 수 있는 새로운 개념으로 정의하면, 전부개정안 제3조 제1항에서 전화권유판매를 제외한다는 점을 명시하지 않아도 될 것이다. 나아가 제3조 제2항은 전자상거래법이 전자상거래에서 소비자를 보호하기 위한 것이라는 점을 분명히 나타내는 데에 주안점을 둘 수 있도록 사업자 개념에서 다단계판매원에 대

38_ 2002. 3. 30. 법률 제6688호로 개정 2002. 7. 1. 시행된 방문판매법 제3조 참조.

한 부연설명을 삭제하는 것이 바람직하다. 제3조 제2항에서 방문판매법 제2조 제6호의 다단계판매원은 사업자에서 제외된다고 명시한 것은 다단계판매원은 소비자에 대하여는 사업자로서의 지위를 가지나 다단계판매업자와의 관계에서는 보호할 필요가 있기 때문이다. 이러한 점은 2002년 당시 방문판매법은 물론 현행 방문판매법에서도 여전히 규정되어 있다. 다단계판매원에 대한 보호 방안은 방문판매법에서 자세히 정하고 있는바, 전자상거래법을 통해 다시 보호할 필요가 있는지는 의문이다. 현행 전자상거래법에서 관련 규정을 둔 이유는 다단계판매원에 대해 전자상거래법의 보호가 추가로 필요하기 때문이라기보다는 특별한 이유 없이 법 제정 이후 관성적으로 유지해 온 것이 아닌가 한다.

전부개정안 제3조 제3항은 계약 내용에 관한 서면교부 의무를 면제하는 내용으로, 구체적으로는 약관이나 정형화된 거래 또는 다른 법에서 다른 방식의 계약서 교부의무 등이 규정된 거래가 그 대상이다. 이는 방문판매법 제3조의 적용제외 중에 계약서 교부의무에 관한 부분과 거의 유사한 태도의 입법이다. 만일 전자상거래를 온라인 비대면 거래를 통칭하는 내용으로 정의한다면, 소비자가 잘 알고 있다고 하더라도, 정형화된 거래라도, 소비자가 계약 내용을 확인할 수 있도록 하는 것은 필요하다. 현행 전자상거래법 제3조 제2항 제1호에 따라 같은 법 시행규칙 제4조에 규정된 정형화된 거래방법에 따른 수시 거래는 유·무선 전화기 등으로 전화정보서비스를 이용하는 경우 등과 같이 계약내용에 관한 서면 교부가 곤란한 거래를 말한다고 하는바, 인터넷을 이용한 온라인 비대면 거래를 예정한 것은 아니다. 이 조항을 그대로 유지할 것인지 여부는 이 법의 대상을 어디까지로 할 것인지와 연계하여 추가적인 논의가 필요하다.

전부개정안 제3조 제4항에서는 「자본시장과 금융투자업에 관한 법률」의 투자매매업자·투자중개업자가 하는 증권거래, 대통령령으로 정하는 금융회사 등이 하는 금융상품거래에 대해 일부 조문의 적용을 배제하고 있다. 종래 증권거래나 금융상품거래에 대하여는 개별 금융법령에서 거래의 특수성을 고려하여 소비자를 보다 두텁게 보호하고자 하는 여러 규정들을 두고 있었다. 이에 전자상거래법의 규정을 추가로 적용할 실익이 크지 않아 주요 조항의 적용을 제외하는 점을 명시한 것이다. 그런데 2021. 3. 25. 「금융소비자보호를 위한 법률」(이하 '금융소비자보호법')이 시행되어 금융소비자 관련 제도를 총괄하고 있는바, 이에 따르면 종래 금융업권별 규제체계를 기능별 규제로 전환하여 금융상품을 업권과 관계없이 소비자가 체감하는 위험성, 이해가능성 등을 기준으로 예금성 상품, 대출성 상품, 투자성 상품, 보장성 상품의 네 가지 유형으로 구분한다.[39] 이러한 관련 법규의 변화를 반영하여 금융상품 거래를 포괄할 수 있도록 전부개정안의 문구도 수정할 필요가 있다.[40] 또한 현행 적용 배제 조문을 종합하면 금융상품 거래에는 전자상거래법의 주요 규제를 모두 적용하지 않겠다고 하는 것이므로, 적용 배제 조문을 열거하기보다는 이들 거래가 전자상거래법의 적용 대상이 아니라는 점을 보다 명확하게 하는 것이 좋겠다.

3. 인접지역 판매 거래에 대한 검토

현행 전자상거래법은 일상생활용품, 음식료 등을 인접지역에 판매하기 위한 거래에 대하여는 사업자 및 플랫폼 운영자에게 통신판매업자의 신고, 신원 및 거래조건에 대한 정보 제공, 청약확인, 재화 등의 공급, 청약철회, 통신판매중개자의 의무와 책임에 관한 규정 등 대부분의 전자상거래법 규정의 적용을 배제하고 있다. 주문 당일 재화를 소비하고 소비자가 직접 판매사업자 방문이 가능한 인접지역 거래의 성격을 고려한 조치이다.[41] 이 법이 처음 시행되었을 무렵에는 음식점 등이 주변지역에

39_ 금융소비자보호법 제3조; 손영화, "금융소비자보호법에 대한 입법평가", 경제법연구 제19권 제3호, 2020, 46면.

40_ 참고로 2019년 한국소비자법학회에서 수행한 "전자상거래법 전면개정 방안에 관한 연구"에서는 「전자금융거래법」 제2조 제1호에 따른 전자금융거래에 관한 계약'에는 전자상거래법이 적용되지 않는다는 취지의 규정을 제안한 바 있다.

거주하는 소비자에게 전단지나 소식지를 통해 정보를 제공하고 전화로 주문을 받아 이를 배달하는 식의 영업이 빈번하였다. 이를 전자거래 형태로 전환한다고 하여 추가적인 정보를 제공하거나 청약철회를 인정하는 것은 불필요하거나 부적절하다고 할 것이다.[42] 구체적인 표현에는 차이가 있으나, 비교법적으로도 전자상거래를 다루는 여러 법규에서 인접지역 거래를 제외하는 예외 규정들을 확인할 수 있다.[43]

전부개정안에서 달라지는 점은 이러한 인접지역 거래도 상당 부분 전자상거래법의 적용 대상으로 하는 것이다. 예컨대 배달앱의 경우, 배달음식을 판매하는 사업자도 전부개정안 제7조의 신원정보 제공의무를 부담하고, 배달앱 운영자는 이러한 정보를 확인하여 소비자에게 제공하여야 한다.[44] 그 외에도 배달앱 운영자는 온라인 플랫폼 운영사업자로서 신고의무가 있고, 온라인 플랫폼 운영사업자로서 전자상거래법상 의무와 책임을 부담하여야 한다.[45] 이와 같은 개정안의 내용은 배달앱 등을 통한 거래가 활성화됨에 따라 이전에 비하여 '인접지역'의 개념이 확대되고 있음에도 불구하고, 판매자에 대한 정보제공이 미흡하여 피해가 발생하였을 때 이를 구제하는 데에 현실적인 어려움이 발생하고 있다는 점을 고려한 것이다.[46]

전자상거래법이 원래 예정하였던 인접지역 거래에 대한 예외 상황에

41_ 전부개정안 개정이유 참조.

42_ 이병준, "O2O 플랫폼 서비스와 전자상거래소비자보호법에 의한 소비자 보호", 안암법학 제52권, 2017, 197면 이하 참조. 특히 음식판매는 식품위생법 등에서 소비자의 건강과 안전을 위한 규제가 이루어지는 산업 분야로, 관련 영업을 하려면 요건을 갖추어 영업허가를 받아야 하는 등 소비자 보호를 위한 별도의 장치도 마련되어 있다는 점도 참고할 만한 사항이다. 관련 내용은 장보은, "음식주문 플랫폼을 이용한 거래에 관한 계약법적 검토—관련 산업에 대한 규제를 고려하여", 외법논집 제42권 제3호, 2018, 39면 이하 참조.

43_ 유럽연합의 소비자권리지침(Directive 2011/83/EU on Consumer Rights) Article 3. 3. (j), 독일민법 제312조 제2항 제8호 등.

44_ 전부개정안 제24조 제3항 및 제6항 참조.

45_ 전부개정안 제24조 이하.

46_ 전부개정안 개정이유 참조.

비하여 데이터 거래의 확대와 예상하지 못했던 코로나 상황 등으로 관련 시장이 급성장한 점을 고려하면 법 개정을 통해 관련 산업을 적절히 규제할 필요가 있다는 점을 부인하기 어렵다. 특히 배달앱 등의 온라인 플랫폼은 다수의 온라인 거래를 중개한다는 점에서 여타의 플랫폼과 다르지 않다. 또한 대부분의 배달앱은 온라인 플랫폼이라는 특성상 일부 지역에 국한한 서비스만을 제공하는 것이 아니라 각 지역별로 거래를 중개하는 형태이므로, 배달앱에 대해서만 온라인 플랫폼 운영사업자로서의 의무를 면제할 이유는 없다. 따라서 인접지역에 대한 거래를 대상으로 하는 온라인 중개 플랫폼에 대해 전자상거래법상 온라인 플랫폼 운영사업자에 대한 규정을 전면적으로 적용하려는 전부개정안의 취지는 타당하다.

다만 전부개정안 제3조 제5호에서는 본문에서 온라인 플랫폼 이용사업자에게 적용되지 않는 조항을 열거하고, 단서에서는 "다만, 온라인 플랫폼 운영사업자는 자신이 제공하는 온라인 플랫폼 서비스가 인접지역 거래와 관련하더라도 제30조의 규정에 의하여 준용되는 제6조에 따른 온라인판매사업자 신고를 하여야 한다"고 규정하고 있는바, 이는 온라인 플랫폼 운영사업자에게 신고의무만을 부과하는 것으로 오인될 우려가 있다. "일상 생활용품, 음식료 등을 인접지역에 판매하기 위한 거래(이하 '인접지역 거래'라 한다)에 대하여는 온라인판매사업자에 관한 제6조, 제8조, 제9조, 제11조부터 제15조까지를 적용하지 아니한다"고 규정하고 단서를 삭제하더라도, 온라인 플랫폼 운영사업자에 대한 규정은 전면적으로 적용된다고 해석되므로, 제30조에 따라 준용되는 제6조에 따른 신고의무가 인정된다고 할 것이다. 또는 "일상 생활용품, 음식료 등을 인접지역에 판매하는 온라인판매사업자에 대하여는 제6조, 제8조, 제9조, 제11조부터 제15조까지를 적용하지 아니한다"고 규정하는 방안도 고려해 볼 수 있다.

한편, 일상 생활용품이나 음식료 등을 온라인으로 구매하는 것이 일상화되고, 이를 위해 신속하고 광범위한 서비스가 제공되는 상황에서 어디까지를 '인접지역' 거래로 볼 것인지는 쉽지 않은 문제이다. 단순히 거리로 제한하는 것도 적정하지 않고, 개정이유에서 밝히는 것처럼 "주문 당일 재화를 소비하고 소비자가 직접 판매사업자 방문이 가능한 거래"라고 하는 것도 불충분하다. 예를 들어 주문 당일 소비되지 않는 일상용품이나 식료품 등의 거래, 새벽배송과 같이 주문 당일 배송되지 않는 거래를 일률적으로 인접지역 거래가 아니라고 할 것은 아니다. 전자상거래법에서 인접지역 거래를 특별히 취급할 필요가 있다면, 이는 주문하는 소비자와의 거리와 거래되는 재화 등의 종류를 고려하여, 소비자가 통상적으로 판매사업자를 방문하여 구매할 수도 있으나 그 편의를 위해 전자상거래의 형태로 거래하는 제한적인 범위의 플랫폼이 이에 해당한다고 볼 수 있다. 이러한 사업자는 소비자의 인접지역에 영업장을 보유하고 여기에서 해당 재화 등의 판매영업을 하고 있을 것이 전제되고, 거래 대상은 일상적이거나 음식료 등 익숙한 것이어서 반드시 소비자가 대면 거래를 할 필요가 없어야 한다.[47] 인접지역 거래라는 개념은 전자상거래법이 있기 전부터 발생한 배달영업 정도를 전제로 하는 것이었다는 점을 고려하면, 온라인 플랫폼이 활성화된 현시점에서 이를 확대 적용하는 것은 바람직하지 않다.

전자상거래법 전부개정안은 인접지역에 판매하는 사업자에게도 신원정보 제공에 대한 제7조는 적용되는 것으로 하면서, 제7조 제4항을 신설하여 그 구체적인 제공과 게시 방식 등에 관한 사항은 대통령령으로 정하고자 한다. 이에 따르면 인접지역 거래 판매업자도 표시 · 광고할 때 상호, 대표자 성명, 주소, 전화번호, 전자우편번호 등의 신원정보를 제공하여야 하는 것이다. 그런데 일상적이거나 익숙한 제품 등을 현실의 점포를 가지고 있는 사업자가 플랫폼을 이용하여 인근에 있는 소비자에게 판매하는 경우에까지 이러한 정보들을 모두 사전에 제공하여야 하는지

47_ 이에 따르면 배달앱을 통해 음식주문을 받고 조리하여 이를 인근 소비자에게 배달하는 식당은 인접지역 거래를 한다고 볼 수 있을 것이나, 배달앱을 통해 식료품이나 반찬 주문을 받고 이를 원거리에 배달하는 경우에는 인접지역 거래가 아니라고 할 것이다.

에 대하여는 비판적인 시각이 있다. 인접지역 거래의 개념을 제한적으로만 새긴다면, 그로 인한 소비자 피해의 우려는 여타의 전자상거래에 비해 낮아질 것이다. 해당 판매사업자에게 부과되는 의무 정도도 이에 상응하는 정도로 낮추어 과도한 규제가 되지 않도록 하여야 한다는 것은 일리가 있다. 소비자가 잘 알고 있거나 쉽게 파악할 수 있는 거래라면, 사업자의 신상정보를 사전에 고지하는 것이 소비자 피해를 줄이는 데에 실질적인 도움이 되지 않을 수도 있고, 소비자가 실제 원하는 것은 품질이나 다른 정보일 수도 있다. 인접지역 거래를 한정적으로 해석하되, 제7조에 정한 신상정보의 사전 고지를 법률로 의무화하기보다는 표시 · 광고 시에는 당사자들이 거래할 때 필요한 정보를 자율적으로 제공하도록 하고, 법 개정이나 하위법령을 통해 소비자에게 제공해야 하는 정보를 줄이거나 그 절차를 간소화할 필요가 있다.

4. 역외적용 규정

전자상거래법 전부개정안에서는 역외적용에 대한 규정을 신설하여, 국외에서 이루어진 행위라도 국내 소비자에게 영향을 미치는 경우 전자상거래법의 적용 대상이 된다는 점을 분명히 하였다.[48] 개정이유에서는 해외직구, 구매대행의 활성화로 소비자 피해가 증가하고 있으나 명시적 규정이 없어 해외플랫폼에 대한 법집행 여부가 불분명한 부분이 있으므로, 역외적용 규정을 신설한다는 점을 밝히고 있다. 나아가 전부개정안 제19조에서는 국내에 주소 또는 영업소가 없는 온라인 판매사업자로서

48_ 전부개정안 제5조. 참고로 국내 대법원은 공정거래법의 역외적용과 관련하여 "외국에서의 행위가 국내시장에 영향을 미치는 경우는 문제된 국외행위로 인하여 국내시장이 직접적이고 상당하며 합리적으로 예측 가능한 영향을 미치는 경우로 제한 해석해야 한다"고 하면서, "그 해당 여부는 문제된 행위의 내용 · 의도, 행위의 대상인 재화 또는 용역의 특성, 거래 구조 및 그로 인하여 국내시장에 미치는 영향의 내용과 정도 등을 종합적으로 고려하여 구체적 · 개별적으로 판단하여야 한다"고 판시하였다. 대법원 2014. 12. 24. 선고 2012두6216 판결 참조.

매출액 등이 일정 기준에 해당하는 자는 국내대리인을 지정하도록 하여, 해외사업자의 국내법 준수와 소비자 분쟁해결 업무에의 참여를 유도하고자 하였다.[49]

역외적용을 명시하는 것이나 국내대리인을 지정하도록 하는 것은 비교법적으로나 다른 입법에서 그 전례를 찾을 수 있다.[50] 이러한 규정을 두는 것만으로 실제 규범력을 발휘하여 해외 사업자에 대해 실질적인 제재조치를 취하거나 외국플랫폼을 통한 소비자 피해 발생 시 현실적인 구제 수단이 되는 것에는 한계가 있을 것이나, 우선은 역외적용에 대한 근거를 분명히 하였다는 데에 의의가 있다.

규제법의 역외적용은 성문화된 법규정이 있다고 하더라도, 실제로 이를 적용하고 집행하는 데에는 그 요건과 효과에 대한 충분한 검토가 선행되어야 한다.[51] 당해 행위에 대한 규제 요청에 비하여 외국 법률 등을 존중해야 할 필요성이 현저히 우월한 경우에는 역외적용이 제한될 가능성도 있다.[52] 온라인 거래라는 특성상 국경을 넘는 거래가 빈번하므로, 비교법적인 검토가 필요함은 물론이다. 따라서 역외적용의 근거 규정을 마련한 데에 그칠 것이 아니라, 향후 전자상거래의 역외적용에 관한 보다 현실적이고 명확한 기준을 마련하려는 노력이 계속되어야 할 것이다.

49_ 전부개정안 개정이유 참조.

50_ 전부개정안에서 새롭게 규정된 역외적용과 국내대리인 지정에 관한 내용은 정신동(주 5), 71-74면 참조.

51_ 참고로 2004. 12. 31. 독점규제 및 공정거래에 관한 법률 제2조의2에 역외적용이 명문화되었으나, 규정만으로 역외적용의 문제가 해결된 것은 아니다. 명문의 규정을 두는 것 이외에 실제 역외적용이 가능하도록 하기 위해 대응입법의 강화, 법제 및 집행의 선진화, 국가차원의 외교적 노력, 기업의 자구노력 등이 필요하다는 점은 전민철, "경쟁법의 역외적용에 관한 고찰", 연세법학 제29호, 2017, 219면 이하 참조.

52_ 관련 논의는 최지현, "공정거래법 역외적용의 기준과 범위—항공화물운임 담합 판결을 중심으로", 경제법연구 제15권 제1호, 2016, 43면 이하 참조.

Ⅳ. 결 어

전자상거래 시장의 변화와 급격한 성장은 전자상거래에서의 소비자 보호를 위한 법체계의 전면적인 수정을 촉구하고 있다. 이 글에서는 특히 전부개정안이 예정하고 있는 그 적용 대상을 위주로, 거래 현실을 반영하여 적절한 방향을 제시하고 있는지, 향후 변화하는 시장 상황을 담아낼 수 있는 어느 정도의 통찰력을 가지고 있는지에 대해 살펴보고자 하였다. 전자상거래는 현재 가장 영향력 있는 시장이라고 할 수 있는바, 새로운 사업 유형이 출현하고, 그에 따른 소비자 피해가 발생할 가능성이 높다. 현재 거래 현상을 잘 담아내기 위해 세부적인 유형을 나누어 규제하는 것은 가능하고 일견 타당한 접근이나, 사전 규제에는 한계가 있는 만큼, 거래의 본질을 이해하고, 플랫폼을 둘러싼 권리의무 관계, 개별 주체의 책임에 대하여 일반적인 원칙과 방향을 설정하는 것이 중요하다.

전부개정안은 통신판매업자와 전자상거래 사업자를 중심으로 하는 현행 전자상거래법과 달리, 전자상거래 중심으로 규율 체계를 개편하고자 하는바, 이는 현행법에 비하여 진일보한 시각으로 평가할 수 있다. 이제는 방문판매법의 일부에서 출발한 전자상거래법의 모습을 벗고, 인터넷을 통한 상거래에서 소비자 보호를 규율하는 가장 대표적인 법률로서의 위상을 갖추는 것이 필요한 시점이 되었다. 이번 전부개정을 통해 이러한 목표를 달성할 수 있도록 그 적용 대상을 잘 설정해야 하고, 이를 위해서는 용어나 정의에서부터 세심한 고려가 필요하다.

참고문헌

편집대표 정동윤, 주석상법 총칙 상행위 1, 한국사법행정학회, 2013.
편집대표 정동윤, 주석상법 총칙 상행위 2, 한국사법행정학회, 2013.

김세준, “전자상거래법 전부개정안의 몇 가지 쟁점에 대한 검토”, 소비자법연구 제7권 특별호, 2021.
민창욱, “플랫폼 노동에 대한 법적 규제—미국 우버(Uber) 사례의 시사점”, 저스티스 통권 제183호, 2021.
서희석, “전자상거래소비자보호법의 체제 개편”, 경영법률 제23권 제2호, 2013.
윤주희, “전자상거래, 통신판매 및 통신판매중개의 법적개념에 대한 새로운 접근”, 경희법학 제48권 제2호, 2013.
이병준, “O2O 플랫폼 서비스와 전자상거래소비자보호법에 의한 소비자 보호”, 안암법학 제52권, 2017.
이병준, “전자상거래법 개정안의 법적 쟁점과 앞으로의 과제”, 경제법연구 제18권 제3호, 2019.
이병준, “온라인 플랫폼을 통한 개인간 거래와 소비자보호”, 소비자법연구 제7권 특별호, 2021.
장보은, “음식주문 플랫폼을 이용한 거래에 관한 계약법적 검토—관련 산업에 대한 규제를 고려하여”, 외법논집 제42권 제3호, 2018.
전민철, “경쟁법의 역외적용에 관한 고찰”, 연세법학 제29호, 2017.
정신동, “2021년 전자상거래법 전부개정안의 주요 쟁점과 향후 과제”, 소비자법연구 제7권 특별호, 2021.
최지현, “공정거래법 역외적용의 기준과 범위—항공화물운임 담합 판결을 중심으로”, 경제법연구 제15권 제1호, 2016.

전자상거래법에서 온라인 플랫폼의 규모 등에 따른 차등적 규율 가능성*

—유럽연합 DSA와의 비교를 중심으로—

김세준**

Ⅰ. 들어가며

지난 2021년 3월 5일부터 4월 14일까지 입법예고되었던 「전자상거래 등에서의 소비자보호에 관한 법률」(이하 '전자상거래법'이라 함) 전부개정법률안(이하 '전부개정안'이라 함)은 "온라인 플랫폼"이라는 새로운 개념을 도입하였다. 즉 온라인 플랫폼이란 "둘 이상의 집단의 이용자들 간에 재화 등의 거래, 정보 교환 등 상호작용을 목적으로 하는 인터넷 홈페이지, 모바일 응용프로그램 및 이에 준하는 전자적 시스템"을 말하며, "온라인 플랫폼 서비스"를 정보 교환 매개 서비스, 연결수단 제공 서비스, 재화 등의 거래 중개 서비스 등으로 세분화하여 규정하고 있다.

---

* 이 논문은 한국소비자법학회와 한국외국어대학교 법학연구소 소비자법센터의 공동 주최로 2021년 7월 23일 개최된 '제5회 전자상거래법 전부개정 특별 세미나'에서 발표한 내용을 수정 · 보완한 것으로, 「소비자법연구」 제7권 제3호(2021)에 게재된 것입니다.

** 경기대학교 공공안전학부 법학전공 부교수, 법학박사.

입법예고 후 온라인 플랫폼의 정의 및 유형 구분에 대해서는 다양한 논의가 이루어져 오고 있으나, 변화된 전자상거래 환경에 맞게 새로운 개념을 도입한 것은 신유형의 분쟁을 효과적으로 해결하고자 하는 노력의 측면에서 긍정적으로 볼 수 있다. 다만 전부개정안에서는 원칙적으로 온라인 플랫폼의 규모나 유·무상 여부 등에 따라 달리 규정하고 있지는 않다. 소비자보호 및 전자상거래 시장의 건전한 질서를 위하여 온라인 플랫폼을 규제하는 것 자체에는 대부분 동의할 수 있을 것이나, 그 결과 소규모의 사업자가 과도한 제약으로 인한 불측의 피해를 입는다거나 불필요한 규제를 통해 산업이 위축되는 등의 부작용도 예상해 볼 수 있다. 이를 해결하기 위한 방안으로 모든 온라인 플랫폼을 일률적으로 규율하는 것이 아니라 플랫폼에 따라 일정한 기준을 적용한 차등적 규제를 도입하는 경우, 더욱 합리적으로 입법목적을 달성할 수 있을 것이다.

2020년 12월 15일 유럽연합 집행위원회에서는 온라인상의 불법 콘텐츠 삭제, 이용자의 기본권 보호, 사업자의 책임 조정 등을 내용으로 하는 디지털서비스법안(Digital Services Act: 이하 'DSA'라 함)[1]을 규칙(Regulation)으로서 제안(Proposal)하였다.[2] 이 제안에서는 규칙이 적용되는 대상을 크게 네 가지 유형으로 차등적으로 설정하고 각각에 해당하는 의무규정을 별도로 두고 있다. 특히 온라인 플랫폼 역시 그 규모에 따라 세 가지 형태로 구분하고 있으므로, 전자상거래법 전부개정안이 향후 온라인 플랫폼을 그 규모에 따라 차등적으로 규율하고자 하는 경우 비교검토대상으로서의 중요성이 크다고 할 수 있다. 그러므로 이하에서는 우선 DSA에서 각 온라인 플랫폼에 어떠한 의무를 부과하고 있는지 간략히 살펴보고(II), 그 후 전자상거래법상 의무규정의 성격에 따라 차등적용이 가능한 규정이 무엇인지 검토하며(III), 만일 온라인 플랫폼을 규모 등에 따

1_ Proposal for a Regulation of the European Parliament and of the Council on a Single Market For Digital Services (Digital Services Act) and amending Directive 2000/31/EC, European Commission 2020/0361.

2_ 김현수 · 전성호, 유럽연합 디지털서비스법안(Digital Services Act)의 주요 내용 및 시사점, KISDI Premium Report 20-11, 정보통신정책연구원, 2020, 4면.

라 구분한다면 어떠한 기준을 적용할 수 있을 것인지도 제시하고자 한다(IV).

한편 이 논문은 현재 공개되어 있는 전자상거래법 전부개정안에서 온라인 플랫폼에게 부과하고 있는 의무나 책임 규정을 온라인 플랫폼의 규모 등에 따라 차등적으로 적용할 수 있는지 여부를 고찰하고자 하는 것에 목적이 있다. 따라서 의무규정이나 책임규정 자체의 내용 및 정당성 등은 이 논문에서는 언급하지 않는다. 단지 각 규정의 취지를 고려하여 그것이 어떠한 유형의 온라인 플랫폼에 적용될 수 있는지에 연구범위를 한정한다.

II. 유럽연합 디지털서비스법안(DSA)에서 온라인 플랫폼의 차등 규율

1. 기본취지

DSA는 안전한 온라인 환경을 보장하기 위하여 중개 서비스(intermediary service)[3] 제공자로 하여금 책임감 있고 성실한 행위를 하도록 촉진하여 유럽연합 시민과 그 밖의 당사자가 기본권, 특히 표현과 정보의 자유를 자유롭게 행사할 수 있도록 한다. 그럼에도 불구하고 이 법안의 주요 특징은 규칙을 이와 같은 목표를 달성하는 데 필요한 부분으로 엄

3_ 'intermediary'는 현행 전자상거래법이나 전부개정안에서 말하는 '중개'와 의미상 동일하지는 않으며, 거래의 중개를 포함하는 '매개' 또는 '중계' 등의 의미에 더욱 가깝다고 볼 수도 있다. 다만 '중개'로 번역하는 것이 DSA의 취지를 가장 잘 전달할 수 있을 것이라는 점, 그리고 DSA를 소개하고 있는 국내문헌들에서도 이미 '중개'라는 표현을 사용하고 있으므로 혼동을 방지할 필요가 있다는 점에서 '중개'로 번역하고자 한다. 같은 취지로 이병준, "유럽연합 디지털 서비스법을 통한 플랫폼 규제—디지털 서비스법 초안의 주요내용과 입법방향을 중심으로", 「소비자법연구」 제7권 제2호, 한국소비자법학회, 2021, 185면.

격히 제한하는 데 있다.[4] 이에 따라 DSA는 소위 비례의 원칙(Proportionality)에 입각하여 규정되어 있으며 이는 다음과 같은 특성으로 나타난다.

디지털 서비스가 불법적인 행위에 오용되지 않고 서비스 제공자가 책임감 있는 운영을 하도록 하기 위하여, DSA는 서비스의 성격과 규모에 따라 각기 다른 유형의 디지털 서비스 제공자에게 비대칭적인 상당주의 의무(due diligence obligations)를 설정한다. 이와 같은 접근방식은 특정한 문제들이 나타나는 영역에 한하여 그것만을 범주로 다루며, 동시에 그 범주의 문제들과 무관한 공급자들에게는 과도한 부담을 주지 않는다. 가령 특정한 범위에서의 실질적 의무는 공개토론 및 거래를 촉진하는 중심적이고 체계적인 역할을 하게 된 대규모 온라인 플랫폼(very large online platforms)의 범위로 제한되기도 한다. 의무에 대한 비례성 그리고 국경을 초월하는 디지털 서비스의 특성을 고려하여, DSA는 대규모 온라인 플랫폼에 대한 유럽연합 수준의 감독을 강화함으로써 회원국 전체의 협력 메커니즘을 도입하고자 한다. 반면에 매우 소규모의 제공자는 의무가 완전히 면제된다.[5]

이와 관련하여 상당주의의무가 해당 중개서비스의 유형과 성격에 맞게 적용되는 것이 가장 핵심적이다. 따라서 DSA는 모든 중개 서비스 제공자에게 적용되는 기본적인 의무와 호스팅서비스 제공자, 특히 온라인 플랫폼 및 대규모 온라인 플랫폼에 대한 추가적인 의무를 별도로 규정한다. 중개 서비스 제공자는 서비스의 성격과 규모를 고려하여 이러한 다양한 범주에 속하게 되는 한, 이 규정에서 적용받는 의무를 모두 준수해야 한다. 합리적이고 비임의적인 것으로서 이와 같은 조화로운 주의의무는 서비스를 제공받는 자의 정당한 이익 보호, 불법적인 관행 처리 및 온라인에서의 기본권 보호와 같이 확인된 공공정책적 문제를 해결하기 위해 필요하다고 보는 것이 DSA의 기본 취지라고 할 수 있다.[6]

4_ DSA 입법이유, p.6.

5_ DSA 입법이유, p.6.

6_ DSA 입법이유 (35), p.25.

2. 의무규정의 개요

우선 기본적인 상당주의의무는 중개 서비스 제공자에 대하여 적용되며, 규모를 불문하고 중개 서비스 제공자에게 요구되는 의무는 모든 온라인 플랫폼에도 적용된다. 온라인 플랫폼은 모두 중개 서비스 제공자에 해당하기 때문이다. 우선 중개 서비스와 온라인 플랫폼에 대한 DSA의 정의규정은 다음과 같다.

중개 서비스는 정보를 통신망을 통해 전송하거나 통신망 접근권을 제공하는 단순전달자, 정보를 효율적으로 전송하기 위한 캐싱서비스, 이용자가 제공하는 정보의 저장 및 요청에 따라 구성된 호스팅서비스 중 하나를 말한다.[7] 그리고 온라인 플랫폼(online platform)은 서비스를 제공받는 자의 요청에 따라 정보를 저장하고 정보를 대중에 배포하는 호스팅 서비스 제공자이다. 다만 다른 서비스의 사소하고 순수하게 부수적인 기능만을 수행하면서 객관적이고 기술적인 이유로 그 기능 없이는 다른 서비스를 사용할 수 없으며, 해당 기능을 다른 서비스에 통합하는 것이 이 규정의 적용 가능성을 우회하는 수단이 아닌 경우는 제외된다.[8]

아래에서는 호스팅 서비스 제공자 및 온라인 플랫폼을 비롯한 모든 중개 서비스 제공자에게 공통적으로 적용되는 의무규정, 호스팅 서비스 제공자와 온라인 플랫폼에 적용되는 의무규정, 온라인 플랫폼에만 적용되는 의무규정을 각각의 순서에 따라 살펴보고자 한다.

(1) 중개 서비스 제공자

상당주의의무는 중개 서비스에 부과되고 있는 주의의무를 포함한 각종 의무에 관한 규정을 의미한다. 주의의무 규정의 목적은 유럽연합 역내 시장의 기능을 강화하면서, 동시에 온라인 환경의 안정성과 투명성을 확보하고자 하는 것에 있다. DSA는 이와 같은 목적달성을 위해 명확

7_ DSA 제2조 (f)호.

8_ DSA 제2조 (h)호.

하면서도 균형성 있고 통일적인 중개서비스 사업자에 관한 주의의무를 제3장(투명하고 안전한 온라인 환경을 위한 상당한 주의의무)에서 규정하고 있다. 구체적으로 이 주의의무 규정들은 다음을 목적으로 한다: 소수 · 취약이용자를 포함하는 서비스 이용자의 안전 및 신뢰 확보, 헌법에 규정된 기본권의 보호, 서비스 제공자들의 신뢰성 확보, 이용자 및 다른 관련 당사자들의 권한 강화, 관련 행정당국의 감독권 확립 등 공공성의 실현 보장.[9]

구체적으로는 제10조부터 제13조까지 4개의 조항으로 규정하고 있다. 세부내용은 아래와 같으며, 이 네 가지 의무는 모든 중개 서비스 제공자가 부담하는 의무이다.

첫째, 연락창구(Points of contact) 구축의무이다. 이에 따라 중개서비스 제공자는 회원국의 규제당국, 유럽연합 집행위원회 및 이사회와 연락할 수 있는 창구를 구축해야 한다.[10]

둘째, 법률 대리인(Legal representatives)의 지정의무이다. 유럽연합 내에 소재하지 않으면서 유럽연합 역내에서 서비스를 제공하는 중개 서비스 제공자는 서비스를 제공하는 회원국에 법률 대리인을 서면으로 지정해야 한다. 법률 대리인은 중개 서비스 제공자가 규칙을 준수하지 않은 경우 그 의무위반에 대한 책임을 부담한다.[11] 이는 유럽연합 외에서 설립된 디지털 서비스 제공자가 유럽연합 내에서 서비스를 제공하는 것에 관해 효과적인 감독 및 필요한 경우의 집행을 보장하기 위한 규정이다.[12]

셋째, 약관에 관한 의무이다. 이용자가 제공한 정보의 이용에 대한 제한 또는 변경권한을 중개 서비스 제공자의 약관에 유보하고 있는 경우, 중개 서비스 제공자는 이용자에게 해당 내용에 대한 정보를 제공하여야

9_ DSA 입법이유 (34), p.25; 이병준, 앞의 논문, 188면.

10_ DSA 제10조.

11_ DSA 제11조.

12_ DSA 입법이유, p.6.

한다. 이때 정보에는 알고리즘에 의한 의사결정과 이용후기를 포함하여 콘텐츠의 조정(moderation)을 위해 사용되는 정책 · 절차 · 조치 · 수단에 대한 정보가 포함되어야 한다. 또한 약관의 내용은 명확하고 모호하지 않게 작성되어야 하고 쉽게 접근할 수 있는 형태로 제공되어야 한다.[13]

넷째, 투명성 보고의무(Transparency reporting obligations)이다. 중개 서비스 제공자는 연 1회 이상 모든 콘텐츠의 조정에 관해 보고할 의무가 있다.[14] 보고사항에는 약관에 근거하여 삭제 또는 접근 제한된 정보에 관한 내용도 포함된다.[15]

(2) 호스팅 서비스 제공자

호스팅 서비스 제공자는 앞선 중개 서비스 제공자에게 부과된 의무에 더하여 다음 두 가지의 의무를 더 부담한다.

첫째, 통지 및 조치 메커니즘(Notice and action mechanisms)을 구축할 의무이다. 호스팅 서비스 제공자는 개인이나 단체가 불법적인 콘텐츠로 여기는 특정 항목이 서비스에 포함되어 있음을 그들에게 알리는 메커니즘을 구축해야 한다. 그리고 개인이나 단체는 불법적인 콘텐츠로 여기는 이유를 설명해야 한다. 여기서 통지란 불법적인 콘텐츠의 제거 또는 비활성화 조치를 요구하는 자의 요청을 말하며, 조치란 그에 상응하여 불법 콘텐츠의 제거 또는 비활성화에 관해 호스팅 서비스 제공자의 결정에 따라 내려진 행위를 말한다.[16] 이와 같이 통지한 경우 호스팅 서비스 제공자가 인지한 것으로 간주한다. 호스팅 서비스 제공자는 통지한 정보에 대한 결정내용을 지체 없이 알리고 이의절차에 대한 정보를 제공해야 한다.[17]

둘째, 이유설명(Statement of reasons)의무이다. 위 통지에 따라 호스팅

13_ DSA 제12조.
14_ DSA 제13조.
15_ 이병준, 앞의 논문, 191면.
16_ 이병준, 앞의 논문, 192면.
17_ DSA 제14조.

서비스 제공자가 불법적인 콘텐츠를 제거하거나 비활성화하기로 결정한 경우 호스팅 서비스 제공자는 표현의 자유를 보장하기 위한 조치로서 그 콘텐츠를 제공한 자에게 해당 결정, 결정의 이유 및 결정에 이의를 제기할 수 있다는 점을 설명하여야 한다. 또한 내부의 이의처리시스템, 대체적 분쟁해결절차 및 사법적 구제수단을 포함한 구체절차에 관한 정보 역시 제공해야 한다.[18]

(3) 온라인 플랫폼 서비스 제공자

1) 온라인 플랫폼 서비스 제공자의 유형

의무규정에 관하여 DSA는 온라인 플랫폼 서비스 제공자를 크게 세 가지 범주로 나누고 있다.

첫째, 유럽연합지침 2003/361/EC에 의해 소상공인이나 소기업[19]으로 분류되는 온라인 플랫폼 서비스 제공자는 상당주의의무의 적용을 제외한다. 즉 온라인 플랫폼에 추가적인 의무가 부과됨으로써 소상공인이나 소기업에 부당하게 과도한 행정비용 등의 부담을 부과하지 않도록 DSA는 소상공인이나 소기업에 대해서는 온라인 플랫폼에 대한 규정을 적용하지 않는다.[20] 소상공인과 소기업이 그 범위와 영향력에서 대규모 온라인 플랫폼과 유사한 정도의 규모에 이를 때까지 온라인 플랫폼에 대한 규정은 적용되지 아니한다. 그러나 소상공인과 소기업이 적용제외 되었다고 하여 이러한 기업이 해당 규정들에 의하여 부과되는 의무들을 자율적으로 준수하는 것을 금지하는 것은 물론 아니다. 이와 같은 자율적 의무준수를 통해 소상공인과 소기업이 중·대형 온라인 플랫폼으로 성장하는 것도 기대할 수 있다.[21]

18_ DSA 제15조.

19_ 소기업(small enterprise)은 50명 미만을 고용하고 연간 매출액 또는 연간 대차대조표 합계액이 1천만 유로를 초과하지 않는 기업, 소상공인(microenterprise)은 10명 미만을 고용하고 연간 매출액 또는 연간 대차대조표 합계액이 2백만 유로를 초과하지 않는 기업을 말한다.

20_ DSA 제16조.

둘째, 위와 같이 소상공인이나 소기업으로 분류되지 않는 온라인 플랫폼 서비스 제공자에게는 원칙적으로 DSA에서 규정하는 상당주의의무가 모두 적용된다.

셋째, 해당 온라인 플랫폼 내에서 유럽연합 내 월평균 활동이용자 수가 4,500만 명 이상인 경우에는 대규모 온라인 플랫폼으로 정의하며, 이와 같은 대규모 온라인 플랫폼에는 추가적인 의무규정이 적용된다.

2) 온라인 플랫폼 서비스 제공자의 의무

위 둘째 유형에 해당하는 온라인 플랫폼 서비스 제공자에게는 다음 8가지의 의무가 추가적으로 부과된다.

첫째, 온라인 플랫폼은 이용자가 무료로 이용할 수 있는 내부 불만처리 시스템을 구축해야 한다.[22]

둘째, 대체적 분쟁해결절차를 통해 분쟁을 해결할 수 있도록 해야 한다. 즉 내부 불만처리 시스템에 의해 분쟁을 해결할 수 없는 경우 이용자는 대체적 분쟁해결절차를 선택할 수 있으며, 온라인 플랫폼은 그 선택에 따라야 한다.[23]

셋째, 신뢰할 수 있는 신고자(trusted flaggers)에 대한 우선순위 부여의무로서, 온라인 플랫폼은 신뢰할 수 있는 신고자에 의한 통지가 있는 경우 그 신고가 우선적으로 처리될 수 있도록 기술적 · 조직적으로 조치하여야 한다.[24]

넷째, 온라인 플랫폼은 명백한 불법콘텐츠를 빈번히 제공하는 이용자에게 일정 기간의 사전 경고 후 서비스 제공을 중단하도록 해야 하는, 부정이용행위에 대한 조치의무를 부담한다.[25]

다섯째, 온라인 플랫폼은 사람의 생명 · 안전에 위협이 되는 범죄 의

21_ 이병준, 앞의 논문, 193면.

22_ DSA 제17조.

23_ DSA 제18조.

24_ DSA 제19조.

25_ DSA 제20조.

심 정보를 발견한 경우 사법기관에 즉시 신고해야 한다.[26]

여섯째, 온라인 플랫폼은 판매자의 신원을 확인하여 적합하지 않은 경우 서비스 제공을 중단해야 한다.[27]

일곱째, 중개 서비스 제공자의 투명성 보고의무에 추가된 의무가 부과된다. 즉 제18조에 의해 제출된 분쟁해결 횟수 · 결과 · 절차완료 평균시간, 제20조에 의한 부정사용에 대한 조치 횟수, 콘텐츠 조정을 위한 자동화 수단의 사용 등을 추가로 보고해야 한다.[28]

여덟째, 온라인 광고에 대한 투명성 의무도 부과된다. 즉 해당 정보가 광고라는 사실, 광고주, 해당 광고가 노출되는 이용자를 결정하는 데 사용된 주요 매개변수에 대한 의미 있는 정보를 명확히 실시간으로 확인할 수 있도록 해야 한다.[29]

(4) 대규모 온라인 플랫폼 서비스 제공자

대규모 온라인 플랫폼 서비스 제공자에 대해서는 앞선 의무들에 더하여 아래의 의무들이 추가적으로 부과된다.

첫째, 대규모 온라인 플랫폼 서비스 제공자는 위험 평가 및 완화 조치 의무를 부담한다. 즉 서비스 기능 및 이용에 따르는 상당한 시스템위험을 연 1회 이상 식별 · 분석 · 평가해야 하며, 이에 따라 식별된 특정 시스템위험에 맞는 조치를 이행해야 한다.[30]

둘째, 자체 비용으로 연 1회 이상 규정준수에 대한 독립적인 감사를 받을 의무가 있다.[31]

셋째, 추천시스템에 사용되는 주요 매개변수 및 이용자가 주요 매개변수를 변경하거나 영향을 줄 수 있는 옵션을 약관에 명확하고 이해하

26_ DSA 제21조.
27_ DSA 제22조.
28_ DSA 제23조.
29_ DSA 제24조.
30_ DSA 제26조, 제27조.
31_ DSA 제28조.

기 쉽게 명시해야 할 의무가 있다.[32]

넷째, 앞선 온라인 플랫폼에 요구되는 온라인 광고의 투명성 의무에 더하여 추가적 의무가 부과된다. 즉 광고가 마지막으로 노출된 후 1년까지 광고의 내용, 광고주, 광고 노출 기간, 광고가 특정 이용자에게 노출되도록 의도되었는지 여부 및 그 경우 사용된 주요 매개변수, 광고에 노출된 총이용자 수 등을 저장하고 공개적으로 열람할 수 있도록 해야 한다.[33]

다섯째, 대규모 온라인 플랫폼은 조정기관 또는 집행위원회에 DSA의 준수를 모니터링하고 평가하기 위한 목적으로 데이터에 대한 접근 권한을 제공해야 할 의무가 있다.[34]

여섯째, 대규모 온라인 플랫폼은 DSA의 준수 여부를 모니터링할 수 있는 책임자를 지정해야 한다.[35]

일곱째, 앞선 온라인 플랫폼에 요구되는 투명성 보고의무에 더하여 추가적인 의무가 부과된다. 즉 콘텐츠 조정에 관한 보고서를 공표할 의무가 강화되며, 감사보고서 등의 공표 의무가 추가된다.[36]

Ⅲ. 차등적 규율의 가능성 및 범위

1. 원칙과 예외

소비자보호법은 그 하위 범주로서 특수거래에 적용되는 법률을 두고 있는데 그중 대표적인 것이 전자상거래법이다. 이러한 법률은 일반법인 민법에서 규정하고 있지 않은 소비자의 권리나 사업자의 의무를 규정하

32_ DSA 제29조.

33_ DSA 제30조.

34_ DSA 제31조.

35_ DSA 제32조.

36_ DSA 제33조.

고 있다는 점에 특징이 있다.[37] 또한 이는 형식적 사적자치와 경쟁질서로부터 비롯될 수 있는 시장의 실패와 관련하여 제기된 소비자보호 문제를 해소하기 위한 방안이기도 하다. 그리고 이러한 문제로부터 등장한 것이 소위 실질적 사적자치의 개념이다. 이것은 곧 소비자의 경제적 자기결정을 보장해야 할 필요성으로 나타나는데, 경제적 자기결정모델에서 소비자보호는 개별시장에서 소비자의 법적 보호에 적합한 한도 내에서만 의미가 있으므로 소비자보호를 위한 특별법은 소비자의 경제적 자기결정의 보장을 위한 수단이 된다.[38]

그러므로 전자상거래법에서 소비자는 어떠한 사업자와 거래하는지와 무관하게 동일한 권리를 보장받아야 한다. 그리고 소비자의 권리를 보장하기 위해 사업자에게 의무가 부과되는 경우 역시 사업자가 누구인지와 상관없이 동일한 의무로서 규정되어야 한다. 이러한 관점은 거래상대방인 사업자뿐만 아니라 온라인 플랫폼 운영사업자에 대해서도 동일하게 유지되어야 한다. 즉 온라인 플랫폼이 소규모인지 대규모인지 문제는 소비자보호수준에 영향을 미칠 수 없다. 그 결과 전자상거래법에서 온라인 플랫폼에 일정한 의무를 부과하는 규정을 두는 경우 그것을 각 대상에 따라 차등적으로 적용할 수 없는 것이 원칙이다.

그러나 전자상거래법이 항상 거래당사자로서 소비자의 권리보호를 위한 규정만 두고 있는 것은 아니다. 오히려 거래상대방인 사업자에 대한 행정적 규제를 목적으로 하는 규정을 중심으로 규정함으로써 소비자보호에 취약하다는 비판도 있다. 즉 특수거래법이 본질적으로는 소비자보호를 목적으로 하고 있음에도 불구하고 실제 그 내용은 행정규제에 그치고 있기 때문에 거래당사자로서의 소비자들은 당해 법률 위반에 근거하여 직접적인 사법상의 구제를 받기 어려운 문제도 있다.[39] 이와 같

37_ 고형석, “민법과 소비자보호법간의 관계 및 과제”, 「소비자법연구」 제3권 제2호, 한국소비자법학회, 2017, 128면.

38_ 정진명, “사법체계에 있어서 소비자상”, 「재산법연구」 제30권 제4호, 한국재산법학회, 2014, 186면.

39_ 서희석, “소비자사법의 일반화의 가능성”, 「법학연구」 제51권 제3호, 부산대학교 법

은 규정내용이나 체계의 정당성 여부는 별론으로 하더라도, 전자상거래법이 사업자를 행정적으로 규제하고자 하는 규정을 두고 있는 것 자체는 분명하다. 이러한 정책적인 고려에 따른 사업자의 의무는 사업자가 처해 있는 시장 내의 지위나 상황에 따라 차등적용이 가능할 수 있으며 이는 온라인 플랫폼에 대해서도 마찬가지이다. 온라인 플랫폼의 규모에 따라 의무의 경중을 달리 규정하더라도 그로 인해 소비자에게 미치는 영향이 거의 없기 때문이다. 오히려 산업을 보호함으로써 장기적으로는 소비자권익에 유리한 효과도 도모할 수 있다.

전자상거래법 전부개정안 제1조는 "이 법은 전자상거래 등에 의한 재화 또는 용역의 공정한 거래에 관한 사항을 규정함으로써 소비자의 권익을 보호하고 시장의 신뢰도를 높여 국민경제의 건전한 발전에 이바지함을 목적"으로 함을 규정한다. 이에 따르면 전자상거래법의 목적은 크게, 거래당사자로서 소비자의 권리를 보호하기 위한 것과 시장질서를 보호하기 위한 것 두 가지로 나누어 볼 수 있다. 이 중 전자에 관련된 규정들은 모든 온라인 플랫폼에 대하여 동일하게 적용되어야 한다. 다만 후자에 관련된 규정들은 시장에 대한 신뢰도를 고려하여 차등적으로 적용할 수 있는 가능성이 있다. 더 세부적으로는, 이와 같은 규정들이 궁극적으로는 소비자보호 목적에 관한 규정이더라도 소비자의 거래상 지위에 관련이 없는 경우에는 차등적용이 가능할 것이며, 순수한 행정적 규제의 경우에는 물론 차등적용이 가능하다.

이하에서는 이와 같은 원칙과 예외에 따라 전자상거래법 전부개정안의 온라인 플랫폼 운영사업자에 대한 규정들을 어떻게 적용할 수 있는지 각각 판단하며, 동시에 이미 온라인 플랫폼에게 차등적 의무를 부과하는 DSA규정과 비교하고자 한다.

학연구소, 2010, 33면.

〈표 1〉 전자상거래법 전부개정안의 규정과 유사하거나 관련된 DSA규정 비교

전자상거래법 전부개정안	관련 DSA 규정
제6조 신고의무	제10조 연락창구 구축 의무
제16조 정보의 투명성 확보 조치	제13조 투명성 보고의무 제23조 추가적 투명성 보고의무 제24조 온라인 광고에 대한 투명성 의무 제30조 온라인 광고에 대한 추가적 투명성 의무 제33조 추가적 투명성 보고의무
제18조 제3항~제5항 맞춤형 광고 시의 의무	제12조 약관에 관한 의무 제24조 온라인 광고에 대한 투명성 의무 제30조 온라인 광고에 대한 추가적 투명성 의무 제29조 약관에의 명시 의무
제19조 국내대리인 지정 의무	제11조 법률 대리인 지정
제20조 위해방지를 위한 조치의무 등	제14조 통지 및 조치 메커니즘 제20조 부정이용행위 조치의무 제21조 범죄 신고의무
제24조 정보제공의무 등	
제25조 온라인 플랫폼 운영사업자의 의무와 책임	
제26조 전자상거래의 중요한 일부 업무를 수행하는 온라인 플랫폼 운영사업자의 책임	
제28조 분쟁해결의무 등	제17조 내부 불만처리 시스템 구축 제18조 ADR을 통한 분쟁해결 의무
제29조 개인간 전자상거래에서의 소비자 보호	
	제20조 신뢰할 수 있는 신고자에 대한 우선순위 부여의무
	제26조, 제27조 위험 평가 및 완화 조치 의무

	제28조 독립 감사 의무
	제31조 데이터 접근 권한 제공 의무
	제32조 모니터링 책임자 지정 의무

2. 전자상거래법 전부개정안에서 온라인 플랫폼에 관한 규정

전자상거래법 전부개정안은 제2장 제2절에서 온라인 플랫폼 운영사업자에 관한 규정을 별도로 두면서 동시에 온라인판매사업자에 관한 규정을 일부 준용하고 있다. 정리해 보면 다음과 같은 규정이 전부개정안에서 온라인 플랫폼 운영사업자에게 적용되는 규정들이다 : 신고의무(제6조), 정보의 투명성 확보조치(제16조), 맞춤형 광고 시의 의무(제18조 제3항~제5항), 국내대리인 지정 의무(제19조), 위해방지를 위한 조치의무(제20조), 정보제공의무(제24조), 온라인 플랫폼 운영사업자의 의무와 책임(제25조), 전자상거래의 중요한 일부 업무를 수행하는 온라인 플랫폼 운영사업자의 책임(제26조), 분쟁해결의무 등(제28조), 개인간 전자상거래에서의 소비자 보호(제29조). 이 10개 규정 중 5개는 거래당사자로서 소비자의 권리에 직접적으로 관련이 있는 규정이며, 나머지 5개는 계약관계로부터 직접적으로 비롯되는 규정은 아니다. 따라서 양자를 나누어 각각 검토한다.

(1) 거래당사자로서 소비자의 권리에 관한 규정

1) 정보의 투명성 확보조치(제16조)

전부개정안 제16조는 허위 · 과장 · 기만적 소비자 유인행위를 사전에 차단하기 위해 정보공개를 강화하고 방법을 구체화하고자 한다. 즉 재화 등의 거래와 관련된 검색결과를 제공하는 경우 광고를 구분하여 표시하도록 의무화하고(제1항), 검색순위를 결정하는 주요결정기준을 표시하도록 의무화하며(제2항), 사업자가 이용후기 게시판을 사용하는 경우 이용후기의 수집 · 처리에 관한 정보를 공개하도록 규정한다(제4항). 이 규정은 소비자의 계약체결 여부에 직접적으로 영향을 미치는 조건에 관한 것으로서 정보제공의 투명성을 확보하고자 마련된 것이다.[40]

한편 DSA는 제13조에서 중개 서비스 제공자에게 투명성 보고의무를 부과하고 있고, 온라인 플랫폼 및 대규모 온라인 플랫폼에 대하여 제23조와 제33조에 각각 추가된 보고의무를 부과하고 있다. 다만 이 규정은 연례보고를 할 의무를 의미하는 것이지, 소비자에 대하여 일정한 정보를 표시하거나 공개할 의무를 규정하고 있는 것은 아니라는 점에서 차이가 있다.

그러나 DSA 제24조는 온라인 플랫폼에 대하여(제30조는 대규모 온라인 플랫폼에 대하여) 그들이 제공하는 정보가 광고인지 여부, 광고주가 누구인지, 해당 광고가 노출되는 이용자를 결정하는 데 사용된 주요 매개변수에 대한 의미 있는 정보를 명확히 실시간으로 확인할 수 있도록 해야 함을 규정한다. 이는 전부개정안 제16조와 유사한 내용을 담고 있다고 볼 수 있다. 그런데 해당 규정은 2003/361/EC에 의하여 소상공인이나 소기업으로 분류되는 온라인 플랫폼에는 적용되지 않는다. 이와 같은 적용제외 규정을 두고 있는 취지는 추가적인 의무를 부과함에 따라 소상공인이나 소기업에 해당하는 영세 온라인 플랫폼이 과도한 부담을 지게 되는 것을 방지하고자 하는 것이다. 결국 일정 규모의 온라인 플랫폼으로 성장하기 전까지는 적용의 예외를 인정함으로써 보호하겠다는 의미이다.[41]

그렇다면 이와 같은 취지를 전자상거래법 전부개정안 제16조에도 적용할 수 있을 것인가. 기본적으로 DSA를 전자상거래법과 완전히 동일한 차원에서 비교할 수는 없다. DSA는 일종의 데이터 서비스에 대한 기본법적 의미로 마련된 법안이며, 전자상거래는 본질적으로 거래법이기 때문이다. DSA는 P2C 관계를 직접적인 적용대상으로 하기보다는, 그것

40_ 공정거래위원회, 「전자상거래 등에서의 소비자보호에 관한 법률 전면개정안」 설명자료, 2021, 22-23면.

41_ 이병준, 앞의 논문, 193면.

을 포함하는 디지털 서비스 제공에 관한 전반적인 규율체계를 재정립하고자 하는 것에 목적이 있다. 즉 다양한 온라인 서비스가 생겨나고 대규모 온라인 플랫폼이 등장하였으며, 불법 콘텐츠가 무분별하게 유통되는 등 디지털 환경의 측면에서 많은 변화가 일어나고 있는 것에 대하여 유럽연합 차원에서 대응하기 위한 현대적 법체계로서의 의미를 가진다. 이에 따라 유럽연합 집행위원회는 온라인 소비자의 기본권 보호, 온라인 플랫폼에 대항 높은 투명성과 명확한 책임근거 마련 및 유럽 단일시장의 혁신과 성장, 경쟁력 강화 등을 목적으로 법안을 제정한 것이다.[42]

나아가 앞서 원칙적 관점에서 언급한 바와 같이 전자상거래법은 거래당사자인 소비자를 보호하고자 제정된 법률이다. 그리고 적어도 (그 내용의 정당성 여부는 별론으로 하고) 전부개정안 제16조가 신설된 이유는 소비자를 더욱 합리적이고 두텁게 보호하고자 하는 목적에 따른 것이다. 더욱이 제1항은 그 표시의 대상이 소비자임을 명시하고 있다. 그러하다면 해당 조항의 적용을 받는 온라인 플랫폼에 예외를 인정하는 것은 신중해야 한다.

따라서 전자상거래법 전부개정안 제16조는 본질적으로 거래당사자인 소비자의 계약체결여부에 직접적인 영향을 미치는 조건을 표시 또는 공개하도록 한다는 점에서 모든 온라인 플랫폼에 동일하게 적용되어야 한다.

2) 맞춤형 광고 시의 의무(제18조 제3항 내지 제5항)

전부개정안 제18조 제3항 내지 제5항은 온라인 플랫폼 운영사업자가 맞춤형 광고를 제공하는 경우 그 사실을 고지하도록 하고 일반광고와 동시에 제공하도록 의무화하는 내용으로 신설되었다. 즉 맞춤형 광고의 제공 사실을 별도로 표시하도록 하고 맞춤형 광고의 수신여부를 소비자가 선택할 수 있도록 하였으며(제3항), 소비자가 맞춤형 광고를 거부하는 경우 일반광고를 선택할 수 있도록 규정하였다(제4항). 맞춤형 광고가 크

42_ 김현수 · 전성호, 앞의 보고서, 4면.

게 증가하고 있음에도 소비자가 이를 일반광고와 구별할 수 없어 합리적인 선택에 제약을 받을 뿐만 아니라 맞춤형 광고 제품을 유망한 제품으로 오인할 가능성이 있으므로, 이를 차단하기 위한 신설규정이다.[43]

이 규정에 대응하는 DSA 규정은 이미 앞의 1)에서 다룬 제24조와 제30조이다. DSA에서는 해당 규정에 관해 소상공인이나 소기업에 해당하는 소규모 온라인 플랫폼에 적용을 배제하고 있으나, 전자상거래법 전부개정안 제18조는 역시 (그 내용의 정당성과 무관하게) 맞춤형 광고가 소비자의 선택 및 계약체결 여부에 직접적으로 영향을 미치는 점에 착안하여 신설된 규정이므로 역시 온라인 플랫폼의 규모에 따른 차등적용은 불가하다고 보아야 한다.

한편 DSA 제12조(대규모 온라인 플랫폼에 대해서는 추가적으로 제29조)는 콘텐츠의 조정에 관련된 정보 및 추천시스템에 사용되는 주요 매개변수 등을 약관에 명시하도록 규정하고 있으나, 이는 소비자에 대한 약관이 아니라 온라인 플랫폼 이용사업자에 대한 약관에 관한 것으로서 P2B관계에 적용되는 규정이므로 전자상거래법 규정과는 성질상 거리가 있다.

3) 전부개정안 제24조 내지 제26조에 규정된 온라인 플랫폼 운영사업자의 의무

해당 규정들은 온라인 플랫폼 운영사업자의 정보제공의무를 비롯한 의무와 책임, 그리고 전자상거래의 중요한 일부 업무를 수행하는 온라인 플랫폼 운영사업자의 책임에 관한 규정들로서 모두 소비자의 계약관계에서 온라인 플랫폼 운영사업자가 부담하는 고유의 의무에 관한 것들이다. 물론 각각의 규정내용에 대해서는 다양한 비판적 시각이 존재할 수 있으며,[44] 전부개정안이 향후 개선되어야 할 과제라고 볼 수도 있다.

43_ 공정거래위원회, 앞의 자료, 30면.

44_ 해당 규정들에 관해서는 대표적으로 김세준, "전자상거래법 전부개정안의 몇 가지 쟁점에 대한 검토—온라인 플랫폼 운영사업자를 중심으로", 「소비자법연구」 제7권 특별호, 한국소비자법학회, 2021, 18면 이하 참고.

다만 이 조항들은 소비자의 계약관계에 관해 온라인 플랫폼 운영사업자가 부담하는 가장 직접적인 의무와 책임을 규정하고 있으므로 적어도 형식상으로는 전자상거래법이 소비자보호를 목적으로 하고 있는 본질적 측면에 가장 부합하는 역할을 하고 있는 것으로 볼 수 있다. 그 결과 전부개정안 제24조 내지 제26조 역시 온라인 플랫폼의 규모와 상관없이 모든 플랫폼에 일률적으로 적용되어야 한다.

(2) 시장질서 및 신뢰도에 관련된 규정

1) 신고의무

현행 전자상거래법 제12조(통신판매업자의 신고)를 개정한 전부개정안 제6조에서는 온라인 플랫폼 운영사업자가 대통령령으로 정하는 바에 따라 상호, 주소, 전화번호 등 사업자의 신원에 관한 사항을 공정거래위원회 등에 신고하도록 규정하고 있다. 원칙적으로 신고는 그 자체로 법률효과를 완성하는 자기완결적 공법행위로서,[45] 전부개정안 제6조는 온라인 플랫폼 운영사업자의 공법상 의무를 규정하고 있는 것으로 보아야 한다. 따라서 앞서 검토한 규정들과는 성질상 차이가 있다.

이미 현행 제12조뿐만 아니라 전부개정안 제6조에서도 공정거래위원회 고시로써 신고의무가 면제되는 사업자의 예외를 두고 있다.[46] 이러한 예외를 규정하는 취지는 영세사업자를 규제의 범위에서 제외함으로써 그들의 부담을 완화하여 시장에의 진입가능성을 높이는 등의 보호를 하기 위함이다.[47] 그리고 소규모 온라인 플랫폼에 대하여 적용을 배제하더

45_ 조만형, “행정법상 신고의 유형과 해석기준에 관한 소고”, 「공법연구」 제39권 제2호, 한국공법학회, 2010, 603면. 이에 의하면, 행정절차법이 신고에 관한 규정을 도입하게 된 취지를 고려할 때 전형적인 형태의 신고는 행정청에 대하여 의무를 면하기 위해 일정한 사항을 통지하는 것이며 이것이 본래적 의미의 신고라고 한다.

46_ 현행 고시(제2조)에서는 최근 6개월 동안 거래횟수가 20회 미만이거나 거래규모가 1,200만 원 미만인 경우에 신고의무를 면제하고 있다.

47_ 이병준 외, 「‘전자상거래법 제도 개선에 따른 후속연구’ 연구보고서」, 한국외국어대학교 연구산학협력단, 2019, 13면.

라도 소비자의 권리와는 직접적인 관련이 있다고 보기 어렵다. 기본적으로 신고의무는 P2C관계 또는 계약관계와는 거리가 있는 공법상의 의무이기 때문이다.

한편 이러한 신고는 온라인 플랫폼 운영사업자의 신원정보를 소비자가 알 수 있도록 하는 역할도 하기 때문에 신고여부가 소비자의 이익에 직접적인 영향을 미치는 것으로 볼 여지도 있다. 그러나 전부개정안 제24조 제1항은 온라인 플랫폼 운영사업자의 정보제공의무를 별도로 규정하고 있으므로 신고가 면제되는 사업자 역시 이러한 정보제공의무는 이행하여야 한다. 따라서 소비자가 온라인 플랫폼 운영사업자에 관한 신원정보를 알 수 있는지 여부는 신고의무의 면제 여부와 무관하다.

DSA는 제10조에서 규제당국, 집행위원회, 이사회와 연락할 수 있는 창구를 구축하도록 하는 의무를 중개 서비스 제공자에게 부과하고 있는데, 이는 신고의무와 완전히 동일한 취지는 아니다. 즉 당국에 사업자로서 신고하는 행정법상의 의무를 부과하는 것과 연락창구(point of contact)를 지정하는 것은 차이가 있다. 또한 신고 시에는 사업자의 신원확인을 위해 필요한 사항을 제공해야 하지만, 연락창구를 구축하는 경우에는 단순히 단일한 연락창구로서 쉽게 식별할 수 있고 통신할 수 있는 정보를 공개하면 될 뿐이다(DSA 제10조 제2항). 이에 따라 DSA의 해당 조항은 모든 온라인 플랫폼에 적용된다.

결국 전부개정안 제6조에 관해서는 일정규모기준에 미달하는 온라인 플랫폼에 대해서는 신고의무를 면제하는 개정안의 취지를 그대로 유지하는 것이 타당하다. 그 세부기준에 관해서는 이하의 IV.에서 별도로 논한다.

2) 국내대리인 지정 의무

DSA 제11조는 제3국에서 유럽연합으로 서비스를 제공하고 있는 중개서비스 제공자에게 유럽연합 내에 충분한 권한을 가지는 법률 대리인을 지정하도록 하고 있다. 이는 DSA의 효율적인 감독과 집행을 확보하기 위한 목적에 따른 것이다.[48] 또한 법률 대리인은 DSA 제10조의 요건을 충족하는 한 단일연락창구의 역할도 동시에 가질 수 있다.[49] 그런데 DSA의 법률 대리인 지정 의무규정은 모든 중개 서비스 제공자에게 부과되므로, 온라인 플랫폼 역시 규모에 상관없이 모두 법률 대리인을 지정해야 한다.

이와는 달리 전자상거래법 전부개정안 제19조는 국내대리인 지정 의무를 신설하면서, 대통령령이 정하는 기준에 해당하는 온라인 플랫폼에 대하여 국내대리인을 지정하도록 하고 있다(제1항). 국내대리인 지정제도는 전자상거래법 전부개정안에 역외적용이 명문화됨으로써(제5조), 해외사업자에 대한 법집행 여부 및 그 가능성이 분명해짐에 따라 해외사업자로 하여금 국내법을 준수하도록 하고 소비자 분쟁해결과정에 적극적으로 임하도록 유도하기 위하여 도입한 것이다. 국내대리인은 소비자 피해구제 및 분쟁해결 업무를 담당하고, 법시행과 관련된 문서송달 및 조사대상이 된다.[50]

DSA는 동시에 제안된 디지털시장법안(Digital Markets Act)과 함께 대규모 온라인 플랫폼에 대한 강력하고 효과적인 규제를 목적으로 한다.[51] 즉 DSA는 전자상거래법과는 달리 소위 GAFA로 일컬어지는 역외 플랫폼 사업자로부터 유럽연합의 시장을 보호하고 역내 산업의 경쟁력을 도모하기 위하여 제안되었다고 볼 수도 있다. 그 결과 DSA에서 역외 사업자의 법률 대리인을 지정하는 것은 매우 중요한 역할을 담당한다. 그러나 우리의 경우는 유럽연합과 시장상황이 완전히 동일하지 않다. 실질적으로 모든 해외사업자가 국내에 대리인을 지정하는 것도 기대하기 어렵다. 거래법으로서 전자상거래법의 성격 역시 DSA와는 차이가 있다. 또한 국내대리인 지정 의무는 해외사업자에 대하여 국내법의 집행이 용

48_ DSA 입법이유 (37), p.26; 이병준, 앞의 논문, 190면.

49_ 이병준, 앞의 논문, 190면.

50_ 공정거래위원회, 앞의 자료, 33면.

51_ 김현수 · 전성호, 앞의 보고서, 32면.

이하도록 하기 위한 것으로서 개별 소비자의 거래관계와는 규정 목적을 달리 한다. 따라서 결과적으로 전부개정안의 취지와 같이 온라인 플랫폼의 규모에 따라 의무부과 대상이 달라지는 것은 수긍할 수 있다. 물론 역외적용 대상으로서는 규모에 따라 차등적용되지 않는다.

3) 위해방지를 위한 조치의무 등

전부개정안 제20조는 소비자의 생명 · 신체 · 재산에 위해가 되는 재화 등에 대하여 신속하게 유통을 차단하기 위한 목적으로 도입되었다. 특히 온라인 플랫폼에 대해서도 이와 같은 조치의무를 신설하였다. 이는 곧 전자상거래 분야에서 리콜제도가 효과적으로 작동할 수 있도록 하기 위함이며, 온라인 플랫폼이 그러한 위해방지에 협력하도록 유도하기 위한 목적에 따른 것이다.[52] 이러한 조치의무는 정부의 리콜명령 또는 전자적 조치명령에 따라 이행해야 하는 것으로서 개별적인 소비자와의 거래관계로부터 비롯되는 것은 아니다. 따라서 리콜제도가 효과적으로 운용될 수 있는 범위 내에서 협력 및 조치의무를 부담하는 온라인 플랫폼을 규모에 따라 구분할 수 있다. 그 기준에 대해서는 IV.이하에서 별도로 다룬다.

DSA에서는 직접적으로 위해방지에 관한 협력의무 등을 규정하고 있지는 않다. 다만 제14조와 제15조에서 호스팅 서비스 제공자에게 불법적인 콘텐츠에 대한 조치의무, 제20조에서는 온라인 플랫폼 서비스 제공자에게 불법콘텐츠에 대한 조치의무, 제21조에서는 사람의 생명 · 안전에 위협이 되는 범죄 의심 정보에 대한 신고의무를 규정하고 있다. 이는 전자상거래법과는 성격을 달리하는 규정들이다. 특히 제14조 및 제15조, 제20조는 표현의 자유와 불법적인 콘텐츠 사이의 조정(moderation)에 관한 의무를 규정한 것으로서 전자상거래와는 직접적인 관련이 없다. 범죄 신고의무 역시 위해방지 조치의무와는 차이가 있다. 다만 제20

52_ 공정거래위원회, 앞의 자료, 38면.

조와 제21조가 소상공인이나 소기업에 해당하는 온라인 플랫폼에게 적용되지 않는다는 점은 참고의 여지가 있을 것이다.

4) 분쟁해결의무 등

DSA 제17조는 온라인 플랫폼이 그 내부에 무료이용 가능한 불만처리 시스템을 구축하도록 하고 있으며, 제18조는 이 시스템을 통해 분쟁을 해결할 수 없는 경우 대체적 분쟁해결절차에 의하도록 하고 있다. 이 조항들은 소상공인이나 소기업에 해당하는 온라인 플랫폼에는 적용되지 않는다.

전자상거래법 전부개정안 제28조는 온라인 플랫폼 운영사업자가 자신이 운영하는 온라인 플랫폼을 통해 재화 등의 거래를 중개하거나 그 거래를 위한 연결수단을 제공하는 경우 그 과정에서 발생하는 소비자 불만이나 분쟁의 해결을 위하여 필요한 조치를 신속히 시행할 것을 규정하고 있으며(제1항), 분쟁이 발생한 경우 조정위원회 등에 소비자의 피해구제신청을 대행하는 장치를 마련하고 운영할 것을 규정한다(제2항 제2호). 이와 같은 조치의무 및 장치를 마련할 의무 역시 필연적으로 일정 비용이 소요되는 측면이 있으므로 시장의 신뢰도라는 이익에 부합하는 한도에서 필수적인 범위의 온라인 플랫폼에 대해서만 의무를 부과하는 방안을 고려할 수 있다. 유사하게 규정하고 있는 DSA 역시 이와 같은 이유에서 소규모 온라인 플랫폼에 대한 적용을 예외적으로 배제하고 있는 것으로 보인다.

5) 개인간 전자상거래에서의 소비자 보호

전자상거래법 전부개정안 제29조에서는 개인간 거래에 관해 온라인 플랫폼 서비스를 제공하는 운영사업자에게 개인판매자의 신원정보를 확인하고 분쟁발생 시 이를 제공할 의무를 부과하고 있다. 플랫폼의 관리·감독이 적절하게 이루어지지 않아서 피해예방이나 피해구제가 곤란한 경우가 많은 결과 개정안에 도입되었다.[53]

전부개정안 제29조의 정합성이나 타당성은 별론으로 하더라도, 일단 해당 조항은 온라인 플랫폼에 과도한 책임을 부과하고 있는 측면이 있다. 즉 신원확인과 진실성 확보에 관한 추상적 규정만을 두고 구체적으로 어떠한 방식으로 신원을 확인하고 진실성을 확보해야 면책이 되는지 명확하게 규정하지 않은 결과, 의무와 책임이 부과되는 개인간 거래 온라인 플랫폼으로서는 불안한 지위에 처하게 될 수밖에 없다. 특히 이와 같은 서비스를 제공하는 온라인 플랫폼은 공유경제를 실현하는 역할을 하고 있으므로 오히려 규제를 완화할 필요가 있음에도 입법자가 과도하게 부당한 의무와 책임을 부과하는 결과가 된다.[54]

따라서 적어도 모든 온라인 플랫폼 운영사업자에게 동일한 의무와 책임을 부과하고자 하는 방식은 설득력을 잃을 수 있다. 물론 온라인 플랫폼 운영사업자가 제공한 정보가 사실과 다른 때에는 개인판매자와 연대하여 배상할 책임을 부담시키고 있으나, 이 책임은 그 온라인 플랫폼 운영사업자에게 신원정보 확인 및 그 제공에 관한 의무가 있음을 전제로 하는 것이다. 그와 같은 의무 자체를 모든 온라인 플랫폼에 부과하는 것이 적절하지 않은 이상 그것을 전제로 하는 연대책임 역시 모든 온라인 플랫폼이 부담하는 것으로 보기 어렵다. 그 결과 전부개정안 제29조에서 규정하는 온라인 플랫폼 역시 일정 규모 이상의 플랫폼으로 한정하도록 해야 한다.

(3) 유·무상 여부에 따른 검토

일반적으로 소비자로서 이용하는 온라인 플랫폼은 외형적으로 무상인 경우가 대부분이지만, 유상 플랫폼 역시 검토의 범위 내로 고려하여야 한다. 예를 들어 최근 네이버는 네이버플러스 멤버십이라는 유료회

53_ 공정거래위원회, 앞의 자료, 51면.

54_ 이병준, "온라인 플랫폼을 통한 개인간 거래와 소비자보호—당근마켓과 연관된 전자상거래법 전부개정안 제29조를 중심으로", 「소비자법연구」 제7권 특별호, 한국소비자법학회, 2021, 109면.

원제를 출시하고, 매달 일정한 금액을 지급하는 경우 각종 유료서비스를 무상으로 제공하거나 포인트를 추가로 적립해 주고 있다.[55] 이때 유상 온라인 플랫폼이 무상인 경우보다 더 많은 의무규정의 적용을 받아야 하는지, 또는 무상 온라인 플랫폼의 경우 유상 플랫폼과 달리 적용제외가 인정되어야 하는지 검토해 볼 필요도 있다.

일단 무상계약에서는 인정되지 않는 의무나 책임이 유상계약이라는 이유로 부과되는 경우가 존재한다. 예를 들면, 가장 대표적인 것이 매도인의 담보책임이다. 담보책임 규정은 매매계약이 유상계약이라는 점에 근거하여 매수인 보호를 위해 매도인에게 무과실의 책임을 부담시키고자 하는 특별규정이다.[56] 그 결과 민법은 유상계약인 매매계약에 매도인의 담보책임 규정을 두고 다른 유상계약에 준용하며, 원칙적으로 증여와 같은 무상계약에서는 담보책임이 인정되지 않는다.

그런데 유상계약과 무상계약의 구분은 객관적으로 당사자가 계약에서 대가관계에 있는 출연을 부담하는지 여부에 따르는 것이다.[57] 이렇게 본다면 소비자와 온라인 플랫폼 간의 계약이 무상인 경우보다 유상인 경우에 온라인 플랫폼에게 추가된 의무와 책임을 부담시킬 수도 있을 것이다. 그런데 소비자와 온라인 플랫폼의 계약을 전적으로 무상계약으로 볼 수는 없다. 무상 온라인 플랫폼 서비스로 보이는 경우에도 실질적으로는 대가지급을 통해 서비스가 이루어지는 경우가 대부분이기 때문이다. 이때 대가지급은 금전이 아닌 개인정보처리에 대한 동의의 모습을 취한다. 즉 소비자의 개인정보처리 동의는 서비스 제공에 대한 반대급부가 되며, 이때 당사자의 관계는 쌍무계약 및 유상계약이 된다.[58] 유럽연합 디지털콘텐츠지침[59]은 사업자가 디지털급부를 제공하거나 그 제

55_ https://www.chosun.com/site/data/html_dir/2020/06/01/2020060100254.html (최종접속일 2021. 7. 20.)

56_ 송덕수, 「신민법강의」, 제10판, 2017, 박영사, 1385면.

57_ 양창수/김재형, 「민법 I —계약법」, 제2판, 박영사, 2016, 7면.

58_ 김진우, "대가로서의 디지털 개인정보—데이터의 개인정보보호법 및 계약법적 의의", 「비교사법」 제24권 제4호, 한국비교사법학회, 2017, 1551면.

공의 약속을 하고 소비자는 그 급부 제공에 대하여 비용을 지급하거나 그 제공을 약속하는 계약을 적용범위로 규정하고 있는데,[60] 이때 소비자가 반대급부로 금전 대신 자신의 개인정보를 제공하거나 제공을 약속하는 것 역시 적용대상에 포함하고 있다는 점을 눈여겨볼 필요도 있다.[61] 이는 유럽연합 집행위원회가 금전이나 개인정보에 대하여 동일한 경쟁조건이 적용되도록 하겠다는 의미로 볼 수 있다.[62]

물론 개인정보의 제공을 수반하지 않는 온라인 플랫폼도 예상할 수 있다. 가령 가격비교사이트와 같은 것이 그러한데, 이는 온라인 플랫폼의 규모나 유·무상 여부에 따른 구분이 아니라 그 서비스 유형에 따라 달리 정의되는 개념이므로,[63] 그 유형에 따라 의무나 책임이 달리 적용될 뿐이다. 따라서 유상 또는 무상의 구분과 무관하게 온라인 플랫폼에 대해서는 차등 없이 동일한 의무나 책임규정이 적용되어야 한다.

Ⅳ. 온라인 플랫폼의 규모를 구분하는 기준

1. DSA상의 구분 기준

전자상거래법의 일부 규정을 온라인 플랫폼의 규모에 따라 차등적으로 적용하는 경우에는 그 규모를 어떠한 기준으로 구분할 것인지에 관해서도 검토가 필요하다. 앞서 살펴본 바와 같이 DSA에서는 온라인 플

59_ Richtlinie (EU) 2019/770 des Europäischen Parlaments und des Rates vom 20. Mai 2019 über bestimmte vertragsrechtliche Aspekte der Bereitstellung digitaler Inhalte und digitaler Dienstleistungen.

60_ 유럽연합 디지털지침 제3조.

61_ 이재호, "EU디지털 지침과 우리 소비자법의 개선", 「소비자법연구」 제6권 제2호, 한국소비자법학회, 2020, 58면.

62_ 김진우, 앞의 논문, 1552면.

63_ 전자상거래법 전부개정안 제2조 제5호.

랫폼을 규모에 따라 크게 세 가지로 나누어 규율하는데, 그 기준은 다음과 같다.

첫째, 소상공인이나 소기업으로 분류되는 온라인 플랫폼 서비스 제공자는 다음 두 가지 기준에 따른다. 소기업(small enterprise)은 50명 미만을 고용하고 연간 매출액 또는 연간 대차대조표 합계액이 1천만 유로를 초과하지 않는 기업을 말하며,[64] 소상공인(microenterprise)[65]은 10명 미만을 고용하고 연간 매출액 또는 연간 대차대조표 합계액이 2백만 유로를 초과하지 않는 기업을 말한다.[66]

둘째, 일반적인 온라인 플랫폼은 위의 소기업 기준을 초과하면서 동시에 아래의 대규모 온라인 플랫폼에 속하지 않는 온라인 플랫폼에 해당한다.

셋째, 대규모 온라인 플랫폼(very large online platform)은 유럽연합 내 월평균 활동하는 이용자 수가 4,500만 명 이상인 경우에 해당되며, 이 조건은 향후 유럽연합 전체 인구의 10% 이내에서 조정 가능하다.[67]

2. 대규모 온라인 플랫폼을 별도로 규정할 필요성의 부존재

그런데 전자상거래법에서는 DSA와 같이 대규모 온라인 플랫폼의 개

64_ Annex to Recommendation 2003/361/EC 제2조 제2호.

65_ 'microenterprise'를 직역하면 '초소기업'에 해당하지만, 가능하면 우리법제와 비교할 수 있는 개념을 통해 설명하고자 '소상공인'으로 번역하였다. 그러나 'microenterprise'의 기준이 우리 「소상공인기본법」상 소상공인 기준과 완전히 동일하지는 않다는 점은 유의하여야 한다. DSA는 근로자 수를 10명 미만으로 일률적으로 명시하고 있고 그 외에 매출액 기준에도 해당할 것을 요구하고 있으나, 우리의 경우 소상공인은 「중소기업기본법」 제2조 제2항에 따른 소기업 중 상시 근로자 수가 10명 미만이고 동시에 업종별 상시 근로자 수가 광업 · 제조업 · 건설업 및 운수업의 경우 10명 미만, 그 외 업종의 경우 5명 미만인 자를 말한다고 하여(「소상공인기본법」 제2조 제1항 및 「소상공인기본법 시행령」 제3조 제1항), 업종별로 각기 다른 상시 근로자 수에 의해서만 판단하고 있다.

66_ Annex to Recommendation 2003/361/EC 제2조 제3호.

67_ DSA 제25조.

념을 별도로 규정할 필요가 없다. DSA는 거래관계에만 적용되지 않고, 시장의 공정성 측면에서 유럽연합 집행위원회 및 회원국의 규제당국이 플랫폼 서비스를 포함한 디지털 시장에 직접 개입하거나 규제하는 것을 목적으로 한다.[68] 이러한 측면은 전자상거래법보다 오히려 현재 국회에 제출되어 있는 「온라인 플랫폼 중개거래의 공정화에 관한 법률안(이하 '플랫폼공정화법안'이라 함)」의 목적과 유사하다.[69] 즉 입법목표를 '공정'에 두고 있는 점에 대해서는 양자가 유사한 지향점을 가지고 있는 것으로 평가된다.[70] 이는 DSA 또는 플랫폼공정화법안과 전자상거래법의 입법목적과 성격, 그리고 방향성이 다르다는 의미로서, 공정성을 달성하기 위한 전제인 대규모 온라인 플랫폼(또는 일정 규모 이상의 온라인 플랫폼 요건) 개념을 전자상거래법이 취할 필요가 없다는 결론으로 이어진다.

특히 DSA는 온라인 플랫폼에 관한 유럽연합 시장상황의 특수성이 상당수 반영되어 있는바, 이는 우리의 시장상황과 차이가 있다. 유럽연합은 소위 GAFA를 견제하여 기울어진 운동장을 평평하게 함으로써 역내 중소사업체의 보호 및 활성화를 위한 구체적인 목표를 설정하고 있다. 이에 반해 우리의 경우는 이미 국내에 규모를 갖춘 온라인 플랫폼 사업자가 다수 존재하고 있으므로 완전히 동일한 방법을 택할 수는 없으며, 다른 접근방법이 필요하기도 하다.[71] DSA는 일반적인 온라인 플랫폼에

68_ 이재호, EU 디지털서비스법과 국내 소비자법의 시사점, 소비자정책동향 제111호, 한국소비자원, 2021, 1면.

69_ 법안의 제안이유는 다음과 같다. "최근 온라인 플랫폼 거래시장의 급격한 성장으로 온라인 플랫폼 제공사업자의 경제적 지위가 강화되면서 영세 소상공인이 대부분인 온라인 플랫폼 이용사업자에 대한 불공정거래행위 등이 지속적으로 발생하고 있으나, 현행의 공정거래제도로는 이러한 불공정거래행위 등에 대한 효과적인 대응이 어려움에 따라 온라인 플랫폼 중개거래계약서 교부의무, 온라인 플랫폼 중개사업자의 불공정거래행위 기준, 사업자 간 분쟁해결제도, 위반행위에 대한 공정거래위위원회의 조사 · 처리 및 온라인 플랫폼 중개사업자의 손해배상책임 등에 관한 사항을 정하여 공정한 온라인 플랫폼 중개거래 질서를 위한 제도적 기반을 마련하려는 것임."

70_ 이재호, 앞의 보고서, 5면.

71_ 이상윤, "유럽연합의 플랫폼 규제 동향–"Digital Services Act"와 "New Competition Tool"–", 「외법논집」 제44권 제3호, 한국외국어대학교 법학연구소, 2020, 326면; 이

부과되는 의무에 더하여 대규모 온라인 플랫폼을 별도로 규제하고자 하므로, 그러한 특별한 규제목적이 분명한 근거로서 존재하여야 하기 때문이다.

이와 같이 보건대 전자상거래법에서는 대규모 온라인 플랫폼과 같이 특정한 입법목적의 전제가 되는 대상을 지정할 이유는 없다. 따라서 이 논문에서는 정의규정상의 일반적인 온라인 플랫폼을 기준으로 하되, 일정 규모 이하의 플랫폼에 대해서는 일부 규정의 적용을 면제하는 방식을 제안하고자 한다.

3. 기준의 설정

일부 의무가 면제되는 온라인 플랫폼을 구분하는 기준으로 일단 고려할 수 있는 것은 다음 세 가지이다.

(1) 부가가치세법상 간이과세자 기준

「부가가치세법」 제2조 제4호는 간이과세자를 “제61조 제1항에 따라 직전 연도의 공급대가의 합계액이 대통령령으로 정하는 금액에 미달하는 사업자로서, 제7장에 따라 간편한 절차로 부가가치세를 신고 · 납부하는 개인사업자를 말한다”로 정의하고 있다. 이에 따르면, 직전 연도의 공급대가의 합계액이 8,000만 원에 미달하는 사업자가 원칙적으로 간이과세자에 해당한다.[72] 이러한 간이과세자 규정 역시 영세사업자의 부담(특히 과세에 대한 부담)을 덜어주고자 마련하고 있는 제도라는 측면에서 소규모 온라인 플랫폼의 의무를 완화할 수 있는 기준으로 생각해 볼 수 있다.

재호, 앞의 보고서, 5-6면.

72_ 부가가치세법 시행령 제109조(간이과세의 적용 범위) ① 법 제61조 제1항 본문 및 제62조 제1항에서 “대통령령으로 정하는 금액”이란 8천만 원을 말한다.

(2) 중소기업기본법상 소기업 기준

「중소기업기본법」 제2조 제2항 및 동법 시행령 제8조 제1항에 의하면 '소기업'은 중소기업 중 해당 기업이 영위하는 주된 업종별 평균매출액 또는 연간매출액이 최소 50억 원 이하(정보통신업 기준)인 기업을 말한다. 이 기준은 소기업이라는 명확한 기준점을 제시한다는 점에서 수범자들의 예측가능성을 확보할 수 있으므로 역시 하나의 기준으로 고려대상이 된다.

(3) 플랫폼공정화법안 기준

플랫폼공정화법안은 어디까지나 P2B관계를 전제로 온라인 플랫폼 제공사업자와 영세온라인 플랫폼 이용사업자 사이의 불공정거래행위 등을 방지하기 위한 목적으로 추진 중인 법안이다. 그럼에도 불구하고 일정 규모 이상의 온라인 플랫폼을 규율대상으로 하고 동시에 그에 관한 기준을 규정하고 있다는 점에서, 그 규모에 미치지 못하는 플랫폼의 의무를 완화하기 위한 기준으로서는 고려대상이 된다. 즉 플랫폼공정화법안의 태도를 전자상거래법에서 반대로 규제완화의 근거로 삼을 수 있다는 의미이다. 이와 함께 온라인 플랫폼을 규율하는 타법과의 조화라는 측면에서도 유리하다.

플랫폼공정화법안에서는 동 법안의 적용을 받는 온라인 플랫폼 중개사업자의 정의에 이미 규모기준을 포함하고 있다. 즉 다음 중 하나에 해당하는 사업자를 온라인 플랫폼으로 정의한다: 직전 사업연도에 자신이 국내 온라인 플랫폼 이용사업자에게 제공한 온라인 플랫폼 중개서비스에 따른 총매출액이 100억 원 이상인 사업자 중에서 대통령령으로 정하는 사업자,[73] 또는 직전 사업연도에 자신이 국내 온라인 플랫폼 이용사업자에게 제공한 온라인 플랫폼 중개서비스를 통하여 해당 온라인 플랫폼 이용사업자가 국내 소비자에게 판매한 재화 또는 용역의 총판매금액

73_ 플랫폼공정화법안 제2조 제3호 가목.

이 1천억 원 이상인 사업자 중에서 대통령령으로 정하는 사업자.[74]

(4) 검 토

1) 전부개정안 제6조 신고의무의 면제 기준

현행 전자상거래법 제12조는 통신판매업자의 신고의무를 규정하고 있으며, 이에 따라 공정거래위원회 「통신판매업 신고 면제 기준에 대한 고시」에서 정하는 기준에 미치지 못하는 경우에는 의무가 면제된다. 그리고 고시 제2조에서는 직전년도 통신판매의 거래횟수(청약철회 등의 경우에는 불산입)가 50회 미만인 경우 또는 「부가가치세법」 제2조 제4호의 간이과세자인 경우에는 신고가 면제된다고 규정한다.

전부개정안은 이에 더하여 온라인 플랫폼 운영사업자의 신고의무를 추가로 신설하였다. 이미 현행 고시에서 일정 기준을 규정하고 있으므로 온라인 플랫폼 운영사업자의 신고의무 면제 기준을 설정하는 경우에도 현재의 규정내용에 급격한 변화를 야기하는 것은 수범자의 이익에 부합하지 않을 것이다. 이에 현행 고시규정 및 타법과의 조화를 고려하여 적절한 기준을 도출할 필요가 있다. 나아가 소기업 기준이나 플랫폼 공정화법안 기준을 적용하게 되면 현행 기준을 적용하는 경우보다 신고의무의 면제범위가 지나치게 넓어져 전자상거래법 전부개정안이 온라인 플랫폼의 신고의무를 규정하고 있는 취지에 어긋나는 결과가 되기도 한다.

따라서 신고의무의 면제에 관해서는 이하의 다른 규정에 대한 규모기준과 달리, 부가가치세법상의 간이과세자 기준과의 연동을 통해 판단하는 방법이 적절할 것이다. 이러한 방법은 사업자 입장에서 신고의무의 존부에 대하여 미리 명확하게 알 수 있다는 점에서 장점이 있으며, 또한 전자상거래법과 타 법령과의 적용조화의 측면에서도 유리하다.[75]

74_ 플랫폼공정화법안 제2조 제3호 나목.

75_ 이병준 외, 앞의 보고서, 19면.

2) 나머지 의무의 면제 기준

소규모 온라인 플랫폼에 적용예외를 인정할 수 있는 나머지 규정은, 전부개정안 제19조의 국내대리인 지정 의무, 제20조의 위해방지 조치의무 등, 제28조의 분쟁해결의무 등, 제29조의 개인간 전자상거래에서의 소비자 보호 관련 의무 총 네 가지이다.

이 중 국내대리인 지정에 관해서는 이미 규모기준(구체적으로는 시행령에 위임)에 따라 차등 적용한다는 취지를 전부개정안에 규정하고 있으며, 위해방지 조치의무에서도 조치명령의 대상을 공정위 고시를 통해 차등적으로 규정하고자 한다. 다만 제28조와 제29조에서는 온라인 플랫폼의 규모에 따라 해당 규정의 적용여부가 달라진다는 점을 명시적으로 규정하고 있지 않다. 그럼에도 불구하고 차등적 적용이 이루어져야 함은 이미 앞서 논하였다.

그리고 이 의무들은 소비자의 거래관계와 관련이 적은 것으로서 시장의 신뢰도 확보를 주된 목적으로 하고 있다는 점에서 DSA의 기준을 참고해 볼 수 있다. DSA 제16조에 따르면 소기업의 경우 연간 매출액이나 대차대조표 합계액 1천만 유로 미만을 기준으로 적용하는데 이는 앞서 제시한 세 가지 기준 중에서 플랫폼공정화법안의 기준과 가장 유사하다. 또한 방향성에 차이는 있으나 온라인 플랫폼을 법제도의 범주로 포섭하고자 한다는 측면에서 전자상거래법과 플랫폼공정화법안은 조화되는 것이 바람직할 것이므로 적용기준을 연동하는 것이 법적안정성 및 법집행의 효율성 측면에서도 타당할 것으로 본다.

Ⅴ. 나오며

전자상거래법이 소비자보호를 일차적인 목적으로 하는 법률이라는 점을 고려할 때 소비자의 거래상대방인 사업자의 규모에 따라 차등적으로 보호수준이 결정되는 것은 받아들이기 어렵다. 다만 전자상거래법은 일부 행정규제적 성격 또한 포함하고 있으므로 시장질서를 건전하게 유지할 수 있는 범위 내에서 각 사업자, 특히 전부개정안에서 규정하는 온라인 플랫폼 사업자에 관한 규제수준을 차등적으로 설정할 수 있다. 이로써 온라인 플랫폼의 규모에 따라 전자상거래법의 적용 여부가 달라지며, 합리적인 규제와 산업의 보호 · 발전이 조화되는 결과를 모색할 수 있다.

이상에서 논한 내용을 정리하면 다음과 같다.

〈표 2〉 온라인 플랫폼의 규모에 따른 의무규정의 적용 제외기준 제안

전부개정안 해당규정	적용대상	제외기준	참 고
第6조 신고의무	우측 제외기준 이상 규모의 온라인 플랫폼	직전 연도 공급대가 합계액이 8,000만 원 미만	부가가치세법상 간이과세자 기준 연동
第16조 정보의 투명성 확보 조치	모든 온라인 플랫폼	–	–
第18조 第3항~第5항 맞춤형 광고 시의 의무	모든 온라인 플랫폼	–	–
第19조 국내대리인 지정 의무	우측 제외기준 이상 규모의 온라인 플랫폼	직전 연도 총매출액 100억 원 미만 / 총판매액 1천억 원 미만	DSA 第16조 / 플랫폼공정화법안 第2조 第3호 연동
第20조 위해방지를 위한 조치 의무 등	우측 제외기준 이상 규모의 온라인 플랫폼	직전 연도 총매출액 100억 원 미만 / 총판매액 1천억 원 미만	DSA 第16조 / 플랫폼공정화법안 第2조 第3호 연동
第24조 정보제공의무 등	모든 온라인 플랫폼	–	–
第25조 온라인 플랫폼 운영사업자의 의무와 책임	모든 온라인 플랫폼	–	–
第26조 전자상거래의 중요한	모든 온라인 플랫폼	–	–

일부 업무를 수행하는 온라인 플랫폼 운영사업자의 책임			
제28조 분쟁해결의무 등	우측 제외기준 이상 규모의 온라인 플랫폼	직전 연도 총매출액 100억 원 미만 / 총판매액 1천억 원 미만	DSA 제16조 / 플랫폼공정화법안 제2조 제3호 연동
제29조 개인간 전자상거래에서의 소비자 보호	우측 제외기준 이상 규모의 온라인 플랫폼	직전 연도 총매출액 100억 원 미만 / 총판매액 1천억 원 미만	DSA 제16조 / 플랫폼공정화법안 제2조 제3호 연동

참고문헌

1. 단행본

송덕수, 「신민법강의」, 제10판, 2017.

양창수/김재형, 「민법 I —계약법」, 제2판, 박영사, 2016.

2. 논 문

고형석, “민법과 소비자보호법간의 관계 및 과제”, 「소비자법연구」 제3권 제2호, 한국소비자법학회, 2017.

김세준, “전자상거래법 전부개정안의 몇 가지 쟁점에 대한 검토—온라인 플랫폼 운영사업자를 중심으로”, 「소비자법연구」 제7권 특별호, 한국소비자법학회, 2021.

김진우, “대가로서의 디지털 개인정보—데이터의 개인정보보호법 및 계약법적 의의”, 「비교사법」 제24권 제4호, 한국비교사법학회, 2017.

서희석, “소비자사법의 일반화의 가능성”, 「법학연구」 제51권 제3호, 부산대학교 법학연구소, 2010.

이병준, “유럽연합 디지털 서비스법을 통한 플랫폼 규제—디지털 서비스법 초안의 주요내용과 입법방향을 중심으로”, 「소비자법연구」 제7권 제2호, 한국소비자법학회, 2021.

이병준, “온라인 플랫폼을 통한 개인간 거래와 소비자보호—당근마켓과 연관된 전자상거래법 전부개정안 제29조를 중심으로”, 「소비자법연구」 제7권 특별호, 한국소비자법학회, 2021.

이상윤, “유럽연합의 플랫폼 규제 동향—“Digital Services Act”와 “New Competition Tool”—”, 「외법논집」 제44권 제3호, 한국외국어대학교 법학연구소, 2020.

이재호, “EU디지털 지침과 우리 소비자법의 개선”, 「소비자법연구」 제6권 제2호, 한국소비자법학회, 2020.

정진명, “사법체계에 있어서 소비자상”, 「재산법연구」 제30권 제4호, 한국재산법학회, 2014.

조만형, "행정법상 신고의 유형과 해석기준에 관한 소고", 「공법연구」 제39권 제2호, 한국공법학회, 2010.

3. 연구보고서

김현수 · 전성호, 유럽연합 디지털서비스법안(Digital Services Act)의 주요 내용 및 시사점, KISDI Premium Report 20-11, 정보통신정책연구원, 2020.
이병준 외, 전자상거래법 제도 개선에 따른 후속연구 연구보고서, 한국외국어대학교 연구산학협력단, 2019.
이재호, EU 디지털서비스법과 국내 소비자법의 시사점, 소비자정책동향 제111호, 한국소비자원, 2021.

4. 기 타

공정거래위원회, 「전자상거래 등에서의 소비자보호에 관한 법률 전면개정안」 설명자료, 2021.
https://www.chosun.com/site/data/html_dir/2020/06/01/2020060100254.html (최종접속일 2021. 7. 20.)

투명성과 이용자 통제권 강화를 위한 온라인 맞춤형 광고의 규율* **

—EU 디지털서비스법안과 2021년 전자상거래법 전부개정안의 분석을 중심으로—

정신동***

Ⅰ. 들어가며

최근 애플사가 운영체제인 iOS 업데이트를 진행하면서 개인정보 보호를 강화하는 '앱 추적 투명성(ATT) 기능'을 포함시켜 페이스북 등의 기업과 큰 갈등을 겪은 사례가 있었다.[1] 그동안 페이스북 등 기업은 아이폰 이용자의 개별적 승인 없이도 이용자의 검색 기록 등 데이터에 접근해 이를 타기팅 광고에 활용할 수 있었는데 이번 업데이트를 통해 이용자

* 이 논문은 한국소비자법학회가 2021년 7월 9일 개최한 제4회 전자상거래법 전부개정 특별 세미나에서 발표한 내용을 수정 · 보완한 것입니다. 발표 당시 사회를 맡아 주신 선문대 고형석 교수님과, 유익한 견해를 제시해 주셨던 토론자분들께 진심으로 감사의 말씀을 드립니다. 또한 심사를 통해 귀중한 의견을 주신 익명의 심사위원님들께도 깊은 감사의 말씀을 드립니다.

** 이 논문은 「소비자문제연구」 제52권 제2호(2021)에 게재된 것입니다.

*** 강릉원주대학교 법학과 조교수, 법학박사(jusido@gwnu.ac.kr).

1_ https://news.kbs.co.kr/news/view.do?ncd=5179338.

의 검색 활동과 사용 기록을 수집하려면 일일이 팝업 창을 띄워 동의를 받는 것을 의무화한 것이다. 아이폰 이용자들로 하여금 앱 실행 시 IDFA[2]에 접근여부에 대해 이용자들의 동의를 받도록 하는 이번 정책에 페이스북이 상당히 반발을 하였던 이유는 광고 기반의 무료 서비스 모델을 취하고 있는 페이스북 매출의 약 98%가 타기팅 광고에서 발생하고, 어느 한 여론조사에 따르면 응답자의 85%가 앱 추적을 거부할 것이라고 답하여 광고 단가 하락이 전망되었기 때문이다.[3] 이 사례를 통해 i) 온라인 플랫폼의 수익창출 측면에서 표적광고 내지 타기팅 광고가 얼마나 중요한 의미를 가지는지, ii) 그리고 온라인상의 이용자들이 프라이버시와 관련하여 이러한 유형의 광고에 대해 얼마나 거부감[4]을 가지고 있는지를 어렵지 않게 알 수 있다.[5]

타기팅 광고 내지 맞춤형 광고를 온전히 사업자들의 자유의 영역에 맡겨두지 않고, 어느 정도 적절한 규제가 필요하다는 견해는 국내에서도 적지 않은 기간 동안 제시되어 왔다. 그러한 가운데 최근 2021년 3월 5일부터 4월 14일까지(40일간) 입법예고가 되었던 공정거래위원회의 「전자상거래 등에서의 소비자보호에 관한 법률 전부개정법률안」(이하 '전자상거래법 전부개정안'이라 한다)[6]에서 변화하는 거래 환경을 고려하여 맞춤

2_ 아이폰 · 아이패드 등 애플 기기마다 부여된 고유한 식별자(identifier)로, 페이스북이나 광고주들은 이를 활용해 아이폰 이용자의 검색 활동, 앱 이용 기록 등을 추적하고 맞춤형 광고를 보낸다.

3_ https://www.mk.co.kr/news/world/view/2021/01/95746.

4_ 2010년에 개최된 온라인 광고 행태 정보 보호 및 이용 가이드라인 공청회에 있어서도 행태정보 기반의 온라인 광고임을 표시할 경우 소비자가 광고 표시 문구에 부정적으로 반응할 수 있으며, 이에 따라 광고주의 참여도가 적어져 결과적으로 타겟팅 광고 시장이 위축될 것이라는 우려가 표출된 바 있다(장석권, "온라인 맞춤형 광고와 이용자 정보 보호 법리에 관한 연구", 「광고연구」 제117호, 2018, 135면 참조).

5_ 또한 구글이 오는 2022년부터 자사의 인터넷 브라우저인 크롬에 제3자의 쿠키 파일 수집 방지 기능을 넣겠다고 밝힌 바 있는데, 이 역시 온라인상의 이용자 프라이버시 보호와 관련이 있다. https://biz.chosun.com/site/data/html_dir/2021/03/10/2021031001100.html 참조.

6_ 전자상거래 등에서의 소비자보호에 관한 법률 전부개정법률안(공정거래위원회),

형 광고에 대한 법률 규정 신설을 추진하고 있는데 이의 적절성에 대한 논란이 있었다. 다만 소비자에게 맞춤형 광고와 관련된 정보를 제공하여 투명성을 강화하고, 맞춤형 광고를 원치 않는 소비자들에게 타기팅 광고가 아닌 다른 광고를 수신할 수 있도록 선택권을 보장하자는 전자상거래법 전부개정안에 대해서 그동안 약간의 (문헌상의) 논의가 진행되기는 하였지만, 그 규제 적절성에 대해 집중적으로 연구되지는 않은 것으로 보인다. 이에 이하에서는 전자상거래법 전부개정안상의 맞춤형 광고 규제 적절성을 심도 있게 논의하기 위한 시론적 연구로서 몇 가지 쟁점들을 다뤄 보고자 한다.

본고에서는 국내 전자상거래법 전부개정안상의 맞춤형 광고 규율 방식을 분석하기 위한 비교법 자료로서 EU의 디지털서비스법안을 활용하고자 한다. 2020년 12월 EU 집행위원회에서 디지털서비스법안(Proposal of Digital Services Act: 이하 'DSA'라 한다)[7]을 제안하여 세계적인 주목을 받고 있는데, 이 법안이 EU 의회에서 검토되는 과정 중 국내 전자상거래법 전부개정안과 유사한 내용의 맞춤형 광고 규제가 논의되고 있기 때문이다. 또한 DSA는 그 적용범위가 온라인 마켓플레이스뿐만 아니라 온라인 플랫폼, 소셜미디어 사업자 등 대부분의 디지털 서비스 제공자[8]에게 적용될 예정이고, EU를 대상으로 서비스를 제공하는 외국 사업자에게도 적용 가능하므로(역외적용)[9] 이를 검토하는 것은 그 의미가 적지 않다

---

https://www.moleg. go.kr/lawinfo/makingInfo.mo?lawSeq=62975&lawCd=0&&lawType=TYPE5&mid=a10104010000에서 확인할 수 있다.

7_ COM(2020) 842 final.

8_ 최근 EU 입법에 있어서 사용되고 있는 온라인 플랫폼 개념의 다양성에 대해서는 정신동, "법적 규제대상으로서 온라인 플랫폼의 유형에 관한 연구—EU법과 2021년 전자상거래법 전부개정안의 분석을 중심으로", 「유통법연구」 제8권 제1호(2021), 81면 이하 참조.

9_ DSA는 EU에 설립되거나 거주지를 두고 있는 이용자에게 서비스를 제공하고 있는 중개 서비스에 적용된다(제1조 제3항). 이러한 EU 내에 서비스 제공이 인정되기 위해서는 하나 이상의 회원국에 있는 법인 또는 자연인이 유럽연합과 상당한 관련이 있는 정보사회 서비스 제공자가 제공하는 서비스를 이용할 수 있도록 해야 한다. DSA상 역외 조항 적용에 대한 자세한 분석으로 이병준, "법체계 측면에서 유럽연합 디지털 서비스

고 생각된다. 나아가 본고에서는 타기팅 광고 내지 맞춤형 광고를 행하기 위해 이용자들의 (개인)정보들을 수집하는 단계가 아니라 이를 토대로 광고를 내보내는 단계에서 사업자들이 준수해야 하는 사항을 주된 논의 사항으로 삼고자 한다.[10] 대개 사업자들은 타기팅 광고를 행하기 위해 행태 정보 등과 같은 정보주체들의 (개인)정보들을 수집하고 이를 토대로 프로파일링을 한 뒤, 이후 이용자들에게 타기팅광고를 내보내는 단계를 거치는 경우가 많은데 본고에서는 마지막 단계에서 온라인 플랫폼 사업자들이 준수해야 하는 의무 내지 규제(안)들을 위주로 살펴본다.[11]

II. EU DSA 내 온라인 광고 규제 논의

1. EU 집행위원회(European Commission) 제정안

EU 집행위원회 DSA 제정안 제24조 온라인 광고의 투명성[12]
자신의 온라인 인터페이스에 광고를 게시하는 온라인 플랫폼은 서비스 이용자가 각각의 개별적 이용자에게 표시되는 특정 광고에 대해 다음의 사항을 분명하고 명확한 방식으로 그리고 실시간으로 확인할 수 있도록 해야 한다.
(a) 표시되는 정보가 광고라는 사실
(b) 자기 자신을 위해 광고를 게시하는 자연인 또는 법인(역자 주: 광고주)

법과 플랫폼 규제의 특징", 「유통법연구」 제8권 제1호(2021), 65면 이하 참조.

10_ 지금까지의 맞춤형 광고와 관련된 법제 연구는 대체로 이용자 정보 보호 내지 행태정보 수집 · 처리에 관련된 것이다. 대표적인 최근 문헌으로 장석권, "온라인 맞춤형 광고와 이용자 정보 보호 법리에 관한 연구", 「광고연구」 제117호(2018), 117면 이하; 안정민/최경진, "맞춤형 광고와 개인정보보호—미국 사례와의 비교를 중심으로", 「미국헌법연구」 제28권 제3호(2017), 111면 이하.

11_ 맞춤형 광고는 (개인)정보가 활용되는 하나의 사례일 뿐이다. 데이터 활용을 통한 다양한 서비스 등장이 예상된다는 차원에서 (개인)정보보호와 별도로 맞춤형 광고 행위 자체에 대한 의미 있는 규제는 논의의 필요성이 적지 않다.

(c) 광고가 표시되는 이용자를 결정하기 위해 사용된 주요 매개 변수에 대한 의미 있는 정보

2020년 12월에 공포된 EU DSA 제24조는 '온라인 광고의 투명성'이라는 표제하에 자신의 온라인 인터페이스에 광고를 게시하는 온라인 플랫폼의 정보제공의무를 규정하고 있다.[13] 그 내용을 구체적으로 살펴보면 i) 표시되는 정보가 광고에 해당한다는 점, ii) 광고주인 자연인 또는 법인, 그리고 iii) 해당 광고가 표시되는 개개 이용자를 결정하기 위해 사용되는 주요 파라미터에 대한 의미 있는 정보를 제공하도록 하고 있는데, 특히 온라인 맞춤형 광고를 직접적으로 겨냥한 것은 iii)이라고 말할 수 있다. 온라인 플랫폼은 이 3가지 정보들이 각각의 개별 이용자에게 표시되는 특정 광고에 대해 명확하게 제공되고, 실시간으로 확인할 수 있도록 조치를 취해야 한다.[14]

DSA 제24조를 제안하기 전 2020년 10월 EU 의회 내 법제위원회에서

12_ **Article 24 Online advertising transparency**

Online platforms that display advertising on their online interfaces shall ensure that the recipients of the service can identify, for each specific advertisement displayed to each individual in a clear and unambiguous manner and in real time:

(a) that the information displayed is an advertisement;

(b) the natural or legal person on whose behalf the advertisement is displayed;

(c) meaningful information about the main parameters used to determine the recipient to whom the advertisement is displayed.

13_ 이 조항을 소개하는 앞선 문헌으로 이병준, "유럽연합 디지털 서비스법을 통한 플랫폼 규제", 「소비자법연구」 제7권 제2호(2021), 19면; 이재호, "EU 디지털서비스 법안과 전자상거래소비자보호법에 시사점", 「소비자법연구」 제7권 제2호(2021), 141면 이하 참조.

14_ 본고에서 자세히 다루지는 않겠지만 그 외에 EU DSA는 대규모 온라인 플랫폼의 경우 추천 시스템을 운영함에 있어 사용되는 알고리즘의 주요 매개변수를 이용자에게 제공하도록 하고, 이용자가 그 변수를 쉽게 변경할 수 있도록 알려야 함을 규정하고 있으며, 여러 조건을 선택할 수 있다면, 우선순위를 정할 수 있는 선택 가능성을 두어야 함도 규정하고 있다(DSA 제29조). 여기서 대규모 플랫폼이라 함은 월 4,500만 명 이상의 적극적 이용자가 있는 플랫폼을 말한다(DSA 제25조).

DSA 제정과 관련하여 발표한 공식보고서에서는 온라인상 개인화된 타기팅 광고 자체를 금지하는 방안에 대해서도 언급된 바 있었다.[15] 그러나 EU 집행위원회가 2020년 12월 제안한 법안에서는 개인화된 타기팅 광고 그 자체를 금지하는 방안 대신 투명성을 강화하는 방향이 제시되었고, 이는 일단은 개인화된 타기팅 광고에 대해 약한 수준의 규제를 적용하여 디지털 산업에 미치는 영향 등을 향후 고려하고자 한 것으로 보인다.

DSA 제24조가 적용되는 사업자는 플랫폼 내 거래를 목적으로 운영되지 않는 순수한 사회관계망 서비스도 포함되는 온라인 플랫폼 운영자이다.[16] SNS 플랫폼까지 포섭한다는 점에서 약간은 넓은 의미를 가지는 DSA상 온라인 플랫폼 개념을 활용하여 이들이 자기가 운영하는 온라인 인터페이스에 광고를 게시한 경우 위 3가지 정보를 실시간으로 제공하도록 하고 있다. 나아가 DSA 제36조는 제24조의 의무 외에도 (맞춤형 광고를 포함한) 온라인 광고 투명성을 강화할 수 있는 방편들을 온라인 광고 관련 사업자, 시민 단체 등과 함께 행위지침(codes of conduct)을 마련하여 연성규범이 또 하나의 역할을 담당할 수 있도록 배려하고 있다. 결론적으로 EU 집행위원회가 제안한 맞춤형 광고 규제는 실시간 정보제공의

15_ Europäisches Parlament, Bericht des Rechtsausschusses mit Empfehlungen an die Kommission zum Gesetz über digitale Dienste, 05.10.2020, A9-0177/2020, S. 11.

16_ EU DSA는 디지털 서비스와 관련된 일반적 책임원칙과 주의의무에 관한 규정을 두면서 그 적용대상이 되는 중개 서비스(Intermediary services)를 다음과 같은 3가지 유형으로 정의하고 있다(제2조 제f호). 즉 ⅰ) 통신네트워크 내 이용자에 의해 제공되는 정보를 전송시키거나, 통신 네트워크로의 접속을 중개하는 단순 전달 서비스(mere conduit), ⅱ) 통신네트워크 내 이용자에 의해 제공되는 정보를 전송시키는 서비스로서 다른 이용자에게 이 정보를 효율적으로 전송하기 위한 목적으로 정보를 자동적으로 임시 저장하는 캐싱(caching) 서비스, ⅲ) 이용자에 의해 제공된 정보를 이 이용자의 요청에 의해 저장시키는 호스팅 서비스(hosting service)로 정의하고 있다. 그리고 이러한 중개서비스에 부과되는 의무에 더해서 추가 의무가 부과되는 디지털 서비스 유형으로 '온라인 플랫폼(Online platform)'을 정의하고 있는데, EU DSA 제2조 제h호에 의하면 이용자의 요청에 따라 정보를 저장할 뿐만 아니라 일반 공중에 널리 공개시키는 호스팅 서비스의 제공자로 규정되어 있다.

무를 통한 투명성 강화에 초점을 두고 있다고 평가할 수 있다.

2. EU 이사회(Council of the European Union) 내 논의 상황

EU 집행위원회가 제안한 DSA에 대해 유럽연합 이사회[17] 내에서도 검토가 이뤄져 개별 회원국들의 입장이 포함된 자료가 2021년 5월 18일 공개되었다.[18] 이 보고서 내에서 DSA상의 온라인 광고 규제에 대한 각국의 입장을 정리하면 아래와 같다.

(1) 독 일

기본적으로 독일은 개인화된 타기팅 광고를 규제함에 찬성하는 입장을 취하면서, DSA 제24조에서의 온라인 맞춤형 광고에 대한 투명성 강화 방안만으로는 충분하지 않다는 시각을 가지고 있다. 일부 온라인 플랫폼들이 개인화된 타기팅 광고를 통해 수익을 창출하기 위해 이용자들을 폭넓게 그리고 포괄적으로 추적하고 프로파일링을 하는 비즈니스 모델에 의존하고 있는데, 이처럼 행동 타기팅 기반의 개인화된 온라인 광고 대신에 맥락 타기팅 또는 맥락 기반 광고(context-based advertising)[19] 등의 다른 기술적 솔루션을 통해 얼마든지 수익을 창출할 수 있다고 지적한다.[20]

이에 이용자들에게 적어도 개인화된 타기팅 광고 없이도 온라인 플랫

17_ 상원 역할을 하는 EU의 입법 기관으로서 EU 개별 회원국의 국익을 직접적으로 표현하고 대변하는 정부 간 기구이다.

18_ https://cdn.netzpolitik.org/wp-upload/2021/05/2021-05-26_Vorschlaege-DSA.pdf.

19_ 맥락 타기팅은 기본적으로 특정 맥락에 가장 적합한 광고를 배치하는 것을 의미하는 것으로서, 새로운 개념이라기보다 인쇄 및 TV 광고에서 오랫동안 사용되어 온 타기팅 기법이다. 예컨대 TV로 중계되는 스포츠 경기 중간에 스포츠용품 광고를 내보내거나 패션 관련 웹사이트에 할인 화장품 광고를 게시하는 것이 이에 해당하는데, 행동 타기팅과 달리 쿠키 등을 통한 정보 수집 없이도 가능하다는 장점이 있다.

20_ https://cdn.netzpolitik.org/wp-upload/2021/05/2021-05-26_Vorschlaege-DSA.pdf, 276면.

폼을 이용할 권리가 보장되어야 하고, 특히 미성년자(예컨대 18세 미만)에 대한 개인 타기팅 광고는 금지되어야 한다고 한다.[21] 미성년자들은 타기팅을 통한 개인화된 온라인 광고가 존재한다는 사실을 잘 인식하지 못하고, 사업자가 이러한 광고를 통해 수익을 어떻게 창출해 가는지에 대해서도 모르는 경우가 많기 때문이다. 즉 아동 및 청소년들은 거래 경험이 부족하기 때문에 DSA 제24조상의 개인 맞춤형 광고 투명성에 관한 조항만으로는 충분하지 않다고 지적하고 있다.

나아가 독일은 '광고가 표시되는 이용자를 결정하기 위해 사용된 주요 매개 변수에 대한 의미 있는 정보(meaningful information)'를 고지하도록 하는 DSA 제24조 표현에 대해 '의미 있는 정보'라는 자구가 세부적으로 무엇을 말하는지 혼란을 야기할 수 있고, 온라인 플랫폼이 구체적으로 어떤 매개 변수를 고지해야 하는지 좀 더 세분화될 필요가 있다는 입장이다. 적어도 성별, 성적 지향(sexual orientation), 연령 또는 출신과 같이 차별과 관련될 수 있는 특성과 직·간접적으로 연결되어 있는 모든 매개 변수가 고지 대상이 되어야 한다고 한다. 그 밖에 이용자가 광고 프로필(advertising profile)을 적극적으로 변경할 수 있는 권리 도입을 지지하는 입장으로서, 이용자가 광고 프로필을 변경할 수 있도록 온라인 플랫폼에 대한 의무를 수정해야 한다고 한다.

(2) 프랑스

독일과 유사하게 프랑스 당국도 타기팅 광고에 대한 정보가 좀 더 세분화되어 규정되어야 한다고 판단하고 있다. 즉 '광고가 표시되는 이용자를 결정하기 위해 사용된 주요 매개 변수에 대한 정보'만을 고지 대상으로 하고 있는 DSA 제24조를 보완하여 디지털 타기팅 광고와 관련되는 세부 사항들을 공개해야 한다고 한다.[22] 맥락정보, 쿠키, IP 주소, 위

21_ https://www.heise.de/news/Plattformen-Deutschland-fordert-Verbot-personalisierter-Werb ung-bei-Kindern-6058350.html 참조.

22_ https://cdn.netzpolitik.org/wp-upload/2021/05/2021-05-26_Vorschlaege-DSA.pdf,

치정보 활용과 같은 구체적인 타기팅 방법 내지 사용되는 프로세스, 처리되는 데이터, 타기팅 광고 단계별 관련자 등을 공개해야 한다고 하면서 수정안[23]을 제시하였다.

(3) 덴마크

덴마크 당국은 DSA 제24조 c호에서의 정보를 실시간으로 보여 주는 것이 가지는 의미를 구체화할 필요가 있다고 지적한다. 광고가 표시되는 이용자를 결정하기 위해 사용된 주요 매개 변수 정보가 다른 정보와 함께, 즉 다른 정보 내에 숨겨질 가능성이 있고, 이러한 방식으로 실시간 제공되는 경우에는 오히려 소비자에게 불편이 야기될 수 있다는 우려를 한다.[24] 따라서 DSA 제24조 c호에서의 정보가 광고 콘텐츠에서 직접 쉽게 접근할 수 있도록 조문을 수정[25]해야 한다는 입장이다.

(4) 이탈리아

이탈리아는 DSA 제24조상의 온라인 광고 투명성 원칙을 환영하는 입장을 취하면서, 그 적용대상이 되는 사업자를 확대해야 한다고 판단한

282면.

23_ 프랑스 정부가 제시한 수정안은 다음과 같다.

프랑스 수정안
(c) 광고가 표시되는 이용자를 결정하기 위해 사용된 주요 매개 변수에 대한 의미 있는 정보; 사용되는 방법, 수집된 데이터…를 포함한다(including the method used and the data collected…).

24_ https://cdn.netzpolitik.org/wp-upload/2021/05/2021-05-26_Vorschlaege-DSA.pdf, 281면.

25_ 덴마크 정부가 제시한 수정안은 다음과 같다.

덴마크 수정안
(c) 광고가 표시되는 이용자를 결정하기 위해 사용된 주요 매개 변수에 대한 의미 있는 정보는 쿼리 결과가 표시되는 페이지에서 직접 쉽게 접근할 수 있는 온라인 인터페이스의 특정 섹션(in a specific section of the online interface that is directly and easily accessible from the page where the query results are presented)에 표시되어야 한다.

다. EU 집행위원회가 제안한 초안에 의하면 DSA는 온라인 플랫폼에 부과되는 의무들이 소규모 기업에 적용되지 않도록 배려하고 있는데, 구체적으로 소상공인에 가까운 마이크로 기업(micro enterprises) 및 소기업(small enterprises)에 해당하는 온라인 플랫폼에는 예외를 인정하고 있다.[26] 그러나 이탈리아 당국은 DSA 제24조에서의 정보제공의무는 해당 광고를 처리하는 사업자의 규모와 상관없이 적용되어야 하는 가장 근본적인 보호 수단임을 강조한다. 이에 DSA 제24조가 마이크로 기업 및 소기업 모두에게 적용되도록 수정되어야 한다는 입장이다.[27]

(5) 네덜란드

네덜란드도 DSA 제24조가 투명성을 요구하는 다양한 의무들을 규정하고 있다는 점에서 중요한 조항임을 밝히면서 감독(기관), 연구자 그리고 일반 시민들을 위해 유용한 정보제공이 이뤄질 수 있도록 보완이 필요하다는 입장이다. 이 3개의 집단에게는 서로 다른 수준의 정보들이 필요하기 때문에 온라인 광고 투명성 확보를 위해 제공되어야 하는 정보들이 어떤 방식으로 누구를 대상으로 하는지, 그리고 이 투명성을 의미있게 만드는 방식이 명확해져야 하고, 향후 보완이 되어야 한다는 입장이다.[28]

나아가 네덜란드는 EU 집행위원회가 온라인 플랫폼에 광고를 행하는 광고주와 관련하여 (플랫폼으로 하여금 사업자에 대한 신원정보를 제공하도록

26_ DSA는 Annex to Recommendation 2003/361/EC 제2조에 따른 마이크로 기업과 소기업 분류를 적용하고 있는데 그 기준은 아래와 같다.

기업 규모	근로자 수	연 매출 규모
마이크로 기업(micro enterprises)	9인 이하	200만 유로 이하
소기업(small enterprises)	49인 이하	1000만 유로 이하
중기업 (medium-sized enterprises)	249인 이하	5000만 유로 이하

27_ https://cdn.netzpolitik.org/wp-upload/2021/05/2021-05-26_Vorschlaege-DSA.pdf, 273면.

28_ https://cdn.netzpolitik.org/wp-upload/2021/05/2021-05-26_Vorschlaege-DSA.pdf, 275면 이하.

하는) DSA 제22조와 유사한 정보제공의무를 부과하는 입장인지 분명한 입장을 요구하고 있다. 이러한 요구 사항은 제공되는 정보의 정확성을 향상시키고 (불법 콘텐츠의 경우) 광고주를 추적할 수 있는 가능성을 높인다는 입장에서 향후 이 문제를 다루는 초안을 제안할 수 있다고 한다.

(6) 폴란드, 크로아티아, 벨기에

폴란드, 크로아티아, 벨기에 당국은 앞서 독일 정부가 지적했던 것처럼 '광고가 표시되는 이용자를 결정하기 위해 사용된 주요 매개 변수에 대한 의미 있는 정보'를 고지하도록 하는 DSA 제24조 표현에 대해 의문을 제기하고 있다. 주요 매개변수에 대한 '의미 있는 정보'가 정확히 무엇을 말하는 것인지 그 예시가 필요하고, 세분화 내지 구체화가 필요하다는 입장이다.[29]

3. EU 의회(European Parliament) 내 논의 상황

EU 집행위원회가 공식적으로 제출한 DSA는 현재 EU 의회[30] 내 3개의 상임위원회에서 집중적으로 논의되고 있다. 맞춤형 광고를 규제하고 있는 DSA 제24조에 대해서도 많은 대안들이 제시되고 있는데, 그중에서도 '역내시장 및 소비자보호 위원회(Committee on the Internal Market and Consumer Protection)'와 '시민자유, 사법 및 내무위원회(Committee on Civil Liberties, Justice and Home Affairs)'가 상당한 수정안을 제시하고 있다.[31] 이

29_ 그 밖에 스웨덴도 DSA 제24조의 기본적 내용과 목적에 환영하면서 투명성 보장이 타기팅 광고가 이용자에게 가지는 효용의 전제라고 강조하고 있다. 즉, 타기팅 광고가 표시되는 이유 내지 특정 기준에 대한 투명성이 충분히 보장되어야만, 온라인 타기팅 광고가 최종이용자에게 도움이 될 수 있다는 것이 스웨덴의 입장이다(https://cdn.netzpolitik.org/wp-upload/2021/05/2021-05-26_Vorschlaege-DSA.pdf, 272면 이하).

30_ 하원 역할을 하는 유럽연합(EU)의 입법 기관으로, 유럽연합 회원국의 시민들에 의해 5년에 한 번씩 직접선거로 선출된다.

31_ 그 외에 유럽의회 '산업, 연구 및 에너지 위원회(Committee on Industry, Research and Energy)'에서도 2021년 6월 23일 DSA에 대한 수정안을 제시하였으나, 광고 개념

하에서는 EU 의회 내 2개의 위원회에서 제안되고 있는 수정안을 순차적으로 검토해 본다.

(1) EU 의회 '역내시장 및 소비자보호 위원회(Committee on the Internal Market and Consumer Protection)' 수정안[32]: 2021년 5월 28일

수정안 제13c조 온라인 광고의 투명성[33]

1. 자신의 온라인 인터페이스에 광고를 게시하는 중개 서비스 제공자는 서비스 이용자가 각각의 개별적 이용자에게 표시되는 특정한 광고에 대해 다음의 사항을 분명하고 간결하며 명확한 방식으로 그리고 실시간으로 확인할 수 있도록 해야 한다.

(a) 인터페이스 또는 그 일부에 표시되는 정보가 온라인 광고라는 사실. 이 경우 두드러지고 잘 어울려지는 표지(표시)를 포함한다.

(b) 자기 자신을 위해 광고를 게시하는 자연인 또는 법인(역자 주: 광고주) 및 광고에 재정적 지원을 하는 자연인 또는 법인

(c) 광고가 표시되는 이용자를 결정하기 위해 사용된 매개 변수에 대한 분명하고 의미 있으며 통일적인 정보

(d) 광고가 자동화된 수단(tool)을 사용하여 표시되었는지 여부, 그리고 이 수단(tool)에 대해 책임 있는 자의 신원

2. 집행위원회는 본조 제1항 (a)호에 언급된 표시에 대하여 적절한 세부사항을 확정하는 이행규정을 채택해야 한다.

3. 중개 서비스 제공자는 자신을 위해 광고가 표시되는 자연인 또는 법인에게(광고주에게) 광고가 표시되는 곳을 알려야 한다. 또한 중개 서비스 제공자는 요청이 있는 경우 (공적)당국에게도 알려야 한다.

4. 자신의 온라인 인터페이스에 광고를 표시하는 중개 서비스 제공자는 요청이 있는 경우 NGO, 연구자 및 정부 당국에 직·간접적 지불 또는 자신의 온라인 인터페이스에 해당 광고를 표시하기 위해 받은 그 밖의 대가와 관련된 정보에 대한 쉬운 접근을 제공할 수 있어야 한다.

정의조항을 약간 수정하는 것 외에 맞춤형 광고와 관련된 새로운 대안은 제시하지 않았다(https://www.europarl.europa.eu/doceo/document/ITRE-AM-693906_EN.pdf 참조).

32_ https://www.europarl.europa.eu/doceo/document/IMCO-PR-693594_EN.pdf.

33_ Article 13c Online advertising transparency

수정안 제13d조 광고 행위에 대한 이용자의 동의[34]

1. 기본적으로 중개 서비스 제공자는 서비스 이용자가 자유롭게 행해진, 구체적인, 사전에 관련 정보가 제공된 상태에서 행해진 명확한 동의가 표시되지 않은 한, 서비스 이용자를 타기팅 광고, 마이크로 타기팅 및 행태광고의 대상화해서는 안 된다. 중개 서비스 제공자는 서비스 이용자에게 자신의 데이터 사용 및 데이터에 대한 접근을 허용하는 것의 가치에 대한 정보 등의 의미 있는 정보를 제공함으로써 서비스 이용자가 동의를 표시 할 때 관련 정보가 제공된 상태에서 쉽게 선택할 수 있도록 해야 한다.
2. 중개 서비스 제공자는 취약 소비자로 고려되는 서비스 이용자의 동의를 요청할 때 해당 소비자가 동의를 표시하기 전 충분한 중요 정보를 제공받았다는 점을 보장하기 위해 필요한 모든 조치를 취해야 한다.
3. 타기팅 광고, 마이크로 타기팅 및 행태광고를 위해 데이터를 처리할 때 온라인 중개자는 관련 유럽연합 법을 준수해야 하고, 플랫폼에서 수집한 데이터의 과도한 조합 또는 취약성 이용에 사용될 수 있는 특수한 데이터 유형의 과도한 처리와 같이 침투적 추적으로 이어질 수 있는 활동에 관여해서는 안 된다.
4. 중개 서비스 제공자는 특히 취약 소비자로 고려되는 서비스 이용자가 광고 매개 변수에 쉽고 효율적으로 접근하고 이를 수정할 수 있도록 온라인 인터페이스를 조성해야 한다. 중개 서비스 제공자는 서비스 이용자에 의한 광고 매개 변수 활용을 정기적으로 모니터링하고 이러한 매개 변수를 수정할 가능성이 있다는 사실을 서비스 이용자가 잘 알 수 있도록 최선의 노력을 해야 한다.

---

1. Providers of intermediary services that display advertising on their online interfaces shall ensure that the recipients of the service can identify, for each specific advertisement displayed to each individual recipient, in a clear, concise and unambiguous manner and in real time:
   (a) that the information displayed on the interface or parts thereof is an online advertisement, including through prominent and harmonised marking;
   (b) the natural or legal person on whose behalf the advertisement is displayed and the natural or legal person who finances the advertisement;
   (c) clear, meaningful and uniform information about the parameters used to determine the recipient to whom the advertisement is displayed; and
   (d) if the advertisement was displayed using an automated tool and the identity of the person responsible for that tool.
2. The Commission shall adopt an implementing act establishing harmonised specifications for the marking referred to in paragraph 1(a) of this Article.
3. Providers of intermediary services shall inform the natural or legal person on

1) 온라인 광고 투명성 조항의 보완

EU 의회의 역내시장 및 소비자보호 위원회는 EU 집행위원회가 제출한 DSA 제24조를 조문 위치부터 변경하면서 그 내용에 대해서도 상당한 수정을 시도하고 있다. 이 수정안에 의하면 우선 온라인 플랫폼으로 그 적용대상을 한정하고 있었던 DSA 제24조를 변경하여 그 적용대상을

---

whose behalf the advertisement is displayed where the advertisement has been displayed. They shall also inform public authorities, upon their request.

4. Providers of intermediary services that display advertising on their online interfaces shall be able to give easy access to NGOs, researchers and public authorities, upon their request, to information related to direct and indirect payments or any other remuneration received to display the corresponding advertisement on their online interfaces.

34_ Article 13d Recipients' consent for advertising practices

1. Providers of intermediary services shall, by default, not make the recipients of their services subject to targeted, micro-targeted and behavioural advertisement unless the recipient of the service has expressed a freely given, specific, informed and unambiguous consent. Providers of intermediary services shall ensure that recipients of services can easily make an informed choice when expressing their consent by providing them with meaningful information, including information about the value of giving access to and about the use of their data.
2. When asking for the consent of recipients of their services considered as vulnerable consumers, providers of intermediary services shall implement all the necessary measures to ensure that such consumers have received enough and relevant information before they give their consent.
3. When processing data for targeted, micro-targeted and behavioural advertising, online intermediaries shall comply with relevant Union law and shall not engage in activities that can lead to pervasive tracking, such as disproportionate combination of data collected by platforms, or disproportionate processing of special categories of data that might be used to exploit vulnerabilities.
4. Providers of intermediary services shall organise their online interface in such a way that recipients of services, in particular those considered as vulnerable consumers, can easily and efficiently access and modify advertising parameters. Providers of intermediary services shall monitor the use of advertising parameters by recipients of services on a regular basis and make best efforts to improve their awareness about the possibility to modify those parameters.

가장 넓은 의미의 중개 서비스 제공자[35]로 확대하고 있고 이에 걸맞게 조문 위치를 제24조에서 제13조c로 변경하였다. 그리고 온라인 광고라는 사실을 알릴 때에는 적절한 표지 내지 표식을 사용하도록 하고, 광고주 외에 광고에 경제적 지원을 하는 자도 공개하도록 하였다. 이는 특히 상업적 인플루언서 콘텐츠와 같이 이용자들이 상업적 콘텐츠의 존재 자체를 인식하지 못하는 경우가 많다는 점을 그 수정이유[36]로 밝히고 있다.

온라인 맞춤형 광고와 관련해서는 원안이 '광고가 표시되는 이용자를 결정하기 위해 사용된 주요 매개 변수에 대한 의미 있는 정보'를 알리도록 하는 자구를 수정하여 '광고가 표시되는 이용자를 결정하기 위해 사용된 매개 변수에 대한 분명하고 의미 있으며 통일적인 정보'라는 표현을 사용하고 있다. 주요 매개변수에서 '주요'라는 수식어를 삭제하였고, '의미 있는 정보'라는 자구에 대한 비판을 의식한 듯 수식어들을 보충하였다. 그리고 광고가 알고리즘과 같은 자동화된 수단(tool)을 사용하여 표시되었는지 여부, 그리고 이 수단(tool)에 대해 책임 있는 자의 신원을 고지하도록 정보제공의무를 추가하였다.

2) Opt in 형태의 동의 요구

EU 의회의 역내시장 및 소비자보호 위원회 수정안은 EU 집행위원회가 단순히 온라인 광고 투명성 원칙만 규정한 것을 넘어서서, 이용자의 적극적인 동의가 있는 경우에만 타기팅 광고가 가능하도록 대폭적 수정을 시도하고 있다. 즉 온라인 중개 서비스 제공자가 해당 이용자에게 타기팅 광고, 마이크로 타기팅 및 행태광고를 표시하기 위해서는 사전에 이용자의 명확한 동의가 있어야 하고, 이러한 동의는 자신의 데이터 사용 및 데이터에 대한 접근을 허용하는 것이 어떤 가치를 가지는지 충분한 정보가 제공된 상태에서 행해지도록 수정하고 있다. 또한 중개 서비스 제공자가 취약 소비자에 해당하는 이용자에게 동의의 의사표시를 요

35_ 각주 16 참조.

36_ https://www.europarl.europa.eu/doceo/document/IMCO-PR-693594_EN.pdf, 81면.

구할 때에는 취약 소비자임을 고려한 특별한 사전 정보제공이 있어야 함을 규정하고 있다.

나아가 본 수정안은 플랫폼에서 수집한 데이터를 과도하게 조합하거나 이용자들의 취약성을 활용할 수 있도록 특수한 데이터들을 처리하는 등 침투적 추적 관련 행위를 금지하고 있다. 그리고 소비자들이 광고 매개 변수에 쉽게 접근하고 이를 수정할 수 있도록 하고, 이용자에 의한 광고 매개 변수 활용을 정기적으로 모니터링하며, 이러한 매개 변수를 수정할 가능성이 있다는 사실을 이용자가 잘 알 수 있도록 노력할 의무를 규정하고 있다.

(2) 유럽의회 '시민자유, 사법 및 내무위원회(Committee on Civil Liberties, Justice and Home Affairs)' 수정안[37]: 2021년 6월 10일

수정안 제13조a 디지털 광고의 타기팅[38]

1. 중개 서비스 제공자는 디지털 광고를 행할 목적으로 (EU) 2016/679 법에 정의된 개인 정보를 수집하거나 처리해서는 안 된다.
2. 본조는 중개 서비스가 키워드, 이용자의 디바이스에 송수신되는 언어 설정, 광고가 표시되는 디지털상의 위치와 같은 맥락 정보(contextual information)를 기반으로 타기팅되는 디지털 광고를 표시하는 것까지 금지하지 않는다.
3. 제2항에 언급된 맥락 정보의 사용은 어느 한 자연인 또는 명확하게 식별 가능한 이용자 집단을 직접적으로 식별하거나, 다른 정보와 결합함으로써 간접적으로 식별하는 것을 허용하지 않는 경우에만 가능하다. 특히 이름, 주민번호, 위치 정보, 온라인 식별자와 같은 식별자를 고려하거나, 해당 자연인의 신체적, 생리적, 유전적, 정신적, 경제적, 문화적 또는 사회적 정체성 내지 신원에 대한 특성 중 하나 또는 그 이상의 요인을 참조한 경우를 말한다.

37_ https://www.europarl.europa.eu/doceo/document/LIBE-AM-693830_EN.pdf.

38_ **Article 13 a Targeting of digital advertising**

1. Providers of intermediary services shall not collect or process personal data as defined by Regulation (EU) 2016/679 for the purpose of showing digital advertising.
2. This provision shall not prevent intermediary services from displaying targeted

유럽의회 '시민자유, 사법 및 내무위원회(Committee on Civil Liberties, Justice and Home Affairs)'에서는 위원회 차원의 공식 수정안을 제시하지 않고, 소속 의원들이 제안한 개별 수정안을 취합하여 이를 공개하였다. 그 구체적인 내용을 보면 개별 의원마다 자구 수정 내지 보완을 요청한 내용이 약간씩 차이가 있지만 대체로 EU 집행위원회가 요구한 투명성의 요구사항 및 EU 의회 역내시장 및 소비자보호 위원회가 제안한 (타기팅 광고 수신에 대한) Opt-in 방식의 사전 동의 요구에 찬성하고 있다. 그러면서 다수의 의원들이 '디지털 광고의 타기팅'에 대한 조문을 신설하는 안을 제시하여 타기팅에 이용될 수 있는 데이터를 한정하는 규정을 제안하였다. 이에 의하면 개인화된 광고를 금지하면서 맥락정보를 활용한 타기팅을 허용하여 이용자들의 프라이버시 보호와 디지털 광고의 효율성 모두를 달성하려는 것으로 보인다. 즉, 중개 서비스 제공자가 디지털 광고를 행할 목적으로 EU 일반 개인정보 보호법(GDPR: General Data Protection Regulation)[39]상의 개인정보를 수집하거나 처리해서는 안 된다는 원칙을 규정하면서, 키워드, 이용자의 디바이스에 송수신되는 언어 설정, 광고가 표시되는 디지털상의 위치와 같은 맥락 정보(contextual information)를 기반으로 타기팅되는 디지털 광고는 허용되는 것으로 규정

---

digital advertising based on contextual information such as keywords, the language setting communicated by the device of the recipient or the digital location where the advertisement is displayed.

3. The use of the contextual information referred to in paragraph 2 shall only be permissible if it does not allow for the direct or, by means of combining it with other information, indirect identification of a natural person or a clearly identifiable group of recipients/persons, in particular by reference to an identifier such as a name, an identification number, location data, an online identifier or to one or more factors specific to the physical, physiological, genetic, mental, economic, cultural or social identity of that natural person.

39_ Regulation (EU) 2016/679 of the European Parliament and of the Council of 27 April 2016 on the protection of natural persons with regard to the processing of personal data and on the free movement of such data, and repealing Directive 95/46/EC.

하고 있다. 다만 맥락 정보도 다른 정보와 결합하여 쉽게 개인을 식별할 수 있는 경우가 많으므로 이에 대한 특별한 제한을 별도로 규정하고 있다. 즉 맥락 정보의 사용을 통해 특정 개인 또는 집단에 대한 직접적인 식별이 가능하지 않도록 하고, 다른 정보와 결합함으로써 간접적으로 식별하는 것도 가능하지 않도록 한 경우에만 맥락정보를 기반으로 하는 타기팅을 허용하고 있다.

Ⅲ. 전자상거래법 전부개정안에서의 맞춤형 광고 규율에 대한 시사점

1. 전자상거래법 전부개정안에서의 맞춤형 광고 규율 내용

온라인 사업자가 이용자에게 더 나은 서비스를 제공하기 위하여 고객을 분석하는 것은 현재 매우 흔한 일이 되었으며, 개인의 선호도에 따라 제공되는 광고가 불특정 다수인에게 무작위로 제공되는 광고보다 수신자의 거부감이 덜할 수도 있다. 20대 또는 30대 여성을 위해 제작된 청바지를 60대 노년층의 남성에게 광고하게 되면 (중소)판매자뿐만 아니라, 광고를 수신하는 이용자들에게도 적지 않은 성가심을 야기하게 될 것이다. 그러나 맞춤형 광고는 이를 수신하는 소비자에 있어 개인 프라이버시 및 개인정보 통제와 관련하여 적지 않은 문제를 발생시키기도 한다. 임신한 사실을 숨기고 싶어 하는 미성년자에게 임산부 용품에 대한 온라인 타기팅 광고가 행해지거나, 화상에 기한 흉터 치료를 위해 성형외과 웹사이트를 검색 및 방문하였는데 이로 인한 행태정보를 토대로 수신하고 싶지 않은 각종 미용 성형수술 광고를 접하게 되는 등의 경우를 생각해 보면 온라인 맞춤형 광고 수신과 관련된 소비자의 프라이버시 보호도 매우 중요한 과제라 말할 수 있다.

이러한 배경하에서 전자상거래법 전부개정안은 제18조[40]에서 소비자에 관한 정보의 이용 등이라는 표제하에 맞춤형 광고 등 정보이용 시 고지의무를 규정하고 있다. 우선 동조 제3항은 이 조문이 적용되는 맞춤형 광고를 "소비자의 기호, 연령, 성별, 소비습관, 구매내역 등의 특징에 따라 소비자에게 상품이나 서비스의 검색결과를 제공하거나 재화 등을 추천"하는 경우로 정의를 하고, "온라인판매사업자"가 맞춤형 광고를 행하는 경우 "그 내용과 방법"을 사전에 소비자에게 고지하고, "맞춤형 광고의 수신 여부를 소비자가 선택"할 수 있도록 해야 함을 규정하고 있다. 나아가 동조 제4항이 소비자가 맞춤형 광고 대신 해당 소비자의 특성이 반영되지 않은 일반적인 검색결과 또는 광고의 수신을 선택하는 경우 해당 정보를 소비자에게 제공하도록 하고 있고, 동조 제5항이 맞춤형 광고의 고지의 내용과 방법, 맞춤형 광고에 대해 소비자가 선택할 수 있도록 하는 방법을 공정거래위원회가 고시할 수 있도록 근거 규정을 마련하고 있다. 그 입법이유에 의하면 소위 타기형 광고 등 맞춤형 광고가 크게 늘어나고 있으나, 소비자는 이를 일반광고와 구분할 수 없어 합리적 선택을 제약받게 되므로, 맞춤형 광고 제공 시 그 사실을 고지하도록 하고, 소비자가 맞춤형 광고를 거부할 경우 일반광고를 선택할 수 있도록 규정하였다고 한다.[41]

현재 공정거래위원회 전자상거래법 전부개정안상의 맞춤형 광고 규율에 부합하면서, 맞춤형 광고 및 행태 정보 수집과 관련해서 가장 자세

40_ 제18조(소비자에 관한 정보의 이용 등) ① …

② …

③ 온라인판매사업자는 소비자의 기호, 연령, 성별, 소비습관, 구매내역 등의 특징에 따라 소비자에게 상품이나 서비스의 검색결과를 제공하거나 재화 등을 추천(이하 "맞춤형 광고"라 한다)하는 경우에는 그 내용과 방법을 사전에 소비자에게 고지하고, 맞춤형 광고의 수신 여부를 소비자가 선택할 수 있도록 하여야 한다.

④ 온라인판매사업자는 제3항에 따라 소비자가 맞춤형 광고 대신 해당 소비자의 특성이 반영되지 않은 일반적인 검색결과 또는 광고의 수신을 선택하는 경우에는 해당 정보를 소비자에게 제공하여야 한다.

⑤ 공정거래위원회는 제3항 및 제4항에 따른 맞춤형 광고의 고지의 내용과 방법, 맞춤형 광고에 대해 소비자가 선택할 수 있도록 하는 방법을 정하여 고시할 수 있다.

41_ 전자상거래등에서의 소비자보호에 관한 법률 전부개정법률(안) 4면.

히 지침을 제시하고 있는 규범은 2017년 7월 「온라인 맞춤형 광고 개인정보보호 가이드라인」[42]이다.[43] 이 가이드라인은 온라인 행태정보를 "웹사이트 방문 이력, 앱 사용 이력, 구매 및 검색이력 등 이용자의 관심, 흥미, 기호 및 성향 등을 파악하고 분석할 수 있는 온라인상의 이용자 활동정보"로, 온라인 맞춤형 광고를 "행태정보를 처리하여 이용자의 관심, 흥미, 기호 및 성향 등을 분석·추정한 후 이용자에게 맞춤형으로 제공되는 온라인 광고"로 정의하면서,[44] 온라인 행태정보 수집·이용의 투명성[45]과 이용자의 통제권 보장에 관한 사항을 제시하고 있다. 언급한 전자상거래법 전부개정안 제18조 제3항 및 제4항에서 규정하고 있는 맞춤형 광고의 규율은 대체로 「온라인 맞춤형 광고 개인정보보호 가이드라인」에서 제시하고 있던 기준과 유사한 것인데, 이를 준수해야 하는 사업자의 범위를 온라인 맞춤형 광고 사업자[46]뿐만 아니라 온라인 광고 매체 사업자[47]에게까지 확대될 수 있다는 점에 큰 차이가 있다.

42_ 방송통신위원회·한국인터넷진흥원, 온라인 맞춤형 광고 개인정보보호 가이드라인, 2017.2. 현재 이 가이드라인은 개인정보보호위원회 소관으로 이전되었으나, 새로운 버전의 가이드라인이 마련되어 있지는 않은 상황이다.

43_ 이의 실효성에 의문을 제기하는 문헌으로 박성용, "온라인맞춤형광고 개인정보보호 가이드라인에 대한 비판적 검토", 「소비자문제연구」 제48권 제3호(2017), 224면 이하 참조.

44_ 방송통신위원회·한국인터넷진흥원, 온라인 맞춤형 광고 개인정보보호 가이드라인, 2017.2, 1면. 여기서 온라인 맞춤형 광고는 행태정보를 기반으로 하는 광고로 제한되어 있기 때문에 연령 성별 등을 고려한 맞춤형 광고는 고려되고 있지 않다.

45_ 예컨대 행태정보 수집 목적, 행태정보 처리 방법 등을 고지하도록 하고 있다. 구체적으로 자사 웹사이트나 앱을 통하여 맞춤형 광고를 직접 전송하는 광고 사업자는, 이용자가 쉽게 알 수 있도록 홈페이지의 첫 화면 또는 광고가 제공되는 화면 등을 통해 표시하여야 하고, 다른 사업자가 운영하는 웹사이트나 앱을 통하여 맞춤형 광고를 전송하는 광고 사업자는 온라인 맞춤형 광고 내부나 주변부에 이용자가 쉽게 식별할 수 있는 표지를 설치하고, 표지와 링크된 별도 페이지에 온라인 맞춤형 광고와 관련된 사항을 상세히 안내하여야 한다.

46_ 동 가이드라인에 의하면 "자사 또는 타사의 웹사이트 및 앱 등 온라인 매체를 통해 행태정보를 수집하고, 온라인 맞춤형 광고를 전송하는 사업자"를 말한다.

47_ 동 가이드라인에 의하면 "자사 웹사이트 및 앱 등 온라인 매체를 통해 행태정보의 수집을 허용하거나 온라인 맞춤형 광고가 전송되도록 하는 사업자"를 말한다.

나아가 전자상거래법 전부개정안 제18조가 「온라인 맞춤형 광고 개인정보보호 가이드라인」에서보다 좀 더 강화된 규제를 시도하는 사항으로서 맞춤형 광고의 수신 여부를 소비자가 선택할 수 있도록 하고, 소비자가 맞춤형 광고 대신 일반적인 광고 수신을 선택할 수 있도록 규정한 것을 언급할 수 있다. 현재 「온라인 맞춤형 광고 개인정보보호 가이드라인」에서는 이용자가 행태정보의 제공 및 온라인 맞춤형 광고 수신 여부를 쉽게 선택할 수 있는 다양한 통제 수단과 이용방법이 제공되어야 한다고 하면서, i) 이용자가 맞춤형 광고 수신 여부를 광고 화면 또는 관련 링크 등을 통해 직접 결정할 수 있는 통제 수단을 제공하는 방식, ii) 이용자가 PC, 스마트폰 등의 단말기에서 쿠키 및 인터넷 이용기록을 삭제・차단함으로써 온라인 맞춤형 광고를 통제할 수 있는 방법을 설명하거나 링크하는 방식으로 안내하는 형태 중 어느 하나만 조치해도 충분한 것으로 안내하고 있다.[48] 이는 전자상거래법 전부개정안이 보장하도록 하는 소비자의 통제권에 비해 약한 수준에 해당하는 것이라 말할 수 있다.

2. 세부 쟁점들: EU DSA와의 비교

(1) 개인화된 타기팅 광고의 (전면적 또는 부분적) 금지 방안에 대한 검토

전자상거래법 전부개정안은 개인화된 타기팅 광고 자체를 전면적으로 금지하거나, 부분적으로 금지하는 규제를 담고 있지 않다. 그럼에도 불구하고 국내에서도 EU 법제위원회가 암시하였듯이 E-프라이버시 보호를 위해 온라인 이용자들을 대상으로 하는 개인화된 타기팅 광고 자체를 금지하는 방안을 검토할 수는 있을 것이다. 다만 이렇게 되면 개개 이용자들의 특성을 분석하여 전송되는 타기팅 광고 시장 자체가 소멸될 것인데, 온라인 이용자의 편의를 도모할 수 있다는 개인화된 광고의 효

48_ 방송통신위원회・한국인터넷진흥원, 온라인 맞춤형 광고 개인정보보호 가이드라인, 2017.2, 4면 이하.

율성 측면에서 개인 타기팅 광고 그 자체를 금지하는 것은 지나친 규제라고 생각된다. 이처럼 개인화된 타기팅광고를 전면적으로 금지하는 것이 과잉규제로 판단된다면 독일 당국이 제안한 것과 같이[49] 미성년자에게라도 이를 금지할 필요는 없는지 논의될 필요가 있을 것이다. 미성년자의 경우에는 단순히 프라이버시 보호 문제만 관련되는 것이 아니라 유효한 법률행위를 단독으로 행할 수 없다는 제한능력자, 즉 일종의 취약계층으로서 자신이 타기팅된다는 사실을 잘 모르고, 이를 통해 사업자들이 수익을 창출한다는 것도 잘 모른다는 점이 고려될 수 있기 때문이다. 완전히 유효한 계약을 스스로 체결할 수 없는 미성년자의 경우 광고에 잘 현혹될 수 있고, 판단 능력도 성인과 동일시할 수 없다는 점이 고려될 수 있는 것이다. 이와 유사하게 현재 개인정보보호위원회의「온라인 맞춤형 광고 개인정보보호 가이드라인」에서는 만 14세 미만자에게는 맞춤형 광고 목적의 행태정보를 수집하지 않아야 하고, 맞춤형 광고도 제공해서는 안 된다고 규정하고 있다.[50] 비록 가이드라인의 형식이기는 하지만 아동 보호 차원에서 맞춤형 광고를 제공해서는 "안 된다"는 단정적인 표현을 사용하고 있는 것으로 보인다. 이처럼 이미「온라인 맞춤형 광고 개인정보보호 가이드라인」에서도 유사한 내용이 시행 중인 것을 생각해 보면 (비록 그 연령을 14세 미만으로 한정할지 19세 미만으로 확대할지는 좀 더 고민이 필요하겠지만) 법률상 (일부) 미성년자에게 개인화된 타기팅광고 그 자체를 금지하는 것은 적극적으로 논의될 필요가 있어 보인다. 다만 사업자들이 이를 현실적으로 이행하기 위해서는 광고 수신자가 미성년자 내지 아동인 것을 알 수 있어야 하는데, 많은 경우 미성년자들이 부모 명의의 모바일 기기를 사용하고 부모명의의 계정을 개설하여 미성년자임이 잘 드러나지 않는다는 한계에 유의할 필요가 있다. 이에 개인정보보호위원회의「온라인 맞춤형 광고 개인정보보호 가이드라인」

49_ II. 2. (1) 참조.

50_ 방송통신위원회 · 한국인터넷진흥원, 온라인 맞춤형 광고 개인정보보호 가이드라인, 2017.2, 5면.

에서는 '광고 사업자가 만 14세 미만임을 알고 있는 아동이나 만 14세 미만의 아동을 주 이용자로 하는 온라인 서비스인 경우', 맞춤형 광고 목적의 행태정보를 수집하지 않아야 하고, '만 14세 미만임을 알고 있는 아동'에게 맞춤형 광고를 제공해서는 안 된다고 하여 어느 정도의 기준을 제시하고 있다. 향후 법률 차원에서 미성년자에게 개인화된 타겟팅 광고를 행하는 것을 금지하는 조항을 마련함에 있어 세심한 논의가 필요한 사항이라 생각된다.

나아가 유럽의회 시민자유, 사법 및 내무위원회의 다수 의원들이 제시한 것과 같이 개인정보를 활용한 타기팅 광고를 금지하고, 소위 (특정인을 식별할 수 없고, 다른 정보와 결합해서도 식별할 수 없도록 조치된) 맥락정보를 기반으로 제공되는 타기팅 광고가 시장 내에 통용될 수 있도록 하는 방안도 향후 검토될 필요가 있어 보인다. 이미 많은 광고사업자들이 개인정보를 활용한 타기팅 광고 규제를 의식하고, 맥락 타기팅을 통한 광고에 관심을 두면서 이에 대한 홍보도 적극적으로 이뤄지고 있는 상황이다. 독일 정부가 이용자들을 포괄적으로 추적하고 프로파일링을 하는 비즈니스 모델, 즉 개인화된 광고 대신에 맥락 기반 광고 및 기타 기술적 솔루션을 통해 얼마든지 수익을 창출할 수 있다고 지적한 것은 그 의미가 적지 않다고 생각한다. 다만 이번 전자상거래법 전부개정안은 앞서 언급하였듯이 특정 정보를 이용한 맞춤형 광고를 제한하는 등의 광고 금지를 선언하고 있지는 않고, 따라서 이 문제는 소비자의 디지털 프라이버시 보호와 디지털 광고의 효율성이라는 (일견 배치되는 듯한) 두 가지 목적을 모두 달성하기 위해 심도 있게 논의될 앞으로의 과제라고 생각된다.[51]

(2) 투명성 확보와 맞춤형 광고 수신 선택권 보장

DSA 제정 논의 과정에서 EU 집행위원회, EU의회 상임위원회 및 회원

51_ 같은 취지로 배진내 상식헌, "온라인 맞춤형 광고와 이용자 정보 보호 법리에 관한 연구", 「광고연구」 제117호(2018), 126면.

국가의 당국들이 다양한 규제방식을 제안하였지만 투명성을 확보하기 위해 맞춤형 광고에 대한 정보제공의무에는 그 누구도 이의를 제기하고 있지 않다. 온라인 광고, 그중에서도 맞춤형 광고를 수신하는 이용자를 보호하기 위한 1단계 조치에 해당하기 때문이다. 이에 걸맞게 전자상거래법 전부개정안도 제24조에서 "소비자의 기호, 연령, 성별, 소비습관, 구매내역 등의 특징에 따라 소비자에게 상품이나 서비스의 검색결과를 제공하거나 재화 등을 추천하는 경우에는 그 내용과 방법을 사전에 소비자에게 고지"해야 한다고 하여, 투명성의 원칙을 가장 먼저 규정하고 있다.

일반적인 광고가 아니라 개인의 특성이 반영된 타기팅 광고임을 드러내고, 특정 광고가 전송됨에 이용된 기준들, 즉 사용되는 개인들의 특성 내지 행태 유형을 투명하게 공개하는 것은 맞춤형 광고행위에 대한 최소한의 요구사항이라고 생각된다.[52] 그럼에도 불구하고 단순히 타기팅 광고라는 점을 나타내는 것 자체에 사업자들이 부담을 느낀다면, 그것은 이용자들이 타기팅 광고라는 사실을 아는 즉시 거부감을 가질 것으로 예상하기 때문일 것이다. 그러나 이러한 거부감이 현실적으로 상당하다면, 이는 광고를 행하는 사업자 측에서 타기팅 광고의 유용성, 즉 맞춤형 광고가 이용자들에게 편의를 제공한다는 점을 충분히 홍보하고, 과도한 프로파일링을 통한 침투적 타기팅은 하지 않는다는 점을 인식시킬 문제이지, 맞춤형 광고를 마치 일반적인 비맞춤형 광고인 것처럼 숨길 문제는 아니라고 생각된다. 서론에서 언급하였던 애플과 페이북 사이의 타기팅 광고 관련 갈등에 있어서도, 우선은 페이스북이 이용자들에게 타기팅 광고를 홍보하는 안내문을 띄워 개인정보 추적을 허락하도록 유도하는 정책을 취했던 것도 이러한 차원에서 이해할 수 있을 것이다.[53] 추적을 통해 개인의 관심사가 반영되고, "더 나은 광고 경험"을 제

52_ 유사한 취지로 전자상거래 등에서의 소비자보호에 관한 법률 전부개정법률안 국회 검토보고서(정무위원회 전문위원 김원모), 2021. 6, 48면 이하.

53_ https://news.nate.com/view/20210202n11478.

공하는 맞춤형 광고를 보여 줄 수 있다고 설득하는 시도, 나아가 맞춤형 광고를 위해 어떤 정보가 쓰이는지, 페이스북이 이들 정보를 어떻게 처리하는지 등에 대한 안내를 실시하는 방안이 이용자들의 거부감을 감소시킬 것이라고 예상하였기 때문일 것이다.

나아가 전자상거래법 전부개정안은 맞춤형 광고의 투명성 보장과 더불어 맞춤형 광고 수신에 대한 소비자의 적극적인 선택권을 부여하려고 하고 있다. 즉 제18조 제3항이 맞춤형 광고의 내용과 방법을 사전에 소비자에게 고지하고, 맞춤형 광고의 수신 여부를 소비자가 선택할 수 있도록 해야 한다고 규정하면서, 동조 제4항이 소비자가 맞춤형 광고 대신 해당 소비자의 특성이 반영되지 않은 일반적인 광고의 수신을 선택하는 경우에는 이를 제공하도록 규정하고 있다.[54] 이와 같이 이용자의 맞춤형 광고 통제권을 보장해야 한다는 점은 국내에서 완전히 새롭게 논의되어 도입되는 규율 내용은 아니라고 생각된다. 이미 「온라인 맞춤형 광고 개인정보보호 가이드라인」에서 이용자의 통제권 보장에 관한 사항을 자세히 제시하고 있기 때문이다. 다만 동 가이드라인은 이미 언급하였듯이 이용자가 직접 맞춤형 광고 수신 여부를 결정할 수 있는 수단을 제공하는 대신에, 쿠키 및 인터넷 이용기록을 삭제 · 차단함으로써 인터넷 맞춤형 광고를 통제할 수 있는 방법을 설명 내지 링크하는 방식으로 대체할 수 있다는 점에서 전자상거래법 전부개정안 제18조의 내용과 차이가 있다. 또한 법 준수 대상의 범위가 맞춤형 광고 사업자뿐만 아니라 광고매체 사업자에게까지 확대될 수 있다는 점에도 차이점이 존재한다. 전자상거래법 전부개정안은 온라인 판매사업자[55]와 온라인 플랫폼 운영사

54_ 전자상거래법 전부개정안 제18조 제4항이 "온라인판매사업자는 …소비자가 맞춤형 광고 *대신* 해당 소비자의 특성이 반영되지 않은 일반적인 검색결과 또는 광고의 수신을 선택하는 경우에는 해당 정보를 소비자에게 *제공하여야 한다.*"는 표현을 사용하고 있는 것은 문제가 있다고 생각된다. 맞춤형 광고 대신에 소위 '일반적인 광고'를 제공할지 여부는 온라인판매사업자 등이 선택할 문제이지 강제될 사항은 아니기 때문이다.

55_ 전자상거래법 전부개정안상에서 온라인판매사업자라 함은 자체 인터넷 사이트 등 이용사업자와 (오픈마켓 등을 이용하는) 온라인 플랫폼 이용사업자를 말한다.

업자[56]를 대상으로 광고 선택권을 보장하도록 하는 반면, 위 가이드라인은 매체 사업자에게까지 이용자 통제권 보장을 요구하지 않기 때문이다. 그러나 EU DSA에 대한 논의를 비교해 보았을 때 전자상거래법 전부개정안과 같은 수범자 설정이 과도한지는 의문이다. Opt-in 방식의 동의가 있는 경우에만 타기팅 광고를 허용하는 EU 의회 수정안에서도 온라인 플랫폼 또는 온라인 중개서비스 제공자를 그 수범자로 하여 광고가 자신의 온라인 인터페이스에 표시되는 사업자를 대상으로 의무를 부과하고 있기 때문이다. 다만 맞춤형 광고를 수신할지 여부를 선택할 수 있는 이용자의 권리를 법률 차원에서 명확히 하는 것이 현시점에 적절한지는 좀 더 논의될 필요가 있다고 생각된다.[57] 향후 예상치 못한 여러 세부 쟁점들이 발생할 수 있는데 (개정이 용이하다는 측면에서) 좀 더 유연하게 대응할 수 있다는 차원에서 정부의 가이드라인 제시 형태가 더 적절할 수 있고,[58] 법률에 담아서 완전한 강제성을 부여할 내용은 어느 한도 내이어야 하는지에 대한 집중적인 논의가 이뤄진 것은 아니라고 생각되기 때문이다.

(3) 맞춤형 광고 투명성 확보 관련 세부사항: 제공되는 정보의 범위와 정보 제공 방식에 대한 불완전성

전자상거래법 전부개정안은 맞춤형 광고와 관련하여 제공되어야 하

56_ 전자상거래법 전부개정안상에서 온라인 플랫폼 운영사업자라 함은 거래 중개, 연결수단 제공 그리고 정보교환 매개 등의 온라인 플랫폼 서비스를 제공하는 사업자를 말한다[정신동, 2021년 전자상거래법 전부개정안의 주요 쟁점과 향후 과제, 「소비자법연구」 제7권 특별호(2021), 67면 이하 참조.].

57_ 이러한 차원에서 현재 국회에 발의되어 있는 2개의 전자상거래법 전부개정안(윤관석 의원 대표발의, 의안번호: 9213, 발의연월일: 2021.3.30.; 전재수 의원 대표발의, 의안번호: 10377, 발의연월일: 2021.5.25.)는 맞춤형 광고 수신여부에 대한 소비자의 선택권은 도입하지 않고, 맞춤형 광고의 내용과 방법에 대해서 고지할 투명성 확보 방안만 규정하고 있다.

58_ 온라인 맞춤형 광고 개인정보보호 가이드라인은 2019년 9월 1일을 기준으로 매 3년이 되는 시점, 즉 매 3년째의 8월 31일마다 그 타당성을 검토하여 개선 등의 조치를 취하도록 되어 있다.

는 정보의 범위를 명확히 하고 있지 않다. 단지 맞춤형 광고의 "내용과 방법"을 소비자에게 고지하라고 규정하고 있는데, "내용과 방법"이 구체적으로 무엇을 말하는지 해석의 어려움을 야기하고 있다. 물론 구체적인 내용은 공정거래위원회가 고시할 수 있도록 근거규정을 마련하고 있지만, 앞서 소개하였던 독일, 프랑스, 폴란드, 크로아티아, 벨기에 당국이 EU DSA에 대해서 지적하였듯이 지나친 위임을 지양하고, 법률 차원에서 좀 더 구체적으로 제공되어야 할 정보를 나열할 필요가 있어 보인다. 일단 "내용과 방법"이라는 자구상의 표현을 고찰해 보면 전자상거래법 전부개정안은 단순히 맞춤형 광고인지 여부만을 투명하게 공개하라는 취지로 해석되기는 어려워 보인다. 오히려 어떤 (개인)정보를 토대로 어떻게 이를 분석하여 타기팅이 된 것인지를 고지하라는 것으로 해석하는 것이 자연스러운 해석일 것이다. 그렇다면 앞서 EU DSA에 대한 프랑스 당국의 지적과 같이 고지해야 할 세부 사항들을 법률 차원에서 좀 더 보완하는 것이 적절하다고 생각된다.

나아가 전자상거래법 전부개정안 제18조는 맞춤형 광고에 대한 정보를 제공하는 방식에 대해서도 자세한 언급을 하고 있지 않다. 단순히 맞춤형 광고의 경우에는 "그 내용과 방법을 사전에 소비자에게 고지하고"라고만 규정하고 있어서 정보제공 방식 및 시점에 대해 적지 않은 혼란을 야기할 것으로 판단된다. 물론 이 문제도 공정거래위원회가 고시를 마련하여 구체화할 수 있는 근거 규정을 두고 있지만, 고지의 방법은 소비자 보호의 실효성 차원에서 의미가 적지 않으므로 법률 차원에서 좀 더 구체화하는 것이 필요해 보인다. 이를 구체화함에 있어서는 EU DSA가 "개별적 이용자에게 표시되는 각각의 특정 광고"에 대해 고지하라고 규정하고 있는 점, "분명하고, 명확한 방식으로 실시간으로 확인할 수 있도록 해야 한다"고 규정하고 있는 점을 고려할 필요가 있을 것이다. 이를 통해 홈페이지 첫 화면 또는 이용약관 등에 맞춤형 광고 관련 사항을 언급하는 정도로 그치지 않고 개별 광고마다 관련 정보를 확인할 수 있도록 분명히 할 필요가 있다.[59] 또한 다른 정보와 함께 제공되어 소비자가 잘 인식하지 못하는 경우를 방지하기 위해 덴마크 정보 당국이 제안한 수정안도 함께 참고할 필요가 있어 보인다.

(4) Opt-in ver. Opt-out

맞춤형 광고를 수신할지 여부를 선택할 수 있는 이용자의 권리를 법률 차원에서 명확히 하는 것이 적절한지의 문제 또는 현시점에서는 정부 가이드라인 형태로 존속하는 것이 더 적절한지의 문제는 좀 더 논의될 필요가 있다고 생각되지만, 법률 차원에서 규율될 필요가 있다면 이용자의 선택과 관련하여 Opt-in 방식과 Opt-out 방식 중 어떤 형태가 타당한지 검토될 필요가 있다. 현재 전자상거래법 전부개정안 제18조 제3항은 맞춤형 광고의 경우 "그 내용과 방법을 사전에 소비자에게 고지하고, 맞춤형 광고의 수신 여부를 소비자가 선택할 수 있도록 하여야 한다"고 규정하여 Opt-in 방식을 채택하고 있는 것으로 해석되는데, 이는 EU 의회 '역내시장 및 소비자보호 위원회'에서 제시한 DSA 수정안과 매우 유사하다. 즉, 소비자의 사전 동의를 받은 경우에만 맞춤형 광고를 행할 수 있도록 규율하고 있다는 점에서 동일한 방향을 설정하고 있다. 이러한 Opt-in 방식에 대해서는 현재 대부분의 온라인 광고들이 맞춤형 광고 방식으로 제공되고 있다는 점에서 약간의 의문이 제기될 수 있다. 현실을 좀 더 반영하여 원칙적으로 맞춤형 광고를 (투명성이 보장되는 조건하에) 자유롭게 전송할 수 있도록 하면서, 이용자가 원치 않음을 분명히 표시한 때에는, 즉 거부의 의사표시를 명확히 한 때에는 이를 전송하지 않는 Opt-out 방식이 더 적절할 수도 있을 것이다. 이 문제에 대해서는 좀 더 면밀한 검토와 논의가 필요하다고 생각된다.

다만 Opt-in의 방식이든 Opt-out의 방식이든 소비자가 맞춤형 광고

59_ 온라인 맞춤형 광고 개인정보보호 가이드라인은 자사 웹사이트나 앱을 통하여 맞춤형 광고를 직접 전송하는 광고 사업자의 경우 행태정보 수집 및 이용에 대하여 이용자가 쉽게 알 수 있도록 홈페이지의 첫 화면 또는 광고가 제공되는 화면 등을 통해 표시하도록 규정하고 있다.

수신여부에 대한 자신의 의사표시를 표명함에 있어서는 사업자로부터 충분한 설명 내지 정보제공을 받은 뒤에 자유로운 판단을 내릴 수 있음이 보장되어야 할 것이다. 이에 따라 법률 규정의 보완을 시도한다면 EU 의회 '역내시장 및 소비자보호 위원회'에서 제시한 DSA 수정안에서와 같이 '자유롭게 행해지고, 구체적이며, 사전에 관련 정보가 제공된 상태에서 행해진 명확한 동의'가 필요함을 명시할 필요가 있고, 특히 타기팅 광고에 활용되는 자신의 (개인)정보 사용의 가치 등의 정보가 제공되어 동의 여부를 선택하도록 보완해야 할 것이다.[60] 나아가 미성년자 또는 고령층과 같은 취약소비자 계층을 고려하여 좀 더 강화된 관련 정보 제공하에 맞춤형 광고 수신 동의를 표시할 수 있도록 배려하는 것도 고민이 필요한 사항이다.

(5) 소규모 플랫폼에 대한 적용 배제 가능성

전자상거래법 전부개정안이 일부 조문의 적용에 있어 소규모 플랫폼에 대한 적용 배제를 명시하고 있지만, 맞춤형 광고를 규율하고 있는 제18조는 플랫폼의 규모와 상관없이 온라인 판매사업자 및 (SNS 플랫폼 사업자를 포함한) 온라인 플랫폼 운영사업자 모두에게 적용되는 조항이다. 이러한 규율방식은 앞선 EU DSA에 대한 이탈리아 당국 입장[61]과 유사한 것으로 보인다. 다만 현재 EU 집행위원회의 타기팅 광고 투명성 요구사항들은 소규모 플랫폼의 경우 그 적용을 배제하고 있다는 점에도 관심을 가져 볼 필요가 있어 보인다. 아직 그 영향력과 파급력이 크지 않은 소규모 플랫폼에게 현실적으로 맞춤형 광고와 관련된 과도한 규제를 부과하는 것은 아닌지, 플랫폼의 규모가 성장할 때까지 규제에 대한 예외를 인정할 '정책적 배려'가 필요한 것은 아닌지에 대해 아직까지 집

60_ 이처럼 자신과 관련된 데이터가 가지는 가치를 설명하고 동의를 받는다는 것은, 역으로 데이터 가치를 인정하고 이의 활용을 도모한다는 점을 드러내는 순기능을 가질 것이다.

61_ Ⅱ. 2. (4) 참조.

중적인 논의는 없었던 것으로 보인다.[62] 향후 이에 대한 면밀한 검토가 이뤄지길 기대해 본다.

Ⅳ. 나가며

지금까지 전자상거래법 전부개정안 제18조상의 맞춤형 광고 규제 내용과 그 수준을 고찰하기 위해 EU 디지털서비스법안 내 온라인 광고 규제를 분석하고 쟁점별로 비교 검토를 해 보았다. 특히 EU DSA에 마련된 규정들의 적절성에 대한 논의가 진행되고 있는 상황임을 고려하여 EU 집행위원회 제정안, EU 이사회 내 개별 회원국들의 입장 그리고 EU 의회 내 상임위원회 수정안들을 자세히 살펴보았고, 국내 맞춤형 광고 규율을 위한 여러 시사점을 도출해 보았다. 디지털 시장에서 온라인 맞춤형 광고가 가지는 의미가 사업자와 소비자에 있어 질적인 차이가 있고, 맞춤형 광고를 통한 소비자의 편의와 부작용으로서의 프라이버시 침해 방지 모두를 도모해야 하는 상황에서 전자상거래법 전부개정이 진행되는 가운데 좀 더 면밀한 검토와 진중한 논의가 이뤄지길 기대해 본다.

62_ DSA에서와 달리 국내 전자상거래법 전부개정안 제18조에서의 맞춤형 광고 규정은 플랫폼의 규모와 상관없이 적용되어야 할 규제라는 입장으로 김세준, "전자상거래법에서 온라인 플랫폼의 규모 등에 따른 차등적 규율 가능성", 한국소비자법학회 제5회 전자상거래법 전부개정 특별 세미나 자료집(2021), 12면.

참고문헌

국회 정무위원회 전문위원 김원모, 전자상거래 등에서의 소비자보호에 관한 법률 전부개정법률안 국회 검토보고서(2021).

김세준, 전자상거래법에서 온라인 플랫폼의 규모 등에 따른 차등적 규율 가능성, **한국소비자법학회** 제5회 전자상거래법 전부개정 특별 세미나 자료집(2021).

박성용, "온라인맞춤형광고 개인정보보호 가이드라인에 대한 비판적 검토", 「**소비자문제연구**」 제48권 제3호(2017).

방송통신위원회 · 한국인터넷진흥원, 온라인 맞춤형 광고 개인정보보호 가이드라인, 2017.2.

안정민/최경진, "맞춤형 광고와 개인정보보호—미국 사례와의 비교를 중심으로", 「**미국헌법연구**」 제28권 제3호(2017), 111면 이하.

이병준, "법체계 측면에서 유럽연합 디지털 서비스법과 플랫폼 규제의 특징", 「**유통법연구** 」제8권 제1호(2021).

이병준, "유럽연합 디지털 서비스법을 통한 플랫폼 규제", 「**소비자법연구**」 제7권 제2호(2021).

이재호, "EU 디지털서비스 법안과 전자상거래소비자보호법에 시사점", 「**소비자법연구**」 제7권 제2호(2021).

장석권, "온라인 맞춤형 광고와 이용자 정보 보호 법리에 관한 연구", 「**광고연구**」 제117호(2018).

정신동, "법적 규제대상으로서 온라인 플랫폼의 유형에 관한 연구—EU법과 2021년 전자상거래법 전부개정안의 분석을 중심으로", 「**유통법연구**」 제8권 제1호(2021).

정신동, "2021년 전자상거래법 전부개정안의 주요 쟁점과 향후 과제", 「**소비자법연구**」 제7권 특별호(2021).

Europäisches Parlament, Bericht des Rechtsausschusses mit Empfehlungen an die Kommission zum Gesetz über digitale Dienste, 05.10.2020, A9-0177/2020.

〈인터넷 자료〉

EU 이사회 보고서: https://cdn.netzpolitik.org/wp-upload/2021/05/2021-05-26_Vorschlaege-DSA.pdf.

EU 의회 역내시장 및 소비자보호 위원회 수정안: https://www.europarl.europa.eu/doceo/document/IMCO-PR-693594_EN.pdf.

EU 의회 시민자유, 사법 및 내무위원회 수정안: https://www.europarl.europa.eu/doceo/document/LIBE-AM-693830_EN.pdf.

EU 의회 산업, 연구 및 에너지 위원회 수정안: https://www.europarl.europa.eu/doceo/document/ITRE-AM-693906_EN.pdf.

〈부 록〉

유럽법연구소(European Law Institute) 보고서*

온라인 플랫폼 모델법

* 이 보고서는 「소비자법연구」 제7권 제1호(2021)에 게재된 것입니다.

〈감사의 말씀〉

프로젝트 팀

작성자

Christoph Busch (University of Osnabrück)
Gerhard Dannemann (Humboldt-Universität zu Berlin)
Hans Schulte-Nölke (University of Osnabrück)
Aneta Wiewiorowska-Domagalska (University of Osnabrück)
Fryderyk Zoll (University of Osnabrück)

그 외의 구성원

Fabrizio Cafaggi (European University Institute)
Carolin Cauffman (Maastricht University)
Alberto De Franceschi (University of Ferrara)
Agnieszka Jabłonowska (University of Lodz)
Monika Jagielska (Silesian University)
Vanessa Mak (Tilburg University)
Hans Micklitz (European University Institute)
Jeremias Adams-Prassl (University of Oxford)
Teresa Rodríguez de las Heras Ballell (University Carlos III of Madrid)
Juliette Sénéchal (University of Lille II)
Marie Jull Sørensen (Aalborg University)
Anne de Vries (Tilburg University)
Tina de Vries (Institute für Ostrecht)
Célia Zolynski (Université de Versailles Saint-Quentin-en-Yvelines)

프로젝트 과정에서 프로젝트 팀은 ELI 본부와 ELI 사무국의 아낌없는 지원을 받았다.

자문위원회(Advisory Committee: AC) 위원

사정인

Marta Infantino (University of Trieste, Assessor)

Damian Možina (University of Ljubljana, Assessor)

위원

Luisa Clode (European Land Registry Association)

Bertrand Debosque (Council of Bars and Law Societies of Europe)

Judita Dolžan (Ministry of Justice of the Republic of Slovenia)

Byung Jun Lee (Hankuk University)

Irene Kull (University of Tartu)

Kunihiro Nakata (Ryukoku University)

Gerald Spindler (University of Göttingen)

Jos Uitdehaag (Union Internationale des Huissiers de Justice)

Christiane Wendehorst (University of Vienna)

Marilies Zinner (Austrian Ministry for Consumer Protection)

협의위원회(Members Consultative Committee: MCC)

Paul Abbiati (Chartered Institute of Purchasing & Supply Contracts Group)

Hans-Jürgen Ahrens (University of Osnabrück)

Elena Bargelli (Chair of the MCC; University of Pisa)

Małgorzata Boszko (Boszko & Partners Kancelaria Adwokacka)

Federica Casarosa (European University Institute)

Concetta Causarano (University of Pisa)

Kosjenka Dumančić (University of Zagreb)

EFTA Surveillance Authority

Wian Erlank (North-West University)

Michèle Finck (London School of Economics/University of Oxford)
Marco Giacalone (Vrije Universiteit Brussel)
Patrícia Guimarães (Universidade Federal do Rio Grande do Norte)
Georg Gutfleisch (Brandl & Talos Rechtsanwälte GmbH)
Martin Husovec (University of Tilburg)
Paola Iamiceli (University of Trento)
Marta Infantino (University of Trieste)
Liliya Ivanova (Lawyer)
Václav Janeček (Charles University, Prague)
Ana Keglević Steffek (Anglia Ruskin University)
Lilia Kisseva (Djingov, Gouginski, Kyutchukov & Velichkov Law Firm)
Michael Lehmann (University Ludwig Maximilian; Munich and Max Planck Institute for Innovation and Competition)
Renato Mangano (University of Palermo)
Felix Maultzsch (Goethe-Universität Frankfurt am Main)
Sophie Moreil (Université du Littoral Côte d'Opale)
Pascal Pichonnaz (University of Fribourg)
Jerzy Pisulinski (Jagiellonian University)
Sara Rodríguez Marín (Adigital, Sharing España and Complutense University)
Johannes Safron (University of Vienna)
Marta Santos Silva (University of Maastricht)
Renate Schaub (Ruhr-Universität Bochum)
Hanna Schebesta (Wageningen University)
Stéphanie Laulhé Shaelou (University of Central Lancashire)
Matthias Storme (Katholieke Universiteit Leuven)
Alain Strowel (Université Catholique de Louvain, Institut pour la Recherche Interdisciplinaire en Sciences Juridiques)
Julia Suderow (Rechtsanwältin & Abogada)
Iannis Symplis (The Council of State Supreme Administrative Court of Greece)

Miguel Pestana de Vasconcelos (University of Porto)
Yanko Xavier (Universidade Federal do Rio Grande do Norte)

프로젝트 회의의 참석자[2]

1. 19-20 January 2017 - Project Team Meeting, Krakow (Poland)

Christoph Busch, Gerhard Dannemann, Mateusz Grochowski, Monika Jurcova, Iwona Karwala, Elwira Macierzyńska-Franaszczyk, Vanessa Mak, Damian Možina, Marlena Pecyna, Jeremias Prassl, Teresa Rodriguez De Las Heras Ballell, Hans Schulte-Nölke, Juliette Sénéchal, Marie Jull Sørensen, Anne de Vries, Tina de Vries, Aneta Wiewiórowska-Domagalska, Mikołaj Zaleski, Fryderyk Zoll

2. 16-17 November 2017 - Berlin (Germany)

Christoph Busch, Caroline Cauffman, Gerhard Dannemann, Monika Jurcova, Elwira Macierzyńska-Franaszczyk, Teresa Rodriguez De Las Heras Ballell, Hans Schulte-Nölke, Marie Jull Sørensen, Christian Twigg-Flesner, Anne de Vries, Aneta Wiewiórowska-Domagalska, Fryderyk Zoll

3. 15-16 March 2018 - Project Team Meeting, Osnabrück (Germany)

Christoph Busch, Joana Campos Carvalho, Caroline Cauffman, Gerhard Dannemann, Agnieszka Jab ł onowska, Carina Lüberding, Vanessa Mak, Hans Schulte-Nölke, Juliette Sénéchal, Christian Twigg-Flesner, Anne de Vries, Fryderyk Zoll

4. 29-30 November 2018 - Project Team Meeting, Aalborg (Denmark)

Joana Campos Carvalho, Gerhard Dannemann, Mateusz Grochowski,

2_ 프로젝트 미팅 중 하나에 참석하였으나 실수로 여기에 나열되지 않았다면 최종 간행물에 반영할 수 있도록 메시지를 보내 주시길 바랍니다.

Monika Jurcova, Carina Lübberding, Hans Schulte-Nölke, Juliette Sénéchal, Marie Jull Sørensen, Alain Strowel, Anne de Vries, Aneta Wiewiórowska-Domagalska

5. 14-15 March 2019 - Project Team Meeting, Brussels (Belgium)

Christoph Busch, Joana Campos Carvalho, Caroline Cauffman, Concetta Causarano, Menno Cox, Gerhard Dannemann, Rosanna Ducato, Anita Fokkema, Marco Giacalne, Mateusz Grochowski, Sven Härtwig, Agnieszka Jabłonowska, Silvia Martinelli, Teresa Rodriguez De Las Heras Ballell, Marta Santos Silva, Hans Schulte-Nölke, Marie Jull Sørensen, Alain Strowel, Christian Twigg-Flesner, Anne de Vries, Tina de Vries, Aneta Wiewiórowska-Domagalska, Fryderyk Zoll

6. 27-28 June 2019 - Joint Meeting of the Project Group with Members of AC and MCC & Meeting with Stakeholders, Brussels (Belgium)

Chiara Angiolini, Razwan Antemir, Christoph Busch, Caroline Cauffman, Concetta Causarano, Gerhard Dannemann, Rosanna Ducato, Habat Duran, Constantin Gissler, Mateusz Grochowski, Xandra Hjort, Paola Iamiceli, Monika Jurcova, Lukasz Klejnowski, Carina Lübberding, Kunihiro Nakata, Jaymeen Patel, Hans Schulte-Nölke, Alain Strowel, Aneta Wiewiórowska-Domagalska, Matej Zezlin, Marillies Zinner, Fryderyk Zoll

이 보고서에 제시된 견해는 작업 그룹 및 자문 그룹의 개별 구성원이 대표하는 기관들의 견해를 대변하는 것으로 받아들여서는 안 된다.

〈서 문〉

Ⅰ. 개 요

온라인 플랫폼의 부상은 최근 몇 년간의 핵심적인 경제 및 사회적 발전 중 하나이다. '플랫폼 경제'의 빠른 성장으로 인해 변화하는 시장 구조를 적절히 반영하기 위해 규제 체제를 조정해야 하는지에 대한 논쟁이 시작되었다. 특히 공급업체, 고객 및 플랫폼 운영자 사이의 삼각관계에서 권리와 의무의 재조정이 논의되고 있다. 최근 플랫폼 경제에 대한 규제 체제를 향한 첫 단계는 유럽 및 국가 차원에서 이루어졌다. 그러나 규제는 여전히 단편화되어 있고 때로는 일관성이 없다.

이러한 배경에서 ELI 프로젝트팀은 진행 중인 토론에 이바지하고 규제 조치가 필요하다고 여겨지는 경우 균형 잡힌 접근법이 어떻게 보이는지에 대한 '시각화'를 제공하는 일련의 모델 규칙을 작성했다. ELI 모델 규칙이 플랫폼 경제의 모든 가능한 법적 측면을 다룰 수는 없다. 더 정확하게는, 이 규칙은 온라인 플랫폼의 한 가지 핵심 측면, 즉 플랫폼 운영자와 플랫폼 사용자 간의 관계만을 다룬다. 플랫폼 사용자에 대한 플랫폼 운영자의 의무는 무엇인가? 운영자는 어떤 경우에 사용자에게 책임이 있을 수 있는가? 플랫폼의 공정성과 투명성에 관한 최소 요구 사항은 무엇인가? 고객 리뷰 수집을 위한 평판 시스템은 어떻게 설계되어야 하는가? '명성적 자본'의 이동성에 대한 권리가 있어야 하는가?

이러한 질문과 관련하여 ELI 모델 규칙은 기존 유럽 및 국가 법률을 통합하는 것뿐만 아니라 향후 규제 이니셔티브, 특히 플랫폼 책임 및 평판 시스템에서 해결될 수 있는 혁신적인 솔루션을 제공한다. 이 규칙은 유럽 및 국가 법률, 최근 판례법 및 국제 표준과 같은 기타 규제 도구에서 영감을 얻었다.

ELI 모델 규칙은 기존 경쟁법 규칙이 필요하지만, 디지털 경제의 공정성을 보장하기에는 충분하지 않다는 전제를 기반으로 한다. 시장지배력에 대한 임계값과 독립적으로 적용되는 이러한 규칙은 독점 금지법을 보완하기 위한 것이다. 이러한 관점에서 볼 때, ELI 모델 규칙은 유럽 및 국가 입법자 또는 산업 자체 규제에 영감을 줄 수 있다.

II. 프로젝트의 진행

독자는 ELI 프로젝트가 '채택된 프로젝트'라는 것을 알고 있을 것이다. 시작점은 2015년과 2016년에 디지털 서비스법에 관한 리서치 그룹이 작성한 '온라인 중개 플랫폼에 관한 지침 토론안'이었다. 2016년 ELI 이사회는 프로젝트 아이디어 채택 및 추가 개발에 대해 논의했다. 위원회 결정 2016/6을 통해 위원회는 마침내 '온라인 플랫폼에 대한 모델 규칙'에 대한 현재 ELI 프로젝트를 채택하기로 했다. 2017년, 2018년 및 2019년 ELI 연례 회의에서 초안의 초기 버전이 발표되었다.

현재 이 초안은 비엔나의 2019년 연례 회의 및 2018년 리가에서 열린 MCC 회의에서 제안된 내용을 반영한다. Council 2019와 Advisors는 더욱 귀중한 의견을 전달했다. 이 초안은 2019년 6월 브뤼셀에서 이틀간의 회의를 통해 일부 주요 자문위원과 MCC 회원 그리고 주요 플랫폼 운영자의 이해 관계자와 격렬한 논의를 거쳤다. Marta Infantino 및 Damjan Možina에게 특별한 감사를 전한다. 그들의 제안은 특히 초안의 일관성과 관련하여 가치가 있었다. 그 후 몇 달 동안 리포터들은 ELI 이사회, 고문 및 평가자가 제공한 많은 제안과 조언을 이행했다.

이 초안은 무엇보다도 프로젝트 팀 멤버들과 수많은 프로젝트 회의에 참여한 사람들이 엄청나게 기여한 결과이다. 리포터들은 많은 토론을 중재하고 그들의 결과를 공식화하는 우선권을 가졌다. 현재 제시된 초안의 결과는 분명히 공동 노력의 결과이다.

Ⅲ. ELI 프로젝트에 대한 추가 자료

Christoph Busch; Hans Schulte-Nölke; Aneta Wiewiórowska-Domagalska; Fryderyk Zoll, The Rise of the Platform Economy: A New Challenge for EU Consumer Law?, 5 Journal of European Consumer and Market Law, 164–169 (2016), available at https://ssrn.com/abstract=2754100

Christoph Busch, Towards a 'New Approach' in European Consumer Law: Standardisation and Co-Regulation in the Digital Single Market, 5 Journal of European Consumer and Market Law, 197–198 (2016).

Christoph Busch, European Model Rules for Online Intermediary Platforms, in: Uwe Blaurock; Martin Schmidt-Kessel; Katharina Erler (eds) Plattformen: Geschäftsmodelle und Verträge, Nomos: Baden-Baden 2018, pp. 37–57.

Christoph Busch; Gerhard Dannemann; Hans Schulte-Nölke; Aneta Wiewiórowska-Domagalska; Fryderyk Zoll (eds), Discussion Draft of a Directive on Online Intermediary Platforms: Commentary, Jagiellonian University Press 2019, 362 pages (ISBN: 978-83-233-4462-9)

Felix Maultzsch, Contractual Liability of Online Platform Operators: European Proposals and Established Principles, 14 European Review of Contract Law 209–240 (2018), available at https://ssrn.com/abstract=3074301

Research Group on the Law of Digital Services, Discussion Draft of a Directive on Online Intermediary Platforms, 5 Journal of European Consumer and Market Law, 164-169 (2016), available at https://ssrn.com/abstract=2821590

Marie Jull Sørensen, Draft Model Rules on Online Intermediary Platforms, in: Bram Devolder (ed) The Platform Economy: Unravelling the Legal Status of Online Intermediaries, Intersentia: Cambridge 2019, pp 173-186.

Aneta Wiewiórowska-Domagalska, Online Platforms: How to Adapt Regulatory Framework to the Digital Age?, European Parliament Briefing, PE 607.323, 2017, available at http://www.europarl.europa.eu/RegData/etudes/BRIE/2017/607323/IPOL_BRI(2017)607323_EN.pdf

Fryderyk Zoll, Le projet académique pour une directive relative aux plateformes en ligne - la question de la reponsabilité des opérateurs de plateforme pour inexécution du contrat par les fournisseurs, in: Juliette Sénéchal; Sophie Stalla-Bourdillon (eds) Rôle et responsabilité des opérateurs de la plateforme en ligne: Approche(s) transversale(s) ou approches sectorielles?, IRJS: Paris 2018, pp 107-116.

여러 언어로 번역된 토론안(2016년)은 다음에서 구할 수 있다:
https://www.elsi.uni-osnabrueck.de/projekte/model_rules_on_online_intermediary_platforms.html

〈온라인 플랫폼 모델법의 구성〉

제1장 적용범위와 개념정의

제1조 목적과 적용범위

제2조 개념정의

제2장 플랫폼 운영자의 플랫폼 이용자에 대한 일반적 의무

제3조 정보와 약관의 투명성

제4조 순위의 투명성

제5조 사용후기 시스템에 대한 일반적 요건

제6조 사용후기 시스템에 대한 전문적 주의의무의 기준

제7조 사용후기의 이전성

제8조 이용자를 보호할 의무

제9조 이용자에 의해 주어진 오인 정보에 대한 조치의무

제10조 통지 수단

제11조 플랫폼을 통한 의사소통

제12조 플랫폼과 이용자 간 계약의 일방적 변경

제3장 플랫폼 운영자의 고객에 대한 의무

제13조 플랫폼 역할에 대한 정보 제공의무

제14조 공급자에 대한 정보 제공의무

제4장 플랫폼 운영자의 공급자에 대한 의무

제15조 공급자에게 정보를 제공할 플랫폼 운영자의 의무

제16조 고객에 대한 정보제공을 위해 설비·기능을 제공할 의무

제17조 종 료
제18조 제한 및 중단

제5장 책 임

제19조 투명성 결여에 대한 플랫폼 운영자의 책임
제20조 지배적 영향력을 행사하는 플랫폼 운영자의 책임
제21조 플랫폼 운영자에 대한 권리 및 구제 행사
제22조 플랫폼 운영자에 의한 오해의 소지가 있는 진술
제23조 보 증
제24조 기타 의무 위반에 따른 책임

제6장 구 상

제25조 구상권

제7장 종결규정

제26조 강행규정
제27조 제3자 불만제기절차
제28조 적용법률

〈온라인 플랫폼 모델법 – 확정조문〉

제1장 적용범위와 개념정의

제1조 목적과 적용범위

1. 본 모델규칙은 플랫폼 운영자와 플랫폼 이용자의 관계가 공정하고 투명할 수 있도록 일련의 규칙을 제공하는 것을 목적으로 한다. 본 모델규칙은 회원국의 입법자, 유럽연합의 입법자, 국제기구의 입법자에게 입법방향을 제시할 뿐만 아니라 자율규제와 규제제도의 표준화에도 규율방향에 대한 영감을 제공할 수 있다.
2. 본 규칙은 다음과 같은 플랫폼에 적용된다.
   a) 고객이 플랫폼 운영자에 의해 통제되는 디지털 환경 내에서 공급자의 상품, 서비스 또는 디지털 콘텐츠의 공급에 관한 계약을 체결할 수 있도록 하는 플랫폼
   b) 고객이 공급자를 검색하여 플랫폼 밖에서 계약을 체결할 수 있도록 검색기능을 제공하는 플랫폼 운영자에 의하여 통제되는 디지털 환경에 공급자가 광고를 할 수 있도록 하는 플랫폼
   c) 관련 상품, 서비스 또는 디지털 콘텐츠의 공급자를 찾고 이 공급자의 웹사이트로 유도하거나 연락처를 제공하기 위한 비교정보나 조언을 고객에게 제공하는 플랫폼
   d) 플랫폼 이용자가 사용후기 시스템을 통해 공급업체, 고객, 공급업체가 제공하는 상품, 서비스 또는 디지털 콘텐츠에 대한 사용후기를 작성할 수 있도록 하는 플랫폼
3. 본 규칙은 공권력을 행사하여 작동되는 플랫폼에는 적용되지 않는다.
4. 보험을 포함하는 금융서비스, 또는 패키지여행 및 결합여행상품과 같은 특수 분야에 대한 규정은 이 규칙과 다른 한 우선하여 적용된다.

제2조 개념정의

본 규정에서,

a) '플랫폼'이란 제1조 제2항에서 정하고 있는 하나 또는 그 이상의 서비스를 제공하는 정보사회서비스를 말한다.

b) '플랫폼 운영자'란 플랫폼을 운영하는 사업자를 말한다.

c) '고객'이란 플랫폼을 이용하여 상품, 서비스 또는 디지털 콘텐츠를 검색하거나 제공받기 위하여 플랫폼을 이용하는 자연인 또는 법인을 말한다.

d) '공급자'란 상품, 서비스 또는 디지털 콘텐츠를 고객에게 판매하기 위하여 플랫폼을 이용하거나, 또는 플랫폼에 의하여 고객에게 제안된 자연인 또는 법인을 말한다.

e) '공급자와 고객 간의 계약'이란 금전이거나 다른 반대급부를 대가로 또는 정보와 교환하여 공급자가 고객에게 상품, 서비스 또는 디지털 콘텐츠를 제공하기로 하는 계약을 말한다.

f) '플랫폼과 고객 간의 계약'이란 플랫폼 이용을 목적으로 플랫폼 운영자와 고객 사이에 체결된 계약을 말한다.

g) '플랫폼과 공급자 간의 계약'이란 플랫폼 이용을 목적으로 플랫폼 운영자와 공급자 사이에 체결된 계약을 말한다.

h) '소비자'란 이 규칙이 적용되는 계약에서 거래, 사업, 공예 또는 직업 외의 목적으로 행동하는 모든 자연인을 말한다.

i) '사업자'란 본 규칙이 적용되는 계약에서 거래, 사업, 공예 또는 직업과 관련된 목적으로 행동하는 모든 자연인 또는 사적 주체인지 공적 주체인지를 불문하는 법인을 말한다.

j) '플랫폼 이용자'라 함은 공급자, 고객 또는 사용후기를 작성한 자를 말한다.

k) '사용후기 시스템'이란 공급자, 고객, 상품, 서비스 또는 디지털 콘텐츠에 관한 후기를 수집하거나 제공하는 모든 수단을 말한다.

제2장 플랫폼 운영자의 플랫폼 이용자에 대한 일반적 의무

제3조 정보와 약관의 투명성

약관뿐만 아니라 본 규칙에 의하여 제공되는 정보는 분명해야 하며, 이해하기 쉬운 방식이어야 하며, 기계적 장치로 읽을 수 있는 형식이어야 한다. 약관은 플랫폼 이용자가 계약체결의 전 단계를 포함한 플랫폼 운영자와의 모든 단계에서 쉽게 접근할 수 있어야 한다.

제4조 순위의 투명성

1. 플랫폼 운영자는 플랫폼의 검색 결과로 제시되는 순위를 결정하는 주요 매개 변수와 이러한 주요 매개 변수의 상대적 중요성을 이용자에게 쉽게 접근할 수 있도록 제공해야 한다. 이 의무는 검색 결과의 바탕이 되는 알고리즘에 관한 영업비밀을 침해하지 않아야 한다. 플랫폼 운영자는 고객에게 불리하게 검색결과를 조작하는 데 쉽게 이용될 수 있는 정보를 공개할 필요가 없다.
2. 플랫폼 운영자는 검색결과가 공급자에 의해 지급된 보수에 영향을 받았거나 플랫폼 운영자와 공급자 사이의 다른 금전적 또는 기업적 관계의 영향을 받았다면 이를 이용자에게 알려야 한다.

제5조 사용후기 시스템에 대한 일반적 요건

1. 온라인 플랫폼에 사용후기 시스템을 제공하는 플랫폼 운영자는 관련 정보를 수집, 처리 및 사용후기로 게시하는 방법에 대한 정보를 제공해야 한다.
2. 사용후기 시스템은 전문적 주의의무의 요건에 적합해야 한다.
3. 사용후기 시스템은 다음 각 호 중 하나의 기준을 충족하는 경우 전문적 주의의무의 요건을 충족하는 것으로 추정한다.
   a) 회원국, 유럽 또는 국제 표준화 기관이 채택한 ISO 20488:2018 (온라인 소비자 사용후기)와 같은 자율기준

b) 제6조에서 정하는 기준

제6조 사용후기 시스템에 대한 전문적 주의의무의 기준

제5조에서 언급하는 기준은 다음과 같다.

a) 플랫폼 운영자는 사용후기가 그 대상의 진실한 경험에 기초함을 보장하는 합리적이고 상당한 조치를 취해야 한다.

b) 만약 플랫폼 운영자가 사용후기가 검증된 거래에 근거한 것이라고 주장한다면 플랫폼 운영자는 그 거래의 당사자로부터 비롯된 사용후기라는 것을 보장해야 한다.

c) 만약 플랫폼 운영자가 사용후기의 작성자가 사용후기 작성에 어떠한 이익을 받았다는 것을 알았거나 알았어야만 하는 경우라면 이러한 사정이 표시되어야 한다. 만약 플랫폼 운영자가 사용후기의 작성자가 사용후기에 특정하게 긍정적이거나 부정적인 내용을 제공함으로써 이익을 얻었음을 알았거나 알았어야만 하는 경우라면 플랫폼 운영자는 이러한 사용후기가 없다거나 게시되어 남아 있지 않다는 것을 보장해야 한다.

d) 사용후기는 정당한 이유가 있는 경우에만 게시가 거부되거나 삭제될 수 있다. 사용후기의 작성자에게는 지체 없이 그 사용후기의 게시거부 또는 삭제 사실과 그 거부 또는 삭제의 이유가 통지되어야 한다. 플랫폼 운영자는 고객에게 피해를 주는 사용후기 시스템 조작에 쉽게 사용될 수 있는 정보를 공개할 필요가 없다.

e) 사용후기는 지체 없이 게시되어야 한다.

f) 사용후기가 기본적으로 게시되는 순서나 상대적 중요도는 오해의 소지가 없어야 한다. 플랫폼 운영자는 이용자에게 순서를 결정하는 주요한 매개 변수 및 사용후기가 게시되는 상대적 중요도에 대해 쉽게 접근할 수 있는 정보를 제공해야 한다. 사용후기에는 작성일이 표시되어야 한다. 플랫폼 이용자는 사용후기를 시간순으로 볼 수 있어야 한다.

g) 만약 사용후기 시스템이 일정한 기간 동안만 사용후기를 게시하는 경우라면, 이 기간을 플랫폼 이용자에게 표시해야 한다. 이 기간은 합리적이어야 하며, 12개월보다 짧아서는 안 된다.

h) 만약 개별 사용후기가 합산된 평점으로 결합되는 경우, 그 계산방식이 오해의 소지가 있는 결과를 야기해서는 안 된다. 만약 합산된 평점이 사용후기 평점의 수리적 평균 외의 요인에 근거하여 계산되는 경우, 플랫폼 운영자는 이와 같은 요인에 대해 플랫폼 이용자에게 알려야 한다. 합산 평점의 기초가 되는 전체 사용후기의 개수는 표시되어야 한다. 만약 사용후기가 일정한 기간 동안만 게시되는 경우, 이 기간 이전에 작성된 사용후기는 합산 평점의 계산에 이용되어서는 안 된다.

i) 플랫폼 운영자는 다음과 같은 무상의 절차를 제공해야 한다.

aa) 플랫폼 이용자가 남용행위에 대하여 합리적인 신고를 제출하는 절차

bb) 사용후기의 영향을 받은 플랫폼 이용자가 지체 없이 해당 사용후기와 함께 게시되도록 작성한 답글을 제출하는 절차

제7조 사용후기의 이전성

1. 최소한 매월 그리고 플랫폼과 이용자 간의 계약이 종료되는 경우에 플랫폼 운영자는 현재 작성된 사용후기를 구조화되고, 통용되며, 기계적 장치로 읽을 수 있는 형식으로 다른 플랫폼 운영자의 사용후기 시스템으로 직접 전환할 수 있는 기능을 제공해야 한다.
2. 플랫폼과 공급자 간의 계약 또는 플랫폼과 고객 간의 계약이 체결되기 전에 플랫폼 운영자는 플랫폼 이용자가 다른 플랫폼 운영자의 사용후기 시스템으로 사용후기를 이전하는 경우 적용되는 절차, 기술적 요건, 기간 및 요금에 관한 정보를 제공해야 한다.
3. 다른 플랫폼으로부터 사용후기를 가져올 때, 플랫폼 운영자는 제5조 제2항과 제3항의 전문적 주의의무 요건에 부합하게 사용후기가

작성되었는지를 검토해야 한다.

4. 다른 플랫폼으로부터 가져온 사용후기를 게시하는 경우 플랫폼 운영자는 이 사용후기가 다른 플랫폼에서 작성되었다는 점을 표시해야 한다.

제8조 이용자를 보호할 의무

1. 플랫폼 운영자는 플랫폼 이용자의 활동을 모니터링할 일반적 의무를 부담하지 않는다.
2. 다음 각 호에 관한 신뢰할 수 있는 증거를 취득하였으나, 플랫폼 이용자를 보호하기 위한 적절한 조치를 취하지 않은 플랫폼 운영자는 이로 인하여 발생한 플랫폼 이용자의 손해에 대하여 책임을 진다.
   a) 다른 이용자를 해하는 공급자 또는 고객의 범죄행위
   b) 계약 상대방의 신체 침해, 프라이버시 침해, 물적 재산권의 침해, 자유의 침해 혹은 그 밖의 다른 이용자를 해하는 유사한 권리의 침해를 야기할 수 있는 공급자 혹은 고객의 행위
3. 제2항은 공급자와 고객 사이의 계약하에서 제공되어야 하는 물품, 서비스 또는 디지털 콘텐츠로부터 이익을 취득하는 타인 또는 이로부터 나오는 위험에 노출되는 타인에게 손해가 발생하는 경우에도 적용된다.

제9조 이용자에 의해 주어진 오인 정보에 대한 조치의무

1. 플랫폼 운영자는, 다른 법이 달리 규정하고 있지 않는 한, 플랫폼에서 공급자 또는 고객에 의해 게시된 정보를 모니터링할 의무를 부담하지 않는다.
2. 공급자가 자기 자신 또는 자신이 제공하는 물품, 서비스 또는 디지털콘텐츠에 대해 오인정보를 플랫폼에서 게시하였고, 플랫폼 운영자가 이에 대한 고지를 받은 경우, 플랫폼 운영자는, 공급자와의 협력하에, 오인을 유발하는 정보를 수정 및 제거하거나 차단하는 합

리적인 조치를 취해야 한다. 또한 플랫폼 운영자는 플랫폼에서 공급자와 계약을 체결하는 과정에 들어갔고, 그러한 오인 유발 정보에 의해 영향을 받을 수 있는 고객에게 합리적이고 상당한 통보 조치를 취해야 한다.

3. 제2항은 고객이 자기 자신에 대해 오인을 유발하는 정보를 게시한 경우에도 준용된다.

제10조 통지 수단

플랫폼 운영자는 제8조와 제9조에서의 행위에 대한 고지를 위해 공개적으로 접근할 수 있는, 그리고 익명에 기한 고지도 허용하는, 의사소통 수단을 제공해야 한다.

제11조 플랫폼을 통한 의사소통

플랫폼이 고객과 공급자 사이의 계약 체결 또는 이행과 관련하여 고객과 공급자 사이의 의사소통을 위한 수단을 제공하는 경우 플랫폼 운영자는 지체 없이 그러한 연락사항들을 전달해야 한다.

제12조 플랫폼과 이용자 간 계약의 일방적 변경

1. 플랫폼 운영자는 아래의 요건이 충족된 경우 플랫폼과 이용자 사이의 계약 조항을 일방적으로 변경할 수 있다.
   a) 적어도 변경이 효력을 가지기 1개월 전에 영속적 매체를 통해 이용자에게 변경에 대한 합리적인 고지가 이뤄지고,
   b) 변경이 신의성실과 공정거래에 부합할 것
2. 변경이 법의 갑작스런 개정에 의해 요구되거나, 임박한 사이버 보안상의 위험에 대응하기 위한 경우 플랫폼 운영자는 제1항 (a)에 따른 고지기간을 준수할 필요가 없다.
3. 변경의 고지와 함께 이용자는 개정된 계약 조항 및 변경된 사항에 대한 설명의 복사본을 받아야 한다.

4. 계약조항 변경의 경우 플랫폼 이용자는 달리 적용되는 그 어떠한 고지 기간도 준수할 필요 없이 플랫폼과 이용자 사이의 계약을 종료시킬 수 있다.

제3장 플랫폼 운영자의 고객에 대한 의무

제13조 플랫폼 역할에 대한 정보 제공의무

플랫폼 운영자는 고객이 플랫폼 운영자가 아니라 공급자와 계약을 체결하는 과정에 들어간다는 점을 가급적 이른 시점에 그리고 공급자와 고객 간 계약이 체결되기 직전에 현저한 방식으로 고지해야 한다.

제14조 공급자에 대한 정보 제공의무

1. 플랫폼 운영자는 공급자와 고객 사이의 계약이 체결되기 직전에 현저한 방식으로 공급자가 자신의 물품, 서비스 또는 디지털콘텐츠를 사업자로서 제공하는지 여부를 고객에게 고지해야 한다. 공급자가 사업자가 아닌 경우 플랫폼 운영자는 소비자 법이 공급자와 고객 사이의 계약에 적용되지 않는다는 점도 고객에게 고지해야 한다.
2. 플랫폼 운영자는 늦어도 공급자와 고객 사이의 계약이 체결된 직후 공급자의 신원 및 공급자와 고객 사이의 의사소통을 가능하게 해야 한다. 고객의 요구가 있는 경우 플랫폼 운영자는 공급자의 주소를 공개해야 한다.
3. 제1항과 제2항의 목적을 위해서 플랫폼 운영자는, 플랫폼 내 거래와 관련하여 이용할 수 있는 데이터를 기반으로 해당 정보가 잘못된 정보라는 점을 알았거나 알 수 있었을 경우가 아니라면, 공급자가 플랫폼 운영자에게 제공한 정보를 신뢰할 수 있다. 플랫폼 운영자는 사업자가 플랫폼 내에서 비사업자로 나타나는 것을 방지하기 위해 적절한 조치를 취해야 한다.

제4장 플랫폼 운영자의 공급자에 대한 의무

제15조 공급자에게 정보를 제공할 플랫폼 운영자의 의무

플랫폼과 공급자 사이의 계약이 체결되기 전 플랫폼 운영자는 아래의 사항을 영속적 매체를 통해 공급자에게 고지해야 한다.

a) 공급자는 플랫폼 운영자가 아닌 고객과의 계약하에 물품, 서비스 또는 디지털 콘텐츠를 공급할 것이라는 점
b) 공급자와 플랫폼 사이의 계약을 공급자가 종료할 수 있는 방법
c) 공급자와 플랫폼 사이의 계약을 플랫폼 운영자가 종료할 수 있는 방법
d) 플랫폼 운영자로부터 기인하는 수수료 및 산정방식
e) 플랫폼 운영자가 공급자와 고객 사이의 계약을 위해 제공하는 모든 지불 메커니즘
f) 공급자와 고객 사이의 의사소통을 매개하는 모든 방법

제16조 고객에 대한 정보제공을 위해 설비・기능을 제공할 의무

1. 플랫폼 운영자는 고객에 대한 공급자의 정보제공의무 이행을 위한 기능을 공급자에게 제공해야 한다.
2. 플랫폼과 공급자 사이의 계약이 공급자가 공급자와 고객 사이의 계약을 위한 약관 조항의 사용을 배제하지 않는다면, 플랫폼 운영자는 이 계약 조항들이 포함되는 것을 허용하는 기능을 제공해야 한다.

제17조 종 료

1. 플랫폼과 공급자 사이의 계약에 있어 어느 한 당사자는 타방 당사자에 대한 고지를 통해 계약 관계를 종료시킬 수 있다. 플랫폼 운영자에 대한 고지기간은 계약관계가 존속되는 첫해의 경우 30일 이상이고, 두 번째 해의 경우 60일 이상이며, 세 번째 해 및 계약관계가 지속되는 그 이후의 연도의 경우 90일 이상이다. 플랫폼과 공급

자 사이의 계약이 공급자에 대해 더 장기간의 고지 기간을 정하고 있다면, 그 장기의 기간이 플랫폼에 의해 행해지는 고지에 대해서도 적용된다. 이것이 유효하기 위해서는 그러한 더 긴 고지기간이 적절해야 한다.

2. 불가피한 사유가 있는 경우 일방 당사자가 즉시 계약 관계를 종료시킬 수 있다.
3. 제1항 또는 제2항에서의 고지는 종료 사유를 구체적으로 표명해야 한다.

제18조 제한 및 중단

1. 플랫폼 운영자는 공급자에게 고지함으로써 공급자에 대한 서비스 제공을 중단하거나 공급자에 의해 제공되는 물품 또는 서비스 또는 디지털콘텐츠의 특정한 범위를 제한할 수 있다. 고지는 제한 또는 중단 사유를 구체적으로 표명해야 한다.
2. 제1항에 따른 제한 또는 중단이 플랫폼과 공급자 간 계약의 종료와 유사한 효과를 가지는 경우에는 제17조가 준용된다.

제5장 책 임

제19조 투명성 결여에 대한 플랫폼 운영자의 책임

제13조가 위반된 경우 고객은 공급자와 고객 사이의 계약에 있어 공급자에게 행사할 수 있는 권리 구제수단을 플랫폼 운영자에게도 행사할 수 있다.

제20조 지배적 영향력을 행사하는 플랫폼 운영자의 책임

1. 플랫폼 운영자가 공급자에게 지배적 영향력을 행사하고 있다고 고객이 합리적으로 신뢰할 수 있는 경우 고객은 공급자와 고객 사이

의 계약의 불이행에 대해 공급자에게 행사할 수 있는 권리와 구제수단을 플랫폼 운영자에게도 행사할 수 있다.

2. 플랫폼 운영자가 공급자에게 지배적 영향력을 행사하고 있다고 고객이 합리적으로 신뢰할 수 있는지를 판단함에 있어서 특히 다음 각 호의 평가기준이 고려될 수 있다.
   a) 공급자와 고객 사이의 계약이 오로지 플랫폼에 의하여 제공되는 기능을 통해서만 체결되는지 여부
   b) 플랫폼 운영자가 공급자와 고객 사이의 계약 체결 이후에까지 공급자의 신원과 세부 연락처를 유보하는지 여부
   c) 플랫폼 운영자가 고객이 공급자에게 지불한 대금을 플랫폼 운영자가 유보할 수 있는 결제 시스템만을 사용하는지 여부
   d) 공급자와 고객 사이의 계약조건이 근본적으로 플랫폼 운영자에 의하여 결정되는지 여부
   e) 고객이 지불할 대금액이 플랫폼 운영자에 의하여 결정되는지 여부
   f) 마케팅이 공급자가 아닌 플랫폼에 초점을 맞추고 있는지 여부
   g) 플랫폼 운영자가 공급자의 행위를 모니터링하고 법의 요구사항을 넘어서는 기준의 준수를 집행할 것을 약정하였는지 여부

제21조 플랫폼 운영자에 대한 권리 및 구제 행사

1. 제19조 또는 제20조 제1항을 적용하는 경우, 소비자인 고객은 공급자가 사업자인지에 관계없이 공급자가 사업자인 경우 공급자에 대해 행사할 수 있는 모든 권리와 구제수단을 플랫폼 운영자에 대해 행사할 수 있다.
2. 제19조 또는 제20조 제1항을 적용하는 경우, 해당 법률에 따라 고객이 구제행위를 하기 위하여 공급자에게 통지할 필요가 있는 경우, 공급자에의 통지는 플랫폼 운영자와 관련하여 같은 효력을 가진다.

제22조 플랫폼 운영자에 의한 오해의 소지가 있는 진술

플랫폼 운영자가 공급자 또는 고객, 공급자가 제공하는 재화, 서비스 또는 디지털 콘텐츠 또는 공급자-고객 계약의 다른 조건에 대해 잘못된 진술을 한때에는, 플랫폼 운영자는 이러한 잘못된 정보로 고객이나 공급자에게 발생한 손해에 대하여 책임을 진다.

제23조 보 증

플랫폼 운영자는 공급자나 고객 또는 공급자가 제공하는 상품, 서비스 또는 디지털 콘텐츠에 대해 주는 보증에 책임을 진다.

제24조 기타 의무 위반에 따른 책임

플랫폼 운영자는 제3조, 제4조, 제5조, 제7조, 제9조 제2항 및 제3항, 제10조, 제11조, 제14조, 제15조, 제16조, 제17조, 제18조 위반으로 플랫폼 이용자에게 발생한 손해를 배상할 책임이 있다.

제6장 구 상

제25조 구상권

1. 다음과 같은 사유로 제19조, 제20조에 따라서 고객에게 책임을 지게 된 플랫폼 운영자는 공급자에게 구상을 받을 권리가 있다.

a) 공급자에 의한 오인성 있는 진술

b) 공급자와 고객 간의 계약상 급부를 공급자가 이행하지 못한 경우

2. 플랫폼 운영자의 오인성 있는 진술로 고객에게 책임을 지게 된 공급자는 플랫폼 운영자에게 구상을 받을 권리가 있다.

제7장 종결규정

제26조 강행규정

계약의 당사자는 이 규정과 달리 약정하거나 그 효과를 변경하여 플랫폼 이용자에게 불리하게 약정할 수 없다.

제27조 제3자 불만제기절차

플랫폼 운영자는 플랫폼 이용자에 의하여 야기된 불편이나 손해에 대하여 합리적 불만을 제기할 수 있는 무상의 공개적으로 접근할 수 있는 불만제기절차를 제공해야 한다. 이러한 불만이 제기되면 플랫폼 운영자는 장래의 불편이나 손해를 방지하기 위하여 합리적이고 비례적인 조치를 취해야 한다.

제28조 적용법률

1. 이 모델규칙을 채택한 회원국에 상거소를 두고 있는 공급자와 고객에게 제1조에서 정의된 서비스를 제공하는 플랫폼에게 이 규칙 제3조부터 제11조, 제27조가 적용된다.
2. 이 모델규칙을 채택한 회원국의 법률로 규율되는 플랫폼과 고객 간의 계약 및 플랫폼과 공급자 간의 계약에 제12조 및 제3장부터 제5장의 규정이 적용된다.
3. 국제사법이 법정대위나 복수채무자의 문제에서 이 모델규칙을 수용한 회원국의 법률을 적용하도록 정한 경우에 제6장의 규정이 플랫폼과 고객 간의 계약 및 플랫폼과 공급자 간의 계약에 적용된다.

〈해설 및 자료〉

제1장 적용범위와 개념정의

제1조 목적과 적용범위

1. 본 모델규칙은 플랫폼 운영자와 플랫폼 이용자의 관계가 공정하고 투명할 수 있도록 일련의 규칙을 제공하는 것을 목적으로 한다. 본 모델규칙은 회원국의 입법자, 유럽연합의 입법자, 국제기구의 입법자에게 입법방향을 제시할 뿐만 아니라 자율규제와 규제제도의 표준화에도 규율방향에 대한 영감을 제공할 수 있다.
2. 본 규칙은 다음과 같은 플랫폼에 적용된다.
   a) 고객이 플랫폼 운영자에 의해 통제되는 디지털 환경 내에서 공급자의 상품, 서비스 또는 디지털 콘텐츠의 공급에 관한 계약을 체결할 수 있도록 하는 플랫폼
   b) 고객이 공급자를 검색하여 플랫폼 밖에서 계약을 체결할 수 있도록 검색기능을 제공하는 플랫폼 운영자에 의하여 통제되는 디지털 환경에 공급자가 광고를 할 수 있도록 하는 플랫폼
   c) 관련 상품, 서비스 또는 디지털 콘텐츠의 공급자를 찾고 이 공급자의 웹사이트로 유도하거나 연락처를 제공하기 위한 비교정보나 조언을 고객에게 제공하는 플랫폼
   d) 플랫폼 이용자가 사용후기 시스템을 통해 공급업체, 고객, 공급업체가 제공하는 상품, 서비스 또는 디지털 콘텐츠에 대한 사용후기를 작성할 수 있도록 하는 플랫폼
3. 본 규칙은 공권력을 행사하여 작동되는 플랫폼에는 적용되지 않는다.
4. 보험을 포함하는 금융서비스, 또는 패키지여행 및 결합여행상품과 같은 특수분야에 대한 규정은 이 규칙과 다른 한 우선하여 적용된다.

참고자료:

Article 1 P2B Regulation (EU) 2019/1150; Article 2 (1) (n) Unfair Commercial Practices Directive (as revised under the New Deal for Consumers 2019); Article 2 (17) Consumer Rights Directive (as revised under the New Deal for Consumers 2019); provisions of national law, eg Article L 111-7 Code de la consommation (FR)

수정 전 규정(안):

Article 1 Discussion Draft 2016

해 설

이 모델규칙은 제1조 제2항에 규정된 4가지 유형의 서비스 중 하나 이상의 서비스를 제공하는 플랫폼에 적용된다. 제1조에서 다루는 4가지 서비스는 다음과 같다: (a) 고객이 공급자와 계약을 체결할 수 있는 온라인 시장; (b) 공급자가 고객이 연락할 수 있도록 광고를 게재할 수 있는 플랫폼; (c) 고객에게 관련 공급자를 식별하는 비교 또는 기타 조언 서비스를 제공하는 플랫폼; 또는 (d) 플랫폼 이용자가 공급자, 고객 또는 공급자가 제공하는 상품, 서비스 또는 디지털 콘텐츠를 평가하거나 사용후기를 남길 수 있는 사용후기 시스템을 제공하는 플랫폼. 이 4가지 서비스의 공통점은 공급자와 고객 간의 상품, 서비스 또는 디지털 콘텐츠 계약의 체결을 용이하게 하거나 이에 영향을 미친다는 점이다. 이 규칙은 상품, 서비스 또는 디지털 콘텐츠의 대가로 고객이 대금, 기타 반대급부, 또는 정보를 지급하는 경우에만 적용된다. 제1조 제2항에 정의된 4가지 서비스 중 하나를 제공하지 않는 한, 이용자 간 소셜 커뮤니케이션만 가능하게 하는 단순한 검색엔진 플랫폼이나 소셜 네트워크 플랫폼에는 이 규칙이 적용되지 않는다.

이러한 범위 내에서 이 모델규칙은 두 가지 측면에서 플랫폼 운영자에 대한 플랫폼 이용자의 지위를 향상시키려 한다. 하나는 이용자가 플랫폼에서 찾을 수 있는 상품, 서비스 또는 디지털 콘텐츠에 관한 정보의 품질을 개선하고, 일정한 경우 고객이 플랫폼에서 구매하거나 플랫폼이 제공하는 서비스 중 하나의 도움으로 구매한 상품, 서비스 또는 디지털 콘텐츠의 품질에 대하여 플랫폼 운영자가 책임을 지게 하는 것이다. 다른 하나는 플랫폼이 공급자와 고객 사이에서 차지하는 그 중심적 위치 때문에 플랫폼이 갖는 장점을 남용하여 그 이용자에게, 특히 공급자에게 불이익을 주는 것을 방지하는 것이다.

최근 플랫폼에 대한 입법인 소비자 권리지침(소비자를 위한 2019 뉴딜에 의하여 개정), 개정된 불공정 상업관행 지침(소비자를 위한 2019 뉴딜에 의하여 개정) 및 소비자를 고객으로 하는 플랫폼에만 적용되는 P2B 규정(EU) 2019/1150과 달리, 이 모델규칙은 B2B 시장, 즉 고객이 (전적으로 또는 부분적으로) 사업자인 플랫폼에도 적용된다. 경우에 따라서 사업자는 실제로는 공급자(예컨대 판매자 또는 서비스 제공자)이면서 제1항(?) 제a호에서 말하는 단순한 플랫폼인 것처럼 가장하기도 한다. 이 경우 고객은 해당 공급자와의 판매 또는 서비스 공급계약에 따른 권리와 함께 그가 실제로는 플랫폼 운영자인 경우 주어지는 모든 권리를 그 공급자에게 주장할 수 있어야 한다.

제3항과 제4항은 이 모델 규칙이 적하하지 않은 경우, 특히 다른 보다 구체적인 규칙이 적용되어야 하는 경우, 이 모델규칙의 적용범위와 효력을 제한하고 있다. 이 모델규칙은 특히 지적재산권 침해를 다루지 않는다.

제2조 개념정의

본 규정에서,

a) '플랫폼'이란 제1조 제2항에서 정하고 있는 하나 또는 그 이상의 서비스를 제공하는 정보사회서비스를 말한다.

b) '플랫폼 운영자'란 플랫폼을 운영하는 사업자를 말한다.

c) '고객'이란 플랫폼을 이용하여 상품, 서비스 또는 디지털 콘텐츠를 검색하거나 제공받기 위하여 플랫폼을 이용하는 자연인 또는 법인을 말한다.

d) '공급자'란 상품, 서비스 또는 디지털 콘텐츠를 고객에게 판매하기 위하여 플랫

폼을 이용하거나, 또는 플랫폼에 의하여 고객에게 제안된 자연인 또는 법인을 말한다.

e) '공급자와 고객 간의 계약'이란 금전이거나 다른 반대급부를 대가로 또는 정보와 교환하여 공급자가 고객에게 상품, 서비스 또는 디지털 콘텐츠를 제공하기로 하는 계약을 말한다.

f) '플랫폼과 고객 간의 계약'이란 플랫폼 이용을 목적으로 플랫폼 운영자와 고객 사이에 체결된 계약을 말한다.

g) '플랫폼과 공급자 간의 계약'이란 플랫폼 이용을 목적으로 플랫폼 운영자와 공급자 사이에 체결된 계약을 말한다.

h) '소비자'란 이 규칙이 적용되는 계약에서 거래, 사업, 공예 또는 직업 외의 목적으로 행동하는 모든 자연인을 말한다.

i) '사업자'란 본 규칙이 적용되는 계약에서 거래, 사업, 공예 또는 직업과 관련된 목적으로 행동하는 모든 자연인 또는 사적 주체인지 공적 주체인지를 불문하는 법인을 말한다.

j) '플랫폼 이용자'라 함은 공급자, 고객 또는 사용후기를 작성한 자를 말한다.

k) '사용후기 시스템'이란 공급자, 고객, 상품, 서비스 또는 디지털 콘텐츠에 관한 후기를 수집하거나 제공하는 모든 수단을 말한다.

참고자료:

Article 2 P2B Regulation (EU) 2019/1150; Article 2 Unfair Commercial Practices Directive (as revised under the New Deal for Consumers 2019); Article 2 Consumer Rights Directive (as revised under the New Deal for Consumers 2019); provisions of national law, eg Article L 111-7 Code de la consommation (FR)

수정 전 규정(안):

Article 2 Discussion Draft 2016

해 설

제2조에 규정된 많은 정의는 다른 조문에서 반복 규정을 하지 않게 한다는 점에서 주로 입법 기술적 의미를 갖는다. 물론 일부 정의규정은 이

모델규칙의 적용 범위에 관한 중요한 설명도 포함하고 있다. 즉 제b호 '플랫폼 운영자'의 정의규정은 이 모델규칙이 제i호에서 정하고 있는 사업자인 플랫폼 운영자에게만 적용된다는 것을 보여준다. 제e호 '공급자와 고객 간의 계약'은 그 정의에서 계약의 반대급부가 반드시 금전이어야 하는 것은 아니라는 점을 분명히 보여 준다. 이 정의에 의하면 암호화폐로 지급하는 경우, 교환계약 또는 서비스 교환도 반대급부의 지급에 포함된다. 제h호와 제i호의 '소비자' 및 '사업자'는 유럽연합 법률의 해당 정의를 차용한 것이다.

제2장 플랫폼 운영자의 플랫폼 이용자에 대한 일반적 의무

제3조 정보와 약관의 투명성

약관뿐만 아니라 본 규칙에 의하여 제공되는 정보는 분명해야 하며, 이해하기 쉬운 방식이어야 하며, 기계적 장치로 읽을 수 있는 형식이어야 한다. 약관은 플랫폼 이용자가 계약체결의 전 단계를 포함한 플랫폼 운영자와의 모든 단계에서 쉽게 접근할 수 있어야 한다.

참고자료:

Article 3 P2B Regulation (EU) 2019/1150; Article 5 (1), 6 (1) Consumer Rights Directive 2011/83/EU; Article 5 Unfair Contract Terms Directive 93/13/EEC

수정 전 규정(안):

Article 5 Discussion Draft 2016

해 설

이 조항은 유럽연합 법률의 관련 의무에 따라 만들어진 정보와 약관의 작성 및 제시의 일반규칙을 보여 준다. 자동화된 계약분석 도구를 사용하여 스캔할 수 있도록 기계적 장치로 읽을 수 있어야 한다는 요건이 추가되었다. 제2문은 P2B 규정 (EU) 2019/1150 제3조 제1항 제b호의 규정을 차용한 것이다.

> **제4조 순위의 투명성**
>
> 1. 플랫폼 운영자는 플랫폼의 검색 결과로 제시되는 순위를 결정하는 주요 매개 변수와 이러한 주요 매개 변수의 상대적 중요성을 이용자에게 쉽게 접근할 수 있도록 제공해야 한다. 이 의무는 검색 결과의 바탕이 되는 알고리즘에 관한 영업비밀을 침해하지 않아야 한다. 플랫폼 운영자는 고객에게 불리하게 검색 결과를 조작하는 데 쉽게 이용될 수 있는 정보를 공개할 필요가 없다.
> 2. 플랫폼 운영자는 검색결과가 공급자에 의해 지급된 보수에 영향을 받았거나 플랫폼 운영자와 공급자 사이의 다른 금전적 또는 기업적 관계의 영향을 받았다면 이를 이용자에게 알려야 한다.

참고자료:

Articles 5, 7 P2B Regulation (EU) 2019/1150; Articles 2 (1) (m), 7 (4a), Annex No 11a Unfair Commercial Practices Directive (as revised under the New Deal for Consumers 2019); Article 6a (1) (a) Consumer Rights Directive (as revised under the New Deal for Consumers 2019)

수정 전 규정(안):

Article 6 Discussion Draft 2016

해 설

제1항은 최근 유럽연합 법률 속 순위에 관한 조항을 결합하고 재구성한 것이다. 그러나 이 규칙은 유럽연합 법률보다 더 일반적이다. P2B 규정 (EU) 2019/1150 제5조 제1항에 규정된 다른 매개 변수와 달리 주요 매개 변수가 상대적으로 중요한 이유만을 제공하도록 규정하지 않고, 주요 매개 변수의 '상대적 중요성'을 제공할 의무를 규정하고 있기 때문

이다. 제1항은 또한 정보가 언제 그리고 어떨 때 제공되어야 하는지를 명시하지는 않았다. 이러한 요건은 '쉽게 접근할 수 있도록'이라는 표현에 내포되어 있다. 제1항 제3문은 P2B 규정 (EU) 2019/1150 제5조 제6항에서 차용되었다.

제2항은 무엇보다 불공정 상업관행 지침(소비자를 위한 2019 뉴딜에 의하여 개정) 부록1의 제11a호의 영향을 받았다. 그러나 제2항은 플랫폼 운영자에 의한 다소 추상적인 '통제'[예컨대 P2B 규정 (EU) 2019/1150 제7조와 같은]를 요구하고 있지 않고, 플랫폼 운영자와 공급자 간의 '경제적 또는 기업적 관계'만을 이러한 관계가 순위 결정 알고리즘에서 고려되는 경우 공개하도록 요구하고 있다.

제5조 사용후기 시스템에 대한 일반적 요건

1. 온라인 플랫폼에 사용후기 시스템을 제공하는 플랫폼 운영자는 관련 정보를 수집, 처리 및 사용후기로 게시하는 방법에 대한 정보를 제공해야 한다.
2. 사용후기 시스템은 전문적 주의의무의 요건에 적합해야 한다.
3. 사용후기 시스템은 다음 각 호 중 하나의 기준을 충족하는 경우 전문적 주의의무의 요건을 충족하는 것으로 추정한다.
   a) 회원국, 유럽 또는 국제 표준화 기관이 채택한 ISO 20488:2018 (온라인 소비자 사용후기)와 같은 자율기준
   b) 제6조에서 정하는 기준

참고자료:

Article 2 (h) Unfair Commercial Practices Directive 2005/29/EC; Article L 111-7-2 Code de la consommation (FR); ISO 20488:2018 (Online customer reviews)

수정 전 규정(안):

Article 8 Discussion Draft 2016

해 설

제1항은 EC 전자상거래지침(E-Commerce Directive 2000/31/EC) 제15조 제1항

이 조항은 제2조 제k호에 규정된 사용후기 시스템에 관한 일반적 요건을 규정한다. 제1항은 일반적인 정보제공 의무를 규정하고, 사용후기 시스템의 운영자가 사용후기 시스템의 세 단계, 즉 수집, 처리 및 게시 단계에 관한 정보를 제공할 것을 규정한다. 이 규정은 프랑스 소비법 제 L 111-7-2조의 취지를 가져온 것이다.

제2항에는 '전문적 주의의무'(불공정 상업관행 지침 2005/29/EC 제2조 제h호 비교)라는 일반 기준을 정한 일반 조항이 있다. 제3항에서 이 일반 조항은 '새로운 접근법' 방식을 따르는 이중의 적합성 추정에 의하여 보완되고 있는데, 이러한 접근 방식은 제품 안전 분야에서 오랫동안 사용되던 방식이다. 이러한 공동 규율방식은 온라인 사용후기 시스템의 규율제도가 유연성과 예측 가능성에서 균형을 잡을 수 있도록 하였다.

제6조 사용후기 시스템에 대한 전문적 주의의무의 기준

제5조에서 언급하는 기준은 다음과 같다.

a) 플랫폼 운영자는 사용후기가 그 대상의 진실한 경험에 기초함을 보장하는 합리적이고 상당한 조치를 취해야 한다.

b) 만약 플랫폼 운영자가 사용후기가 검증된 거래에 근거한 것이라고 주장한다면 플랫폼 운영자는 그 거래의 당사자로부터 비롯된 사용후기라는 것을 보장해야 한다.

c) 만약 플랫폼 운영자가 사용후기의 작성자가 사용후기 작성에 어떠한 이익을 받았다는 것을 알았거나 알았어야만 하는 경우라면 이러한 사정이 표시되어야 한다. 만약 플랫폼 운영자가 사용후기의 작성자가 사용후기에 특정하게 긍정적이거나 부정적인 내용을 제공함으로써 이익을 얻었음을 알았거나 알았어야만 하는 경우라면 플랫폼 운영자는 이러한 사용후기가 없다거나 게시되어 남아 있지 않다는 것을 보장해야 한다.

d) 사용후기는 정당한 이유가 있는 경우에만 게시가 거부되거나 삭제될 수 있다.

사용후기의 작성자에게는 지체 없이 그 사용후기의 게시거부 또는 삭제 사실과 그 거부 또는 삭제의 이유가 통지되어야 한다. 플랫폼 운영자는 고객에게 피해를 주는 사용후기 시스템 조작에 쉽게 사용될 수 있는 정보를 공개할 필요가 없다.

e) 사용후기는 지체 없이 게시되어야 한다.

f) 사용후기가 기본적으로 게시되는 순서나 상대적 중요도는 오해의 소지가 없어야 한다. 플랫폼 운영자는 이용자에게 순서를 결정하는 주요한 매개 변수 및 사용후기가 게시되는 상대적 중요도에 대해 쉽게 접근할 수 있는 정보를 제공해야 한다. 사용후기에는 작성일이 표시되어야 한다. 플랫폼 이용자는 사용후기를 시간순으로 볼 수 있어야 한다.

g) 만약 사용후기 시스템이 일정한 기간 동안만 사용후기를 게시하는 경우라면, 이 기간을 플랫폼 이용자에게 표시해야 한다. 이 기간은 합리적이어야 하며, 12개월보다 짧아서는 안 된다.

h) 만약 개별 사용후기가 합산된 평점으로 결합되는 경우, 그 계산방식이 오해의 소지가 있는 결과를 야기해서는 안 된다. 만약 합산된 평점이 사용후기 평점의 수리적 평균 외의 요인에 근거하여 계산되는 경우, 플랫폼 운영자는 이와 같은 요인에 대해 플랫폼 이용자에게 알려야 한다. 합산 평점의 기초가 되는 전체 사용후기의 개수는 표시되어야 한다. 만약 사용후기가 일정한 기간 동안만 게시되는 경우, 이 기간 이전에 작성된 사용후기는 합산 평점의 계산에 이용되어서는 안 된다.

i) 플랫폼 운영자는 다음과 같은 무상의 절차를 제공해야 한다.

aa) 플랫폼 이용자가 남용행위에 대하여 합리적인 신고를 제출하는 절차

bb) 사용후기의 영향을 받은 플랫폼 이용자가 지체 없이 해당 사용후기와 함께 게시되도록 작성한 답글을 제출하는 절차

참고자료:

Article 7 (6), No 23b Annex I Unfair Commercial Practices Directive (as revised under the New Deal for Consumers 2019); Articles 2 (8), 5 (6) P2B Regulation (EU) 2019/1150; ISO 20488:2018 (Online customer reviews)

수정 전 규정(안):

Article 8 Discussion Draft 2016

해 설

제6조는 사용후기 시스템의 최소 품질요건들을 적고 있다. 이 규정은 불공정 상업관행 지침(소비자를 위한 2019 뉴딜에 의하여 개정) 제7조 제6호, 부록1의 제23b호, 그리고 ISO 20488:2018 (온라인 고객 후기)과 같은 다양한 규정으로부터 영향을 받았다.

> **제7조 사용후기의 이전성**
>
> 1. 최소한 매월 그리고 플랫폼과 이용자 간의 계약이 종료되는 경우에 플랫폼 운영자는 현재 작성된 사용후기를 구조화되고, 통용되며, 기계적 장치로 읽을 수 있는 형식으로 다른 플랫폼 운영자의 사용후기 시스템으로 직접 전환할 수 있는 기능을 제공해야 한다.
> 2. 플랫폼과 공급자 간의 계약 또는 플랫폼과 고객 간의 계약이 체결되기 전에 플랫폼 운영자는 플랫폼 이용자가 다른 플랫폼 운영자의 사용후기 시스템으로 사용후기를 이전하는 경우 적용되는 절차, 기술적 요건, 기간 및 요금에 관한 정보를 제공해야 한다.
> 3. 다른 플랫폼으로부터 사용후기를 가져올 때, 플랫폼 운영자는 제5조 제2항과 제3항의 전문적 주의의무 요건에 부합하게 사용후기가 작성되었는지를 검토해야 한다.
> 4. 다른 플랫폼으로부터 가져온 사용후기를 게시하는 경우 플랫폼 운영자는 이 사용후기가 다른 플랫폼에서 작성되었다는 점을 표시해야 한다.

참고자료:

Article 20 (1) General Data Protection Regulation (EU) 2016/679; Article 16 (4) Digital Content Directive (EU) 2019/770

해 설

이 조항은 일반 정보 보호규정 (EU) 2016/679 제20조 제1항을 보완하는 '사용후기 정보'의 이전권을 규정하고 있다. 일반 정보 보호규정 (EU) 2016/679에 따르면 정보주체가 정보관리자에게 제공한 정보만이 이전권의 대상이 된다. 따라서 제3자가 제공한 온라인 사용후기에 일반 정보 보호규정 (EU) 2016/679 제20조 제1항이 적용될 수 있을지 분명하지 않다. 또한 일반 정보 보호규정 (EU) 2016/679은 예컨대 호텔을 운영하는 사업자와 같은 법인의 사용후기는 보호하지 않는다. 이러한 입법공백을 이 새 규정이 보완하게 된다. 정보 이전권에 관한 규칙은 정보 전환의 비용을 줄이고 한 플랫폼에 얽매이는 효과(lock-in effects)를 줄이는 것을 목적으로 한다. 그러나 이 규정은 정보를 내보내는 것에 대한 권리만을 규정하였다. 플랫폼이 다른 플랫폼의 사용후기를 불러올 수 있도록 허용할 것인가는 그 플랫폼 운영자가 결정할 일이다.

제1항은 플랫폼 운영자가 다른 플랫폼으로 사용후기를 이전할 수 있는 기술적 장치를 제공해야 한다고 규정한다. 제2항은 정보의 전송방법(예컨대 기술적 요구사항이나 요금)에 관한 투명성 원칙을 규정하고 있다. 제3항은 다른 플랫폼에서 가져온 사용후기의 진정성 확보에 관한 것이다. 만약 사용후기가 작성된 플랫폼이 ISO 20488:2018 (온라인 고객 사용후기) 또는 제6조의 기준을 충족하는 사용후기 시스템을 사용하고 있다면 '대등성' 요건이 충족된 것으로 본다. 제4항은 고객이 사용후기의 출처를 오해하지 않도록 사용후기가 다른 곳에서 가져온 것인지 여부를 표시하도록 플랫폼 운영자에게 요구하고 있다.

제8조 이용자를 보호할 의무

1. 플랫폼 운영자는 플랫폼 이용자의 활동을 모니터링할 일반적 의무를 부담하지 않는다.
2. 다음 각 호에 관한 신뢰할 수 있는 증거를 취득하였으나, 플랫폼 이용자를 보호하기 위한 적절한 조치를 취하지 않은 플랫폼 운영자는 이로 인하여 발생한 플랫폼 이용자의 손해에 대하여 책임을 진다.

a) 다른 이용자를 해하는 공급자 또는 고객의 범죄행위
b) 계약 상대방의 신체 침해, 프라이버시 침해, 물적 재산권의 침해, 자유의 침해 혹은 그 밖의 다른 이용자를 해하는 유사한 권리의 침해를 야기할 수 있는 공급자 혹은 고객의 행위
3. 제2항은 공급자와 고객 사이의 계약하에서 제공되어야 하는 물품, 서비스 또는 디지털 콘텐츠로부터 이익을 취득하는 타인 또는 이로부터 나오는 위험에 노출되는 타인에게 손해가 발생하는 경우에도 적용된다.

참고자료:

Articles 14 (1), 15 (1) E-Commerce Directive 2000/31/EC; general principles of tort law

수정 전 규정(안):

Article 9 Discussion Draft 2016

해 설

제1항은 플랫폼 운영자에게 위법 행위를 암시하는 사실 또는 상황을 모니터링하거나 적극적으로 찾아내야 할 일반적 의무를 부담시키지 않음으로써 EC 전자상거래지침(E-Commerce Directive 2000/31/EC) 제15조 제1항의 내용에 부합한다. 그러나 EC 전자상거래지침(E-Commerce Directive 2000/31/EC) 제14조의 모델에 따른 특정 사례군에 대해서는 플랫폼 운영자가 조치를 취할 의무를 제2항에서 규정하고 있다.

제2항은 다른 이용자를 해하는 위법행위에 대해 플랫폼 운영자가 신뢰할 수 있는 증거를 취득한 경우 조치를 취할 의무를 부과하고 있다. 그리고 그러한 경우에 해당하면, 플랫폼 운영자가 다른 이용자를 해하지 못하도록 예방할 수 있는 적절한 조치를 취할 의무를 부과시키고 있다 이와 달리 EC 전자상거래지침(E-Commerce Directive 2000/31/EC) 제14조는 어떤 책임을 규정하고 있지는 않다; 해당 규정은 서비스 제공자에

대한 책임면제에 대해서만 규율하고 있다. 이 모델법에서 취하게 된 다른 접근방식은 두 가지 (입법)수단의 차별화된 목적을 분명히 보여 주고 있다. EC 전자상거래지침(E-Commerce Directive 2000/31/EC)은 정보 사회 서비스의 자유로운 활동을 보장하기 위해 서비스 제공자에 대한 장벽의 한계를 설정하고자 하는 반면, 이 모델법은 플랫폼 운영자의 기본적 의무 사항들을 규정하고, 이를 준수하지 않은 경우 가능한 제재를 규정할 것을 목표로 하고 있다.

제3항은 제2항에 따른 의무 위반이 플랫폼 이용자 외에 플랫폼의 도움으로 유통되는 물품, 서비스 또는 디지털 콘텐츠뿐만 아니라 플랫폼과 접촉할 것으로 예상되는 타인도 해할 수 있다는 점을 고려하고 있다. 따라서 제3항은 이러한 자들도 플랫폼 운영자에게 손해배상을 청구할 수 있다고 규정하고 있다. 비계약적 책임의 전통적인 법리에 따라 이러한 타인에 대한 플랫폼 운영자의 책임 확대는 타인이 플랫폼과 이용자 사이 계약의 보호 범위 내에서 또는 일종의 '이웃 원칙(neighbour principle)'이 플랫폼의 행위나 태만에 의한 영향을 가까이서 그리고 직접적으로 받는 자를 특정하고, 그 결과 손해가 예상 가능하였고 플랫폼 운영자의 책임이 정당화될 수 있는 경우로 제한된다.

제9조 이용자에 의해 주어진 오인 정보에 대한 조치의무

1. 플랫폼 운영자는, 다른 법이 달리 규정하고 있지 않는 한, 플랫폼에서 공급자 또는 고객에 의해 게시된 정보를 모니터링할 의무를 부담하지 않는다.
2. 공급자가 자기 자신 또는 자신이 제공하는 물품, 서비스 또는 디지털콘텐츠에 대해 오인정보를 플랫폼에서 게시하였고, 플랫폼 운영자가 이에 대한 고지를 받은 경우, 플랫폼 운영자는, 공급자와의 협력하에, 오인을 유발하는 정보를 수정 및 제거하거나 차단하는 합리적인 조치를 취해야 한다. 또한 플랫폼 운영자는 플랫폼에서 공급자와 계약을 체결하는 과정에 들어갔고, 그러한 오인 유발 정보에 의해 영향을 받을 수 있는 고객에게 합리적이고 상당한 통보 조치를 취해야 한다.

3. 제2항은 고객이 자기 자신에 대해 오인을 유발하는 정보를 게시한 경우에도 준용된다.

참고자료:

Articles 12, 14, 15 E-Commerce Directive 2000/31/EC

해 설

제1항은 EC 전자상거래지침(E-Commerce Directive 2000/31/EC) 제15조 제1항을 계기로 입안되었다. 플랫폼 내 이용자들이 게시한 정보들에 대해 적극적으로 모니터링할 일반적인 의무가 플랫폼 운영자에게 부과되어 있지는 않다. 그러나 예컨대 금지된 부호·기호와 같이 적극적으로 정보를 검토할 것을 플랫폼 운영자에게 요구하는 형법 규정과 같은 국내법상의 원칙은 예외가 될 수 있을 것이다.

EC 전자상거래지침(E-Commerce Directive 2000/31/EC) 제14조 제1항 (b)를 모델로 하는 제2항과 제3항은 조치를 취할 의무를 규정하고 있다. 플랫폼 운영자가 오인정보에 대한 고지를 받은 경우 오인유발 정보를 수정 및 제거하거나 차단하는 합리적 조치가 행해져야 한다. EC 전자상거래지침(E-Commerce Directive 2000/31/EC) 제15조 제1항 (b)에서의 방안을 넓혀서 위 규정들은 정보를 제거하거나 접근을 차단하는 것뿐만 아니라, 오인 콘텐츠를 수정하여 바로잡는 조치에 이르기까지 가능한 조치의 범위를 확대하고 있다. 서로 다른 이용자 집단으로 인한 플랫폼의 3면관계의 결과 플랫폼 운영자는 다른 이용자와의 계약을 체결하는 과정에 들어갔고, 오인 유발 정보에 의해 영향을 받을 수 있는 이용자에게 플랫폼 이용자에게 합리적이고 상당한 통보 조치를 취할 의무를 부담한다.

제2항과 제3항에서의 행위에 대한 고지를 위해 공개적으로 접근할 수 있는 의사소통 수단을 제공하도록 플랫폼에 의무를 부과하는 규율은 이

모델법 제10조에 규정되어 있다.

> **제10조 통지 수단**
> 플랫폼 운영자는 제8조와 제9조에서의 행위에 대한 고지를 위해 공개적으로 접근할 수 있는, 그리고 익명에 기한 고지도 허용하는, 의사소통 수단을 제공해야 한다.

참고자료:

Article 11 (1) P2B Regulation (EU) 2019/1150; Articles 6(1)(c), 21 Consumer Rights Directive 2011/83/EU; CJEU case C-649/17 (Amazon EU); Articles 12, 14, 15 E-Commerce Directive 2000/31/EC

해 설

이 규율은 소비자법 규정, 특히 소비자로 하여금 사업자에게 즉시 연락하고 사업자와 효과적으로 의사소통 할 수 있도록 할 의무를 사업자에게 부과하고 있는 EU 소비자 권리지침(Consumer Rights Directive 2011/83/EU)과 이에 상응하는 유럽사법재판소(CJEU)의 판례를 계기로 마련되었다. 또한 이 규율은 EU P2B 규칙(P2B Regulation (EU) 2019/1150)에 의해서도 계기가 마련되었는데, 즉 이 규칙 하의 모든 의무사항에 있어 플랫폼 운영자가 준수하지 않은 사항이 있는 경우 영업적 이용자에게 이에 대한 불만을 제기할 수 있도록 하는, 쉽게 접근할 수 있는 내부 불만 처리 시스템을 제공할 의무를 플랫폼 운영자에게 부과하는 동 규칙이 고려되었다. 이 모델법 제10조는 플랫폼 운영자로 하여금 어떤 이에 의해 행해진 고지이든 상관없이 이에 대해 대처하도록 요구하고 있는 제8조와 제9조를 완성시키는 규율을 표현하기 위해 이러한 참고 입법례를 이용하고 있다. EU 소비자 권리지침(Consumer Rights Directive 2011/83/EU)과 EU P2B 규칙(P2B Regulation (EU) 2019/1150)과는 달리 이 모델법은 의사소통 수단이 공개적으로 접근가능해야 하고 익명의 고지에 대해서도 허용될 것을 요구하고 있다. EU 소비자 권리지침(Consumer Rights Directive 2011/83/EU)과 이에 상응하는 유럽사법재판소(CJEU) 판례와 유사하게 이 모델법도 플랫폼 운영자에 의해 설치되어야 하는 의사소통 수단의 정확한 특성을 정하고 있지는 않다. 다만 이 규율은 해당 수단이 '접근 가능해야' 함을 요구하고 있고, 이는 필연적으로 즉각적인 연락과 효과적인 의사소통을 가능케 하는 의사소통 수단을 일반공중에게 제공할 것을 플랫폼 운영자에게 요구하고 있다. 그러한 통지를 수령한 후에 플랫폼 운영자는 제8조 및 제9조에 따라서 조치를 위해야 한다.

> **제11조 플랫폼을 통한 의사소통**
> 플랫폼이 고객과 공급자 사이의 계약 체결 또는 이행과 관련하여 고객과 공급자 사이의 의사소통을 위한 수단을 제공하는 경우 플랫폼 운영자는 지체 없이 그러한 연락사항들을 전달해야 한다.

참고자료:

Article 15 Package Travel Directive (EU) 2015/2302

수정 전 규정(안):

Article 7 Discussion Draft 2016

해 설

이 규율은 EU 패키지 여행 지침(Package Travel Directive (EU) 2015/2302) 제15조 제2문의 기본 사상을 일반화한 것이다. 지체 없이 연락사항들을 전달해야 하는 의무는 플랫폼 운영자와 이용자 간의 계약으로부터 기인한다.

> **제12조 플랫폼과 이용자 간 계약의 일방적 변경**
> 1. 플랫폼 운영자는 아래의 요건이 충족된 경우 플랫폼과 이용자 사이의 계약 조

항을 일방적으로 변경할 수 있다.

a) 적어도 변경이 효력을 가지기 1개월 전에 영속적 매체를 통해 이용자에게 변경에 대한 합리적인 고지가 이뤄지고,

b) 변경이 신의성실과 공정거래에 부합할 것

2. 변경이 법의 갑작스런 개정에 의해 요구되거나, 임박한 사이버 보안상의 위험에 대응하기 위한 경우 플랫폼 운영자는 제1항 (a)에 따른 고지기간을 준수할 필요가 없다.
3. 변경의 고지와 함께 이용자는 개정된 계약 조항 및 변경된 사항에 대한 설명의 복사본을 받아야 한다.
4. 계약조항 변경의 경우 플랫폼 이용자는 달리 적용되는 그 어떠한 고지 기간도 준수할 필요 없이 플랫폼과 이용자 사이의 계약을 종료시킬 수 있다.

참고자료:

Article 3 (2)-(4) P2B Regulation (EU) 2019/1150

해 설

제1항은 플랫폼 운영자가 일방적으로 플랫폼 이용자와의 계약 조항을 변경할 수 있는 요건들을 규정하고 있다. 제1항 (a)호에서 규정하고 있는 1개월의 기간은 EU P2B 규칙(P2B Regulation (EU) 2019/1150) 제3조 제2항이 참조되었다. 그러나 EU P2B 규칙(P2B Regulation (EU) 2019/1150)은 변경에 부합하기 위해서 기술적 또는 상업적 조치를 취하는 것을 영업적 이용자에게 허용하는 것이 필요한 경우 연장되어질 '적어도 15일'이라는 고지 기간에 대해서만 규정하고 있다. 제1항 (b)호는 변경이 신의성실과 공정거래에 부합해야 한다는 기본적 요구사항을 추가하고 있다. EU P2B 규칙(P2B Regulation (EU) 2019/1150)은 계약 조항의 일방적 변경에 대한 공정성 검토는 포함하고 있지 않다. 제2항은 EU P2B 규칙(P2B Regulation (EU) 2019/1150) 제3조 제4항이 참조된 고지 기간의 예외를 규정하고 있다. 제3항은 플랫폼과 이용자 간의 계약 변경과 관련하여 투명성을 보장하려는 목표를 가지고 있다. 플랫폼 이용자의 종결권을 부여하고 있는 제4항은 EU P2B 규칙(P2B Regulation (EU) 2019/1150) 제3조 제2

항이 참조된 것이다.

제3장 플랫폼 운영자의 고객에 대한 의무

제13조 플랫폼 역할에 대한 정보 제공의무

플랫폼 운영자는 고객이 플랫폼 운영자가 아니라 공급자와 계약을 체결하는 과정에 들어간다는 점을 가급적 이른 시점에 그리고 공급자와 고객 간 계약이 체결되기 직전에 현저한 방식으로 고지해야 한다.

참고자료:

Article 7 (1) of the Proposal for a Directive on Consumer Rights 2008; Article 6a (1) (b) Consumer Rights Directive (as revised under the New Deal for Consumers 2019)

수정 전 규정(안):

Article 11 (1) Discussion Draft 2016

해 설

제13조는 중개자로서의 자신의 역할에 대해 고지할 플랫폼 운영자의 의무를 규정하고 있다. 해당 정보제공의무는 계약상의 지위에 대한 혼동을 방지하기 위한 것이다. 이러한 정보는 '고객의 여정(customer journey)' 기간 전체에 걸쳐 이용할 수 있어야 한다. 따라서 위 조항은 플랫폼 운영자에게 '가급적 이른 시점에' 그리고 '공급자와 고객 간 계약이 체결되기 직전에' 정보를 제공할 것을 요구하고 있다. 플랫폼 운영자가 이 정보제공의무를 위반하면 고객은 공급자와 고객 간의 계약에 따라 공급자에게 관철할 수 있는 권리 및 구제방안을 플랫폼 운영자에 대해서도 행사할 수 있다(제19조 참조).

제14조 공급자에 대한 정보 제공의무

1. 플랫폼 운영자는 공급자와 고객 사이의 계약이 체결되기 직전에 현저한 방식으로 공급자가 자신의 물품, 서비스 또는 디지털콘텐츠를 사업자로서 제공하는지 여부를 고객에게 고지해야 한다. 공급자가 사업자가 아닌 경우 플랫폼 운영자는 소비자 법이 공급자와 고객 사이의 계약에 적용되지 않는다는 점도 고객에게 고지해야 한다.
2. 플랫폼 운영자는 늦어도 공급자와 고객 사이의 계약이 체결된 직후 공급자의 신원 및 공급자와 고객 사이의 의사소통을 가능하게 해야 한다. 고객의 요구가 있는 경우 플랫폼 운영자는 공급자의 주소를 공개해야 한다.
3. 제1항과 제2항의 목적을 위해서 플랫폼 운영자는, 플랫폼 내 거래와 관련하여 이용할 수 있는 데이터를 기반으로 해당 정보가 잘못된 정보라는 점을 알았거나 알 수 있었을 경우가 아니라면, 공급자가 플랫폼 운영자에게 제공한 정보를 신뢰할 수 있다. 플랫폼 운영자는 사업자가 플랫폼 내에서 비사업자로 나타나는 것을 방지하기 위해 적절한 조치를 취해야 한다.

참고자료:

Article 6a (1) (b) Consumer Rights Directive (as revised under the New Deal for Consumers 2019)

수정 전 규정(안):

Article 11 (2) Discussion Draft 2016

해 설

고객에게 있어서는 자신이 제3의 공급자와 계약을 체결하는 과정에 들어간다는 사실을 인식하는 것만으로 충분하지 않다. 고객들은 제3자가 사업자인지 여부와 소비자 법이 적용되는지 여부도 알 필요가 있다. 따라서 제1항은 제3의 공급자의 지위에 대해서 고객에게 정보를 제공할 것을 플랫폼 운영자에게 요구하고 있다. 이 규정은 EU 소비자 권리지침(New Deal for Consumers 2019 하에 개정된) 제6조a 제1항 (b)가 참고된 것이다. 이에 더하여 제2항은 제3의 공급자의 신원 및 주소에 대한 정보를 고객에게 제공할 것을 플랫폼 운영자에게 요구하고 있다. 다만 그러한 정보는 공급자와 고객 간의 계약 체결 직후에만 요구된다. 플랫폼 운영자는 자신의 중개자로서의 사업 모델을 보호하기 위해 그 시점 이전에 제3자인 공급자의 신원을 공개하지 않을 합법적인 이익을 가질 수 있다. 제3항에 규정된 바와 같이 플랫폼 운영자는 제1항과 제2항의 목적을 위해서 원칙적으로 제3의 공급자가 플랫폼 운영자에게 제공한 정보를 신뢰할 수 있다. 그러나 이는 플랫폼 운영자가 플랫폼 내 거래와 관련하여 이용할 수 있는 데이터를 기반으로 공급자가 제공한 정보가 잘못된 정보라는 점을 알았거나 알 수 있었을 경우에는 적용되지 않는다. 예컨대 제3의 공급자가 자신이 사업자로서 행위하지 않는다고 선언하였는데, 거래 유형 또는 대량의 사용후기의 수가 다른 상황을 암시한다면, 플랫폼 운영자는 고객이 제3자인 공급자의 지위에 대해 오인되지 않도록 보장할 수 있는 적절한 조치를 취해야 한다(예컨대 공급자 스스로 잘못된 정보를 변경하도록 요구하는 것). 이러한 차원에서 제3항은 플랫폼 운영자가 공급자의 자기선언을 신뢰할 것을 아무런 예외 없이 허용하는 EU 소비자권리지침(New Deal for Consumers 2019 하에 개정된) 제6조a 제1항 (b)와는 구분된다. 에서 파생되었다.

제4장 플랫폼 운영자의 공급자에 대한 의무

제15조 공급자에게 정보를 제공할 플랫폼 운영자의 의무

플랫폼과 공급자 사이의 계약이 체결되기 전 플랫폼 운영자는 아래의 사항을 영속적 매체를 통해 공급자에게 고지해야 한다.

a) 공급자는 플랫폼 운영자가 아닌 고객과의 계약하에 물품, 서비스 또는 디지털 콘텐츠를 공급할 것이라는 점
b) 공급자와 플랫폼 사이의 계약을 공급자가 종료할 수 있는 방법
c) 공급자와 플랫폼 사이의 계약을 플랫폼 운영자가 종료할 수 있는 방법
d) 플랫폼 운영자로부터 기인하는 수수료 및 산정방식
e) 플랫폼 운영자가 공급자와 고객 사이의 계약을 위해 제공하는 모든 지불 메커

니즘
f) 공급자와 고객 사이의 의사소통을 매개하는 모든 방법

참고자료:

Article 3 P2B Regulation (EU) 2019/1150; Articles L 111-7 II 2°, D 111-8, D 111-11 Code de la consommation (FR)

수정 전 규정(안):

Article 13 Discussion Draft 2016

해 설

이 규정의 목적은 플랫폼 운영자와의 관계에서 공급자가 가지는 권리와 의무에 대한 중요 정보, 그리고 무엇보다 공급자가 플랫폼 운영자뿐만 아니라 고객과도 계약을 체결하는 것이라는 것을 공급자에게 분명히 밝히기 위한 목적을 가지고 있다.

EU P2B 규칙(P2B Regulation (EU) 2019/1150), 특히 이 규칙의 제3조가 상당히 유사한 목표를 달성하기 위해 다른 방법을 사용하고 있는데, 플랫폼 운영자의 계약 조항들이 명확하고 이해하기 쉬운 언어로, 쉽게 이용가능하고 특정 주제를 포함하여 작성될 것을 요구하고 있다. 이 모델법은 플랫폼 운영자가 공급자에게 제공할 정보의 리스트를 규정하고 있는 프랑스 입법자의 입법기술에 영향을 받았다. 나아가 이 모델법 제3조는 제공되어야 할 정보가 명확해야 하고, 기계에 의해 판독 가능한 형식으로 이해하기 쉽게 작성되어야 한다는 점을 규정하고 있다.

제16조 고객에 대한 정보제공을 위해 설비·기능을 제공할 의무

1. 플랫폼 운영자는 고객에 대한 공급자의 정보제공의무 이행을 위한 기능을 공급자에게 제공해야 한다.
2. 플랫폼과 공급자 사이의 계약이 공급자가 공급자와 고객 사이의 계약을 위한

약관 조항의 사용을 배제하지 않는다면, 플랫폼 운영자는 이 계약 조항들이 포함되는 것을 허용하는 기능을 제공해야 한다.

참고자료:

Article D 111-9° Code de la consommation (FR)

수정 전 규정(안):

Article 14 Discussion Draft 2016

해 설

제1항은 특히 공급자와 고객 간의 계약이 소비자계약에 해당하는 경우 공급자가 고객에 대해 상당한 정보 제공의무를 부담한다는 것을 고려하고 있다. 많은 경우에 있어 공급자는 플랫폼을 통해 필요 정보를 제공하는 것 외에 다른 방도를 가지고 있지 않다. 따라서 이 규정은 공급자가 필요한 정보를 게재하고 이를 고객에게 이용 가능하도록 하기 위한 충분한 설비 내지 기능을 공급자에게 제공하는 방식으로 플랫폼을 디자인할 의무를 플랫폼 운영자에게 부담시키고 있다. 이 규정은 프랑스 입법상 모델에 영향을 받은 것이다. 하지만 프랑스법상 규정은 소비자 계약이 체결되는 플랫폼에만 적용된다. 이 모델법에서는 계약 체결 전 정보를 제공할 요구사항은 비소비자계약에 대해서도 적용될 수 있기 때문에 이러한 사고가 모든 플랫폼으로 확대되었다.

제2항은 제1항에 표현된 원칙을 공급자의 약관에 매개하고 있다. 플랫폼 운영자가 공급자로 하여금 자신만의 약관을 사용할 것을 허용하고 있다면, 공급자의 약관이 국내법 적용 하에 공급자와 고객 간의 계약으로 편입될 수 있도록 플랫폼을 디자인해야 한다. 그러한 국내법 규율들은 대체로 공급자가 약관을 명백히 밝히고, 고객에게 약관의 내용을 인지할 수 있는 합리적 기회를 제공할 것을 요구한다. 따라서 플랫폼 운영

자가 공급자에게 shop 설정이나 '판매자 상세정보' 페이지에서 약관을 볼 수 있는 방법을 제공하는 경우 충분하지 않다. 이에 플랫폼 운영자는 공급자가 자신의 약관을 명시할 수 있는 기능을 제공해야 한다.

제17조 종 료

1. 플랫폼과 공급자 사이의 계약에 있어 어느 한 당사자는 타방 당사자에 대한 고지를 통해 계약 관계를 종료시킬 수 있다. 플랫폼 운영자에 대한 고지기간은 계약관계가 존속되는 첫해의 경우 30일 이상이고, 두 번째 해의 경우 60일 이상이며, 세 번째 해 및 계약관계가 지속되는 그 이후의 연도의 경우 90일 이상이다. 플랫폼과 공급자 사이의 계약이 공급자에 대해 더 장기간의 고지 기간을 정하고 있다면, 그 장기의 기간이 플랫폼에 의해 행해지는 고지에 대해서도 적용된다. 이것이 유효하기 위해서는 그러한 더 긴 고지기간이 적절해야 한다.
2. 불가피한 사유가 있는 경우 일방 당사자가 즉시 계약 관계를 종료시킬 수 있다.
3. 제1항 또는 제2항에서의 고지는 종료 사유를 구체적으로 표명해야 한다.

참고자료:

Article 4 (2)-(5) P2B Regulation (EU) 2019/1150; Article 15 (2)-(4) Commercial Agents Directive 86/653/EEC

해 설

이 조항은 플랫폼과 공급자 간 계약의 통상적 종료와 특별 종료를 규정하고 있다. 제1항은 통상적 종료와 관련되어 있다. 30일의 고지기간을 규정하고 있는 EU P2B 규칙(P2B Regulation (EU) 2019/1150)과 달리 위 조항은 EEC 상사대리인 지침(Commercial Agents Directive 86/653/EEC) 제15조에 영향을 받아 고지기간의 단계적 모델을 취하고 있다. 제2항은 불가피한 사유에 대한 특별 종료와 관련된다. 이 모델법은 어떤 경우에 그러한 특별 종료가 정당화되는지를 정하고 있지는 않다. 일반 계약법상 적용 가능한 규율이 이를 고려하고 있음이 전제되어 있다. 통상적 종료뿐만 아니라 특별 종료에 대해서도 적용되는 제3항에 따라서 종료 고지는 종료 사유를 구체적으로 표명하고 있어야 한다. 통상적 종료의 경우에는 이러한 '의사소통 의무'의 주된 기능이 종료 결정의 사실적 기반과 관련한 오인사항들을 당사자들에게 분명히 할 것을 가능케 함에 있다.

제18조 제한 및 중단

1. 플랫폼 운영자는 공급자에게 고지함으로써 공급자에 대한 서비스 제공을 중단하거나 공급자에 의해 제공되는 물품 또는 서비스 또는 디지털콘텐츠의 특정한 범위를 제한할 수 있다. 고지는 제한 또는 중단 사유를 구체적으로 표명해야 한다.
2. 제1항에 따른 제한 또는 중단이 플랫폼과 공급자 간 계약의 종료와 유사한 효과를 가지는 경우에는 제17조가 준용된다.

참고자료:

Article 4 (1) P2B Regulation (EU) 2019/1150

해 설

이 규정은 공급자에게 중대한 상업적 결과를 야기하는 계정의 제한 및 중단과 같은 플랫폼에 의해 빈번히 이용되는 조치에 대한 규율을 시도하고 있다. 제1항은 공급자에 대한 그러한 조치를 고지하고 제한 또는 중단의 사유를 구체적으로 표명할 것을 플랫폼 운영자에게 요구하고 있다. 이러한 '의사소통 의무'의 주된 기능은 플랫폼 운영자의 결정에 대한 사실적 기반과 관련하여 오인사항들을 당사자들에게 분명히 밝히는 것을 가능하게 함에 있다(제17조 제3항 참조). 이는 당사자들 간의 원만한 해결을 가능하게 할 것이다.

제5장 책 임

제19조 투명성 결여에 대한 플랫폼 운영자의 책임

제13조가 위반된 경우 고객은 공급자와 고객 사이의 계약에 있어 공급자에게 행

사할 수 있는 권리 구제수단을 플랫폼 운영자에게도 행사할 수 있다.

참고자료:

Article 13 (1) Package Travel Directive (EU) 2015/2302; CJEU case C-149/15 (Wathelet)

해 설

이 조항은 제3자와의 관계에 있어 고객에게 구제수단을 규정함에 EU 패키지 여행 지침(Package Travel Directive (EU) 2015/2302) 제13조 제1항과 부분적으로 일치한다. 그러나 (제3자로서의) 플랫폼 운영자가 공급자와 고객 간 계약의 일부가 되는 것은 아니다. EU 패키지 여행 지침에서와 달리 플랫폼 운영자가 자신의 정보제공의무를 이행하지 않았다는 사실에 의해 책임이 정당화된다. 예컨대 플랫폼 운영자가 상품의 소유자라고 소비자로 하여금 믿게 만드는 것과 같이 판매가 실현되는 조건과 관련하여 소비자가 쉽게 오인할 수 있는 특정 상황에서는 중개자에게 책임이 부과될 수 있음을 EU 사법재판소의 CJEU case C-149/15 (Wathelet) 판례가 보여 주고 있다.

제20조 지배적 영향력을 행사하는 플랫폼 운영자의 책임

1. 플랫폼 운영자가 공급자에게 지배적 영향력을 행사하고 있다고 고객이 합리적으로 신뢰할 수 있는 경우 고객은 공급자와 고객 사이의 계약의 불이행에 대해 공급자에게 행사할 수 있는 권리와 구제수단을 플랫폼 운영자에게도 행사할 수 있다.
2. 플랫폼 운영자가 공급자에게 지배적 영향력을 행사하고 있다고 고객이 합리적으로 신뢰할 수 있는지를 판단함에 있어서 특히 다음 각 호의 평가기준이 고려될 수 있다.
   a) 공급자와 고객 사이의 계약이 오로지 플랫폼에 의하여 제공되는 기능을 통해서만 체결되는지 여부
   b) 플랫폼 운영자가 공급자와 고객 사이의 계약 체결 이후에까지 공급자의 신

원과 세부 연락처를 유보하는지 여부
c) 플랫폼 운영자가 고객이 공급자에게 지불한 대금을 플랫폼 운영자가 유보할 수 있는 결제 시스템만을 사용하는지 여부
d) 공급자와 고객 사이의 계약조건이 근본적으로 플랫폼 운영자에 의하여 결정되는지 여부
e) 고객이 지불할 대금액이 플랫폼 운영자에 의하여 결정되는지 여부
f) 마케팅이 공급자가 아닌 플랫폼에 초점을 맞추고 있는지 여부
g) 플랫폼 운영자가 공급자의 행위를 모니터링하고 법의 요구사항을 넘어서는 기준의 준수를 집행할 것을 약정하였는지 여부

참고자료:

Article 13 (1) Package Travel Directive (EU) 2015/2302; CJEU case C-320/16 (Uber France); CJEU case C-149/15 (Wathelet); Oberdorf v Amazon, Third Circuit Court of Appeals, No 18-1041, 7/3/19 (USA); § 311 (3) BGB (DE).

수정 전 규정(안):

Article 18 Discussion Draft 2016

해 설

이 조항은 다양한 참고자료들에 의해 영향을 받았다. 이 책임은 공급자에 대한 플랫폼의 지배적 영향력에 대한 고객의 신뢰를 기반으로 한다. 플랫폼의 서비스를 중립적으로 순전히 기술적 그리고 자동적 기능으로 제한하는 것 대신에 플랫폼 운영자는 오히려 고객과 공급자 간의 계약에 대해 적극적인 방식으로 행위한다. EU 사법재판소 판례에 따라 공급자의 책임이 중개자에게 부과되는 것이 가능할 것이다. Oberdorf v. Amazon, Third Circuit Court of Appeals, No. 18-1041, 7/3/19 (USA) 판례에서 법원은 상품이 제3의 공급자에 의해 제공되고 배송되었다 할지라도 Amazon이 자신의 시장 내 판매에 대해 주법에 따라 책임이 부

과될 수 있는 상품의 판매자임을 강조하였다. 법원은 Amazon의 거래에 대한 관여가 단순한 편집 기능을 넘어서 확대되고 있다는 점을 확인하였다; Amazon은 실제 판매 프로세스에 있어 상당한 역할을 담당하고 있다. 자신 스스로 계약의 당사자가 되고자 하지 않았던 자의 의무에 대한 국내법상의 원칙들도 존재한다. 계약 체결 전 교섭에 있어 청구에 대해 특별히 상당한 정도의 신뢰를 제공한 중개자에게 책임을 부과하는 독일민법 제311조 제3항이 하나의 예시에 해당한다. 그러나 제20조의 경우 플랫폼 운영자에게 공급자와 고객 간의 계약 불이행에 대한 책임을 부과하고 있기 때문에 제20조에서 규정되는 제재는 독일민법 제311조 제3항에 의해 규정되는 것을 넘어선다.

제1항은 이러한 사고를 플랫폼에 매개하고 있다. 제2항에서는 플랫폼 운영자의 지배적 역할을 평가할 때 고려되어야 할 몇몇 중요 기준들이 주어져 있다. 그러나 이는 기계적으로 적용될 수 있는 기준들의 완결적 체크 리스트가 아니다. 이 기준들은 단지 예시들이고 개별 사례 판단의 일부에 불과하다. 기준들이 많이 충족되면 되었을수록 지배적 영향력이 더 분명했던 것이 된다. 그러나 종국적으로 법원이(또는 대체적 분쟁해결 절차에 있어 중립적 평가자가) 지배적 영향력이 있었는지를 개별 사안에 따라서 판단해야 한다.

제21조 플랫폼 운영자에 대한 권리 및 구제 행사

1. 제19조 또는 제20조 제1항을 적용하는 경우, 소비자인 고객은 공급자가 사업자인지에 관계없이 공급자가 사업자인 경우 공급자에 대해 행사할 수 있는 모든 권리와 구제수단을 플랫폼 운영자에 대해 행사할 수 있다.
2. 제19조 또는 제20조 제1항을 적용하는 경우, 해당 법률에 따라 고객이 구제행위를 하기 위하여 공급자에게 통지할 필요가 있는 경우, 공급자에의 통지는 플랫폼 운영자와 관련하여 같은 효력을 가진다.

참고자료:

CJEU case C-149/15 (Wathelet)

해 설

제1항은 고객이 소비자이지만 공급자가 사업자가 아닌 상황을 다룬다. 공급자-고객 계약에 대해서는 소비자법이 적용되지 않는 것이 분명하다. 제1항은 이 규칙 제1조 또는 제20조 제1항에 따른 공급자의 불이행에 대하여 플랫폼 운영자가 소비자에게 책임을 지는 경우 플랫폼 운영자와 소비자 사이의 법률관계에 소비자법을 적용하도록 하는 것을 목적으로 한다. 그 결과 고객은 공급자에 대한 구제수단(소비자법이 적용되지 않는 경우)과 플랫폼 운영자에 대한 구제수단(소비자법이 적용되는 경우)을 행사할 수 있는 권리가 있다. 이 규칙의 근본적인 생각은 위에서 언급된 CJEU 사례에서 영감을 받았다.

제2항은 처음에는 고객이 공급자만을 상대로 이의를 제기했다가 나중에 플랫폼 운영자를 상대로도 구제수단을 행사하기로 한 경우를 대상으로 작성했다. 이러한 상황에서 고객의 구제수단은 이미 만료되었을 수 있는 재화, 서비스 또는 디지털 콘텐츠의 부적합으로 인한 종료와 같은 통지 또는 마감일에 따라 달라질 수 있다. 제2항의 규칙은 공급자에게 통보하여 정식으로 통지(또는 계약 해지)한 고객이 플랫폼 운영자에게도 통지한 것처럼 취급되도록 한다.

제22조 플랫폼 운영자에 의한 오해의 소지가 있는 진술

플랫폼 운영자가 공급자 또는 고객, 공급자가 제공하는 재화, 서비스 또는 디지털 콘텐츠 또는 공급자-고객 계약의 다른 조건에 대해 잘못된 진술을 한 때에는, 플랫폼 운영자는 이러한 잘못된 정보로 고객이나 공급자에게 발생한 손해에 대하여 책임을 진다.

참고자료:

Article 11a Unfair Commercial Practices Directive (as revised under the New Deal for Consumers 2019)

수정 전 규정(안):

Article 19 Discussion Draft 2016

해 설

이 규칙은 무엇보다도, 잘못된 정보를 주는 것과 같은 불공정한 상업관행으로 피해를 입은 소비자들이 손해배상을 포함한 비례적이고 효과적인 구제수단을 이용할 수 있도록 회원국에게 승인의무를 부과한 불공정 상관행지침 제11a조(2019 소비자를 위한 뉴딜에 의하여 개정)에서 영감을 받았다. 이 규칙의 목적은 플랫폼 운영자가 자신의 플랫폼에서 사용할 수 있는 상품, 서비스 또는 디지털 콘텐츠의 품질에 대해 자신의 오해 소지가 있는 진술을 하는 것에 대해 제재하는 것이다. 공급자가 플랫폼에서 제공하는 상품, 서비스 또는 디지털 콘텐츠와 관련하여 플랫폼 운영자가 정보를 게시하면 이 정보는 정확하다는 기대가 발생한다. 그러나 정보가 오도될 경우, 플랫폼 운영자의 책임은 정당화된다. 이것은 플랫폼 운영자들이 플랫폼에서 제공되는 상품, 서비스, 디지털 콘텐츠, 그리고 플랫폼 이용자들에 대한 그들의 진술을 주의 깊게 검토하도록 하는 동기를 만든다. 이는 또한 플랫폼 운영자가 제공하는 정보의 신뢰성을 향상하고 플랫폼에 대한 이용자의 신뢰도를 높인다.

제23조 보 증

플랫폼 운영자는 공급자나 고객 또는 공급자가 제공하는 상품, 서비스 또는 디지털 콘텐츠에 대해 주는 보증에 책임을 진다.

참고자료:

Article 2 No 12, Article 17 Directive (EU) 2019/771 on contracts for the sale of goods

수정 전 규정(안):

Article 20 Discussion Draft 2016

해 설

이 규칙은 무엇보다도 물품매매계약에 관한 새로운 지침 (EU) 2019/771의 상업적 보증에 관한 조항에서 영감을 받았다. 이 조항들의 이면에 있는 생각은 어떤 (상업적) 보증도 보증서에 명시된 조건에 따라 보증인에게 구속력을 갖게 된다는 것이다. 이 맥락에서 보증은 공급자 또는 고객, 또는 상품, 서비스 또는 디지털 콘텐츠에 대한 특약 내지 보증서에 다른 요건이 설정되어 있지 않은 한 공급자-고객 계약에 따른 공급자의 의무에 더하여 플랫폼 운영자는 플랫폼 이용자에게 어떤 방식으로든 보상을 제공하는 것을 의미한다. 물품매매계약에 관한 지침 (EU) 2019/771과 달리, 본 모델규칙은 이용자가 소비자인지 아닌지에 관계없이 플랫폼 운영자가 제공하는 모든 보증에 적용된다.

제24조 기타 의무 위반에 따른 책임

플랫폼 운영자는 제3조, 제4조, 제5조, 제7조, 제9조 제2항 및 제3항, 제10조, 제11조, 제14조, 제15조, 제16조, 제17조, 제18조 위반으로 플랫폼 이용자에게 발생한 손해를 배상할 책임이 있다.

참고자료:

Article 11a Unfair Commercial Practices Directive (as revised under the New Deal for Consumers 2019)

해 설

이 규정은 무엇보다 새로 입법된 불공정 상관행지침(소비자를 위한 2019 뉴딜에 의하여 개정) 제11a조의 영향을 받은 규정이다. 이 지침상의 규정은 불공정 상관행으로 인하여 피해를 본 소비자에게 회원국이 손해배상을 포함하는 적절하고 효과적인 구제수단을 제공할 의무를 규정하고 있다. 이 모델 규칙은 의무 규정이 그 효력을 담보받기 위하여 그 위반에 모종의 제재수단이 규정되어 있어야 한다는 통상적인 일반원칙에 근거하고 있다. 만약 별도의 제재수단이 규정되어 있지 않다면(예컨대 제8조, 제19조, 제20조), 이 모델 규칙은 규정된 의무의 위반 시 플랫폼 운영자에 대하여 의무위반에 따른 손해배상을 청구할 수 있도록 규정하였다. 물론 이 모델 규칙은 손해배상청구의 일반적 요건 및 손해의 계산 방법에 대하여 규정하고 있지는 않다. 일반 계약법의 관련 규정이 이에 적용될 수 있다.

제6장 구 상

제25조 구상권

1. 다음과 같은 사유로 제19조, 제20조에 따라서 고객에게 책임을 지게 된 플랫폼 운영자는 공급자에게 구상을 받을 권리가 있다.
   a) 공급자에 의한 오인성 있는 진술
   b) 공급자와 고객 간의 계약상 급부를 공급자가 이행하지 못한 경우
2. 플랫폼 운영자의 오인성 있는 진술로 고객에게 책임을 지게 된 공급자는 플랫폼 운영자에게 구상을 받을 권리가 있다.

참고자료:

Article 20 Digital Content Directive (EU) 2019/770; Article 18 Directive (EU) 2019/771 on contracts for the sale of goods

수정 전 규정(안):

Article 22 Discussion Draft 2016

해 설

이 규정은 타인의 행위(또는 위험)로 책임을 지게 된 사람은 그 사람에게 구상을 청구할 수 있다는 일반원칙을 규정한 것이다. 이 원칙은 특히 디지털 콘텐츠 지침 (EU) 2019/770 및 상품매매계약에 관한 지침 (EU) 2019/771에도 규정되어 있으며, 이 모델 규칙에서는 규칙의 취지에 맞추어 수정된 형태로 규정되었다. 이 조항은 두 개의 항으로 구성되어 있으며, 각 항은 가장 발생 가능성이 높은 두 가지 경우를 전제로 만들어졌다. 우선, 플랫폼 운영자가 공급자에게 구상을 청구하는 경우이며, 다음으로는 공급자가 플랫폼 운영자에게 구상을 청구하는 경우이다.

제7장 종결규정

제26조 강행규정

계약의 당사자는 이 규정과 달리 약정하거나 그 효과를 변경하여 플랫폼 이용자에게 불리하게 약정할 수 없다.

참고자료:

Article 6 (1) Unfair Contract Terms Directive 93/13/EEC; Article 7 Consumer Sales Directive 1999/44/EC; Article 11 (1), (2) E-Commerce Directive 2000/31/EC; P2B Regulation (EU) 2019/1150; Article 38 Payment Services Directive (EU) 2015/2366

해 설

이 광범위한 규칙은 모델 규칙의 강행적 성격을 잘 보여 주며, 플랫폼 이용자에게 불리하지 않도록 그 면제가 불가함을 보여 준다. 이 규칙은 유럽연합 소비자법의 영향을 받았지만, 소비자가 관여한 관계에서만 강행성을 부여하는 소비자법의 제한을 넘어서고 있다.

이 규칙이 플랫폼과 상인인 공급자 간의 계약관계에도 강행적으로 적용된다는 점은 사업자 간의 관계에도 강행적 규정을 두고 있는 P2B 규정 (EU) 2019/1150의 영향을 받은 것이다. 사업자 간의 계약관계에 강행적 규정을 두고 있는 다른 예로는 지급서비스지침 (EU) 2015/2366을 들 수 있다. 이 지침 제38조 제2항은 회원국이 소규모 사업자를 소비자처럼 보호하는 것을 허용하고 있다.

제27조 제3자 불만제기절차

플랫폼 운영자는 플랫폼 이용자에 의하여 야기된 불편이나 손해에 대하여 합리적 불만을 제기할 수 있는 무상의 공개적으로 접근할 수 있는 불만제기절차를 제공해야 한다. 이러한 불만이 제기되면 플랫폼 운영자는 장래의 불편이나 손해를 방지하기 위하여 합리적이고 비례적인 조치를 취해야 한다.

참고자료:

Article 11 P2B Regulation (EU) 2019/1150; Articles 6(1)(c), 21 Consumer Rights Directive 2011/83/EU; CJEU case C-649/17 (Amazon EU)

해 설

이 규칙은 제3자가 플랫폼 이용자에 의하여 야기된 불편이나 손해에 대한 불만을 플랫폼 운영자에게 제공할 수 있도록 허용하고 있다. 이러한 불만절차는 플랫폼 운영자가 제3자의 장래 손해를 예방할 수 있도록 하고, 플랫폼 이용자가 아닌 자들의 보호수준도 높여 준다. 플랫폼 이용자의 불만을 처리하는 절차를 마련하도록 한 P2B 규정 (EU) 2019/1150 제11조와 달리, 이 조항은 제3자의 불만 제기가 가능한 절차를 요구하고 있다. 이러한 불만처리절차는 공개적으로 접근이 가능해야 한다. 이 요건을 평가할 때는 인터넷 쇼핑몰에 관한 유럽연합법원(CJEU)의 소비자 접근성 판결을 고려하여 판단해야 한다. 결과적으로 플랫폼 운영자가 불만 제기자와 신속하게 연락할 수 있고 효율적으로 의사소통을 할 수 있다면 이 불만처리절차가 '접근 가능한' 것으로 간주된다.

제28조 적용법률

1. 이 모델 규칙을 채택한 회원국에 상거소를 두고 있는 공급자와 고객에게 제1조에서 정의된 서비스를 제공하는 플랫폼에게 이 규칙 제3조부터 제11조, 제27조가 적용된다.
2. 이 모델 규칙을 채택한 회원국의 법률로 규율되는 플랫폼과 고객 간의 계약 및 플랫폼과 공급자 간의 계약에 제12조 및 제3장부터 제5장의 규정이 적용된다.
3. 국제사법이 법정대위나 복수채무자의 문제에서 이 모델 규칙을 수용한 회원국의 법률을 적용하도록 정한 경우에 제6장의 규정이 플랫폼과 고객 간의 계약 및 플랫폼과 공급자 간의 계약에 적용된다.

참고자료:

Article 1 (2) P2B Regulation (EU) 2019/1150; Articles 3, 4, 6, 15, 16 Rome I Regulation (EC) 593/2008; Article 12 Rome II Regulation (EC) 864/2007

수정 전 규정(안):

Article 24 Discussion Draft 2016

해 설

대부분의 온라인 플랫폼은 섭외적 거래를 한다. 플랫폼 운영자, 공급자, 그리고 고객은 다른 국가에 소재하는 경우가 많다. 제28조는 이 모델규칙의 국제적 적용범위를 다루고 있다.

제2장의 일반 규정 대부분은 계약의 유형에 관계없이 플랫폼의 설계방식을 규정하고 있다. 또한 계약을 필수적으로 전제하지 않은 책임에 대해서도 규정하고 있다. 제1항은 제1조에서 정의된 서비스가 모델 규칙을 채택한 회원국에 상거소를 두고 있는 공급자와 고객에게 제공되는

경우 이 규칙을 적용하도록 하고 있다. 이와 같이 상당히 광범위한 조항은 P2B 규정 (EU) 2019/1150 제1조 제2항에 근거하고 있다.

제2항 및 제3항은 계약에서, 특히 공급자와 고객 간의 계약, 플랫폼과 공급자 간의 계약, 그리고 플랫폼과 고객 간의 계약에서 국제사법의 원칙을 따르도록 하고 있다. 로마 제 I 규정 (EC) 593/200 제3조는 소비자 보호를 위한 제6조의 특별한 제한을 제외하면 당사자가 준거법을 선택할 수 있도록 하고 있다. 로마 제 I 규정 (EC) 593/200 제4조는 대체규정으로 준거법 합의가 없는 경우 적용되는 규칙을 정하고 있다. 이에 의하면 공급자와 고객 간의 계약은 제6조의 소비자 상거소지 법이 적용되지 않는 한, 공급자의 상거소지 법이 제4조 제1항에 의하여 대부분 적용되게 된다. 플랫폼과 공급자 간의 계약과 플랫폼과 고객 간의 계약에서는 준거법 선택이 없다면 플랫폼 운영자가 제4조 제1항에서 정하는 '주된 급부'를 제공하고 제6조의 소비자를 위한 예외에 해당하지 않는 한 플랫폼 운영자의 상거소지 법이 적용될 것이다. 로마 제 II 규정 (EC) 864/2007 제12조 제1항에 의하면 계약체결 전 단계의 의무 역시 동일한 준거법에 근거하여 규율될 것이다.

본 모델 규칙 제28조 제2항은 계약에 관한 이러한 국제사법의 원칙에 기초하고 있으며, 이 규칙이 계약에 관한 적용법규가 될 때마다 이 모델 규칙에 의하도록 규정하였다. 제3항은 법정대위 및 복수의 채무자에 관한 사건에 로마 제 I 규정 (EC) 593/2008 제15조, 제16조와 유사한 규율방식을 적용하고 있다.

플랫폼 운영자가 상거소를 두고 있는 회원국의 법률이 플랫폼과 공급자 간의 계약에 또는 플랫폼과 고객 간의 계약에 준거법 선택을 통해 또는 법률에 의해 적용될 수 있다. 이를 통해 양 당사자 모두에게 효력을 갖는 계약에서, 발생할 수 있는 잠재적 분쟁을 줄일 수 있을 것이다. 그러나 플랫폼 운영자가 각 국가에서 영업상 다른 플랫폼을 사용하는 경우라면, 준거법 결정에 관한 분쟁은 공급자나 고객이 아닌 플랫폼 운영자가 감내해야 할 위험이라 할 것이다.

〈2016년 토론안과 온라인 플랫폼 모델법의 비교〉

온라인 중개 플랫폼에 관한 지침 토론안	온라인 플랫폼 모델법
제1장 범위와 정의	**제1장 범위와 정의**
제1조 적용범위 1. 이 지침은 온라인 중개 플랫폼(online intermediary platform)을 통하여 상품, 서비스 또는 디지털 콘텐츠의 제공을 목적으로 공급자와 고객 사이에 계약이 체결되는 경우에 적용된다. 2. 이 지침은 다음 각 호의 경우에는 적용되지 않는다. (a) 공공기관에 의하여 운용되는 플랫폼 (b) 공급자와 고객 사이 금융서비스 제공계약이 체결되는 플랫폼 (c) [다른 예외] 3. 이 지침에서 일반적인 계약법 측면을 별도로 규정하지 않는 한, 이 지침은 각 회원국의 일반계약법, 예컨대 계약의 성립, 유효성, 위법성 또는 효력 규정에 영향을 미치지 않는다.	제1조 목적과 적용범위 1. 본 모델규칙은 플랫폼 운영자와 플랫폼 이용자의 관계가 공정하고 투명할 수 있도록 일련의 규칙을 제공하는 것을 목적으로 한다. 본 모델규칙은 회원국의 입법자, 유럽연합의 입법자, 국제기구의 입법자에게 입법방향을 제시할 뿐만 아니라 자율규제와 규제제도의 표준화에도 규율방향에 대한 영감을 제공할 수 있다. 2. 본 규칙은 다음과 같은 플랫폼에 적용된다. a) 고객이 플랫폼 운영자에 의해 통제되는 디지털 환경 내에서 공급자의 상품, 서비스 또는 디지털 콘텐츠의 공급에 관한 계약을 체결할 수 있도록 하는 플랫폼 b) 고객이 공급자를 검색하여 플랫폼 밖에서 계약을 체결할 수 있도록 검색기능을 제공하는 플랫폼 운영자에 의하여 통제되는 디지털 환경에 공급자가 광고를 할 수 있도록 하는 플랫폼 c) 관련 상품, 서비스 또는 디지털 콘텐츠의 공급자를 찾고 이 공급자의 웹사이트로 유도하거나 연락처를 제공하기 위한 비교정보나 조언을 고객에게 제공하는 플랫폼

온라인 중개 플랫폼에 관한 지침 토론안	온라인 플랫폼 모델법
	d) 플랫폼 이용자가 사용후기 시스템을 통해 공급업체, 고객, 공급업체가 제공하는 상품, 서비스 또는 디지털 콘텐츠에 대한 사용후기를 작성할 수 있도록 하는 플랫폼 3. 본 규칙은 공권력을 행사하여 작동되는 플랫폼에는 적용되지 않는다. 4. 보험을 포함하는 금융서비스, 또는 패키지여행 및 결합여행상품과 같은 특수 분야에 대한 규정은 이 규칙과 다른 한 우선하여 적용된다.
제2조 개념정의 본 지침에서 (a) '온라인 중개 플랫폼'이라고 함은 인터넷 또는 유사한 디지털 수단을 통해 접속하여 고객이 상품, 서비스 또는 디지털 콘텐츠를 제공하는 공급자와 계약을 체결할 수 있도록 하는 정보사회서비스를 말한다. 그러나 관련 공급자를 검색하고 고객에게 그 공급자의 웹사이트나 연락처를 알려주는 서비스는 포함되지 않는다. (b) '플랫폼 운영자(platform operator)'라 함은 온라인 중개 플랫폼을 운영하는 사업자를 말한다. (c) '고객(customer)'이라 함은 자연인 또는 법인으로서 온라인 중개 플랫폼을 이용하여 상품, 서비스 또는 디지털 콘텐츠를 제공받는 자를 말한다. (d) '공급자(supplier)'라 함은 자연인 또는 법인으로서 온라인 중개 플랫폼을 이용하여 상품, 서비스 또는 디지털 콘텐츠를 고객에게 판매하는	**제2조 개념정의** 본 규정에서, a) '플랫폼'이란 제1조 제2항에서 정하고 있는 하나 또는 그 이상의 서비스를 제공하는 정보사회서비스를 말한다. b) '플랫폼 운영자'란 플랫폼을 운영하는 사업자를 말한다. c) '고객'이란 플랫폼을 이용하여 상품, 서비스 또는 디지털 콘텐츠를 검색하거나 제공받기 위하여 플랫폼을 이용하는 자연인 또는 법인을 말한다. d) '공급자'란 상품, 서비스 또는 디지털 콘텐츠를 고객에게 판매하기 위하여 플랫폼을 이용하거나, 또는 플랫폼에 의하여 고객에게 제안된 자연인 또는 법인을 말한다. e) '공급자와 고객 간의 계약'이란 금전이거나 다른 반대급부를 대가로 또는 정보와 교환하여 공급자가 고객에게 상품, 서비스 또는 디지털 콘텐츠를 제공하기로 하는 계약을 말한다. f) '플랫폼과 고객 간의 계약'이란 플랫

온라인 중개 플랫폼에 관한 지침 토론안	온라인 플랫폼 모델법
자를 말한다. (e) '공급자와 고객 사이의 계약'이라고 함은 금전을 [선택: 또는 개인정보 등 그 밖의 반대급부를] 대가로 상품을 배송하거나 서비스 혹은 디지털 콘텐츠를 고객에게 제공하는 계약을 말한다. (f) '플랫폼과 고객 사이의 계약'이라고 함은 온라인 중개 플랫폼을 이용하는 것을 목적으로 플랫폼 운영자와 고객 사이에 체결되는 계약을 말한다. (g) '플랫폼과 공급자 사이의 계약'이라고 함은 온라인 중개 플랫폼을 이용하는 것을 목적으로 플랫폼 운영자와 공급자 사이에 체결되는 계약을 말한다. (h) '소비자'라고 함은 이 지침이 적용되는 계약 중, 자신의 거래, 사업, 수공업 또는 직업 외의 목적으로 행위를 하는 모든 자연인을 말한다. (i) '사업자'라고 함은 사적 소유 내지 공적 소유의 여부와 상관없이, 본 지침이 적용되는 계약 중 자신의 거래, 사업, 수공업 또는 직업과 관련된 목적으로 행위를 하는 모든 자연인 혹은 법인을 말한다. (j) '플랫폼 이용자'는 온라인 중개 플랫폼을 이용하는 공급자 또는 고객을 말한다. (k) '사용후기 작성시스템(reputational feedback system)'이라고 함은 공급자, 고객, 상품, 서비스 또는 디지털 콘텐츠의 등급을 매기거나 사용후기	폼 이용을 목적으로 플랫폼 운영자와 고객 사이에 체결된 계약을 말한다. g) '플랫폼과 공급자 간의 계약'이란 플랫폼 이용을 목적으로 플랫폼 운영자와 공급자 사이에 체결된 계약을 말한다. h) '소비자'란 이 규칙이 적용되는 계약에서 거래, 사업, 공예 또는 직업 외의 목적으로 행동하는 모든 자연인을 말한다. i) '사업자'란 본 규칙이 적용되는 계약에서 거래, 사업, 공예 또는 직업과 관련된 목적으로 행동하는 모든 자연인 또는 사적 주체인지 공적 주체인지를 불문하는 법인을 말한다. j) '플랫폼 이용자'라 함은 공급자, 고객 또는 사용후기를 작성한 자를 말한다. k) '사용후기 시스템'이란 공급자, 고객, 상품, 서비스 또는 디지털 콘텐츠에 관한 후기를 수집하거나 제공하는 모든 수단을 말한다.

온라인 중개 플랫폼에 관한 지침 토론안	온라인 플랫폼 모델법
를 작성하는 모든 수단을 말한다.	
제3조 조화의 수준 회원국은 자국의 법령에 이 지침의 규정과 다른 규정을 유지하거나 도입하지 못하며, 엄격하거나 엄격하지 않은 규정으로 인하여 공급자와 고객에게 다른 보호수준을 제공하는 경우 역시 [선택: 이 지침에서 달리 정하지 않는 한] 동일하다.	
제4조 다른 유럽연합 규범과의 관계 1. 이 지침에 규정된 요건들은 특히 2005/29/EC 지침,[3] 2016/679 규칙,[4] 그리고 2011/83/EU 지침,[5] 2006/123/EC 지침,[6] 2015/2366/EU 지침[7] 및 2000/31/EC 지침[8]에서 정한 요건에 추가된다. 2. 이 지침의 어떤 규정이 특별한 분야를 규율하는 다른 유럽연합의 규정과 충돌하는 경우, 유럽연합의 해당 규정이 우선하며 그 특별 분야에는 유럽연합의 해당 규정이 적용된다.	
제2장 일반 조항	**제2장 플랫폼 운영자의 플랫폼 이용자에 대한 일반적 의무**
제5조 정 보 이 지침에 의하여 제공되는 정보는 명백하고 투명해야 한다.	**제3조 정보와 약관의 투명성** 약관뿐만 아니라 본 규칙에 의하여 제공되는 정보는 분명해야 하며, 이해하기 쉬운 방식이어야 하며, 기계적 장치로 읽을 수 있는 형식이어야 한다. 약관은 플랫폼 이용자가 계약체결의 전 단계를 포함한 플랫폼 운영자와의 모든 단계에서 쉽게 접근할 수 있어야 한다.
제6조 목록(순위, listing)의 투명성 온라인 중개 플랫폼에서 제공하는	**제4조 순위의 투명성** 1. 플랫폼 운영자는 플랫폼의 검색 결

온라인 중개 플랫폼에 관한 지침 토론안	온라인 플랫폼 모델법
목록에서 위치가 다음 각 호에 의하여 결정되는 경우에는 이 사실이 고객에게 명시되어야 한다. (a) 공급자가 더 좋은 위치를 위하여 금전을 지급하는 경우 또는 (b) 그 밖에 공급자와 플랫폼 운영자 사이의 협력관계가 존재하는 경우	과로 제시되는 순위를 결정하는 주요 매개 변수와 이러한 주요 매개 변수의 상대적 중요성을 이용자에게 쉽게 접근할 수 있도록 제공해야 한다. 이 의무는 검색 결과의 바탕이 되는 알고리즘에 관한 영업비밀을 침해하지 않아야 한다. 플랫폼 운영자는 고객에게 불리하게 검색결과를 조작하는 데 쉽게 이용될 수 있는 정보를 공개할 필요가 없다. 2. 플랫폼 운영자는 검색결과가 공급자에 의해 지급된 보수에 영향을 받았거나 플랫폼 운영자와 공급자 사이의 다른 금전적 또는 기업적 관계의 영향을 받았다면 이를 이용자에게 알려야 한다.
제7조 플랫폼을 통한 통신 1. 온라인 중개 플랫폼이 고객과 공급자 사이의 계약을 체결하거나 이행하는 것과 관련한 고객과 공급자 사이의 통신을 중개하는 경우 플랫폼 중개자는 모든 통신을 지체 없이 전달해야 한다. 2. 공급자와 고객 사이의 통신에서 통신을 소비자가 하거나 또는 사업자와의 계약관계에서 고객이 한 경우 플랫폼 운영자의 통신시스템에 의한 통신의 수신은 지정된 수신자에 의한 수신으로 간주한다.	
제8조 사용후기 작성시스템 1. 온라인 중개 플랫폼에서 사용후기 작성시스템을 운영하는 플랫폼 운영자는 등급 및 사용후기의 수집, 처리	**제5조 사용후기 시스템에 대한 일반적 요건** 1. 온라인 플랫폼에 사용후기 시스템을 제공하는 플랫폼 운영자는 관련 정

온라인 중개 플랫폼에 관한 지침 토론안	온라인 플랫폼 모델법
및 공개방법에 관한 정보를 제공해야 한다. 2. 사용후기 작성시스템은 전문적 주의의무의 기준(standards of professional diligence)에 적합해야 한다. 3. 사용후기 작성시스템은 다음 각 호 중 하나의 조건을 충족하는 경우 전문적 주의의무의 기준을 충족하는 것으로 추정된다. (a) 유럽연합의 기준을 임의적으로 수용한 회원국 기준, 유럽연합 공식저널에 게재된 위원회의 판단기준; (b) 제4항에서 정하는 기준. 4. 제3항에서 말하는 기준은 다음과 같다: (a) 플랫폼 운영자가 해당 사용후기가 실제 고객에 의하여 작성되었다고 주장하는 경우, 플랫폼 운영자는 해당 사용후기가 실제 거래에 기초하여 행해졌음을 증명하기 위하여 합리적이고 상당한 조치를 취해야 한다. (b) 만약 사용후기가 어떠한 이익의 대가로 작성되었다면, 이러한 사정이 표시되어야 한다. (c) 만약 사용후기의 게시가 거절되는 경우, 사용후기를 작성한 자에게 지체 없이 그 사용후기 게시의 거절과 그 거절의 이유가 통지되어야 한다. (d) 사용후기는 지체 없이 게시되어야 한다. (e) 사용후기가 기본적으로 게시되는 순서는 오해의 소지가 없어야 한다. 플랫폼 이용자는 사용후기를 시간순으로 볼 수 있어야 한다.	보를 수집, 처리 및 사용후기로 게시하는 방법에 대한 정보를 제공해야 한다. 2. 사용후기 시스템은 전문적 주의의무의 요건에 적합해야 한다. 3. 사용후기 시스템은 다음 각호 중 하나의 기준을 충족하는 경우 전문적 주의의무의 요건을 충족하는 것으로 추정한다, a) 회원국, 유럽 또는 국제 표준화 기관이 채택한 ISO 20488:2018 (온라인 소비자 사용후기)와 같은 자율기준 b) 제6조에서 정하는 기준
	제6조 사용후기 시스템에 대한 전문적 주의의무의 기준 제5조에서 언급하는 기준은 다음과 같다. a) 플랫폼 운영자는 사용후기가 그 대상의 진실한 경험에 기초함을 보장하는 합리적이고 상당한 조치를 취해야 한다. b) 만약 플랫폼 운영자가 사용후기가 검증된 거래에 근거한 것이라고 주장한다면 플랫폼 운영자는 그 거래의 당사자로부터 비롯된 사용후기라는 것을 보장해야 한다. c) 만약 플랫폼 운영자가 사용후기의 작성자가 사용후기 작성에 어떠한 이익을 받았다는 것을 알았거나 알았어야만 하는 경우라면 이러한 사정이 표시되어야 한다. 만약 플랫폼 운영자가 사용후기의 작성자가 사용후기에 특정하게 긍정적이거나 부정

온라인 중개 플랫폼에 관한 지침 토론안	온라인 플랫폼 모델법
(f) 만약 사용후기 작성시스템이 오래된 사용후기를 게시하지 않는다면 이러한 사정이 플랫폼 이용자에게 통지되어야 한다. 사용후기가 삭제되는 기간은 합리적이어야 하며 12개월보다 짧아서는 안 된다. (g) 만약 사용후기가 전체 평점으로 합산되는 경우, 그 전체 평점의 기초가 되는 전체 사용후기의 개수가 표시되어야 한다. (h) 플랫폼 운영자는 플랫폼 이용자가 사용후기의 진정성에 의문을 갖는 경우 합리적인 신고를 제출할 수 있도록 하는 무료 항의체계를 제공해야 한다. 5. 플랫폼과 공급자 사이의 계약 혹은 플랫폼과 고객 사이의 계약을 해지할 때, 플랫폼 운영자는 현재 작성된 사용후기를 다른 사용후기 작성시스템으로 이전할 수 있도록 구조화되고, 통용되는 그리고 기계적 장치로 읽을 수 있는 형식으로 전환할 수 있는 기능을 제공해야 한다.	적인 내용을 제공함으로써 이익을 얻었음을 알았거나 알았어야만 하는 경우라면 플랫폼 운영자는 이러한 사용후기가 없다거나 게시되어 남아 있지 않다는 것을 보장해야 한다. d) 사용후기는 정당한 이유가 있는 경우에만 게시가 거부되거나 삭제될 수 있다. 사용후기의 작성자에게는 지체 없이 그 사용후기의 게시거부 또는 삭제 사실과 그 거부 또는 삭제의 이유가 통지되어야 한다. 플랫폼 운영자는 고객에게 피해를 주는 사용후기 시스템 조작에 쉽게 사용될 수 있는 정보를 공개할 필요가 없다. e) 사용후기는 지체 없이 게시되어야 한다. f) 사용후기가 기본적으로 게시되는 순서나 상대적 중요도는 오해의 소지가 없어야 한다. 플랫폼 운영자는 이용자에게 순서를 결정하는 주요한 매개 변수 및 사용후기가 게시되는 상대적 중요도에 대해 쉽게 접근할 수 있는 정보를 제공해야 한다. 사용후기에는 작성일이 표시 되어야 한다. 플랫폼 이용자는 사용후기를 시간순으로 볼 수 있어야 한다. g) 만약 사용후기 시스템이 일정한 기간 동안만 사용후기를 게시하는 경우라면, 이 기간을 플랫폼 이용자에게 표시해야 한다. 이 기간은 합리적이어야 하며, 12개월보다 짧아서는 안 된다. h) 만약 개별 사용후기가 합산된 평점

온라인 중개 플랫폼에 관한 지침 토론안	온라인 플랫폼 모델법
	으로 결합되는 경우, 그 계산방식이 오해의 소지가 있는 결과를 야기해서는 안 된다. 만약 합산된 평점이 사용후기 평점의 수리적 평균 외의 요인에 근거하여 계산되는 경우, 플랫폼 운영자는 이와 같은 요인에 대해 플랫폼 이용자에게 알려야 한다. 합산 평점의 기초가 되는 전체 사용후기의 개수는 표시되어야 한다. 만약 사용후기가 일정한 기간 동안만 게시되는 경우, 이 기간 이전에 작성된 사용후기는 합산 평점의 계산에 이용되어서는 안 된다. i) 플랫폼 운영자는 다음과 같은 무상의 절차를 제공해야 한다. aa) 플랫폼 이용자가 남용행위에 대하여 합리적인 신고를 제출하는 절차 bb) 사용후기의 영향을 받은 플랫폼 이용자가 지체 없이 해당 사용후기와 함께 게시되도록 작성한 답글을 제출하는 절차
	제7조 사용후기의 이전성 1. 최소한 매월 그리고 플랫폼과 이용자 간의 계약이 종료되는 경우에 플랫폼 운영자는 현재 작성된 사용후기를 구조화되고, 통용되며, 기계적 장치로 읽을 수 있는 형식으로 다른 플랫폼 운영자의 사용후기 시스템으로 직접 전환할 수 있는 기능을 제공해야 한다. 2. 플랫폼과 공급자 간의 계약 또는 플랫폼과 고객 간의 계약이 체결되기 전에 플랫폼 운영자는 플랫폼 이용

온라인 중개 플랫폼에 관한 지침 토론안	온라인 플랫폼 모델법
	자가 다른 플랫폼 운영자의 사용후기 시스템으로 사용후기를 이전하는 경우 적용되는 절차, 기술적 요건, 기간 및 요금에 관한 정보를 제공해야 한다. 3. 다른 플랫폼으로부터 사용후기를 가져올 때, 플랫폼 운영자는 제5조 제2항과 제3항의 전문적 주의의무 요건에 부합하게 사용후기가 작성되었는지를 검토해야 한다. 4. 다른 플랫폼으로부터 가져온 사용후기를 게시하는 경우 플랫폼 운영자는 이 사용후기가 다른 플랫폼에서 작성되었다는 점을 표시해야 한다.
제9조 이용자를 보호할 의무 플랫폼 운영자가 다음 각 호에 관한 신뢰할 수 있는 증거를 취득하였음에도 플랫폼 이용자를 보호하기 위한 적절한 조치를 취하지 않았다면, 플랫폼 운영자는 이로 인하여 발생한 플랫폼 이용자의 손해에 대하여 책임을 진다. (a) 다른 플랫폼 이용자를 해하는 공급자 혹은 고객의 범죄행위 (b) 계약 상대방의 신체훼손, 개인정보침해, [선택: 물적] 재산권침해, 자유의 박탈 혹은 그 밖의 유사한 권리의 침해를 야기할 수 있는 공급자 혹은 고객의 행위	**제8조 이용자를 보호할 의무** 1. 플랫폼 운영자는 플랫폼 이용자의 활동을 모니터링할 일반적 의무를 부담하지 않는다. 2. 다음 각 호에 관한 신뢰할 수 있는 증거를 취득하였으나, 플랫폼 이용자를 보호하기 위한 적절한 조치를 취하지 않은 플랫폼 운영자는 이로 인하여 발생한 플랫폼 이용자의 손해에 대하여 책임을 진다. a) 다른 이용자를 해하는 공급자 또는 고객의 범죄행위 b) 계약 상대방의 신체 침해, 프라이버시 침해, 물적 재산권의 침해, 자유의 침해 혹은 그 밖의 다른 이용자를 해하는 유사한 권리의 침해를 야기할 수 있는 공급자 혹은 고객의 행위 3. 제2항은 공급자와 고객 사이의 계약 하에서 제공되어야 하는 물품, 서비

온라인 중개 플랫폼에 관한 지침 토론안	온라인 플랫폼 모델법
	스 또는 디지털 콘텐츠로부터 이익을 취득하는 타인 또는 이로부터 나오는 위험에 노출되는 타인에게 손해가 발생하는 경우에도 적용된다.
	제9조 이용자에 의해 주어진 오인 정보에 대한 조치의무 1. 플랫폼 운영자는, 다른 법이 달리 규정하고 있지 않는 한, 플랫폼에서 공급자 또는 고객에 의해 게시된 정보를 모니터링할 의무를 부담하지 않는다. 2. 공급자가 자기 자신 또는 자신이 제공하는 물품, 서비스 또는 디지털콘텐츠에 대해 오인정보를 플랫폼에서 게시하였고, 플랫폼 운영자가 이에 대한 고지를 받은 경우, 플랫폼 운영자는, 공급자와의 협력하에, 오인을 유발하는 정보를 수정 및 제거하거나 차단하는 합리적인 조치를 취해야 한다. 또한 플랫폼 운영자는 플랫폼에서 공급자와 계약을 체결하는 과정에 들어갔고, 그러한 오인 유발 정보에 의해 영향을 받을 수 있는 고객에게 합리적이고 상당한 통보 조치를 취해야 한다. 3. 제2항은 고객이 자기 자신에 대해 오인을 유발하는 정보를 게시한 경우에도 준용된다.
	제10조 통지 수단 플랫폼 운영자는 제8조와 제9조에서의 행위에 대한 고지를 위해 공개적으로 접근할 수 있는, 그리고 익명에 기한 고지도 허용하는, 의사소통 수단을 제

온라인 중개 플랫폼에 관한 지침 토론안	온라인 플랫폼 모델법
	공해야 한다.
	제11조 플랫폼을 통한 의사소통 플랫폼이 고객과 공급자 사이의 계약 체결 또는 이행과 관련하여 고객과 공급자 사이의 의사소통을 위한 수단을 제공하는 경우 플랫폼 운영자는 지체 없이 그러한 연락사항들을 전달해야 한다.
	제12조 플랫폼과 이용자 간 계약의 일방적 변경 1. 플랫폼 운영자는 아래의 요건이 충족된 경우 플랫폼과 이용자 사이의 계약 조항을 일방적으로 변경할 수 있다. a) 적어도 변경이 효력을 가지기 1개월 전에 영속적 매체를 통해 이용자에게 변경에 대한 합리적인 고지가 이뤄지고, b) 변경이 신의성실과 공정거래에 부합할 것 2. 변경이 법의 갑작스런 개정에 의해 요구되거나, 임박한 사이버 보안상의 위험에 대응하기 위한 경우 플랫폼 운영자는 제1항 (a)에 따른 고지기간을 준수할 필요가 없다. 3. 변경의 고지와 함께 이용자는 개정된 계약 조항 및 변경된 사항에 대한 설명의 복사본을 받아야 한다. 4. 계약조항 변경의 경우 플랫폼 이용자는 달리 적용되는 그 어떠한 고지기간도 준수할 필요 없이 플랫폼과 이용자 사이의 계약을 종료시킬 수 있다.
제10조 강행규정	

온라인 중개 플랫폼에 관한 지침 토론안	온라인 플랫폼 모델법
플랫폼과 고객 사이의 계약 또는 플랫폼과 공급자 사이의 계약이 이 장의 규정을 수용한 개별 회원국의 조치를 적용 배제하여 또는 그 규정을 무시하여 또는 그 규정의 효과를 변경시켜 고객 혹은 공급자에 불리하면 이 계약문언은 구속력이 없다.	
제3장 플랫폼 운영자의 고객에 대한 의무	**제3장 플랫폼 운영자의 고객에 대한 의무**
제11조 플랫폼 운영자 및 공급자에 대한 정보제공의무 1. 플랫폼 운영자는 고객에게 플랫폼과 고객 사이의 계약이 체결되기 전 [선택: 적시에], 고객이 공급자와 계약을 체결하며 플랫폼 운영자와 계약을 체결하지 않는다는 점을 통지하여야 한다. 2. 플랫폼 운영자는 공급자가 사업자로 자신의 상품, 서비스 혹은 디지털 콘텐츠를 제공하는지에 대하여 고객에게 통지하도록 해야 한다.	**제13조 플랫폼 역할에 대한 정보 제공 의무** 플랫폼 운영자는 고객이 플랫폼 운영자가 아니라 공급자와 계약을 체결하는 과정에 들어간다는 점을 가급적 이른 시점에 그리고 공급자와 고객 간 계약이 체결되기 직전에 현저한 방식으로 고지해야 한다. **제14조 공급자에 대한 정보 제공의무** 1. 플랫폼 운영자는 공급자와 고객 사이의 계약이 체결되기 직전에 현저한 방식으로 공급자가 자신의 물품, 서비스 또는 디지털콘텐츠를 사업자로서 제공하는지 여부를 고객에게 고지해야 한다. 공급자가 사업자가 아닌 경우 플랫폼 운영자는 소비자법이 공급자와 고객 사이의 계약에 적용되지 않는다는 점도 고객에게 고지해야 한다. 2. 플랫폼 운영자는 늦어도 공급자와 고객 사이의 계약이 체결된 직후 공급자의 신원 및 공급자와 고객 사이의 의사소통을 가능하게 해야 한다. 고객의 요구가 있는 경우 플랫폼 운

온라인 중개 플랫폼에 관한 지침 토론안	온라인 플랫폼 모델법
	영자는 공급자의 주소를 공개해야 한다. 3. 제1항과 제2항의 목적을 위해서 플랫폼 운영자는, 플랫폼 내 거래와 관련하여 이용할 수 있는 데이터를 기반으로 해당 정보가 잘못된 정보라는 점을 알았거나 알 수 있었을 경우가 아니라면, 공급자가 플랫폼 운영자에게 제공한 정보를 신뢰할 수 있다. 플랫폼 운영자는 사업자가 플랫폼 내에서 비사업자로 나타나는 것을 방지하기 위해 적절한 조치를 취해야 한다.
제12조 소비자를 위한 강행규정 플랫폼 운영자와 소비자의 관계로 인하여 계약의 당사자는 이 장의 규정을 수용한 회원국 조치를 적용 배제하거나, 변경하거나, 그 효력을 바꾸어 소비자를 불리하게 하지 못한다.	
제4장 플랫폼 운영자의 공급자에 대한 의무	**제4장 플랫폼 운영자의 공급자에 대한 의무**
제13조 온라인 중개 플랫폼에 관한 정보제공의무 플랫폼과 공급자 사이의 계약이 체결되기 전 플랫폼 운영자는 다음 각 호의 정보를 공급자에게 제공할 의무가 있다. (a) 공급자는 플랫폼 운영자와의 계약이 아닌, 고객과의 계약에 따라 상품, 서비스 혹은 디지털 콘텐츠를 제공한다는 점 (b) 플랫폼 운영자에게 지불할 중개료와 중개료 산정방식	**제15조 공급자에게 정보를 제공할 플랫폼 운영자의 의무** 플랫폼과 공급자 사이의 계약이 체결되기 전 플랫폼 운영자는 아래의 사항을 영속적 매체를 통해 공급자에게 고지해야 한다. a) 공급자는 플랫폼 운영자가 아닌 고객과의 계약하에 물품, 서비스 또는 디지털 콘텐츠를 공급할 것이라는 점 b) 공급자와 플랫폼 사이의 계약을 공급자가 종료할 수 있는 방법 c) 공급자와 플랫폼 사이의 계약을 플

온라인 중개 플랫폼에 관한 지침 토론안	온라인 플랫폼 모델법
(c) 공급자와 고객 사이의 계약에 제공되는 플랫폼 운영자의 지불방식 (d) 공급자와 그 고객 사이에 통신을 중계하는 방식 (e) 플랫폼 운영자가 공급자를 위하여 고객을 선별하는지, 공급자가 계약을 원하는 고객을 거절할 권리가 있는지 [선택: 제안된 공급자와 고객 사이의 계약을 거절할 권리가 있는지]	랫폼 운영자가 종료할 수 있는 방법 d) 플랫폼 운영자로부터 기인하는 수수료 및 산정방식 e) 플랫폼 운영자가 공급자와 고객 사이의 계약을 위해 제공하는 모든 지불 메커니즘 f) 공급자와 고객 사이의 의사소통을 매개하는 모든 방법
제14조 고객에게 정보를 알릴 수 있는 기능을 제공할 의무 플랫폼 운영자는 공급자의 고객에 대한 정보제공의무를 이행할 수 있는 방안을 공급자에게 제공해야 한다.	**제16조 고객에 대한 정보제공을 위해 설비 · 기능을 제공할 의무** 1. 플랫폼 운영자는 고객에 대한 공급자의 정보제공의무 이행을 위한 기능을 공급자에게 제공해야 한다. 2. 플랫폼과 공급자 사이의 계약이 공급자가 공급자와 고객 사이의 계약을 위한 약관 조항의 사용을 배제하지 않는다면, 플랫폼 운영자는 이 계약 조항들이 포함되는 것을 허용하는 기능을 제공해야 한다.
	제17조 종 료 1. 플랫폼과 공급자 사이의 계약에 있어 어느 한 당사자는 타방 당사자에 대한 고지를 통해 계약 관계를 종료시킬 수 있다. 플랫폼 운영자에 대한 고지기간은 계약관계가 존속되는 첫 해의 경우 30일 이상이고, 두 번째 해의 경우 60일 이상이며, 세 번째 해 및 계약관계가 지속되는 그 이후의 연도의 경우 90일 이상이다. 플랫폼과 공급자 사이의 계약이 공급자에 대해 더 장기간의 고지 기간을 정하고 있다면, 그 장기의 기간이 플랫

온라인 중개 플랫폼에 관한 지침 토론안	온라인 플랫폼 모델법
	폼에 의해 행해지는 고지에 대해서도 적용된다. 이것이 유효하기 위해서는 그러한 더 긴 고지기간이 적절해야 한다. 2. 불가피한 사유가 있는 경우 일방 당사자가 즉시 계약 관계를 종료시킬 수 있다. 3. 제1항 또는 제2항에서의 고지는 종료 사유를 구체적으로 표명해야 한다.
	제18조 제한 및 중단 1. 플랫폼 운영자는 공급자에게 고지함으로써 공급자에 대한 서비스 제공을 중단하거나 공급자에 의해 제공되는 물품 또는 서비스 또는 디지털 콘텐츠의 특정한 범위를 제한할 수 있다. 고지는 제한 또는 중단 사유를 구체적으로 표명해야 한다. 2. 제1항에 따른 제한 또는 중단이 플랫폼과 공급자 간 계약의 종료와 유사한 효과를 가지는 경우에는 제17조가 준용된다.
제15조 규정의 강행성 계약의 당사자는 제4장의 규정을 공급자에게 불리하게 배제하거나 변경하지 못한다. [선택: 이 규정은 전적으로 사업자만을 플랫폼 이용자로 보는 플랫폼 운영자에게는 적용되지 않는다.]	
제5장 플랫폼 운영자의 책임	**제5장 책 임**
제16조 개관 1. 플랫폼 운영자가 자신을 고객과 공급자에게 분명하게 중개인으로 명시한 경우, 플랫폼 운영자는 공급자와	

온라인 중개 플랫폼에 관한 지침 토론안	온라인 플랫폼 모델법
고객 사이 계약의 불이행을 책임지지 않는다. 2. 플랫폼과 공급자 사이의 계약 또는 플랫폼과 고객 사이의 계약에 따른 플랫폼 운영자의 책임 외에도 플랫폼 운영자는 다음 각 호의 책임을 진다. (a) 공급자가 제공하는 오해의 소지가 있는 정보를 제거하지 못한 경우, 제17조에 따른 책임 (b) 플랫폼 운영자가 공급자에게 제18조에 따라 지배적인 영향력을 행사하고 있다고 합리적으로 신뢰할 수 있는 고객에 대한 책임 (c) 플랫폼 운영자가 제공한 오해의 소지가 있는 진술로 인한 고객 혹은 공급자에 대한 제19조에 따른 책임 (d) 제20조에서 규정하고 있는 고객 혹은 공급자에 대한 보증책임	
	제19조 투명성 결여에 대한 플랫폼 운영자의 책임 제13조가 위반된 경우 고객은 공급자와 고객 사이의 계약에 있어 공급자에게 행사할 수 있는 권리 구제수단을 플랫폼 운영자에게도 행사할 수 있다.
제17조 공급자에 의한 오해의 소지가 있는 정보를 제거할 의무 1. 공급자가 플랫폼에 오해의 소지가 있는 정보를 게시하고 이러한 사실이 플랫폼 운영자에게 신고되었다면, 플랫폼 운영자가 오해의 소지가 있는 정보를 제거하거나 수정하는 적당한 조치를 취하지 않는 한 플랫폼 운영자는 이 정보로 인하여 야기	

온라인 중개 플랫폼에 관한 지침 토론안	온라인 플랫폼 모델법
된 손해에 책임이 있다. 2. 플랫폼 운영자가 공급자에 의한 오해의 소지가 있는 정보를 수정하기 위한 목적으로 사용후기 작성시스템을 운영하고 있다면 플랫폼 운영자는 공급자에 의한 오해의 소지가 있는 정보가 사용후기 작성시스템을 통해 효과적으로 수정되고 있음을 증명할 책임을 진다. 3. 제18조가 적용되는 경우 플랫폼 운영자는 제1항의 의무를 면제하기 위한 목적으로 사용후기 작성시스템을 사용할 수 없다.	
제18조 공급자의 불이행에 대한 플랫폼 운영자의 책임 1. 플랫폼 운영자가 공급자에게 지배적 영향력을 행사하고 있다고 고객이 합리적으로 신뢰할 수 있다면 플랫폼 운영자는 공급자와 고객 사이 계약의 불이행 시 공급자와 연대하여 책임을 진다. 2. 플랫폼 운영자가 공급자에게 지배적 영향력을 행사하고 있다고 고객이 합리적으로 신뢰할 수 있는지를 판단함에 있어서 다음 각 호의 평가기준이 특히 고려된다. (a) 공급자와 고객 사이의 계약이 독점적으로 플랫폼에 의하여 제공되는 기능을 통해서만 체결되는 경우 (b) 플랫폼 운영자가 공급자와 고객 사이 계약에 따라 지불된 대금을 지불 유보할 수 있는 경우 (c) 공급자와 고객 사이의 계약조건이	**제20조 지배적 영향력을 행사하는 플랫폼 운영자의 책임** 1. 플랫폼 운영자가 공급자에게 지배적 영향력을 행사하고 있다고 고객이 합리적으로 신뢰할 수 있는 경우 고객은 공급자와 고객 사이의 계약의 불이행에 대해 공급자에게 행사할 수 있는 권리와 구제수단을 플랫폼 운영자에게도 행사할 수 있다. 2. 플랫폼 운영자가 공급자에게 지배적 영향력을 행사하고 있다고 고객이 합리적으로 신뢰할 수 있는지를 판단함에 있어서 특히 다음 각 호의 평가기준이 고려될 수 있다. a) 공급자와 고객 사이의 계약이 오로지 플랫폼에 의하여 제공되는 기능을 통해서만 체결되는지 여부 b) 플랫폼 운영자가 공급자와 고객 사이의 계약 체결 이후에까지 공급자의 신원과 세부 연락처를 유보하는

온라인 중개 플랫폼에 관한 지침 토론안	온라인 플랫폼 모델법
근본적으로 플랫폼 운영자에 의하여 결정된 경우 (d) 고객이 지불할 대금액이 플랫폼 운영자에 의하여 결정되는 경우 (e) 플랫폼 운영자가 공급자들의 단일한 인상을 만들거나 상표를 제공하는 경우 (f) 판매정책이 공급자가 아닌 플랫폼 운영자에 초점을 맞추고 있는 경우 (g) [선택] 플랫폼 운영자가 공급자의 계약이행을 감시하기로 약정한 경우	지 여부 c) 플랫폼 운영자가 고객이 공급자에게 지불한 대금을 플랫폼 운영자가 유보할 수 있는 결제 시스템만을 사용하는지 여부 d) 공급자와 고객 사이의 계약조건이 근본적으로 플랫폼 운영자에 의하여 결정되는지 여부 e) 고객이 지불할 대금액이 플랫폼 운영자에 의하여 결정되는지 여부 f) 마케팅이 공급자가 아닌 플랫폼에 초점을 맞추고 있는지 여부 g) 플랫폼 운영자가 공급자의 행위를 모니터링하고 법의 요구사항을 넘어서는 기준의 준수를 집행할 것을 약정하였는지 여부
	제21조 플랫폼 운영자에 대한 권리 및 구제 행사 1. 제19조 또는 제20조 제1항을 적용하는 경우, 소비자인 고객은 공급자가 사업자인지에 관계없이 공급자가 사업자인 경우 공급자에 대해 행사할 수 있는 모든 권리와 구제수단을 플랫폼 운영자에 대해 행사할 수 있다. 2. 제19조 또는 제20조 제1항을 적용하는 경우, 해당 법률에 따라 고객이 구제행위를 하기 위하여 공급자에게 통지할 필요가 있는 경우, 공급자에의 통지는 플랫폼 운영자와 관련하여 같은 효력을 가진다.
제19조 플랫폼 운영자에 의한 오해의 소지가 있는 신술 1. 플랫폼 운영자가 공급자에 관한 혹	**제22조 플랫폼 운영자에 의한 오해의 소지가 있는 진술** 플랫폼 운영자가 공급자 또는 고객,

온라인 중개 플랫폼에 관한 지침 토론안	온라인 플랫폼 모델법
은 공급자가 제공하는 상품, 서비스 또는 디지털 콘텐츠에 관한 오해의 소지가 있는 진술을 하였다면 플랫폼 운영자는 이 오해의 소지가 있는 정보가 고객에게 야기한 손해에 책임이 있다. 2. 플랫폼 운영자가 고객에 관한 오해의 소지가 있는 진술을 하였다면 플랫폼 운영자는 이 오해의 소지가 있는 정보가 공급자에게 야기한 손해에 책임이 있다.	공급자가 제공하는 재화, 서비스 또는 디지털 콘텐츠 또는 공급자-고객 계약의 다른 조건에 대해 잘못된 진술을 한 때에는, 플랫폼 운영자는 이러한 잘못된 정보로 고객이나 공급자에게 발생한 손해에 대하여 책임을 진다.
제20조 보 증 플랫폼 운영자는 공급자에 대하여 또는 공급자가 제공하는 상품, 서비스 혹은 디지털 콘텐츠에 대하여 한 보증에 대하여 그에 따른 책임을 진다.	**제23조 보 증** 플랫폼 운영자는 공급자나 고객 또는 공급자가 제공하는 상품, 서비스 또는 디지털 콘텐츠에 대해 주는 보증에 책임을 진다.
	제24조 기타 의무 위반에 따른 책임 플랫폼 운영자는 제3조, 제4조, 제5조, 제7조, 제9조 제2항 및 제3항, 제10조, 제11조, 제14조, 제15조, 제16조, 제17조, 제18조 위반으로 플랫폼 이용자에게 발생한 손해를 배상할 책임이 있다.
제21조 강행규정성 계약의 당사자는 플랫폼 이용자에게 불리하게 이 장의 규정을 수용한 회원국의 개별 조치에 따라 인정되는 플랫폼 이용자의 권리를 변경하거나 그 권리의 효력을 변경하지 못한다. [선택: 이 규정은 전적으로 사업자만을 플랫폼 이용자로 보는 플랫폼 운영자에게는 적용되지 않는다.]	
제6장 구 상	**제6장 구 상**

온라인 중개 플랫폼에 관한 지침 토론안	온라인 플랫폼 모델법
제22조 구상에 관한 권리 1. 제17조 또는 제18조에 따라 다음 각 호의 사유로 고객에게 책임을 지는 플랫폼 운영자는 공급자로부터 구상을 받을 권리가 있다. (a) 공급자의 오해의 소지가 있는 진술이 있는 경우 (b) 공급자가 공급자와 고객 사이의 계약을 이행하지 못한 경우 2. 플랫폼 운영자의 오해의 소지가 있는 진술로 고객에게 책임을 지게 된 공급자는 플랫폼 운영자로부터 구상을 받을 권리가 있다.	**제25조 구상권** 1. 다음과 같은 사유로 제19조, 제20조에 따라서 고객에게 책임을 지게 된 플랫폼 운영자는 공급자에게 구상을 받을 권리가 있다. a) 공급자에 의한 오인성 있는 진술 b) 공급자와 고객 간의 계약상 급부를 공급자가 이행하지 못한 경우 2. 플랫폼 운영자의 오인성 있는 진술로 고객에게 책임을 지게 된 공급자는 플랫폼 운영자에게 구상을 받을 권리가 있다.
제23조 강행규정성 계약의 당사자는 공급자에게 불리하게 이 장의 규정을 수용한 회원국 조치에 따라 인정되는 공급자의 권리를 변경하거나 그 권리의 효력을 변경하지 못한다.	
제7장 보 칙	**제7장 종결규정**
	제26조 강행규정 계약의 당사자는 이 규정과 달리 약정하거나 그 효과를 변경하여 플랫폼 이용자에게 불리하게 약정할 수 없다.
	제27조 제3자 불만제기절차 플랫폼 운영자는 플랫폼 이용자에 의하여 야기된 불편이나 손해에 대하여 합리적 불만을 제기할 수 있는 무상의 공개적으로 접근할 수 있는 불만제기절차를 제공해야 한다. 이러한 불만이 제기되면 플랫폼 운영자는 장래의 불편이나 손해를 방지하기 위하여 합리적이고 비례적인 조치를 취해야 한다.

온라인 중개 플랫폼에 관한 지침 토론안	온라인 플랫폼 모델법
제24조 적용법률 1. 제2장의 규정을 수용한 회원국의 조치는 회원국의 자국 시장에서 활동하고 그 회원국에 상거소를 두고 있는 플랫폼 운영자에 의하여 운영되는 온라인 중개 플랫폼에 적용된다. 유럽연합 회원국 외의 국가에 그 상거소를 두고 있는 플랫폼 운영자에 의하여 운영되는 온라인 중개 플랫폼은 공급자 혹은 고객의 이익이 영향을 받는, 혹은 영향을 받는 것으로 보이는, 회원국의 제2장 규정을 수용한 회원국 조치에 따라서 규제된다. 2. 제3장부터 제5장까지의 규정을 수용한 회원국의 조치는 그 회원국의 법률에 따라 규제되는 플랫폼과 고객 사이의 계약과 플랫폼과 공급자 사이의 계약에 적용된다. 이 경우 유럽연합규칙(EC) 864/2007[9] 제12조가 준용된다. 3. 유럽연합규칙 EC 593/2008[10] 제15조에 따라 회원국의 입법이 촉구된 경우 제6장의 규정을 수용한 회원국의 조치는 플랫폼과 고객 사이의 계약과 플랫폼과 공급자 사이의 계약에 적용된다. 4. 고객은 소비자인지를 묻지 않고 유럽연합 비회원국의 법률을 선택함으로 인하여 이 지침이 제공하는 보호를 박탈당하지 않는다. 이 규정은 전적으로 사업자만을 고객으로 보는 플랫폼 운영자에게는 적용되지 않는다.	**제28조 적용법률** 1. 이 모델 규칙을 채택한 회원국에 상거소를 두고 있는 공급자와 고객에게 제1조에서 정의된 서비스를 제공하는 플랫폼에게 이 규칙 제3조부터 제11조, 제27조가 적용된다. 2. 이 모델 규칙을 채택한 회원국의 법률로 규율되는 플랫폼과 고객 간의 계약 및 플랫폼과 공급자 간의 계약에 제12조 및 제3장부터 제5장의 규정이 적용된다. 3. 국제사법이 법정대위나 복수채무자의 문제에서 이 모델 규칙을 수용한 회원국의 법률을 적용하도록 정한 경우에 제6장의 규정이 플랫폼과 고객 간의 계약 및 플랫폼과 공급자 간의 계약에 적용된다.
제25조 법률시행 1. 각 회원국은 이 지침의 규정을 충족	

온라인 중개 플랫폼에 관한 지침 토론안	온라인 플랫폼 모델법
시킬 수 있는 적절하고 효율적인 수단이 갖추어지도록 해야 한다. 2. 제1항에서 언급된 수단에는 하나 혹은 그 이상의 회원국 법률에 의하여 정해지는 이하 각 호에 언급된 기관이 회원국 법률에 좇아 이 지침을 수용한 회원국법령이 적용되도록 보장하기 위하여 법원 혹은 주무 행정청에 앞서 조치를 취할 수 있도록 하는 규정이 포함되어야 한다. (a) 공공단체 혹은 그 대표 (b) 소비자보호활동을 할 수 있도록 법적으로 지정된 소비자단체 (c) 그 활동이 법적으로 보호되는 전문단체	
제26조 벌 칙 1. 회원국은 이 지침에 따라 마련된 회원국 규정의 위반에 적용할 수 있는 벌칙규정을 제정해야 하며 이 규정이 시행되도록 필요한 모든 조치를 해야 한다. 이렇게 마련된 벌칙규정은 효율적이고, 상당해야 하며, 예방적이어야 한다. 2. 회원국은 이 규정을 위원회에 ...일까지 통지하여야 하며 규정을 추후 변경하는 경우 즉시 통지하여야 한다.	
제27조 수 용 1. 회원국은 ...일까지 이 지침에 부합하는 법률, 규칙 및 행정규정을 입법하고 공포해야 한다. 회원국은 즉시 위원회에 이러한 조치의 내용을 서면의 형식으로 통지하여야 하며 위원회에 추후 변경사항을 즉시 알려	

온라인 중개 플랫폼에 관한 지침 토론안	온라인 플랫폼 모델법
야 한다. 회원국은 이러한 조치들을 ...일부터[제1문의 기간으로부터 6개월이 지난 시점] 적용해야 한다. 회원국이 이러한 조치들을 취하는 경우 공포된 규정에는 이 지침에 대한 참조가 직접 표시되거나 이 지침에 대한 참조가 부수적으로 표시되어야 한다. 회원국은 어떠한 방법으로 이러한 참조가 표시될 것인지를 결정할 수 있다. 2. 이 지침의 규정은 계약이 그날(제1항 제1문의 날) 전에 체결되었는지 아니면 그 뒤에 체결되었는지를 묻지 않고 ...일까지[제1항 제1문의 기간으로부터 6개월이 지난 시점] 그 계약에 적용된다.	
제28조 효력발생일 이 지침은 유럽연합의 공식저널에 공포된 후 20일이 경과한 날부터 효력을 갖는다.	
제29조 수신인 이 지침은 각 회원국을 그 수신인으로 한다.	

3_ 불공정거래관행에 관한 지침(Directive 2005/29/EC).
4_ 일반 정보보호 규칙(Regulation (EU) 2016/679).
5_ 소비자권리에 관한 지침(Directive 2011/83/EU).
6_ 내수시장에서 서비스에 관한 지침(Directive 2006/123/EC).
7_ 내수시장에서 지불서비스에 관한 지침(Directive (EU) 2015/2366).
8_ 전자상거래에 관한 지침(Directive 2000/31/EC).
9_ 비계약적 의무에 관한 규칙(Regulation (EC) 864/2007, Rome II).
10_ 계약적 의무에 관한 규칙(Regulation (EC) 593/2008, Rome I).

_ 대표 저자

이병준 한국외국어대학교 법학전문대학원 교수

_ 저 자

김상중 고려대학교 법학전문대학원 교수

김세준 경기대학교 공공안전학부 법학전공 부교수, 법학박사

박미영 한국공정거래조정원 공정거래연구센터 연구위원

서종희 연세대학교 법학전문대학원 부교수

서희석 부산대학교 법학전문대학원 교수

장보은 한국외국어대학교 법학전문대학원 부교수, 법학박사

정신동 강릉원주대학교 법학과 조교수, 법학박사

한국외국어대학교 법학연구소
소비자법센터 총서 4

디지털 경제에서 온라인 플랫폼과 이용자 보호

—

초판 인쇄 2022년 10월 5일
초판 발행 2022년 10월 14일

—

편 자 이병준
발행인 이방원

—

발행처 세창출판사
신고번호 제1990-000013호
주소 03736 서울시 서대문구 경기대로 58 경기빌딩 602호
전화 02-723-8660 팩스 02-720-4579
이메일 edit@sechangpub.co.kr 홈페이지 www.sechangpub.co.kr
블로그 blog.naver.com/scpc1992 페이스북 fb.me/sechangofficial 인스타그램 @sechang-official

—

ISBN 979-11-6684-115-6 93360

—

소비자법센터 총서 4

디지털 경제에서 온라인 플랫폼과 이용자 보호